清代學術史研究叢書

主编 張宗友

經義考研究

（增訂本）

下

張宗友 著

鳳凰出版社

第七章 《經義考》之學術影響

朱彝尊《經義考》甫問世，即獲得同時學人好評。陳廷敬《經義考序》：『經先生之考定，存者固森然其畢具，而佚者亦絶其穿鑿附會之端。則經義之存，又莫有盛於此時者矣。微竹垞博學深思，其孰克爲之。』蕭山毛奇齡氏不輕許人，然其《經義考序》推崇此書云：『非博極群書，不能有此。』『生其後者，復得從此而有所考鑒，則既寶其書爲盛朝慶，而又喜天下後世之知有經，并知有義也。』盧見曾在《奏狀》中稱：『見淺見深，咸網羅而不失；識大識小，悉隱括以靡遺。』『較陳振孫之《解題》，更加繁富；比晁公武之《書志》，尤覺精詳。』（以上俱載《經義考》卷首）足見此書之見重及影響之深遠。

本章擬先概述《經義考》在經學研究與目録編纂等方面的學術影響，然後選取《經義考補正》及《四庫全書總目》二書作爲代表，予以專論，以分别探討《經義考》續補著作的學術成就及《經義考》的學術影響所在。

一 《經義考》學術影響概論

《經義考》係集大成式的經學總目，旨在彙集歷代經解、展現經學發展源流，其學術影響集中體現在經學文獻之整理與研究、學科目録之編纂與提升等方面。

（一）對經學文獻整理與研究之影響

朱彝尊《經義考》在經學文獻整理與研究方面的影響，主要體現在以下三個方面。

首先，《經義考》深刻影響了此後經學目録之編纂。

文獻整理是進行學術研究的重要前提。清初經學文獻之整理，大致包括目録編纂、輯佚、辨僞及經解叢書之編撰與刊印等。如就書目編纂而論，朱彝尊采用經籍總目的形式，通考歷代經解著述，實際上對兩千年來的經學文獻作全面而系統之爬梳與整理，其成果無疑極爲豐碩——迄今爲止，《經義考》仍然是卷帙最大的經學文獻總目。朱彝尊在經籍總目編纂方面之貢獻，後來學者無出其右者，僅能根據《經義考》已有之成就與規模，予以補作、續作，或擬仿其體例，施以局部之調整（續補諸作之面貌與成就，詳參本章第二節）。

其次，《經義考》在經學文獻之輯佚與辨僞方面，貢獻甚鉅。

朱彝尊在經學文獻的輯佚與辨僞等方面，也有獨到的貢獻。其《經義考》按語中，實已包含有其輯佚及辨僞之成果。本書第五章第一節對此有所概述，第二節還專就尚書類按語作了專門分析，已能見其輯佚及辨僞成就之一斑。本書第四章中已指出，全面地搜集逸篇與逸句，并著録於目録中的，當首推朱彝尊。這充分體現了朱氏對經典文本的重視，展示了他在輯佚學上的卓識與成就。劉起釪謂朱氏之輯佚實踐，具有『創始之功』（見前引）。

朱彝尊雖然爲藏書大家，聚書達八萬卷之鉅，但畢竟財力所限，不能主持大型經解叢書之編撰與刊布。與朱氏同時的徐乾學、納蘭性德等，編有以宋元儒著述爲主的《通志堂經解》，爲清儒開闢了編撰叢書的經學文獻整理新路徑。朱彝尊與二氏俱有交游，對《通志堂經解》的編成，亦有倡議、襄助之功〔一〕。

再次，作爲經學目録的集大成之作，《經義考》宏富的著録内容，爲後來學者提供豐富之取資。

通過前文之統計與梳理，可知《經義考》通考歷代經義，著録條目達八千二百七十五條，輯録文獻萬餘條，并有按語近千條，反映了由先秦迄清初的經學面貌，對其後的經學發展與研究産生了深遠的

〔一〕納蘭性德《通志堂經解・經解總序》，載《通志堂集》卷一〇，上海古籍出版社，一九七九年。

影響,『信校讎之總彙,考鏡之淵棷』[一],成爲治經學者必加取資的經學目録巨著。如就其條目而論,可供學者考求不同時代、不同地域經學著述之名稱、作者、存佚、著録等信息;可以考求不同類别之經學著述之歷時發展狀況,瞭解其學術地位之升降變遷。如就其輯録文獻而論,可供學者考求對同一著述之不同評價,考知前代儒者之生平著述,乃至輯録散佚文獻之佚文,從而恢復其部分面貌。如就其按語而論,則可供學者考求經籍之遺文逸字,追溯經學授受之源流,考辨經學文本之真僞,等等。

兹舉數例。清儒姚振宗,精通流略之學,所著彙爲《師石山房叢書》,深受學人推重[二]。其《漢書藝文志條理》一種,係研究《漢志》之專著。所謂『條理』,就是梳理《漢志》著録各書之源流;其方法,即是爲《漢志》每一條目,均撰寫詳盡之解題(提要);而其解題之體例,恰爲輯考體:以輯録相關文獻爲主,輔以按語發明。《經義考》即在姚氏引據之列。其『《易傳周氏》二篇』一條,首引『本書《儒林傳》』二則,其次即引《經義考》:

秀水朱彝尊《經義考》:『胡一桂曰:「丁寬師田何,而復師其同門之友,以受古義,可謂見善

[一] 孫詒讓《温州經籍志叙例》,頁九—一〇。
[二] 如程千帆先生指出:『王鳴盛説:「目録之學,學中第一緊要事。學者必須從此問途,方能得其門而入。」這句話今天看起來還是正確的。研究古典文學的人,連《師石山房叢書》《四庫提要》都不讀,是不知道怎麼「開步走」的。』(見氏著《治學小言·詹詹録·四》,齊魯書社,一九八六年,頁四一)

如不及者矣。」』〔一〕

姚氏所引，見《經義考》卷五『丁氏（寬）《易傳》』條。朱彝尊原文作：

> 胡一桂曰：寬師田何，而復師其同門之友，以受古義，可謂見善如不及者矣。然所謂《易説》三萬言，不過訓故大義，又曰『小章句』。竊意其學祇是文義、章句，象數之學恐非所及也。

可見姚氏徑取《經義考》采録之前儒論説，作爲解題材料。惟姚氏引據之時，有所節取，并爲文義通暢計，而增一『丁』字。

姚氏又取朱彝尊之按語，作爲解題材料。如其『《魯説》二十八卷』條，即首引朱氏按語：

> 《經義考》曰：『按《詩》之有《序》，不獨《毛傳》爲然，説《魯詩》者亦有《序》。楚元王受《詩》於浮丘伯，劉向，元王之孫，（按：爲元王四世孫。）實爲《魯詩》，其所撰《新序》，以《二子乘舟》爲伋之傅母作，《黍離》爲壽閔其兄作，《列女傳》以《芣苢》爲蔡人妻作，《汝墳》爲周南大夫妻作，《行露》爲申人女作，《邶・柏舟》爲衛宣夫人作，《燕燕》爲定姜送婦作，《式微》爲黎莊公夫人及其傅母作，《大車》爲息夫人作，此皆本於《魯詩》之《序》也。』〔二〕

〔一〕姚振宗《漢書藝文志條理》卷一，載《二十五史藝文經籍志拾補萃編》第三卷，清華大學出版社，二〇一一年，頁二五。

〔二〕姚振宗《漢書藝文志條理》卷一，頁五四。

朱氏按語，見於《經義考》卷九九『卜子商《詩序》』條下，原文六百餘字，姚振宗僅取其相關文字，約占原文之三分之一。

在《經義考》可供後世取資方面，有一個突出的例子。清代翟均廉（約一七三六—一八〇五）撰有《易傳辨异》四卷，四庫館臣將其列入目録類存目，而提要云：

國朝翟均廉撰。均廉字春沚，錢塘人。乾隆乙酉舉人，官内閣中書舍人。其書考自漢訖元諸家《易》注源流得失，凡一百一十四條。中間惟辨『朱彝尊誤引張氏《易》』『毛奇齡誤引劉表《易》』及『彝尊誤荀煇爲長倩』『宋咸不及見鮮于侁《易》』四條，差有考證，其餘一百一十條，皆剌取《經義考》之文，而排比聯貫之者也。〔一〕

可見，翟氏基本上依靠《經義考》撰成新著，僅僅做了一番『排比聯貫』的功夫。《民國杭州府志》也根據《四庫總目》的做法，將此書著録於史部目録類（見卷八七《藝文二》），却不爲《四庫全書》《四庫全書存目叢書》《續修四庫全書》等叢書所收録〔二〕。

〔一〕《欽定四庫全書總目》卷八七，《景印文淵閣四庫全書》第二册，頁七九八。

〔二〕翟氏此書，館臣所見係浙江巡撫采進本。《浙江省第六次呈送書目》：『《易傳辨异》四卷，國朝翟均廉著，二本。』《浙江采集遺書總録》：『《易傳辨异》四卷，刊本，國朝舉人仁和翟均廉撰。』似無其他刊本（參杜澤遜《四庫存目標注》，上海古籍出版社，二〇〇七年，第二册，頁一三三二）。

現代學者撰寫學術史、經學史，《經義考》更是不得不引據的重要著作。例如，著名學者劉起釪在所撰《尚書學史》中，就引《經義考》的著録條目，以見某時期《尚書》著述的概況；引用其提要所録諸家論説，以瞭解經學家之觀點；又引朱氏按語，明其考辨成就（本書第五章中有所引據）。當前也有學者利用《經義考》之著録，討論漢宋經學异同等問題[一]。

（二）對學科目録編纂之影響

作爲經籍總目，《經義考》在著録體系、分類體系、提要體系及按語考辨等方面之實績與貢獻，對後來目録著作産生深遠之影響，成爲取資與效法之對象。姚名達盛贊朱氏《經義考》『爲目録學辟一新大陸』[二]。邱建群指出：

> 《經義考》統考歷代經義之目，係一部專題目録書，它是研究中國古代經學派别、經義和版本目録的重要參考典籍。作爲專題目録書來説，是書體例甚爲完備，内容宏富，考訂詳實，爲目録學

[一] 例如，葛焕禮以《經義考》所載漢、宋《春秋》學著作條目及相關文本爲依據，從著述形式、經傳關係、三傳關係、理論學説等四個方面，討論漢、宋《春秋》學的演變异同（《漢宋〈春秋〉學的异同——基於朱彝尊〈經義考〉所載條目及相關典籍文本的研究》，載《人文雜志》二〇一一年第二期，頁一一八—一二九）。

[二] 姚名達《中國目録學史》，頁二七〇。

一大創新，足資後世編製經義及其他各類專題書目之參考與效法。嗣後，專録一代之經書者如阮元刊《皇清經解》，或專録一經之書者如雍乾間全祖望之《讀易别録》等經解目録，皆仿朱氏之遺意也。〔一〕

《經義考》既是經學目録的集大成之作，也是學科目録領域内的典範之作，因而對經學目録、史學目録、子學目録、文學目録等學科目録之編纂，具有最爲直接的影響。

一、經學目録

朱彝尊《經義考》問世之後，終清之世，再未能出現大型的經學目録。其原因可能在於，《經義考》集經學目録之大成，上溯先秦，下迄清初，包羅至爲宏富，後人似無另撰宏篇之必要。此其一。其二，朱彝尊學識淵博，交游廣泛，典藏豐富，治學堅韌不拔，而且兼擅詩、詞、古文，集文學家與學者等多重身份於一身，博學多能，後學鮮能企及。其三，有清一代經學著述，其要者已收入《皇清經解》《皇清續經解》兩部叢書中，其書現存，經義俱在。江藩編《國朝經師經義目録》，所録爲清代主要漢學、宋學家的著作，範圍有限。而欲編製有清一代經學著作專目，實有賴於民國以降學人之努力（然而到目前爲止，尚無此類經籍總目問世）。因此，清代學者轉而根據《經義考》已經具有之範式進行續作、補作，或

〔一〕邱建群《朱彝尊〈經義考〉讀後記》，載《四川圖書館學報》一九八五年第二期，頁四七。案：《皇清經解》係叢書而非書目。

針對其不足而加以校訂，相關成果，已然蔚成系列。續作、補作、校訂之作等系列衍生著作的出現，更進一步體現了《經義考》的典範意義與深遠影響。

續作、補作、校訂之作等系列衍生著作的問世，一方面是因《經義考》集經學目録之大成，學術價值極要；另一方面，也是因爲《經義考》畢竟存在不足之處。清中期著名目録學家周中孚（一七六八—一八三一）指出：

但竹垞之爲是書，未能竭一生之精力爲之，故編次尚未極當，小學僅載《爾雅》一類，而不及遍考小學全部。元、明以下，或僅據書目甄録，并序跋亦多未載；且所闕佚各書，至今日或存，全賴後人爲之續補，庶臻美備。近翁覃溪（方綱）有《經義考補正》，謝蘇潭（啓鼎〔昆〕）有《小學考》（初名《廣經義考》），錢既勤（東垣）有《補經義考》，皆未之見也。惟謝氏書已刊行録。〔一〕

周氏指出了《經義考》之所以有誤的原因，并將《經義考補正》《小學考》等視爲續補著作之一。對《經義考》之不足，四庫館臣所撰提要，分析較爲客觀：

〔一〕周中孚《鄭堂讀書記》卷三二，頁一五一。其後論及《經義考》之版本：「是本前有陳午涯、毛西河兩《序》，《目録》二卷。原刻甫及其半，自《春秋》以下闕焉。盧雅雨爲之刻全，於乾隆二十一年表進，故載表文於卷首；又爲之序及跋。末有竹垞之孫稼翁《序》。」所論乃其初刻本及盧刻本。謝啓昆字蘊山，號蘇潭，故文中「啓鼎」當作「啓昆」。

至所注佚、闕、未見，今以四庫所録校之，往往其書具存。彝尊所言，不盡可據。然册府儲藏之秘，非人間所得盡窺。又恭逢我皇上稽古右文，搜羅遺逸，嫏嬛异笈，宛委珍函，莫不乘時畢集，圖書之富，曠古所無。儒生株守殘編，目營掌録，窮一生之力，不能測學海之津涯，其勢則然，固不足爲彝尊病也。〔一〕

後來不少學者在研讀、利用之餘，即着手加以訂正、續補，可知的有沈廷芳、全祖望、馮浩、翁方綱、王聘珍、楊謙、朱休承、謝啓昆、錢東垣、嚴元照、馮登府、陸茂增、林國賡、陳矩、胡爾榮、羅振玉等〔二〕十餘家。

〔一〕《欽定四庫全書總目》卷八五《經義考提要》，《景印文淵閣四庫全書》第二册，頁七六七。案：此本提要至此爲止。而文淵本《經義考》之書前提要，末兩句却作「其勢然也」。其下更有文字，兼及得失：「至其編次，首以御注、御纂諸經冠於卷首，其義允矣。乃一經之中，多析門類，又未顯爲標識，致使朱子所撰《元亨利貞説》，轉列於本朝成德所輯《大易集義粹言合訂》之後，一展卷而時代先後多有舛錯，但久經刊板，幾於家有其書，故不復移正，而糾之如右云。」末署「乾隆四十六年五月恭校上。總纂官臣紀昀臣陸錫熊臣孫士毅，總校官臣陸費墀」。

〔二〕前文對錢東垣《補經義考・凡例》有所引據，表一—三列出了受《經義考》影響而出現的部分目録。此外，吴政上認爲補作者有沈廷芳、胡爾榮、陸茂增、翁方綱、謝啓昆、黎經誥、王朝榘(《十三經拾遺》十六卷)、錢東垣、羅振玉諸家，而未予考論(參氏著《經義考索引・自序》，漢學研究中心，一九九二年，頁六)。但王氏《拾遺》所補乃十三經之遺，似非專補《經義考》之失。日本學者杉山寬行，指出續補者有翁方綱、王大〔太〕岳、胡爾榮〔榮〕、羅振玉、黎經誥、馮登府、朱休承、馮浩、沈廷芳、錢東垣、林國庚〔賡〕諸家(《論朱彝尊的〈經義考〉——主論〈經義考〉之諸版本》一文第四部分《〈經義考〉的影響》，載《朱彝尊經義考研究論集》，頁一二一—一二五)，僅略予介紹。

以下對上述諸家續補之作加以考論，并略述作者行事，以知人論學，俾有助於對其著述價值之體認。

（一）沈廷芳《續經義考》四十卷。

蔣光煦《東湖叢記》最先著録，《民國杭州府志・藝文志》之史部目録類[一]、朱記榮《國朝未刊遺書志略》之《經目》[二]、《清史稿》卷四八五等亦載之。《東湖叢記》内有摘録之數條，猶可藉以考其概略。其文曰：

仁和沈椒園廉訪（廷芳）撰《續經義考》，未成書也，稿本散佚，曾見其副。其『楊氏（梧）《禮記説義纂訂》二十四卷』，所録□□序、徐健庵司寇（乾學）序及龔芝麓尚書（鼎孳）《傳略》。侍御有案語云：『前《考》云楊氏《禮記説義》，而未著其名字及書之卷數，下云「未見」。後載汪琬序一篇，蓋從《堯峰集》中纂録者。予獲是書於閩中，讀之而嘆其精當明備，四十九篇之條理秩然。中惟《中庸》《大學》二篇，以朱子有章句，故不復釋，亦以見其有識。因爲録二序一傳，以存梗概。不録汪序者，前《考》中已見也。』又『鄧氏（庭曾）《禮記訂補》二十二卷』，有自序，案云：『朱氏《考》中作廷

[一] 齊耀珊重修、吴慶坻重纂《民國杭州府志》卷八七，《中國地方志集成》（浙江府縣志專輯）本［據民國十一年（一九二二）鉛印本影印］，上海書店一九九三年，第二册，頁五四七。

[二] 《叢書集成續編》本，第六八册，頁一一八六。

曾書二十四卷,下注「未見」,今得其書,故復載此。此書列錯簡疑文於目,而以《大戴記》第於十九、二十兩卷,二十一、二十二兩卷則疑經也。』又『黄氏(宗羲)《朱子壺説》一篇下,有案語云:『黄氏此書,係答劉伯宗言:「《投壺經》言壺頸修七寸,腹修五寸,口徑二寸半,容斗五升。鄭注:『腹容斗五升,三分益一,則爲二斗,積三百二十四寸,以腹修五寸約之所得,求其圜周,得二尺七寸有奇,是爲腹徑九寸有餘也。』按:鄭氏此説皆整數,二斗之積也。然以二斗之積,四分去一,則與經文『斗五升』合矣,故朱子欲去二斗虚加之數,是也。……此則朱子不明算法,而不自知其誤也。」』[一]

所謂『前《考》』,即指朱氏《經義考》。蔣氏所録凡三條,前兩條均見於朱彝尊《經義考》卷一四六,末一條則見於卷一四七。第一條,朱彝尊未見其書,係從汪琬《堯峰集》中采出;錢氏則親見其書,故爲補充兩篇序文、一篇傳文。第二條與第一條相類,其書朱氏未見而錢氏得見,因補録鄧氏自序,且於案語中叙其體例。第三條,按蔣氏所録,沈廷芳《續經義考》内有『黄氏(宗羲)《朱子壺説》』條,而於案語中補録黄宗羲答劉伯宗之文。考黄宗羲有《答劉伯宗問朱子壺説書》一文,與沈氏按語對勘,可知其

[一] 蔣光煦《東湖叢記》卷二,《續修四庫全書》第一一六二册,頁六七一。案:所引沈氏案語中所録黄宗羲文,以黄氏《答劉伯宗問朱子壺説書》校之,蔣氏所引者,誤『腹徑』爲『腹經』,又脱去『然以二斗之積』一句。今據改,并省去黄氏論證朱子之誤者約二百五十餘字。黄氏此文,見《南雷詩文集·書類》(參沈善洪主編《黄宗羲全集》卷一〇,浙江古籍出版社,二〇〇五年,頁一八二)。

按語除首二句外，全爲黄氏之文。因此，沈廷芳此條，乃因黄氏《答劉伯宗問朱子壺説書》一文而立；因一篇而立一條，實與通例不合。

由蔣氏所録三條推知，沈廷芳實就朱彝尊《經義考》已有之條目，或爲之補充材料，或補叙其書體製；或另立新條目，而於按語中補録相關資料。實際上，沈著雖名《續經義考》，實際上既有『續』，亦有『補』。

沈廷芳此書之意義，在於開續補《經義考》之先河。沈氏（一七〇二—一七七二）字畹叔，一字荻林，號椒園，仁和（今杭州）人。乾隆元年（一七三六）舉博學鴻詞，除庶起士，授編修，後官至河南按察使，有政聲。沈氏『篤志正學，少受詩法於查慎行，後事方苞，學爲古文，鞅掌中不廢撰述』，『掌教粤秀、敬敷諸書院』，『人比之胡安定』〔一〕。有《十三經注疏正字》《隱拙齋集》等。

沈廷芳之師查慎行（一六五〇—一七二七），少受學於黄宗羲，同朱彝尊爲中表兄弟，而交誼甚篤：二人曾於康熙三十七年（一六九八）聯袂入闈，唱和之作極夥；朱彝尊卒後安葬，查慎行同弟查嗣瑮親自執紼送行〔二〕。沈廷芳能作《續經義考》，立『黄氏（宗羲）《朱子壺説》』條，其間自有學術傳承之機緣在焉。

〔一〕 齊耀珊重修，吴慶坻重纂《民國杭州府志》卷一二六《名臣傳》，《中國地方志集成》（浙江府縣志專輯）第三册，頁一三八—一三九。

〔二〕 張宗友《朱彝尊年譜》，頁五七〇。

(二) 全祖望《讀易别録》三卷。

全祖望是最早對《經義考》進行學術批評并加以糾補的學者之一。全氏在《答鄭筠谷宫贊論朱氏經義考帖子》中,指出《經義考》有「謬托於經,而實不可以言經者,皆未加别白」之失,并特别以易類爲例加以説明:

請以《易》言之。自孟喜、焦延壽、京房而下,所有妖占、錯卦、占事、守林、飛候、混沌、委化諸書,其甚者有所謂明堂、隨曲、射匿、大筮、衍易、鼠序、卜黄、八具之流,降而至於管輅、郭璞、葛洪輩所著,荒唐訞妄,占驗之囈語,射覆之廋詞,皆出其中。是在《漢》《隋》史志及《七略》《七録》或入之著〔蓍〕龜家,或入之五行家,原自劃然,間亦有分晰未清〔精〕,如古五子十八篇之流,儒者尚嫌其編次之未當,若《唐志》則尤嚴焉。其餘《尚書》則有《五行》《星曆》《日月變》諸書,《詩》則有《歷神泉》《元談》諸書,《禮》則有《明堂》《陰陽》諸書。凡若此者,皆應置之附録,參於毖緯中候之間,而不可與傳經之著,同登於一卷。乃竹垞反爲合之,誤矣。[一]

全祖望鑒於《經義考》「不審舊史之例,概取而列之于易,所以亂經者,莫甚于此」,因而撰《讀易别

〔一〕 全祖望《鮚埼亭外編》卷四一《答鄭筠谷宫贊論朱氏經義考帖子》,載《全祖望集彙校集注》,頁一六一五。

録》，『列圖緯于篇首，而以諸書附之，略疏證其門户之异同，以見其必不可以言經也』〔一〕。該書上卷總録各類《易》書，中卷則録與老、莊有關者，下卷專録龜學之書，凡三百四十五種。每書録作者、書名、卷數，無者則闕，并於注文中明其出處，有時指陳前志之誤與《經義考》之失。如《周易飛伏例》下注云：『《宋志》著龜家〇是書《經義考》失載。』每卷目録之前，有一篇詳細的類序，指陳歷代目録著録《易》學著作之失，闡明分類源流與編目原則。柯劭忞提要云：『祖望學殖淹通，文章爾雅，持之有故，言之成理，足以糾《經義考》之舛疏。』又揭其誤云：『然《淮南九師道訓》，劉向《七略别録》云：「淮南王聘善《易》者九人，從之采獲。」前書《藝文志》亦云：「聘明《易》者九人。」今《淮南鴻烈》所引之易説，皆九師所述也。此豈涉於丹竈之學乎？謝山乃擯之爲丹竈家，誤矣。』〔二〕該書之失，在於簡略〔三〕。

全祖望（一七〇五—一七五五），字紹衣，學者稱謝山先生，浙江鄞縣人，乾隆間進士，著名學者。曾續修黄宗羲《宋元學案》，七校《水經注》，三箋《困學紀聞》。著有《鮚埼亭集》等。

〔一〕全祖望《讀易别録》（上），《知不足齋叢書》第二十三集。
〔二〕《續修四庫全書總目提要（經部）》，頁五三。
〔三〕王渭清在其《談〈經義考〉中的『易考』——兼及全祖望〈讀易别録〉》一文中，對全氏立意及分類之失作了分析，可參。載《四川圖書館學報》一九八八年第二、三合期，頁一四五—一四八。

(三) 馮浩《續經義考》。

本稿散佚,卷數未明。朱記榮《國朝未刊遺書志略·經目》著録,注云:『孟亭侍御亦有續輯本,聞稿已散佚。』[一]《光緒嘉興府志·經籍志》經部群經類『朱彝尊《經義考》三百卷』條按語謂:『桐鄉馮浩亦有續輯。本稿已散佚,故爲附記於此。』[二]

馮浩(一七一九—一八〇一),字養吾,號孟亭,嘉興府桐鄉人。據《光緒桐鄉縣志》,馮氏爲乾隆戊辰(一七四八)進士,與修《續文獻通考》。丙子(一七五六),典試江南。後以憂歸,家居四十年。先後主常州、龍城、浙東西、崇文、戢山、鴛湖諸講席[三]。著有《孟亭居士文稿》五卷、《詩稿》五卷,又《玉谿生詩評注》八卷、《樊南文集詳注》八卷等。阮元序其集,謂『先生所著玉谿詩、樊南文詳注,辨析入微,考訂精切』,贊其思深、學醇、氣静;又云:『乾隆庚午纂修《續文獻通考》,先生獨精加纂叙,所承修《帝系》《封建》二門,餘力助成别門,總裁嘆服之。他纂者將以《兵考》進呈,先生閲之曰:「此非兵制,但漫録征戰勝負耳。」復爲鈎集審訂。嗟乎!非好學深思,儲養有素,烏能如是!先生可謂耐繁劇艱瘁而不

[一] 朱記榮《國朝未刊遺書志略·經目》,《叢書集成續編》本,第六八册,頁一一八六—一一八七。
[二] 許瑶光修,吴仰賢等纂《光緒嘉興府志》卷八〇,《中國地方志集成》(浙江府縣志專輯)本[據光緒四年(一八七八)鴛湖書院刻本影印],第一四册,頁五八五。
[三] 嚴辰纂《光緒桐鄉縣志》,《中國地方志集成》(浙江府縣志專輯)本[據光緒十三年(一八八七)影印],上海書店,一九九三年,頁五七二。

爲苟率者矣。』〔一〕馮氏既與修《續文獻通考》，聞見必博；又精於考訂，不憚繁累，其續作必有可觀之處。惜其書無存，不能考知。

（四）翁方綱《經義考補正》十二卷。

該著專糾朱彝尊《經義考》之失，成果極爲豐碩，是《經義考》校訂之作系列中代表之作。本章專辟一節加以討論，兹從略。

（五）王聘珍《經義考補》。

不明卷數。《清史列傳》卷六九、《清史稿》卷四八一本傳著録。翁方綱編《經義考補正》十二卷，頗得王聘珍之力，故《補正》中常有『聘珍曰』『聘珍按』等内容。或許王氏之補作，即已編入翁著之中。本書第五章對《經義考》尚書部分考辨類按語進行條辨時，對王氏之説頗有引據。

王聘珍，字貞吾，號實齋，江西南城人。《清史列傳》本傳稱其『自幼以力學聞』，『爲人厚重誠篤，廉介自守』。嘗『與歙凌廷堪論學』，『爲謝啓昆、阮元參訂古籍』〔二〕。『經學深醇，用力篤摯』〔三〕，撰有名著

〔一〕 阮元《孟亭居士文稿序》，載馮浩《孟亭居士文稿》卷首，清嘉慶七年（一八〇二）刻本。
〔二〕 王鍾翰校點《清史列傳》卷六九，中華書局，一九八七年，頁五五五八。
〔三〕 見翁方綱致阮元書札，沈津《翁方綱年譜》嘉慶七年（一八〇二）九月條，『中央研究院』中國文哲研究所，二〇〇二年，頁三九四。

《大戴禮記解詁》，阮元作序贊曰：『其爲《解詁》也，義精語潔，恪守漢法，多所發明，爲孔撝約諸家所未及。』〔一〕推許備至。江瀚爲其《九經學》（三卷）撰寫提要，贊云：『聘珍所著《大戴禮記解詁》，謹守師法，不妄改字，不輕立异，最爲篤實。此編亦然。』『聘珍治經，無門户，無意必，平心研究，其斯爲真學人與！』〔二〕蓋王氏未入仕途，境遇不佳，雖經學淵深，而不得不輾轉翁方綱、謝啓昆、阮元等人幕下，襄助參訂古籍。

（六）楊謙《續經義考》十卷。

《光緒嘉興縣志·藝文下》著録〔三〕。

楊謙，字子讓，號未孩，秀水人。郡庠生。《梅里志·文苑傳》：『恂恂儒行，好讀陸清獻、張楊園之書，工詩文，擅隸書。又於朱檢討爲同里後輩，知其事最悉，爲撰年譜，注《曝書亭詩》行世。』〔四〕《光緒嘉興縣志·文苑傳》稱其『好讀性理諸書，嘗撰次朱彝尊年譜，又注曝書亭詩，刊成，自謂遺闕尚多，命門

〔一〕王聘珍《大戴禮記解詁》，中華書局，一九八三年，頁一。

〔二〕江瀚《九經學》（三卷，王聘珍撰）提要，載《續修四庫全書總目提要（經部）》群經總義類，頁一三七五。

〔三〕趙惟崳修，石中玉、吴受福纂《光緒嘉興縣志》卷三四，《中國地方志集成》（浙江府縣志專輯）本［據光緒三十四年（一九〇八）影印］，上海書店，一九九三年，頁八四五。

〔四〕楊謙纂，李富孫補，余楙續修《梅里志》卷一〇，清光緒刻本，頁一四。案：陸清獻指陸隴其，張楊園指張履祥。

弟子搜補之』[一]。可知楊氏對朱彝尊非常敬仰，致力於朱氏年譜之編撰、詩集之整理與箋注，有《曝書亭集詩注》一種（前載《朱竹垞先生年譜》）；并有續作《經義考》之舉。另著有《木山閣詩稿》等。

（七）朱休承《續經義考》。

卷數未詳（有數十卷）。朱記榮《國朝未刊遺書志略·經目》著録，其注云：『育泉大令爲竹垞太史元孫，曾輯《續經義考》數十卷，没後爲人取去，無從搜求。』[二]此説爲《光緒嘉興府志·經籍一》經部群經類『朱彝尊《經義考》三百卷』條按語所采[三]。

朱休承（一七二八—一七八九），朱稻孫之孫。《秀水朱氏家譜·世系表五·朱休承》：『字伯承，號育泉，邑庠生，乾隆癸酉中鄉試三名，甲戌會試，登明通榜六名。丙戌，挑選一等，奉旨以知縣用，分發陝西，歷署三水、武功、郃陽、富平、白水等縣，及西安府清軍監同知事，庚寅授城固縣知縣。辛卯己亥，兩充鄉試同考官。丁未請告，戊申歸里。著有《居官隨筆》二卷。』[四]

[一]《光緒嘉興縣志》卷二五，頁五八〇。
[二] 朱記榮《國朝未刊遺書志略·經目》，《叢書集成續編》本，第六八册，頁一一八六。
[三]《光緒嘉興府志》卷八〇，第一四册，頁五八五。
[四] 朱榮纂修《秀水朱氏家譜》，咸豐三年刻本，國家圖書館地方志家譜文獻中心編《清代民國名人家譜選刊續編》第六七册，北京燕山出版社，二〇〇六年，頁二一八—二一九。

(八) 謝啓昆《小學考》五十卷。

原名《廣經義考》,由謝啓昆(一七三七—一八〇二)主持編纂[一]。謝氏《小學考序》云:『乾隆乙卯(一七九五),啓昆官浙江按察使,得觀文瀾閣中秘之書,經始采輯,爲《小學考》。後復由山西布政使移任浙江,從政之暇,更理前業,成書五十卷。』至於該書之撰述源起,謝氏則謂:『秀水朱氏撰《經義考》,有功經學甚巨,但止詳《爾雅》,餘并闕如。吾師翁學士覃溪先生作《補正》,又欲廣小學一門,時爲予言之。』嘉慶四年(一七九九),翁方綱爲是書作序,稱:『《小學考》者,補秀水朱氏《經義考》而作也。朱氏之考既類次《爾雅》二卷,而形聲、訓故之屬闕焉,是後學之責也。……曩在館下,每以此事諗吾謝子,今三十餘年,而謝子從政之餘,果克裒輯成書。』可見,謝氏得撰此書,實受翁方綱之啓發。

翁方綱以爲《小學考》『補秀水朱《經義考》之而作』。嘉慶三年(一七九八),姚鼐作《小學考序》,持論與翁氏同:『秀水朱錫鬯檢討嘗作《經義考》,載説經之書既備,而不及小學。今南康謝藴山方伯以爲小學實經義之一端,爲論經始肇之事……因輯漢以來言文字、訓詁、形音之書,至於今日英才博學所撰舉,載於編,凡五十卷,名之曰《小學考》,以補朱氏之所未備。』

同在嘉慶三年(一七九八),著名學者錢大昕爲是書作序,有云:

[一]《小學考》通行本有清咸豐二年謝質卿校刻重刊本(收入《續修四庫全書》第九二二册)以及浙江書局刊本(漢語大辭典出版社,一九九七年影印)。下文所引翁方綱、姚鼐、俞樾等《小學考序》,均載是書卷首。

秀水朱氏《經義考》，博稽傳注，作述源流，最爲賅洽，而小學獨闕，好古者有遺憾焉。方伯南唐謝公蘊山，枕葄經史，博綜群言，早歲紬書東觀，得窺金匱石室之藏，既而典大郡，陟監司，公務之餘，鉛槧未嘗去手。每念通經必研小學，而古今流别，議論紛如，乃遵秀水之例，續爲《小學考》。〔一〕

錢氏認爲，此書紹承《經義考》「作述源流」之統緒而致力於小學之流别，具有「補」「續」《經義考》之性質，較上揭翁氏、姚氏之認識，更爲全面。試觀《小學考》全書分類：

（甲）敕撰類（卷一至卷二，凡二卷）；

（乙）訓詁類（卷三至卷八，凡六卷）；

（丙）文字類（卷九至卷二八，凡二十卷）；

（丁）聲韵類（卷二九至卷四四，凡十六卷）；

（戊）音義類（卷四五至卷五〇，凡六卷）。

其中敕撰一類，著録《康熙字典》《欽定西域同文志》《御定清文鑒》及《御定滿洲蒙古漢字三合切音清文鑒》等書，係由清朝皇帝下令編撰之字書。此類之設立，無疑是對《經義考》首設御注與敕撰二類

〔一〕錢大昕《小學考序》，載《潛研堂文集》卷二四，頁三七九。

之規仿，尊王之意正同。但其訓詁、文字、聲韵、音義四類之設，均非《經義考》之舊，屬於謝啓昆之新創。因此，由《小學考》之内容及體例來看，《小學考》實爲規仿《經義考》之體例而新撰之學科目録，惟範圍限於小學而已。《小學考》與專補朱氏闕失之《續經義考》《補經義考》等書，性質尚有不同，既有規仿，亦有新創，并不能簡單地視作續補之作。

《小學考》廣搜博求，於劉歆《七略》以後之歷代史志、公私書目，乃至方志、文集、筆記所録之小學書，不論存佚，皆萃於編。計有詁訓類六卷、文字類二十卷、聲韵類十六卷、音義類六卷，總計收書一千一百八十種。其體例，則『一仍《經義考》』，『所録每書首列撰人姓氏名字，書名卷數，其卷數有异同者亦注明之；次標存、佚、闕、未見字樣；次列原書序跋、諸家論説；凡史傳、筆記、方志有著者之爵里、生平者亦輯録於後；謝氏有所考證者，以案語形式附於末』〔一〕。可見，無論條目著録、文獻輯録還是案語考辨，謝氏均以《經義考》爲範式，遵其體製。

《小學考》因搜羅宏富，徵引廣博，爲小學目録名著，與《經義考》《史籍考》同爲學林所稱道。錢大昕序此書，自稱閲二月方讀此書一過，贊其『采摭極其博，而評論協於公，洵足贊聖世同文之治』；又致信謝啓昆，謂：『大製《小學考》搜羅博奥，而評論又公且當，較之竹垞書，精博實有過之。蓋竹垞當日，

〔一〕虞萬里《影印〈小學考〉前言》（載《小學考》卷首，漢語大辭典出版社影印浙江書局本，一九九七年）。

异書尤多伏而未出，研精小學者，亦至今日而極盛。閣下以碩學通儒，爲斯文領袖，是以擇之精而語之詳，允爲藝林必不可少之業也。』[一]

馮汝玠爲《小學考》撰寫提要，指出其著録之善在於：『凡古今小學之書，胥臚列於編中，不惟向有傳本者，據所考可知其體要，即久經亡佚者，據所考亦可識其概略；而刊本彼此不同者，并可據所考以別其异同。搜輯之詳，已靡以加。』又列其考訂之善者數例：『其所考訂，如於江灌之《爾雅圖贊》，辨《經義考》誤合晋、陳兩江灌爲一人；於陸德明之《爾雅釋文》，辨《經義考》誤分《釋文音義》爲二書；於揚雄《訓纂》，辨王伯厚誤指《史記正義》所引「户」「扈」「鄠」三字爲篇中正文：則精確處，更不勝枚舉。至《平水韵略》，據元大德本，改題爲王文鬱，證明一百七部之并，不始自劉淵，以正各家向來傳述之誤：於古今韵部分并，所關尤巨。』馮氏最後指出：『核其於小學一門，薈萃群編，搜輯考訂，蓋集古今之大成。』[二]足證學界已將該書目爲小學領域内『集大成』式之學科目録。

與《經義考》相比，《小學考》在輯録文獻方面還有一個非常突出的優點，即能注意到引文内容的完整性。古人引書，常以意節略或省寫，與原貌有异，因而帶來了許多弊端，降低了使用價值。朱彝尊《經義考》亦常省去文末年月，因而受到翁方綱等學者的糾擿（參本章第二節所引）。《小學考》則對此

[一] 錢大昕此序見《潜研堂文集》卷二四（頁三七九），復與信并載《小學考》卷首。
[二] 《續修四庫全書總目提要（經部）》，頁一二七七。

特別留意,輯録前人文獻時一般予以全録,文末年月亦加保留,從而提高了所録文獻的可靠性和利用價值。由於《小學考》的編修,實受翁方綱啓發,因此,在注意保持引用文獻的完整性方面,也應當受到了翁方綱觀點的影響。

當然,《小學考》亦非盡善盡美,還存在着一些不足之處。周中孚則論其得失云:

余謂竹汀所言,誠爲定評,所微憾者,蓋棺論定,不志見存,史傳之例則然,非所施於私家著録也。故竹垞於同時師友,如孫退谷、顧亭林、徐健庵、毛西河、李天生、閻潛邱、陸翼王、黄俞邰諸家,并載其書與其論説。蘇潭既本竹垞舊例著書,而於此忽生變例,概不載及見存,而僅於各書按語内詳載靡遺。如邵二雲《爾雅正義》後,載阮芸臺師《經籍纂詁》并其《凡例》,及錢竹汀、王伯申、臧在東三《序》;胡廣《漢官解詁》後,載王伯申《周秦人名解詁》并其《自序》;《爾雅》暨舍人李巡、孫炎、郭璞各家注後,俱載翁覃溪《經義考補正》引丁小山説。凡若此者,遽數之不能終也。而於本書之應作按語以疏通證明之者,反不置一辭,大有類於喧客奪主者矣。總由其不遵成例以至於此,後學者所當引以爲戒也。〔一〕

周氏指出其書有『不志見存』之弊。唯其搜輯、辨證尚未盡善,故又有訂補該書及别撰之作問世,

〔一〕周中孚《鄭堂讀書記》卷三二,頁一五二。

如郭昭文《小學考補目》、黎經誥《許學考》、胡元玉《雅學考》、林明波《清代許學考》《清代雅學考》《唐以前小學書之分類與考證》等〔一〕。如此一來，由朱氏《經義考》發其端，而增補著作遞相問世，成爲學術史上一大景觀。

謝啓昆（一七三七—一八〇二），字蘊山，號蘇潭，江西南康人。乾隆辛巳（一七六一）進士，官廣西巡撫等。善詩，有《樹經堂文集》《粤西金石略》等，領修《廣西通志》。謝氏《小學考序》稱：『助爲輯録者，桐城胡徵君虔及海寧陳鱣。』胡虔（一七五三—一八〇四），字雒君，號楓原，安徽桐城人。師從姚鼐，先後入翁方綱、畢沅、謝啓昆幕，撰有《西魏書》，參與纂輯《史籍考》《小學考》《湖北通志》《廣西通志》等。陳鱣（一七五三—一八一七），字仲魚，號簡莊，海寧人。曾入阮元、謝啓昆幕。撰《石經説》《聲類拾存》《經籍跋文》《續唐書》等多種，參與纂輯《經籍纂詁》《史籍考》《小學考》等。《民國杭州府志·儒林傳》稱其『函雅故，通古今，無愧立言』〔二〕。《清史列傳》謂：『督學阮元稱浙中經學，鱣爲最深』，段玉裁『見所著諸書，嘆其精核』〔三〕。

〔一〕虞萬里《影印〈小學考〉前言》。
〔二〕齊耀珊重修，吴慶坻重纂《民國杭州府志》卷一三八，《中國地方志集成》（浙江府縣志專輯）第三册，頁三五〇。
〔三〕《清史列傳》卷六九，頁五五五七。

（九）錢東垣《補經義考》四十卷、《續經義考》二十卷。

《清史列傳·儒林傳》著録錢東垣《補經義考》四十卷。邵瑞彭等《書目長編》卷下據《嘉定縣志》著録該書，題作『《補經義考稿》』。《書目答問補正》經部於《經義考補正》條下注云：『錢東垣《補經義考》四十卷、《續經義考》二十卷，未刊。』〔一〕錢氏既有補作，又有續作，用力頗著。

錢氏二書雖然未刊，蔣光煦《東湖叢記》卷二内，著録錢氏《凡例》十四則，標目作『補經義考』。據此十四則凡例，猶可考其概略。本書第二章、第四章中，已録其第六、七、十一、十二等四則。其餘八則中，對《經義考》體例有所改正者，有以下五則：

一、先儒爵里字謚有可考者，并依竹垞之例引故籍載明之，史志亦有此法也。若其行事居官一切立德、立言、立功無關於經義者，自有正史及志乘、文集、碑石記載，俱不贅録，以省繁文。惟如譚允厚論皮日休、全祖望論王應麟之類，事關明雪先儒宿冤，文雖繁，仍備録之。

一、進士登第，唐宋以後諸史皆載某年，《金史》亦有書干支者，朱氏《明詩綜》全稱干支。今引用故書，自不能畫一改正，姑仍其舊。舉人同。

一、别號非古也，然後世稱謂所及，似不宜概廢。私謚，古人亦有之，後代雖不無謏濫，然究可

〔一〕張之洞《書目答問》，見范希曾補正《書目答問補正》，上海古籍出版社，二〇〇一年，頁四六。

以知其人之大略，今偶或載之。

一、宣講、立學二門，竹垞有目無書，今檢載籍補之。

一、五鳳之樓，非一木所能造；五侯之鯖，非一味所能成。古人著書，所以必先儲書也。寒士無力購置，而一瓻之假，不能無所藉於春明坊，尚望當世諸藏書家出其插架，以慰渴飢。异日倘書成，仍仿《通志堂經解》例，於序文言明假某氏某人書若干種，庶無掠美云。〔一〕

按其序次，上引凡例分别爲第二、三、四、十三、十四則。《經義考》輯録文獻較繁，後來學者嫌其『稍冗』，故錢氏第二則專言文獻去取原則。第三則談著録進士、舉人繫年之法。第四則談别號、私謚之采録。第十三則談對《經義考》『宣講』『立學』二門之補闕。末則談著録圖書所自，兼有求書之意。總體而論，錢氏仍以《經義考》體例爲基準，而加以適當之補充，未作較大之改變。其可觀之處，一是新立『次第』『字數』二門，對群經之記述更爲細緻，利於經義之考索；二是補『宣講』『立學』二門之闕如，能明經學之授受；三是其書卷帙繁富，於朱彝尊以降之經學著述，搜羅當屬完備。可惜其書稿散佚，不能一睹其成就。

錢東垣，字既勤，號亦軒，嘉定人。大昭之子，大昕從子。嘉慶三年（一七九八）舉人，曾官浙江松

〔一〕蔣光煦《東湖叢記》卷二，《續修四庫全書》第一一六二册，頁六七一—六七二。

陽知縣等。《清史列傳》本傳稱其爲學『沉博而知要』，當時與弟繹、侗有『三鳳』之稱[一]。東垣能紹其家學，著述頗豐，所與輯《崇文總目輯釋》六卷，世稱精本；又有《孟子解誼》《歷代建元表》《建元類聚考》《勤有堂文集》等。

（十）嚴元照《經義考補正》。

不明卷數。楊鳳苞云：『余友嚴久能（元照）潛心雒閩之學，嘗謂：「先聖遺緒，寓諸遺經，宋儒論撰，窮理尤邃。」故遇昔賢經説，雖斷簡零編，珍如拱璧。所收藏，於《通志堂經解》外，又得十數家。……久能窮居荒江老屋中，不求聞達，著書自娱。方草創《補正朱氏經義考》，日夜鈔纂群書，增其未備；又將開雕《芳椒堂續經義》，以繼昆山徐氏。』[二]可見嚴氏潛心經學，既能鈔纂群書，增補《經義考》之未備；又能搜羅經解遺著，以續《通志堂經解》。《清史列傳》稱其『治經務實學，尤熟於《爾雅》《説文》』[三]。

嚴元照（一七七三——一八一七），字久能，浙江歸安（今湖州）人。著有《爾雅匡名》八卷、《悔庵文鈔》八卷及《娱親雅言》等。

[一]《清史列傳》卷六八，頁五五〇四。
[二] 楊鳳苞《書嚴久能所藏宋刊本鶴山魏氏儀禮要義後》，《秋室集》卷一，光緒十一年（一八八五）湖州陸氏刻本。
[三]《清史列傳》卷六九，頁五五八五。

（十一）馮登府《逸經補正》三卷。

該書體例，先録朱氏所輯逸經，次於各經之末，附以馮氏補正之語，以『登府按』三字領之。惟所補僅四則，實可視爲《經義考》逸經一類別裁單行之本。

馮登府（一七八三—一八四一），字雲伯，號柳東，嘉興人，精輯佚、金石之學，有《三家詩遺説》《論語异文考證》《石經補考》《石經閣金石跋文》《金石綜例》《漢石經考异》《國朝石經考异》等。馮氏曾與朱彝尊五世孫朱墨林合作，輯得《曝書亭集外稿》（又名《曝書亭外集》）八卷。

（十二）陸茂增《經義考補遺》。

卷數不詳。《民國杭州府志》卷八七《藝文二》史部目録類著録。《民國海寧州志稿·藝文志》亦有著録，無卷數，注云：『未刊。』據該志，知陸氏字益其，號印浦，嘉慶辛未（一八一一年）歲貢生〔一〕。

（十三）林國賡《經義考補》。

卷數不詳。邵瑞彭等《書目長編》卷下著録，注云：『原稿本。』

〔一〕李圭修，許傳霈纂，劉蔚仁續修，朱錫恩續纂《民國海寧州志稿》卷一五，《中國地方志集成》（浙江府縣志專輯）本［據民國十一年（一九二二）續修鉛印本影印］，上海書店，一九九三年，頁四三二。

林國賡（一八五五—一九〇三），字履祥，號揚伯〔一〕，廣東番禺人。光緒戊子（一八八八）舉人，官八旗教官。據《宣統番禺縣續志》本傳，林氏爲陳澧弟子，曾任廣雅書院、兩湖書院分校等，選翰林院庶起士，假歸後主講端溪書院。其人『素無嗜好，惟耽墳籍』，『精確處多前人所未逮』，著有《讀陶集札記》《元史地理今釋》《近鑒齋經説》《軥録龕讀書偶記》，輯有古佚書若干卷，校正影宋本《北堂書鈔》一百零六卷。

（十四）陳矩《孟子弟子考補正》一卷。

《經義考》承師類考孟子弟子，凡得樂正克等十七人，各於姓名之後，列其贈封及文獻依據（《曝書亭集》卷五七有《孟子弟子考》，基本相同）。兹將其著録列表如次，以清眉目：

〔一〕 江慶柏根據《光緒十八年壬辰科會試齒録》，得其生年，而卒年未能考出。檢《宣統番禺縣續志·人物志》，稱林氏『年四十九卒』，則卒年當爲一九〇三年。又，關於其字，江氏作『颺伯』，而《宣統番禺縣續志》則作『颺伯』（分見江氏《清代人物生卒年表》頁四八〇、《宣統番禺縣續志》頁二九五〔梁鼎芬修，丁仁長、吴道鎔等纂《宣統番禺縣續志》卷二三，《中國地方志集成》（廣東府縣志專輯）本（據民國二十年〔一九三一〕年重印本影印），上海書店出版社，二〇〇三年〕）。而孔廣陶校注本《北堂書鈔》前校訂姓氏内有林國賡，稱其『字履祥，號揚伯』（虞世南撰，孔廣陶校注《北堂書鈔》，南海孔氏三十有三萬卷堂校注重刊本，《續修四庫全書》第一二一二册，頁五八）。

表七一一 《經義考·承師》所載孟子弟子列表

序次	孟子弟子	贈爵	依據
一	樂正克	宋政和中，贈利國侯。	趙岐曰：「孟子弟子。爲魯臣。」
二	萬章	宋贈博興伯。	趙岐曰：「孟子弟子。」
三	公孫丑	宋贈壽光伯。	趙岐曰：「孟子弟子。」
四	浩生不害	宋贈東阿伯。	趙岐曰：「齊人。」
五	孟仲子	宋贈新蔡伯。	趙岐曰：「孟子之從昆弟，從學於孟子者也。」
六	陳臻	宋贈蓬萊伯。	趙岐曰：「孟子弟子。」
七	充虞	宋贈昌樂伯。	趙岐曰：「孟子弟子。」
八	屋廬連	宋贈奉符伯。	趙岐曰：「孟子弟子。」
九	徐辟	宋贈仙源伯。	趙岐曰：「孟子弟子。」
一〇	陳代	宋贈沂水伯。	趙岐曰：「孟子弟子。」
一一	彭更	宋贈雷澤伯。	趙岐曰：「孟子弟子。」
一二	公都子	宋贈平陰伯。	趙岐曰：「孟子弟子。」
一三	咸邱蒙	宋贈須城伯。	趙岐曰：「孟子弟子。」

續表

序次	孟子弟子	贈　爵	依　據
一四	高子	宋贈泗水伯。	趙岐曰:『齊人,嘗學於孟子。』
一五	桃應	宋贈膠水伯。	趙岐曰:『孟子弟子。』
一六	盆成括	宋贈萊陽伯。	孫奭曰:『盆成括,嘗學於孟子。』
一七	滕更	——	趙岐曰:『滕君之弟,來學於孟子。』

可知朱彝尊之考證,較爲簡略。對於如何確定孟子弟子,朱彝尊自有其考量:

按:趙岐注《孟子》,以季孫、子叔二子爲孟子弟子。季孫知孟子意不欲,而心欲使孟子就之,故曰『异哉,弟子之所聞也』。子叔心疑惑之,亦以爲可就之矣。孫宣公奭猶因其説,故政和五年從太常議贈季孫豐城伯,子叔乘陽伯。自朱子《集注》出,乃始非之,世莫有從趙氏之説者矣。吴立夫氏撰《孟子弟子列傳》,書雖不傳,序稱一十九人,則未嘗依朱子去季孫、子叔二人,益以滕更,適合十九人之數。考《盡心篇》:『公都子曰:滕更之在門也。』趙岐注:『滕更,滕君之弟,來學於孟子也。』其爲弟子甚明,不知宋太常之議,何獨贈爵不及,有不可解者。至於《史記索隱》以公明高爲孟子弟子,而《廣韵注》謂離婁爲孟子門人,無稽之言,君子不信。又《廣韵注》詮『邱』字,引《孟子》:『齊有曼邱不擇。』今七篇無其文,弟子與?其不謂之弟子與?吾不得而知之矣。(《經義

考》卷二八二）

由朱氏按語并結合上表可知，朱彝尊對孟子弟子的界定，有兩個基本條件：一是有文獻依據（主要是趙岐之記載），二是經宋人表彰（其實就是相信宋儒尤其朱子之判斷）。上表中自樂正克至盆成括等十六人，完全符合以上兩個條件。至於滕更，由《孟子·盡心篇》本文以及趙岐注文，可以確定爲孟子弟子，故上表共列出十七人。吴萊（立夫其字）《孟子弟子列傳》所載十九人，就是以上十七人加上季孫、子叔二人。此二人雖有贈爵，朱彝尊却從朱子之説而不列入孟子弟子。

但是，朱彝尊關於孟子弟子之考證，過於簡略，因此引致批評與補正。如近人吴樹棻即云：『朱氏博極群書，獨此《考》僅舉崖略，其所援據，大都以趙邠卿《章句》爲宗，此外鮮有旁及。』〔一〕

近人陳矩（一八五二—一九三九），於光緒二十四年（一八九八）纂成《孟子弟子考補正》一種。所謂『補正』，主要有三個方面。

其一，補叙孟子弟子考證之源流。此見於陳氏《孟子弟子考補正序》：

矩既補注《孟子外書》，偶見朱檢討《孟子弟子考》，病其略，乃取而補正之。……矩補正檢討之書，乃得於《外書》及散見群書者。趙氏注《孟子》，弟子十五人，學於孟子者四人。宋政和中，以

〔一〕吴樹棻《孟子弟子考補正序》，載《孟子弟子考補正》卷首，見《靈峰草堂叢書》，成都存古書局，民國二年（一九一三）印本。

程振之請，贈爵者十八人，皆本趙《注》，惟遺滕更一人。朱檢討則增滕更，去季孫、子叔，共十七人。朱子僅取十三人。元吴萊《弟子列傳》十九人，早遺；張九韶《群言拾唾》載孟子弟子十七人，去季孫、子叔、滕更、盆成括，增孟季子、周霄。宫夢仁《讀書記數略》，則去滕更、浩生不害、盆成括，增孟季子、曹交、周霄，去取略有不同。有古籍無徵而疑爲孟子弟子者二人：若《内篇》之夷子，《外篇》之鷳子，皆棄墨而歸儒。有古籍所載而可疑者五人：《淮南氾論訓》高誘《注》之陳仲子，《史記索隱》及《外書》注之公明高，宋名世《古今姓氏辨證》之公明儀，《廣韵》及《風俗通》、邵思《姓解》之離离〔婁〕，《讀書記數略》之曹交。矩詳考群篇，無可疑而補入者七人：告子、季孫，子叔，匡章、曼丘不擇、孟季子、周霄，并原書所列，得二十四人。嗟乎！孔子没而微言絶，獨賴孟氏得孔子心傳，與群弟子序詩書，發明孔子之意，以正當時异學。孟氏之功，固不在禹下，而群弟子之力不淺也。惜後車數十乘，從者數百人之盛，姓字傳於今者，如晨星之落落，固陋亦甚，所見止此。世有博雅之儒，更能囊括無遺，則尤善已。光緒二十四年戊戌(一八九八)，貴陽陳矩。

其次，增列孟子弟子之可考者。除《經義考》所列十七人外，陳氏又增補七人(每人姓名中增『子』字)：告子勝、季孫子郊、子叔子、匡子章、孟季子、曼丘子不擇、周子霄。

再次，補叙孟子弟子有關内容。如樂正克(《補正》作『樂正子克』)，於『利國侯』下補雙行注云：

『班氏《古今人表》，樂正子居第四等。原本附後。今移前分録。』又於趙岐注（『孟子弟子，爲魯臣。』）之後，加以按語云：

矩案：孫《疏》、朱《注》與趙《注》同。《禮記・王制》『樂正崇四術，立四教』，注：『樂正，樂官之長。』蓋以官爲氏者。《文選》王仲寶《褚淵碑》文『亦猶孟軻致欣於樂正』，注引劉熙曰：『樂正，姓也。子，通稱也。名剋。』案：《集韵》，『克』與『剋』通；《正字通》，『剋』同『尅』古字皆通。《孟子外書》『樂正子春年九十矣，使其孫克學於孟子』。又『孟母之喪，門弟子各治其事，樂正克治儀』。《陶靖節集・八儒篇》列第七。樂正子傳《春秋》爲道，爲屬辭比事之儒。劉節《廣文選》：『平公與齊宣王會於梟繹山下，樂克備道孟子於平公，曰：「孟子私淑仲尼，其德輔世，長民其道，發政施仁，君何爲不見乎？」』唐林慎思演作《續孟子》十四篇，《樂正子》列第三篇。國朝雍正二年，從祀孔廟，稱先賢，仍配享曲阜及鄒縣孟廟。乾隆二十一年，於孟廟之主去前代封號，稱先賢樂正子。

至於新補之七人，陳氏亦詳其著録，首『趙岐曰』，次『矩案』。如最末一人『周子霄（補）』，陳氏叙其根據云：

趙岐曰：周霄，魏人也。

矩案：元臨江張九韶《群言拾唾》載孟門弟子周霄，次居十七。宫夢仁《讀書記數略》亦云：『周霄，孟子弟子。』《廣韵》：『本自周平王子，别封汝川，人謂之周家，因氏焉。』《戰國魏策》云：『魏文子、田需、周霄相善，欲罪犀首。』鮑彪注云：『周霄，孟子時有此人。』黄丕烈刊宋剡川姚氏本《戰國策》，『霄』作『宵』。季孫、子叔、孟季子、匡章，幸見《七篇》，曼丘不擇亦見《外書》。先儒俱指爲孟子弟子，詢〔洵〕非無據，因并録之。

可見，經陳氏之補充，有關孟子弟子之文獻信息，更爲豐富。吴樹棻爲陳氏《補正》作序，稱『是書表章先賢，爲秀水之争友』，并非過譽。

陳矩（一八五二—一九三九），字衡山。貴陽人。光緒十四年（一八八八），以監生考取實録館謄録。後隨黎庶昌赴日本，任使館隨員，常與日本詩人唱和。十七年（一八九一）返國，後去雲南探望兄長陳燦，參與平定土司反叛，以軍功得薦知縣。二十年（一八九四）調四川，歷任台州、石泉、三台、井研等縣知縣，天全知州。辛亥革命後，任國學講習所所長、省立圖書館館長。有《日本金石志》《天泉石録》《石鼓文全箋》《靈峰草堂集》《入蜀文稿》等，并編《貴州通志·金石志稿》《都匀縣志》《修文縣志》等〔一〕。

〔一〕貴陽市雲岩區地方志編纂委員會編《貴陽市雲岩區志》，貴州人民出版社，二〇〇五年，頁一二六二。

（十五）胡爾榮《經義考校勘記》二卷。

《民國杭州府志》卷八七《藝文二》史部目録類著録，小注云：『監生海寧胡爾榮〔榮〕廉石撰。』[一]《民國海寧州志稿・藝文志》亦予著録，注云：『《經義考》板曾藏其家，凡蠹敗者悉爲刊正，并著校勘記。』胡氏名下注曰：『字豫波，號蕉窗，又號廉石，監生。工文辭，詩亦超妙。所藏書畫甚富，幾與馬寒中道古樓相埒，名流晋接無虚日，不問家人産，晚遂中落，卒年五十三。』據該志，胡氏另著有《華鄂堂藏書目》四卷、《破鐵網》一卷、《蕉窮剩稿》二卷[二]。

（十六）羅振玉《經義考目録》《校記》九卷[三]。

羅氏《目録》，全以《經義考》類目爲據，分卷編製。其《校記》則訂正《經義考》四柱之失，又附列輯本，頗便利用。楊果霖曾總結其校勘義例如次：一、根據各書傳本，以補其漏例；二、根據文字訓詁，以求其异例；三、根據相關内容，以補其缺例；四、根據相涉史事，以改其誤例；五、根據學術見解，以斷其歧例；六、根據相關名物，以校其錯例。[四] 楊氏又總結其校訂成果，分析甚當。但就考訂之數

[一]《民國杭州府志》卷八七，第二册，頁五四七。諸文獻中常『榮』『榮』相混。惟『榮』意爲細流，與其字『豫波』相應，當正。

[二]《民國海寧州志稿》卷一五，頁四三七。

[三] 羅振玉《經義考目録》《校記》，載《羅雪堂先生全集》第三編第一〇册，文華出版公司，一九七〇年，頁三六九九—四五八三。

[四] 楊果霖《羅振玉〈經義考目録、校記〉研究》，載《朱彝尊經義考研究論集》，頁五五七—五九二。

量與深度而言,《校記》遠在翁方綱《經義考補正》之下。

羅振玉(一八六六—一九四〇),字叔言,號雪堂,祖籍浙江上虞,生於江蘇淮安。現代文獻大家,尤長於金石學、敦煌文獻學。著述極爲宏富,有《羅雪堂先生全集》。

(十七)佚名《續經義考》二十卷。

朱記榮《國朝未刊遺書志略·經目》著録,因作者無考,故記曰『前人』。其書内容與體例亦無從考知。

上述諸作,按其性質,大致可以分爲以下三組:

甲、校訂系列。有翁方綱《經義考補正》十二卷、胡爾滎《經義考校勘記》二卷、羅振玉《經義考校記》等。

乙、補作系列。有全祖望《讀易别録》三卷、王聘珍《經義考補》、謝啓昆《小學考》五十卷、錢東垣《補經義考》四十卷、馮登府《逸經補正》三卷、林國賡《經義考補》、陸茂增《經義考補遺》、陳矩《孟子弟子考補正》等。全祖望、馮登府二家,在補作諸書中,係專補其一類之失者。但馮氏所補僅四條;全氏所補稍多,然其中頗有可值商榷者,時賢猶嫌其簡略。沈廷芳、錢東垣二氏俱有四十卷之鉅,其成果當十分可觀。沈氏之作,由蔣光煦所録三條,已能見其所補之全面。錢東垣之補作雖散佚不存,然從其卷數及續作《凡例》來看,其補作也當全面而精審。

丙、續作系列。有馮浩《續經義考》、楊謙《續經義考》十卷、朱休承《續經義考》、錢東垣《續經義考》二十卷、佚名《續經義考》二十卷等。

續補諸家中，刊行的惟有以下六家：全祖望《讀易别録》三卷、翁方綱《經義考補正》十二卷、謝啓昆《小學考》五十卷、馮登府《逸經補正》三卷、陳矩《孟子弟子考補正》及羅振玉《經義考目録》《校記》九卷。比較而言，當以翁方綱成果最爲豐碩。

以上校訂之作、補作、續作，均成其系列，形成以《經義考》爲核心的著作群，足以説明《經義考》之學術價值與深遠影響。

二、史學目録

史學目録方面，最廣爲學界所知的是《史籍考》的編纂。清代杰出學者章學誠是這部史學目録名著的發起人和主要編纂者〔一〕。章氏在《論修史籍考要略》中談到了修書緣由及編撰體例：

較讎著録，自古爲難。二十一家之書，志典籍者，僅有漢、隋、唐、宋四家，餘則闕如。《明史》止録有明一代著述，不録前代留遺，非故爲闕略也，蓋無專門著録名家，勒爲成書，以作憑藉也。

〔一〕關於章學誠修撰《史籍考》的活動，胡適《章實齋先生年譜》乾隆五十二年（一七八七）至嘉慶三年（一七九八）各條下，有較爲簡明之考述（胡適撰，姚名達訂補《章實齋先生年譜》，遠流出版公司，一九八六年，頁九三—一六〇）。

史志篇幅有限，故止記部目，且亦不免錯訛，私家記載，間有考訂，僅就耳目所見，不能悉覽無遺。朱竹垞氏經義一考，爲功甚巨，既辨經籍存亡，且采群書叙録，間爲案斷，以折其衷，後人溯經藝者，所攸賴矣。第類例間有未盡，則創始之難。而所收止於經部，則史籍浩繁，一人之力，不能兼盡，勢固不能無待於後人也。今擬修《史籍考》，一仿朱氏成法，少加變通，蔚爲巨部，以存經緯相宣之意。〔一〕

可見《史籍考》的修撰，全以朱氏體例爲基礎，而稍加變通。有論者指出，章氏正是在編纂《史籍考》的過程中，形成了『六經皆史』的觀點，在中國學術思想史上影響極大〔二〕。《史籍考》的纂修，可分爲三個階段〔三〕，每一階段都有一位强有力的地方大員作爲支持人。各階段纂修情况，略如下表所示：

〔一〕章學誠《論修史籍考要略》，載《章學誠遺書》，頁一一六。
〔二〕關於這一問題，余英時《論戴震與章學誠——清代中期學術思想史研究》中有所論述(頁四五—四八)。
〔三〕對《史籍考》的編纂過程，姚名達《中國目録學史·專科目録篇》中『歷史目録』一節，已有初步之考察，且詳録章學誠所撰之《論修史籍考要略》《史考釋例》二文，以及《史籍考》之分類體系(頁三〇〇—三一六)；王重民先生一九五六年爲姚名達《中國目録學史》所撰《後記》中，已作頗爲精要之考述(上海書店一九八四年據商務印書館一九五七年重印本，頁四一六—四二五)。近來，付金柱《章學誠與〈史籍考〉》(載《圖書館雜志》二〇〇三年第十一期，頁七六—七八)、林存陽《〈史籍考〉編纂始末辨析》(載《故宫博物院院刊》二〇〇六年第一期，頁一三五—一五〇)均有考論，其中林文尤爲詳明。

表七—二 《史籍考》纂修情況表

階段	主事官員	纂修時間、地點	主持人及參修者	纂修成果
初纂階段	畢沅（河南巡撫、湖廣總督）	一七八七—一七九四（乾隆時），開封、武昌	章學誠主持，洪亮吉、武億、凌廷堪、胡虔等參修	雖成書十之八九，但屬草創
續纂階段	謝啓昆（浙江布政使）	一七九八—一七九九（嘉慶時），杭州	章學誠、胡虔先後主持，錢大昭、陳鱣、袁鈞、張彦曾等參修	粗成五百餘卷，而尚未定稿
再纂階段	潘錫恩（南河道總督）	一八四六—一八四八（道光時），袁浦	許瀚主持，劉毓崧、包慎言、吕賢基等參修	定稿，寫成清稿凡三百卷

王重民曾概括其纂修情況云：『章學誠在武昌五年，是爲《史籍考》發凡起例和打基礎的時期。經過杭州兩年的增補，纔使基礎擴大和漸趨鞏固，但還有待於整理和提煉。謝啓昆説是「粗成」，「修飾討論，猶有待焉」，當是非常正確的估價。這次在袁浦校理增訂，方纔做到了深入和精煉，潘錫恩決定寫成清本，準備刊行，就是由於《史籍考》的内容，至此已經達到了一定的水平。』王氏感嘆到：『我國目録學上這一部名著，在整整六十年内，經過章學誠、畢沅、洪亮吉、凌廷堪、武億、謝啓昆、錢大昭、陳鱣、胡虔、袁鈞、張彦聞、潘錫恩、許瀚、劉毓崧、包慎言、吕基賢十六位第一流的學者三次努力，纔完成了這樣一部三百卷大目録，的確是我國目録工作上一大成就，值得表彰和紀念的。可惜的是正好在一百年

前——一八五六年，畢、謝原稿，和潘錫恩增訂清寫稿，一同焚毀了。』〔一〕半個世紀之後，我們再讀王先生這段文字，也深有同感，痛惜不已(所幸章學誠《論修史籍考要略》《史考釋例》及許瀚《史籍考校例》諸文尚存，猶能略窺其編纂體例)。

晚清學者楊概指出：『史書總目，自存於各朝藝文志及諸家目録外，本無專目。自秀水朱竹垞作《經義考》，而鎮洋畢氏《史籍考》、長沙余氏作《史書綱目》，皆云仿其例，究未見也。』他盛贊《經義考》著録體例，以爲『儒生得此，可以無恨』。又以《四庫總目》史部不若朱氏之例，因而欲仿《經義考》而纂《史籍考》，并舉其例云：

今擬仿其例，如《御批通鑒輯覽》《欽定平金川方略》，及敕撰史學各書，皆列於前，以仿其御注、敕撰之例。《二十四史》以次遞降，以仿其本經之例。通鑒綱目、編年紀事本末、别史、雜史、詔令、奏議、傳記、載記、時令、職官、地理、政書、史鈔、史評、史目，總爲群史，以仿其群經之例。〔二〕

其下則續舉所擬《經義考》之逸經、刊石、鏤板、著録、通説、毖緯、書壁、師承〔承師〕諸例。又以新增有譯介之西籍，故於四柱法外，别增『未譯』一門，『而後中西史籍考大全，豈非幸哉！』可見，楊氏全

〔一〕王重民《中國目録學史·後記》，頁四二四。『吕基賢』當作『吕賢基』。
〔二〕楊概《擬仿朱氏〈經義考〉纂〈史籍考〉試舉例》，載《沅湘通藝録》卷二，頁四四—四七。長沙余氏，未詳何人。

據朱氏體例，而施及於史籍，幾於亦步亦趨，惟稍加變通而已。

此外，晚清學者唐恭安（一八四二—一九一二），也有撰寫《史籍考》之舉。《民國杭州府志・文苑傳》：『唐恭安，字子敦，廷綸子，諸生。父歿，流寓紹興，以少年善病，絶意帖括，篤志乙部，尤熟南北朝及明季事。三十以後，嘗仿秀水朱氏《經義考》爲《史籍考》，存、佚、未見，一用朱氏體裁。烏程汪曰楨稱爲閎著。晚年慮未見者多，更爲《史籍所見録》。』[一]

又，現代學者楊殿珣，撰《宋代金石書考》三卷、《宋代金石佚書目》一卷。楊氏自序云：

余嘗集録序跋宋代金石書籍之文，以及歷代藏書家之著録，都二百五十篇，略仿朱氏《經義考》、謝氏《小學考》之例，爲《宋代金石書考》三卷，復搜佚書載記，别爲《佚書目録》一卷，附於其後，蓋因體例稍有差异也。……民國二十五年一月，殿珣記。[二]

三、子學目録

子部方面，『王重民《老子考》、張鶴齡《子籍考》及日人丹波元胤《醫籍考》，均爲踵此而作』[三]。兹

[一]《民國杭州府志》卷一四六，《中國地方志集成》（浙江府縣志專輯），第三册，頁四九八。
[二] 楊殿珣撰，容庚校補《宋代金石佚書目》，載《考古社刊》第四期，一九三六年，頁二〇四。
[三] 盧仁龍《〈經義考〉綜論》，載《社會科學戰綫》一九九〇年第二期，頁三三九。

以王重民先生[一]《老子考》爲例。

《老子考》七卷，是王先生在北京師範大學求學時的學術成果。其《自序》云：『民國十四年（一九二五）從袁守和先生[引案：即袁同禮]受目録學，大好之，乃發憤先爲《老子考》，因一可藉以抽繹各史志藏書志，一可爲研究《老子》之預備也。』可見其編纂動因。該書完成於一九二七年，同年即由中華圖書館協會出版。這部著作是老學領域的第一部學科目録，共收録條目四百零五條（前七卷有三百三十五條，附録有七十條）。由於某些條目所録著述尚不止一種，因此，其實際著録的老學著作約在四百四十種左右，是當時收録最爲齊全的老學目録。由於範圍限於老學領域，故僅按時代先後編次條目，那些比較特殊的著述，則收入附録之中。附録有六種，分别爲存目、通論與札記略目、老子譯書略目、老子傳記略目、《道德經》碑幢略目等，實爲各種專題目録。這種處理，應當是受到了朱彝尊《經義考》的影響。如前所論，《經義考》共分三十個門類，其中有十四類（如易類、群經類等），爲歷代目録經部的通用類别，其餘各類（如刊石類、擬經類、通説類等），則分屬不同的專題。《老子考》將專題目録編入附録

[一] 王重民（一九〇三—一九七五），字有三，號冷廬，河北高陽人，曾任北京圖書館副館長、北京大學圖書館學系主任等職。著述宏富，學問精深，在目録學、版本學、敦煌學、圖書館學等多個領域，均有建樹，爲一代學術大家。對王先生學術成就的研究，屢見佳作，并有結集（北京大學信息管理系編有《王重民先生百年誕辰紀念文集》，北京圖書館出版社，二〇〇三年），但對先生在子學目録領域的代表作——《老子考》一書，目前尚無專文加以研究；即使是《老子學考》（戴美芝撰，花木蘭文化出版社，二〇〇六年）等研究老子學術史的專著，也僅對《老子考》偶加叙及，未能深論。

中，主次蔚然分明，頗稱允善。

《老子考》的目録學成就，除收録齊全、分類允善之外，更主要地表現在對輯考體例的調整與創新上。這體現在條目著録、輯録文獻、按語考辨等各個方面。

（一）條目著録方面

《老子考》在條目著録上，仍然遵奉《經義考》四柱法之例，以詳細標注圖書流存狀況。其《凡例》稱：『存者稱「存」，殘缺者亦稱「存」，佚者稱「佚」，佚而有輯本者亦稱「佚」，不知其存佚者稱「未見」。』則該著於『存』『未見』二類之著録，仍用《經義考》成法；而對『佚』『闕』二類之著録，有所改進。這體現在：

一是對殘缺不全之書，仍然著録爲『存』；凡殘缺較多者，也不沿用『闕』字，而是標以『殘』字。如《老子考》卷四趙至堅《道德真經疏義》六卷條下，即標『殘』字，謂出《道藏》本，并有注云：『原缺卷一之三。』書失其半，故定爲殘本。爲什麽不用『闕』字呢？這可能與目録學的傳統有關。在中國目録學史上，『闕』字最初被用來標注亡佚之書，如《隋志》即采用這種方法，此前的王儉《七志》還列有闕書專目。因此，『闕』字實含有『亡佚』之意。如果考慮到這一標注傳統，那麽，用來標注殘缺不全的著作，『殘』字無疑較『闕』字允妥。

二是將有輯本的佚書，仍然著録爲『佚』。清代輯佚學特别發達，許多已經亡佚的著作，經清儒的努力,均有輯本傳世,老學著作亦莫能外。對於這些新出現的輯佚之書,如何著録,是目録編纂者需要面對的問題。《老子考》仍然將這些書著録爲『佚』,但却注明其輯本。這一著録措施,既尊重了歷史,又兼顧了現實,可謂允善。綜而論之,《老子考》對《經義考》的四柱法,既有因襲,也有改進,實際上將『存』『佚』『闕』『未見』四項,調整爲『存』『佚』『殘』『未見』新四項,進行了合理的改進與創新。

除對四柱法予以改進外,《老子考》在條目著録方面的貢獻,還在於創造性地增加了著録刻本的内容。其《凡例》云:『本書體例,概仿朱彝尊《經義考》、謝啓昆《小學考》,惟於存者著其有何種刻本或叢書本。』版本是目録重要的著録項目之一。朱彝尊編撰《經義考》,其目的在於通考歷代經義,故剔録爬梳,遍徵載籍,輯録諸説,不遺餘力,而於五代以降之圖書版本,却未加措意。王重民《自序》云:『朱氏《經義考》、謝氏《小學考》,祇著存佚,不詳刻本,亦或美中不足;故余於刻本特欲致其詳。』如卷一《老子道德經》條下,遍列六朝唐人寫本、唐宋刻石本、宋刊本,雖殘章缺行之本,亦加羅列,不厭其詳。對於稿本,先生則標以『未刊』二字,從而使對版本的描述,更爲精確。衆所周知,版本對藏書、校書、讀書及學術研究均具有重要價值,因此,詳著版本,既是王重民先生重視版本思想的反映,也提高了《老子考》一書的學術利用價值。姚名達謂:『專門考究一書之版本者,有王重民之《老子考》,實爲最早之杰作。』〔一〕

〔一〕姚名達《中國目録學史》,頁三三六。

（二）輯録文獻方面

如前所論，輯録文獻是輯考體目録重要組成部分，包括序跋、書目解題、諸儒論説等内容。基於《經義考》成例，《老子考》改進之處有三：

一是輯録文獻的有序化。《經義考》所采輯録文獻，基本上按時代先後羅列，但是所輯資料之間，往往年代參錯，難免有違次之失。《老子考》編次文獻的原則是：『其由自序或他人代序確知其著作年月者，據以爲先後之次序；不能確知其著作年月者，則以著者之生卒年月而排比之；若均不可考時，則依首見於某志或某書而核定。』（《凡例》）可見該著實能分别輯録文獻的不同情況，予以恰當的編次。

二是引文題稱的標準化。引文題稱即輯録資料所從出之文獻。《經義考》或題『某某曰』（這種情況最多），或標單篇名稱（如序、跋），或示所出文獻。其弊在形式不一，體例難稱嚴謹。其稱『某某曰』者，不明文獻所出，尤令人徒費考索，引用時極爲不便。《老子考》的引文題稱則比較標準。如其卷二王弼《老子注》二卷條下，引文題稱分别爲：晁説之《跋》，熊克《跋》，陳振孫《直齋書録解題》，《白雲霽道藏目録詳注》，《四庫書目提要》，洪頤煊《讀書叢録》，丁丙《善本書室藏書志》，周中孚《鄭堂讀書記》，黎庶昌《古逸叢書叙目》，日本全善、森立之《經籍訪古志》，日本島田翰《古文舊書考》，凡十一條；據知其於引用文獻，除集體著述或不明撰人者之外，全部采用『著述人＋引用文獻』的形式，於外籍作者并明其國籍。這一體例，不僅整飭嚴謹，而且便於考索原著。

三是引文的完整化。朱彝尊在《經義考》中，凡有輯録，循古人引書通例，常加減省，或僅撮取大意。常有節引過當，致文意不明之處。其引序跋，也常省去文末年月，從而不利於對著述時代的判斷，因而受到翁方綱等學者的指責（詳參本章第二節）。鑒於朱氏此失，謝啓昆《小學考》、孫詒讓《温州經籍志》等，均注意保持輯録文獻之完整。王重民先生顯然也注意到了這一問題，因而在《老子考》中，對所引文獻之年月，俱予采録，故極便於學者之采信與利用。

（三）按語考辨方面

按語是輯考體目録的第三大部分，也是集中展現作者學術觀點與水準的部分。《老子考》在這一方面的貢獻，主要有兩點。一是就内容而言，更加注重在學術方面的探討。朱彝尊在《經義考》中的按語，主要是輯録遺文逸字，考辨史實真僞，解説經學源流。其中考辨部分，最能體現朱氏的學術見解與成就，不過在全部按語中所占比例較小。本書第五章中所揭《尚書》部分九十一則按語中，祇有二十一則係考辨内容，僅占五分之一强。《老子考》各條下所附按語，基本上都有考辨的内容，從而成爲考求王重民先生老學識見的重要淵藪。兹録其文字較短者一則爲例。其卷一張陵《老子注》條（注『佚』）按語云：

> 按：《弘明集》引張陵注《老子》云：『道可道，朝食美，非常道，暮成屎；二者同出而异名，人根出溺溺出精』，其辭甚不經！杜光庭以爲想爾《老子注》即張氏此書，不知何據？余疑『想爾』當

係『想余』之誤；陸元朗《釋文》既收想余説，其非此書明矣！〔一〕先生以張陵注文之不經，及陸德明《經典釋文》所收想余之説相參證，以否定杜光庭之説，鮮明地表達了自己的學術見解。

《老子考》在按語方面第二點貢獻，在於突破了《經義考》於輯録文獻下附加按語的範式，而將按語隨文所需，擴展至條目之下、輯録文獻之前，用於文獻出處的説明與辨析。例如，卷一《老子道德經》條（注『存』）下，『見《隋書・經籍志》』文後考辨云：

按：此書《漢志》不載，而載鄰氏、博氏、徐氏、劉向四家説。於《老子鄰氏經傳》下注云『姓李名耳，鄰氏傳其學』，亦未著書名及卷數。《史記・老子傳》曰『著書上下篇，言道德之意，五千餘言』，以此爲最先見。〔二〕

先生遍徵史志及傳，指出最先指明老子著書者爲《史記》，而最早載其著作者則爲《隋志》。源流明晰，要言不煩。袁同禮嘗論云：『其書其志，均足繼朱、謝二氏之後。……其博訪窮搜之功，於治斯學者貢獻多矣。』（《老子考・序》）僅以按語觀之，《老子考》已足當此評。

〔一〕王重民《老子考》，頁七五。
〔二〕王重民《老子考》，頁一。

綜上所考，足見《老子考》對《經義考》著録體例之遵奉與改進。該書收録宏富，分類允當，體例完善，實爲子學目録之佳構。就老子學研究而言，在清代校證考訂的基礎上，民國時期展開了老子年代問題的大討論，并注重考察老子學説的源流。《老子考》以精嚴的著録體系爲基礎，無疑是此期考辨老學源流方面最重要的成果。

四、文學目録

古代中國的文學目録，可考者以西晋荀勖《新撰文章家集叙》（學者習稱《文章叙録》）爲最早。後世文學目録之編纂，亦多受《經義考》之影響。如王國維治詞學，即『思仿朱竹垞《經義考》之例，存佚并録，勒爲一書』，成其《詞録》〔一〕。而對《經義考》體例予以創造性改進者，今人周采泉先生《杜集書録》可稱代表。該書『仿照清朱彝尊《經義考》及謝啓昆《小學考》體例，將歷代有關杜詩著作彙成一系統性簿録，是供杜詩研究者和愛好者使用的一部工具書』〔二〕。其值得稱道之處，有以下數端：

一、在著録理念上，編者抱『與其疑而舍之，何妨過而存之』之觀念，網羅遺獻，聞見畢録，不論書之存亡，悉加裒輯。這使該著同《經義考》一樣，具有『集大成』之性質與規模。

二、在所録各條之排序上，該著踵《經義考》成例，以著作時代爲序。其方法是：首先看作者之生

〔一〕說詳彭玉平《〈詞録〉考論》，載《文學遺産》二〇一〇年第四期，頁一一〇。
〔二〕周采泉《杜集書録·凡例》，上海古籍出版社，一九八六年，頁一。

卒年；若生卒年無考，則看成書之年月；若成書年月亦不可考，則酌參序跋，定其先後；始末不詳者，則附於各朝之後。這一做法，無疑審慎而周密。

三、在各條内容結構上，該著將《經義考》條目、解題、案語三個部分組成的結構形式，加以擴展，變成了由書名、著者、著録、板本、序跋、編者按這六個部分組成的結構形式，并對每一部分均進行了詳盡的著録。

（一）書名。概舉全稱，有异名及簡稱者條注於下。卷數就現存數記載，同一書因刻本不同而卷數互异者，分别注出。如『杜工部草堂詩箋五十卷』，附注謂：『亦有僅題作《草堂詩箋》者。有五十卷附《外集》一卷本，又有五十卷附《詩話》二卷、《年譜》二卷本，又有二十卷附《補遺》四卷本，又有四十卷附《補遺》十卷本等。』對題名及不同形式的板本均有説明。這與《經義考》首列作者、次列書名的做法不同。

（二）著者。其做法則以姓名爲主，而又針對不同情况，加以調整。如『杜工部草堂詩箋五十卷』，其著者項稱『宋蔡夢弼會箋』，附注云『俞成校正并《跋》』。其下則列作者生平：

夢弼，字傅卿，建安人。生平刻書甚多，所刻書以《史記》最知名，世號《蔡夢弼本史記》（未見）。嘗注韓柳文，今皆不傳。《建安府志》無傳，仕履不詳，疑亦江湖長翁陳起一流人也。

此生平非采録他書所記，爲周先生所自撰。由上文可知其關注重心，乃在刻書及學術活動。此外，如前人誤以字爲名者，於名下注明之。僅有別號者存其號，僅知姓者存其姓，不著撰人者作闕名。同一類中闕名過多，爲避免援引時混淆，則就成書先後以干支編次，如輯評考訂類批點闕名較多，則題闕名批甲本、乙本等。僞書托名及存疑待考之人，姓氏以「〔〕」指出。參校人員，往往是考察一部著作水準高低的依據之一，故其姓名，亦繫於著者之後。至於所録序跋作者之字號里貫，則於序跋前注出，不另立傳。

（三）著録。即説明本書之出處記載及存佚情況，主要以各家書目所記爲主。以『杜工部草堂詩箋五十卷』爲例，即從以下十一種書目中予以采録：清錢謙益《絳雲樓書目》、錢曾《也是園書録》《述古堂書目》、季振宜《季滄葦書目》、蔣汝藻《傳書堂善本書目》、瞿鏞《鐵琴銅劍樓藏書目録》、汪士鐘《藝芸書舍宋板書目》、李盛鐸《木犀軒藏書目》、日本澀江全善《經籍訪古志》、近人羅振常《善本書所見録》、《北京圖書館善本書目》等。

（四）板本。板本一項，爲朱彝尊《經義考》所忽，未列爲專項。該著則對板刻情況加以全面介紹。宋元刻本經多次復刻者，每種刻本之收藏題識，分別繫於各該刻本下，藉便尋檢。一書經翻刻有重大校正，已非原來面目者，作另一書處理。稀見板本并注明收藏單位，以利訪求。

（五）序跋。與朱彝尊《經義考》廣泛地從史傳、文集中搜羅資料不同，該著更重視本書之序跋、提要及各家考訂、評語。提要專指《四庫全書總目》，并分別注明『存書』與『存目』。

（六）編者按。按語是朱彝尊《經義考》中非常重要的内容，該著則標以『編者按』，以説明對全書之評價；需補充説明者，則以『又按』領之，爲《經義考》成法。

四、尤值注意的是，同《老子考》相類，作者將考辨内容，隨文所需，擴展至著録欄目之下，并不全部集中在按語之中。爲求醒目，將著録、板本、序跋、編者按四項，用『◯』括起，以清眉目，非常便利使用。

綜上考論，可知《經義考》著録體例之精善，爲後世的學科目録編纂提供了可資借鑒的範本與擴展、改進的餘地。對其他類型目録的編纂來説，《經義考》同樣具有參考價值。

（三）對綜合目録編纂之影響

朱彝尊《經義考》對後世綜合目録的編纂，也有深遠的影響。如集中國傳統目録之大成的《四庫全書總目》，即深受其影響。本章專列一節（第三節），對二者之關係專予探討。

《經義考》的影響，還突出地表現在影響了地方文獻目録的編纂。如乾嘉時隴右學者邢澍所撰《全秦藝文録》八十卷，係一部較爲詳備的收録秦隴學者著述的書目。惜其書已佚。孫詒讓指出：『其書仿歷史《藝文志》而參以《經義考》之例，今亦未見其書。』〔一〕則其書於晚清已罕流傳，今日大陸已無從查

〔一〕 孫詒讓《温州經籍志叙例》，頁九。

考其全本(但其三代至隋部分,曾先期刊行,題爲《關右經籍考》〔一〕。洪亮吉曾見《全秦藝文録》全書,且爲序云:

《全秦藝文録》者,吾友階州邢君澍官浙江長興縣時所著也。長興於東南爲最繁,君莅事數年,刑清政簡。乃以其暇裒輯《宋會要》及《金石札記》等書。又以關中自唐宋以來,疊經兵燹,昔賢述作,淪佚者衆。復以二年之力,精心搜采,爲《全秦藝文録》一書。始自三代,迄於有明,共若干卷。脱稿後,即郵以示余。余讀之,嘆其搜羅之廣博,類例之嚴整。大致仿歷史藝文志等書,而參以近人朱檢討彝尊《經籍考》〔《經義考》〕之例,分别門類,條舉遺佚。而後知君不特能於其官,即著一書而其取材之博,用心之審又如此也。〔二〕

〔一〕王重民在爲姚名達《中國目録學史》所撰《後記》中,指出北京圖書館藏有《全秦藝文録》十一卷(姚名達《中國目録學史》〔上海書店一九八五年〕,頁四二五)。但據漆子揚考辨,這個十一卷本,即爲先行刻印之《關右經籍考》(漆子揚《章學誠〈與邢會稽〉的文獻價值》,載《蘇州大學學報》二〇〇五年第四期,頁四九)。漆氏另有《邢澍生平事迹考述》一文(載《寶鷄文理學院學報》一九九八年第三期,頁四〇—四三),對邢氏生平考察較細。據考可知,邢澍(一七五九—一八三〇),字雨民,一字自軒,號佺山,階州(今甘肅武都)人,曾任浙江永康、會稽、長興知縣等職,與章學誠、錢大昕、錢大昭、孫星衍、洪亮吉、胡虔、阮元等相交游。文獻學家、金石學家、詩人、藏書家、書畫家。有《守雅堂詩文集》(一名《安雅堂集》)二卷,其一卷即《南施詩草》,今存;另一卷爲文集,已不傳於世(另參漆子揚《邢澍詩文箋疏及研究》,甘肅人民出版社,二〇〇八,頁一)。

〔二〕洪亮吉《全秦藝文録序》,《更生齋文甲集》卷三,載劉德權點校《洪亮吉集》,中華書局,二〇〇一年,頁一〇〇五。

可知邢氏《全秦藝文録》，亦屬規仿《經義考》體例之作。章學誠《與邢會稽》：

《全秦藝文》之訂，雒君先生行後，未知餘緒如何。所要諸家著録，有鈔本未傳於外者，多在揚州行篋，當爲檢寄，亦尚有數種未購集者，方當爲畢制軍訪購，不時寄家。如尊處欲用，但遣一介之使，向小兒索取，必可得也。鄙意終以先定《全秦人物表》爲主，如《人物表》已有稿底，必須草一副本，交小兒處，則將來《史考》局中，但有所見，即須憑表摘録，易爲功矣。〔一〕

邢澍與章學誠、胡虔（字雒君）爲一時友好，其《全秦藝文録》之修撰，深受章氏、胡氏等交游所關注，不僅得到章氏在圖書資料上的支援，還得到在修撰方法與步驟上的具體指導。《全秦藝文録》與《小學考》《史籍考》二書之修撰，大致同時，三書在體例上同時受到朱彝尊《經義考》之影響，亦確然無疑。

邢氏於嘉慶十一年（一八〇八），任江西饒州府知府，移家秀水碧漪坊，正與朱彝尊舊居相鄰，由是『考其遺事，仰其風流』〔二〕，對朱氏倍加敬慕，頗有朱氏當年願爲聖人林户之遺（參本書第一章所引朱氏《謁孔林賦》）。

〔一〕章學誠《與邢會稽》，載《章學誠遺書》，頁三一五。
〔二〕漆子揚《邢澍生平事迹考述》，頁四二。

又,著名學者孫詒讓〔一〕編撰《温州經籍志》,亦深受朱氏《經義考》體例之影響,并能根據實際需要,加以改進。孫氏編撰此志,一是出於對地方藝文之重視,『郡邑之志經籍者,蓋土訓之駢枝,書録之流裔也』。二是補前人成書之未備,以求其全。此前已有湯成烈《(咸豐)永嘉縣志稿》,『體裁淵雅,其《藝文録》全用朱氏《經義考》之例。然所紀者止于一縣,且永嘉諸儒遺書,湯多未見,故亦未能詳備』〔二〕。孫氏因此『特爲補輯,勒成斯編,粗存崖較,兼拾闕遺』,用意昭然。

孫詒讓何以會采用朱彝尊《經義考》之編纂體例?這首先當然是因爲《經義考》體例之精善。孫氏《叙例》謂:

中壘校書,是有《别録》,釋名辨類,厥體綦詳。後世公私書録,率有解題。自汴宋之《崇文》,逻熙朝之《四庫》,目誦所及,殆數十家,大都繁簡攸殊,而軌轍不异。至於篇題之下,晉迻叙跋;目録之外,采證群書,《通考·經籍》一門,實創兹例。朱氏《經義考》,祖述馬書,益恢郛郭,觀其擇撢群藝,研核臧否,信校讎之總彙,考鏡之淵椒也。此書之存,意存晐備,故輒遠軌鄱陽,近宗秀

〔一〕孫詒讓(一八四八—一九〇八),字仲容,號籀廎,浙江瑞安人,著有《周禮正義》《墨子閒詁》等,被目爲朴學大師之『殿軍』(潘猛補《温州經籍志·前言》,頁一)。

〔二〕以上所引,均見孫詒讓《温州經籍志叙例》(頁九)。以下簡稱此文爲《叙例》(頁九—一三),本節凡有所引,不再注出頁碼,以省繁文。

水，庶廣甄録，用備考稽。

這段文字，首先指出《别録》開創了解題目録體例，其次指出朱氏《經義考》在馬端臨《經籍考》的基礎上『益恢郛郭』，將體例發展到精善的地步：『擇撢群藝』，謂輯録文獻之精審，故爲『校讎之總彙』；『研核臧否』，謂案語考辨之精當，能成『考鏡之淵椒』。孫氏敏鋭而準確地把握了中國目録體例發展的趨勢，根據自己『意存晐備』的撰述需求，從而選取《經義考》之輯考體例作爲自己的編目體例。

其次，孫氏當時可以考求體例的地方文獻目録，惟有邢澍《全秦藝文録》及湯成烈之《（咸豐）永嘉縣志稿》。孫氏於前者雖未獲睹，然於洪亮吉《全秦藝文録序》中，已能考知其體例深受朱彝尊《經義考》之影響；於後者則親核其書，謂其『體裁淵雅，其《藝文録》全用朱氏《經義考》之例』（《叙例》）。前人成例，自然會成爲影響孫氏選擇的重要因素。

孫詒讓雖然以朱彝尊《經義考》之體例作爲自己取法的對象，但并非亦步亦趨，拘泥於成例，而能根據編撰地方藝文的實際需要，對《經義考》體例因革損益，在一定程度上糾正了《經義考》的一些偏頗之處，完善了輯考體的目録體例。

在條目著録方面，孫詒讓完全采用了朱彝尊《經義考》『撰者居首，以氏繫名，明著篇卷，詳具存佚』的條目結構。孫氏謂：『兩漢經儒，學有命氏。劉班所載，師法焯然。朱《考》凡所標楬，以氏繫名，例雖創立，意則同貫。此編所紀，不盡詁經之書，竊取敬鄉之義，故所稱述，并沿朱例。』認爲朱彝尊深明

漢儒『學有命氏』之理,因而予以仿效。其著意改進之處則有四:

一是各條内容之編次,嚴整得法。任何書目,都可視作以書名爲核心的若干内容的組合。本書第二章已指出,采用輯考體體例的目録著作,可視爲若干條内容的組合,每條内容一般包括條目、輯録文獻及案語三個部分。如何在各類之下,有序地將各條内容組織起來,就成了編纂者需要考慮的問題,某種程度上,編次方法也是衡量編目水準的重要評價標準。《經義考》體例雖稱精善,但仍有瑕疵。孫詒讓指出《經義考》『薈粹群書,雖區分世代,然不標明,易滋淆舛』。有鑒於此,孫氏對所收每條則『各加識别,俾尋覽憭如』。其方法是:『一代之人,或有先後,則并據科第、生卒之年略爲排比。其有義士逸民,身遘易姓,苟節崇肥遁,則仍繫故朝(若宋林景熙、元朱希晦之類),謹遵《四庫總目》例也。至於姓氏久湮,事實不著者,則附一代之末,用竢考定,再爲叙次。』黄虞稷《千頃堂書目》别集一類,全以科第先後排序,分别著録。其弊在於『鄉解與會試錯出無緒,遂多重複』,故孫氏『悉依舉人頭名爲次,庶可較若畫一』。在具體處理時,亦有所甄擇:『至雍正《通志》及萬曆、乾隆二《府志》選舉一門,科榜先後,每多乖异,則并依《萬曆府志》爲正,諸貢及無科第者,并約其時代附於其後。』借鑒前人,去取審慎,因而序次分明,編纂甚爲得法。

二是卷數著録,備采諸家。朱彝尊《經義考》所注卷數,多據史志,孫詒讓贊爲『實事求是,此爲精例』。爲『用揭采摭之本原,且證淪佚之時代』,孫氏『廣意搜尋,必求審諦』,對卷數的著録同樣重視。

其做法是：『凡隱篇秘笈，久無傳本者，苟著在前録，悉注行間。』如書目所無，別據他書采録者，亦注所出之書。對學術史上具有代表性的重要目録，孫氏尤加注意。他認爲：『經籍藝文，史家專志，晁、陳、鄭、馬，儲藏古目』，『乾隆《四庫》，提全書之綱要；晋江《千頃》，萃五史之闕文』。對史志目録及以上各家書目（《郡齋讀書志》《直齋書録解題》《通志・藝文略》《文獻通考・經籍考》《四庫全書總目》《千頃堂書目》），孫氏推爲『鈐鍵藝林，津逮文苑』之作，因而『凡遇此諸目所收，無論存亡，并爲詳注也』。可知孫氏對卷數之著録，較朱氏爲優；雖求其全備，亦同樣有所去取。

三是篇目差异，辨源附注。『目録』之『目』，本指篇目。余嘉錫先生謂：『何謂目録？目謂篇目，録則合篇目及叙言之也。』〔一〕昔劉向、歆父子校書，『每一書已，向輒條其篇目，撮其旨意，録而奏之』（《漢志》）。古書篇目，編定之前，多寡不一；編定之後，亦有離書單行之篇。是以一種著述之篇目多寡與分合，成爲考求該種著述流傳面貌的重要特徵之一。孫詒讓指出：『古書流傳寖遠，遞更鈔梓，名淆于婁刻，卷异于重編。苟不辨其原流，將至展卷茫昧。』爲此，『此志于見存之書，標題卷數，悉遵舊本。其有新刊重定，篇第差互，則附注下方。使先後昭晰，優劣粲然。至于亡編逸籍，叙録多岐，省易分并，尤難鈎核。今則據舊目以溯厥初，證群籍以廣其异。名期從朔，卷必徵全，附斠駁文，用資考核。』對現存

〔一〕余嘉錫《目録學發微》卷一，頁一六。

之書與亡逸之書,區别對待,而以求真爲準的。

四是因時推移,詳勘四柱。用四柱法來標明圖書流存狀况,是朱彝尊《經義考》在目録編纂學上的一大貢獻,《小學考》《史籍考》等,均遵其制。孫詒讓《温州經籍志》雖未明稱遵奉朱氏四柱之法,實際上仍從朱氏之例,并且根據時代遷移的實際情况,對四柱法有所改進。孫氏謂:『目録之别存佚,自唐釋智升《開元釋教録》始也。朱氏沿厥舊規,增成四目。存佚之外,有曰闕者,篇簡俄空,世無完帙也;有曰未見者,弆藏未絶,購覓則難也。四者畛分,實便檢斠。』對四柱法頗爲推崇。又謂:『然存、闕并憑目驗,不慮訛踳。惟未見與佚,雖著録有無,足爲左契,而時代遷易,未可刻舟。朱書之例,原始明代,還于國初,志録所收,若偶未見,并不注佚。今去朱氏幾二百年,上溯勝朝尤爲遼邈。豈無瑋篇珍帙,晦而復顯,昔艱尋購,今則通行?而隱秘之書,湮没已久,傳播殆絶,無事存疑。』對圖書因時代推移而産生的變化,分析頗入情理。不惟如此,孫氏還提出了有針對性的改進:『此編未見之書,所據藏目,斷自昭代。明人所紀,并入佚科。(凡明時有刊本者,雖國朝諸目未經著録,亦注「未見」。又黄氏《千頃堂書目》所收明人書至博,然多存虚目,不必真有藏本。故雖時代匪遥,其不詳卷帙者,并注曰「佚」。)更有書匪目睹,而傳帙確存者,如《四庫全書》庋儲天府,釋道兩家,各有專藏(釋書據雍正中藏經館所刊《龍藏彙記》,道書據明白雲霽《道藏目録詳注》),不必經覽,即定爲存,分别觀之,是在鴻博。』從中可見孫氏與時推移而加以調整的努力。

此外，在輯録文獻方面，孫詒讓也能借鑒朱彝尊《經義考》的經驗，加以改進。這表現在以下幾點：

一是在輯録文獻（主要是叙跋）的采輯上，孫氏并非有見必録，而是有所去取：

叙跋之文，雅俗雜糅，宋元古帙，傳播浸希，自非繆悠，悉付掌録。明氏以來，略區存汰。大氏原流綜悉，有資考校，義旨閎眇，足共誦覽，凡此二者，并爲攟采。或有瞀士剿剽，雅馴既少，書林衒鬻，題綴猥多，則僅存凡目，用歸簡要。（張氏《藏書志》於習見之書，序跋皆僅存目，今略仿其例。）若編帙既亡，孤文僅在，則縱有疵纇，不廢迻謄。

二是注意保持輯録文獻的完整性：

復以馬、朱兩《考》，凡録舊文，不詳典據，沾省塗竄，每异本書，偶涉讎勘，輒滋歧啎。今亦依張《志》之例，凡舊編具在者，并迻寫元文，不削一字；年月繫銜，亦仍其舊。（凡叙跋文字，從它書采入者，并依朱《考》，於文首揭著某某叙跋；其據本書甄録者，既備載全文，則姓名已具，故不復冠以某某叙跋之題。亦張氏《藏書志》例也。）其有名作孤行、散徵它籍者，則備揭根柢，并著卷篇，庶使覽者得以討原，不難覆檢。至於辨證之語，刺剟叢殘，實難稽核。朱《考》概標某曰，尤爲疏略，今則直冠書名，用懲臆造。（謝啓昆《小學考》已有此例，特此書名之下，兼及卷數，與彼小异耳。）有删無改，亦殊專輒。

朱彝尊《經義考》在輯録文獻時，循古人引文通例，時有減省并合，又時脱去文末年月，頗爲學者所病。孫氏不僅全文照録，且能注明出處，正是鑒於《經義考》有未善之處。所謂『有删無改』者，前人序跋，有所不采，謂之『有删』；全文移謄，標明出處，謂之『無改』。『張氏《藏書志》』，指張金吾（一七八七—一八二九）《愛日精廬藏書志》，此目以創製『藏書志』的目録體裁而著稱於世，著録詳備，體例嚴謹。

三是在輯録文獻的編排上，孫氏更加强調了有序化與規範化：

寫録之次，馬、朱互异。貴與殫心舊録，故叙跋繫晁、陳之後；錫鬯博綜佚聞，則傳、狀冠志目之前。凡此科條，未爲允協。今之寫定，輒爲更張。大抵每書之下，叙跋爲首，目録次之，評議之語又其次也。其有遺事叢談，略綴一二。苟地志已具，則無貴繁徵。（凡《通志》、府、縣志有傳者，并不復詳其事迹。）

孫詒讓這一做法，雖補馬、朱二氏之『未協』，實際上亦受到張金吾《愛日精廬藏書志》之影響。張《志》著録詳備，而序次有致，深爲後人所推賞[一]。馬氏、朱氏、孫氏三家所以處理有异，當與各書編撰

[一] 參嚴佐之《近三百年古籍目録舉要》，華東師範大學出版社，一九九四年，頁九三—九七。

目的有關：馬氏通考歷代典章，朱氏通録經學著述，孫氏則屬意於一方文獻。孫氏後出，理當轉精。

孫詒讓《温州經籍志》雖然在著録體例上遵奉朱彝尊《經義考》，但在分類上却以《四庫全書總目》爲依歸。其原因當在於，《温州經籍志》是以温州一地爲限的綜合目録，并非學科目録；《四庫全書總目》體例精審，自問世後，即被目録學家們奉爲圭臬。孫氏在條目著録及輯録文獻兩個方面對《經義考》體例的遵奉與改進，正爲後者深遠影響之表徵。

朱彝尊《經義考》不獨在體例上對後世目録編製有深遠影響，其著録内容也同樣爲後世書目提供豐富之取資。如以方志目録爲例，《光緒嘉興府志・藝文志》，就對《經義考》予以廣泛徵引，不獨取其條目，還徑采朱氏之按語以爲解題。如詩類陸垹《詩傳存疑》一卷，其下注云：『《經義考》。《自序》略曰：「晦庵詩傳，學者當以爲主。至其改易古説，間有意未能遽曉者，則以諸家參之。」朱彝尊曰：「《簣齋詩説》，至衛詩而止。今附集中，未成之書也。」』〔一〕可知此志據《經義考》著録，并采朱氏之説，以見其書概況。所引陸氏《自序》，檢《經義考》卷一一三可知，亦從朱氏所録序文中裁出，而非别有所據。此志中似此者比比皆是，足見《經義考》爲方志目録取裁之淵藪。

以上簡要考述了《經義考》的學術影響。那麽，《經義考》的續補諸作，其學術成就如何？後世目録

〔一〕許瑶光修，吴仰賢等纂《光緒嘉興府志》卷八〇，載《中國地方志集成》（浙江府縣志專輯）第一四册，頁五七八。

著作，對《經義考》的借鑒或取資又到了何種程度？這些都是值得探討的論題。爲此，我們選擇《經義考補正》和《四庫全書總目》這兩部具有代表性的著作，作爲《經義考》學術影響的專題加以考論。

二　專論一：論《經義考補正》

翁方綱《經義考補正》十二卷（以下簡稱《補正》）〔一〕，專補《經義考》之闕失而作，引起學界廣泛關注與研究。李慈銘《越縵堂讀書記》謂：

> 閱翁方綱《朱氏經義考補正》。竹垞〔垞〕之書，捃摭繁富，誠不能無舛漏，補正之事，必不可少。惟覃溪實不知學，僅一二訂其卷數錯誤之字，篇帙寥寥，而時闌入其詆訾近儒、皮傅宋儒之謬論。蓋覃溪初亦依傍漢儒，思以考據自見，既而碩學輩出，其陋日形；又爲戴東原所譏，遂老羞成怒，逞臆妄訾。於是罵朱竹垞〔垞〕，罵紀曉嵐，罵阮芸臺，及陳恭甫致書直争其失，而覃溪底蘊全

〔一〕案：本文使用《經義考補正》的傳本有以下三種：翁氏《蘇齋叢書》本（刻本）、《粵雅堂叢書》本（刻本）、《叢書集成初編》本（排印本）。

露，而覃溪亦老不可復爲矣。是書自言本與丁小雅共爲之，其中小有補益，當出小雅之手也。[一]

李氏對翁氏頗多指責，認爲《補正》即使『小有補益』處，亦出自丁杰之手，似與翁氏無涉。然而李氏之論，是邪？非邪？尚須考而後信。

胡玉縉、江瀚兩位先生，分别爲《經義考補正》撰寫了提要。但兩家提要，均重在對該著某些補正條目之品評，以及相應訛失之是正；但是，對該著學術價值之全面評價，似未多加措意（關於兩家提要之异同得失，本節第五部分將專予比較研究）。

目前研究《經義考補正》的專文，愚目所及，僅見二篇：一是喬衍琯先生的《〈經義考〉及〈補正〉〈校記〉綜合引得叙例》，一是楊果霖先生的《翁方綱〈經義考補正〉研究》（以下簡稱楊文）[二]。喬氏鑒於三書使用不便，因而合編引得，但未刊行，似未及對《補正》進行深入研究。楊文則提綱挈領，闡發《補正》義例，分析優劣所在，尤善於歸納體例，掇取大端，誠爲《補正》研究之宏文。但該文尚不够細緻，對翁氏的闕失之處，尚有未加覆按、訂正者，不免有遺珠之憾。

[一] 李慈銘《越縵堂讀書記》史部目録類『朱氏經義考補正（清翁方綱撰）』條，由雲龍輯，上海書店出版社重編，二〇〇〇年，頁五六二—五六三。

[二] 喬文載於《屈萬里院士紀念論文集》，臺灣學生書局，一九八五年；并收入《朱彝尊經義考研究論集》（頁五九三—六一〇）。楊文載於臺灣《『國立中央圖書館』臺灣分館館刊》第七卷第一期（頁三四—五八），二〇〇一年。

鑒於上述研究翁方綱《補正》之現狀,本節謹對該著予以逐條檢視,進行全面而細緻之考察,以見翁氏等心血之所繫,且有助於對該著學術價值之體認;凡有訛失之處,亦加商榷,庶幾便利於讀者之使用。

(一)翁方綱及其《經義考補正》

翁方綱(一七三三—一八一八),順天大興(今屬北京)人,字正三,一字忠叙,號覃溪。乾隆進士,官内閣學士。富藏書,能詩文,精鑒賞,長於考證金石,有《兩漢金石記》《漢石經殘字考》《粤東金石略》等著述多種。翁氏好經史考證之學,因此非常推重朱彝尊,曾以其像配享蘇軾[一];又曾與章學誠商討訂正《經義考》事宜[二]。助翁氏著成此書的,爲丁杰與王聘珍二人。翁氏在《經義考補正·序目》中説:

丙申春,與丁小疋晨夕過從,相質諸經説,見所校竹垞先生《經義考》,積數十條,因録存於篋。

[一] 沈津《翁方綱年譜》乾隆四十五年(一七八〇)十二月十九日條,頁一五二。翁氏友人王友亮紀詩云:『翰林雅有嗜蘇癖,瓣香直接源流探。蘇書蘇集供蘇室,笠屐小像懸諸龕。涪翁作配義最協,王沈以下肩隨堪。(時齋中以宋黄文節公庭堅及明王文成公守仁、沈徵士周、國朝朱檢討彝尊、毛翰林奇齡諸公遺像配之。)』(頁一五八)

[二] 《翁方綱年譜》乾隆五十七年(一七九二)三月條,頁二九八。

後十二年秋，在南昌使院重校是書，欲彙成一帙而未暇也。又後三年，方綱按試曹、沂諸郡，門人王實齋來相助，重加校勘，因録所補正凡一千八十八條，爲一十二卷。竊念先生是書，綜核賅貫，爲經訓淵藪，其於楊止庵《周易》一編，正其訛舛，曰：『非敢形前賢之短，慮誤後學也。』然則今兹區區附綴之意，或亦先生所樂予乎？小疋名杰，浙江歸安進士；實齋名聘珍，江西南城拔貢生。

（《經義考補正》卷首）

丁杰（一七三八—一八〇七），原名錦鴻，字升衢，別字小山；後易今名，更字小疋（一作小雅），浙江湖州府歸安縣人。乾隆四十六年進士，官寧波府教授。乾嘉名儒，長於考據、校勘之學，與戴震、盧文弨、翁方綱、邵晉涵、程瑶田、孫志祖、桂馥等友善。時四庫館開，佐校諸書，小學一門往往出手。後阮元修《經籍纂詁》，延董其事。有《周易鄭注後定》《大戴禮記繹》《漢隸字原考正》《小西山房文集》等[一]。王聘珍曾有續作《經義考》之舉（參前節）。因此，能得丁、王二人爲助，保證了《補正》的校訂品質。檢《補正》全文，凡引二人申説處，均另標出，計有『杰按』五十處，『丁杰曰』十五處；『聘珍按』十處，『聘珍曰』一處。翁氏之外，丁杰校訂最多。但在成書之時，王氏有『重加校勘』之功，用力頗著。翁氏致友人書札云：『南城門人王實齋在此相助，校出《經義考補正》諸條，已成一十二卷，今以印樣奉

[一] 以上參考陳鴻森《丁杰行實輯考》一文（載《傳統中國研究輯刊》第六輯，頁二七四—二七五）。

寄。實齋因此竟不應鄉試,其精勤可感也。』[一]除丁、王二氏外,盧文弨也曾以所補《經義考》諸條寄給翁氏,共相討論[二]。

據前引翁氏《序目》,知《補正》之撰,實發軔於乾隆丙申(一七七六),而《序目》成於乾隆壬子(一七九二),凡歷十七載,方成完帙。該書之版本,先後有《蘇齋叢書》本、《粵雅堂叢書》本、《叢書集成初編》本等。

翁氏引朱彝尊語云:『非敢形前賢之短,慮誤後學也。』故其旨趣,亦在於指正朱氏訛舛,爲後學利用,掃清障礙。其著録體例,則先列朱彝尊所采書名作爲條目,與他條自然斷隔;次列朱氏所采之説或朱氏按語;再次則加按語訂正之。凡另有申説之處,則以『方綱按』引出;丁杰、王聘珍二氏之説,亦冠『曰』或『按』字。眉目清晰,條例暢然。

(二)《經義考補正》之成就

翁氏自言『所補正凡一千八十八條』,據筆者考察,此乃僅就其所采條目而言。若細察其校正成果,則非惟訂正字句,辨析闕衍;尤能發明義例,指陳得失。故《補正》所校正之處,實遠逾此數,堪稱

[一] 沈津《翁方綱年譜》乾隆五十七年(一七九二)八月條,頁三〇三—三〇四。
[二] 翁方綱《盧公墓誌銘》,見盧文弨《抱經堂文集》,中華書局,一九九〇年,頁二。

大觀。筆者對其文逐條校讀，依《經義考》體例分類，得其校正成就如次：

一、校正條目部分

本書第二章對朱彝尊《經義考》條目著録體例進行了探討。《補正》對其條目的各個方面（書名、作者、卷數、存佚等），都有所校正。

（一）校正書名

《補正》或校書名字誤，或列不同著録，或補朱氏未備，或斷成書與否，凡五十四處（其中文淵本不誤者有七處）。兹舉數例：

《經義考》卷二〇『龔氏（原）《易傳》』條，《補正》云：

案：《通考》作《易講義》，《書録解題》作《易解義》，此從《宋史》。（卷一）〔一〕

案：《補正》羅列了與《經義考》著録條目的异名，并指出其所采書名的出處。

《經義考》卷一四九《漢月令記》條，《補正》云：

此條下竹垞引蔡邕《明堂論》，即《月令記》之文也。王深寧《漢志考》云：『今佚篇之名可見者

〔一〕爲避免頻繁出注，本節將所引《補正》文字之卷數附注其後。

《月令記》,見蔡邕論。』竹垞蓋即據此也。然深寧《考》弟云逸篇之名,初未確指爲漢時人書,似未可因蔡邕是漢時人,輒於此書之上,加『漢』字以定之。且鄭、孔二條,皆是説今《禮記》中之《月令》,亦不應贅述於此。此條似應著明據王應麟語,而以蔡邕云云繫其下,足矣。(聘珍案:《月令記》,厚齋明言河間獻王所得,仲尼弟子及後學者所記,不得妄加『漢』字。)(卷六)

案:《補正》指出朱氏書名所本,并證妄加『漢』字。『鄭、孔二條』,指朱氏於此條下引鄭玄、孔穎達二人之説。深寧、厚齋,指王應麟(參表二—三介紹)。

(二) 校正作者

指出朱氏誤合二人爲一人,或誤析一人爲二人,或漏載作者,或自添作者。《補正》又或列他本异載,或補考作者情況(籍貫、名號等)。凡四十六處。兹舉兩例:

《經義考》卷二三七『江氏(灌)《爾雅音》』下引《晋書》云:『灌字道群,陳留圉人。吴郡太守。』蓋以江氏爲晋人。但其下朱氏按語又引張彦遠《名畫記》云:『灌字德源,陳尚書令,至武德中爲隨州司馬,著《爾雅圖》二卷、《音》六卷、《贊》二卷。』又爲陳人。故《補正》云:

杰按:晋江灌即江逌從弟,本傳不言其曾注《爾雅》。此作《圖贊》者,乃陳之江灌,唐初尚存,下引《名畫記》所稱是也。此合爲一人,列於梁沈旋之前,似誤。(卷一〇)

案：此條指出朱氏以异代同名之人爲一人之誤。

《經義考》卷一〇〇『薛氏（漢）《韓詩章句》』條，《補正》云：

聘珍案：薛方回，字夫子，廣德曾孫，乃薛漢之父，見《唐書·宰相世系表》。《後漢書》云：『薛漢字公子，世習《韓詩》，父子以章句著名。』據此，則《韓詩章句》非薛漢一人之書。《馮衍傳》注言薛夫子，而王厚齋云：『即漢也。』豈《章句》出其父子遞著，而其子成之歟？然諸書所引，亦曰薛君，亦曰薛夫子，竹垞此條即使專據厚齋語繫於薛漢，亦當詳其父耳。（卷四）

案：此條指出父子遞著，作者當爲二人，而朱氏漏載其一。

《經義考》卷一八三『張氏（根）《春秋後傳》』條，《補正》云：

案：汪藻《張公行狀》：『公諱根，字知常，唐宰相文瓘之後，今爲饒州德興人。元豐五年擢進士第，年二十有一，歷官朝散大夫、知龍圖閣，宣和二年六月十七日卒，年六十。』（卷八）

案：朱彝尊《經義考》體例，於提要部分首先交待作者生平、著述、事功等。而此條下所列汪藻之序、晁公武、陳振孫之説，并無及其生平處，且朱氏亦無按語考證之，故《補正》爲列其簡歷，補述生平。

（三）校正卷數

《補正》或補朱氏之漏載，或正卷數之訛誤，或指出朱氏所本，或列他本异録。凡校正卷數七十五處。茲舉一例：

《經義考》卷二四〇『房氏（景先）《五經疑問》』條，十卷，佚。朱氏引《册府元龜》云：

魏房景先，孝文時爲太學博士，作《五經疑問》百餘篇，符璽郎王神貴答之，名曰《辨疑》，合成十卷。

此條下列『王氏（神貴）《五經辨疑》』條，亦作『十卷』。故《補正》云：

方綱按：此所謂『十卷』者，合《疑問》而成十卷耳，不應分作二種，若必以王氏之書載曰『十卷』，則上條房氏之書應曰『百篇』，不應曰『十卷』。（卷一〇）

案：房、王二氏兩書合編十卷，朱氏單舉其一，則不得謂之十卷耳。

（四）校正存佚

《經義考》於每條書名下，分『存』『佚』『闕』『未見』四種情況加以注明。《經義考補正》共校正了八處存佚錯誤。茲舉數例。

《經義考》卷七六伏勝『《尚書暢訓》』條，朱氏云：『佚。』《補正》云：

按：竹垞蓋未見後人所鈔輯之本，故直云『佚』也。近日德州盧氏刊《尚書大傳》四卷，仁和盧學士文弨爲撰《考异》一卷、《補遺》二卷於後。文弨《序》曰：『雖非隋、唐以來之完書，然闕佚殆亦鮮矣。』又見吴門惠氏亦有增入者，方綱嘗與歸安丁進士杰合諸本鈔撮。聞浙人董君豊垣所輯最爲詳備，嘉定曹學士仁虎有其寫本，屢向其借鈔而未得見也。附識於此。（卷三）

《經義考》卷二八九『宋國子監《石經》』條，朱氏云：『佚。』《補正》云：

方綱按：宋嘉祐《石經》，内《尚書》《周官》石尚有存者，其篆與正書皆精善。愚嘗得其拓本，不可全謂佚也。（卷一二）

案：前例中，翁氏既親加抄撮，當然現『存』。後例中，尚有二經刻石在，故不能算是全佚，衹能説是『闕』。朱氏固然博學，終不能遍覽天下藏書、刻石，雖然謹慎地立『闕』『未見』二端，然終不能確保無誤。

（五）校正書名與作者之關係

凡三處。兹舉一例。《經義考》卷三一朱子『《古易音訓》』條，《宋志》列『二卷』，而朱氏云：『未見。』《補正》云：

案：朱鑒跋吕伯恭《古易音訓》云：『先公著述經傳，悉加音訓，而於《易》獨否者，以有東萊先生此書也。』據此則朱子於《易》未嘗别有《音訓》，其《音訓》乃東萊吕氏書耳。朱子跋吕伯恭《古易》云：『《音訓》一篇，則其門人金華王莘叟之所筆受也。』又云：『《音訓》則妄意其或有所遺脱，莘叟蓋言書甫畢,而伯恭歿,是則固宜,然亦未敢輒補也。』此《跋》竹垞已采於吕氏《古易》下矣,而此處却以《音訓》隸朱子條下者,特據《宋志》云爾。(卷二)

案:此條指出朱氏承《宋志》而誤繫作者。

二、校正提要部分

《補正》校正書名部分凡一百八十六處,其中卷數錯誤最多,書名次之,作者又次之,而存佚最少。

按照輯考體體例,提要部分實包含按語部分在内。爲分析方便,本節將其按語部分析出,於下一小節專論之;本節所謂提要部分,乃指其所輯録之文獻而言。《補正》既對諸如字句、刊版等形式方面的問題加以校正,又對輯録文獻的内容進行了辨正與申發。現分類説明如下。

(一)校正文字之訛、脱、衍、倒等

凡一千零四十五處,具見下表。其中『删文』指的是被《經義考》删去的文字。

表七—三 《經義考補正》校正文字情況表

提要文字	訛文	脱文	衍文	倒文	删文
校正處數	七百六十五	二百零一	三十六	四十	三
《經義考》文淵本不誤者	四百一十四	七十八	七	十六	○

這一部分是翁氏用力最多的地方，占校正總數的百分之六十八。兹舉兩例：

《經義考》卷二六〇《亳姑》條下引林之奇曰：『自《汨作》至《亳姑》，凡四十有六篇，皆《逸書》也。』《補正》云：

按：《書序》書凡百篇，今所存五十八篇，逸四十二篇，此『六』字疑『二』字之訛。（卷一〇）

案：該條不獨正其誤，還列出判其爲誤之依據。

《經義考》卷一八〇劉敞《春秋權衡》條，朱氏載其《自序》，有句云：『或利其寡而示權如盈，或利其多而示權如縮，若此者，非權衡之過也，人事之變也。』《補正》云：

《自序》內『而示權如贏』，『贏』當作『贏』。（卷七）

案：《經義考》之文淵本作『盈』，校正本與翁氏所見本俱作『贏』，獨備要本作『贏』。

（二）補載或補齊文字

《補正》對《經義考》所漏引的文句，予以補齊；有時又補載《經義考》所未采用的他說。凡補一百一十九處（其中補齊文末年月者有二十四處）。兹舉一例。

《經義考》卷一二〇『《周官經》』條，朱氏引史克曰：

周公制《周禮》曰：『則以觀德。』

《補正》云:

按:《春秋·文十八年·傳》:季文子使太史克對公曰:『先君周公制《周禮》曰:「則以觀德,德以處事,事以度功,功以食民。」』《疏》:『言「制《周禮》曰」「作《誓命》曰」,謂制禮之時有此語,爲此誓耳,此非《周禮》之文,亦無《誓命》之書。』方綱按:《疏》説非也,自是當時制禮有此語,載諸方册,故大史據以引之。孔氏執今所行世之《周官》内無此語,而謂此非《周禮》之文,泥矣,正賴此文知周公有制禮之全書耳。近儒顧復初氏以《左氏傳》引經不及《周官》《儀禮》爲疑,愚每特舉此條,以見《春秋傳》與《周禮》相貫通處。竹垞是考於《周官經》下載入此條,善矣,而止載其首句,何哉?豈誤讀傳文,以爲次句以下,是太史克所申説乎?然則此下引周公作《誓命》曰『毁則爲賊,掩賊爲藏』云云,自次句以下,亦是引述申説者耶?此則不可通者也,亟宜全補於此。(卷五)

案:翁氏所引『傳』,指《左氏傳》;『疏』,指孔穎達《正義》。翁氏於此既指出朱氏未全引之失及其因,又考辨文意,兼糾孔氏《疏》及顧氏説之疑誤。

值得指出的是,《經義考》存在着大量的約引現象,因此,《補正》未能,同時也無從全部補齊文句。

(三)校正文字之分合

《經義考》輯録文獻,有時誤將兩處文字牽合爲一處,有時又將其一分爲二。前者二見,後者一見,凡三處。兹舉其一。

《經義考》卷二一一《魯論語》『《傳》』條下，引班固語云：『傳《魯論語》者，常山都尉龔奮、長信少府夏侯勝、丞相韋賢及子玄成、魯扶卿、太子太傅夏侯建、前將軍蕭望之、安昌侯張禹，皆名家。』《補正》云：

班固條内『及子元成』『太子太傅夏侯建』此十一字，是陸德明《經典釋文序録》中語，非《藝文志》語，誤混爲一也。今應删去此十一字，而詳於下條。（卷九）

案：下條即引陸德明之文。朱氏引文時未加細檢，故有此失。

（四）辨正提要所陳事實

《補正》還對《經義考》提要文字的内容加以辨析，凡有疑誤處，均加校正。凡七十一處。兹舉數例。

《經義考》卷一二〇《周官經》條下，載王炎曰：

《周官》六典，周公經治之法也。秦人舉竹簡以畀炎火，漢興，諸儒掇拾於煨燼，藏於岩穴之間，其書已亡而幸存。漢既除挾書之律，六典始出，武帝不以爲善，作《十論》《七難》以排之，藏於秘府，不立於學官。東都諸儒，知有《周禮》而其説不同，以爲戰國陰謀之書，何休也；以爲周公致太平之迹者，鄭康成也。六官所掌，綱正而目舉，井井有條，而詆之以爲戰國陰謀，休謬矣。

《補正》云：

丁杰曰：『按賈公彦《周禮正義》云：「林孝存以爲武帝知《周官》末世瀆亂不驗之書，故作《十論》《七難》以排棄之。」據此，則《十論》《七難》林孝存作，非武帝作也。此所引王炎説，蓋節引《正義》語而誤。』方綱按：丁進士所引賈公彦語，在賈氏《序周禮廢興》内，而今注疏板本如毛氏汲古閣本輒不載此《序》，是以竹垞是《考》於賈公彦《周禮疏》下亦不載之，詳具於後條下。又按：林孝存，名碩，北海人，《漢書》及《鄭志》皆作『臨』。（卷五）

案：《補正》考出《十論》《七難》的作者是林孝存而非武帝，王炎之誤，乃是由於節引《正義》所致。由於當前刊本不載賈《序》，所以朱彝尊也漏引其文。

這種辨析，有時兼及名物。如《經義考》卷二三七《爾雅》條下引《晉書·蔡謨傳》文：

謨初渡江，見蟛蜞，大喜曰：『蟹有八足，加以二螯。』令烹之。既食，吐下委頓，方知非蟹。後詣謝尚而説之。尚曰：『卿讀《爾雅》不熟，幾爲《勸學》死。』

《補正》云：

丁杰按：郭注《爾雅》『蝟螺』曰：『即蟛蝟也，似蟹而小。』陶宏景注《本草》曰：『蟛蜞，似蟹而小，似蟛蝟而大。』劉峻注《世説》曰：『今蟛蜞小於蟹而大於蟛蝟，三物狀甚相類。』據此則蔡謨誤

蟛蜞爲蟹，謝尚又誤蟛蜎爲蟛蜞，均未深考，附識於此。（卷一〇）

（五）校正條目部分與提要部分之關係

《補正》指出，《經義考》存在提要部分與條目部分不相符合的情況。凡三條，兹舉一例。《經義考》卷二七五『司馬氏（彪）《九州春秋》』條下，朱氏引《晋書·司馬彪傳》文加以解説。《補正》云：

杰按：《晋書·司馬彪傳》此段指彪所作《續漢書》而言，末句『凡八十篇』，下原有『號曰《續漢書》』五字，今其書紀、傳雖佚，八志尚附范史以行，其非《九州春秋》顯然。此書將『號曰《續漢書》』句删去，而附於《九州春秋》之下，誤。（卷一一）

（六）其他

除上述各類外，《補正》還校出提要文字一文兩見者一處；指明出處者兩處；補正順序者三處；校正刊版（如空字、闕字等）者十五處。例不具舉。

校正解説部分凡一千三百零二處，以校正文字的訛、脱、衍、倒者爲最多。

三、校正朱氏按語

《經義考》著録體製，朱彝尊每有校正、補充、論説，均以按語的形式隨附文後，最能見出朱氏學術見解。《補正》對朱氏按語誤失之處加以校正，或者指出朱氏所引有异文，或者指出其論説之失誤，或

者就朱氏觀點提出不同見解,或者在朱氏按語基礎上接着申發己説。凡二十四處,兹舉二例:

《經義考》卷九八《古詩》條下,朱氏引《隋書·經籍志》文曰:

夏、殷以上詩多不存,周氏始自后稷,而公劉克篤前烈,太王肇基王迹,文王光昭前緒,武王克平殷亂,成王、周公化致太平,誦美盛德,踵武相繼。幽、厲板蕩,怨刺并興,其後王澤竭而《詩》亡,魯太師摯次而録之,孔子删《詩》,上采商,下取魯,凡三百篇。

據此,朱彝尊申論云:

如《隋志》所云,則《二南》之始《關雎》,《雅》始《鹿鳴》《文王》,《頌》始《清廟》,皆魯太師次而録之者,故《論語》曰『師摯之始,《關雎》之亂』是也。

對於朱氏的四始義解,《補正》提出了不同看法:

《隋書·經籍志》條下,竹垞按語以《論語》『師摯之始,《關雎》之亂』作四始義解,此説非也。何《解》、邢《疏》固謬矣,而方綱昔按試江西,發此義以課諸生,有新城魯生嗣光援據《樂記》:『再始以著往,復亂以飭歸。始奏以文,復亂以武。』辨證極博。此以樂闋之義爲訓,勝竹垞此説多矣。然今仍以朱子《集注》之説爲正,更勿多滋异義耳。且所謂『《關雎》之亂』者,亦非指《關雎》一篇也。按:《儀禮·鄉飲酒禮》工歌《鹿鳴》《四牡》《皇皇者華》,笙入堂下,磬南北面立,樂《南陔》《白華》《華黍》，乃間歌《魚麗》，笙《由庚》；歌《南有嘉魚》，笙《崇邱》；歌《南山有台》，笙《由儀》。乃合樂《周南·關雎》《葛覃》《卷耳》，《召南·鵲巢》《采蘩》《采蘋》。詳此樂節，『《關雎》之亂』，謂燕合鄉樂之卒章，則《卷耳》爲卒章也，猶之《采蘋》是《召南》《鵲巢》合樂之卒章也，豈得以四始之始訓之哉。（卷四）

四、校正朱氏所收各條

如前所述，《經義考》各類由若干條組成，各條包括條目部分、解説部分（含按語部分）。對於各條之脱漏、重出、异載、去取、序次等問題，《補正》同樣加以校正，凡一百一十九處。兹舉數例。

《經義考》卷一七二載『鄭氏（興）《春秋條例章句訓詁》』條，《補正》云：

劉氏（歆）《春秋左氏傳條例》

佚。

《蜀志·尹默傳》：『默專精《左氏春秋》，自劉歆《條例》、鄭衆、賈逵父子、陳元方、服虔注説，咸略誦述，不復按本。』

方綱按：劉歆此書，竹垞未載，當據《蜀志》補入。

聘珍按：《後漢書》：『鄭興少學《公羊春秋》，晚善《左氏傳》。天鳳中，將門人從劉歆講正大義。歆美興才，使撰《條例章句訓詁》及校《三統曆》。』案：《三統曆》，劉歆所撰，而《左傳條例》亦

劉氏之書，使鄭興爲作《章句訓詁》耳，竹垞未之詳考，故載鄭氏《條例章句訓詁》而不言劉氏原書也。（卷七）

案：朱氏漏載劉歆《春秋左氏傳條例》條，翁氏據《蜀志》補，王聘珍又爲申説其因。

《經義考》卷一一二、卷一一四，均載有『易氏（貴）《詩經直指》』條（十五卷，佚），《補正》云：

案：此書一見於一百十二卷之第十葉，一見於一百十四卷之第二葉，書名、卷數、作者姓氏皆同。（卷四）

案：《補正》實指出《經義考》此書重出之誤。不同的是，卷一一二下所引爲『郭子章曰』，其文云：

易貴，字天爵，吉水人。景泰甲戌進士，官至辰州知府。

而卷一一四下所引爲『郭子章《黔記》』，其文云：

知府易貴撰。貴宣慰司人，淹貫載籍，歸田十餘年，杜門較書，以《詩》義奥深，作《直指》，今逸。

案：兩處引文互補。重出之誤，蓋由引文之异而致。

《經義考》卷一八三列葉夢得《春秋傳》《春秋考》《春秋讞》三書，并引真德秀説云：『《春秋讞》《考》

《傳》三書，石林先生葉公之所作也。』《補正》云：

按：西山此《跋》在《春秋傳》後，末云：『開禧乙丑九月一日，秘閣校勘文林郎南劍州軍事判官真德秀備書。』蓋此三書，開禧中，葉石林孫筠刻於南劍州也。石林《春秋考·自序》云：『自其《讞》推之，知吾所正爲不妄，而後可以觀吾《考》；自其《考》推之，知吾所擇爲不誣，而後可以觀吾《傳》。』蓋先成《讞》，次成《考》，而後作《傳》也。（卷八）

案：《補正》據真德秀（號西山）《跋》及葉夢得（號石林）《自序》，校正了《經義考》著録次序之誤。

《經義考》卷二七七下『王氏（道彦）《百官春秋》』『亡名氏《兵春秋》』『李氏（筌）《閫外春秋》』『辛氏（邕之）《博陽春秋》』『亡名氏《幼老春秋》』五條，朱氏繫於擬經類之春秋子類下。《補正》云：

所載王氏（道彦）《百官春秋》，至亡名氏《幼老春秋》凡五種，亦當删。此内有亡名氏《兵春秋》，《漢志》三篇，佚。今即以此一種言之：《漢書·藝文志》《楚漢春秋》九篇，《太史公》百三十篇，馮商所續《太史公》七篇，皆入《春秋》條下者，蓋《班志》爲史籍而作，其體應爾。今既專考經義，則與班不侔矣，然班《志》以李氏、虞氏《春秋》皆入儒家，以《兵春秋》入兵家，未嘗以入《春秋》條下也。竹垞於《漢志》儒家之李氏《春秋》二篇既不采入，而獨采兵家之《兵春秋》三篇以入《春秋》，何也？（卷一一）

案:《補正》以《漢書》史書,所以繫《楚漢春秋》等史部著作於《春秋》類下。而《經義考》則爲經義而作,這五種史部著作,并非擬經,與經義無關,因而所繫非類,當删去。翁氏所辨甚允。像此繫類不當者,《補正》共校正了七十五條。

五、校正體例

《補正》對朱氏體例,或加申説,或加指正,凡十七處。兹舉數例如次:

《經義考》卷二一『陳氏(易)《易解》《先天圖説》』條,《補正》云:

丁杰按:《經義考》體例,凡一人數書,俱分行排列,此獨以《先天圖説》附於《易解》之下,想其説既佚,不能辨其是一是二,故附於此,後似此者同之。(卷一)

案:此條申説朱氏體例,并言其所以如此處理之故。

《經義考》卷二三『沈氏(該)《周易小傳》』條,朱氏引沈氏《進易小傳札子》文作爲解説,《補正》云:

此條下載《進易小傳札子》末應補云:『紹興二十八年六月。』案:竹垞先生此書所最失檢者,於進表及序跋多删其歲月也。今方綱隨所見者補入,亦頗未能詳盡,謹識於此,以當發凡。(卷一)

案:此條指出朱氏删削文末年月,爲《經義考》之『最失檢者』。對《經義考》此失,翁氏深耿於懷,曾再三致意。其《丁小疋傳》云：『竹垞此書，綱領宏富，有資援據，顧所載序跋，多删去末行年月。此鈔胥意在省便，致使作者先後次序，無所按據。』〔一〕又云：『吾嘗憾竹垞之《考》，於諸書之序跋，多失載其歲月，使學者無以見其師承沿溯之迹。』〔二〕又於《考訂論》中謂：

考訂之學，豈惟勝之，正賴有考訂之學，然後義理爲尤長。近日秀水朱氏《經義考》，其有資於考證，人所知也，然吾最憾者，每書載其原序，而於序尾之年月反多删去，將使觀者何由而得其師承之所自乎？何由而參驗其沿革同异乎？〔三〕

序跋年月失載，不利於考訂，故翁氏《補正》對《經義考》輯録文獻之文末年月，多加補録（前文統計出有二十四處）。當代學者亦不乏持此論者〔四〕，其説蓋本於翁氏。

至於歲月失載的原因，翁方綱未加推究，然曾指出朱睦㮮《經序録》爲竹垞所本，故致疑云：『豈西亭之序録，早已删去其歲月歟？』〔五〕《經序録》全書不載歲月，朱彝尊的做法，所承有自。不過，朱彝尊

〔一〕翁方綱《復初齋文集》卷一三，頁四七一。
〔二〕翁方綱《復初齋文集》卷一七，頁五一一。
〔三〕徐世昌《翁方綱傳》，見《翁方綱年譜》附録，頁五一四。
〔四〕如邱建群謂：『《經義考》於著録序跋，偶或删其歲月，或失於備記，或爲鈔胥之脱漏，使觀者不易得其師承之所自，不易參驗其沿革同异，實爲遺憾。』參其《朱彝尊〈經義考〉讀後記》，載《四川圖書館學報》一九八五年第二期，頁四七—四八。
〔五〕翁方綱《復初齋文集》卷一七，頁五一一。

并非全部不録,其於近人序跋,多有著録; 況古書流傳甚久,有原本即不載年月者,有無從查考者。因此,朱彝尊不載年月,一則沿西亭成例,一則其勢不得不然。另外,《經義考》本意在於考求經義,於文末年月,或未能特加措意。

《經義考》卷二六二逸經類《禮》類下,《補正》云:

聘珍案:《經義考》《逸經》一類最爲疏漏,而《禮經》尤甚焉。《漢志》《禮古經》五十六篇,高堂生所傳十七篇之外多三十九篇,雖無師説,然其篇名頗見於他書,如《學禮》見《賈誼傳》及《大戴禮》,《天子巡狩禮》見《内宰注》,《朝貢禮》見《聘禮注》,《朝事儀》見《覲禮注》,《蒸嘗禮》見《射人疏》,《古大明堂禮》見《蔡邕論》,《聘禮記》見《荀子》,此皆古禮之篇名,而竹垞未之及者也。(卷一〇)

此條指出朱氏逸經類『最爲疏漏』,其中又以《禮經》部分爲甚。

據筆者粗略統計,《補正》校正《經義考》各類之失凡一千六百四十八處。當然,由於許多校訂内容是雜糅在一起,以上統計尚係粗略計之,僅得其大概。

乾隆三十八年（一七七三），清廷開館修撰《四庫全書》。翁方綱即於是年參與纂修〔一〕，列名於『校辦各省送到遺書纂修官』（《四庫全書總目》卷首），負責校辦各省送呈書籍等。全書編成後，又奉命入文溯閣查勘圖書。僅乾隆五十五年（一七九〇）五月初四日至六月二十九日間，翁氏即分看一千零二十函，内照常校改處三千一百九十四簽，考訂改正處四十九簽，開原銜處三十六簽，總共校改三千二百七十九簽〔二〕，可見其辛勤。《四庫全書總目》共著録圖書一萬零二百五十四種〔三〕，翁方綱所經眼并撰寫札記與提要者即有一千餘種，幾占十分之一〔四〕，其數量之多，内容之富，在有原纂稿傳世之諸家中〔五〕，無出其右者。翁氏之貢獻，不可謂不鉅。乾隆五十六年（一七九一），翁方綱上書，要求由其子翁樹培代往盛京覆校文溯閣《四庫全書》，獲得允許〔六〕，此時距其入館編書，已有十九年。可見，翁方綱《經義

〔一〕參《辦理四庫全書處奏遵旨酌議排纂四庫全書應行事宜折》，中國第一歷史檔案館編《纂修四庫全書檔案》之四九條，上海古籍出版社，一九九七年，頁七四—七八。

〔二〕《翁方綱年譜》乾隆五十五年（一七九〇）五月條，頁二七六。譜内以爲翁氏所看爲文淵閣書，蓋承翁氏《家事略記》之誤而未查也。此由《纂修四庫全書檔案》之《軍機大臣阿桂等奏遵議陸錫熊詳校文溯閣書籍折（附清單二）》（頁二一九二—二一九七），可以考知。

〔三〕據中華書局一九六五年影印《四庫全書總目》之《出版前言》之統計，頁二。

〔四〕吳格《翁方綱纂四庫提要稿・前言》，頁一。

〔五〕據吳格《翁方綱纂四庫提要稿・前言》（頁一），傳世之提要稿有姚鼐《惜抱軒書録》四卷、邵晉涵《南江書録》一卷、余集所撰十七篇，另有散見於存世『四庫底本』之提要稿多種。

〔六〕參《山東學政翁方綱奏懇准翁樹培趕赴盛京重閲全書折》，《纂修四庫全書檔案》之一四三一條，頁二二八七。

考補正》的編撰，與其參與纂修《四庫全書》的歷程，大致同時。《四庫全書》初稿於乾隆四十六年（一七八一）完成上進，至乾隆六十年（一七九五）校刊完畢，刻印後分貯四閣[一]，距開館已有二十三年。

但是，由表七—三可以判斷，《補正》的相關成果，并没有爲文淵本《經義考》所吸收。既然翁氏幾乎參與《全書》纂修之全部歷程，而且《經義考補正》之刊印，又早於《四庫全書》之修成，爲什麽四庫本《經義考》中，并没有吸收《補正》的成果呢？其原因可能有以下幾個方面：

首先，纂修有專職。翁方綱在四庫全書館内，任『校辦各省送到遺書纂修官』，其職責是對各省送來的書籍，加以審理校核，撰寫提要初稿，并提出應刻、應鈔、存目等辦理意見，供總纂官、總裁官等斟酌處理，最後由皇帝（弘曆）裁奪。檢《翁方綱纂四庫提要稿》，翁氏經手有一千餘種（其中目録類有十三種），《經義考》并不在内。今《四庫全書總目》内《經義考提要》，考其源，可上溯至《浙江采集遺書總録》内所載之《經義考提要》[二]，核其文，則又本於毛奇齡《經義考序》。雖然《經義考提要》在形成過程中，經過了哪些學者之手，尚未能確考，但翁方綱并未撰寫《經義考提要》，當屬確鑿無疑。

其次，公私性質异。由前文所考可知，翁方綱對《經義考》進行補正工作，是出於對朱彝尊的欽仰及對《經義考》的推重，又得到了丁杰與王聘珍等人的協助。翁氏等《補正》之撰，純屬私人學術作爲；

[一]《纂修四庫全書檔案·前言》，頁二。
[二] 參沈初所編《浙江采集遺書總録》丙集，載張升編《〈四庫全書〉提要稿輯存》，北京圖書館出版社，二〇〇六年，頁三一四—三一六。

而參與纂修《四庫全書》，則是官方行爲。官修與私撰，性質不同。館臣在校核《經義考》的同時，也有一些校正工作，集中反映在《欽定四庫全書考證》卷四六、四七這兩卷内。這項工作，同樣屬官方性質，弘曆并下令將其同《四庫全書總目》一起，列於《四庫全書》之首〔一〕。該書之關注重心，在於校勘文字，指出舛誤，并略有説明〔二〕，與翁氏之全面訂補不同。經比較可以發現，《考證》與翁氏之《補正》，内容迥异，可知二者獨立成書，并無聯繫。

（三）《經義考補正》疑誤考

《補正》雖然出於翁方綱及丁杰、王聘珍三位著名學者之手，但也有一些地方值得商榷。楊果霖先生在其文中指正了兩例。筆者校讀時，又發現了一些疑誤之處，并在本書第五章第二節『《經義考》尚書部分考辨類按語條辨』中，附帶辨析其中數條。其他疑誤之處，試辨正如次：

（一）《經義考》卷一四『李氏（鼎祚）《周易集解》』條，指出《新唐志》所載爲十七卷，《中興書目》《文獻通考》所載各十卷。但該書卷數問題，諸家一直糾結難辨。《經義考》此條下引李燾説，曰：『鼎祚

〔一〕《纂修四庫全書檔案》之七六四條，《諭〈總目提要〉并黄簽〈考證〉書成時俱著列於四庫全書之首》，頁一二九四—一二九五。
〔二〕參王太岳、曹錫寶、王燕緒、朱鈐、倉聖脉、何思鈞等編輯《欽定四庫全書考證·出版説明》，書目文獻出版社，一九九一年據清内府抄本影印。《經義考》部分在頁一一三一—一一八一。

《自序》止云十卷，無亡失也。』又引朱睦㮮之説云：『《唐藝文志》稱：「李鼎祚《集注周易》，十七卷。」據鼎祚《自序》云十卷，而首尾俱全，初無亡失，不知《唐史》何所據而云十七卷也。《崇文總目》及《邯鄲圖書志》亦稱七篇逸，蓋承《唐史》之誤耳。』《補正》云：

案：李鼎祚《集注周易》，《新唐志》十七卷，而《宋志》作十卷，而《宋志·五行類》又有李鼎祚《易髓》三卷、《目》一卷、《瓶子記》三卷，合之乃十七卷也。蓋《唐志》總其生平所著卷目言之，而《宋志》分析書名言之。晁公武、馬端臨、李巽岩之徒，或以爲《集注》内亡失七卷，或以爲後人所并，皆未之深考耳。（卷一）

案：晁公武之説，見於《郡齋讀書志》卷一『李氏《集解》』條，其文已見本書第六章第二節所引。巽岩，李燾字。《補正》以爲《唐志》總李氏生平所有著作而言，故稱十七卷；《宋志》則就單書言之，故稱十卷。但此説爲四庫館臣所糾：

其書《新唐書·藝文志》作十七卷，晁公武《讀書志》曰：『今所有止十卷，而始末皆全，無所亡失，豈後人并之耶？』《經義考》引李燾之言則曰：『鼎祚《自序》止云十卷，無亡失也。』朱睦㮮《序》作於嘉靖丁巳，亦云：『《自序》稱十卷。』與燾説同。今所行毛晉汲古閣本乃作一十七卷，《序》中亦稱：『王氏《略例》附於卷末，凡成一十八卷。』與諸家所説截然不同，殊滋疑竇。今考《序》中稱

『至如《卦》《爻》《彖》《象》，理涉重元，經注文言，書之不盡，別撰《索隱》，錯綜根萌，音義兩存，詳之明矣』云云，則《集解》本十卷，附《略例》一卷，爲十一卷，尚別有《索隱》六卷，共成十七卷。《唐志》所載，蓋并《索隱》《略例》數之，實非舛誤。至宋而《索隱》散佚，刊本又削去《略例》，僅存《集解》十卷，故與《唐志》不符。至毛氏刊本始析十卷爲十七卷，以合《唐志》之文，又改序中一十卷爲一十八卷，以合附録《略例》一卷之數，故又與朱睦㮮《序》不符。蓋自宋以來，均未究序中『別撰《索隱》』一語，故疑者誤疑，改者誤改，即辨其本止十卷者，亦不能解《唐志》稱十七卷之故，致愈説愈訛耳。今詳爲考證，以袪將來之疑。至十卷之本，今既未見，則姑仍以毛本著録。蓋篇帙分合，無關宏旨，固不必一一追改也。[一]

案：根據《翁方綱纂四庫提要稿》，可知《周易集解》一書，并未經翁氏辨理。《四庫總目》最終成書、刊布於乾隆六十年[二]，較《補正》成書晚了三年，因此，翁氏不復得據《四庫總目》以檢其説。

（二）《補正》卷二『明氏（僧紹）《繫辭注》』條後，復列『劉氏（瓛）《周易繫辭義疏》』條。

[一] 《欽定四庫全書總目》卷一《周易集解提要》，《景印文淵閣四庫全書》第一册，頁五九—六〇。

[二] 據崔富章考證，《欽定四庫全書總目》最早的兩個版本浙本與殿本，分别以乾隆五十七年（一七九二）四庫館寫本、乾隆六十年（一七九五）紀昀修訂本爲底本，刊峻於乾隆六十年的十月與十一月，浙本較殿本稍早。參氏撰《〈四庫全書總目〉武英殿本刊竣年月考實——『浙本翻刻殿本』論批判》，載《浙江大學學報》二〇〇六年第一期，頁一〇四—一〇九。

案：檢《經義考》諸本，卷四一內，劉氏條均在明氏條前。故《補正》誤繫條目順序。前後次序顛倒者，《補正》中還有以下兩處：卷三『陳氏(大猷)《尚書集傳或問》』條與『滕氏(鉿)《尚書大意》』條(對應於《經義考》卷八三)；卷六『李氏(孝先)《投壺譜》』條與『虞氏(潭)《投壺變》』條(對應於《經義考》卷一四七)。

(三)《經義考》卷七八『陸氏(德明)《尚書釋文》』條，朱氏引晁公武語云：

《古文尚書》，孔安國以隸古定，自漢迄唐，行於學官……明皇改從今文，由是古文遂絶。陸德明獨存其一二於《釋文》。

《補正》卷三云：

晁公武條内『《古文尚書》，孔安國以隸古定，自漢迄唐，行於學官』，『漢』字恐誤。

案：檢《郡齋讀書志》卷一上『《古文尚書》十三卷』條云：

右漢孔安國以隸古定五十九篇之書也。蓋以隸寫籀，故謂隸古。其書自漢迄唐，行於學官。明皇不喜古文，改從今文，由是古文遂絶，陸德明獨存其一二於《釋文》而已。皇朝吕大防得本於宋次道、王仲至家以較陸氏《釋文》，雖小有异同，而大體相類。觀其作字奇古，非字書傅會穿鑿者

所能到，學者考之，可以知制字之本也。[一]

由此看來，朱氏僅約取其文而已。就文本而言，朱氏所引，并無疑誤。《漢書·儒林傳贊》云：『平帝時，又立《左氏春秋》《毛詩》《逸禮》《古文尚書》，所以網羅遺失，兼而存之，是在其中矣。』是以就其内容而言，『漢』字亦無誤。

（四）《經義考》卷一一七内『錢澄之《田間詩學》』條，朱氏云『五卷』。《補正》卷四云：

《四庫全書》作二十卷。

案：檢文淵本《田間詩學》，該書爲十二卷。《四庫總目》卷一六亦著録爲十二卷。故翁氏所校卷數爲誤，或者二字傳刻誤倒。

（五）《經義考》卷一三〇『《儀禮》』條，朱氏引文作：

鄭康成曰：『傳《禮》者十三家，惟高堂生及五傳弟子戴德、戴聖名世也。五傳弟子者，高堂生、蕭奮、孟卿、后蒼及戴德、戴聖爲五，此所傳皆《儀禮》也。』

[一] 此段文字依《景印文淵閣四庫全書》本（本於袁本），而衢本微异。孫猛指出，晁公武嘗將《古文尚書》刻石於四川，但其所見，實爲僞書（參校證本頁五一一—五一二）。

對此，《補正》云：

案：『世』當作『在』，『名在也』下，當據《禮記》孔疏，增『熊氏曰』三字。（卷五）

案：檢《禮記注疏》卷一，孔《疏》有云：

鄭君《六藝論》云：『案：《漢書·藝文志》《儒林傳》云傳《禮》者十三家，唯高堂生及五傳弟子戴德、戴聖名在也。又案：《儒林傳》云：「漢興，高堂生傳《禮》十七篇，而魯徐生善爲容，孝文時，徐生以容爲禮官大夫。瑕丘蕭奮以《禮》至淮陽太守。」「孟卿，東海人，事蕭奮，以授戴德、戴聖。」《六藝論》云『五傳弟子』者，熊氏云：『則高堂生、蕭奮、孟卿、后倉及戴德、戴聖爲五也。』此所傳皆《儀禮》也。〔一〕

案：據此，則『熊氏曰〔云〕』者，爲孔《疏》所引，以釋鄭玄所稱『五傳弟子』，故其位置，當在『五傳弟子者』下，而不在『名在也』下。此條解説繫於鄭玄名下，名不副實：前半部分乃鄭氏所引《漢書》之文，後半部分乃孔穎達引熊氏之語，但都在孔《疏》内，故宜繫於孔氏名下。朱氏除誤繫解説之失外，又不載鄭氏所引第二段《漢書》文字，并省『《六藝論》云』數字，致使後人誤讀，又有節略過當之弊。鄭氏所

〔一〕鄭玄注，孔穎達正義《禮記正義》，阮元校刻《十三經注疏》本，頁一二三九。

引第二段《儒林傳》文，亦極爲簡略。

（六）《經義考》卷一五二内『石氏（憝）《中庸集解》』條，《補正》云：

丁杰曰：按：《宋史·藝文志》有朱子《中庸輯略》二卷，《十先生中庸集解》二卷（朱子序），又有石憝《中庸解》二卷。據此，則《輯略》及《十先生集解》、石憝《集解》爲三書，此合爲一，似誤。（卷六）

案：《宋史》卷二〇二《藝文志》列有：『朱熹《儀禮經傳通解》二十三卷，又《大學章句》一卷、《或問》二卷，《中庸章句》一卷、《或問》二卷，《中庸輯略》二卷、《十先生中庸集解》二卷（朱熹序）』。又列『石憝《中庸集解》二卷』。故上文中，《中庸解》當作《中庸集解》。朱子《中庸集解序》云：

至於本朝，濂溪周夫子始得其所傳之要，以著於篇。河南二程夫子又得其遺旨，而發揮之，然後其學布於天下。然明道不及爲書，今世所傳陳忠肅公之所序者，乃藍田吕氏所著之别本也。伊川雖嘗自言《中庸》今已成書，然亦不傳於學者。或以問於和靖尹公，則曰先生自意不滿，而火之矣。二夫子於此既皆無書，故今所傳，特出於門人所記平居問答之辭，而門人之説所記行於世者，唯吕氏、游氏、楊氏、侯氏爲有成書。若横渠先生，若謝氏、尹氏，則亦或記其語之及此者耳，又皆别自爲編，或頗雜出他記。蓋學者欲觀其聚而不可得，固不能有以考其异而會其同也。熹之友會稽新昌石君𡼖子重,乃始集而次之,合爲一書,以便觀覽,名曰《中庸集解》,復第其録如右,而屬熹序之。……抑子重之爲此書,采掇無遺,條理不紊,分章雖因衆説,然去取之間,不失其當,其謹密詳審,蓋有得乎行遠自邇、登高自卑之意。雖《哀公問政》以下六章,據《家語》本一時問答之言,今從諸家,不能復合,然不害於其脉理之貫通也。又以簡帙重繁,分爲兩卷,亦無他義例云。〔一〕

故知石氏備采周子、二程子、張子、吕大臨、謝良佐、游酢、楊時、侯仲良、尹焞等十人之説而爲《中庸集解》,朱子僅序之而已,未嘗别有《集解》之作;所謂《十先生中庸集解》,其實即石氏《中庸集解》,二者同書异名。朱子作《中庸章句》時,『既爲定著《章句》一篇,以俟後之君子,而一二同志,復取石氏書,删其繁亂,名以《輯略》』〔二〕,仍以其《中庸集解序》冠於書首。可知《中庸輯略》係删節石氏《中庸集解》而成,可以説是後者的一個節本。《宋志》不明其中原委,著録有誤。丁杰僅依《宋志》,誤謂『《輯略》及《十先生集解》、石𡼖《集解》爲三書』。又,《經義考》於本條之後,又立『朱子(熹)《中庸輯略》』一條,也没有將其與《集解》『合爲一』。朱彝尊所以誤繫《中庸輯略》於朱子之下者,也是承《宋志》之誤所致。

〔一〕 載石𡼖編,朱熹删定《中庸輯略》卷首,《景印文淵閣四庫全書》第一九八册,頁五五七—五五八。
〔二〕 朱熹《中庸章句序》,載《四書章句集注》,頁一五。

（七）《經義考》卷一五四『夏氏（良勝）《中庸衍義》』條，下録夏氏《自序》，末云：

伏願成己成物，知人知天，俟百世而考三王，尊德性而道問學。時中建極九圍，仰日之方中則天難名，萬古頌爲天之大。臣謹以所編《中庸衍義》一十七卷并《序》《目録》，繕寫一十七帙，隨《表》上進以聞。（校正本，册五，頁二〇五—二〇六；新校本，頁二八三六—二八三七）

案：上引序文標點，本於校正本與新校本（二者一致）。惟此段文字，對舉成文，宜標點作：

伏願成己成物，知人知天，俟百世而考三王，尊德性而道問學。時中建極，九圍仰日之方中；則天難名，萬古頌爲天之大。臣謹以所編《中庸衍義》一十七卷并《序》《目録》，繕寫一十七帙，隨《表》上進以聞。

而《補正》云：

『萬古頌爲天之大』，當作『萬古頌惟天爲大』。（卷六）

新校本亦出校云：

『萬古頌爲天之大』，《四庫薈要》本、文津閣《四庫》本、《補正》作『萬古頌惟天爲大』，文淵閣《四庫》本作『萬古頌天之爲大』。（頁二八三七）

根據上述標點，當以文淵本『萬古頌天之爲大』爲是（關於此處標點問題，本書初版已予指出（頁二八四—二八五），而新校本點校者未予注意）。

（八）《經義考》卷一七二賈逵《春秋三家經本訓詁》條，《補正》云：

方綱按：《隋志》此條下云：『宋有三家《經》二卷，亡。』據《漢志》云：『《春秋古經》十二篇，《經》十一卷。』下云：『公羊、穀梁二家。』既班氏以十一卷之《經》爲公、穀二家《經》，則三家《經》何以云二卷乎？此宜詳考。然《漢志》云『公羊、穀梁二家』，不言左氏，若謂左氏後出，則班《志》既列左氏於公、穀之前，且曰：『邱明論本事而作《傳》，明夫子不以空言説《經》也。及末世口説流行，故有公羊、穀梁、鄒、夾之《傳》。』據此，則班《志》意主《左氏》也。若果《左氏》自有專《經》之本，豈有不列在公、穀《經》十一卷之前者乎？以此知《左氏》專《經》無傳之本，久不可考，自漢時已是合《經》《傳》之左氏本矣，所以杜元凱不得已而分年繫《傳》耳。唐竇臮《述書賦注》云：『吴青州刺史皇象寫《春秋》哀公上第二十九卷，首元年，餘自二年至十三年盡尾，元凱押尾。』亦足證古本左氏《經》《傳》相連爲三十卷，其來久矣。（卷七）

案：味翁氏之文，其意有二：（甲）《漢志》既言《公》《穀》二家《經》爲十一卷，則《隋志》所云宋時之『三家《經》二卷』爲不可解。（乙）由《漢志》不言《左傳》卷數如何，推漢時《左傳》已是經傳合本，其專經無傳之本（即無傳之《春秋》經）久不可考。對於前一問題，牽涉到對古代『卷』這一單位的認識。《春秋》三傳均爲長篇巨製，而經文本身并不算長；經文若單行，爲二卷甚允。劉氏父子校書時，諸經傳皆經寫定，著於簡牘者稱『篇』，著於縑帛者稱『卷』。當時今文經盛行，故將古文經寫定爲十二篇，今文經寫定爲十一卷。對於後一問題，翁氏則有誤識。四庫館臣《春秋左傳正義提要》云：

《漢志》載『《春秋古經》十二篇，《經》十一卷』，注曰：『公羊、穀梁二家。』則左氏經文不著於録。然杜預《集解序》，稱分經之年與傳之年相附，比其義類，各隨而解之。陸德明《經典釋文》曰：『舊夫子之經與丘明之傳相异，杜氏合而釋之。』則《左傳》又自有經。考《漢志》之文，既曰『《古經》十二篇』矣，不應復云『《經》十一卷』。觀公、穀二《傳》皆十一卷，與《經》十一卷相配，知十一卷爲二《傳》之《經》，故有是注。徐彦《公羊傳疏》曰：『左氏先著竹帛，故漢儒謂之古學。』則所謂『《古經》十二篇』，即所傳之經，故謂之『古』。刻《漢書》者，誤連二條爲一耳。今以《左傳》經文與二《傳》校勘，皆左氏義長，知手録之本，確於口授之本也。〔一〕

又《春秋公羊傳注疏提要》云：

《三傳》與經文，《漢志》皆各爲卷帙。以《左傳》附經，始於杜預；《公羊傳》附經，則不知始自

〔一〕《欽定四庫全書總目》卷二六，《景印文淵閣四庫全書》第一册，頁五二六—五二七。

何人。觀何休《解詁》，但釋傳而不釋經，與杜异例，知漢末猶自别行。今所傳蔡邕石經殘字，《公羊傳》亦無經文，足以互證。今本以傳附經，或徐彦作疏之時所合并歟？〔一〕

又《春秋穀梁傳注疏提要》云：

《漢書·藝文志》載公羊、穀梁二家，經十一卷，傳亦各十一卷，則經、傳初亦别編。范寧《集解》乃并經注之，疑即寧之所合。〔二〕

四庫館臣認識到《漢志》『《春秋古經》十二篇』即《左傳》之經，『《經》十一卷』即爲公羊、穀梁二家經，也就是説，《漢志》同時著録三家之經文；以《左傳》附經，始於晋而不始於漢：足釋翁氏之疑。但《四庫總目》又以古、今二經二者并列爲手民之誤，則對《漢志》的著録之法，有所誤識。

余嘉錫在談到劉向、歆父子校書時指出：『凡經書皆以中古文校今文。其篇數多寡不同，則兩本并存，不删除複重。』劉向以中古文校歐陽、大、小夏侯三家《尚書》，『《尚書古文經》四十六卷，與《今文經》二十九卷，并著於録。』余先生在『二十九卷』下注中指出：『《志》凡《今文經》皆祇注明某家，不加

〔一〕《欽定四庫全書總目》卷二六，《景印文淵閣四庫全書》第一册，頁五二八。
〔二〕《欽定四庫全書總目》卷二六，《景印文淵閣四庫全書》第一册，頁五二八。

「今文」字。』[一]可見，注明今文某家，爲班固《漢志》通例。進一步考察就會發現，班氏所注某家，皆爲宣帝時立於學官的博士家，如《易》列施、孟、梁邱，《書》列大、小夏侯等皆然。由此推之，則《漢志》以《春秋》之今、古文經有异，故對二本皆予著録。楊伯峻指出：

《春秋古經》就是《左氏傳》的《經》，因爲它原來是古代文字寫的，所以稱它爲『古經』。可能它以魯國一公爲一篇，魯國十二公，所以它爲十二篇。[二]

可見并非手民誤刻，而是書法所致。

（九）《經義考》卷一七二『服氏（虔）《春秋音隱》』條，引《北史》文云：

河北諸儒能通《春秋》者，并服子慎所注，其河外諸生俱服膺杜氏。大抵河北所爲章句，好尚互有不同：江左《左傳》則杜元凱；河洛《左傳》則服子慎，要其會歸，殊方同致矣。

《補正》云：

《北史》條内『要其會歸，殊方同致矣』九字當删。（卷七）

[一] 余嘉錫《古書通例》，頁二五五—二五六。

[二] 楊伯峻《春秋左傳注·前言》，中華書局，一九九五年，頁二二。

案:《北史》卷八一《儒林列傳》此段原文,已見前揭(本書第一章第二節内注引)。可見,朱氏約簡成文,翁氏不查,誤以爲衍文當删。又,《隋書》卷七五《儒林列傳》所載與此略同。朱氏引用解説,除序跋外,大都節略、减省成文,尤以正史爲甚,大概出於規避繁重之需要,是以惟取相關者爲之。此朱氏引文之通例,不失爲編纂之良法。

(十)《經義考》卷一七八『馮氏(繼先)《春秋名號歸一圖》』條,引文云:

岳珂曰:『《春秋名號歸一圖》二卷,馮繼先撰。刊本多訛錯……今皆訂之《經》《傳》,刊其訛謬,且爲分行,以見别書。若雜出於《經》《傳》與注而止稱《經》,或《傳》、注散見於前後數年間而止稱某公、某年,蓋據始見而書之。廖本無《年表》《歸一圖》,今既刊《公》《穀》,并補二書以附《經》《傳》之後。』

《補正》云:

『岳珂曰』下當補『按史《藝文志》』五字,『廖本無《年表》』以下當删。(卷七)

案:檢文淵本《九經三傳沿革例》内《春秋名號歸一圖》條,則知朱氏所引,除首脱五字外,其餘文字全同,不知翁氏何以云其『當删』。

(十一)《經義考》卷一八四有『吕氏(本中)《春秋集解》』條,據《宋志》著録作『十二卷』,『存』;并附注云：『又呂祖謙《集解》三十卷。』卷一八七有『呂氏(祖謙)《春秋集解》』條，謂從《宋志》著録爲『三十卷』，『未見』。《補正》『呂氏(祖謙)《春秋集解》』條下云：

案：此書今刻於《通志堂經解》，而納蘭容若《序》疑其或是呂本中所作，其卷内則書呂伯恭。又按：此書竹垞兩載於此卷内，一以爲呂本中，一以爲呂祖謙，蓋誤複耳。（卷八）

翁氏根據納蘭性德〔一〕《序》文的意見，認爲《春秋集解》三十卷本的作者當爲呂本中，從而推斷《經義考》有『誤複』之失。對此，楊果霖先生考辨道：

上述的案語，議論内容或有未確，考其出自陳傅良《春秋後傳》下，故應置於《經義考》卷一八七之後，又此目著録呂祖謙《春秋集解》條，則應出自卷一八七，然此卷未有呂本中之作，故上述所論『兩載於此卷内』，實係誤題之故。今考呂本中之作，見載於《經義考》卷一八四，頁五，其下附注録有呂祖謙《春秋集解》一書，而云複見者，應指此項著録而言，但審其内容，實非單獨成目，僅是《校文》細注所録，是否構成重出的要件，恐有商榷之處。竹垞懷疑世傳呂氏《春秋集解》三十卷，係爲呂本中之書，而非呂祖謙書也，然《宋志》言之鑿鑿，可得知呂本中、呂祖謙各撰有《春秋集

〔一〕 納蘭性德（一六五五—一六八五），原名成德，字容若，號楞伽山人，滿洲正黃旗人。大學士明珠之子。康熙進士，官一等侍衛。有《通志堂集》。與座師徐乾學同編《通志堂經解》，收書一百四十種，是以宋元儒著作爲主的大型經解叢書。

解》，而竹垞兩存其説，實非誤複重之例。〔一〕

楊先生『誤題』的判斷，基於對『卷内』二字的理解。細繹上引《補正》文字，第一處『卷内』指《通志堂經解》本《春秋集解》，第二處『卷内』指《經義考》。因此，這兩處『卷内』均指一書而言，不是指書中的某一卷。楊先生『誤題』之説，不能成立。又，《宋志》經部春秋類有『吕本中《春秋解》二卷』『吕祖謙《春秋集解》三十卷』兩條，并没有對吕本中《春秋集解》十二卷加以著録，因此，楊先生『《宋志》言之鑿鑿，可得知吕本中、吕祖謙各撰有《春秋集解》』之論，也不能成立。楊先生僅據《經義考》所立條目加以申論，而未能檢核原書，致有此失。

既然《宋志》僅著録吕本中《春秋解》二卷，那麼，朱彝尊何以知其有《春秋集解》十二卷？檢《經義考》卷一八四『吕氏（本中）《春秋集解》』條下引陳振孫語曰：

> 《春秋集解》十二卷，吕本中撰。自《三傳》而下，集諸家之説，各記其名氏，然不過陸氏及兩孫氏、兩劉氏、蘇氏、程氏、許崧老、胡文定數家而已，大略如杜諤《會義》，而所擇頗精，却無自己議論。

〔一〕 楊果霖《翁方綱〈經義考補正〉研究》，《『國立中央圖書館』臺灣分館館刊》第七卷第一期，二〇〇一年，頁五六。

由此可以得出判斷，朱彝尊應當是根據陳振孫《直齋書録解題》的著録而得立本條。但是，朱彝尊雖藏有陳氏《解題》的四卷殘抄，但僅存《楚辭類》一卷、《别集類》三卷，并無經部。而馬端臨《文獻通考》卷一八三《經籍考》春秋類，則有『《春秋集解》十二卷』條，所引『陳氏曰』文字，與上引基本相同〔一〕。故朱氏此條，實本於《文獻通考》。陳振孫之後、馬端臨之前，南宋王應麟著《玉海》，其卷四〇《藝文·春秋》『宋朝春秋傳』下，亦有『吕本中《集解》十二卷』之記載〔二〕，可證吕本中的確撰有《春秋集解》十二卷。朱彝尊所立條目雖不誤，而誤繫出處爲《宋志》，楊果霖先生因此有所誤判。

《補正》謂吕祖謙《春秋集解》三十卷，『今刻於《通志堂經解》』，而納蘭容若《序》疑其或是吕本中所作，其卷内則書吕伯恭』。其實，納蘭氏之疑，正本於朱彝尊。朱氏於『吕氏（本中）《春秋集解》』條下，附注『吕祖謙《集解》三十卷』，已能表明其懷疑之態度；又在該條下附加案語，予以考辨。吕本中《春秋集解》三十卷收入《四庫全書》，館臣於提要内，亦踵而辨析。爲辨明三者之間的淵源關係，兹列表如下：

〔一〕惟『許崧老』，《通考》轉引作『計崧老』。核諸《景印文淵閣四庫全書》本及點校本《解題》，當以前者爲是。『崧老』爲許翰的字，《經義考》卷二三有『許氏（翰）《易傳》』條，其下據《林泉野記》載其生平，故朱彝尊得以徑改《通考》之誤。

〔二〕《玉海》，江蘇廣陵古籍刻印社，一九八五年影印本，第二冊，頁三九。

表七—四　《春秋集解》論説三種對照表

朱彝尊按語(《經義考》『呂氏(本中)《春秋集解》』條下)	納蘭性德《春秋集解原序》(文淵本《春秋集解》三十卷前)	館臣《春秋集解提要》(《四庫全書總目》卷二七)
趙氏《讀書附志》以《春秋集解》爲東萊先生所著而不書其名，蓋呂氏自右丞好問徙金華，成公述《家傳》，稱爲東萊公，而居仁爲右丞子，學山谷爲詩，作《西江宗派圖》，學者亦稱爲東萊先生，然則呂氏三世，皆以東萊爲目，成公特最著者耳。陳氏《書録解題》撮居仁《集解》大旨，謂自《三傳》而下，集諸儒之説，不過陸氏、兩孫氏、兩劉氏、蘇氏、程氏、許氏、胡氏數家，合之今書，良然；而《宋史・藝文志》於《春秋集解》三十卷，直書成公姓名，世遂因之。考成公《年譜》，凡有著述必書，獨《春秋集解》不書，疑世所傳三十卷即居仁所撰，惟卷帙多寡未合，而陳和	《春秋集解》三十卷，趙希弁《讀書附志》云：『東萊先生所著也，長沙陳邕和父爲之序。』按成公《年譜》，凡有著述必書，獨是編不書；《宋史》本傳，公所著有《易》《書》《詩》而無《春秋》，惟《藝文志》於《春秋集解》三十卷直書成公姓名。考吴興陳氏《書録解題》有《春秋集解》十二卷，云是呂本中撰，且撮其大旨謂：『自《三傳》而下，集諸儒之説，不過陸氏、兩孫氏、兩劉氏、蘇氏、程氏、許氏、胡氏數家而已。其所擇頗精，却無自己議論。』合之是編，誠然！蓋呂氏自右丞好問徙金華，成公述《家傳》，稱爲東萊公；而本中爲右丞子，學山谷爲詩，作《江西	宋呂本中撰。舊刻題曰呂祖謙，誤也。本中字居仁，好問之子。《宋史》本傳載其靖康初官祠部員外郎，紹興六年賜進士，擢起居舍人，八年遷中書舍人兼侍講，權直學士院，學者稱爲東萊先生。故趙希弁《讀書附志》稱是書爲東萊先生撰。後人因祖謙與朱子游，其名最著，故亦稱爲東萊先生。而本中以詩擅名，詩家多稱呂紫微，東萊之號稍隱，遂移是書於祖謙，不知陳振孫《書録解題》載是書，固明云本中撰也。朱彝尊《經義考》嘗辨正之，惟以《宋志》作十二卷爲疑。然卷帙分合，古今每异，不獨此書爲然。况振孫言：『是書自《三傳》而下，集諸儒之説，不過陸氏、兩孫氏、兩劉氏、蘇氏、程氏、許氏、胡氏數家，而采擇頗精，全無自己議論。』以此本考之亦合，知舊刻誤題，審矣。惟《宋志》此書之外，別出祖謙《春秋集解》三十卷，稍爲牴牾。疑宋末刻本已析其原卷，改題祖謙，

續表

朱彝尊按語（《經義考》『呂氏（本中）《春秋集解》』條下）	納蘭性德《春秋集解原序》（文淵本《春秋集解》三十卷前）	館臣《春秋集解》提要（《四庫全書總目》卷二七）
父之《序》無存，此學者之疑猶未能釋也。	宗派圖》，學者稱爲東萊先生，以之名集。然則呂氏三世，皆以東萊先生爲目，成公特最著者爾。朱子嘗曰：『呂居仁《春秋》亦甚明白，正如某《詩傳》相似。』竊疑是編爲居仁所著，第卷帙多寡不合，或居仁草創，而成公增益之者與？序其端，用質淹通博洽之君子，倘獲善本有陳和父《序》者，予之疑庶可以釋矣。康熙丙辰二月，納蘭成德容若序。	故相沿訛异，史亦因之重出耳。祖謙《年譜》備載所著諸書，具有年月，而《春秋集解》獨不載，固其確證，不必更以他説疑也。本中嘗撰《江西宗派圖》，又有《紫微詩話》，皆盛行於世，世多以文士目之，而經學深邃乃如此。林之奇從之受業，復以其學授祖謙，其淵源蓋有自矣。[一]

將上述文字對勘，可知納蘭氏《原序》與朱氏按語基本相同，惟次序有所調整，并增加朱子之語作爲旁證。二者之間，當有密切之淵源關係。由於四庫本《春秋集解》實據納蘭成德、徐乾學《通志堂經

[一]《欽定四庫全書總目》卷二七，《景印文淵閣四庫全書》第一册，頁五四六—五四七。

解》本而來，而《經義考》之成書，又晚於《通志堂經解》，故有學者認爲，朱氏『按語大致本於納蘭氏《序》』[一]。檢朱彝尊《曝書亭集》卷四二《吕氏春秋集解序》，文字與其按語基本相同，而末有『同里徐亭從予學《春秋》，書以示之』之語，可知對《春秋集解》作者問題之考辨，實由朱氏先發其覆。納蘭性德《通志堂經解·經解總序》自陳刊刻緣起云：『逮宋末元初，學者尤知尊朱子，理義愈明，講貫愈熟，其終身研求於是者，各隨所得以立言，要其歸趨，無非發明先儒之精藴，以羽衛聖經，斯固後世學者之所宜取衷也。惜乎其書流傳日久，十不存一二。余向屬友人秦對岩、朱竹垞購諸藏書之家，間有所得，雕版既漫漶斷闕，不可卒讀，鈔本訛謬尤多，其間完善無訛者，又十不得一二。』[二]則《通志堂經解》之成書，朱彝尊亦與有力焉。朱氏既有志於通考歷代經義而撰《經義考》，則對寓目之經解，必加措意；爲答同里後學之問，而撮舉其要成文；後來編《經義考》時，又將此文移作按語之用。《通志堂經解》許多書前均有題爲納蘭性德所撰之序文，《通志堂集》均予收録，惟獨此篇《春秋集解序》不在收録之列。若此序果出於納蘭氏之手，當無失收之理。故納蘭氏《序》，實本於朱氏按語；四庫館臣編輯全書，又從之而撰寫提要。其間淵源關係，由上表文字之對比，不難考知。惟對《春秋集解》十二卷本與三十卷本

[一] 李解民《〈春秋集解〉爲吕祖謙撰考——〈四庫全書總目〉辨正札記》，載《中國典籍與文化論叢》第八輯，北京大學出版社，二〇〇五年，頁二二一。
[二] 納蘭性德《通志堂集》卷一〇。

之作者問題，後來學者多有考訂，智者千慮，均未免有失〔一〕。要之，十二卷本爲呂本中所撰，三十卷本則成於呂祖謙及其門人之手，當爲合理之解釋〔二〕。

（十二）《經義考》卷二六九『張氏（揆）《太玄經集解》』條，《補正》云：

按：晁氏《讀書志》及《通考》俱作『《太元經淵旨》』。（卷一一）

案：檢《通考》之文淵本及中華書局本，其卷二〇八（經籍三十五，子部儒家類）俱作『《太元淵旨》一卷』，解題曰：『晁氏曰：右皇朝張揆撰。』檢《郡齋讀書志·後志》卷二，文淵本作《太元淵旨》，校證本作《太玄淵旨》（頁四三一），而提要均同。故當以《太玄淵旨》爲正（『元』爲避諱字）。

以上共辨正疑誤十二條，十五處。其問題或微淺，然既爲補正之作，當精益求精，故不憚辭費而糾舉之，以存求真之義。

〔一〕崔富章已考出，呂本中、呂祖謙俱稱『東萊』，又各撰有《春秋集解》。但他誤認爲《東萊先生呂成公點句春秋經傳集解》三十卷即爲呂祖謙《春秋集解》三十卷（參其《四庫提要補正》，頁一五六—一五九）。李解民先生對崔氏此失加以辨正，而又認爲十二卷本、三十卷本的《春秋集解》作者均爲呂祖謙（參其《〈春秋集解〉爲呂祖謙撰考——〈四庫全書總目〉辨正札記》，載《中國典籍與文化論叢》第八輯，頁二一八—二三九）。

〔二〕説詳拙文《呂氏〈春秋集解〉十二卷本作者與流傳之探索》，載《中國典籍與文化》二〇〇九年第四期，頁一〇—一四。

(四)《經義考補正》的特色與不足

楊果霖先生於《翁方綱〈經義考補正〉研究》中指出,《補正》有以下優點:一、議論頗爲深廣;二、指引整理方針;三、補録相關解題;四、有助查考出典。又在總結《補正》輯校義例時,得出如下五點:一、廣集文獻資料,校其内容參差;二、運用版刻知識,審其載録失當;三、善考目録傳承,訂其傳録舛錯;四、博通文字音讀,判其著録錯判;五、善用義例分析,考其體製錯當。就前文列舉的朱氏校正情況來看,這樣的分析無疑全面而允當,頗能道出《補正》特色之所在。鑒於《經義考》之卷帙巨大,徵引浩繁,《補正》根據不同的情況,或訂訛誤,或申議論,或詳或略,進行了靈活處理。

當然,要評價一部著述之價值與特色,須將其置於同類著作之系列中加以比較,認識纔能更加全面。如果同已刊行的其他幾部續補著作相比較,《經義考補正》也同樣頗具特色。如全祖望《讀易别録》、謝啓昆《小學考》等,專就《經義考》某一類目著録之闕,加以補考,體例則全仿朱氏;惟後出轉精,更爲全備。又如陳矩《孟子弟子考補正》,則就《經義考》内孟子弟子考之專題,予以補充、發明。比較而言,《補正》則校正全書,對具體的條目也加以去取,同時還對朱氏體例有所指正;但其重心,還在於訂正字句等方面的訛誤,既多且全,爲全、謝二氏所不及。羅振玉《經義考校記》,原附所編《經義考目録》而行,主要是着眼於如何更方便地使用《經義考》,因此注重對异本卷數的著録,尤其對朱氏注佚之書，不厭其煩地羅列各種清儒輯佚的本子。這一點，正爲《補正》所忽視。不過，儘管《校記》也有一些校訂之處，但就其範圍而言，則遠遠不及《補正》。比如，對解説文字的訂正上，《補正》有上千處，而《校記》僅及三處，不可同日而語。

《補正》成書，既不出於一人，又不成於一時，而且所校正的對象又是名家之鴻篇巨帙，有其不足，亦在所難免。楊果霖先生指出《補正》有四個方面的缺點：一、僅發其緒，未及周全；二、失之瑣細，難成系統；三、論證未足，猶待補議；四、編排偶失，有待匣正。除第四點外，其他三點固然不能説不是缺點，但都有可商榷之處。面對《經義考》這樣的鴻篇巨制，除非有專門名家，按照朱氏既有體例，逐條覆按，否則，就不能窮其訛誤而加以訂正。即使這樣的訂正成果，因爲是建立在《經義考》本書之上的，是否有自成系統的必要，也是問題。翁氏或瑣細或不足（似與『議論深廣』相矛盾），都牽涉到訂正時的取捨問題。在没有足够的證據之前，應該贊賞審慎的校正態度。另外，翁氏等人在校正時，還有相關資料的限制問題。顯而易見，翁氏等能見到的資料，與朱氏當年所見到的資料，與我們今天能見到的資料，都是不可等同而論的。

總之，《經義考補正》一書，共校正朱彝尊《經義考》約一千六百多處訛誤。儘管《補正》還存在着一些考訂失誤之處，但正如伍崇曜《〈經義考補正〉跋》所言：『是書所訂各條，實有足爲竹垞功臣者。』對今天研究和利用《經義考》來説，《補正》無疑是必備的參考書，起着不可或缺的作用。前引李慈銘之説,胡玉縉《經義考補正書後》已譏之爲『略觀大體而非洞見癥結之言』[一]。由上文之考查可知,李氏未能洞見癥結,且妄加詆訶,所評遠非持平之論。

(五) 附:論《經義考補正》提要二種

學界以提要的形式品評《經義考補正》考辨之得失者,主要有胡玉縉與江瀚兩家。一般而言,對同一部著作的不同提要加以比較研究,既有助於加深對該著作學術價值的理解,也有助於對學界研究現狀的認識。有鑒於此,本節擬對這兩家提要之异同得失加以檢論。

一、《經義考補正》提要二種之比較

胡玉縉《經義考補正書後》(以下簡稱《書後》),載其《許廎經籍題跋》卷一[二]。該文雖稱『書後』,實際上仍爲提要,《續四庫提要三種·前言》言之甚明。江瀚所撰《經義考補正提要》,則載於《續修四庫全書總目提要》,刊本雖有數種,而文字全同[三]。爲便於分析,筆者按論題之不同,將兩家提要分成若

[一] 胡玉縉撰,吴格整理《續四庫提要三種》,上海書店出版社,二〇〇二年,頁四三二。
[二] 載《續四庫提要三種》,頁四三一—四三四。
[三] 分見:《續修四庫全書提要》,頁一〇三五—一〇三七;《續修四庫全書總目提要(經部)》,頁一三四六—一三四七;《續修四庫全書總目提要(稿本)》第一册,頁五一四—五一五。

干小節，如下表所示：

表七—五　《經義考補正》補正提要二種分析表

胡玉縉《經義考補正書後》		江瀚《經義考補正提要》	
節次	論題	節次	論題
一	概説	一	《經義考》之類屬
二	魏徵《周易義》、陸德明《周易釋文》	二	《連山》
三	漢中庸説	三	魏徵《周易義》
四	李鼎祚《周易集解》	四	李鼎祚《周易集解》
五	伏勝《尚書大傳》	五	劉牧《易數鈎隱圖》
六	柯尚遷《曲禮全經類釋》	六	曾穜《大易粹言》
七	春秋古經	七	翁方綱關於《古文尚書》之學術傾向
八	洪咨夔《春秋説》		
九	《孔子三朝記》		
一〇	《今文尚書》		
一一	吕祖謙《書説》		

續表

胡玉縉《經義考補正書後》		江瀚《經義考補正》提要	
節次	論題	節次	論題
一二	唐太學壁經		
一三	總評		
一四	楊簡《慈湖易傳》		
一五	薛漢《韓詩章句》		
一六	盧文弨撰《經義考》補正		

通過對以上各節考論之逐一復核，筆者發現，這兩種提要之間存在着明顯的不同。

首先是提要容量有差别。由上表可知，胡氏《書後》除去概説、總評及談盧文弨撰寫補正三節之外，其餘十三節，各就翁氏對某一主題之補正，加以評騭，指正其失。江氏提要除首節論《經義考》之類屬、末節論翁方綱對《古文尚書》之學術傾向外，另有五節文字，與胡氏《書後》相仿，亦專就翁氏之補正，加以論説。胡氏《書後》之容量，顯較江氏提要爲豐。從字數上看，胡氏《書後》約一千八百餘字，稍多於江氏提要(約一千五百餘字)。

其次是提要寫法有不同。現以胡、江二氏提要内均有辨及之李鼎祚《周易集解》條爲例。胡氏云：『李鼎祚《周易集解》條，謂「十七卷合《易髓》三卷、《目》一卷、《瓶子記》三卷言之」，則《瓶子記》未必是《易説》，不如《提要》并數《索隱》及《略例》之説。』（案：『《提要》』爲胡氏對《四庫全書總目》的簡稱。）江氏則云：『李氏（鼎祚）《周易集解》，謂：「李鼎祚集注《周易》，《新唐志》十七卷，《宋志》作十卷，而《宋志》五行類又有李鼎祚《易髓》三卷、《目》一卷、《瓶子記》三卷，合之乃十七卷也。蓋《唐志》總其生平所著卷目言之，而《宋志》分析書名言之。晁公武、馬端臨、李巽岩之徒，或以爲《集注》内亡失七卷，或以爲後人所并，皆未之深考耳。」案：是説亦非。李《集解》自序有云：「至如卦爻象象，理涉重玄，經注文言，書之不盡。別撰《索隱》，錯綜根萌，音義兩存，詳之明矣。」然則《集解》外尚有《索隱》，此所以共成十七卷，烏得以《瓶子記》等書當之邪？』

由館臣《周易集解提要》（《欽定四庫全書總目》卷一）可知，江瀚之立論，亦以館臣之考辨爲依據。故兩家提要相比，不但文字有詳略之不同，引用文獻也有顯晦之區别。江氏先引《補正》原文，再施按語，故其文字較繁。胡氏《書後》之考辨主題有十三節，近三倍於江氏之提要，而全文僅比後者多三百餘字，可見其行文較爲簡省。其中最短一節謂：『洪咨夔《春秋説》條，謂「僖公内有闕文」，不知襄公内亦有闕。』文止二十餘字，而證據確然。

此外，如就考辨方法而論，江氏提要，凡所指陳，主要依據《漢志》《隋志》《文獻通考·經籍考》等史籍目録之記載，及《四庫全書總目》之考辨。胡氏《書後》，則不僅采信於各家書目，還能根據個人研讀之所得，深入其内，或釋翁氏之所疑，或明《補正》錯失之所在。兩相比較，胡氏《書後》更爲全面，所耗心力更巨。

綜上所論，就《經義考補正》而言，胡氏《書後》文約義豐，考辨精審，當較江氏提要爲佳。時賢謂胡氏『博涉多能，學無不通』，其提要能『考著作之原委，辨學術之純疵』〔一〕，誠爲的論。

二、胡玉縉《經義考補正書後》之商榷

胡玉縉《經義考補正書後》，考辨精審，深明得失，沾溉後學，爲功匪淺。然經筆者細繹，其中亦有一二處尚需商榷者。兹條陳如次：

（一）《經義考補正書後》第五節：『伏勝《尚書大傳》條，謂「晁氏云是康成詮次者，未知何據」。則「詮次」字明見鄭氏《大傳序》，詳《玉海》載《中興書目》所引，是晁説確有根據。』今按，《經義考》卷七六伏勝《尚書大傳》《尚書暢訓》條下引『晁公武曰』：

勝至孝文時，年且百歲，歐陽生、張生從學焉。音聲猶有譌誤，先後猶有差舛，重以篆隸之殊，不能無失。勝終之後，數子各論所聞，以己意彌縫其闕，別作章句。又特撰大義，因經屬指，名之曰傳。後劉向校書，得而上之。目録凡四十一篇，康成銓次爲八十三篇。今本四卷，首尾不倫。

〔一〕《續四庫提要三種·前言》，頁六。

翁方綱《補正》對此質疑道：『而所引晁氏，謂是「康成詮次爲八十三篇」者，未知何據？』胡玉縉先生《書後》之解釋，即針對此疑而發。然王應麟《玉海》卷三七『《尚書大傳》』條引《中興書目》云：

按：鄭康成《序》云：『蓋自伏生也。伏生爲秦博士，至孝文時，年且百歲。張生、歐陽生從其學而授之，音聲猶有訛誤，先後猶有差舛。重以篆隸之殊，不能無失。生終後，數子各論所聞，以己意彌縫其闕，別作章句。又特撰大義，因經屬指，名之曰傳。劉向校書，得而上之，凡四十一篇。』至康成，始詮次爲八十三篇。〔一〕

王氏又有《漢藝文志考證》，其卷一『《傳》四十一篇』條〔二〕云：

伏生作《尚書傳》四十一篇，授張生。張生授歐陽生。《隋志》云：『濟南伏生之傳，唯劉向父子所著《五行傳》，是其本法，而又多乖戾。』《釋文序録》：『《尚書大傳》三卷，伏生作，鄭康成注。』其《序》曰：『伏生至孝文時，年且百歲。歐陽生、張生從學焉。伏生終後，數子各論所聞，以己意彌縫其間，而別作章句。又特撰其大義，因經屬指，名之曰傳。劉子政校中書，奏此目録，凡四十一篇。』康成詮次爲八十三篇，今本四卷，首尾不倫。

〔一〕《玉海》，江蘇廣陵古籍刻印社，一九八五年影印本，第二〇册，頁二二五。
〔二〕《景印文淵閣四庫全書》第六七五册，頁一四。

細核晁公武《郡齋讀書志》（孫猛校證本）卷一『《尚書大傳》三卷』條[一]，可知其文與《經義考》所引基本相同，但止於『得而上之』，且『別作章句』前有一『而』字。細繹上引各條，《經義考》所引『晁公武曰』一段，并非純爲《郡齋讀書志》文字，而是兼采王氏二書，附益而成：『康成詮次爲八十三篇』，本於王氏所引之《中興書目》；『今本四卷，首尾不倫』，則采自《漢藝文志考證》。校證本注云：

顧懷三《補後漢書藝文志》卷一《鄭尚書大傳注》條云：『晁公武曰：「康成詮次爲八十一篇，今本四卷，首尾不倫。」』姚振宗《漢書藝文志條理》卷一之上亦云：『宋晁公武《郡齋讀書志》曰：「今本四卷，首尾不倫。」』按今《讀書志》諸本與《經籍考》卷四俱不載顧、姚所引，檢《玉海》卷三十七引《中興書目》有『至康成始詮次爲八十三篇』語，又王應麟《漢藝文志考證》卷一引鄭康成序之後，云：『康成詮次爲八十三篇，今本四卷，首尾不倫。』是顧氏所引蓋王應麟語，唯誤『八十三』作『八十一』耳，姚氏又沿顧氏之誤，以爲出自《讀書志》。

可見，孫猛先生實已指出顧、姚二氏有誤。不過，他認爲顧氏本於王應麟之語而致誤，其結論是值得商榷的。由上引可知，王氏并未將『詮次』數句繫於晁公武名下，顧氏之誤，當另有所本。由於《經義考》合《郡齋讀書志》之文與王應麟之文爲一，并全部繫於『晁公武曰』之下，遂使人誤以爲此段文字均

[一]《郡齋讀書志校證》，頁五三。下引注文頁同。

采自《郡齋讀書志》。這正是翁方綱等有疑問、顧櫰三等有誤識之癥結所在。胡玉縉先生指出『詮次』數句本於《玉海》所引之《中興書目》，可謂卓識；但他也未能辨明晁氏本文所在，故持『晁説確有根據』之論。實則這并非純爲晁公武之説，而是朱彝尊所轉引、合并之説。

（二）《經義考補正書後》第十節：

尤可异者，《今文尚書》條，聘珍謂『天寶間改古文從今文，始有「今文」之目，伏書自是漢隸，安國之漢隸可云古文，伏氏漢隸何不可云古文？伏氏之漢隸可云今文，安國漢隸何不可云今文？』殊弗思伏書隸寫，對安國之書出於壁中而言，故稱『今文』，猶之高堂生傳《儀禮》十七篇，對壁中古文亦稱『今文』，此自唐以來訖近世諸儒無异説，聘珍云云，無理取鬧，可云謬妄。

案：此條所針對的王聘珍按語，見於《經義考補正》卷三《今文尚書》條（對應於《經義考》卷七四同名條）下，其文已爲本書第五章第二節第一部分《綜述》内第一條所引，并有所評議。兹就胡氏之批評再加申論。按《隋志》既有《今文尚書音》的著録，則不得謂《今文尚書》之目始自《新唐志》。『今文』『古文』，爲相對之概念，衛包所改從之『今文』，乃唐時之『今文』（楷書），而非漢時之『今文』（漢隸），不可混淆。由《漢志》可知，伏生所傳之本，爲秦始皇焚書時伏生藏諸屋壁者，原即古文之本，惟在口授之時，寫以今文（漢隸）。與此相似，孔安國所傳之本，原出於孔壁，亦爲古文，後經安國之手，轉寫爲今文。就源流而論，二本最初都是先秦古文本，并無『最古』之分。王氏『以最後出之書名而加於最古之書』之論,實有未安。若就此對其加以批評,自然中肯。但胡先生所批評者,乃是王氏關於伏生、安國之書可互稱『今文』『古文』之主張。其實,這是王氏爲合理地區分伏生、安國兩家傳本而提出的假設。由於秦火之厄,二者在篇數、文字等方面存在差异;而更大的差异,則表現在師説的不同上。是否以『今文』『古文』或『今字』『古字』來區别傳本,問題的關鍵不在於此,而在於要分清文本與師説的不同。就文本而論,可依字體的不同,分别今文本、古文本(猶如稱爲甲本、乙本);就師説而論,可依兩家解説的不同,分别今文説、古文説(猶如稱爲伏生説、安國説)。前賢在這一問題上纏雜不清,就在於使用『今文』『古文』這一組概念,同時指稱文本與師説。由按語可知,王聘珍深明其弊,因而主張以『伏氏』『孔氏』代替『今文』『古文』,冠於書前,從而避免文本與師説之混淆。這種主張,無疑有其合理成分;且王氏之目的,并非真欲加以代替,而在於辨明學術源流。若據此認爲王氏『無理取鬧,可云謬妄』,似未足以服人。

以上對胡玉縉、江瀚兩家提要進行了比較與商榷,當有助於對《經義考補正》及兩家提要價值的全面認識。

三　專論二：論《四庫全書總目》與《經義考》

《四庫全書總目》，能集中國傳統目録學之大成，爲中國古代目録的代表作之一，被目爲讀書治學之門徑。余嘉錫指出：『漢、唐目録書盡亡，《提要》之作，前所未有，足爲讀書之門徑，學者舍此，莫由問津。』〔一〕又説：『但欲求讀其書而知學問之門徑，亦惟《四庫提要》及張氏之《答問》差足以當之。』〔二〕朱彝尊所撰《經義考》三百卷，是中國古代經學目録的集大成之作，『經笥懸探，更勝曹倉之富』〔三〕，成爲《四庫總目》最重要的取資之一〔四〕。那麽，《四庫總目》又是如何對《經義考》加以取材與利用？除提供文獻素材及考辨成果外，《經義考》在分類等編目實踐方面，對《四庫總目》又有何影響？這些問題，對探討《四庫總目》的學術前承及《經義考》的學術影響而言，均具有重要的研究價值。爲此，本節擬從《四庫總目》引用《經義考》這一角度切入，嘗試加以全面分析，以考察這兩部學術名著之間的

〔一〕余嘉錫《四庫提要辨證・序録》，中華書局，一九八〇年，頁五一。
〔二〕余嘉錫《目録學發微》卷一，頁一五。
〔三〕《欽定四庫全書告成恭進表》，《欽定四庫全書總目》卷首。
〔四〕司馬朝軍謂：『朱彝尊考據功底雖不及乾嘉諸老深厚，但所撰《經義考》資料豐富，號爲善本，一時成爲館臣的枕中鴻寶。』載其《〈四庫全書總目〉編纂考》，武漢大學出版社，二〇〇五年，頁三二五。

關係〔二〕。

（一）《四庫總目》引用《經義考》之統計

《四庫總目》對《經義考》的引用，共分兩類。第一類是明引，即明確提及『經義考』三字。這有兩種情況：一是於正文中引用，凡二百九十六次；二是於夾注中引用，凡十三次，合計三百零九次。《四庫總目》中提及『經義考』這三個字的提要，共有二百七十條。引用次數與所屬提要并未一一對應，這是因爲某些提要爲説明問題，對《經義考》進行了反復徵引，或達四次之多。其分布見下表：

〔二〕以這兩部書爲研究對象的重要論文有三篇，一是楊晉龍《〈四庫全書〉處理〈經義考〉引録錢謙益諸説相關問題考述》，二是林慶彰《四庫館臣篡改〈經義考〉之研究》，三是莊清輝《〈經義考〉與〈四庫提要〉之關係》，均收入《朱彝尊經義考研究論集》（分別在頁四〇七—四四〇、四四一—四七四、四七五—五四八）。前兩篇論館臣對敏感材料之處理，祇有第三篇爲專門探討二書關係者，共分七個部分：一、《經義考》之撰述沿革與體製，二、《經義考》之評價，三、《四庫提要・經部》辨正《經義考》之誤問題，四、四庫館臣引用《經義考》説，五、四庫館臣引用《經義考》所引説，六、四庫館臣依《經義考》體例論書之存佚闕未見等，七、辨正《四庫提要》經部本《經義考》之失誤。該文最先比較全面地探討二書之關係，有開創之功；且分類精細，論多中肯，頗具啓示意義。其失在僅限於《欽定四庫全書總目》之經部，對二書分類方面的關係未加探討，以及考論有失等。

表七—六　《四庫總目》引用《經義考》分布表

《四庫總目》	卷首	經部	史部	子部	集部	合計
正文引用	一	二百四十九	八	二十八	十	二百九十六
夾注引用	○	十二	○	○	一	十三
無效引用	○	○	一	○	五	六
關涉内容	一	二百二十七	七	二十五	十一	二百七十一

所謂『無效引用』，是指《四庫總目》對朱彝尊著作的著録，分别爲史部的《經義考》條，集部的《韵粹》《竹垞文類》《明詩綜》《洛如詩鈔》《詞綜》諸條。史部《經義考》一條爲館臣所撰提要，是對該書的介紹和評價；該條與集部諸條一樣，均不涉及對《經義考》材料或觀點的引用，因而均視作無效引用。因此，《四庫總目》對《經義考》的有效引用實爲三百零三次。

如上表所示，《四庫總目》對《經義考》的引用，分布在卷首凡例及四部之内。細核其實，則分布在相對獨立的二百七十一個内容單元内(絶大部分在提要文字中)。但是，卷首凡例一則、五經總義類小序一則、四書類小序一則，并非提要；前揭史部《經義考》條，引用内容乃是出現在書名項内，亦非提要。因此，對《經義考》加以有效引用的提要，實爲二百六十七條。此類有效引用之提要，連同上述凡例、小序，成爲我們考察二書關係最直接的依據。

另一顯著的事實是，《四庫總目》四部中，對《經義考》引用最多的爲經部。由於《經義考》是經學目録，以備列歷代經解、通考經學源流爲職志，《四庫總目》經部之引據最多，允合情理。而《四庫總目》其他三部（尤其是子部）之引用，却透露出二者在分類上的歧异。

現將《四庫總目》經部對《經義考》的引用，製表如下：

表七—七　《四庫總目》經部引用《經義考》分類對照表〔一〕

四庫總目：經部類别	四庫總目：引用次數	四庫總目：關涉提要	經義考：類别	經義考：著録卷數	經義考：小計
易類	一百一十二	九十四	易	七十	
書類	三十三	二十八	書	二十六	
詩類	十七	十七	詩	二十二	
禮類	十九	十八	周禮	十	小計：四十七
			儀禮	八	
			禮記	二十五	
			通禮	四	
春秋類	四十七	四十一	春秋	四十三	
孝經類	二	二	孝經	八	
五經總義類	十	八	群經	十三	
四書類	二十	十八	論語	十一	小計：二十五
			孟子	六	
			四書	八	
樂類	一	一	樂	一	
小學類	二	二	爾雅	二	

〔一〕其中『著録卷數』，是指《經義考》三百卷中，各類所占卷數的多少，如易類有七十卷等。

《經義考》達三十個門類之多，與《四庫總目》在具體條目分布上存在着不同，因此，上表衹是大略地提供了一種比照。不過可以看出，《四庫總目》經部各類對《經義考》的引用，除禮類外，基本上符合《經義考》著録卷數多寡之規律。

具體到每則材料，《四庫總目》的引用呈現出各種不同的風貌。本書前文已據《經義考》本身的結構特點，將其分爲條目、提要、按語三部分，故本節分别探討《四庫總目》對這三個部分的借鑒和取資。

（二）《四庫總目》對《經義考》條目部分之引用

如前所述，《經義考》條目部分一般包括四個方面的内容：書名、作者、卷數與存佚。這四項也是書目著録的基本要素。朱彝尊的創造在於，他把存佚細分爲存、佚、闕、未見四種情況，從而更加準確地描述了圖書的流存情況，能提供更多的取資。《四庫總目》對《經義考》著録條目的引用，就其功用而論，可以分爲以下幾類：

一、定書名

《四庫總目》引用《經義考》的有關條目，據以確定書名。此項又可細分爲以下幾種情況：

(一) 根據所記,推判書名

如《周禮補亡》(六卷。元邱葵撰)提要云:『其書世有二本:其一分六卷,題曰《周禮注》;其一即此本,不分卷數,而題曰《周禮冬官補亡》。《經義考》又作《周禮全書》,而注曰:「一作《周禮補亡》。」按:此書别無他長,惟補亡是其本志,故今以《補亡》之名著録焉。』(卷二三,一:四六五〔一〕)案:此係根據《經義考》著録之書名及附注而判定以何名著録。

又如《春秋辨疑》(四卷。宋蕭楚撰)提要云:『曾敏行《獨醒雜志》稱所著《春秋經辨》行於盧陵,《宋史》亦載其《春秋經解》十卷。朱彝尊《經義考》謂其已佚,僅摭録胡銓之《序》。此本所載銓《序》與《經義考》合,惟題曰《春秋辨疑》爲小异。或後來更定,史弗及詳歟?』(卷二六,一:五四一)案:此係根據朱氏附注之存佚及所載之序文,推斷書名情况。

又如《尚書砭蔡編》(一卷。明袁仁撰)提要云:『朱彝尊《經義考》載此書,注曰:「未見。」此本載曹溶《學海類編》中,題曰《尚書蔡注考誤》。案:沈道原《序》亦稱《砭蔡編》,則《經義考》所題爲是。溶輯《學海類編》,多改易舊名,以示新异,不足爲據也。』(卷一二,一:二七八)案:此係通過

〔一〕案:本節專論《四庫全書總目》與《經義考》之關係,故對武英殿本《欽定四庫全書總目》之文引用較多。爲避免頻繁出注,兹於引文後括注提要所在之卷次、册次與頁碼。如本例之『卷二三,一:四六五』,表明係『武英殿本《欽定四庫全書總目》卷二三,《景印文淵閣四庫全書》第一册,頁四六五』。其他類推。

不同著録之比較，書名斷從朱氏。與此相類者尚有《學易舉隅》（三卷。元鮑恂撰）提要（《四庫總目》卷七）等。

又如《觀物篇解》（五卷。宋祝泌撰）提要云：『朱彝尊《經義考》有泌所撰《皇極經世鈐》十二卷。此本題作《觀物篇解》，又止五卷，與彝尊所記目次不合，而别載泌《自序》一篇，所陳大旨又頗與此本義例相近，或一書兩名，而後人合并之歟？』（卷一〇八，三：三三七）案：此據朱氏之記載，推測同書而异名。

（二）轉録書名，以備考异

如《楊氏易傳》（二十卷。宋楊簡撰）提要云：『是書爲明劉日升、陳道亨所刻。案：朱彝尊《經義考》載慈湖《易解》十卷，又《巳易》一卷，書名卷數皆與此本不合。所載《自序》一篇，與此本卷首題語相同，而無其前數行，亦爲小异。明人凡刻古書，多以私意竄亂之，萬曆以後尤甚。此或日升等所妄改歟？』（卷三，一：八〇）案：朱氏所録，與今名异，館臣據此及所載序文，斷從今本。

又如《易象鈔》（四卷。明胡居仁撰）提要云：『考萬曆乙酉，御史李頤請以居仁從祀孔子廟廷，疏稱：「所著有《易傳》《春秋傳》，今頗散佚失次。」朱彝尊《經義考》載有居仁《易通解》，注曰「未見」，而不載此書，豈此書一名《易通解》歟？然李頤時已稱「散佚失次」，何以此本獨完？疑後人裒其緒言，重爲編次，非居仁手著也。』（卷五，一：一一七）

此類另有卷一一《禹貢説斷》(四卷。宋傅寅撰)提要、《尚書詳解》(十三卷。宋胡士行撰)提要、卷三五《蒙齋中庸講義》(四卷。宋袁甫撰)提要等,不具引。

(三) 根據所録條目,斷舊本書名脱文

如《淙山讀周易記》(二十一卷。宋方實孫撰)提要云:『此書舊本但題曰《讀周易》。案:朱彝尊《經義考》作《淙山讀周易記》,蓋此本傳寫脱訛。《經義考》又引曹溶之言曰:「《宋志》八卷,《澹生堂目》作十卷,《聚樂堂目》作十六卷。」今世所行凡二本,一本不分卷,不知孰合之?此本上經八卷,下經八卷,《繫辭》二卷,《序卦》《説卦》《雜卦》各一卷,又不知誰所分也。』(卷三,一:九五)案:此既斷書名脱訛,又兼斷卷數分合。

二、考作者

《四庫總目》以《經義考》條目爲據,推定作者。有以下幾種情況:

(一) 判定作者

如《詩義斷法提要》云:『不著撰人名氏。卷首有「建安日新書堂刊行」字,又有「至正丙戌」字,蓋元時所刻。朱彝尊《經義考》載宋謝叔孫《詩義斷法》,不列卷數。注引《江西通志》曰:「叔孫,南城人,舉進士,官翰林編修。」又載《詩義斷法》一卷,不著名氏。注曰:「見《菉竹堂書目》。」并云已

佚。此本五卷，與後一部一卷之數不符，其叔孫之書歟？』（卷一七，一：三六五）〔一〕

又如《四庫總目》卷三七《四書問目提要》，據《經義考》所載，指出舊本所題作者之誤；卷三九《雅樂發微提要》，指出《經義考》所載與此本作者爲兩人；卷九五《玉溪師傳録提要》，據斷作者非爲舊題之童伯羽等。

（二）推斷時代

如《禹貢元珠提要》云：『明俞鯤撰。……是書朱彝尊《經義考》不著録，而别載其《百家尚書彙解》，列於申時行、袁仁之後，屠本峻、鄧元錫之前，蓋嘉、隆間人也。』（卷一三，一：三〇二）

又如《周易獨坐談提要》云：『明洪化昭撰。化昭自號日北居士，新都人。《經義考》列之馬元調前，則啓、禎間人也。』（卷八，一：二〇〇）

又如《禮記新義提要》云：『明湯三才撰。……朱彝尊《經義考》叙其書於王翼明、趙宧光之前，蓋隆慶、萬曆間人也。』（卷二四，一：四八九）

（三）推斷作者情況

如《易窺提要》云：『明程玉潤撰。……據《經義考》所引倪長玗語，知其嘗官部郎，始末則未能

〔一〕朱彝尊《經義考》卷一〇八有謝升孫《詩義斷法》，無卷數，佚；卷一一〇又有《詩義斷法》一卷，佚，而無撰人。《欽定四庫全書總目》引作『謝叔孫』，則誤『升』爲『叔』。參本節第六部分第四則之考辨。

詳也。』（卷八，一：一九五）此引其仕履。

又《書經説意提要》云：『明沈偉撰。……朱彝尊《經義考》有杜氏偉《尚書説意》，不著卷數，注云：「未見。」考偉本姓杜，少育於沈漢家，因冒其姓，後乃歸宗。此書蓋其未復姓時所作，故仍題沈姓，彝尊所載則據其後而言之也。』（卷一三，一：三〇一）因作者改姓，故二書著録有异。又《周易時論合編提要》（卷八，一：一九六），并據《經義考》之著録而推作者方孔照之家學。

三、判卷數

卷數是書目著録的基本要素之一。從歷代書目著録卷數的不同，可以考見書籍卷帙分合、刊印流傳的軌迹。《四庫總目》對《經義考》卷數著録的利用，可分爲定卷數、推分合、溯因由、存异同、考失誤等數端。

（一）定卷數。

如《春秋鈎元》（四卷。明石光霽撰）提要云：『朱彝尊《經義考》作四卷。此本不分卷數，疑傳寫者所合并。今從彝尊之説，仍析爲四卷著録焉。』（卷二八，一：五七〇）

又《洪範皇極内外篇》（五卷。宋蔡沈撰）提要云：『考王應麟《玉海》載此書，名《洪範數》，王圻《續通考》作《洪範皇極内外篇》，朱彝尊《經義考》作《洪範内外篇》，今詳考其書，當以《續通考》所名爲是。《續通考》不載卷數，《經義考》作七卷，今以類相從，編爲五卷。』（卷一〇八，三：三三三九）前條直接采朱氏卷數，後條則以朱氏卷數作爲參考。

（二）推分合。

如《周易文詮》（四卷。元趙汸撰）提要云：『《經義考》載八卷，此本舊鈔止四卷，然首尾完具，不似有所闕佚，或後人合并與？』（卷四，一：一一三）

又《石潭易傳撮要》（一卷。明劉髦撰）提要云：『前有蕭鎡《序》，云：「總爲四卷。」而此刻則僅有一卷，然門目與鎡《序》皆符，知無所佚闕。朱彝尊《經義考》亦作一卷，蓋重刻者所合并也。』（卷七，一：一六六）

又《易窺》（無卷數。明程玉潤撰）提要云：『《經義考》但載程玉潤《周易演旨》六十五卷，而無《易窺》之名。又此書僅有十册，不分卷數，亦與六十五卷不合。惟所解止上下經，與程子《易傳》同。其大意在申暢《程傳》，凡傳義與朱子《本義》异同者，多調停其説，與倪長玗所稱取正叔先生傳而增益之者，宗旨相符。或原名《易窺》，後改《演旨》，此猶其初稿；後以一卦爲一卷，并總論爲六十五卷，此稿則尚未分卷歟？今未見《演旨》，其爲一爲二，莫之考矣。』（卷八，一：一九五）案：此以朱氏所載爲據，推斷卷帙分合。

此類還有《詩童子問》（十卷。宋輔廣撰）提要（《四庫總目》卷一五）、《雲莊禮記集説》（十卷。元陳澔撰）提要（卷二一）等，皆據朱氏著録，斷卷數之分合。

（三）溯因由。

如《周易經傳訓解》（二卷）提要云：

宋蔡淵撰。案：朱彝尊《經義考》蔡淵《周易經傳訓解》四卷，注曰『存三卷』。此本惟存上、下《經》二卷，題曰《周易卦爻經傳訓解》，與彝尊所記不符。據董真卿《周易會通》，稱此書以《大象》置《卦辭》下，以《彖傳》置《大象》後，以《小象》置各《爻辭》後，皆低一字，以別卦爻，與此本體例相合，知非贋託。真卿又言其《繫詞》《文言》《説卦》《序卦》《雜卦》亦皆低一字，則此本無之。又《經義考》載淵弟沈《後序》稱：『「《易》有太極」之説，「知至知終」之義，「正直義方」之語，皆義理之大原，爲後學之至要，實發前賢之所未發』云云。其文皆在《繫辭》《文言》，則是書原解《繫辭》《文言》諸篇，非但解卦爻，確有明證，不應揭卦爻以標目。蓋真卿所見者，四卷全本，彝尊所見，佚其一卷。此本又佚其一卷，傳寫者諱其殘缺，因於書名增入『卦爻』二字，若原本但解上下《經》者，此書賈作僞之技，不足據也。今删去『卦爻』二字，仍以本名著録，存其真焉。（卷三，一：九〇）

案：本條提要以朱氏著録爲據，對今本卷帙分合及其原因進行了深入探討。此類尚有《易象意言》（一卷。宋蔡淵撰）提要（《四庫總目》卷三）、《讀易考原》（一卷。元蕭漢中撰）提要（卷四）等。

（四）存异載。

如《學易象數舉隅》（二卷）提要云：『明汪敬撰……所著有《易傳通釋》及此書。《明史藝文志》不著録。朱彝尊《經義考》載此書四卷，而《通釋》則闕其卷數。《江南通志》載之，則均無卷數。此本二卷，似尚非完書也。』（卷七，一：一六八）

又《書説》（三十五卷。宋吕祖謙撰）提要云：『朱彝尊《經義考》是書三十五卷之外，又别出時瀾增修《書説》三十卷，并注曰「存」。今三十卷者未見，不知所據何本也。』（卷一一，一：二六〇）雖然不能明斷卷帙分合，仍然著録，以存异同。

（五）考失誤。

如《春秋左傳評注測義》（七十卷。明凌稚隆撰）提要云：『朱彝尊《經義考》作七十卷，《浙江通志》作三十卷，此本與彝尊所記合，知《通志》爲傳寫誤矣。』（卷三〇，一：六一七）此以朱氏卷數爲旁證，推他本卷數著録之失。

四、辨存佚

前文指出，朱彝尊在《經義考》中采用『四柱法』，説明書籍存佚情况，從而給後世考察書籍流存提供了極佳的依據。《四庫總目》在朱氏著録的基礎上，進一步探討了書籍的存佚狀况。對於某些爲朱氏未加收録的著作，《四庫總目》仍然據此斷其存佚，尤可見對《經義考》的推重。

（一）移録朱氏存佚，以見書籍流存

又可以分爲四小類：

甲、著『存』類。如《周義象義》（十六卷。宋丁易東撰）提要云：『朱彝尊《經義考》作十卷，注曰：「存。」然世所傳本，殘缺特甚，僅存十之二三。惟散見《永樂大典》中者，排比其文……與殘本互相參補，遂還舊觀。以篇頁頗繁，謹析爲一十六卷，以便循覽。』（卷三，一：九九）此類凡三條。

乙、著『佚』類。如《易學濫觴》（一卷。元黄澤撰）提要云：『朱彝尊《經義考》載此書，注曰：「已佚。」則彝尊亦未及見，知爲稀遘之本矣。』（卷四，一：一〇五）以朱氏未及見，斷爲稀遘之本。又《慈湖詩傳》（二十卷。宋楊簡撰）提要云：『是書原本二十卷，焦竑《國史經籍志》及黄虞稷《千頃堂書目》尚載其名，而朱彝尊《經義考》注曰「已佚」。今海内藏書咸集秘府，而是書之目闕焉，則彝尊所説爲可信。蓋竑之所録，皆據史志所載，類多虚列；虞稷徵刻書目，亦多未見原書，固不足盡據耳。今從《永樂大典》所載裒輯成編，仍勒爲二十卷。』（卷一五，一：三三〇—三三一）此則以朱氏爲可信，焦氏、黄氏不盡可據。此類凡十四條，其中館臣從《永樂大典》中重爲輯出的則有十二條。

丙、著『未見』類。如《圖書紀愚》（一卷。明阮琳撰）提要云：『朱彝尊《經義考》列諸嘉靖之末，由未見其書故也。』注云：『《經義考》載此書不著卷數，注曰：「未見。」』（卷七，一：一六八）案：此條并言朱氏序次之意。

又《春秋後傳》（十二卷。宋陳傅良撰）提要云：『傅良別有《左氏章指》三十卷，樓鑰所序，蓋兼二書言之。朱彝尊《經義考》注曰：「未見。」今《永樂大典》中尚存梗概，然已殘闕，不能成帙，故不復裒録焉。』（卷二七，一：五四九）案：此實兼言他書之存佚。

又《春秋闡義》（十二卷。明曹學佺撰）提要云：『是書朱彝尊《經義考》注曰：「未見。」蓋不甚傳。大抵捃摭舊文，無所闡發。』（卷三〇，一：六一二）案：此由朱氏未見，推本書不甚流傳。

又《孟子傳》（二十九卷。宋張九成撰）提要云：『《宋史・藝文志》載九成《孟子拾遺》一卷，今附載《横浦集》中。《文獻通考》載九成《孟子解》十四卷，朱彝尊《經義考》注云：「未見。」此本爲南宋舊槧，實作《孟子傳》，不作《孟子解》。又《盡心》篇已佚，而《告子》篇以上已二十九卷，則亦不止十四卷，蓋《通考》傳寫誤也。』（卷三五，一：七一三—七一四）案：此以朱氏未見爲旁證，兼辨《通考》之失。

又《四書集義精要》（二十八卷。元劉因撰）提要云：『此本僅存二十八卷，至《孟子・滕文公上》篇而止，其後并久缺佚，已非完帙。然朱彝尊《經義考》注云「未見」，則流傳頗罕，亦元人遺笈之僅存者，不以殘缺病也。』（卷三六，一：七二六）案：此以朱氏未見斷其流傳頗罕。

此類還有僅言朱氏未見者十七條（其中館臣輯自《永樂大典》者三條），兹不具引。

(二) 推究朱氏著録之因,探討書籍流存面貌

可分爲四種情形:

甲、何以言『存』。如《春秋纂言》(十二卷)《總例》(七卷)提要云:『元吴澄撰。……明嘉靖中,嘉興府知府蔣若愚嘗爲鋟木,湛若水序之。歲久散佚,世罕傳本。王士禛《居易録》自云未見其書,又云:「朱檢討曾見之吴郡陸醫其清家。」是朱彝尊《經義考》之注「存」,亦僅一睹。此本爲兩淮所采進,殆即傳寫陸氏本歟?久微而著,固亦可寶之笈矣。』(卷二八,一:五六一)此類僅一條。

乙、何以言『佚』。凡四條,館臣輯自《大典》本者三條。如《易説》(四卷。宋趙善譽撰)提要云:『自明以來,外間絶少傳本,故朱彝尊《經義考》注云:「已佚。」』(卷三,一:八二)

丙、何以言『闕』。凡三條,如《郭氏傳家易説》(十一卷。宋郭雍撰)提要云:『朱彝尊《經義考》謂雍原書不傳,僅散見《大易粹言》中。此本十一卷,與《宋志》相合,蓋猶舊本,彝尊偶未見也。』(卷三,一:七九)

丁、何以言『未見』。凡十二條,館臣輯自《大典》本者居半。如《周易總義》(二十卷。宋易祓撰)提要云:『祓人不足重,其書世亦不甚傳,故朱彝尊《經義考》注曰:「未見。」』(卷三,一:八七。)又《春秋分紀》(九十卷。宋程公説撰)提要云:『明以來其書罕傳,故朱彝尊《經義考》注曰:「未見。」顧棟高作《春秋大事表》,體例多與公説相同,棟高非剽竊著書之人,知其亦未見也。』(卷二七,一:五五三)此條

則又舉旁例佐證之。

（三）朱氏未加著録，館臣據以推斷流存

如《春秋管窺》（十二卷。清徐庭垣撰）提要云：『案：庭垣爲朱彝尊同縣人，而彝尊《經義考》不載是書，則在彝尊以後矣。』（卷二九，一：五九〇）此據以推斷其書著作時限。又《魏鄭公諫續録》（二卷。元翟思忠撰）提要：『據伊足鼎《序》，稱思忠起家爲儒官，曾著《易傳》《衍太元》，蓋亦好學稽古之士。然朱彝尊《經義考》二書悉不著録，蓋不特著作散佚，并其名氏翳如矣。兹編得復見於世，豈非幸乎？』（卷五七，二：二七三）此兼斷存佚與作者名氏。此類凡十二條，其中有三條探討朱氏未加著録的原因。如《春秋圖説》（無卷數）提要云：『不著撰人名氏。……卷首有「竹垞」二字朱文印，蓋朱彝尊所藏。而《經義考》不著此名，是必後覺其贋托，棄之不録。而所棄之本，又爲吴氏所收耳。』（卷三〇，一：六〇七。案：《四庫總目》著録此書爲浙江吴玉墀家藏本。）

五、究版本

《四庫總目》在辨析書名、作者、卷數、存佚等著録項目的同時，其實也隱含着對版本流變的探討。在《經義考》條目著録的基礎上，《四庫總目》對部分書籍的傳本問題予以直接分析。爲避免繁瑣徵引，現將《四庫總目》據《經義考》分析版本的情況勒爲下表，而略去提要文字，以見其概：

表七—八 《四庫總目》引據《經義考》分析文獻版本表

序	《四庫總目》條目	提要對版本的分析
一	卷三《易通》六卷	指出今本源流
二	卷三《周易經傳訓解》二卷	分析諸家所見差异
三	卷四《易原奥義》一卷《周易原旨》六卷	斷別書爲僞本
四	卷七《大易衍説》(無卷數)	以朱氏不載斷爲僞本
五	卷七《讀易索隱》六卷	據朱氏未見斷今本刻於朱氏身後
六	卷七《顧氏易解》(無卷數)	斷今本非朱氏所見原本
七	卷七《今易詮》二十四卷	斷今本分合
八	卷七《易經淵旨》一卷	指出朱氏未著録,故今本真僞不可知
九	卷七《易學四同》八卷《别録》四卷	斷今本脱卷脱字
一〇	卷八《讀易略記》(無卷數)	指出内容不全
一一	卷八《廣易筌》四卷	指出内容不全
一二	卷八《周易時論合編》二十三卷	分析内容多寡
一三	卷二八《春秋事義全考》十六卷	指出内容有缺佚

續表

序	《四庫總目》條目	提要對版本的分析
一四	卷二九《春秋屬辭比事記》四卷	斷今本爲未竟之本
一五	卷三〇《春秋説》三十卷《附録》三卷	指出今本未及刊版，故朱氏不及載
一六	卷一二四《瞿塘日録》十二卷	斷爲别本
一七	卷一五三《嘉祐集》十六卷《附録》二卷	指出朱氏所見即今本

值得指出的是，《四庫總目》在版本著録方面，一直爲人詬病[一]。上表雖然僅從《四庫總目》引用朱氏條目這個角度進行歸納，但不難看出，四庫館臣不僅重視版本，還對版本的内容、源流、分合、真僞、刊刻時間等作了充分的探討，祇不過這種探討藏迹於提要行文之中而已。當辨而辨，提要纔能精審。

以上將《四庫總目》對朱氏條目的引用，大略地分爲五個方面。但這絶不意味着各個方面之間截

[一] 如《增訂四庫簡明目録標注・重版説明》：「尤需指出，《四庫》編纂們，雖是通儒碩學，但疏於板本之學。提要中評介各書板本時缺時略，甚至謬誤。」（頁三）司馬朝軍總結説：「祇注版本來源，不注版本特徵，版本著録含混，導致卷數著録混亂。足見館臣們在書目編製方面自始至終缺少明確統一的規則。此點正是現代目録學家們最爲詬病的一大缺失。」（參其《〈四庫全書總目〉研究》，社會科學文獻出版社，二〇〇四年，頁一四一）

然迴异,涇渭分明; 相反,《四庫總目》的引用常常是兼及多類,同時論及數個方面。

(三)《四庫總目》對《經義考》提要部分之引用

如前所論,朱彝尊《經義考》之提要體例,係以輯録體爲主,兼用輯考體。每一條目之下,朱氏盡可能地輯録有關作者生平、書籍序跋、學術評論的資料,末附朱氏按語。爲分析方便,筆者將朱氏按語析出,作爲單獨的一部分,在下文中分析; 而本節主要分析其輯録文獻。同《經義考》著録條目相類,四庫館臣對《經義考》輯録資料大量徵引。就徵引方式而言,既有直接引用,也有間接引用; 就徵引範圍而言,既有全引,也有約引。比較而言,直引爲少,間引爲多; 全引爲少,約引爲多。就徵引目的而言,館臣對《經義考》輯録文獻的引用,大致可以分爲以下數類:

一、據辨書名、作者、卷數、真僞

此類與《四庫總目》徵引朱氏條目相似(惟不據辨存佚)。兹分項言之。

(一)釋書名。如《九正易因》(無卷數。明李贄撰)提要云:『朱彝尊《經義考》載其原序,述馬經綸之言曰:「樂必九奏而後備,丹必九轉而後成,易必九正而後定。」故有是名。』(卷七,一: 一七六)此類惟一條。

(二)考作者生平。凡十條。如《童溪易傳提要》云:『宋王宗傳撰。宗傳字景孟,寧德人。淳熙八年進士，官韶州教授。董真卿以爲臨安人。朱彝尊《經義考》謂是書前有寧德林焞《序》，稱與宗傳生同方，學同學，同及辛丑第。則云臨安人者，誤矣。』（卷三，一：八六）余嘉錫氏指出：『案：此辯里貫之誤。』〔一〕

又《書義卓躍提要》云：『舊本題廬陵陳雅言撰。案：《經義考》載鄒緝所作《墓表》，稱雅言永豐人。廬陵蓋舉其郡名。又卷首彭勖《序》，稱鄉先生雅言陳公，似乎雅言其字也。』（卷一三，一：二九六）此據辨作者地望與名字。

又《讀春秋編》（十二卷。宋陳深撰）提要云：『朱彝尊《經義考》引盧熊《蘇州志》稱：「深生於宋，宋亡，篤志古學，閉門著書。天曆間，奎章閣臣以能書薦，潛匿不出。」』（卷二七，一：五五九）案：《經義考》卷一九一陳深《清全齋讀春秋編》條下無解説，而卷四〇陳氏《清全齋讀易編》條下引盧氏此説，但無『《蘇州志》』字。則館臣不但據言生平，還將朱氏所采文獻予以指出。〔二〕

（三）斷卷數，言分合。凡四條。如《周易不我解》（二卷。明徐體乾撰）提要云：『朱彝尊《經義考》引黄百家之言曰：「是編流傳者寡，余家止存《乾坤》一卷，後五卷訪之不得。」此本《乾》《坤》二卦一卷，

〔一〕余嘉錫《目録學發微》卷二，頁四四。
〔二〕李裕民指出：『朱彝尊所引實出王鏊《姑蘇志》卷五五《隱逸傳》，盧熊《蘇州府志》卷三七《陳深傳》，與此引文有小异，「薦」下有「之」，「出」作「耀」。』參氏著《四庫提要訂誤》卷一《讀春秋編》條，書目文獻出版社，一九九〇年，頁一六。

與百家所言合;又有《古易辨》諸條,别爲一卷,則百家之所未言。蓋殘缺之餘,所存者互有詳略,故其本不同。百家又云:「其《易》本陳希夷、趙青山。」然體乾自序云「青山不知何許人」,未審百家何以知其姓趙?殆因趙文號青山,而以意揣之歟?』(卷七,一:一七三)

(四)論版本,辨真僞。凡五條。如《周易輯説明解》(四卷)提要云:

舊本題宋馮椅撰。椅有《厚齋易學》,已著録。此其别行之僞本也。案:椅原書《宋史·藝文志》作五十卷,此本卷數懸殊,其不合者一。又朱彝尊《經義考》載《中興藝文志》云:『馮椅爲《輯注》《輯傳》《外傳》,以程沙隨、朱文公雖本古《易》爲注,猶未及盡正孔《傳》名義,乃改「彖曰」「象曰」爲「贊曰」。』『又改《繫辭》上、下爲《説卦》上、中,以《隋經籍志》有「説卦三篇」也。』此本仍作『彖曰』『象曰』,不作『贊曰』,《繫辭傳》亦仍分上下,不作《説卦》上、下,其不合者二。……(卷七,一:一六一—一六二)

案:此則以《中興藝文志》所載編例與今本不合,證今本爲僞。[一]

二、據以申發議論

《四庫總目》對朱氏解題材料加以采擇,或據以論斷、立説。此類凡九條。兹舉其有代表性者:

[一]《〈四庫全書總目〉研究》亦舉此例(頁三一四—三一五)。

《春秋大全》（七十卷）提要云：『明永樂中胡廣等奉敕撰。……朱彝尊《經義考》引吴任臣之言曰：「永樂中，敕修《春秋大全》，纂修官四十二人。其發凡云：『紀年依汪氏《纂疏》，地名依李氏《會通》，經文以胡氏爲據，例依林氏。』實則全襲《纂疏》成書，雖奉敕纂修，實未纂修也。朝廷可罔，月給可糜，賜予可邀，天下後世詎可欺乎」云云。於廣等之敗闕，可謂發其覆矣。』（卷二八，一：五七一）此爲肯定朱氏所引之説。

《左氏君子例》一卷《詩如例》一卷《詩補遺》一卷（宋李石撰）提要云：『《左氏春秋傳》多有「君子曰」字，林栗指爲劉歆所加。其説無據。（案：栗説見《經義考》所引。）石則以爲《左氏傳》有所謂「君子曰」者，又有稱「仲尼孔子曰」者，皆示後學以褒貶大法，聖人作經之意義。因録爲例，凡君子七十三條，而以聖語三十二條附之，皆無所發明。』（卷三〇，一：六〇四）[一]此爲否定朱氏所引之説。

《周易經傳集解》（三十六卷。宋林栗撰）提要云：『朱彝尊《經義考》引董真卿之言，謂：「其説每卦必兼互體，約象覆卦爲太泥。時楊敬仲有《易論》，黄中有《易解》，或曰：『黄中文字可毁。』朱子曰：『却是楊敬仲文字可毁。』」是朱子并不欲廢其書。』（卷三，一：七五）此據所引立論。

《周易口義》（十二卷）提要云：『宋倪天隱述其師胡瑗之説……朱彝尊《經義考》引李振裕之説

[一] 《經義考》卷一六九左丘明《春秋傳》條下，載林栗曰：『《左傳》凡言「君子曰」，是劉歆之辭。』《欽定四庫全書總目》所論，蓋本乎此。

云:「瑗講授之餘,欲著述而未逮,其門人倪天隱述之,以非其師手著,故名曰《口義》。後世或稱《口義》,或稱《易解》,實無二書也。」其説雖古無明文,然考晁公武《讀書志》有云:「胡安定《易傳》蓋門人倪天隱所纂,非其自著。」故《序》首稱「先生曰」,其説與《口義》合。又列於《易傳》條下,亦不另出《口義》一條,然則《易解》《口義》爲一書明矣,《宋志》蓋誤分爲二也。』(卷二,一:六三—六四)案:此則朱氏所引之説已斷爲一書,《四庫總目》又引旁證遞加説明之。

《北狩行録》(一卷。宋蔡絛撰)提要云:『書中稱徽宗在金嘗得《春秋》,披覽不倦,凡理亂興廢之迹,賢君忠臣之行,莫不采摭其華實,探涉其源流,鈎纂樞要而編節之,改歲籥而成書;并稱太上賦詩寄淵聖,用親仁善鄰事,曰:「此出《春秋》。」然則徽宗嘗删纂《左傳》,勒爲一書。此則古來志經籍者所未及,朱彝尊《經義考》中亦未引及,是亦可資异聞矣。』(卷五二,二:一六六)此則以朱氏未采,用資异聞。

(四)《四庫總目》對《經義考》按語部分之引用

本書第五章,已對《經義考》之按語有所探討,分析其類别,考察其成就。作爲一種著述形式,朱氏在按語中或輯録佚文,或辨别异同,或闡述自己對相關問題的見解,因此藴含有朱氏的學術研究成果,爲後世所珍視。檢《四庫總目》,知館臣取資於《經義考》按語者尤多。

一、取用朱説，信爲明證

此類凡六條，兹舉數例如次：

《周易經傳集解》（三十六卷。宋林栗撰）提要云：『《經義考》又曰：「福清林黄中、金華唐與政皆博通經學，而一糾朱子，一爲朱子所糾，其所著經説，學者遂置而不問。與政之書，無復存者。黄中雖有《易解》，而流傳未廣，恐後泯没。然當黄中既没，勉齋黄氏爲文祭之，其略曰：『嗟哉我公！受天勁氣，爲時直臣，玩羲經之爻象，究筆削於獲麟。至其立朝正色，苟咈吾意，雖當世大儒，或見排斥；苟异吾趨，雖前賢篤論，亦不樂於因循。規公之過，而公之近仁者，抑可見矣。論者固不以一眚而掩其大醇也。』勉齋爲文公高弟，而好惡之公，推許之至若是，然則黄中之《易》，其可不傳鈔乎？」持論頗爲平允。耿南仲媚敵誤國，昔劉安世與伊川程子各爲一代偉人，其《元城語録》《盡言集》亦不以嘗劾程子而廢。耿南仲與祓則有間矣。故仍録其書而并易祓依附權奸，其所撰《易解》，今亦并行。栗雖不得比安世，視南仲與祓則有間矣。故仍録其書而并存彝尊之論焉。』（卷三，一：七五—七六）案：此以朱氏持論平允，故不憚辭費而録之。朱氏按語在《經義考》卷二七林栗《周易經傳集解》條下。

又《尚書正義提要》（《四庫總目》卷一一。案：見本書第五章第二節第三部分所引），舉朱彝尊辨『東海騊驪扶餘馯貊之屬』一條，與梅鷟、閻若璩二氏考辨并舉，以爲『證佐分明，更無疑義』，正可見朱氏考辨《尚書》之功可與二氏比。

又《魯詩世學》(三十二卷。明豐坊撰)提要云:『是編首列《子貢詩傳》,詭云石本。次列《詩序》,而以《正音》托之宋豐稷,以《續音》托之豐慶,以《補音》托之豐耘,以《正説》托之豐熙,譎稱祖父所傳,而自爲之考補,故曰「世學」。又附以門人何昆之《續考》,共爲一書。實則坊一人所撰也。其書變亂經文,詆排舊説,極爲妄誕。朱彝尊《經義考》辨之甚詳。』(卷一七,一:三六七)案:此以朱氏辨僞甚詳。朱氏按語見《經義考》卷一一三《魯詩世學》三十二卷條下。

以上數條,均以朱氏明辨,故加節録。

二、引用朱説,據以論斷

此類凡九條,兹舉其要者:

《尚書直指》(六卷)提要云:『不著撰人名氏。朱彝尊《經義考》曰:「是書徐文肅爲東宫講官時所進,未曾刊行,亦未署名。其後中璫錢能從宫中携出,遂鏤板。於是時錢溥、劉宣序之,童軒跋之,皆不知爲文肅所著。予從曹侍郎溶家見之,因爲標出」云云。則此書乃徐善述撰也。』(卷一三,一:二九七)案:此據以斷作者。其實朱彝尊已著録作者爲徐氏。朱氏按語見《經義考》卷八七『徐氏(善述)《尚書直指》六卷』條下。

又《詩補傳》(三十卷)提要云:『舊本題曰逸齋撰,不著名氏。朱彝尊《經義考》云:「《宋史·藝文志》有范處義《詩補傳》三十卷,卷數與逸齋本相符。明朱睦㮮《聚樂堂書目》直書處義名,當有證據。

處義，金華人，紹興中登張孝祥榜進士」云云。則此書爲處義所作，逸齋蓋其自號也。』（卷一五，一：三二八）案：此條同上，而朱氏已據《宋志》録爲范氏作，館臣惟加斷作者自號而已。朱氏按語見《經義考》卷一〇六范處義《詩補傳》（《宋志》三十卷，存）條下。

又《内外服制通釋》（七卷。宋車垓撰）提要云：『朱彝尊《經義考》曰：「車氏書，余所儲者，闕第八卷以後。卷八書目爲《三殤以次降服》，應服期而殤者，降服大功、小功；應服大功而殤者，降服小功；應服小功而殤者，降服緦麻。卷九爲《深衣疑義》。」其標題則仍稱九卷，注存而不注闕，蓋未敢斷後二卷之必失〔佚〕。然今所傳寫，皆與彝尊本同，則此二卷已佚矣。』（卷二〇，一：四三一）案：此據以斷存佚。朱氏按語在《經義考》卷一三七『車氏（垓）《内外服制通釋》』條（九卷，注『存』）下。

又《儀禮逸經》（二卷。元吴澄撰）提要云：『《明一統志》：「沅州劉有年，洪武中爲監察御史，永樂中，上《儀禮逸經》十有八篇，楊慎求之内閣，不見其書。」朱彝尊《經義考》謂有年所進，即澄此本，《逸經》八篇，《傳》十篇，適符其數。其説似乎有據。今世傳《内閣書目》惟載澄書，不著有年姓名，蓋當時亦知出於澄矣。』（卷二〇，一：四一六）案：此對作者問題加以考定。實際上，館臣所引《明一統志》文字，亦先爲朱氏按語所引（在《經義考》卷一三〇『《儀禮逸經》十八篇，未見』條下）。朱氏在博徵黄虞稷、童承叙、羅倫、張采諸説基礎上，論定作者。館臣所辨，惟另加一條旁證而已。

又《三禮考注》（六十四卷）提要云：『舊本題元吴澄撰。……虞集作澄《墓誌》，宋濂《元史》澄本傳，皆不言澄有此書。相傳初藏廬陵康震家，後爲郡人晏璧所得，遂掩爲己作，經楊士奇等抄傳改正。然士奇《序》及成化中羅倫校刻《序》皆疑其爲璧所作，則當時固有异論矣。士奇又言：「聞諸長老，澄晚年於此書不及考訂，授意於其孫當，當嘗爲之而未就。」朱彝尊《經義考》言曾購得當所補《周官禮》，以驗今書，多不合。……然則是書之僞，可以無庸疑似矣。』（卷二五，一：五〇三—五〇四）案：此據以辨僞。《經義考》卷一六四『吴氏（澄）《三禮考注》』條（六十四卷，注『存』），朱氏按語云：

草廬先生諸經解各有《叙録》。余購得《周官禮》，乃先生孫當所補，其餘《儀禮》則有《逸經》，《戴記》則有《纂言》。今所傳《三禮考注》以驗對先生之書，論議體例多有不合，其爲晏氏僞托無疑。

朱彝尊在引述楊士奇《序》、羅倫《跋》、鄭瑗論説的基礎上，又親加驗對，斷其書爲僞。四庫館臣則在此基礎上，遞加證明。

又《越絶書》（十五卷）提要云：『不著撰人名氏。……此書爲會稽袁康所作，同郡吴平所定也。……别有《續越絶書》二卷，上卷曰《内傳本事》《吴内傳》《德序記》《子游内經外傳》《越絶後語》《西施鄭旦外傳》，下卷曰《越外傳》《雜事别傳》《變越上别傳》《變越下經》《内雅琴考序傳》《後記》。朱彝尊《經義考》謂爲錢䡵僞撰，詭云得之石匣中。䡵與彝尊友善，所言當實。今未見傳本，其僞妄亦不待辨。』（卷六六，二：四二四—四二五）案：此以朱説爲實，據斷《續越絶書》之僞。朱氏按語見《經義考》

卷二七五『錢氏(㲻)《續越絶書》二卷,存』條下。

三、引用朱説,另加申論

此類凡八條,兹略舉其要者如次:

《周易大全》(二十四卷。明胡廣等撰)提要云:『朱彝尊《經義考》謂:「廣等就前儒成編,雜爲鈔録,而去其姓名。《易》則取諸天台、鄱陽二董氏,雙湖、雲峰二胡氏,於諸書外未寓目者至多」云云。天台董氏者,董楷之《周易傳義附録》。鄱陽董氏者,董真卿之《周易會通》。雙湖胡氏者,胡一桂之《周易本義附録纂疏》。雲峰胡氏者,胡炳文之《周易本義通釋》也。今勘驗舊文,一一符合,彝尊所論,未可謂之苛求。然董楷、胡一桂、胡炳文篤守朱子,其説頗謹嚴。董真卿則以程朱爲主而博采諸家以翼之,其説亦頗賅備。取材於四家之書,而刊除重複,勒爲一編,雖不免守匱抱殘,要其宗旨,則尚可謂不失其正。且二百餘年以此取士,一代之令甲在焉。録存其書,見有明儒者之經學,其初之不敢放軼者由於此,其後之不免固陋者亦由於此。』(卷五,一:一一四—一一五)

若將此段文字與《經義考》卷四九胡廣等《周易傳義大全》條下朱氏按語(參本書第一章第二節下所引)相對照,則《四庫總目》文字,顯就朱氏按語而發。朱氏怒斥胡廣等攘竊成書,心術不正,其論不誣。而館臣却謂胡廣等宗旨尚正,大有曲護之意,恐與館臣處境相類之心態有關。

又《易小帖》(五卷)提要云:『國朝毛奇齡説《易》之語,而其門人編次成書者也。……此《小帖》

凡一百四十三條,皆講《易》之雜説,與《仲氏易》相爲引伸。朱彝尊載之《經義考》,云:「皆西河氏紀説《易》之可議者。」今觀其書,徵引前人之訓詁,以糾近代説《易》之失,於王弼、陳摶二派攻擊尤力。其間雖不免有强詞漫衍,以博濟辨之處,而自明以來申明漢儒之學,使儒者不敢以空言説經,實奇齡開其先路。』(卷六,一:一三六—一三七)案:此兼論毛氏《易》學。朱氏按語見《經義考》卷六八同名條下。

又《方舟易學》(二卷。宋李石撰)提要云:『朱彝尊《經義考》曰:「《方舟集》止存二卷,昆山徐秉義家藏有《易互體例》,卷首不著撰人名氏,但題門人劉伯熊編。」此本卷首有竹垞二字小印,豈其書後歸彝尊歟?考《書録解題》載李石《方舟集》五十卷、《後集》二十卷,而《永樂大典》所載左氏《君子例》《詩如例》《詩補遺》及此書皆題曰「李石《方舟集》」,則是四書皆其集中所載,徐氏惟得其兩卷,故卷端無姓名耳。』(卷七,一:一六一)案:《經義考》卷四一《方舟先生易互體例》一卷條下,朱氏按語尚有:『考焦氏《經籍志》載李石《方舟集》五十卷,意者石之遺書歟?』故《四庫總目》考其源流,兼釋朱氏之疑。

以上探討了《四庫總目》對朱氏按語的引用,僅粗略地分爲三類。值得注意的是,有的提要所用論據及觀點,幾乎全據朱氏按語得出。請看下表中兩組文字的對比:

表七—九 《四庫總目》與《經義考》著録《古微書》《四書辨疑》對照表

組別	《四庫總目》提要	《經義考》朱氏按語
第一組	《古微書》三十六卷提要（《四庫總目》卷三三） ……然義理則當尊正軌，考證則不廢旁稽。……至於蔡沈《書集傳》所稱周天三百六十五度四分度之一，實《洛書增耀度》《尚書考靈耀》之文。黑道二去黄道北，赤道二去黄道南，白道二去黄道西，青道二去黄道東，實《河圖帝覽嬉》之文。朱子注《楚詞》『昆侖者地之中也』，地下有八柱互相牽制，名山大川孔穴相通，實《河圖括地象》之文。三足烏，陽精也，實《春秋元命包》之文。（案此四條皆朱彝尊《經義考》之説）……（一：六八六）	鄭玄《六藝論》條下朱氏按語（《經義考》卷二三九） ……不觀九峰蔡氏之《書傳》乎？周天三百六十五度四分度之一，此《洛書甄曜度》《尚書考靈曜》之文也；黑道二去黄道北，赤道二去黄道南，白道二去黄道西，青道二去黄道東，此《河圖帝覽嬉》之文也，而蔡氏引之，於蔡氏乎何傷？不觀新安文公之注《楚辭》乎？昆侖者，地之中也，地下有八柱，互相牽制，名山大川，孔穴相通，此《河圖括地象》之文也；三足烏者，陽精也，此《春秋元命包》之文也，而文公引之，於文公乎何損？乃一偏之論，在漢儒則有罪，在宋儒則無誅，斯後學之心竊有未平矣。
第二組	陳天祥《四書辨疑》十五卷提要（《四庫總目》卷三六） 不著撰人名氏。書中稱『自宋氏播遷江表，南北分隔，纔百五六十年，經書文字，已有不同』。則元初人所撰矣。蘇天爵《安熙行狀》云：『國初有傳朱子《四書集注》至北方者，滹	陳天祥《四書集注辨疑》十五卷下朱氏按語（《經義考》卷二五四） 按：《四書辨疑》，元人凡有四家：雲峰胡氏、偃師陳氏、黄岩陳成甫氏、孟長文氏。是書專辨《集注》之非，曾見吴中范檢討必英藏本，乃元時舊刻，不著撰人姓氏。繹注中語……又曰：『自宋氏播遷江表，南北分隔，纔一百五六十年，經書文

續表

	南王公雅以辨博自負，爲説非之。趙郡陳氏獨喜其説，增多至若干言。』是書多引王若虚説，殆寧晋陳天祥書也。朱彝尊《經義考》曰：『《四書辨疑》，元人凡有四家：雲峰胡氏、偃師陳氏、黄岩陳成甫氏、孟長文氏。成甫、長文并浙人。雲峰一宗朱子，其爲偃師陳氏之書無疑。』所説當矣。（一：七二七）	字，已有不同』云云。成甫、長文并浙人，注辭不類，若雲峰《四書通》一宗朱子，不應互异，其爲偃師陳氏之書無疑，且其卷數亦合，遂定以爲天祥著。天祥字吉甫，官至集賢大學士，中書右丞，卒謚文靖。 又按：蘇伯修撰《安熙行狀》曰：『國初有傳朱子《四書集注》至北方者，滹南王公雅以辨博自負，爲説非之，趙郡陳氏獨喜其説，增多至若干言，及來爲真定廉訪使，出其書以示人。先生懼焉，爲書以辨之，其後陳公深悔而焚其書。』《元史列傳》亦云然。則范氏所藏乃陳氏焚餘本也。

案：由第一組對比可知，館臣提要中的論據，全取朱氏按語文字。由第二組可見，《四庫總目》對作者的論斷及材料，朱彝尊在兩條按語中均已推出和引用。就著録方法而論，館臣先取材料，提出論斷，若定作者出於己意；再以朱氏推論爲是，似乎僅增加旁證而已。核其内容，實全取朱氏按語，然後酌加損益，錯綜其文而成。館臣俱爲一時名儒之選，自然善於屬文；不過可以反證《經義考》提供給《四庫總目》的取資，不可謂不大。

《四庫總目》除對《經義考》以上三部分内容有所借鑒和取資外，還對其分類有所批評和借鑒。就分類方面，《經義考》集經學目録之大成，分類達三十個門類之多，無目可比。《四庫總目》則集綜合目録之大成，其經部沿襲傳統的類目設置，共分十類。二者類目設置如下：

表七—一〇　《經義考》與《四庫總目》經部分類對照表

《經義考》	御注、敕撰、易、書、詩、周禮、儀禮、禮記、通禮、樂、春秋、論語、孝經、孟子、爾雅、群經、四書、逸經、毖緯、擬經、承師［廣譽附］、宣講、立學、刊石、書壁、鏤板、著録、通説、家學、自叙
《四庫總目》經部	易、書、詩、禮、春秋、孝經、五經總義、四書、樂、小學

《經義考》分類雖多，其核心類别，仍然與《四庫總目》相同。綜觀上表，可知《經義考》絶不僅僅是單純著録經籍的目録書，而同時還是注重從多角度總結經學源流的學術史。

《四庫總目》在類目上對《經義考》有所批評和借鑒。本書第三章討論《經義考》分類，對《四庫總目》如何借鑒《經義考》御注、敕撰二類，如何批評其群經一類等，已有考論，兹不贅。

（五）《四庫總目》對《經義考》失誤之校正

通過上文的分析，可知《四庫總目》與《經義考》之關係，首先表現爲《四庫總目》對《經義考》學術資源的引用和取資。但這衹是一個方面。另一方面，《四庫總目》又對《經義考》的失誤進行了校正。除上文所討論的對體例的批評之外，《四庫總目》之校正，於《經義考》條目部分、提要部分和按語部分等，均有涉及。

爲了全面、簡潔地展示《四庫總目》校正情況，筆者將其製成下表：

表七一一二　《四庫總目》校正《經義考》情況表〔二〕

序次	《四庫總目》	《經義考》條目	《四庫總目》之批評及論致誤之因	錯誤類別
一	卷一八，《春秋經傳辨疑》一卷	卷一〇〇，童氏（品）《春秋經傳辨疑》一卷，未見	刻本久佚，故朱彝尊《經義考》注云「未見」。此蓋傳鈔舊本，幸未佚亡者，固宜亟録而存之矣。	存佚
二	卷三二，《孝經宗旨》一卷	卷二二九，《孝經宗旨》一卷，未見	朱彝尊《經義考》以爲未見，而陳繼儒《秘笈》中實有此本，彝尊殆偶然失考。	存佚

〔二〕說明：一、「《四庫總目》之批評及論致誤之因」列，儘量節取提要文字加以說明；如果論證太細而文字繁多，則取其大意，以「案」字出之。二、「錯誤類別」指《四庫總目》所論的文字或觀點，在朱氏條目、提要、按語三部分中的分別。條目部分又細分爲作者、書名、卷數、存佚等。

續表

序次	《四庫總目》	《經義考》條目	《四庫總目》之批評及論致誤之因	錯誤類别
三	卷四，《周易爻變義藴》四卷	卷四七，陳氏（應潤）《周易爻變易藴》四卷，存	《經義考》載此《序》題「至治丙戌」。至治有壬戌無丙戌，干支不合。……此必《經義考》刊板之訛，非此本傳寫之誤也。	提要文字
四	卷七，《周易傳義約説》十二卷	卷五三，方氏（獻夫）《周易約説》十二卷，存	朱彝尊《經義考》引《姓譜》以獻夫爲正德辛巳進士，誤也。	提要文字
五	卷七，《易學》十二卷	卷五七，沈氏（一貫）《易學》十二卷，存	《經義考》引陸元輔之言，以此書爲進呈講義。……則其晚年所作，非進呈本也。	提要文字
六	卷八，《桂林點易丹》十六卷	卷六五，顧氏（懋樊）《桂林點易丹》十六卷，存	《經義考》引張雲章之説，斥其以聖經比之道家爐火，亦特據其書名而言，實則無一字涉丹經也。	提要文字
七	卷三三，《鄭志》三卷《補遺》一卷	卷二三九，鄭氏（小同）《鄭志》（《隋志》十一卷，《唐志》九卷），佚	考《孝經疏》引此文作「各述師言，更爲問答」，知「不」字乃「爲」字之訛，王應麟《玉海》、朱彝尊《經義考》并沿用誤本，殊失訂正。	提要文字
八	卷八六，《寶刻叢編》二十卷	卷二八八，《魏三字石經》等，佚	於《刊石》門内《魏石經》條下，引歐陽棐、趙明誠「石藏高紳家」云云，蓋未詳究原書，故沿其誤。	提要文字

續表

序次	《四庫總目》	《經義考》條目	《四庫總目》之批評及論致誤之因	錯誤類別
九	卷一〇八,《大衍索隱》三卷	卷七〇,丁氏(易東)《大衍索隱》三卷,存	朱彝尊《經義考》則誤以《原衍序》爲全書《自序》。	提要文字
一〇	卷三,《易學啓蒙通釋》二卷	卷四〇,胡氏(方平)《易學啓蒙通釋》二卷,存	朱彝尊《經義考》乃竟以朱子原《序》爲方平之《序》,可謂千慮之一失。	提要文字、作者
一一	卷二八,《春秋胡氏傳辨疑》二卷	卷二〇一,陸氏(粲)《春秋胡傳辨疑》四卷,未見	此本祇上下二卷,實無所闕佚,殆彝尊考之未審歟?	卷數
一二	卷三,《周易輯聞》六卷附《易雅》一卷、《筮宗》一卷	卷三六,趙氏(汝楳)《周易輯聞》六卷,存	《筮宗》一卷,朱彝尊《經義考》作三卷,蓋是書原本題《明本》第一,《述筮》第二,《先傳考》第三,彝尊以一篇爲一卷也。	卷數
一三	卷四,《周易圖説》二卷	卷四七,錢氏(義方)《周易圖説》一卷,存	朱彝尊《經義考》作一卷,疑傳寫誤也。	卷數
一四	卷七,《易學四同》八卷《別録》四卷	卷五三,季氏(本)《易學四同》八卷、《圖文餘辯》一卷、《蓍法別傳》一卷、《古易辯》一卷,俱存	朱彝尊《經義考》云二書各一卷。此本乃各二卷,或刊本誤「二」字爲「一」字。彝尊又載《古義辨》一卷,此本無之,則當由脱佚矣。	卷數

續表

序次	《四庫總目》	《經義考》條目	《四庫總目》之批評及論致誤之因	錯誤類別
一五	卷七，《易傳闡庸》一百卷	卷五七，姜氏（震陽）《易傳闡庸》一百二卷，未見	《經義考》作一百二卷，注曰：『未見。』此本惟一百卷，殆彝尊偶誤歟？	卷數
一六	卷七，《易疑》三卷	卷五四，陳氏（言）《易疑》四卷，存	《經義考》作四卷，此本三卷，江蘇采進之本亦三卷，疑或尚有所佚脱，抑或《經義考》誤三爲四歟？	卷數
一七	卷八，《易芥》八卷	卷六一，陸氏（振奇）《易芥》十卷，存	是書《經義考》作十卷，與此本不符，然所引鄭之惠説，稱陸庸成爲諸生時，著《易芥》八卷，與此本合，則十卷乃字之誤也。	卷數
一八	卷九，《周易應氏集解》十三卷	卷六六，應氏（撝謙）《周易集解》十七卷，存	是書朱彝尊《經義考》作十七卷，此本僅十三卷，然首尾完具，不似有所佚脱，或彝尊偶誤耶？	卷數
一九	卷九，《周易辨》二十四卷	卷六七，浦氏（龍淵）《周易辨》二十八卷，存	朱彝尊《經義考》載此書，作二十八卷，此本少四卷，疑亦《經義考》傳寫之誤也。	卷數

續表

序次	《四庫總目》	《經義考》條目	《四庫總目》之批評及論致誤之因	錯誤類别
二〇	卷一二，《尚書考异》五卷	卷八八，梅氏（鷟）《尚書考翼》一卷，存	原稿未分卷數，而實不止於一卷。今約略篇頁，厘爲五卷。	卷數
二一	卷一六，《詩演義》十五卷	卷一一二，《詩演義》十五卷，未見	朱彝尊《經義考》載此書作八卷，注曰：『未見』。此本至《小雅·苕之華》篇止，以下皆缺，而已有一十五卷，則八卷之説殊爲未確。蓋彝尊未睹此本，但據傳聞録之。卷數訛异，其亦有由矣。	卷數
二二	卷一六，《讀詩略記》六卷	卷一一七，朱氏（朝瑛）《讀詩略記》二卷，存	是書朱彝尊《經義考》作二卷。此本六册，不分卷數，核其篇頁，不止二卷，疑原書本十二卷，刊本誤脱一『十』字，傳寫者病其繁瑣，并爲六册也。	卷數
二三	卷一九，《周禮全經釋原》十四卷	卷一二七，柯氏（尚遷）《周禮全經釋原》十四卷，存	今此本……與彝尊所注不合，或彝尊未及細檢，亦如王應電書歟？	卷數
二四	卷二七，《春秋五禮例宗》七卷	卷一八三，張氏（大亨）《五禮例宗》（《宋志》十卷），存	……此三卷之佚久矣，彝尊偶未核檢也。	卷數

續表

序次	《四庫總目》	《經義考》條目	《四庫總目》之批評及論致誤之因	錯誤類别
二五	卷二七，《春秋集義》五十卷、《綱領》三卷	卷一九〇，李氏（明復）《春秋集義》（《宋志》五十卷）、《綱領》二卷，存	《綱領》當有三卷，故有上中下之分。《經義考》作二卷，亦小誤矣。	卷數
二六	卷二七，《春秋説》三十卷	卷一九〇，洪氏（咨夔）《春秋説》三卷，佚	朱彝尊《經義考》引吴任臣之言，云止三卷。……任臣所言，蓋後來傳聞之誤耳。	卷數
二七	卷二八，《春秋輯傳》十三卷、《春秋凡例》二卷	卷二〇二，王氏（樵）《春秋輯傳》十五卷，存；《春秋凡例》二卷，未見	此本……共爲一卷，與十五卷之數不符。蓋彝尊偶誤。又凡例二卷，今實附刻書中，彝尊亦偶未檢也。	卷數
二八	卷三六，《四書管窺》八卷	卷二五五，史氏（伯璿）《四書管窺》五卷，未見	此本……量其篇頁，厘而析之，已成八卷，《經義考》乃作五卷，或誤以五册爲五卷歟？	卷數
二九	卷二六，《春秋經解》十三卷	卷一八二，孫氏（覺）《春秋經解》（《宋志》十五卷），存；《春秋學纂》（《宋志》十二卷），佚；《春秋經社要義》（《宋志》六卷），佚	朱彝尊《經義考》據以著録……然今本實十三卷，自隱公元年至獲麟，首尾完具，無所殘闕，與《宋志》所載不符。	卷數、存佚

續表

序次	《四庫總目》	《經義考》條目	《四庫總目》之批評及論致誤之因	錯誤類别
三〇	卷四,《大易象數鈎深圖》三卷	卷四五,張氏(理)《易象圖説》六卷,存	不載此書之名,蓋由未見其本,但據書目傳鈔,故輾轉歧誤。	書名
三一	卷二五,《禮問》二卷	卷一六六,吕氏(枏)《禮問内外篇》二卷,未見	今本卷數相符而不分内、外篇,或彝尊傳聞未確歟?	書名
三二	卷三,《周易要義》十卷	卷三三,魏氏(了翁)《周易集義》(《宋志》六十四卷),存	以《集義》爲《要義》……則爲二書審矣。案:誤以二書爲一書。	書名
三三	卷一五,《詩集傳》八卷	卷一〇八,朱子(熹)《毛詩集傳》(《宋志》二十卷),存	棫《詩補音》與所作《韵補》爲兩書,《書録解題》所載甚明。《經義考》合爲一書,誤也。	書名
三四	卷二四,《禮記纂注》三十卷(明湯道衡撰)		朱彝尊作《經義考》,但載三才書而不及此書,殆亦誤以爲一也。案:三才爲道衡子,有《禮記新義》三十卷。	書名
三五	卷四二,《韵補》五卷	卷一〇五,吴氏(棫)《毛詩叶韵補音》(《宋志》十卷),存	案:《韵補》五卷,《補音》十卷,朱氏誤混而爲一。	書名

續表

序次	《四庫總目》	《經義考》條目	《四庫總目》之批評及論致誤之因	錯誤類别
三六	卷五，《讀易餘言》五卷	卷五一，崔氏（銑）《讀易餘言》五卷，存；《易大象説》一卷，存	朱彝尊《經義考》載銑《讀易餘言》五卷，又載銑《易大象説》一卷，考此書第三卷即《大象説》，彝尊以其別本單行，遂析爲二，偶未考也。 案：誤以一書爲二書。	書名
三七	卷三，《用易詳解》十六卷	卷三七，李氏（杞）《謙齋周易詳解》二十卷，未見	彝尊殆未見原書，故傳聞訛异歟？	書名
三八	卷四，《易精蘊大義》十二卷	卷四六，解氏（蒙）《易經精蘊》，佚	……解縉《春雨堂集》，稱是書爲《易經精義》。《經義考》稱是書爲《周易精蘊》。考《永樂大典》所題，實作『解蒙《周易精蘊大義》』，二人皆偶誤記也。	書名
三九	卷四，《易學變通》六卷	卷四八，曾氏（貫）《周易變通》，佚	今檢《永樂大典》所録《周易》，各卦下收入貫説尚多，其標題實作《易學變通》，知彝尊未見原書，故稱名小誤矣。	書名
四〇	卷五，《易義古象通》八卷	卷六一，魏氏（濬）《周易古象通》八卷，存	朱彝尊《經義考》改曰《周易古象通》，則與濬名書之意不合矣。	書名

續表

序次	《四庫總目》	《經義考》條目	《四庫總目》之批評及論致誤之因	錯誤類别
四一	卷五,《兒易内儀以》六卷、《兒易外儀》十五卷	卷六三,倪氏(元璐)《兒易内儀》六卷、《外儀》十五卷,存	此編爲當時刊本,實有『以』字,則《經義考》誤脱也。	書名
四二	卷一六,《讀詩私記》二卷	卷一一三,李氏(先芳)《毛詩考正》,未見	朱彝尊《經義考》載先芳有《毛詩考正》,不列卷數,注曰『未見』,而不載此書,其爲一書、兩書?蓋不可考。然此書亦多辨定《毛傳》,或彝尊傳聞未審,誤記其名歟?	書名
四三	卷一七,《詩論》一卷	卷一〇六,程氏(大昌)《詩議》一卷,存	朱彝尊《經義考》始别立標題,謂之《詩議》……考原本實作《詩論》,則曹溶本是也。	書名
四四	卷八,《十願齋易説》一卷、《霞舟易箋》一卷	卷六四,吴氏(鍾巒)《周易卦説》,未見	朱彝尊《經義考》惟載鍾巒《周易卦説》,不著卷數,注曰:『未見。』而無此書名。《江南通志·儒林傳》所載亦同。殆輾轉傳聞,相沿而誤歟?	書名

續表

序次	《四庫總目》	《經義考》條目	《四庫總目》之批評及論致誤之因	錯誤類別
四五	卷七，《東萊易説》二卷	卷七，吕氏(祖謙)《東萊易説》二卷，存	朱彝尊《經義考》亦列其名。今勘驗其文，實吕喬年所編《麗澤論説集録》之前二卷，書賈抄出以售僞，非祖謙所自著也。 案：此辨僞書。	書名
四六	卷一一，《融堂書解》二十卷	卷八三，錢氏(時)《尚書演義》八卷，未見	《永樂大典》所載，則皆題錢時《融堂書解》，其名又殊。然《永樂大典》皆據内府宋本采入，當必無訛。朱彝尊《經義考》以《尚書演義》著録，蓋未睹中秘書也。	書名
四七	卷一五，《毛詩集解》二十五卷	卷一〇九，段氏(昌武)《叢桂毛詩集解》三十卷，闕；《讀詩總記》一卷，存	今未見傳本，而卷首《學詩總説》《論詩總説》，今在原目三十卷之外，疑即所謂《讀詩總説》者，或一書而彝尊誤分之，或兩書而傳寫誤合之，則莫可考矣。	書名
四八	卷三〇，《春秋提要》四卷	卷二〇〇，饒氏(秉鑒)《春秋會傳》十五卷(提要一卷)，存	今按：此書［案：指《春秋提要》］實四卷，與《春秋會通》另爲一書，彝尊蓋未見其本，故傳聞訛异。 案：朱氏誤以二書爲一書。	書名

續表

序次	《四庫總目》	《經義考》條目	《四庫總目》之批評及論致誤之因	錯誤類别
四九	卷一一〇,《洪範皇極注》四卷	卷一一四,李氏(經綸)《詩教考》《詩經面牆解》,未見	朱彝尊《經義考》載經綸有《詩教考》,極駁其宗王柏之説,删改聖經,蓋亦好异之士。此書則彝尊不載,不知原本之卷數。案:朱氏失載。	書名
五〇	卷二四,《禮記要旨補》十卷	卷一四五,閩人氏(德潤)《禮記要旨補》,戈氏(九疇)《禮記要旨》,均十六卷,存	朱彝尊《經義考》載閩人德行《禮記要旨補》十六卷,又載戈九疇《禮記要旨》十六卷。戈氏書既載其後,不應閩人氏書先云補,尤爲舛互。	書名(失序)
五一	卷五,《周易札記》三卷		朱彝尊《經義考》亦不載。蓋當時編次無法,與其《兩垣奏議》合爲一書,故録經解者無自而著其名也。	書名(失載)
五二	卷八,《易史象解》二卷	卷六三,林氏(允昌)《周易耨義》六卷,存	此書書名、卷數皆不符,當各自一書,彝尊失載也。	書名(失載)
五三	卷八,《周易廣義》四卷	卷六四,鄭氏(敷教)《易經圖考》十二卷,存	朱彝尊《經義考》載敷教《易經圖考》十二卷,而不載是書,殆偶未見歟?	書名(失載)

續表

序次	《四庫總目》	《經義考》條目	《四庫總目》之批評及論致誤之因	錯誤類别
五四	卷八，《四易通義》六卷	卷六五，程氏（觀生）《易内三圖注》三卷，佚	《經義考》惟載其《易内三圖注》三卷，注曰：「已佚。」而不及此編。蓋遺書散失，此編幸而僅存，久乃復出，彝尊未及見也。	書名（失載）
五五	卷一九，《周禮傳》十卷、《圖説》二卷、《翼傳》二卷	卷一二七，《周禮傳》十卷、《周禮圖説》二卷、《學周禮法》一卷、《非周官辨》一卷，存	朱彝尊《經義考》惟載《傳》十卷、《圖説》二卷、《學周禮法》一卷、《非周禮辨》一卷，而不載《翼傳》之名，頗爲疏漏。	書名（失載）
五六	卷二六，《春秋經解》十三卷	卷一八二，孫氏（覺）《春秋經解》（《宋志》十五卷），存；《春秋學纂》（《宋志》十二卷），佚；《春秋經社要義》（《宋志》六卷），佚	案：《宋志》誤一書爲二書，又誤卷數；朱氏承誤。	書名、卷數
五七	卷二七，《春秋例要》一卷	卷一八三，《春秋本例》《例要》（《宋志》二十卷），存	案：朱氏承通志堂本而誤淆書名卷數，并誤注存佚。	書名、卷數、存佚
五八	卷三三，《古微書》三十六卷	卷二六七，孫氏（瑴）《古微書》三十六卷，存	朱彝尊《經義考》稱《易乾鑿度》《乾坤鑿度》《禮含文嘉》猶存……然《含文嘉》乃宋張師禹所撰，非其舊文。	書名、作者

續表

序次	《四庫總目》	《經義考》條目	《四庫總目》之批評及論致誤之因	錯誤類别
五九	卷三〇,《春秋左翼》四十三卷	卷二〇八,王氏(名未詳)《春秋左翼》,未見	朱彝尊《經義考》有王氏《春秋左翼》,不著撰人名字,亦不載卷數,而所録焦竑之《序》與此本卷首《序》合,當即此書也。案:斷二人二書爲一人一書。《補正》《校記》均有辨。	書名、作者
六〇	卷二八,《春秋孔義十二卷》	卷二〇五,《春秋孔義》十二卷,存	案:朱氏誤以一人一書爲二人二書。	書名、作者
六一	卷一五,《毛詩正義》四十卷	卷一〇〇,毛氏(亨)《詩詁訓傳》(《漢志》三十卷),佚;毛氏(萇)《詩傳》(《漢志》二十九卷),存	朱彝尊《經義考》乃以《毛詩》二十九卷題毛亨撰,注曰:『佚。』《毛詩訓故傳》三十卷題毛萇撰,注曰:『存。』意主調停,尤爲於古無據。	書名、作者
六二	卷二一,《雲莊禮記集説》十卷	卷一四三,陳氏(澔)《禮記集説》三十卷,存	……朱彝尊《經義考》以兔園册子詆之,固爲已甚,要其説,亦必有由矣。	朱氏按語觀點
六三	卷一,《陸氏易解》一卷	卷一〇,陸氏(績)《周易注》(《隋志》十五卷),佚;《注京氏易》,三卷,存	案:朱彝尊斷原書抄撮二書而成,《四庫總目》否之,并舉其异文,以爲朱氏所見爲别本。	朱氏按語觀點

續表

序次	《四庫總目》	《經義考》條目	《四庫總目》之批評及論致誤之因	錯誤類別
六四	卷四,《大易緝説》十卷	卷四四,王氏(申子)《大易緝説》十卷,存; 卷四八,楊氏(失名)《玉井易説》二卷,佚	案: 朱氏誤「陽」爲「楊」,同音之誤。	作者
六五	卷一一,《尚書集傳或問》二卷	卷八三,陳氏(大猷)《尚書集傳或問》二卷,存	彝尊蓋偶見董鼎注「東齋」字,而未及核檢其書也。	作者
六六	卷一二,《尚書注考》一卷	卷九〇,陳氏(泰來)《尚書注考》一卷,未見	彝尊未見其書,誤以泰交爲泰來。案: 文淵本已改作「泰交」,備要本、校正本仍作「泰來」。	作者
六七	卷二八,《春秋經傳辨疑》一卷	卷二〇〇,童氏(品)《春秋經傳辨疑》一卷,未見	所述本末甚詳,知《經義考》以傳聞誤也。	作者
六八	卷二六,《春秋尊王發微》十二卷	卷一七九,孫氏(復)《春秋尊王發微》(《宋志》十二卷),存; 《三傳辨失解》,佚	朱彝尊《經義考》因之……是駁復之書,非復所撰也。案: 朱氏因襲前誤。	作者

續表

序次	《四庫總目》	《經義考》條目	《四庫總目》之批評及論致誤之因	錯誤類别
六九	卷三,《大易粹言》十卷	卷二九,曾氏(穜)《大易粹言》(《宋志》十卷,或作七十卷),存	承《宋志》之誤……刊板不相聯屬,故從其分篇之數。	作者、卷數

由上表可知,《四庫總目》共校正《經義考》六十九處錯誤。其中校正朱彝尊按語者,僅有兩條,由此可見朱氏之立論,頗爲精當,於經史之學,亦稱大家。《四庫總目》於朱氏所録之解題材料,共校正八處。朱氏輯録文獻,有所省改,故於此數條,或未能『詳究原書』,『可謂千慮之一失』。而朱氏所撰條目(書名、作者、卷數、存佚),錯誤最多,爲館臣校出者達五十九條。朱彝尊編纂此書,其緒至繁,其文至多,其事至細,故其誤於條目方面爲最。至於致誤之因,則有以下幾種情況:(甲)未見原書,傳聞、傳寫致誤;(乙)因襲致誤;(丙)失檢、失考致誤;(丁)改名致誤;(戊)誤分卷帙、誤繫作者;(己)刊本脱字等。〔一〕

綜上分析可知,《四庫總目》既取資於《經義考》,又對《經義考》之失誤予以校正。可以説,二書互

〔一〕莊清輝《〈經義考〉與〈四庫提要〉之關係》一文第三節《〈四庫提要·經部〉辨正〈經義考〉之誤》,將辨正文字分爲書名、卷數、書名與卷數、撰者、内容、流傳、經義七大類,其下又分小類至數十計,條分縷析,頗爲精細。參《朱彝尊經義考研究論集》,頁四八五—五〇八。

爲『功臣』。值得指出的是，館臣在有所校正時，下語謹慎，每加揣度之詞，以疑問語氣成文，絶不厚誣朱氏，留有進一步探討之餘地，態度頗爲審慎。館臣如紀昀等，皆當時學問大家，嫻於解題書寫，持論務求中正，因此不輕易下斷語，以免滋誤。

如前所考，對《經義考》加以校補者，遠不止《四庫總目》一書，現存完書有：全祖望《讀易别録》三卷、翁方綱《經義考補正》十二卷、謝啓昆《小學考》五十卷、陳矩《孟子弟子考補正》一卷、羅振玉《經義考目録》《校記》九卷等。比較而言，全氏、謝氏、陳氏等專就《經義考》一類之失加以訂正，業有專精，故稱佳構。尤其是《小學考》，皇皇五十卷，爲小學目録巨著，聲譽與《經義考》相埒，以至於續補該書者亦蔚成系列。翁氏、羅氏則對《經義考》全書加以訂正。羅氏重在編目，附加訂正，備列輯本，頗便利用。翁氏則在門人相助之下，非獨審訂字句，拾遺補闕，即朱氏體例，亦多糾正，因而更爲實用，影響深遠，爲取資《經義考》者所必備。同以上五種校補之作相比，《四庫總目》校正之針對性不强，并非對《經義考》作全面之校正，而是限於考證、引用所及，附帶討論，因而相關論述較爲零散。儘管如此，《四庫總目》之校正實績，仍不容忽視；尤其該目自近代以降，即被視作讀書治學之門徑，治經學者循其經部提要而深究之，便不能不對《經義考》産生學術興趣。執此以論，《四庫總目》實有助於《經義考》之傳播。

(六)《四庫總目》誤引《經義考》考

《四庫全書總目》之有功於中國學術文化,自不待言。但由於迫於期限,成於衆手,故不能無瑕〔一〕。因此,自其問世以來,學者們一直在努力地糾謬補偏。除了散見於各學術刊物的論文外,還有相關著作出版〔二〕。

《四庫總目》在取材《經義考》時,也産生了一些錯誤,莊清輝先生專門討論了這一問題〔三〕。莊氏將錯誤歸納爲以下幾個方面:一、《提要》(莊先生對《四庫全書總目》之簡稱)誤用朱目(莊先生對朱彝尊《經義考》之簡稱)之誤;二、《提要》未能詳考朱目所載之序而率爾立論,致有疏失之處;三、《提要》以

〔一〕余嘉錫對此有精闢之分析:『古人積畢生精力,專著一書,其間牴牾尚自不保,況此官書,成於衆手,迫之以期限,繩之以考成,十餘年間,辦《全書》七部,《薈要》二部,校勘魯魚之時多,而討論指意之功少,中間復奉命纂修新書十餘種,編輯佚書數百種,又於著録之書,删改其字句,銷毁之書,簽識其違礙,固已日不暇給,救過弗遑,安有餘力從容研究乎?且其參考書籍,假之中秘,則遺失有罰,取諸私室,則藏弆未備,自不免因陋就簡,倉卒成篇。』(《四庫提要辨證·序録》,頁四九)

〔二〕主要有:胡玉縉《四庫全書總目提要補正》(王欣夫輯,上海書店出版社,一九九八年)、余嘉錫《四庫提要辨證》、崔富章《四庫提要補正》(杭州大學出版社,一九九〇年)、李裕民《四庫提要訂誤》、楊武泉《四庫全書總目辨誤》(上海古籍出版社,二〇〇一年)、司馬朝軍《〈四庫全書總目〉研究》。

〔三〕參其《〈經義考〉與〈四庫提要〉之關係》一文之第七節《辨正〈四庫提要〉經部本〈經義考〉之失誤》,載《朱彝尊經義考研究論集》,頁五三七—五四七。

朱目不誤反誣朱目；四、從《經義考》辨正《提要》之誤〔一〕；五、朱目之誤，《提要》未能糾舉之。爲説明問題，莊氏共舉十三例，其中有十二例係『參酌余嘉錫《四庫提要辨證》與胡玉縉《四庫全書總目提要補正》』，惟《孟子正義》條，不引二氏之説，當出以己意。另外，《易論提要》，乃是引用《曝書亭集》有誤，而非《經義考》。故莊先生所舉例中，祇有十二例係《四庫總目》取材《經義考》有誤。細考其所舉諸例，其中對《孟子正義》條之考辨，頗值商榷。莊先生云：

《經義考》雖亦有失誤之處，而四庫館臣却曾有以《經義考》不誤而誣之，故類此以誤反正，對後世影響很大，如《孟子正義》提要云：『朱彝尊《經義考》，摘其欲見西施者，人輸金錢一文事，詭稱《史記》。』今檢視《經義考》卷二百三十三所載：『《正義》詮西子，按《史記》云，西施，越之美女，越王句踐以獻之吴，夫差大幸之。每入市，人願見者，先輸金錢一文。考《史記》并無其文，不知何所依據？』《經義考》明白表示此事《史記》并無其文，《提要》却誣朱目，詭稱《史記》，正是以不誤而誣之。〔二〕

〔一〕此説似不明，按其實，乃言《四庫總目》引《經義考》所録序跋有誤。

〔二〕莊清輝〈《經義考》與〈四庫提要〉之關係〉，頁五四二。其中所引《四庫總目》文字，莊氏原文中單獨成段；爲行文方便，本書特加上引號，俾置於一段之内。案：朱彝尊《曝書亭集》卷一九《又近體四首》之三云：『比似吴人看西子，未貪市上一錢輸。（《孟子疏》：西施至吴市，觀者各輸錢一文。）』即以此事取譬。

《經義考》文字見卷二三三『孫氏（奭）《孟子正義》』條下按語：

按：趙岐注《孟子》，多引舊事以證之。如曰：『殀若顔淵，壽若召公。』『「有不虞之譽」，尾生本與婦人期於梁下，不度水之卒至，遂至没溺，而獲守信之譽。』『「有求全之毁」，陳不瞻將赴君難，聞金鼓之聲，失氣而死，可謂欲求全其節，而反有怯弱之毁者也。』……至詮西子，按《史記》云『西施，越之美女，越王句踐以獻之吴，夫差大幸之。每入市，人願見者，先輸金錢一文』。考《史記》并無其文，不知何所依據？朱子謂《正義》是邵武士人作，似有可疑，不若《音義》之真也。

莊先生所謂『《正義》詮西子』，原文實作『至詮西子』，蓋爲引據時所改。今檢《四庫總目》卷三五《孟子正義提要》（題趙岐注，孫奭疏）云：

朱彝尊《經義考》摘其欲見西施者，人輸金錢一文事，詭稱《史記》。今考《注》以尾生爲不虞之譽，以陳不瞻爲求全之毁，《疏》亦并稱《史記》。尾生事實見《莊子》，陳不瞻事實見《説苑》。皆《史記》所無。如斯之類，益影撰無稽矣。

由是觀之，《四庫總目》實際援引《經義考》所批駁之實例，以證《孟子》《注》《疏》之『影撰無稽』，屬於延續《經義考》之説，實非『以《經義考》不誤而誣之』。莊先生舉此，恐於例未協。

筆者在探討《四庫總目》與《經義考》二書關係時，又發現館臣在引據《經義考》時産生的其他一些問題，且大都未爲前揭諸家所論及。由於《四庫總目》具有讀書門徑之功用，其中訛誤，實有辨證之必要，以免誤導後學。兹按《四庫總目》卷次，分陳如下：

（一）《大易粹言》（十卷）提要云：

> 宋方聞一編。聞一，舒州人，淳熙中爲郡博士。時温陵曾穜守舒州，命聞一輯爲是書，舊序甚明。朱彝尊《經義考》承《宋志》之誤，以爲穜作，非也。……所采凡二程子、張子、楊時、游酢、郭忠孝及穜師郭雍七家之説。今忠孝之書已不傳，惟賴是書以存。穜初刻板置郡齋，後摹印漫漶，張嗣古、陳造先後修之。此本出蘇州蔣曾瑩家，即嗣古嘉定癸酉所補刻，佚穜《自序》一篇，而移嗣古之《跋》冠其首，今從《經義考》補録穜《序》，仍移其《跋》於卷末焉。（卷三，一：八三）

案：館臣據是書舊序，斷朱氏誤繫作者。今檢《經義考》卷二一九『曾氏（穜）《大易粹言》』條，其下輯録有序跋及諸家論説。爲説明問題，今節引諸説如次：

> 穜《序》曰：……淳熙乙未夏五月，穜代匱龍舒，因與二三僚友語及先生之學，皆欣然有得，謂穜曰：『《易》道蓋生生不窮，未嘗拘泥，胡可不傳？』遂相與裒伊川諸家［所］嘗發揮《大易》之旨者，明道、伊川、横渠、廣平、龜山、兼山、白雲，合七先生集爲一書，目之曰《大易粹言》。考其説，雖小有不同，要其終，則歸乎一致。板之以傳，使夫後之學者，由是可以知仁義道德之説，性命禍福

之理，君臣父子之大致，誠不爲無補。《易》曰：『先天而天弗違。』龜山載邵堯夫詩，亦有『畫前元有《易》』之語。蓋七先生之所宗，先生之學，畫前之《易》也，學者宜究心焉。淳熙二年九月。〔一〕

程九萬《跋》曰：右《大易粹言》一編，太守曾公所裒集也。始公欲刊是書，集僚屬語之，於是門下士程九萬欣然前曰〔二〕：是書之成，所惠於後學多矣。……寥寥千百載間，有伊川二程先生者，探三聖之用心，與一時諸公講究至到，可爲學者據依，然猶病其文字之間，見帙籍之散漫。今公會而通之，貫而一之，誠有功於聖門，端不止於裒集而已，學者於是而得其所宗矣。

李祐之《跋》曰：……祐之蚤獲游溫陵曾公之門，公平居議論，必及於《易》；而伊川之學，尤所篤好。故嘗以親愛白雲之説，合伊川兄弟而下，共爲七家，欲鑱之而未能也。洎來舒郡，出以相示，且俾訂證其非是，期與同志共之。凡涉書七十有五種，爲字四十五萬有奇；義多互見，辭或重出，而後伊川之《易》無遺恨之嘆。噫！公之用心也蓋深，而人之獲利也亦博矣。

張嗣古《跋》曰：右《大易粹言》，前太守曾君穜命郡博士方聞一所裒輯者也。……歲久，板漫滅不可讀，因念刊書之難，復爲之修改七百三十有六板，凡二十六萬一千五百九十有四字，以與學

〔一〕《大易粹言》之文淵本（第一五册）載曾穜《大易粹言序》，而誤將『生生』二字作『先生』；『伊川諸家』作『伊川家所』。又，文淵本此序末還有『曾穜序』三字。參頁二一。

〔二〕此數句爲《經義考》所無，而文淵本《大易粹言》末有之，今據補。頁七五〇—七五一。

者共之，亦以無忘曾君之美意云。

陳造曰：《粹言》載諸公所得深者，參舉而互備。此板在舒州已就漫漶，予修之，遂爲佳本。

趙希弁曰：《大易粹言》七十卷，《總論》三卷，集明道先生程顥伯淳、伊川先生程頤正叔、横渠先生張載子厚、廣平游酢定夫、龜山楊時中立、兼山郭忠孝立之、白雲郭雍子和之説也。舒守曾穜序。

王應麟曰：淳熙二年，曾穜裒程顥、頤、張載、游酢、楊時、郭忠孝、雍七先生之説，爲《大易粹言》，凡十卷。

胡一桂曰：大要主理義，不及象數。

董真卿曰：曾穜集七家解，名《大易粹言》，七十三卷，淳熙二年序。

上引凡九家之説，《序》一，《跋》四〔一〕，論説四；其中未談及編撰問題者有二家（陳造、胡一桂）。在論及編撰問題者七家之説中，有六家均指出是書爲曾穜所編，尤以曾氏自序説得明白，也最爲有力。祇有張嗣古在《跋》中認爲，該書是『前太守曾君穜命郡博士方聞一所裒輯者』；不過，張氏復强調『無

〔一〕據《景印文淵閣四庫全書》本《大易粹言》，陳造之説亦爲跋。諸跋順序爲：張、陳、程、李，與《經義考》略有不同。第一五册，頁七五〇—七五一。

忘曾君之美意』,可見仍視該書出於曾穜之手。這是諸家論説中惟一提到方聞一之處。綜合上述材料,無論是最初對於七家之説之編纂,抑或是後來之刊刻,均由曾穜司理。陳振孫云:『知舒州温陵曾穜獻之集二程、張載、游酢、楊時及二郭之學爲一書。穜嘗受學於郭白雲。』〔一〕因此,該書編撰者當屬曾穜無疑。至於方聞一,則可能在最後之成書時,曾經參預其事。《四庫總目》僅據張《跋》一家之説之前半段,即將編纂者定爲方聞一,無疑較爲草率。故後來有學者批駁道:

《四庫全書》改標方聞一編,以穜《序》爲據,然聞一列名校勘,與作跋之程九萬、李祐之一例,正不必遠改《宋史·藝文志》,近駁朱彝尊《經義考》,而亦未嘗没聞一之名也。〔二〕

可見,作爲曾氏門下士之程九萬與作爲弟子之李祐之,同有貢獻〔三〕。《四庫總目》以爲『朱彝尊《經義考》承《宋志》之誤,以爲穜作,非也』,不能成立。

(二)《禹貢詳略》(無卷數)提要云:

〔一〕陳振孫《直齋書録解題》卷一,上海古籍出版社,一九八七年,頁二二。

〔二〕于敏中、彭元瑞等《天禄琳琅書目》續卷二《大易粹言》條,江蘇廣陵古籍刻印社(據王先謙校刊本影印),一九九二年,頁四六。案:于氏等將《四庫總目》所説之『舊序』坐實爲『穜《序》』,也有未加細檢之失。

〔三〕崔富章據該書之曾穜《序》、程九萬《跋》、張嗣古《跋》等,斷其『自規劃直至編定,實出曾穜之手』(參其《四庫提要補正》,頁一三一—一四)。本文之考辨,可補其説,參互發明。

明韓邦奇撰。……朱彝尊《經義考》載邦奇《書説》一卷，注曰：『未見。』而不載此書。其卷數則相同，或即因此書而傳訛歟？（卷一三，一：二九八）

案：《經義考》於卷八八載韓邦奇《書説》一卷，未見；又於卷九四載其《禹貢詳略》二卷，存。朱氏實爲分載韓氏之書，并非不載。又，朱氏明載『一卷』，《四庫總目》却作『無卷數』，二者卷數何來『相同』？此屬未加細檢致誤。

（三）《毛詩正義》（四十卷）提要云：

漢毛亨傳，鄭元箋，唐孔穎達疏。……朱彝尊《經義考》乃以《毛詩》二十九卷題毛亨撰，注曰：『佚。』《毛詩訓故傳》三十卷題毛萇撰，注曰：『存。』意主調停，尤爲於古無據。今參稽衆説，定作《傳》者爲毛亨，以鄭氏後漢人，陸氏三國吴人，并傳授《毛詩》，淵源有自，所言必不誣也。（卷一五，一：三二二）

案：《經義考》卷一〇〇作：『毛氏（亨）《詩故訓傳》，《漢志》三十卷，佚；毛氏（萇）《詩傳》，《漢志》二十九卷，存。』檢《漢志》，僅載《毛詩》二十九卷、《毛詩故訓傳》三十卷，未及人名。館臣批評朱彝尊意主調停，而於古爲據，誠得其實。但是，《四庫總目》文中引用之朱氏條目，其書名、卷數、存佚，與《經義考》多有不合。蓋未加細檢，因而引據失當。

不著撰人名氏。……朱彝尊《經義考》載宋謝叔孫《詩義斷法》，不列卷數。注引《江西通志》曰：『叔孫，南城人，舉進士，官翰林編修。』又載《詩義斷法》一卷，不著名氏。注曰：『見《菉竹堂書目》。』并云已佚。此本五卷，與後一部一卷之數不符，其叔孫之書歟？（卷一七，一：三六五）

（四）《詩義斷法》（五卷）提要云：

案：所引《經義考》兩條，分見卷一〇八、一一〇。但《經義考》卷一〇八引《江西通志》云：『謝升孫，南城人。舉進士，爲翰林編修官，朝士稱之曰南窗先生。』可見不作『謝叔孫』。《江西通志》卷八三載：『謝升孫，南城人。舉進士，官翰林編修。以文章名世，人稱南窗先生。有《詩義法》行世。』〔一〕則當以『謝升孫』爲是。《雪樓集》〔二〕卷一九有《謝元禮墓誌銘》，云：『南城謝元禮先生以至大四年八月八日卒，年八十四。……其友潮陽尹趙艮塘等十人爲書，介其子升孫所次行實來京師，請銘其墓。……卒之日，方與升孫劇論《圓覺》《金剛經》，倏然而逝。』則其父（一二二三—一三一一）爲由宋入元之人。《珊瑚木難》卷三載有謝升孫爲《和靖處士真迹》所作《跋》，末題『元統甲戌夏五謝升孫書於南窗（子

〔一〕謝旻等《江西通志》，《景印文淵閣四庫全書》第五一五册，頁八二八。
〔二〕程巨夫撰，《景印文淵閣四庫全書》第一二〇二册，頁二六八—二六九。

順)』[一]，則其字子順，其時當在一三三四年。謝氏曾爲《元風雅》[二]作序，署『至元二年丙子三月晦日盱江南窗謝升孫子順父叙』，其時則在一二六五年。由此可知，謝氏由宋入元，而主要活動則在元時。

(五)《春秋經解》(十二卷)提要云：

宋崔子方撰。……朱彝尊《經義考》稱其嘗知滁州，曾子開爲作《茶仙亭記》，《經解》諸書皆罷官後所作。考子方《宋史》無傳，惟李心傳《建炎以來繫年要録》稱其於紹聖間三上疏乞置《春秋》博士，不報，乃隱居真州六合縣，杜門著書者三十餘年。陳振孫《書録解題》所載，大略相同。朱震進書札子，亦稱爲東川布衣。彝尊之説，不知何據？惟《永樂大典》引《儀真志》一條云：『子方與蘇、黄游，嘗爲知滁州曾子開作《茶仙亭記》，刻石醉翁亭側，黄庭堅稱爲六合佳士。』殆彝尊誤記是事，故云然歟？(卷二七。一：五四二)

案：本條見《經義考》卷一八三，依《宋志》作十二卷，佚。檢《經義考》全文，并無稱崔子方知滁州事者。唯朱氏《曝書亭集》卷三四有《涪陵崔氏〈春秋本例〉序》，其文云：

涪陵崔子方彦直，自稱西疇居士。嘗與蘇黄諸君子游。知滁州日，曾子開曾爲作記，刻石醉

[一] 朱存理編，《景印文淵閣四庫全書》第八一五册，頁八四。和靖處士，即林逋(九六七—一〇二八)。
[二] 孫存吾、傅習等撰，《景印文淵閣四庫全書》第一三六八册，頁二。

翁亭側。其説《春秋》，有《經解》十二卷，《本例》二十卷。建炎中，江端友請下湖州，取所著《春秋傳》儲秘書省，於是其孫若上之於朝。今其《解》不可得見，惟《本例》獨存。

館臣蓋據此立論。然則誤繫崔子方與曾子開事者，見於《曝書亭集》，非《經義考》也。

（六）《説文解字》（三十卷）提要云：『《説文》注中所引，亦皆在今文二十八篇之中，朱彝尊《經義考》辨之甚明。』其下注云：

案：彝尊又謂惟『若藥不瞑眩』一句，出古文《説命》，殆因孟子所引而及之。然此句乃徐鍇《説文繫傳》之語，非許慎之原注。彝尊偶爾誤觀，移甲爲乙，故今不取其説。（卷四一，一：八三四）

案：朱彝尊之考辨，見於《經義考》卷七六『孔氏（安國）《尚書傳》』條下按語（參本書第五章第二節第［一八］則）。檢徐鍇《説文解字繫傳》『瞑』字條，其文云：

冥合也。從宀，丏聲。讀若《書》『曰藥不瞑眩』。（臣鍇曰：與『有』同義也。名片反。）〔一〕

上引文字中『臣鍇曰』以下，當爲徐鍇注文，其前則爲許慎本文。因此，館臣將『藥不』句的引用者

〔一〕徐鍇《説文解字繫傳》卷一四，中華書局，一九八七年，頁五。

歸爲徐鍇而不是許慎，與事實不合[一]。

（七）《禮緯含文嘉》（三卷）提要云：

不著撰人名氏。……其書實出南宋初。然張師禹記特稱易名《禮緯含文嘉》，則此名實師禹所改，原本稱即其本書。《兩朝藝文志》疑其乖异不合，蓋偶未詳核也。朱彝尊《經義考》既歷引諸書所引《含文嘉》，證其不合，又云：『所見凡二本，一本畫雲氣星輝之象，而附以占詞。一本分《天鏡》《地鏡》《人鏡》。』皆非原書，而於《含文嘉》標目之下仍注『存』字，則舛誤甚矣。（卷一一一，三：四〇七—四〇八）

案：《經義考》卷二六五有《禮含文嘉》條，云：『宋均注。又鄭玄注三卷。存。』其後有朱彝尊按語，遍徵《大戴禮記》注、《漢書》顔師古注、《公羊春秋》何休注、徐彦疏等文獻中所見异文而條陳之，復云：

予先後見有二本，文各不同，一本畫雲氣星輝之象，而附以占辭；一本分《天鏡》《地鏡》《人鏡》爲三門，門各一卷，凡六十篇，後題紹興辛巳十一月觀察使張師禹授，而前諸書所引之文兩本

[一] 關於這一問題，拙文《〈四庫全書總目〉與〈經義考補正〉誤解〈經義考〉一則考辨》（載《古典文獻研究》第八輯）中有詳細分析。

皆無之，知非原書矣。

則朱氏已明知爲張氏所改，非復舊本。其所注『存』，亦就張氏改本而言，并非指原本尚存。館臣以此爲舛誤，恐未詳察。

(八)《蘭易》一卷(附録《蘭易十二翼》一卷《蘭史》一卷)提要云：

是書上卷爲《蘭易》，一名《天根易》，題宋鹿亭翁撰。朱彝尊《經義考》載其《自序》云：『《蘭易》始於《復》，故曰天根。』又載馮京《序》云：『《蘭易》一卷，受之四明山中田父，書端稱鹿亭翁著。按郡縣志，四明山有鹿亭，今迷不知處，無問作者姓氏矣，要是宋代隱者』云云。此本已無《自序》，蓋傳寫佚之。其書以《復》《臨》《泰》《大壯》《夬》《乾》《姤》《遁》《觀》《剥》《坤》十二月卦爲蘭消長之機。每卦各綴以詞，其文如《象》。下又各繫以詞，其文如《象傳》。備述出納栽培之法，蓋戲仿《周易》爲蘭譜耳。又附《口訣》二條，《蘭月令》十二章，不知誰作。下卷爲《蘭易十二翼》，述養蘭宜忌十二條，題曰『蕈溪子』。考《經義考》載馮京《序》，此本題曰『蕈溪子』，則蕈溪子即京也。其《序》稱鹿亭翁爲宋代隱者，則非宋之馮京，當别一人而同姓名矣。末爲《蘭史》一卷，亦題蕈溪子撰。首列《蘭表》，依《漢書古今人表》例，分列九等，而下中、下下二等闕而不録。次爲《蘭本紀》，所列凡三種。次爲《蘭世家》，所列凡十一種。次爲《蘭列傳》，所列凡二十種。次爲《蘭外紀》，所列凡九種。次爲《蘭外傳》，所列凡五種。蓋鹿亭翁戲擬經，京既戲擬傳，又戲擬史也。其《蘭易》爲詞人狡獪之作，與《易》義本無所涉。朱彝尊列之《擬經》門中，殊乖體例。今并改列之《譜録》，庶存其真焉。（卷一一六，三：五三三—五三四）

案：《經義考》卷二七二載鹿亭翁《天根易》條（一卷，存；注云『一名《蘭易》』），其下録有鹿亭翁《自序》及馮京第語；又載馮京第《蘭易十二翼》條（一卷，存），其下録京第《自序》。故《提要》中『馮京』，當爲『馮京第』之誤。余嘉錫先生據《經義考》所載及全祖望《鮚埼亭集》外編《馮侍郎遺書序》，斷作者均爲明末之馮京第，『托言鹿亭田父』，『簟溪子』爲其别號；『《提要》引作馮京，當亦是時人以其爲勝國遺民，去其一字以避忌諱。《提要》不知爲京第，遂以爲與宋之馮京同姓名矣』[一]。館臣之誤，亦在失檢，未加詳考。

（九）《經子法語》（二十四卷）提要云：

宋洪邁撰。邁有《史記法語》，已著録。邁兄弟并以詞科起家，此書蓋即摘經子新穎字句以備程試之用者，凡《易》一卷、《書》二卷、《詩》三卷、《周禮》二卷、《禮記》四卷、《儀禮》《公羊傳》《穀梁傳》《孟子》《荀子》《列子》《國語》《太元經》各一卷、《莊子》四卷。體例略如類書，但不分門目，與經

[一]《四庫提要辨證》卷一四，頁八一三—八一五。余氏又發其微旨，明馮氏實藉蘭而寓忠愛之心，非僅爲譜録而已。從形式上説，三書均爲擬經、擬史之作。朱氏繫之擬經門，亦不爲無因。

義絶不相涉。朱彝尊以《易法語》一卷、《詩法語》一卷之類，散入《經義考》各門之中，題曰『未見』，未免失考矣。（卷一三一，三：七八九）

案：《經子法語》既與體例無關，而朱彝尊以之入群經類，確爲失考，《四庫總目》所言不虛。檢《經義考》卷一八六有洪邁《春秋左氏傳法語》條，《宋志》六卷，未見；卷二四三即爲此書（注『未見』），著者却是洪适；卷二八九有洪适《重刻漢石經》條，無卷數，佚。洪氏兄弟著述見於《經義考》者，惟此三條，其餘未之見。朱氏既未著録《易法語》一卷、《詩法語》一卷，自然也就不可能將二者『散入《經義考》各門之中』。因此，館臣『散入』『失考』之論，無所倚依，不能成立。

（一〇）《漢武洞冥記》（四卷）提要云：

舊本題後漢郭憲撰。……至於此書所載，皆怪誕不根之談，未必真出憲手。又詞句縟艷，亦迥异東京，或六朝人依托爲之。然所言影娥池事，唐上官儀用以入詩，時稱博洽。後代文人詞賦，引用尤多。蓋以字句妍華，足供采摭，至今不廢，良以是耳。若其中伏生受《尚書》於李克一條，悠謬支離，全乖事實。朱彝尊乃采以入《經義考》，則嗜博貪奇，有失別擇，非著書之體例矣。（卷一四二，三：九九六—九九七）

案：《經義考》卷七六『伏氏（勝）《尚書大傳》』條下引《洞冥記》文字云：『李克者，馮翊人也。自言三百歲，從秦始皇登會稽山，以望江、漢之流也。少而好學，爲秦博士，門徒萬人。伏生時十歲，就克石壁山中，受《尚書》，乃以口傳授伏子。四代之事，略無遺脱。伏子因而誦之，常以細繩十餘尋以縛腰，誦一遍則結繩一結，十尋之繩皆成結矣。計誦《尚書》可數萬遍，但食穀損人精慧，有遺失。伏子今所傳百卷，得其一二爾。故《堯》《舜》二典，闕漏尤多。』其説果然不經。朱彝尊采録此段文字的動因，大約在於其中有伏生從李克受《尚書》的記載。《經義考》卷二八四《承師》門下尚書類『伏勝今文』條下，朱氏按云：『郭子横《洞冥記》，謂伏生受《書》於秦博士李克。然不見於他書，未敢深信。』可見其態度審慎，并不盲從。朱氏輯考體提要的特點，就是博采諸説，廣集例證，如果有所考證，則於按語中發明之。因此，其解題材料有存文獻之功，能集經學目録之大成。就此條而言，『嗜博貪奇』，或許有之；而『有失别擇』，未足服人。

（一一）《周易參同契通真義》（三卷）提要云：

案：《唐志》列《參同契》於《五行》類，固爲失當。朱彝尊《經義考》列《周易》之中，則又不倫。惟葛洪所云得魏伯陽作書本旨，若預睹陳摶以後牽异學以亂聖經者。是此書本末源流，道家原了了，儒者反憒憒也。今仍列之於道家，庶可知丹經自丹經，易象自易象，不以方士之説淆羲、文、周、孔之大訓焉。（卷一四六，三：一〇九一）

案：《經義考》卷九『魏氏（伯陽）《周易參同契》』條（《唐志》二卷［《崇文總目》一卷、《通考》三卷］，存），其下朱氏有按語，云：『《參同契》本道家之言，不當列於經義。然朱子嘗爲之《注》，且謂「無害於《易》」，故附載之。是書諸家注解頗衆，則概略而不記也。』則朱氏已明其爲道家之言，祇不過業經朱子作《注》，比較重要，因而加以『附載』，其本意則并非要將其歸入《易》類。《四庫總目》『不倫』之説，恐與事實不符。

（一二）《雪山集》（十六卷）提要云：

《永樂大典》所載乃總題曰《雪山集》，不可辨識。又《宋史·藝文志》稱《王景文集》四十卷，而别出《雪山集》三卷。陳振孫《書録解題》亦作三卷。焦竑《經籍志》、朱彝尊《經義考》則俱云四十卷。考王阮原序，稱：『其家以遺稿見屬，乃爲搜羅删次，厘爲四十卷，名曰《雪山》，本其舊也。』然則質初有小集三卷，自題《雪山》之名。迨阮删定遺稿，編爲全集，而其名如故。故三卷之本與四十卷之本，諸書互見也。（卷一五九，四：二二三六）

案：檢《經義考》，唯卷一〇六中載有王質《詩總聞》一書（《宋志》二十卷，存），而無所謂《雪山集》者。作爲經學目録，《經義考》不收别集。考朱氏《曝書亭集》卷三四有《雪山王氏質詩總聞序》，其文稱：『王氏名質，字景文，汶陽人。紹興庚辰進士，召試館職不就。歷樞密院編修官，出通判荆南府，不行。奉祠山居，有集四十卷。』所謂四十卷者，當指《雪山集》而言。因此，朱氏所云卷數，出自《曝書亭集》，而非《經義考》。館臣未加詳察，因而誤繫文字出處。

以上就《四庫總目》誤引《經義考》者加以析論，凡十二處。歸納起來看，館臣之誤，有以下幾類：（甲）僅據一説，誤繫作者；（乙）未加細檢，致所引人名、書名、卷數、存佚有誤；（丙）未核出處，誤以《曝書亭集》文爲《經義考》文；（丁）未核其實，對朱氏批評過當；（戊）爲證己説，誤繫材料來源，實則朱氏無誤。余嘉錫謂四庫館臣『及其自行考索，徵引群籍，又往往失之眉睫之前』〔一〕，可謂知言。

（七）小結

作爲目録學名著，《經義考》與《四庫總目》在很多方面都存在着不同。就目録性質而言，《經義考》是學科目録，著録以經籍爲主；《四庫總目》是綜合目録，收書遍及四部。就編撰者而言，《經義考》成於一人之手，爲朱氏個人心血之所繫，是私纂；《四庫總目》則成於衆人之手，爲館臣合作之成果，是官修。就編撰時間而言，《經義考》在前，因而能在内容及體例方面，爲《四庫總目》提供參考；《四庫總目》在後，因而能對《經義考》進行指正，爲研究其得失提供參照。晚清學者楊概曾對二目做過比較：

恭讀《四庫全書總目》，内分正史、通鑑綱目、編年紀事本末、别史、雜史、詔令、奏議、傳記、載記、時令、職官、地理、政書、史鈔、史評、史目。大哉王言！何敢妄參末議？然其詳於考證，而史籍

〔一〕《四庫提要辨證·序録》，頁四六。

之存亡究有未備，似不若朱書之例，元元本本，使傳經原委，一一可得而稽。〔一〕

此從探究史籍存亡入手，以爲《經義考》尚較《四庫總目》爲勝。故楊氏以《經義考》爲準，另擬《史籍考》體例。

《四庫總目》是中國古代目録的集大成之作，《經義考》則是其最重要的學術前承之一。現將《四庫總目》對一些著名文獻的徵引情況，製成下表，作爲參照：

表七—一二　《四庫總目》對《經義考》等重要文獻之引據情況表

引據文獻	全文引用次數	經部引用次數	引據文獻	全文引用次數	經部引用次數
《漢志》	二百	六十九	《直齋書録解題》	六百三十五	一百
《隋志》	三百零六	九十五	《玉海》	一百一十	二十九
《舊唐志》	三十五	十	《文獻通考》	二百二十七	二十六
《新唐志》	二百一十四	三十六	《宋志》	四百九十五	九十七
《崇文總目》	一百零一	七十八	《文淵閣書目》	六十一	九

〔一〕　楊概《擬仿朱氏〈經義考〉纂〈史籍考〉試舉例》，載《沅湘通藝録》卷二，頁四四。

續表

引據文獻	全文引用次數	經部引用次數	引據文獻	全文引用次數	經部引用次數
《郡齋讀書志》	三百二十五	三十七	《千頃堂書目》	一百九十三	十七
《遂初堂書目》	二十七	二	《經義考》	三百零九	二百六十一

從上表中可以看出，就《四庫總目》徵引情況而言，對《四庫總目》影響最大的文獻分别是《直齋書録解題》（六百三十五次）、《宋史·藝文志》（四百九十五次）、《郡齋讀書志》（三百二十五次）、《經義考》（三百零九次），引用次數均超過三百次。但就經部而言，徵引最多者則是《經義考》，達二百六十一次；其他各書，均未超過一百次。因此可以説，對《四庫總目》經部影響最大的文獻，當推《經義考》[一]。余嘉錫先生評論《四庫總目》道：『觀其援據紛綸，似極賅博，及按其出處，則經部多取之《經義考》，史、子、集三部多取之《通考·經籍考》。』[二]時賢申發此論，指出：『《四庫提要》在這方面就有所欠缺，如經部諸書提要，看起來旁徵博引，頭頭是道，但仔細復核，不難發現多是據朱彝尊《經義考》轉引的，以致許多結論并不準確可靠。』[三]

[一] 表中列舉的徵引次數，是檢索後的直接結果，并不是分析後的有效引用，因而衹是大致地支持了上述觀點。

[二] 余嘉錫《四庫提要辨證·序録》，頁四九。

[三] 陳尚君《四庫提要辨證重刊弁言》，見余嘉錫《四庫提要辨證》，雲南人民出版社，二〇〇五年，頁九。

以上從《四庫總目》引用《經義考》的角度，對二者的關係進行考察與探討。余嘉錫先生曾經指出，目録書給後人以多方面的取資，『其尤重要者，在能用解題中之論斷，以辨章古人之學術』〔一〕。《四庫總目》對《經義考》的引用，遍及條目、提要、按語等各個方面，充分説明《經義考》在『辨章學術，考鏡源流』方面所具有的巨大的學術價值。

〔一〕余嘉錫《目録學發微》卷一，頁一四。

第八章 《經義考》之傳本

本章將對《經義考》盧刻本及三種四庫本（薈要本、文淵本、文津本）加以考察與討論，緣起如次：

首先，《經義考》已有不同形態之傳本，在傳承中已由簡單之重刻、補刻，走向點校整理，并進一步向校補、疏證等研究領域邁進。《經義考》問世後，一直傳承不墜，出現了不少傳本、點校本以及校補、疏證本。如果説，不同的傳本均以存真爲旨趣，儘量保持《經義考》之原貌以傳世，那麽，點校本則通過正確之句讀、可靠之文本，進一步擴大《經義考》的流通範圍與學術影響；當今學人的校補、疏證，則已步入研究的層面，除考溯《經義考》文本源流、補正其誤外，更能進一步確保《經義考》文本的可靠性，以服務於當下追溯經學源流、利用經學文獻的研究需要。因此，對《經義考》傳本、點校本質量佳否以及校補本、疏證本成就高下等問題加以研究，不僅能回顧學界既有的研究成果，豐富學術史研究的内容，而且能進一步拓展、深化對《經義考》的學術研究。

其次，學界關於《經義考》傳本之研究，在論域與方法上還有不斷拓展之空間。如前所述，《經義考》的存世傳本,主要有初稿本、初刻本、盧刻本、四庫本(包括薈要本、文淵本、文津本等)、汪氏修補本、浙江書局本、備要本等。學界對《經義考》傳本情況,頗有論及,具有代表性者如日本學者杉山寬行,對各傳本均有介紹與比較[一];楊晋龍、林慶彰兩位先生對四庫館臣如何删改《經義考》,有較全面之考察等(參本書第七章第三節之注引)。前者重在傳本形制之描述、刊刻史實之考察,涉及傳統版本學、出版學的研究範疇;後者重在考察館臣之删改取捨及其文化心理,涉及四庫學、文化史等研究領域。至於《經義考》衆多傳本本身之文字來源、文獻準確性,以及朱彝尊的取捨標準、編纂通例等,則缺乏相應的研究。

本章之研究取徑有二:

(一)全面校理。所謂『全面校理』,是指采取全面考溯《經義考》之文本初源、校核文字异同等方法,旨在揭示《經義考》的文本來源、編纂特色。易言之,本章將用史源學、校勘學等學術手段,對《經義考》的文本面貌,進行全面而深入之揭示,并不僅僅局限於若干傳本之對校或《經義考》上下文本之互校。

(二)樣本考察。所謂『樣本考察』,是指在『全面校理』無法於短期内全部告成的情况下(當然也受限於本書之篇幅),選取《經義考》中特定範圍的内容作爲考察對象,進行全面校理,旨在以小見大,力

[一] 杉山寬行《論朱彝尊的〈經義考〉——主論〈經義考〉之諸版本》,載《朱彝尊經義考研究論集》,頁九一——一二六。

求取得較爲深刻的學術認識。

以下即對《經義考》之盧刻本、三種四庫本（薈要本、文淵本、文津本）展開考察。

一　《經義考》盧刻本探論

盧刻本是《經義考》的第一個全刻本（雖然并非足本），由盧見曾資助，馬曰琯、馬曰璐兄弟負責校理。該本是後來刻本（如汪汝瑮刻本、浙江書局本、備要本）以及四庫系列抄本（薈要本、文淵本、文津本等）的祖本，其重要性不言而喻。該本最接近於朱彝尊《經義考》編纂原貌，直接體現朱彝尊本人的學術旨趣及其編纂水平。研究該本之得失，對於糾謬補缺以提高此書之利用價值、總結經驗以開拓經籍總目之編纂途徑，都具有積極意義。

如前所述，《經義考》自問世後，向爲學人所珍視；其引據失當等不足之處，學人也競起校訂、補正，相關成果，在清代即蔚成系列（參本書第七章第一節）。其中翁方綱所著《經義考補正》，對《經義考》之條目著録、徵引文獻、朱氏按語及編纂體例等，均有是正，成果豐碩，堪稱竹垞此書第一功臣。當代學人也頗有整理與校補之作。在全文標點、整理方面，林慶彰先生及其學術團隊貢獻最著，所成《點校補正經義考》一書，除標點、校正外，復納入翁方綱《經義考補正》、羅振玉《經義考校記》之全部内容，以及《四庫全書總目》之相關成果；後又再度校理，擴大取材範圍，約請專家審讀，纂成《經義考新校》。在儒藏本未出以前，《新校》堪稱《經義考》最爲精善之傳本（詳本書第九章第二節）。陳鴻森先生撰《〈經義考〉孝經類别録》[一]，分考正、補遺兩部分，既正其誤，復補其闕，就實績與方法而論，均稱典範之作。楊果霖先生長期致力於《經義考》專題研究，按陳鴻森先生所示『分經考辨之法』，對《經義考》之春秋類（包括著録文獻及引據資料），進行系統校訂與補正，出版《〈經義考〉著録『春秋類』典籍校訂與補正》一書（臺北學生書局，二〇一三年），文累百萬，成果豐碩，堪稱竹垞之功臣；其志意、方法與實踐，均足取資（説詳本書第十章第二節）。

爲進一步考察《經義考》的學術質量，尤其是文本之準確性，本文師法陳鴻森先生『分經考辨』之意，踵效林慶彰先生、楊果霖先生之軌範，選取盧刻本《經義考》論語類『《古論語》』條、《孟子》類『《孟子》』條，作爲考察之樣本。爲便於吸收新校本、儒藏本之成就，本章在通校之時，過録新校本、儒藏本之全部校記，標點則以《新校》爲據，以便兼收并蓄，方便本章對盧刻本、下一章對於點校本的深入討論[二]。

[一] 陳鴻森《〈經義考〉孝經類别録》，載《書目季刊》第三十四卷第一期、第二期，二〇〇〇年。

[二] 關於『《古論語》』條、『《孟子》』條之研究，筆者先後撰成《〈經義考〉『〈古論語〉』條通校——兼論〈經義考新校〉之得失》《〈經義考〉『〈孟子〉』條校考——兼論〈經義考〉之整理》二文，分别發表於《中國經學》第二十五輯（廣西師範大學出版社，二〇一九年，頁九八—一一八）、《傳統中國研究集刊》第十八輯（上海社會科學院出版社，二〇一八年，頁四〇—五三）。

（一）『《古論語》』條校考

《經義考》論語類凡十一卷（自卷二一一至卷二二一），『《古論語》』條係該類第一條。該條除條目部分（包括書名、篇卷、存佚等）外，提要部分則由二十二則輯録文獻組成。爲討論方便，兹將該條之著録及輯録文獻等，予以編次，分成小節，以清眉目。

二一一・一・〇〇　《經義考》卷二一一『《古論語》』條，引《漢志》云：『二十一篇。』存。

《新校》録《校記》云：『馬國翰有輯本。』（《論語》，頁五四）』（《新校》，頁三八四八）[一]

案：關於《古論語》篇數，考《漢志》云：『《論語》古二十一篇。』自注謂：『出孔子壁中，兩《子張》。』[二]顔師古注引『如淳曰』：『分《堯曰》篇後子張問「何如可以從政」已下爲篇，名曰《從政》。』[三]

[一] 案：《新校》承《點校補正經義考》前例，於各條下照録翁方綱《經義考補正》、羅振玉《經義考校記》及《四庫全書總目》相關文本，分别標以『〔補正〕』『〔校記〕』『〔四庫總目〕』字樣。今改寫爲《補正》《校記》《四庫總目》。爲省繁文，以下徑於文末注出《新校》頁碼，不再出注。

又案：爲便於整理與引據，兹將本條編次，條目部分編爲一・〇〇條，輯録文獻部分，則按一・〇一、一・〇二、一・〇三之規律類推。

[二] 班固《漢書》卷三〇，中華書局，一九六二年，頁一七一六。

[三] 班固《漢書》卷三〇，頁一七一七。

又案：《古論語》，即《古文論語》，或曰《古字論語》〔一〕，又簡稱《古論》，同《齊論》《魯論》并稱；『《論》』是《論語》之單稱〔二〕。《古論》，出孔壁中。《漢志》尚書類小序云：『武帝末，魯共王壞孔子宅，欲以廣其宮，而得古文《尚書》及《禮記》《論語》《孝經》凡數十篇，皆古字也。共王往入其宅，聞鼓琴瑟鍾磬之音，於是懼，乃止不壞。孔安國者，孔子後也，悉得其書。』〔三〕何晏等《論語序》云：『魯共王時，嘗欲以孔子宅爲宮，壞，得《古文論語》。《齊論》有《問王》《知道》，多於《魯論》二篇。《古論》亦無此二篇，分《堯曰》下章「子張問」以爲一篇，有兩《子張》，凡二十一篇，篇次不與齊、魯《論》同。……《古論》，惟博士孔安國爲之訓解，而世不傳。至順帝時，南郡太守馬融亦爲之訓說。漢末，大司農鄭玄就《魯論》篇章，考之《齊》《古》爲之注。』〔四〕《隋志》論語類小序云：『又有《古論語》，與《古文尚書》同出，章句煩省，與《魯論》不异，唯分《子張》爲二篇，故有二十一篇。孔安國爲之傳。漢末，鄭玄以《張侯論》爲本，參考《齊論》《古論》而爲之注。魏司空陳群、太常王肅、博士周生烈，皆爲義説。吏部尚書何晏，又爲集解。

〔一〕（日）竹添光鴻曰：『《古論》者，《古字論語》也。』（《論語會箋》首卷，鳳凰出版社，二〇一二年影印本，頁七）

〔二〕（日）竹添光鴻曰：『《論語》亦單稱《論》，故有《魯論》《齊論》及《古論》之名。董仲舒《春秋繁露》、趙岐《孟子章句》，凡引《論語》，多直稱《論》。』（《論語會箋》首卷，頁三）

〔三〕班固《漢書》卷三〇，頁一七〇六。

〔四〕載（日）竹添光鴻《論語會箋》首卷（頁一——一三），又見《經義考》本卷『何氏（晏）鄭氏（冲）等《論語集解》』條下引（頁三八六六——三八六七）。

是後諸儒多爲之注,《齊論》遂亡。《古論》先無師説,梁、陳之時,唯鄭玄、何晏立於國學。』[一]知《古論》已合於鄭、何等注解中,不復單行。清人馬國翰爲之輯佚,凡得六卷[二]。

二一一・一・〇一　本條引《漢書》云:『《論語》者,孔子應答弟子時人及弟子相與言而接聞於夫子之語也。當時弟子各有所記。夫子既卒,門人相與輯而論纂,故謂之《論語》。』(頁三八四八)

案:所引《漢書》文字,見《漢書・藝文志》,係《論語》類小序首句。經檢,今《漢書》通行本[三]與之全同。

二一一・一・〇二　本條引『《論語讖》曰』:『子夏六十四人共撰仲尼微言。』(頁三八四八)

案:所引《論語讖》文字,李善注《文選》時曾予徵引:

《論語讖》曰:『子夏六十四人共撰仲尼微言。』[四]

[一] 魏徵等《隋書》卷三二,中華書局,一九七三年,頁九三九。

[二] 案:馬氏輯本,見《玉函山房輯佚書・經編・論語類》。該書主要有長沙嫏嬛館刻本(先後刻於同治十三年[一八七四]、光緒九年、十年等)、楚南湘遠堂刻本(光緒十年)、楚南書局刻本(光緒十年)等。

[三] 班固《漢書》卷三〇,頁一七一七。

[四] 案:本處所引《論語讖》文字,分别見於劉歆《移書讓太常博士(并序)》、曹植《王仲宣誄(并序)》、蔡邕《郭有道碑文(并序)》三文之李善注中(蕭統《文選》[上海古籍出版社,一九八六年]卷四三,頁一九五一;卷五六,頁二四三五;卷五六,頁二五〇一),文本皆同。

此即竹垞所本。《論語讖》,或稱《論語緯》,凡八篇,唐代分作十卷,題魏人宋均注。其傳本約亡於唐代,至明清時期,其佚文已大致搜羅完備[一]。而在衆多輯本中,日本學者安居香山、中村璋八《緯書集成》本最爲全備[二]。

二一一・一・〇三　本條引『桓譚曰』:『《古論語》二十一卷,文异者四百餘字。』(頁三八四八)

案:朱謙之新輯《新論・正經篇》:

古《論語》二十一卷,與齊、魯文异音四百餘字。(依《經典釋文序録》增上十一字。)古《孝經》一卷二十章,(《漢志》作二十二章。)千八百七十二字,今异者四百餘字。蓋嘉論之林藪,文義之淵海也。(《太平御覽》卷六〇八學部、《意林》卷三,又《漢書藝文志》注。)[三]

[一] 説詳耿戰超《〈論語讖〉文本流傳考》(《洛陽理工學院學報》二〇一三年第五期)。

[二] 案:現存《論語讖》輯本主要有:《玉函山房輯佚書》本(光緒九年[一八八三]長沙娜嬛館刻)、《重刻玉函山房輯佚書》本(光緒十年楚南書局刻)、《玲瓏山館叢書》本(光緒十五年[一八八九]文選樓刻)、民國二十三年(一九三四)江都朱長圻刻本、《緯書集成》本(一九九四年上海古籍出版社影印)等。

[三] 桓譚撰,朱謙之校輯《新輯本桓譚新論》卷九,中華書局,二〇〇九年,頁三八。案:據下引《釋文》,知新輯本中『增上十一字』,當作『增上十字』。

又案:吴則虞先生亦據《經典釋文・序録》輯出此條:『《古論語》與齊、魯文异六百四十餘字。』(桓譚著,吴則虞輯校,吴受琚輯補,俞震、曾敏重訂《桓譚〈新論〉》卷五,社會科學文獻出版社,二〇一四年,頁六九)據下引《釋文》宋刻本及吴承仕疏證,知『文异六百四十餘字』者無據。又案:凡引用文獻中原有之自注内容,本文均用括號標明起訖,并在字號、字體上加以區分,是爲通例。

《新論》新輯者所據，見陸德明《經典釋文·序録·注解撰述人·論語》：

《古論語》者，出自孔氏壁中，凡二十一篇，有兩《子張》，（如淳云：『分《堯曰》篇後子張問「何如可以從政」以下爲篇，名曰《從政》。』）篇次不與齊、魯《論》同。（《新論》云：『文异音四百餘字。』）〔一〕

知朱彝尊以陸德明自注所引《新論》文字爲據，并加以改寫。惟今所見宋本《經典釋文》中，引作『文异音』，同朱彝尊所引『文异者』，微有不同。據上揭《論語》《孝經》兩則文本，知桓譚《正經篇》之大旨，在叙經典篇卷及字數之古今异同分合，所重并不在音義，朱彝尊寫作『文异者』，頗有理據。吴承仕《經典釋文序録疏證》，正作『文异者』〔二〕。

二二一·一·〇四　本條引『王充曰』：『《論語》者，弟子共紀孔子之言行敕己之時甚多，數十百篇，以八寸爲尺，紀之約者，懷持之便也。以其遺非經傳文，紀識恐忘，故但以八寸，不二尺四寸也。漢興失亡，至武帝發取孔子壁中古文，得二十一篇，齊、魯、河間九篇，本三十篇，至昭帝女讀二十一篇。宣帝下太常博士時，尚稱書難曉，名之曰傳，後更隸寫以傳誦。初孔子孫安國以教魯人扶卿，官至荆州

〔一〕陸德明《經典釋文》卷一，上海古籍出版社，頁六〇。
〔二〕吴承仕《經典釋文序録疏證》，中華書局，二〇〇八年，頁一一三。

刺史，始曰「論語」。』（頁三八四九）

《新校》於『紀之約者』出注，云：『「者」，依《補正》《四庫薈要》本應作「省」。』又於文末出注，云：『本段引文，《經義考》各本皆同。惟與王充《謂衡》（文淵閣《四庫》本）頗有出入。』

《新校》録《補正》云：『王充條内「約者」，「者」當作「省」。（卷九，頁一）』（頁三八四九）

儒藏本於『敕己之時甚多』下出注云：『「己」，《論衡・正説篇》（宋乾道三年刻宋元明遞修本）作「記」。』（頁三五五九）

儒藏本於『紀之約省』下出注云：『「省」，原作「者」，據薈要本、《補正》及《論衡・正説篇》改。』（頁三五五九）

案：本條所引王充語，出自《論衡・正説篇》。《新校》注中『《謂衡》』，顯係『《論衡》』之誤。《論衡》版本較多，學人校理者亦夥，《新校》但據文淵閣《四庫全書》本對校，實未盡善。學界對於《論衡》文本之研究，成果主要有黄暉《論衡校釋（附劉盼遂集解）》（以下簡稱『校釋本』）、張宗祥《論衡校注》（以下簡稱『校注本』）〔一〕等。現將《論衡》之通津草堂本（收入《四部叢刊初編》）及校釋本（校釋文字較富，從省）、校注本對應文字摘録如次：

〔一〕 黄暉《論衡校釋（附劉盼遂集解）》（鍾哲標校），中華書局，一九九〇年；張宗祥《論衡校注》（鄭紹昌標點），上海古籍出版社，二〇一三年。

夫《論語》者，弟子共紀孔子之言行，敕記之時甚多，數十百篇，以八寸爲尺，紀之約省，懷持之便也。以其遺非經，傳文紀識恐忘，故以但八寸尺，不二尺四寸也。漢興失亡。至武帝發取孔子壁中古文，得二十一篇，齊、魯二，河間九篇，三十篇。至昭帝女讀二十一篇。宣帝下太常博士，時尚稱書難曉，名之曰傳，後更隸寫以傳誦。初，孔子孫孔安國，以教魯人扶卿，官至荆州刺史，始曰『論語』。（通津草堂本）

夫《論語》者，弟子共紀孔子之言行，敕記之時甚多，數十百篇，以八寸爲尺，紀之約省，懷持之便也。以其遺非經，傳文紀識恐忘，故但以八寸尺，不二尺四寸也。漢興失亡。至武帝發取孔子壁中古文，得二十一篇，齊、魯二，河間九篇，三十篇。至昭帝女讀二十一篇。宣帝下太常博士，時尚稱書難曉，名之曰傳；後更隸寫以傳誦。初，孔子孫孔安國以教魯人扶卿，官至荆州刺史，始曰《論語》。（校釋本，頁一一三六—一一三八）

夫《論語》者，弟子共紀孔子之言行，敕記之時甚多，（宗祥案：『敕』，『備也』。見《方言》。）數十百篇，以八寸爲尺，紀之約省，懷持之便也。以其遺非經，傳文紀識恐忘，故以但八寸尺，不二尺四寸也。漢興失亡。至武帝發取孔子壁中古文，得二十一篇，齊、魯二，河間九篇，三十篇。（宗祥案：『九』，元本空格。仲任説《論語》篇數，既與班《志》不同，且獨著河間之名，疑漢時所見《論語》，古文之外，各本不同也。）至昭帝女讀二十一篇。宣帝下太常博士，時尚稱書難曉，名之曰傳，

後更隸寫以傳誦。初,孔子孫孔安國,以教魯人扶卿,官至荊州刺史,始曰《論語》。』(校注本,頁五五一—五五二)

諸本互校,則有如下認識:

(一)關於誤字。甲、《經義考》『敕己之時』之『己』,當從《論衡》諸本作『記』。張宗祥釋『敕』爲『備』,較允。乙、《經義考》『紀之約者』之『者』,當從《論衡》諸本作『省』。翁方綱《經義考補正》已校出此誤。丙、《經義考》『至昭帝女讀二十一篇』,《論衡》之通津草堂本、校注本同;據校釋本,知孫世揚嘗疑『女』字有誤(頁一一三八)。按昭帝嘗習《論語》〔一〕,但無『女讀二十一篇』之事。檢《論衡》之文淵閣《四庫全書》本,『女』作『始』,其義可通,當從。

(二)關於脱文。甲、《經義考》『故但以八寸』,據《論衡》諸本,知其末脱一『尺』字,當據補。乙、《經義考》『不二尺四寸也』,《論衡》諸本同。但度其文意(上下對舉),『不』下或當補『以』字。

(三)關於省文。《經義考》『齊、魯、河間九篇』,《論衡》諸本,除校注本外,餘皆作『齊、魯二,河間九篇』,知《經義考》省去『二』字。考《論衡》諸本於前揭文字之下,復云:『今時稱《論語》二十篇,又失齊、

〔一〕案:昭帝習《論語》事,見《漢書·昭帝紀》:『(始元五年六月)詔曰:朕以眇身獲保宗廟,戰戰栗栗,夙興夜寐,修古帝王之事,通保傅,傳《孝經》《論語》《尚書》,未云有明。』(《漢書》卷七,頁二二三)

魯、河間九篇。本三十篇，分布亡失，或二十一篇。』前後互校，知『二』字衍，當省[一]。《經義考》省去此字，極有理據。

（四）關於倒文。《經義考》『故但以八寸尺』，《論衡》諸本皆作『以但』，校注本據傳本實際與學人校語，改作『但以』[二]。此節可證竹垞已正其誤在前，治《論衡》諸家未嘗留意也。

（五）關於省文。《經義考》『孔子孫安國』，《論衡》諸本皆作『孔子孫孔安國』，知《經義考》省去『孔』字，而於文義無害。

（六）關於句讀。甲、《新校》『弟子共紀孔子之言行敕已之時甚多』，中間未加點斷，顯然未喻其義。《論衡》校釋本、校注本并於『言行』下斷句，極是[三]。乙、『以其遺非經傳文，紀識恐忘』，當從《論衡》校釋本、校注本作『以其遺非經，傳文紀識恐忘』（『傳文』者，謂弟子所記之文）。丙、『宣帝下太常博士時，尚稱書難曉』，《論衡》校釋本、校注本將『時』字下繫，當從。丁、『初孔子孫』，當從《論衡》校釋本、校注

[一] 黄暉先生對此曾有引述及校理（見《論衡校釋》，頁一一三七—一一三八）。

[二] 校釋本云：『島田翰曰：「以但」當作「但以」，此蓋誤倒。暉按：王本、崇文本作「但以」，今據乙。』（《論衡校釋》，頁一一三六）王本，指王謨刻本；崇文本，指湖北崇文書局刻本。均在朱彝尊之後。

[三] 校釋本云：『《量知篇》云：「大者爲經，小者爲傳記。」《尚書序疏》：「漢武帝謂東方朔云：『傳曰：時然後言，人不厭其言。』又漢東平王劉雲與其大師策書云：『傳曰：陳力就列，不能者止。』是漢世通謂《論語》爲傳。以非先王之書，是孔子所傳説，故謂之傳。」《四書考异·論語稱傳考》曰：「《論語》《孝經》等博士，當時亦稱傳記博士。其所以謂傳，邢氏《論語疏》與《書正義》説同，孔、邢二氏之説，必無以易。」』（《論衡校釋》，頁一一三六）

本作『初，孔子孫』。以上數處，儒藏本均無誤。

（七）關於標點。《經義考》『始曰論語』一句，係釋《論語》本末及名稱，故『論語』當加書名號與引號。儒藏本加有書名號。

通過上述梳理，知《經義考》所引『王充曰』文字當如下：

《論語》者，弟子共紀孔子之言行，敕記之時甚多，數十百篇，以八寸爲尺，紀之約省，懷持之便也。以其遺非經，傳文紀識恐忘，故但以八寸尺，不[以]二尺四寸也。漢興失亡，至武帝發取孔子壁中古文，得二十一篇，齊、魯、河間九篇，本三十篇，至昭帝始讀二十一篇。宣帝下太常博士，時尚稱書難曉，名之曰傳，後更隸寫以傳誦。初，孔子孫孔安國以教魯人扶卿，官至荆州刺史，始曰『《論語》』。[一]

二二一一·一·〇五　本條引『如淳曰』：『《古論語》二十一篇，分《堯曰》篇後「子張問：何如可以從政」以下爲篇，名曰《從政》。』

《新校》於『名曰』下出注，云：『「曰」字，文津閣《四庫》本脱漏。』（頁三八四九）

[一] 案：張宗祥校注本也有一些未善之處。如『齊、魯二』，『二』字係衍文，未能校出（四庫館臣爲坐實此『二』字，將『本三十篇』衍成『本三十二篇』，更誤）；『日或多或少』，『日』字當從通津草堂本作『目』等。附識於此。

案：考《漢志·六藝略·論語類》首載『《論語》古二十一篇』，自注謂：『出孔子壁中，兩《子張》。』顔師古注引『如淳曰』：『分《堯曰》篇後子張問「何如可以從政」已下爲篇，名曰《從政》。』（見前文所引。）知朱彝尊將《漢志》正文與注文合并，均視爲如淳之語；『已』，古同『以』。

二二一·一·○六　本條引『鄭康成曰』：『《論語》，仲弓、子游、子夏等所撰定。《易》《詩》《書》《禮》《樂》《春秋》，策皆尺二寸，《孝經》謙半之，《論語》八寸。策者，三分居一，又謙焉。』

《新校》於『尺二寸』出注，云：『「尺二寸」，依《補正》應作「四尺四寸」，《四庫薈要》本誤作「二尺四寸」。』

《新校》録《補正》云：『鄭康成條内「策皆尺二寸」，當改云「皆四尺四寸」。案：此云「策皆尺二寸」者，蓋沿《儀禮·聘禮·疏》之誤，今據《正義》改。（卷九，頁一）』（頁三八四九）

儒藏本於『策皆二尺四寸』下出注云：『「二尺四寸」，原作「尺二寸」，據薈要本改。《補正》云：「當改云『皆四尺四寸』。案此云『策皆尺二寸』者，蓋沿《儀禮·聘禮》疏之誤，今據《正義》改。」翁説是，惟將「二尺四寸」又誤作「四尺四寸」。』（頁三五六○）

案：關於典籍尺寸，前揭第四條『王充曰』内已有『以其遺非經，傳文紀識恐忘，故但以八寸，不

[以]二尺四寸也』,據知古代典籍已有八寸、二尺四寸等説。據研究[一],經典之策,長者不過二尺四寸,則翁方綱『四尺四寸』之説,便無根據;所言《正義》何書,亦未説明(《五經正義》中無《儀禮》)。《新校》采信翁氏之説,而對《經義考》所采鄭氏説之史源等問題,未遑深探。劉寶楠嘗輯鄭玄《論語序》逸文,計有:

(甲)仲弓、子游、子夏等撰。(乙)書以八寸策。《鉤命决》云:『《春秋》二尺四寸書之,《孝經》一尺二寸書之。』故知《六經》之策,皆長二尺四寸。《易》《書》《詩》《禮》《樂》《春秋》皆尺二寸,《孝經》謙,半之。《論語》八寸策者,三分居一,又謙焉。(丙)魯扶先。[二]

劉氏晚出,以治《論語》名家,所輯較朱彝尊稍豐,可證朱氏本條保存文獻之功。『仲弓、子游、子夏等撰』文,係合《經典釋文》中《序録》《論語音義》兩處引文而成。至於『《易》《書》《詩》《禮》《樂》《春秋》

[一] 錢存訓云:『古代簡牘的長度似有一定的規律,因其用途和重要性而异。經典著作的竹簡,常爲二尺四寸、一尺二寸和八寸,根據鄭玄的説法,六經書於二尺四寸之簡,《孝經》一尺二寸,《論語》八寸。由此觀之,長簡常用於較爲重要的典籍,而短者用於次要之書,因《孝經》和《論語》直到公元九世紀纔正式被列入儒家經典。王充曾説:「大者爲經,小者爲傳記。」又云:「二尺四寸,聖人之語。」武威發現的《儀禮》,簡長五十四厘米,約合漢制二尺四寸。是多年來簡策出土之最長者,確實證明漢代推行用長簡書寫儒家經典的尊孔制度。』(見氏著《書於竹帛》,上海古籍出版社,二〇〇二年,頁八二—八三)

[二] 劉寶楠《鄭玄論語序逸文》,見《論語正義》附録,中華書局,一九九〇年,頁七九二—七九六。案:劉氏所輯文字原分三節,各加解説,不相連屬;兹加序號,以爲標識。

皆尺二寸，《孝經》謙，半之。《論語》八寸策者，三分居一，又謙焉』，劉氏《正義》云：

《六經》之策，二尺四寸，説見《左傳序疏》。若《儀禮聘禮疏》引作『尺二寸』，字之誤也。〔一〕

劉説針對孔穎達《春秋左傳正義》及賈公彦《儀禮疏》而言。杜預《春秋左氏傳序》云：『《周禮》有史官，掌邦國四方之事，達四方之志。諸侯亦各有國史，大事書之於策，小事簡牘而已。』孔穎達疏云：

鄭玄注《論語》，序以《鈎命决》云：『《春秋》，二尺四寸書之；《孝經》，一尺二寸書之。』故知六經之策，皆稱長二尺四寸。〔二〕

又《儀禮·聘禮》：『若有故，則卒聘，束帛加書將命，百名以上書於策，不及百名書於方。』鄭玄注：『故，謂灾患及時事相告請也。將，猶致也。名，書文也，今謂之字。策，簡也。方，板也。』賈公彦疏云：

鄭作《論語序》云：『《易》《詩》《書》《禮》《樂》《春秋》，策皆尺二寸。《孝經》謙，半之。《論語》八寸策者，三分居一，又謙焉。』（是其策之長短。鄭注《尚書》：『三十字，一簡之文。』服虔注《左

〔一〕劉寶楠《鄭玄論語序逸文》，見《論語正義》附録，頁七九九四。

〔二〕孔穎達《春秋左傳正義》卷一，阮元校刻《十三經注疏》本，頁一七〇四。又李學勤主編《十三經注疏》整理本，北京大學出版社，二〇一〇年，頁九。

氏》，云：『古文篆書，一簡八分字。』是一簡容字多少者。云『方，板』者，以其百名以下書之於方，若今之祝板，不假連編之策，一板書盡，故言『方，板也』。）〔一〕

此即朱彝尊所本（翁方綱實已指出）。通過上述梳理，知《經義考》此段當標作：

鄭康成曰：『《論語》，仲弓、子游、子夏等所撰定。』『《易》《詩》《書》《禮》《樂》《春秋》，策皆尺二寸。《孝經》謙，半之。《論語》八寸策者，三分居一，又謙焉。』

《新校》當出注，謂『尺二寸』當作『二尺四寸』，并指出翁方綱『四尺四寸』之誤（『四』當作『二』，或蒙下文『四』字致誤）。《四庫薈要》本作『二尺四寸』爲是（此本價值可見），《新校》反以是爲誤。

二一一·一·〇七　本條引『劉熙曰』：『《論語》，紀孔子與諸弟子所語之言也。』（頁三八四九）

案：所引文字，見劉熙《釋名·釋典藝》。今匯校本同〔二〕。

二一一·一·〇八　本條引『楊泉曰』：『《論語》，聖人之至教，王者之大化。《鄉黨》篇則有朝廷之儀、聘享之禮；《堯曰》篇則有禪代之事。』（頁三八五〇）

案：所引楊泉語，見馬總《意林》所收楊氏『《物理論》十六卷（梁國楊泉，字德淵）』文。今《意林》校

〔一〕鄭玄注，賈公彦疏《儀禮注疏》卷二四，阮元校刻《十三經注疏》本，頁一〇七二。
〔二〕劉熙撰，任繼昉纂《釋名匯校》卷六《釋典藝第二十》第十八條，齊魯書社，二〇〇六年，頁三四二。

釋本全同〔一〕。

二一一・一・〇九　本條引『劉勰曰』：『昔仲尼微言，門人追記，故仰其經目，稱爲《論語》。蓋群論立名始於兹矣。』(頁三八五〇)

案：竹垞所引，見劉勰《文心雕龍》卷四：

聖哲彝訓曰經，述經叙理曰論。論者，倫也；倫理無爽，則聖意不墜。昔仲尼微言，門人追記，故仰其經目，稱爲論語；蓋群論立名，始於兹矣。〔二〕

知《經義考》節取成文。『論語』言其名稱所自，宜加引號。劉文駢體，『立名』『始於』之間宜點斷。此段當標點作：

昔仲尼微言，門人追記，故仰其經目，稱爲『論語』；蓋群論立名，始於兹矣。

二一一・一・一〇　本條引《隋書》云：『《古論語》與《古文尚書》同出，章句煩省，與《魯論》不异。惟分《子張》爲二篇，故有二十一篇。』(頁三八五〇)

案：所引見《隋志・經部・論語類》小序：

〔一〕馬總撰，王天海、王韌校釋《意林校釋》卷五《物理論十六卷》第十六條，中華書局，二〇一四年，頁五六三。

〔二〕劉勰《文心雕龍》卷四，范文瀾注，人民文學出版社，一九六二年，頁三二六。

又有古《論語》，與《古文尚書》同出，章句煩省，與《魯論》不异，唯分《子張》爲二篇，故有二十一篇。[一]

『《古論語》』之『古』，同『齊』『魯』并列，當納入書名號内。《新校》之處理，較《隋書》標點本爲勝。上述文字，分别從源起、章句、篇數三個方面交待《古論語》之背景，在句意上，三者當處於同一層級。故本條輯録文字，當標作：

《古論語》，與《古文尚書》同出，章句煩省，與《魯論》不异，唯分《子張》爲二篇，故有二十一篇。

二二一・一・一一　本條引『陸德明曰』：『《古論語》，出自孔氏壁中，凡二十一篇，有兩《子張》。篇次不與齊魯《論》同。』『又曰』：『論，綸也，輪也，理也，次也，撰也。答述曰：「語」，撰次孔子答弟子及時人之語也。』

《新校》於『《古論語》』出注，云：『《古論語》下，依《補正》應補「者」字。』又於『篇次不與齊魯《論》同』出注，云：『「篇次不與《齊》《魯論》同。」下，依《補正》應補「孔安國爲《傳》，後漢馬融亦注之」十二字。』（頁三八五〇）

[一] 魏徵等《隋書》卷三二，頁九三九。

《新校》録《補正》云：『陸德明條内「《古論語》」下脱「者」字。「不與齊魯《論》同」下，當補云「孔安國爲《傳》，後漢馬融亦注之。」(卷九，頁一)』

案：本條所引陸德明語有兩則，第一則見《經典釋文・序録・注解撰述人・論語》(此則已見前一・〇三小節内所引，兹爲討論方便，再予徵引)：

> 《古論語》者，出自孔氏壁中，凡二十一篇，有兩《子張》，(如淳云：『分《堯曰》篇後子張問「何如可以從政」以下爲篇，名曰《從政》。』)篇次不與齊、魯《論》同。(《新論》云：『文异音四百餘字。』)孔安國爲《傳》，後漢馬融亦注之。〔一〕

知《經義考》『《古論語》』後闕『者』字，《補正》《新校》是。『有兩《子張》』與『篇次不與齊、魯《論》同』，均介紹内容分篇，其間以逗號爲勝。朱彝尊所節引者，乃《釋文》論篇次之内容，而論傳注之内容，因此未予引據，翁方綱《補正》『當補』云云，實不足爲竹垞病。

又案：本條所引陸德明語之第二則，係《論語音義》内釋《論語序》『名曰《論語》』之文：

> 論，如字，綸也，輪也，理也，次也，撰也。答述曰語。撰次孔子答弟子及時人之語也。〔二〕

〔一〕陸德明《經典釋文》卷一，頁六〇—六一。

〔二〕陸德明《經典釋文》卷二四，頁一三四九。案：下文曰：『鄭玄云：「仲弓、子游、子夏等撰。」』係論其撰者。

知陸氏此文,分釋『論』『語』,再合釋『論語』之義。竹垞取其釋義,故省去『如字』(謂讀如本音)二字。《新校》『答述曰:「語」』中之冒號,毫無理據,當去之。

二一一·一·一二　本條引『薛放曰』:『漢時,《論語》首立學官。』(頁三八五〇)

案:所引薛放語,見《舊唐書》薛氏本傳:

帝曰:『《六經》所尚不一,志學之士,白首不能盡通。如何得其要?』對曰:『《論語》者《六經》之菁華,《孝經》者人倫之本,窮理執要,真可謂聖人至言。是以漢朝《論語》首列學官,光武令虎賁之士皆習《孝經》,玄宗親爲《孝經》注解,皆使當時大理,四海乂寧。蓋人知孝慈,氣感和樂之所致也。』[一]

此即《經義考》文字所從出。惟『時』原作『朝』,『立』字原作『列』。雖文意不殊,畢竟改動原文。

二一一·一·一三　本條引『柳宗元曰』:『曾參少孔子四十六歲,曾子老而死,是書記曾子之死,則去孔子也遠矣。曾子之死,孔子弟子略無存者矣,吾意曾子弟子之爲之也。或曰孔子弟子嘗雜記其言,然而卒成其書者,曾氏之徒也。』

《新校》於『曾子』(首見者)出注,云:『「曾子」,《四庫薈要》本誤作「曾參」。』(頁三八五〇)

[一] 劉昫等《舊唐書》卷一五五,中華書局,一九七五年,頁四一二七。

案：所引柳宗元語，見柳氏《論語辯二篇·上篇》：

或問曰：儒者稱《論語》孔子弟子所記，信乎？曰：未然也。孔子弟子，曾參最少，少孔子四十六歲。曾子老而死。是書記曾子之死，則去孔子也遠矣。曾子之死，孔子弟子略無存者矣。吾意曾子弟子之爲之也。何哉？且是書載弟子必以字，獨曾子、有子不然。由是言之，弟子之號之也。然則有子何以稱子？曰：孔子之殁也，諸弟子以有子爲似夫子，立而師之。其後不能對諸子之問，乃叱避而退，則固嘗有師之號矣。今所記獨曾子最後死，余是以知之。蓋樂正子春、子思之徒與爲之爾。或曰：孔子弟子嘗雜記其言，然而卒成其書者，曾氏之徒也。〔一〕

此即《經義考》文字所從出。朱彝尊惟節取其中論曾子弟子纂《論語》之文。

五一）

二一一·一·一四　本條引『歐陽修曰』：『出於孔子壁中者曰《古論》，有兩《子張》。』（頁三八

案：所引見歐陽修《崇文總目叙釋》論語類小序：

《論語》者，蓋孔子相與弟子時人講問應答之言也。孔子卒，群弟子論次其言而撰之。漢興，

〔一〕柳宗元《柳宗元集》卷四，中華書局，一九七九年，頁一一〇—一一一。

傳者三家：魯人傳之，謂之《魯論》。齊人傳之，謂之《齊論》，而《齊論》增《問王》《知道》二篇，今文無之。出於孔子壁中者，則曰《古論》，有兩《子張》。是三家者，篇第先後，皆所不同。考今之次，即所謂《魯論》者也。〔一〕

以上爲朱彝尊所本。爲使節録文字具有獨立性，保持文義通暢，省去『則』字。

二一一·一·一五　本條引『宋永亨曰』：『《論語》所記孔子與人語及門弟子并對其人問答，皆斥其名，未有稱字者。雖顔冉高弟，亦曰回，亦曰雍。至閔子，獨云子騫，終此書無指名。昔賢謂《論語》出於曾子、有子之門人，予意出於閔氏，觀所言閔子侍側之辭，與冉有、子貢、子路不同，則可見矣。』（頁三八五一）

案：遍徵群籍，本條所引，似以洪邁《容齋三筆》『閔子不名』條爲最早：

《論語》所記孔子與人語及門弟子并對其人問答，皆斥其名，未有稱字者，雖顔、冉高弟，亦曰回，曰雍，唯至閔子，獨云子騫，終此書無指名。昔賢謂《論語》出於曾子、有子之門人，予意亦出於閔氏。觀所言閔子侍側之辭，與冉有、子貢、子路不同，則可見矣。〔二〕

〔一〕歐陽修《歐陽修全集》卷一二四，頁一八八四。

〔二〕洪邁《容齋隨筆·容齋三筆》卷一二，上海古籍出版社，二〇一五年，頁三七五。

兩相比較，朱彝尊實有所增省（增『亦曰雍』之『亦』字，省『唯至閔子』之『唯』字、『予意亦出於閔氏』之『亦』字）。

又案：此條既溯源於洪邁，爲何朱彝尊將其繫於『宋永亨』名下？考宋氏有《搜采异聞集》五卷，四庫館臣提要云：『舊本題宋永亨撰。諸家書目皆不載，惟明商維濬《稗海》中刻之。今考其文，皆剽取洪邁《容齋隨筆》而顛倒其次序。其中濮安王子宗綽藏書目録一條，尚未及改去「忠宣公」字。又兄公一條，亦未及改去「余奉使金國」字。蓋明季士風浮僞，喜以藏蓄异本爲名，高其不能，真得古書者，往往贋作以炫俗；其不能自作者，則又往往竄亂舊本，被以新名。如是者，指不勝屈，此特其一耳。』〔一〕此條正『剽取』洪氏者，朱彝尊未遑深考，《新校》者、儒藏本點校者，均未能探究其源而核其异同。

二一一·一·一六　本條引『程子曰』：『《論語》，曾子、有子弟子撰。所以知者，惟二子不名。』

（頁三八五一）

案：所引爲程頤語。《二程外書·河南程氏外書》卷第六：

《論語》，曾子、有子弟子論撰。所以知者，唯曾子、有子不名。（伊川）〔二〕

〔一〕《欽定四庫全書總目》卷一二六，《景印文淵閣四庫全書》第三册，頁七二二。

〔二〕程顥、程頤《二程集》，王孝魚點校，中華書局，一九八一年，頁三七八。

知朱彝尊省一『論』字,并在曾子、有子二見時,改寫爲『二子』。

二二一·一·一七　本條引『楊簡曰』:『今世所行《論語》乃魯《語》,非孔壁中古文。《古論》分《堯曰》下章「子張問」爲一篇。』(頁三八五一)

案:所引見楊簡《家記五·〈論語〉下》:

今世所行《論語》乃魯《語》,非孔壁中古文《論語》。《古論》分《堯曰》下章『子張問』以爲一篇。[一]

知朱彝尊有兩處省文:『古文《論語》』省去《論語》,『以爲一篇』省作『爲一篇』。

二二一·一·一八　本條引『胡寅曰』:『子思、檀弓,皆纂修論語之人。檀弓亦曾子門人。』(頁三八五一)

案:所引胡寅語,見於王應麟《困學紀聞》所載:

《檀弓》筆力,《左氏》不逮也,於申生、杜蕢(【原注】《傳》作屠蒯。)二事見之。致堂胡氏曰:『檀弓,曾子門人,其文與《中庸》之文有似《論語》。子思、檀弓皆纂修《論語》之人也。』[二]

[一] 楊簡《慈湖遺書》卷一一,明嘉靖四年秦鉞刻本,《四庫提要著録叢書》集部第五四册,頁五六四。

[二] 王應麟撰,閻若璩、何焯評注《困學紀聞》卷五,《景印文淵閣四庫全書》第八五四册,頁二三七。

以上爲朱彝尊所本，而對語序有所調整。「檀弓，曾子門人也」一句，朱氏省「也」字而增「亦」字。

又案：考《經義考》卷二一六有「胡氏（寅）《論語詳説》」條，「未見」（《新校》，第三九三六頁）。知朱彝尊實未見胡氏此著，不得不據王氏《困學紀聞》轉引之。該條下有輯録文獻兩則，第一則出自《閩書》：

> 寅，字明仲，安國弟，淳之子也。宣和中進士，從侯師聖游，復從楊時受學，仕爲禮部侍郎兼侍講兼直學士院，以徽猷閣直學士提舉江州太平觀。秦檜當國，安置新州。（《新校》，第三九三六—三九三七頁）

李清馥《閩中理學淵源考》卷三「文忠胡致堂先生寅」條：

> 胡寅字明仲，本文定弟淳之子。初生，弟婦以多男不舉，文定取而子之。少桀黠難制，閉之空閣，閣上有雜木，盡刻爲人形。文定曰：「當有以移其心。」置書數千卷其上，歲餘成誦。[一]

知胡寅生父爲胡淳，由淳兄安國撫爲己子，非安國之弟也。《新校》者不察，仍沿舊誤（此處標點仍

[一] 李清馥《閩中理學淵源考》卷三，《景印文淵閣四庫全書》第四六〇册，頁三三。

與《點校補正經義考》〔第六册，第六八九頁〕全同）。

二一一·一·一九　本條引『朱子曰』：『《論語》多門弟子所集，故言語時有長短不類處。』『又曰』：『《論語》要冷看。』『又曰』：『《論語》愈看愈見滋味出。』（頁三八五一）

案：以上三則，均見朱子《語孟綱領》：

《論語》多門弟子所集，故言語時有長長短短不類處。

看《孟子》，與《論語》不同，《論語》要冷看，《孟子》要熟讀。

《論語》愈看愈見滋味出。若欲草草去看，儘説得通，恐未能有益。〔一〕

以上爲朱彝尊所本。朱氏并略有并合（『長長短短』省爲『長短』）。

二一一·一·二〇　本條引『何异孫曰』：『《論語》者，孔門師弟子討論文義之言語也。有弟子記夫子之言者；有夫子答弟子之問者；有弟子自相答問者；又有時人相與言者；有臣對君之問者；有師弟子對大夫之問者，皆所以討論文義，故謂之「論語」。』『又曰』：『《論語》一書，竊意曾子弟子爲之。故是書載弟子必以字稱，或以名稱；獨曾子稱曾子，有子稱有子，此皆其門人稱之。柳宗元辨正以爲必子春、子思爲之。若《公冶長》一篇多論人物，恐是子貢門人所記。《先進》一篇，稱閔子侍側，恐是閔

〔一〕黎靖德編《朱子語類》卷第十九（王星賢點校），中華書局，一九八六年，頁四三三、四三二、四三四。

子門人所記。第十八篇多記隱逸之事，恐是記者類聚成篇。第十九篇言多子貢、子夏，然亦必曾子門人記之，有「曾子曰」故也。』（頁三八五一）

案：所引見何异孫《論語問對》：

問：《論語》者何？　對曰：此孔門師弟子討論文義之言語也。有弟子記夫子之言者；有夫子答弟子之問者；有弟子自相答問者；又有時人相與言者；有臣對君之問者；有師弟子對大夫之問者：皆所以討論文義，故謂之『論語』。

問：此書既是諸子記録成編，名之曰《論語》者誰？　對曰：孔門唯曾參最少，小孔子四十六歲。是書記曾子死，則其去孔子也遠矣。曾子死，孔子弟子畧無存者矣。竊意《論語》一書，曾子弟子爲之，而就名之也。

問：何以見得是曾子弟子爲而就名之？　對曰：是書載弟子必以字稱，或以名稱，獨曾子稱曾子，有子稱有子，此皆其門人稱之也。唐柳宗元《辨正》以爲必子春、子思爲之。

問：《公冶長》一篇，多論人物，恐是子貢門人所記。　對曰：子貢方人，恐是其門弟子記此一篇，然他無可驗。若其門人所記，竊意不必稱子貢。恐是子貢所記，而門人得之。

問：《先進》一篇，多評弟子賢否，記者爲誰？　對曰：篇内稱閔子侍側，恐是閔子門人所記。

問：第十八篇，多記隱逸之事，恐是記者類聚成篇。　對曰：聖人之於隱者，皆欲誘而歸之於中道,而於三仁之事,猶有感焉。記者類集,以見聖賢之出處。

問:第十九篇,多記子夏之言,子貢次之,而名篇子張者何? 對曰:第一章有『子張曰』,故就以名篇。

問:言多子貢、子夏,所記必二子門人。 對曰:二子門人所記,必不稱子貢、子夏矣。采録者因類聚以入此篇,一以著子夏爲學之篤實,一以著子貢推尊聖道,其功爲多。必曾子門人記之,有『曾子曰』故也。〔一〕

知朱彝尊撮取,省并上述各則,改寫而成。省并雖多,猶能存其大意。

二一一・一・二二　本條引『楊宗吾曰』:『六經譬則山海,《論語》其泛海之航,上山之階乎。』(頁三八五一)

案:上述引文,未能檢得,惟有相似者,出自丘濬《大學衍義補》所録朱子語後按語:

《六經》,譬則海也、山也。《論語》,譬則泛海之航、上山之階也。〔二〕

〔一〕何异孫《新編十一經問對》卷一《論語》部分,元刻本,載《四庫提要著録叢書》經部第九一册,北京出版社,二〇一一年影印,分見頁五〇二、五〇五、五〇六、五〇九等;又《景印文淵閣四庫全書》第一八四册(題《十一經問對》),頁三四六—三六〇。

〔二〕丘濬《大學衍義補》卷七七,《景印文淵閣四庫全書》第七一二册,頁八七七。

如出處不誤，可知朱彝尊有所改寫：合『海也、山也』爲『山海』，省『譬則』而增『其』，語意不失，而文字更爲凝煉。

又案：楊宗吾，字伯相，成都人。官錦衣衛指揮。大學士楊廷和之曾孫，修撰楊慎之孫。所撰《檢蠹隨筆》三十卷，『爲類二十有四，采掇瑣碎，分條編載，體近類書』〔一〕。該書收入《四庫全書存目叢書》（第一四四册）者僅存十卷，并無上述文字。因無從睹其全貌，朱彝尊將此條繫於楊氏名下之緣由，無從擬測（可能一時誤題）。

二二一・一・二三　本條引『譚貞默曰』：『孔子一生，仕止久速，造次顛沛，纂修删述，盛德大業，靡一不具《論語》；及門弟子德性氣質、學問造詣、淺深高下、進止得喪，靡一不具《論語》。《論語》多記言，少記事。知孔子之言者，即知孔子之事。知及門弟子之言者，即知及門弟子之事矣。』（頁三八五一—三八五二）

案：此條引文，遍檢未得。譚貞默（一五九〇—一六六五），字梁生，號埽庵，又號孟恂、憨山，別署髯道人、道一居士，法名德清。父譚昌言，弟譚貞良（朱彝尊姑父）。崇禎戊辰（一六二八）進士，掌國子監整理祭器、書籍等務。著有《三經見聖編》《孔子論語年譜》《孟子編年略》《韵史蒐詮》《譚子雕蟲》《鴛

〔一〕《欽定四庫全書總目》卷一三二，《景印文淵閣四庫全書》第三册，頁八一一。

社詩選》《埽庵詩存》《其間集》等[一]。譚氏好古文辭，居家十五年，杜門著書，「嘉郡稱文學者，自李太僕日華外，唯貞默云」(《浙江通志・文苑傳》)[二]。朱彝尊少譚氏近四十歲，而譚氏殁時，朱氏正當壯年，又有姻親關係，故能諳熟譚氏學問及著作。《經義考》卷二五九(四書類)有「譚氏(貞默)《四書見聖編》一百□卷」條，「存」；録高佑釲之語曰：「先生爲予外舅，勤於著述，《五經》皆有解詁，惟《四書見聖編》鏤板白門。以《論語》《中庸》《大學》爲孔經，謂《中庸》《大學》皆子思所作也；以《孟子》七篇爲孟經。」[三]其書既「存」，則朱氏必能寓目。據譚志賢《三經見聖編輯存》末跋語[四]，知此《四書見聖編》，實即《三經見聖編》。此書專門發揮并評論《論語》《孟子》及《中庸》《大學》(譚氏以《大學》即《中庸》之後小半)，見館臣提要)，故上述引文，或即出自該書。惜此書被徵詣四庫館後，僅以存目書視之，後遂不知所踪。譚氏家傳者，亡於「洪楊兵燹」(即太平天國兵禍)，譚志賢「於隴其所著《正續四書講義》《困勉録》中輯，獲所引《見聖編》七十餘條，厘爲一卷，名曰《輯存》，不過存什一於仟佰耳」[五]。譚志賢搜輯

[一] 以上生平，參用《欽定四庫全書總目》卷三七《三經見聖篇提要》(《景印文淵閣四庫全書》第一册，頁七五九)及龔肇智《嘉興明清望族疏證》下卷(方志出版社，二〇一一年，頁六八三)。
[二] 嵇曾筠等監修，沈翼機等編纂《浙江通志》卷一七九，《景印文淵閣四庫全書》第五二四册，頁二五一一二六。
[三] 《經義考新校》，頁四六三三。
[四] 譚貞默著，譚志賢輯《三經見聖編輯存》，《四庫全書存目叢書》經部第一六六册，頁九。
[五] 《三經見聖編輯存》，頁九。

之難，恰可證朱彝尊引據之文獻，具有保存原著要文（儘管衹是片斷）、反映著述内容以及提供輯佚、整理資料等方面之價值。

綜上，通過對『《古論語》』條全部内容之校考，知朱彝尊徵引自漢迄清初相關文獻二十二條，對《古論語》之文本篇次、傳授源流、後儒評述等，作具體而微之呈現，篇幅雖小而脉絡已具，堪稱《古論語》之學術簡史。

（二）『《孟子》』條校考

《經義考》之《孟子》類，自卷二三一至卷二三六，凡六卷。『《孟子》』條，係《孟子》類第一條。除條目著録（含書名、篇卷、存佚等）外，解題部分有四十二則輯録文獻。爲便於討論，兹踵上節之例，將該條之輯録文獻（取前二十條爲例）等，予以編次，各成獨立小節（同一節内有數則者，則另標序次以别之，如二三一・一・〇六・一、二三一・一・〇六・二之類），以清眉目。原文自帶注文，則以『［原注］』標明。標點以《經義考新校》爲準（《新校》成於衆手，整理者、審讀者不能確指，討論時統以『《新校》者』指代）；另過録新校本、儒藏本之校記，方便後文之討論。

二三一・一・〇〇　《經義考》卷二三一『《孟子》』條：『《漢志》：「十一篇。」』『存七篇。』（《新校》，

頁四一六三）

案:《孟子》之書,係孟子『退而與萬章之徒,序《詩》《書》,述仲尼之意』(《史記》中語,見下一一三一・一・〇一條)所著。漢代劉向、歆父子奉命校讎群籍,《孟子》之書方有其官方定本。向、歆《别録》《七略》已亡,而其基本書目,尚存於《漢書・藝文志》(通常省稱『《漢志》』),正作『《孟子》十一篇』〔一〕,今人即據以輯佚〔二〕。趙岐《孟子題辭》:『孟子亦自知遭蒼姬以訖録,值炎劉之未奮,進不得佐興唐虞,雍熙之和,退不能信三代之餘風,耻没世而無聞焉,是故垂憲言以詒後人。仲尼有云:「我欲托之空言,不如載之行事之深切著明也。」於是退而論集所與高第弟子公孫丑、萬章之徒難疑答問,又自撰其法度之言,著書七篇,二百六十一章,三萬四千六百八十五字。包羅天地,揆叙萬類,仁義道德,性命禍福,粲然靡所不載。』『又有外書四篇:《性善》《辯文》《説孝經》《爲政》。其文不能宏深,不與内篇相似,似非孟子本真,後世依放而托之者也。』〔三〕關於内外之别,劉向、歆父子校讎《晏子》時亦分内(六篇)、外(二篇),書録云:『其書六篇,皆忠諫其君,文章可觀,義理可法,皆合《六經》之義。又有復重,文辭頗異,不敢遺失,復列以爲一篇。又有頗不合經術,似非晏子言,疑後世辯士所爲者,故亦不敢失,復以爲

〔一〕班固《漢書》卷三〇,頁一七二五。
〔二〕姚振宗輯録,鄧駿捷校補《七略别録佚文・七略佚文》,澳門大學,二〇〇七年,頁一一〇。
〔三〕焦循《孟子正義》卷一,沈文倬點校本,中華書局,一九八七年,頁一〇—一三、一五。

一篇，凡八篇。其六篇可常置旁御觀。』[一]準此以觀，則向、歆父子置《孟子》可疑之材料，編爲外篇，示其謹慎。自趙岐疑外篇僞托，漸至亡佚，故今存僅内篇[二]。

二三一·一·〇一　司馬遷曰：『孟軻，騶人也。受業子思之門人。道既通，游事齊宣王，宣王不能用。適梁，梁惠王不果所言，則見以爲迂遠而濶於事情。當是之時，秦用商君，富國彊兵；楚、魏用吴起，戰勝弱敵；齊威王、宣王用孫子、田忌之徒，而諸侯東面朝齊。天下方務於合從連衡，以攻伐爲賢，而孟軻乃述唐、虞三代之德，是以所如者不合。退而與萬章之徒序《詩》《書》，述仲尼之意，作《孟子》七篇。』（頁四一六三）

案：此節取自《史記·孟子荀卿列傳》。經檢，今通行本與《經義考》所引全同[三]。

二三一·一·〇二　揚雄曰：『古者楊、墨塞路，孟子辭而闢之，廓如也。』（二三一·一·〇二·一）又曰：『孟子勇於義而果於德，知言之要，知德之奥，非苟知之，亦允蹈之。』（二三一·一·〇二·二。頁四一六三）

案：本節引揚雄之言凡二則。第一則（二三一·一·〇二·一），見《揚子法言·吾子篇》：『古者

[一] 姚振宗輯録，鄧駿捷校補《七略别録佚文·七略佚文》，頁三五。
[二] 參楊伯峻《孟子譯注·導言》，中華書局，二〇一〇年，頁七—八。
[三] 司馬遷《史記》卷七四，二十四史點校本修訂本，中華書局，二〇一三年，頁二八三三—二八三四。

楊、墨塞路,孟子辭而闢之,廓如也。後之塞路者有矣,竊自比於孟子。』〔一〕宋咸爲之注,云:『墨翟之道,摩頂放踵以利天下爲之,是兼愛也;楊朱之道,拔一毛以利天下不爲之,是爲己也。然爲己乃獨善其身,兼愛獨善,俱偏於道,而教授其徒,以亂天下,是塞聖人之路者也。然爲己猶得不毁傷之義,無親踈之别,大爲不可,故孟子曰:「逃墨必歸於楊,逃楊必歸於儒。歸,斯受之而已矣。」此孟子闢之之辭也。』吴祕亦注云:『楊朱、墨翟之横議,充塞聖人之正路,孟子辯而開之,廓然無復塞矣。孟子曰:「楊、墨之道不息,孔子之道不著。」是邪説誣民,充塞仁義也。』〔二〕

第二則(二三一・一・〇二・二),首見《揚子法言・淵騫篇》:『請問「孟軻之勇」。曰:「勇於義而果於德,不以貧富、貴賤、死生動其心。於勇也,其庶乎!」』〔三〕其次見《揚子法言・君子篇》:『或問「孟子知言之要、知德之奥」。曰:「非苟知之,亦允蹈之。」』〔四〕則(二三一・一・〇二・二)條之内容,係合《淵騫篇》《君子篇》兩則文字爲一。整理時,宜在標點上有所區分(可處理作:又曰:『孟子勇於

〔一〕汪榮寶《法言義疏》卷四,陳仲夫點校本,中華書局,一九八七年,頁八一。
〔二〕揚雄《揚子法言》卷二,李軌、柳宗元注,宋咸、吴祕、司馬光重添注,《景印文淵閣四庫全書》第六九六册,頁二八四。
〔三〕汪榮寶《法言義疏》卷一六,頁四一九。『其於勇也,其庶乎』,汪氏引《荀子・性惡》云:『天下有中,敢直其身;先王有道,敢行其義。上不循於亂世之君,下不俗於亂世之民。仁之所在亡貧窮,仁之所亡無富貴。天下知之,則欲與天下共苦樂之;天下不知之,則傀然獨立天地之間而不畏。是上勇也。』(頁四二〇)
〔四〕汪榮寶《法言義疏》卷一八,頁四九八。

義而果於德。」知言之要，知德之奧，『非苟知之，亦允蹈之』」。）

考明儒陳士元《孟子雜記·評辭》引『漢揚子雲（雄）曰』：『古者楊墨塞路，孟子辭而闢之，廓如也。』『又曰』：『孟子勇於義而果於德，不以貧富貴賤死生動其心。』『或問「孟子知言之要、知德之奧」。曰：「非苟知之，亦允蹈之。」』（尹和靖曰：「此最善論孟子者。」）』所引揚氏之説，凡三則〔一〕。據下文第（一〇）條所考，朱彝尊對陳氏《孟子雜記》頗有引據，那麽，《經義考》本條第一則（二三一·一·〇二·一），可能即本諸該書；第二則（二三一·一·〇二·二），也有可能將該書所引揚雄説之後兩則并合而成。

二三一·一·〇三　應劭曰：『孟子作書，中外十一篇。』（頁四一六四）

案：考應劭《風俗通義·窮通》：『孟軻受業於子思，既通，游於諸侯，所言皆以爲迂遠而闊於事情，然終不屈道趣舍，枉尺以直尋。……又絶糧於鄒、薛，困殆甚。退與萬章之徒，序《詩》《書》、仲尼之意，作書中、外十一篇。』〔二〕此即朱彝尊所本，而首增『孟子』二字，以爲潤色。

二三一·一·〇四　趙岐曰：『孟子幼被慈母三遷之教，長師孔子之孫子思。』（二三一·一·〇四·一）又曰：『孟子以儒術游於諸侯，莫能聽納其説，於是退與弟子公孫丑、萬章之徒疑難問答，又自

〔一〕陳士元《孟子雜記》卷四，《景印文淵閣四庫全書》第二〇七册，頁三五一。
〔二〕應劭撰，王利器校注《風俗通義校注》卷七，中華書局，二〇一〇年，頁三一八—三一九。

撰法度之言,著書七篇,凡二百六十一章,三萬四千六百八十五字。秦焚經籍,其書號爲諸子,得不泯絶。』(二三一・一・〇四・二。頁四一六四)

案:《經義考》所引兩則趙氏之説,均出自《孟子題辭》:『孟子生有淑質,夙喪其父,幼被慈母三遷之教,長師孔子之孫子思,治儒術之道,通五經,尤長於《詩》《書》。』又曰:『孟子閔悼堯、舜、湯、文、周、孔之業将遂湮微,正塗壅底,仁義荒怠,佞僞馳騁,紅紫亂朱。於是則慕仲尼周流憂世,遂以儒道游於諸侯,思濟斯民;然由不肯枉尺直尋,時君咸謂之迂闊於事,終莫能聽納其説。孟子亦自知遭蒼姬以訖録,值炎劉之未奮,進不得佐興唐虞,雍熙之和,退不能信三代之餘風,耻没世而無聞焉,是故垂憲言以詒後人。仲尼有云:「我欲托之空言,不如載之行事之深切著明也。」於是退而論集所與高第弟子公孫丑、萬章之徒難疑答問,又自撰其法度之言,著書七篇,二百六十一章,三萬四千六百八十五字。包羅天地,揆叙萬類,仁義道德,性命禍福,粲然靡所不載。』又曰:『孟子既没之後,大道遂絀,逮至亡秦,焚滅經術,坑戮儒生,孟子徒黨盡矣!其書號爲諸子,故篇籍得不泯絶。』[一]

據上,《經義考》所引第一則文字(二三一・一・〇四・一),全本諸趙氏《題辭》。至於第二則(二三一・一・〇四・二),實據《題辭》兩處文字,加以省并、改寫而成。(甲)首句『孟子以儒術游於諸侯,

---

[一] 焦循《孟子正義》卷一,沈文倬點校本,頁七—一六。

莫能聽納其説』，係從『孟子……遂以儒道游於諸侯……終莫能聽納其説』省并而成，而改『儒道』爲『儒術』。（乙）『於是退與弟子公孫丑、萬章之徒疑難問答』，係省改『於是退而論集所與高第弟子公孫丑、萬章之徒難疑答問』而成，文字更顯通暢，而將『難疑』倒作『疑難』。（丙）『秦焚經籍，其書號爲諸子，得不泯絶』，係撮取『孟子既没之後，大道遂絀，逮至亡秦，焚滅經術，坑戮儒生，孟子徒黨盡矣！其書號爲諸子，故篇籍得不泯絶』而成。朱氏省并、改寫力度較大，雖原意無妨，終非原貌。

二三一・一・〇五　王肅曰：『學者不知孟軻字。按：子思書及《孔叢子》有孟子居，則是軻也。軻少居坎軻，字子居也。』（〔原注〕《廣韻》注：『孟子居貧轗軻，故名軻，字子居。』）

又引《補正》：『王肅曰：「學者不知孟子字。按：子思書及《孔叢子》有『孟子居』，則是字『子居』也。」杰按：顔師古《漢書注》作「子車」，《玉海》引《傅子》作「子輿」，此從《廣韻》。』（卷九，頁二）（頁四一六四）

案：關於王肅之語，檢《太平御覽・人事部・字》引《聖證論》曰：『學者不知孟軻字。按：子思書及《孔叢子》有孟子居，即是軻也。軻少居坎軻，故名軻，字子居也。』〔一〕朱彝尊蓋據此轉引，而有所省改：『即是軻也』，改爲『則是軻也』；『軻少居坎軻，故名軻』，省去『故名軻』三字。

〔一〕李昉等撰《太平御覽》卷三六三，涵芬樓影宋本縮印本，中華書局，一九六〇年，頁一六七一。

又案：檢《廣韻·去聲·個第三十八》『軻』字條：『轗軻，不遇也。孟子居貧轗軻，故名軻，字子輿。又苦哥切。』[一]

又案：《補正》引《經義考》，『孟子字』，當作『孟軻字』。此係丁杰等手誤。《新校》者當予指出。又，《補正》謂『《玉海》引《傅子》作「子輿」』，檢《玉海》中無，實則出自王應麟《困學紀聞》[二]，丁杰等蓋有誤記。《新校》者對《補正》未能覆按，是以不能指正其誤。

又案：『孟子居』三字之雙引號，《新校》前後或加或不加，實未能統一。

六·一）又曰：『孟子之書將門人所記，非自作也，故其志行多見，非惟教辭而已。』（二三二一·一·〇六　姚信曰：『孟子驅世事於仁義之域，使行者步中正之途。』（二三二一·一·〇六·二。頁四一六四）

案：本條所引姚信之説凡二則。考《太平御覽·人事部·仁德》：『姚信《士緯》曰：孟軻驅世士

[一] 陳彭年等編《廣韻》卷四，宋本，江蘇教育出版社，二〇〇二年影印，頁一二一。

[二] 王應麟《困學紀聞》卷八：『孟子字未聞。《孔叢子》云：「子車。」注：「一作子居。居貧坎軻，故名軻，字子居。亦稱字子輿。」疑皆傅會。（【原注】《聖證論》云：『《子思書》《孔叢子》有孟子居，即是軻也。《傅子》云：「孟子輿。」』）（閻若璩、何焯評注，《景印文淵閣四庫全書》第八五四册，頁三〇七—三〇八；又《困學紀聞注》（第三册），翁元圻輯注，孫通海點校，中華書局，二〇一六年，頁一〇九四—一〇九五）

於仁義之域，行者步中正之途。』[一]又同書《人事部・品藻》引姚信《士緯》，中云：『夫孟子之書，將門人所記，非自作也，故其志行多見，非唯教辭而已。』[二]因此，此條當據《太平御覽》析出，而於『行者步中正之途』前增一『使』字；『世事』二字，當作『世士』（以同下句『行者』相對）；『惟』與『唯』通。合而觀之，朱彝尊於本條增字、訛字、改字各一。

二三一・一・〇七　韓子曰：『孔子之道，大而能博，門弟子不能徧觀而盡識也，故學焉，而皆得其性之所近。其後離散，分處諸侯之國，又各以其所能授弟子，源遠而末益分。惟孟軻師子思，而子思之學出於曾子，自孔子没，獨孟軻氏之傳得其宗。故求觀聖人之道者，必自孟子始。』（二三一・一・〇七・一）又曰：『讀孟軻書，然後知孔子之道尊。』（二三一・一・〇七・二）又曰：『斯道也，堯以是傳之舜，舜以是傳之禹，禹以是傳之湯，湯以是傳之文、武、周公，文、武、周公傳之孔子，孔子傳之孟軻。軻之死，不得其傳焉。』（二三一・一・〇七・三）又曰：『孟子，醇乎醇者也。』（二三一・一・〇七・四）又曰：『孟子之功，不在禹下。』（二三一・一・〇七・五）又曰：『軻之書，非自著。既没，其徒萬章、公孫丑記其言耳。』（二三一・一・〇七・六。頁四一六四）

案：《經義考》本條所引韓愈文字，凡六則。以下分溯其源。

[一] 李昉《太平御覽》卷四一九，頁一九三一。
[二] 李昉《太平御覽》卷四四七，頁二〇五六。

第一則(二三一・一・〇七・一),係撮取自《送王秀才序》:『吾常以爲孔子之道,大而能博,門弟子不能遍觀而盡識也。故學焉,而皆得其性之所近。其後離散,分處諸侯之國,又各以所能授弟子,原遠而末益分。……孟軻師子思,子思之學蓋出曾子,自孔子没,群弟子莫不有書,獨孟軻氏之傳得其宗,故吾少而樂觀焉。……故求觀聖人之道,必自孟子始。』〔一〕朱彝尊頗有省改:『原』字改作『源』,『蓋出曾子』改作『出於曾子』,并省『群弟子莫不有書』一句。

第二則(二三一・一・〇七・二),蓋本諸《讀荀》:『始吾讀孟軻書,然後知孔子之道尊,聖人之道易行;王易王,霸易霸也。』〔二〕朱彝尊節取於此,并省一『始』字。

第三則(二三一・一・〇七・三),蓋節取自《原道》:『曰:斯道也,何道也?曰:斯吾所謂道也,非向所謂老與佛之道也。堯以是傳之舜,舜以是傳之禹,禹以是傳之湯,湯以是傳之文、武、周公,文、武、周公傳之孔子,孔子傳之孟軻。軻之死,不得其傳焉。』〔三〕

第四則(二三一・一・〇七・四),係節取自《讀荀》:『孟氏,醇乎醇者也。荀與揚,大醇而小

〔一〕韓愈撰,錢仲聯、馬茂元校點《韓愈全集・文集》卷四,上海古籍出版社,一九九七年,頁二一二。案:『求觀聖人之道者』句,無『者』字。魏仲舉編《五百家注昌黎文集》(卷二〇。文淵閣《四庫全書》本)有『者』字;題作『《送王塤秀才序》』。

〔二〕韓愈撰,錢仲聯、馬茂元校點《韓愈全集・文集》卷一,頁一二八。魏仲舉編《五百家注昌黎文集》(卷一一)題作『《讀荀子》』。

〔三〕韓愈撰,錢仲聯、馬茂元校點《韓愈全集・文集》卷一,頁一二一—一二二。魏仲舉編《五百家注昌黎文集》(卷一一)同。

疵。』〔一〕朱彝尊改『孟氏』爲『孟子』。

第五則(二三一·一·〇七·五),蓋本諸《與孟尚書書》:『然向無孟氏,則皆服左衽而言侏離矣。故愈嘗推尊孟氏,以爲功不在禹下者,爲此也。』〔二〕朱彝尊據此改寫,極爲簡省。

第六則(二三一·一·〇七·六),考韓愈《答張籍書》:『孟軻之書,非軻自著。軻既殁,其徒萬章、公孫丑相與記軻所言焉耳。』〔三〕同朱彝尊所引相差較大。王應麟《玉海·藝文·孟子十一篇》引『韓文』:『軻之書,非自著。既没,其徒萬章、公孫丑相與記所言耳。』〔四〕知朱彝尊實據《玉海》析出,而省『相與記所言』爲『記其言』。

又,明儒陳士元《孟子雜記·評辭》引『唐韓退之(愈)曰』:『堯以是傳之舜,舜以是傳之禹,禹以是傳之湯,湯以是傳之文、武、周公,文、武、周公以是傳之孔子,孔子以是傳之孟軻。軻之死,不得其傳焉。』『又曰』:『孟氏,醇乎醇者也。』『又曰』:『孟子之功,不在禹下。』〔五〕所引三則,恰與《經義考》本條

〔一〕韓愈撰,錢仲聯、馬茂元校點《韓愈全集·文集》卷一,頁一二八。魏仲舉編《五百家注昌黎文集》(卷一一)同,而題作『《讀荀子》』。

〔二〕韓愈撰,錢仲聯、馬茂元校點《韓愈全集·文集》卷三,頁一九四—一九五。魏仲舉編《五百家注昌黎文集》(卷一八)題作『《與孟簡尚書書》』;『以爲功不在禹下者』句,無『者』字。

〔三〕韓愈撰,錢仲聯、馬茂元校點《韓愈全集·文集》卷二,頁一六二。魏仲舉編《五百家注昌黎文集》(卷一八)同,而題作『《與張籍書》』。

〔四〕王應麟撰,武秀成、趙庶洋校證《玉海藝文校證》卷七,鳳凰出版社,二〇一三年,頁三三六。

〔五〕陳士元《孟子雜記》卷四,頁三五二。

所引第三、四、五則相同，根據下文第二三二一・一・一〇條所考，朱彝尊對《孟子雜記》頗有引據，那麼，此三則亦有析自《孟子雜記》之可能。

二三二一・一・〇八　林慎思曰：『《孟子》七篇，非軻自著，乃弟子共記其言。』(頁四一六五)

案：考王應麟《困學紀聞・孟子》：『《孟子正義》云：「唐林謹思《續孟子書》二卷，謂《孟子》七篇，非軻自著，乃弟子共記其言。」與韓文公之説同。』〔一〕(王應麟宋人，故諱『慎』爲『謹』。)又趙岐《孟子題辭》云：『此書孟子之所作也，故總謂之《孟子》。』孫奭正義曰：『此叙孟子所作此書，故總名號爲《孟子》也。唐林慎思《續孟子書》二卷，以謂《孟子》七篇，「非軻自著，乃弟子共記其言」。韓愈亦云：「孟軻之書，非軻自著。軻既没，其徒萬章、公孫丑相與記軻所言焉。」今趙氏爲孟子之所作，故總謂之《孟子》者，蓋亦有由爾。』〔二〕又胡爌《拾遺録・孟子》：『《孟子正義》云：「唐林慎思《續孟子書》二卷，謂《孟子》七篇，非軻自著，乃弟子共記其言。」與韓文公之説同。』〔三〕以上三處文字，均同朱彝尊所引，均有可能是《經義考》所本。

〔一〕王應麟《困學紀聞》卷八，閻若璩、何焯評注，《景印文淵閣四庫全書》第八五四册，頁三〇八；又《困學紀聞注》(第三册)，翁元圻輯注，孫通海點校，頁一〇九六。
〔二〕《孟子注疏》卷一，趙岐注，孫奭音義，阮元校刻《十三經注疏》本，頁二六六一。
〔三〕胡爌《拾遺録》，《景印文淵閣四庫全書》第八五八册，頁二七三。

二三一一·一·〇九　皮日休曰：『聖人之道，不過乎經；經之降者，不過乎史；史之降者，不過乎子。子不异乎道者，《孟子》也。《孟子》之文，粲若經傳，繼乎六籍，光乎百氏，真聖人之微旨也。』（頁四一六五）

案：皮日休此文，係其咸通四年二月，請以《孟子》爲學科之文〔一〕，題作《請孟子爲學科書》：『聖人之道，不過乎經。經之降者，不過乎史。史之降者，不過乎子。子不异乎道者，《孟子》也。捨是子者，必戾乎經、史。又率於子者，則聖人之盗也。夫《孟子》之文，粲若經傳。天惜其道，不燼於秦。自漢氏得之，常置博士，以專其學。故其文，繼乎六藝，光乎百氏。真聖人之微旨也。』〔二〕朱彝尊節取此文，中間省去『捨是子者……聖人之盗也』『天惜其道……故其文』等句，而誤改『六藝』作『六籍』。

二三一一·一·一〇　程晏曰：『孟子大達，遠盗蹊而遵正路者也。』（頁四一六五）

案：《經義考》所引，出自程氏《窮達志》一文，而載於姚鉉《唐文粹》，中云：『君子不患乎無才，患乎不知窮達之理也。孟子大達，遠盗蹊而遵正路者也。衛鞅大窮，捨正路而趨盗蹊者也。』〔三〕《經義考》

〔一〕王溥《唐會要》卷七七，上海古籍出版社，二〇〇六年，頁一六五八。

〔二〕皮日休《皮日休文集》卷九，載《皮子文藪》，蕭滌非、鄭慶篤整理，上海古籍出版社，一九八一年，頁八九。

〔三〕姚鉉編《唐文粹》卷四八（《四部叢刊》影烏程蔣氏密韵樓藏元翻宋小字本）。案：《經義考》卷九三載有沈顔《象刑解》一書，即據《唐文粹》而立，知朱彝尊對是書頗有徵引。

所引，係節取其中一句。又明儒陳士元《孟子雜記·評辭》引『程晏然（晏）曰』：『孟子大達，遠盜蹊而遵正路者也。』〔一〕考《經義考》卷二三五著録有陳氏《孟子雜記》一書，四柱曰『存』，則朱彝尊必親見其書。從朱彝尊僅取一句來看，其據《孟子雜記》轉引之可能性較大。

二三一·一·一一　賈同曰：『《孟子》十四篇者，孟軻之述也。』

又，朱彝尊按語云：『按：賈氏《責荀》篇所云「十四篇」，蓋析七篇上下言之。』

又，《新校》於『者』下出注，云：『「者」字，文津閣《四庫》本、《備要》本俱脱漏。』（頁四一六五）

案：朱彝尊按語中，已明其所引賈氏之文，出其《責荀》篇。該文中云：『今《禮記·中庸》之篇存者，子思之述也；今《孟子》十四篇者，孟軻之述也。其言道，則孔氏而下，未有似之者也。』〔二〕《經義考》所録，正其中一句。又陳士元《孟子雜記》亦載：『《孟子》十四篇者，孟軻之述也。（［原注］賈同《責荀》篇。）』〔三〕《經義考》所載，全同陳氏。考《經義考》内無直接引據《宋文鑒》之資料，因此，本條朱彝尊當取裁自《孟子雜記》。

又案：《新校》出注，稱《經義考》之文津閣《四庫》本、備要本（即《四部備要》本）脱『者』字。底本

〔一〕陳士元《孟子雜記》卷四，頁三五二。
〔二〕吕祖謙《宋文鑒》卷一二五，《景印文淵閣四庫全書》第一三五一册，頁四三五。
〔三〕陳士元《孟子雜記》卷一，頁二九七。

（盧見曾補刻本）既然無誤，參校本之或脱或衍，實無關宏旨。《新校》者未溯其源，因此不能考明本條資料之所從出。

二三一・一・一二　歐陽修曰：『孔子之後，惟孟子最知道。』（頁四一六五）

案：考歐陽修《與張秀才棐第二書》，中云：『孔子之後，惟孟軻最知道，然其言不過於教人樹桑麻，畜鷄豚，以謂養生送死爲王道之本。夫二《典》之文，豈不爲文？孟軻之言道，豈不爲道？而其事乃世人之甚易知而近者，蓋切於事實而已。』[一]此即《經義考》所引歐陽修之説之所從出。而陳士元《孟子雜記・評辭》亦載：『歐陽永叔（修）曰：「孔子之後，惟孟軻最知道。」』[二]根據前考，知朱彝尊直接據《孟子雜記》轉引之可能性較大。

二三一・一・一三　蘇洵曰：『孟子語約而意盡，不爲劖刻斬絶之言，而其鋒不可犯。』（頁四一六五）

案：考蘇洵《上歐陽内翰第一書》：『孟子之文，語約而意盡，不爲巉刻斬絶之言，而其鋒不可犯。』[三]此即《經義考》所本，而省『之文』二字；又『劖』字，係『巉』字之誤（『巉刻斬絶』，指文鋒峻利尖

[一] 歐陽修《居士外集》卷一七，見《歐陽修全集》卷六七，二〇〇一年，頁九七九。
[二] 陳士元《孟子雜記》卷四，頁三五二。
[三] 蘇洵撰，何新所編《蘇洵集》，中州古籍出版社，二〇一〇年，頁六七。

刻，態度決絶）。

二三一・一・一四　司馬光曰：『荀子好《禮》，揚子好《易》，孟子好《詩》《書》。』（頁四一六五）

案：考《司馬光注揚子法言序》，首云：『韓文公稱荀子，以爲在軻、雄之間。』又曰：『孟子，醇乎醇者也。荀與揚，大醇而小疵。三子皆大賢，祖六藝而師孔子。孟子好《詩》《書》，荀子好《禮》，揚子好《易》，古今之人，共所宗仰。』〔一〕朱彝尊即據此節録，而語次有所顛倒（將孟子相關者誤置荀子、揚子後）。

二三一・一・一五　徐積曰：『孔子言其略，孟子言其詳。』（頁四一六五）

案：考徐積《節孝集・語録》，載門人記徐氏之言曰：『孔子言其略，孟子言其詳。故曰：孟子者，孔子之解也。』〔二〕朱彝尊即據此節取。

二三一・一・一六　蘇轍曰：『不觀於《詩》，無以知王道之易；不觀於《春秋》，無以知王政之難。若孟子，可謂深於《詩》，而長於《春秋》者矣。』（頁四一六五）

案：檢蘇轍著述，未有此論。考蘇軾《孟子論》，中云：『不觀於《詩》，無以見王道之易；不觀於《春秋》，無以知王政之難。自孔子没，諸子各以所聞著書，而皆不得其源流，故其言無有統要。若孟

〔一〕揚雄《揚子法言》卷首。案：汪榮寶《法言義疏》未載此序，此據文淵閣《四庫》本。
〔二〕徐積《節孝集》卷三一，《景印文淵閣四庫全書》第一一〇一册，頁九五五。

子，可謂深於《詩》而長於《春秋》者矣。』〔一〕則朱彝尊實節引此文，綴合而成，却誤蘇軾爲蘇轍。『無以知王道之易』之『知』，當作『見』，蓋因下文『知』字而誤。

又案：考《歷代名賢確論》收有蘇軾此文，而首曰『潁濱曰』〔二〕。知《確論》編者已誤蘇軾爲蘇轍（轍號『潁濱遺老』），朱彝尊蓋襲其誤而未辨。

二三一・一・一七　程伯子曰：『論心術，無如孟子。』（頁四一六五）

案：程伯子即程顥（一〇三二—一〇八五。伯淳，明道先生），程頤之兄，并稱『二程』。『論心術無如孟子』一語，《二程遺書》《性理大全書》等均有收録。考《孟子雜記》引『程明道（顥）曰』，凡五條，第四條正作：『論心術，無如孟子。』〔三〕據前考可知，朱彝尊對《孟子雜記》頗有引據，此條很可能即據是書轉録。

二三一・一・一八　程子曰：『孟子有大功於世，以其言性善也。』（二三一・一・一八・一）又曰：『孟子性善、養氣之論，皆前聖所未發。』（二三一・一・一八・二）又曰：『孟子未敢便道他是聖人，然學已到至處。』又曰：『知《易》者莫如孟子，知《春秋》者亦莫如孟子。』（二三一・一・一八・三。

〔一〕 蘇軾《蘇軾文集》卷三，孔凡禮點校本，中華書局，一九八六年，頁九六—九七。
〔二〕 佚名編《歷代名賢確論》卷三七，《景印文淵閣四庫全書》第六八七册，頁二七三。
〔三〕 陳士元《孟子雜記》卷四，頁三五三。

頁四一六五—四一六六)

案：朱子《孟子集注·孟子序説》首引《史記列傳》，於『道既通』下，引『程子曰』：

孟子曰：『可以仕則仕，可以止則止，可以久則久，可以速則速。』『孔子，聖之時者也。』故知《易》者莫如孟子。又曰：『王者之迹熄而《詩》亡，《詩》亡然後《春秋》作。』又曰：『《春秋》無義戰。』又曰：『《春秋》，天子之事。』故知《春秋》者，莫如孟子。[一]

又用問答形式，引程子之説數條：

或問於程子曰：『孟子還可謂聖人否？』程子曰：『未敢便道他是聖人，然學已到至處。』

程子又曰：『孟子有功於聖門，不可勝言。仲尼祇説一個仁字，孟子開口便説仁義。仲尼祇説一個志，孟子便説許多養氣出來。祇此二字，其功甚多。』

又曰：『孟子有大功於世，以其言性善也。』

又曰：『孟子性善、養氣之論，皆前聖所未發。』[二]

陳士元《孟子雜記》卷四引程頤之言數條，但同朱彝尊所引之相似程度，没有朱子《孟子序説》高。

[一] 朱熹《四書章句集注》，中華書局，一九八三年，頁一九七。

[二] 朱熹《四書章句集注》，頁一九九。

因此，朱彝尊實本諸《孟子序説》，撮取數條并合成文，而在語次上有所調整。

二三一・一・一九　黄庭堅曰：『由孔子以來，求其是非趨舍與孔子合者，惟孟子一人。』（頁四一六六）

案：黄庭堅《孟子斷篇》首曰：『由孔子已來，求其是非趨舍與孔子合者，唯孟子一人。孟子，聖人也。』〔一〕此即朱彝尊所本。古代文獻中，『惟』『唯』常混。

二三一・一・二〇　晁説之曰：『按此書，韓愈以爲弟子所會集，非軻自作。今考其書，則知愈之言非妄發也。書載孟子所見諸侯，皆稱謚，如齊宣王、梁惠王、梁襄王、滕定公、滕文公、魯平公是也。夫死然後有謚，軻著書時所見諸侯，不應皆死。且惠王元年至平公之卒，凡七十七年。孟子見惠王，王目之曰叟，必已老矣，决不見平公之卒也。故予以愈言爲然。』（頁四一六六）

儒藏本於『晁説之曰』下出注云：『「晁説之」，當爲「晁公武」之誤，下引文見《郡齋讀書志》。下卷「趙氏（岐）《孟子題注》」條内引晁公武語有此文。』（頁三八一九。）

案：檢諸文獻，晁説之并無上述文字。考晁公武《郡齋讀書志》卷一〇『《孟子》十四卷』條，孫猛《校證》有注云：『袁本題《孟子》十四卷，解題頗异於斯，俱録於下。』所録文字爲：

〔一〕黄庭堅《豫章黄先生文集》卷二〇，《四部叢刊》影宋乾道刊本。

右魯孟軻撰,漢趙岐注,自爲章指,析十四篇……按: 此書韓愈以爲弟子所會集,非軻自作。今考於軻之書,則知愈之言非妄發也。其書載孟子所見諸侯皆稱謚,如齊宣王、梁惠王、梁襄王、滕定公、滕文公、魯平公是也。夫死然後有謚,軻著書時所見諸侯,不應皆死。且惠王元年,至平公之卒,凡七十七年。孟子見惠王,王目之曰叟,必已老矣,决不見平公之卒也。故予以愈言爲然。〔二〕

據此注,知《經義考》此文,係本諸袁本《讀書志》(《校證》係以衢本爲底本),而誤繫於晁説之名下。又,『今考其書』,袁本原作『今考於軻之書』。『書載』,袁本前有『其』字。朱彝尊有改、省。

(三)『《古論語》』條、『《孟子》』條校考析論

以上分别對《經義考》『《古論語》』條全部輯録文獻(共二十二條)、『《孟子》』條前二十條輯録文獻,進行全面溯源式的考察,藉以發現盧刻本(最接近朱氏《經義考》原貌者)文字异同及其成因。現將以上兩個部分的考察結果,撮要加以統計。

一、『《古論語》』條校考統計

《經義考》『《古論語》』條全部輯録文獻共二十二條。校考結果略如下表:

〔二〕晁公武撰,孫猛校證《郡齋讀書志校證》卷一〇,頁四一五。案: 以上所引,據《郡齋讀書志校證》注〔一〕,知係袁本。

表八—一　《經義考》『《古論語》』條校考統計表

輯録文獻	文本是否有异	异文類型	備注
二一一·一·〇一條	否		節取
二一一·一·〇二條	否		據他書析出
二一一·一·〇三條	是	校改	據他書析出，校記頗當
二一一·一·〇四條	是	誤字、脱文、省文、倒文	
二一一·一·〇五條	否		并合爲文
二一一·一·〇六條	否		并合爲文
二一一·一·〇七條	否		
二一一·一·〇八條	否		據他書析出
二一一·一·〇九條	否		節取
二一一·一·一〇條	否		
二一一·一·一一條	是	脱文、省文	節取
二一一·一·一二條	是	改字	據他書析出，有改字
二一一·一·一三條	否		節取

續表

輯録文獻	文本是否有异	异文類型	備注
二二一·一·一四條	是	省文	節取
二二一·一·一五條	是	脱文、增文、省文	據他書析出
二二一·一·一六條	是	省文、改文	
二二一·一·一七條	是	省文	
二二一·一·一八條	是	省文、增文、調整語序	據他書析出
二二一·一·一九條	否	并合	
二二一·一·二〇條	是	撮取、并合、改寫	
二二一·一·二一條	否		可能誤題出處
二二一·一·二二條	否		僅見於《經義考》

通過上表，可知《經義考》『《古論語》』條二十二條輯録文獻中，同引據文獻之文本完全相同者有十二條，文本有差异者有十條。

二、『《孟子》』條校考統計

《經義考》『《孟子》』條有輯録文獻四十二條，上文對其中的前二十條予以校考。結果略如下表：

表八—二　《經義考》「《孟子》」條校考統計表

輯録文獻	文本是否有异	异文類型	備注
二三一・一・〇一條	否		節取
二三一・一・〇二條	是	并合	可能别據《孟子雜記》
二三一・一・〇三條	是	增字	首增「孟子」二字，以爲潤色
二三一・一・〇四條	是	省文、倒文、并合、改寫	差异較大，雖原意無妨，終非原貌
二三一・一・〇五條	是	省文、并合、改寫	標點需改
二三一・一・〇六條	是	增字、訛字、改字	增字、訛字、改字各一
二三一・一・〇七條	是	省文、改字	又别據《玉海》《孟子雜記》等
二三一・一・〇八條	否		可能出處有三
二三一・一・〇九條	是	省文，誤改	節取
二三一・一・一〇條	否		節取，實據《孟子雜記》轉引
二三一・一・一一條	否		節取，當據《孟子雜記》轉引，無須出校
二三一・一・一二條	否		節取，應據《孟子雜記》轉引
二三一・一・一三條	是	省文、訛字	節取

續表

輯録文獻	文本是否有异	异文類型	備注
二三一・一・一四條	是	倒文	節取
二三一・一・一五條	否		節取
二三一・一・一六條	是	訛文	誤繫撰者,襲前人之誤
二三一・一・一七條	否		節取,應據《孟子雜記》轉引
二三一・一・一八條	是		節取,次序有調整
二三一・一・一九條	否		節取
二三一・一・二〇條	是	省文、改字	誤繫撰者

由上表可知,『《孟子》』條前二十條輯録文獻中,與引據文獻相同者凡八條; 朱彝尊對所輯文字加以不同程度之增、省、并、改易者,以及存在文本訛誤者,共有十二條。

三、『《古論語》』條、『《孟子》』條校考析論

上文校考之『《古論語》』條、『《孟子》』條輯録文獻,合計有四十二條,其中同引據文獻相同者有二十條(其中二二一・一・二三條,僅見本書,可見朱彝尊保存文獻之功),文字有异及有誤者凡二十二條。具體而言,文字存在差异之情形,有以下幾種:

一、盧刻本文字有訛誤。如二二一·一·〇四條、二三一·一·〇六條、二三一·一·一三條、二三一·一·一六條等。（其中二三一·一·一六條係襲前人之誤。）

二、盧刻本文字有脱漏。如二二一·一·〇四條、二二一·一·一一條等。

三、盧刻本文字有倒文。如二三一·一·一四條等。

四、盧刻本文字，誤繫出處。如二二一·一·二一條、二三一·一·二〇條等。

五、盧刻本文字有倒文，而有其理據。如二二一·一·〇四條等。

六、盧刻本所引文字，可能據他書析出或轉引。如二三一·一·〇二·二條、二三一·一·〇五條、二三一·一·〇七·三條、二三一·一·〇七·六條、二三一·一·〇七·四條、二三一·一·〇七·五條、二三一·一·一〇條、二三一·一·一一條、二三一·一·一二條、二三一·一·一七條等。

七、盧刻本文字有改動。如二二一·一·〇三條、二二一·一·一二條、二二一·一·一六條、二三一·一·〇六條等。其中二二一·一·〇三條，所引文字雖异，而朱氏爲確。

八、盧刻本文字有省文。如二二一·一·〇四條、二二一·一·一一條、二二一·一·一三條、二一一·一·一五條(有增有損)、二二一·一·一六條、二二一·一·一七條、二二一·一·一八條、二三一·一·〇五條、二三一·一·〇七·六條、二三一·一·一三條等。

九、盧刻本文字有增加。如二一一·一·一五條、二一一·一·一八條、二三一·一·〇三條、二三一·一·〇六條等。

一〇、盧刻本文字,係合并而成。如二一一·一·〇五條、二一一·一·〇六條;二三一·一·〇二·二等。

一一、盧刻本文字,係節取而成。如二一一·一·〇九條、二一一·一·一一條、二一一·一·一三條、二三一·一·〇七·三條、二三一·一·一四條、二三一·一·一五條等。

一二、盧刻本文字,係節取後省并或改寫而成。如二一一·一·二〇條、二三一·一·〇四·二條、二三一·一·〇七·一條、二三一·一·〇七·二條、二三一·一·〇七·四條、二三一·一·〇七·五條、二三一·一·〇九條、二三一·一·一八條等。

綜上可知,《經義考》『《古論語》』條及『《孟子》』條輯録文獻,有超過半數均存在各種文字差异。又,本書第九章對《經義考新校》前五十條校記進行考察,發現盧刻本有誤者凡九例,闕文可補者一例,倒文當乙者二例(參本書第九章第二節)。

總之,《經義考》文本同引據文獻之差异,既有無意之訛脱衍倒,也有出於保持文字獨立性及文義通暢之需要,而加以有意之增益、省并等,情形複雜,不能一概而論。盧刻本這一文本現狀,從一個側面體現了《經義考》的文本質量及朱彝尊的編纂水平。

朱彝尊引入輯録文獻的方式，楊果霖先生曾歸納出直録、約引、訛增、抽换、倒置、并合、析離等七種，較爲完備〔一〕。根據本文前揭之通校，知朱彝尊將《論衡》『故以但八寸尺』，改作『故但以八寸尺』；『齊、魯二，河間九篇』，省去『二』字（俱見前二一一・一・〇四條）。以上二例，并非單純『倒置』『約引』可以概括。因朱氏所改俱有充分理據，實可立一『校改』之新例。

二 《經義考》四庫本三種探論

所謂『四庫本』，是指因纂修《四庫全書》而産生的傳本。《四庫全書》是清高宗弘曆（一七一一—一七九九。年號乾隆，一七三六—一七九五在位）爲構建極權帝國文獻體系而組織纂修的一部叢書〔二〕，『集古今學術之大成，一朝盛業，古所未有也』〔三〕，影響極爲深遠。以現存諸閣叢書之影印本（如文淵

〔一〕『直録』，即據書直録，絶不輕改；『約引』（『撮引』），即撮述文意，節縮文句；『訛增』，擅增文句，有違原意；『抽换』，以意定取，改换文句；『倒置』，文句倒置，不符原貌；『并合』，并合數文，出入較大；『析離』，離析文句，分别引出。除『直録』外，其他六種，各有其弊（見《朱彝尊〈經義考〉研究》，頁一七三—一八九）。

〔二〕説詳拙文《論清高宗構建極權帝國文獻體系的歷史背景與制度設計——〈四庫全書〉與文獻傳承研究之一》，載《古典文獻研究》第十八輯上卷，鳳凰出版社，二〇一五年，頁一五—三七。

〔三〕金梁《四庫全書纂修考跋》，《東方雜志》第二十一卷第九號，一九二四年，頁一〇六。

閣、文津閣、文瀾閣等）及續編叢書（如《四庫全書存目叢書》《四庫未收書輯刊》《續修四庫全書》《四庫提要著録叢書》等）構成的四庫系列叢書，已然形成龐大的文獻體系，正深刻地影響着當前學術研究與文化傳承的面貌。關於《四庫全書》之文化貢獻，學界討論較多，有所批評，多集中於弘曆『寓禁於徵，寓毁於修』之禁毁策略[一]所帶來的文化破壞；叢書之傳本價值，也往往因其纂修、抄寫時存在各種訛誤而受到輕視，有底本傳世者尤其如此。

『四庫本』是一個集合概念。某種著述一旦收入《四庫全書》，那麽，在該著纂修過程中，便會産生不同形態的傳本，諸如據以纂修的工作底本，編竟奏上之進呈本，得到弘曆首肯之寫定本，優選抄存的薈要本，以及分抄收藏的七閣本（文淵閣、文津閣、文溯閣、文源閣、文匯閣、文宗閣、文瀾閣）等。因此，學界在討論某種著述的四庫本時，一定要指明究係何種傳本，不能一概而論（執此以論，則『四庫本』不宜用作某一特定傳本的簡稱）。

[一] 關於弘曆禁毁策略，下列著述可參：趙録綽《清高宗之禁毁書籍》（《國立北平圖書館館刊》一九三三年第七卷第五號，頁一—三三）；郭伯恭《四庫全書纂修考》第二章《寓禁於徵之實際情形》（收入周康燮主編《〈四庫全書〉之纂修研究》，香港大東圖書公司，一九八〇年，頁二三—六七），以及拙文《寓禁於徵，寓毁於修：論清高宗弘曆纂修〈四庫全書〉的禁毁策略——〈四庫全書〉與文獻傳承研究之二》（上篇載《古典文獻研究》第十九輯上卷，鳳凰出版社，二〇一六年，頁一—二七；下篇載《古典文獻研究》第十九輯下卷，鳳凰出版社，二〇一七年，頁一—二六）。

自二十世紀八十年代以來，文淵閣、文津閣、文瀾閣所藏《四庫全書》，以及《摛藻堂四庫全書薈要》等，分别得以影印出版，并隨着數字化的傳播，使原本束之高閣的幾種四庫本，得以化身千萬，成爲學界易於取用的學術資源，大大促進了包括四庫學在内的學術研究的迅速發展。檢討四庫本之優劣，評析《全書》之於文化傳承之功過，成爲學人熱衷從事的研究方向之一，四庫學也因此成爲一門顯學。

作爲經學總目，《經義考》集經學目録之大成，獲得清聖祖玄燁之褒獎，更受到清高宗弘曆的特别重視，不僅納入《四庫全書》，更優選進入《四庫全書薈要》，從而爲該著增添了四庫本系列。本節即對其中的薈要本、文淵本、文津本加以考察與討論。

（一）《經義考》四庫諸本

康熙四十四年（一七〇五）四月，清聖祖玄燁在杭州，向前來進獻《經義考》已刻之易、書二種的朱彝尊，頒賜「研經博物」匾額[一]。前此之康熙十八年（一六七九），玄燁親自將朱彝尊拔擢爲博學鴻儒一等，授翰林檢討，使與修《明史》。其後三藩平定，清祚漸固，鴻儒諸人，漸被冷落，朱彝尊於兩度罷官

[一] 張宗友《朱彝尊年譜》七七・六條，頁五〇九。

(康熙二十三年、三十一年)後,再無仕意,歸田園居。玄燁此賜,既嘉獎朱氏能潛心著述,亦對其仕履失意,有所慰勉。使前明遺民、漢人知識上層,皓首於典籍與學問,從而消彌其抗清、反復之志氣,也正是玄燁徵召鴻儒的政治用意所在。

因朱彝尊財力有限,《經義考》僅刻成《易》《書》《詩》《禮》《樂》五類,凡一百六十七卷;餘下部分,直至乾隆二十一年(一七五六),方由盧見曾捐資刻成,并將全本上進,但當時并未引起清廷的足够重視。弘曆發動《四庫全書》纂修工程(乾隆三十七年正月初四日[一七七二年二月七日]開始下詔求書),《經義考》重新進入弘曆的視野。乾隆四十二年(一七七七)四月壬寅,弘曆諭軍機大臣等:『朕閱四庫全書館所進鈔本朱彝尊《經義考》,於歷代説經諸書,廣搜博考,存佚可徵,實有裨於經學。朕因親製詩篇,題識卷首。此書現已刊行於世,聞書板尚在浙江。著將御製詩録寄三寶,就便詢問藏板之家,如願將朕此詩添冠卷端,聽其刊刻,亦使士林咸知朕闡崇經學之意。』詩云:

> 秦燔弗絶殆如繩,未喪斯文聖語曾。
> 疑信雖滋後人議,述傳終賴漢儒承。
> 天經地緯道由托,一貫六同教以興。
> 藜閣炎劉校誠韙,竹垞昭代撰堪稱。
> 存亡若彼均詳注,文獻於兹率可徵。

遠紹旁搜今古會，焚膏繼晷歲年增。
考因晰理求其是，義在尊經靡不勝。
枕葄寧惟資汲鑒，闡崇將以示孫曾。[一]

此詩頗能道出《經義考》之佳處，可證弘曆對此書曾經細讀，也可證弘曆對文化史、學術史上之大事（如焚書坑儒、劉向父子校書等），實諳熟於心；從建構帝國文獻體系、實施文化統治方略的高度來審視《經義考》，弘曆更能發現此書之獨到價值。《經義考》之著録宏富、體例完備、考證精詳，正好符合喜以文治武功自炫的極權統治者的文化需要，被視作當朝斯文興盛的表徵。明乎此，下列事實便順理成章：《經義考》不僅入選《四庫全書》，而且被優選進入《四庫全書薈要》，成爲弘曆手邊備覽的常備之書。

《經義考》進入弘曆視野并被選入《四庫全書》之後，遂於初稿本、初刻本、補刻本（盧刻本）之外，又出現了成系列的四庫本，現存者主要有薈要本、文淵本、文津本等。《經義考》四庫諸本之優劣問題（包括四庫諸本相較於盧刻本之優劣、四庫諸本之間之優劣等），在四庫學、經學文獻整理等領域，都是重要論題；因爲《經義考》雖經弘曆褒揚，但并不意味着在『寓禁於徵，寓毁於修』文化方略的籠罩下，

[一]《高宗純皇帝實録》卷一〇三〇，《清實録》第二一册，中華書局，一九八五年，頁八〇八。三寶時任浙江巡撫。

《經義考》能够幸運地避免被删削改易的命運。那麽，四庫館臣怎樣對《經義考》進行改動？這些改動體現館臣何種用意？其中有何種謬誤，有無正確之處？如此種種，都有賴於對四庫諸本的深入研究。

實際上，對於四庫館臣如何改易《經義考》的問題，學界已有不少探索，尤其集中在如何篡改錢謙益諸説的問題上。錢謙益（受之，牧齋、蒙叟、東澗老人。常熟人。一五八二—一六六四）因其士林領袖之身份、歷仕二朝之轉捩、暗結抗清之作爲，特别引起弘曆之憎惡，被目爲『貳臣』而明著於史册，有所著述，自然是四庫館禁毁之重點。因此，從錢牧齋等『問題』人物入手（同錢氏相類者還有金堡、曹溶、屈大均等），最能見出弘曆之好惡，易於探討四庫禁毁政策之實施。一九九二年，吴政上先生對《四庫全書》本和薈要本《經義考》引録錢氏諸説的方式，有初步之整理〔一〕。一九九八年，楊晉龍先生對四庫館臣如何改易《經義考》中錢氏諸説，有較爲詳盡之研究。楊氏考察了弘曆對朱彝尊、錢謙益二氏及其詩文集的不同態度，清晰地揭示了弘曆對錢氏由輕視到仇視的轉變歷程；復對《經義考》中相關的七十條引文（其中實際引用錢氏文字者六十八條，由他人轉引者二條），一一詳考其出處，并對薈要本、

〔一〕楊晉龍《〈四庫全書〉處理〈經義考〉引録錢謙益諸説相關問題考述》，高雄師範大學國文學系《第七届所友學術討論會論文集》，一九九八年，頁三二一，注二。（此文後收入《朱彝尊〈經義考〉研究論集》。）

文淵本改易情形，作了詳細考察〔一〕，得出了頗爲中肯而堅實的結論〔二〕。如楊氏認爲：『《經義考》在鈔録錢謙益之文時，已將違礙的「虜」「夷」「胡」等字主動删改，可見「文字獄」對朱彝尊的影響，也可能朱氏的「自我審查」使得《經義考》非常純淨，因而得乾隆的特別青睞。』〔三〕這一探索，對於正確把握《經義考》的文字面貌及朱彝尊著述心理，頗具啓示意義。『自我審查』之揭出，對政治高壓下士林心態之研究，提供了一個頗有創意的切入視角。在楊晉龍先生既有研究的基礎上，林慶彰先生從明末以降的經學演進出發，對四庫館臣篡改《經義考》的情況，逐一例析，指出館臣『看似更用心篡改，其實是肆意妄

〔一〕案：據楊氏考察，《經義考》引録錢謙益之文六十八條，他人轉引二條，合計同錢氏有關者七十條；其中出自《初學集》和《有學集》者各有五條，出自《列朝詩集小傳》者五十五條。薈要本改作『錢陸燦』者六十四條，改作『陸元輔』者一條，改作『錢啓新』和『錢有終』者各一條等，可能出於一人之手；文淵本改動情形則較爲複雜，可能由各負責人任意填寫（楊晉龍《〈四庫全書〉處理〈經義考〉引録錢謙益諸説相關問題考述》，頁四一—四五）。

〔二〕例如四庫館臣將『錢謙益』改作『錢陸燦』，楊氏分析云：『《列朝詩集小傳》實錢陸燦（一六一二—一六九八）鈔輯《列朝詩集》前諸家《小傳》而成，那麽將出自《列朝詩集小傳》的文字，改稱爲「錢陸燦曰」，豈非相當合宜。一則可應付乾隆的要求；再則可暗示後世讀者引文的來源；三則可免删削過多，影響文獻的完整。可見四庫館臣在改動時應當有過一番考慮，這當然以薈要本的修纂者表現較爲明顯，至文淵閣本則較爲紊亂，或者出於多人之手，故僅能達到應付乾隆和保持文獻完〔整〕的目的，無法暗示引文來源。』（楊晉龍《〈四庫全書〉處理〈經義考〉引録錢謙益諸説相關問題考述》，頁四六）分析精到。

〔三〕楊晉龍《〈四庫全書〉處理〈經義考〉引録錢謙益諸説相關問題考述》，頁四八。

作』之實際[一]。

以上從弘曆文化禁毁政策的角度研究《經義考》，可知在四庫館臣大加改動的前提下，《經義考》四庫本已非舊貌；就傳本優劣而言，四庫館臣此類行爲，無疑是負面的，消極的，嚴重削弱了四庫本的傳本價值。

《經義考》四庫諸本皆是鈔本。在鈔寫過程中，不可避免地産生各類文字差异。那麽，在這些文字差异中，除了諸如改易錢謙益相關文字等禁毁舉措外，有無其他有益的、積極的改動，能够校正《經義考》之訛誤，從而提升該著之品質？四庫諸本同盧刻本相比，其質量如何？四庫諸本之間，有無差别？此類問題之解决，均有賴於細緻的全文比勘與校理；在此基礎上，纔能得出較爲謹慎的結論。

基於上述認識，現選取《經義考》前四卷作爲考察範圍，以盧刻本爲底本，對現存薈要本、文淵本、文津本進行全文對讀、細校，全面比較其中細微的文字差异，作爲對薈要本、文淵本、文津本予以進一步申論的基礎。

[一] 林慶彰《四庫館臣篡改〈經義考〉之研究》，載《兩岸四庫學：第一届中國文獻學學術研討會論文集》，學生書局，一九九八年，頁二六一。（此文後收入《朱彝尊〈經義考〉研究論集》。）

（二）《經義考》四庫本三種前四卷校考

《經義考》前四卷，第一卷御注、敕撰類，第二卷至第四卷易類（分别是《連山》《歸藏》《周易》專卷）。此次校考，以盧刻本爲底本（《經義考》前一百六十七卷出於朱彝尊自刻，因此，前四卷實爲初刻本），對薈要本（《摛藻堂四庫全書薈要》，第二三七册）、文淵本（《景印文淵閣四庫全書》，第六七七册）、文津本（《文津閣四庫全書》，第二二五册）予以通校。必要時，也會引及備要本（《四部備要》本，中華書局，一九九八年影印）、校正本（《點校補正經義考》，一九九七年）、新校本（《經義考新校》，二〇一一年）。爲討論方便，每條均加上序號。

（一）朕惟孝者，首百行而爲五倫之本，天地所以成化，聖人所以立教，通之乎萬世而無斁，放之於四海而皆準。（《經義考》卷一『《御注孝經》』條『順治十三年二月十五日，世祖章皇帝御製《序》曰』文）

案：『通之乎萬世而無斁』之『乎』字，文淵本（頁三）、文津本（頁四四九）同，而薈要本（頁四一二）脱。

（二）是知孝者，乃生人之庸德，無甚玄奇，抑固有之秉彝，非由外鑠，誠貴乎篤行，而非語言之間所得而盡也。（《經義考》卷一『《御注孝經》』條『順治十三年二月十五日，世祖章皇帝御製《序》曰』文）

案：『抑固有之秉彝』之『彝』字，薈要本（頁四一二）、文淵本（頁三）同，而文津本作『懿』（頁四四九）。檢《御注孝經》文淵本前此序[一]，當以『彛』爲是。

（三）總以孝之爲道甚大，而平故不必旁求隱怪，用益高深，誇示繁縟，徒滋複贅。（《經義考》卷一『《御注孝經》』條『順治十三年二月十五日，世祖章皇帝御製《序》曰』文）

案：『總以孝之爲道甚大』之『爲』字，薈要本（頁四一三）、文津本（頁四五〇）同，文淵本（頁四）脱。

（四）朕紹祖宗丕基，孳孳求治，留心問學，命儒臣撰爲講義，務使闡發義理，裨益政治，同諸經史進講，經歷寒暑，罔敢間輟。（《經義考》卷一『《日講四書解義》』條『康熙十六年十二月八日，皇帝御製《序》曰』文）

案：『罔敢間輟』之『輟』字（『輒』之异體），薈要本（頁四一四）、文淵本（頁五）、文津本（頁四五〇）俱作『輟』。按句意，當以『輟』爲是。《新校》注云：『「輒」，依《四庫薈要》本、文淵閣《四庫》本、《備要》本應作「輟」。』（頁四）備要本實誤作『輒』字（頁一九），《新校》者誤校。

（五）分撰官十一人……日講官起居注翰林院侍讀學士加二級臣蔣弘道。（《經義考》卷一『《日講四書解義》』條『臣謹按』文）

案：『弘』，盧刻本缺末筆，文淵本（頁六）、文津本（頁四五〇）同；薈要本（頁四一四）則作『宏』。

[一]《御定孝經注》，《景印文淵閣四庫全書》第一八二册，頁二五五；《文津閣四庫全書》第六三册，商務印書館，二〇〇五年影印，頁一一三。

均係避清高宗弘曆名諱。

（六）分撰官十一人……日講官起居注右春坊右中允兼翰林院編修臣董訥、儒林郎日講官起居注左春坊左贊善兼翰林院檢討臣王鴻緒。（《經義考》卷一『《日講四書解義》』條『臣謹按』文）

案：『臣董訥儒林郎』，薈要本（頁四一五）、文淵本（頁六）同，而文津本（頁四五〇）作『儒林郎臣董訥』。按署名書法，當以文津本爲是。知文津館臣對盧刻本有所是正。

（七）分撰官十三人……日講官起居注翰林院侍讀學士加二級臣蔣弘道，日講官起居注翰林院侍讀學士食正四品俸臣張英。（《經義考》卷一『《日講書經解義》』條『臣謹按』文）

案：『蔣弘道』，盧刻本缺末筆，文淵本（頁七）、文津本（頁四五一）同，薈要本作『宏』（頁四一六）。均係避諱。

（八）朕夙興夜寐，惟日孜孜勤求治理，思古帝王立政之要，必本經學，嘗博綜簡編，玩索精蘊。（《經義考》卷一『《日講易經解義》』條『康熙二十二年十二月十八日，皇帝御製序曰』文）

案：『玩索精蘊』之『蘊』，薈要本（頁四一六）、文淵本（頁八）同，文津本則誤作『微』（頁四五一）。

（九）若乃體諸躬行，措諸事業，有觀民設教之方，有通德類情之用，恐懼修省以治身，思患豫防以維世，引而伸之，觸類而長之，而治理備矣。（《經義考》卷一『《日講易經解義》』條『康熙二十二年十二月十八日，皇帝御製序曰』文）

案:『措諸事業』之『諸』,薈要本(頁四一七)、文津本(頁四五一)同,文淵本(頁八)則誤作『之』。

(一〇)分撰官十八人……資政大夫日講官起居注詹事府少詹事兼翰林院侍講學士仍加詹事府詹事臣蔣弘道。(《經義考》卷一『《日講易經解義》』條『臣謹按』文)

案:『弘』,盧刻本缺末筆,文淵本(頁九)、文津本(頁四五一)均同,薈要本作『宏』(頁四一七)。均係避諱。

(一一)康熙二十九年四月二十四日皇帝御製序曰……。(《經義考》卷一『《孝經衍義》』條『康熙二十九年四月二十四日皇帝御製序曰』文)

案:『二十四日』,薈要本(四一八)、文淵本(頁九)同,文津本(頁四五一)脱。

(一二)是故衍至德之義,則仁、義、禮、智、信之説備矣;衍要道之義,則父子、君臣、夫婦、昆弟、朋友之倫備矣。(《經義考》卷一『《孝經衍義》』條『康熙二十九年四月二十四日皇帝御製序曰』文)

案:『朋友之倫備矣』之『倫』字,薈要本(頁四一九)、文津本(頁四五二)同,文淵本誤作『論』字(頁一〇)。

(一三)臣謹按:《孝經衍義》總裁官二人:經筵講官翰林院學士兼禮部侍郎加禮部尚書管刑部右侍郎事臣葉方藹……。(《經義考》卷一『《孝經衍義》』條『臣謹按』文)

案:『刑部右侍郎』之『刑』字,薈要本(頁四一九)、文津本(頁四五一)同,惟文淵本(頁一一)脱之。

（一四）《連山》首乎《艮》，其卦具内外而一體，其位居東北之兩間，則向乎人之時焉，夏用人正，故其書以之。（《經義考》卷二『《連山》』條『方慤曰』文）

案：『其卦具内外』，薈要本（頁四二一）、文淵本（頁一三）同，文津本作『其卦具乎内外』（頁四五三）。朱彝尊《兩淮鹽筴書引證書目録》（國家圖書館藏劉履芬鈔本）載有方慤《禮記解義》一種，知朱氏曾利用此本，或竟藏有全帙。惜此書一時未能檢得。考衛湜《禮記集説》中所引（『嚴陵方氏曰』），正作『其卦具内外而一體，其位居東北之兩間』[一]云云。則『乎』字顯係衍文。

（一五）卦爻之辭皆九六，惟《連山》《歸藏》以七八占。（《經義考》卷二『《連山》』條『沈括曰』文）

案：『占』字，薈要本（頁四二一）、文淵本（頁一三）同，惟文津本脱之（頁四五三）。

（一六）鄭諤曰：《連山》以《艮》爲首……言如山之相連也。（《經義考》卷二『《連山》』條『鄭諤曰』文）

案：『諤』，薈要本（頁四二二）、文淵本（頁一三）、文津本（頁四五三）均同。校正本出注云：『「諤」當作「鍔」，各本皆誤。』（頁一九）但未言其據。『鄭諤』僅此一見，而《經義考》卷三『《歸藏》』條下引有『鄭鍔曰』，内容較簡略：『《歸藏》以《坤》爲首，商人之《易》，其卦《坤》上《坤》下，故曰《歸藏》，言如地道

[一] 衛湜《禮記集説》卷五四，江蘇廣陵古籍刻印社影印《通志堂經解》本，一九九六年，第一二册，頁六一〇；又《景印文淵閣四庫全書》第一一八册，頁一三一。

之包含萬物，所歸而藏也。』又卷一二三内著録有鄭鍔《周禮解義》一書，其下輯録文獻内明鄭氏之籍貫（『三山』）與其字（『剛中』）。故此處之『鄭諤』，當係音同形近而誤者。

（一七）《艮》，東北之卦也，故重《艮》以爲始，所謂《連山易》也。（《經義考》卷二『《連山》』條『羅泌曰』文）

案：『東北』，薈要本（頁四二三）、文津本（頁四五三）同，文淵本作『東方』（頁一四）。朱彝尊《兩淮鹽筴書引證書目録》（劉履芬鈔本）載有《路史國名記》一種，度朱氏或藏有《路史》全帙。羅泌《路史·後紀三·禪通紀·炎帝》記云：『炎帝神農氏，姓伊耆，名軌，一曰石年，是爲後帝皇君，炎精之君也。……乃命司怪主卜，巫咸、巫陽主筮，於是通其變以成天地之文，極其數以定天下之象，八八成卦，以酬酢而侑神，以通天下志〔之〕志，以斷天下之業，謂始萬物終萬物者莫盛乎《艮》。《艮》，東北之卦也，故褁〔重〕《艮》以爲始，所謂《連山易》也。』[一] 此即朱彝尊所本。知確作『東北』，文淵本作『東方』有誤。考《路史》亦有文淵本，并作『東北』無誤。《經義考》此本，蓋四庫館誊鈔偶誤耳。

（一八）春分，其卦也《臨》，其宿也氏、房。（《經義考》卷二『《連山》』條『朱元昇曰』文）

案：『氐』，文淵本（頁一五）、文津本（頁四五三）同，而薈要本作『氏』（頁四二四）。氐爲二十八宿

[一] 羅泌《路史》卷一二，明嘉靖洪楩刻本，《四庫提要著録叢書》第一九一册，頁七九—八一。

之一，當以『氏』爲是。《新校》注云：『「氏」，依文淵閣《四庫》本、文津閣《四庫》本應作「氏」。』（頁一八）所校相反，其誤顯然。

（一九）長分消翕者，《連山易》至精至變至神之理寓焉。《乾》與《坤》對，《乾》之長即《坤》之消，《乾》之分即《坤》之翕，《坤》之長即《乾》之消，《坤》之分即《乾》之翕。《兑》與《艮》對，《離》與《坎》對，《震》與《巽》對，餘五十六卦，兩兩相對，長、分、消、翕，悉準八卦。（《經義考》卷二『《連山》』條『朱元昇曰』文）

案：『五十六卦』，薈要本（頁四二四）、文津本（頁四五四）同，而文淵本作『六十四卦』（頁一六）。此前已列八卦，其餘則有五十六卦，文淵本誤。

（二〇）八卦以序相循環，《連山》《歸藏》亦各有序，而其義未備。（《經義考》卷二『《連山》』條『孫宜曰』文）

案：『有序』之『序』，薈要本（頁四二五）、文淵本（頁一七）同，惟文津本誤作『叙』（頁四五四）。

（二一）隋牛弘購得寓内遺書至三十七萬卷。（《經義考》卷二『《連山》』條『胡應麟曰』文）

案：『寓』（『宇』之异體），文淵本（頁一七）、文津本（頁四五四）均同，而薈要本徑作『宇』字（頁四二五）。《新校》作『寓』，注云：『依《四庫薈要》本應作「宇」。』（頁一九）檢備要本作『寓』（頁二二五），校正本亦作『寓』（頁二二五）。知《新校》作『寓』，實承自校正本。按句意，當以『宇』爲是。

（二二二）艮爲山，上下兩艮，故曰《連山》。（《經義考》卷二『《連山》』條『郝敬曰』文）

案：《連山》，薈要本（頁四二五）、文淵本（頁一七）同，文津本脱『山』字（頁四五四）。

（二二三）孫奇逢曰……。（《經義考》卷二『《連山》』條『孫奇逢曰』文）

案：『逢』，薈要本（頁四二五）、文淵本（頁一七）同，惟文津本誤作『峯』字（頁四五四）。

（二二四）桓譚謂《連山》八萬言，《歸藏》四千三百言。（《經義考》卷二『《連山》』條『黃宗炎曰』文）

案：『四千』，薈要本（頁四二六）、文津本（頁四五四）同，惟文淵本誤作『七千』（頁一七）。

（二二五）有馮羿者，得不死之藥於西王母，姮娥竊之以奔月。（《經義考》卷二『《連山》』條『（朱彝尊）按』文）

案：『姮娥』，薈要本（頁四二六）、文淵本（頁一八）同，而文津本誤作『姮嫦』（頁四五四）。

（二二六）黃佐《六藝流别》載《連山》繇辭……《姤・初八》曰：『□蛇于窐，滋孽之牙。』（《經義考》卷二『《連山》』條『（朱彝尊）又按』文）

案：『□蛇于窐』首字，文淵本作『聚』（頁一八），而薈要本（頁四二六）、文津本（頁四五四）係小字注文，作『闕』。考黃佐《六藝流别・易藝》『《連山》繇』條：『《復・初七》曰：「龍潛于津，存神無眕。」《象》曰：「復以存神，可致用也。」《剥・上七》曰：「數窮致剥，終吝。」《象》曰：「致剥而終，不知變也。」《姤・初八》曰：「□蛇于窐，滋孽之牙。」《象》曰：「陰滋牙，不可長也。」《中孚・初八》曰：「一人知女，尚可以去。」《象》曰：「女未歸，孚不中也。」』[一]此明刻本，『聚』字已脱，或即朱彝尊所據者。其中『龍潛于津』之『津』字，當作『淵』。文淵館臣能補『聚』字，極佳（惟所據何本，尚不能考知）。

（二七）《歸藏》之經，大明迂怪，乃稱羿斃十日，常娥奔月。（《經義考》卷三『《歸藏》』條『劉勰曰』文）

案：經檢，薈要本（頁四二九）、文津本（頁四五五）俱作『常』，惟文淵本作『嫦』（頁一九）。據《文選》中《月賦》《宣貴妃誄》《祭顏光録文》等篇注引《歸藏》『昔常娥以不死之藥奔月』之文，知初作『恒娥』（《淮南子·覽冥篇》高誘注引），因避諱作『常娥』，後又寫作『嫦』或『姮』[二]。當從盧刻本作『常娥』。

（二八）《歸藏》《初經》，卦皆六位，其卦有《明夷》《營惑》《耆老》《大明》之類。昔啓筮《明夷》，鯀治洪水、枚占《大明》，桀筮《營惑》，武王伐商、枚占《耆老》，曰『不吉』，是也。（《經義考》卷三『《歸藏》』條『羅苹曰』文）

案：『營惑』，文淵本（頁二一〇）、文津本（頁四五五）同，而薈要本作『熒惑』（頁四三〇）。熒惑係火星之别名，《歸藏》用作卦名。薈要本所正爲是。

[一] 黄佐《六藝流别》卷二〇，明嘉靖四十一年歐大任刻本，《四庫全書存目叢書》集部第三〇〇册，頁四八七。

[二] 以上參《增訂文心雕龍校注》所考（黄叔琳注，李詳補注，楊明照校注拾遺，頁二四〇—二四一）。胡應麟嘗考『嫦娥』源流，以爲實因『常儀占月』而誤（見胡氏《藝林學山》（七），載《少室山房筆叢》卷二五，上海書店出版社，二〇〇一年，頁二四三）。

（二九）《歸藏》之文，有乾爲天、爲君、爲父、爲大赤、爲辟、爲卿、爲馬、爲禾、爲血卦之類，知與今《易》通矣。（《經義考》卷三『《歸藏》』條『（羅苹）又曰』文）

案：『爲馬』，薈要本（頁四三〇）、文津本（頁四五五）同，文淵本（頁二一一）脱。

（三〇）《節卦》云『殷王其國，常毋谷月』之類，其卦是也，其文非也。（《經義考》卷三『《歸藏》』條『（羅苹）又曰』文）

案：『毋』，薈要本（頁四三〇）、文淵本（頁二一一）、文津本（頁四五五）俱作『母』。『毋』『母』形近易混。朱彝尊藏有羅氏《路史注》一書（載《兩淮鹽筴書引證書目録》），但上引羅氏之説尚無考，須别求旁證。考宋人黄仲元《四如講稿》所引《節卦》云：『殷王其國常母谷。』[一] 王應麟《玉海》所引同[二]。知當以『母』爲是。（《經義考》『谷』後一『月』字，不知是羅氏原文如此，抑或朱氏誤衍。）

（三一）夏后氏《連山易》不可得而見，商人《歸藏易》今行於世者，其經卦有八，重卦已有六十四。經卦八……謂《震》爲《釐》，釐者，理也，以帝出乎《震》，萬物所始條理者也。（《經義考》卷三『《歸藏》』條『（李過）又曰』文）

案：『者也』，薈要本（頁四三一）、文淵本（頁二一一同），文津本誤作『也者』（頁四五五）。

[一] 黄仲元《四如講稿》卷五，《景印文淵閣四庫全書》第一八三册，頁七八九。
[二] 王應麟撰，武秀成、趙庶洋校證《玉海藝文校證》卷一，頁一二。

（三二）《連山》《歸藏》乃夏、商之《易》……而《連山》出於劉炫僞作，《北史》明言之，度《歸藏》之爲書亦此類爾。（《經義考》卷三『《歸藏》』條『馬端臨曰』文）

案：『此類』，薈要本（頁四三一）、文津本（頁四五六）同，而文淵本誤作『類此』（頁二二）。

（三三）《蠱》爲蜀，蜀亦蟲也，但《蠱》之義深遠矣。（《經義考》卷三『《歸藏》』條『黄宗炎曰』文）

案：『蜀亦蟲也』之『蟲』，薈要本（頁四三二）、文津本（頁四五六）同，而文淵本誤作『蠱』（頁二四）。

（三四）《漢志》：『十二篇。』（《經義考》卷四『《周易》』條）

案：『《漢志》』之『志』，薈要本（頁四三七）、文淵本（頁二八）同，而文津本誤作『制』（頁四五八）。

（三五）《易》始八卦，而文王六十四。（《經義考》卷四『《周易》』條『楊雄曰』文）

案：本條文津本全脱。『楊雄』之『楊』，薈要本（頁四三七）、文淵本（頁二九）俱作『揚』，較佳。

（三六）《易緯》云『因代以題周』是也。（《經義考》卷四『《周易》』條『孔穎達曰』文）

案：『是』，薈要本（頁四三九）、文淵本（頁三〇）同，惟文津本作『故』（頁四五八）。此句本諸孔穎達《周易正義序・第三論三代易名》〔一〕，以『是』爲是。

〔一〕王弼、韓康伯注，孔穎達疏《周易正義》，阮元校刻《十三經注疏》本，頁九。

（三七）《易·繫辭》云：『《易》，窮則變，變則通。』（《經義考》卷四『《周易》』條『胡瑗曰』文）

案：『窮則變』之『則』，薈要本（頁四四〇）、文津本（頁四五八）同，而文淵本（頁三二一）誤作『其』。

（三八）《易》從日從月，天下之理，一奇一偶盡矣。（《經義考》卷四『《周易》』條『鄭厚曰』文）

案：『一奇一偶』之『偶』，薈要本（頁四四二）、文津本（頁三三三）同，而文津本作『耦』（頁四五九）。奇、偶相對，『耦』與『偶』通。《經義考》卷二五著録有鄭厚《存古易》一種，而其書已佚，其説無考。胡一桂《周易啓蒙翼傳·上篇·天地自然之易》所引『鄭氏（厚）曰』〔一〕文字，《經義考》所引者與之全同，正作『偶』字。朱彝尊或即據胡著析出。故此處仍當作『偶』。文津本因音同而傳抄偶誤。

（三九）竊疑卦爻之辭本爲卜筮者斷吉凶，而因以訓誡。至《彖》《象》《文言》之作，始因其吉凶訓戒之意，而推説其理義以明之。（《經義考》卷四『《周易》』條『朱子又曰』文）

案：『吉凶訓戒』之『戒』，薈要本（頁四四四）、文淵本（頁三三六）作『戒』，而文津本作『誡』（頁四三三）。

〔一〕胡一桂《周易啓蒙翼傳》，江蘇廣陵古籍刻印社影印《通志堂經解》本（題《周易發明啓蒙翼傳》），第三册，頁四九〇；又《景印文淵閣四庫全書》第二二册，頁二〇一—二〇二。

朱子此語，引述者衆，常『戒』『誡』相混。朱鑒《文公易説》[一]、董真卿《周易會通》二書較早[二]，文中兩處均引作『訓戒』。如以二書爲據，仍以盧刻本『戒』字爲是。文津本作『誡』，蓋書手蒙前一『誡』字而誤。

（四〇）諸卦之名，以象取之，聖人重復殷勤其辭以訓釋之，多至數十百言未已，蓋其難明如此。

（《經義考》卷四『《周易》』條『（葉適）又曰』文）

案：『殷勤其辭』之『辭』，薈要本（頁四四六）、文淵本（頁三七）同，文津本作『詞』（頁四六一）。古人『辭』『詞』常混。此處當以『詞』爲是，故應據文津本改（詳本書第九章第二節第五小節第四二條之討論）。

（四一）夫《關雎》《鵲巢》，明指義類，自家形國，以是爲后妃夫人者，蓋以其事言也。若天地陰陽，則象之而已，其父母夫婦男女安在耶？（《經義考》卷四『《周易》』條『（葉適）又曰』文）

案：『自家形國』之『形』，文津本（頁四六一）同，而薈要本（頁四四六）、文淵本（頁三八）俱作『刑』。考葉氏《習學記言》之明鈔本、文淵本、標點本[三]，俱作『形』。盧刻本、文津本爲正（另詳本書第九章第

[一] 朱鑒《文公易説》卷二一。『而因以訓誡』，《景印文淵閣四庫全書》本（第一八册，頁八二九—八三〇）同，而江蘇廣陵古籍刻印社影印《通志堂經解》本（題《晦庵先生朱文公易説》，第二册，頁三六五），引作『而具訓戒』。
[二] 董真卿《周易會通·朱子説易綱領》。『而因以訓誡』，《景印文淵閣四庫全書》本（第二六册，頁一〇九）同，而江蘇廣陵古籍刻印社影印《通志堂經解》本（題《周易經傳集程朱解》，第四册，頁一八七），引作『而具訓戒』。
[三] 葉適《習學記言序目》卷二『咸、恒』條，中華書局，一九七七年，頁一九。

二節第五小節第四三條之討論)。

(四二)聖人作《易》,本以明道,其緒餘可以卜筮而已。而後之言陰陽者、言星曆者、言樂律者,莫不於《易》求之:,求之自以爲得,配之自以爲合,然於聖人之意則非也。(《經義考》卷四『《周易》』條『章如愚曰』文)

案:『求之自以爲得』之『得』,薈要本(頁四四七)、文淵本(頁三八)同,而文津本作『配』(頁四六一)。檢章如愚之説,出自《群書考索·別集卷三·經籍門》『易』類『當期之日』條,其字乃作『得』字[一]。知文津本涉下文『配』字而誤。(又,章著『然於』之『於』,原作『則』字。)

(四三)《上經》以四正卦爲主,首《乾》《坤》而終《坎》《離》,與《先天圖》南北東西四方卦合。(《經義考》卷四『《周易》』條『胡一桂曰』文)

案:『四方』之『四』,薈要本(頁四四七)、文淵本(頁三九)同,文津本(頁四六一)脱。

(四四)或疑《上經》卦三十,《下經》卦三十四,多寡不均,殊不知卦有對體、有覆體。(《經義考》卷四『《周易》』條『俞琰曰』文)

案:『均』,薈要本(頁四四八)、文淵本(頁四〇)同,而文津本作『同』(頁四六一)。所引俞琰文字,

[一] 章如愚《山堂考索》,明正德本,書目文獻出版社,一九九一年影印,頁一二八〇。

出於俞氏《周易上下經説》（載氏著《周易集説》卷首）。經檢，原文正作『均』字[一]，文津本有誤。朱彝尊曾助徐乾學、納蘭性德刻《通志堂經解》，對此書當較爲知悉。

（四五）《易》有聖人之道四，而伊川《易傳》止尚其辭，康節數學止尚其象，漢上《易説》止尚其變，晦庵《本義》止尚其占。（《經義考》卷四『《周易》』條『王申子又曰』文）

案：『尚其辭』，薈要本（頁四四九）、文淵本（頁四一）同，而文津本作『尚存其辭』（頁四六二）。檢王申子答『問辭象變占』條[二]，知『尚其辭』者，原本諸《繫辭》，故文津本衍一『存』字。（另詳本書第九章第二節第五小節第四九條之討論。）

（四六）善讀易者……又須分別四聖之《易》，通卦名義，然後以《本義》、程《傳》相參考，沿流溯源，由緼探精，分合看之，遠近取之，則數存象列，言盡理得。（《經義考》卷四『《周易》』條『王希旦曰』文）

案：『由緼探精』之『緼』，薈要本（頁四四九）、文淵本（頁四一）、文津本（頁四六二）俱改作『粗』。檢《周易傳義大全》（文淵本實即胡廣《周易大全》）之《易説綱領》，注引『葵初王氏曰』（王希旦字愈明，號葵初，饒州德興人），乃作『緼』字[三]；又《經義考》卷三一朱子《易傳》等著述之下，復有引據（『王希旦

[一] 俞琰《俞氏易集説》卷首，江蘇廣陵古籍刻印社影印《通志堂經解》本，第三册，頁三〇六。

[二] 王申子《大易緝説》卷二，《通志堂經解》本，第二册，頁四〇二；又《四庫全書薈要》本，第一一册，頁四五五。

[三] 胡廣等《周易傳義大全》，《景印文淵閣四庫全書》第二八册，頁六四。

曰』），亦作『緼』字。知盧刻本爲正，而薈要本、文淵本、文津本俱誤。

（四七）吾邱衍曰：俗儒談《易》，多鄙象數。（《經義考》卷四『《周易》』條『吾邱衍曰』文）

案：『邱』，文津本（頁四六二）同，而薈要本（頁四五〇）、文淵本（頁四一）俱作『丘』。清世宗胤禛下令，爲避孔子諱，『丘』改作『邱』。文津館臣不改，蓋一時疏忽。

（四八）又按《説文》，蒼頡製易字，象蜥蜴形，蜥蜴善變，則知古人托之以喻其變不疑也。（《經義考》卷四『《周易》』條『（吾邱衍）又曰』文）

案：『托之』，文淵本（頁四一）同，文津本作『託之』（頁四六二），而薈要本（頁四五〇）脱。

（四九）郭于章曰：書皆始於人，惟《易》始於天。（《經義考》卷四『《周易》』條『郭于章曰』文）

案：『郭于章』之『于』，薈要本（頁四五一）、文津本（頁四六二）同，而文淵本作『子』（頁四三）。《經義考》卷五七有『郭氏（子章）《螾衣生易解》』條，下引陸元輔曰：『郭子章，字相奎，號青螺，又號螾衣生，泰和人。隆慶辛未進士，累官都察院巡撫貴州。』知當作郭子章。盧刻本有誤，薈要本、文津本均承誤未改，而文淵本獨能正其誤。

（五〇）《小畜》《履》《隨》《蠱》皆隱用文、武爲象。（《經義考》卷四『《周易》』條『郝敬曰』文）

案：『爲』，薈要本（頁四五二）、文津本（頁四六三）同，而文淵本誤作『之』（頁四四）。

（五一）孔子神明天縱……而世儒猶謂孔子有未盡之《易》，以待夫陳摶、魏伯陽、邵堯夫《先天》《後天》《方圓》等圖出而後羲《易》見。（《經義考》卷四『《周易》』條『（郝敬）又曰』文）

案：『見』，薈要本（頁四五三）、文淵本（頁四四）同，文津本（頁四六三）脱。

（五二）以交易、變易言《易》，不若『生生之謂《易》』一語括其要也。（《經義考》卷四『《周易》』條『張伯樞曰』文）

案：本條，薈要本（頁四五四）、文津本（頁四六三）同，文淵本（頁四五）脱。

（五三）《易》之有《彖》《象》《文言》也，猶文家之有注釋也；《易》之有《繫辭》也，猶文家之有評論也。（《經義考》卷四『《周易》』條『洪化昭曰』文）

案：『評論』，薈要本（頁四五四）、文淵本（頁四五）同，而文津本誤作『議論』（頁四六三）。

（五四）世謂包羲作八卦，文王重爲六十四，文王係《彖辭》，周公繫《爻辭》，俱非也。（《經義考》卷四『《周易》』條『徐在漢曰』文）

案：『文王係《彖辭》』之『係』，當作『繫』，薈要本（頁四五四）、文淵本（頁四六）、文津本（頁四六三）均承盧刻本之誤。

（五五）世儒有今《易》、古《易》之分。夫文王演羲皇之《易》，孔子翼文王之《易》，後學由孔子之《易》求文王之《易》，由文王之《易》求羲皇之《易》，則知三聖人無二《易》，千萬世無二《易》，聖人先得我心所同然。（《經義考》卷四『《周易》』條『徐在漢又曰』文）

案：『由文王之《易》』之『易』，薈要本（頁四五五）、文淵本（頁四六）同，而文津本誤作『翼』（頁四六四）。

（五六）易，從旦從勿。（《經義考》卷四『《周易》』條『黄宗炎曰』文）

案：『易』，薈要本（頁四五六）、文淵本（頁四七）、文津本（頁四六四）同，備要本（頁三八）作『昜』。按句意，當以『昜』爲是。三種四庫本均承盧刻本而誤。

（五七）勿者，指其象若旗斿也。（《經義考》卷四『《周易》』條『黄宗炎曰』文）

案：『旗』，薈要本（頁四五六）、文津本（頁四六四）同，而文淵本作『旂』（頁四七）。『旂』是『旗』之异體，以『旗』爲正。

（三）《經義考》四庫本三種前四卷异文之統計

以上對《經義考》盧刻本及三種四庫本（薈要本、文淵本、文津本）前四卷文本逐一予以校考，其結果，可以簡略地用下表表示：

表八—三 《經義考》盧刻本及三種四庫本前四卷异文彙總表

條數	盧刻本	薈要本	文淵本	文津本	備注
（一）	乎	—	乎	乎	薈要本脱
（二）	彝	彝	彝	懿	文津本誤
（三）	爲	爲	—	爲	文淵本脱
（四）	輙	輟	輟	輟	盧刻本誤
（五）	弘	宏	弘	弘	均係避諱缺筆或改字
（六）	臣董訥儒林郎	臣董訥儒林郎	臣董訥儒林郎	儒林郎臣董訥	倒文，文津本正
（七）	弘	宏	弘	弘	均係避諱缺筆或改字
（八）	藴	藴	藴	微	文津本誤
（九）	諸	諸	之	諸	文淵本誤
（一〇）	弘	宏	弘	弘	均係避諱
（一一）	二十四日	二十四日	二十四日	—	文津本脱
（一二）	倫	倫	論	倫	文淵本誤
（一三）	刑	刑	—	刑	文淵本脱

續表

條數	盧刻本	薈要本	文淵本	文津本	備注
(一四)	具内外	具内外	具内外	具乎内外	文津本衍「乎」字
(一五)	占	占	占	——	文津本脱
(一六)	諤	諤	諤	諤	當作「鍔」,各本皆誤
(一七)	東北	東北	東方	東北	文淵本誤
(一八)	氏	氏	氏	氏	薈要本正,盧刻本、文淵本、文津本誤
(一九)	五十六卦	五十六卦	六十四卦	五十六卦	文淵本誤
(二〇)	序	序	序	叙	文津本誤
(二一)	寓	宇	寓	寓	异體,以「宇」爲正
(二二)	連山	連山	連山	連	文津本脱
(二三)	逢	逢	逢	峯	文津本誤
(二四)	四千	四千	七千	四千	文淵本誤
(二五)	姮娥	姮娥	姮娥	姮嫦	文津本誤
(二六)	□	注「闕」	聚	注「闕」	文淵本能補其字,佳
(二七)	常娥	常娥	嫦娥	常娥	以「常娥」爲正

續表

條數	盧刻本	薈要本	文淵本	文津本	備注
(二八)	營惑	熒惑	營惑	營惑	薈要本爲正，盧刻本、文淵本、文津本當改
(二九)	爲馬	爲馬	——	爲馬	文淵本脱
(三〇)	毋	母	母	母	盧刻本誤，薈要本、文淵本、文津本正
(三一)	者也	者也	者也	也者	文津本誤倒
(三二)	此類	此類	類此	此類	文淵本誤倒
(三三)	蟲	蟲	蟲	蟲	文淵本誤
(三四)	志	志	志	制	文津本誤
(三五)	楊雄曰……	揚雄曰……	揚雄曰……	——	文津本本條全脱
(三六)	是	是	是	故	文津本誤
(三七)	則	則	其	則	文淵本誤
(三八)	偶	偶	偶	耦	文津本誤
(三九)	戒	戒	戒	誡	文津本誤
(四〇)	辭	辭	辭	詞	文津本正，盧刻本、薈要本、文淵本誤
(四一)	形	刑	刑	形	薈要本、文淵本誤

續表

條數	盧刻本	薈要本	文淵本	文津本	備注
(四二)	得	得	得	配	文津本誤
(四三)	四方	四方	四方	方	文津本脱
(四四)	均	均	均	同	文津本誤
(四五)	尚其辭	尚其辭	尚其辭	尚存其辭	文津本衍
(四六)	組	粗	粗	粗	盧刻本正,薈要本、文淵本、文津本誤
(四七)	邱	丘	丘	邱	文津本未諱改,誤
(四八)	托之	——	托之	託之	薈要本脱,文津本异體
(四九)	于	于	子	于	文淵本正,盧刻本、薈要本、文津本誤
(五〇)	爲	爲	之	爲	文淵本誤
(五一)	見	見	見	——	文津本脱
(五二)	張伯樞曰……	張伯樞曰……	——	張伯樞曰……	本條文淵本脱
(五三)	評	評	評	議	文津本誤
(五四)	係	係	係	係	均誤
(五五)	易	易	易	翼	文津本誤

續表

條數	盧刻本	薈要本	文淵本	文津本	備注
(五六)	易	易	易	易	均誤
(五七)	旗	旗	旂	旗	以『旗』爲正

以表八—三爲基礎，《經義考》之盧刻本以及三種四庫本（薈要本、文淵本、文津本）存在之异文類型及所涉條數，可歸納爲下表：

表八—四 《經義考》盧刻本及三種四庫本前四卷异文統計表〔一〕

傳本	异文類型	所涉條數	小計	合計
盧刻本	誤	(四)(一六)(一八)(二八)(三〇)(四〇)(四九)(五四)(五六)	九	十
	倒	(六)	一	
	避諱	(五)(七)(一〇)	三	

〔一〕說明：第(二六)條涉及補闕（盧刻本有闕字，薈要本、文津本僅注出之，而文淵本能補之），不易歸入异文類型内，因此未計入此表。

續表

傳本	异文類型	所涉條數	小計	合計
薈要本	誤	(一六)(四〇)(四一)(四六)(四九)(五四)(五六)	七	十
	脱	(一)(四八)	二	
	倒	(六)	一	
	避諱	(五)(七)(一〇)	三	
文淵本	誤	(九)(一二)(一六)(一七)(一八)(一九)(二四)(二七)(二八)(三三)(三七)(四〇)(四一)(四六)(五〇)(五四)(五六)	十七	二十四
	脱	(三)(一三)(二九)(五二)	四	
	倒	(六)(三二)	二	
	異體	(五七)	一	
	避諱	(五)(七)(一〇)	三	
文津本	誤	(二)(八)(一六)(一八)(二〇)(二三)(二五)(二八)(三四)(三六)(三八)(三九)(四二)(四四)(四六)(四七)(四九)(五三)(五四)(五五)(五六)	二十一	
	脱	(一一)(一五)(二二)(三五)(四三)(五一)	六	

續表

傳本	异文類型	所涉條數	小計	合計
文津本	衍	(一四)(四五)	二	三十
	倒	(三一)	一	
	避諱	(五)(七)(一〇)	三	

(四) 結論

通過上文對《經義考》盧刻本及三種四庫本(薈要本、文淵本、文津本)前四卷之校考與彙總、歸納,可以得出如下結論(因避諱所造成的文字形體差异除外):

(一) 盧刻本出現誤字九處,倒文一處,合計十處。作爲《經義考》第一個較全之刻本(前四卷屬於初刻本,朱彝尊親手爲之),盧刻本在諸本中文字差异最小,體現了該本作爲初刻本的優越性,理應作爲《經義考》整理之底本。

(二) 薈要本有誤字七處,脱文二處,倒文一處,合計十處。如所周知,《四庫全書薈要》是四庫館臣精心挑選的一套叢書,目的是供弘曆親覽,因此其傳抄水平是很高的。《經義考》薈要本前四卷僅有十處文本差异,竟同底本(盧刻本)持平,即是明證。

(三) 文淵本有誤字十七處,脱文四處,倒文二處,異體字一處,合計二十四處。作爲第一份辦理完訖的《四庫全書》,四庫館臣對此書花費了鉅大的心血與精力。儘管如此,《經義考》文淵本前四卷存在文字差异的數量,竟是薈要本的兩倍多; 可見文淵館臣用心有差,且此本之品質,實不如薈要本精善。

(四) 文津本有誤字二十一處,脱文六處,衍文二處,倒文一處,合計三十處。從文字差异類型上看,文津本較薈要本、文淵本多出衍文一型; 從差异數量上,文津本比文淵本多出五分之一,更是薈要本的三倍; 近占三種四庫本文字差异總數之一半。可證文津館臣在辦理此書時,其態度不能同文淵館臣相提并論,更較薈要館臣相去甚遠。

(五) 綜合起來看,在四庫諸本中,薈要本質量最佳,文淵本次之,文津本最下。

(六) 薈要本、文淵本、文津本雖然質量有差异,但是各有其佳處,甚至分别能糾正底本(盧刻本)之誤,如(四)(一八)(二八)(三〇)(四〇)(四九)等條,因此,都是《經義考》很重要的傳本; 在進行《經義考》之點校、整理及深入研究之時,都不可或缺,需予參考。

(七) 當然,由於本文選取的樣本僅有四卷,如果推及全書,上述統計數字之比例,可能有所出入; 但從總體上看,上述結論之準確性,應予肯定。本題之研究與結論,實爲討論四庫本之優劣等問題,提供了一個較爲可信的樣本。

討論四庫本之優劣,有兩種取徑,一是從清高宗弘曆之禁毁政策入手,選取有代表性之人物作爲切入點，探討清廷所以禁毁之原因及其文化破壞性；二是從校勘入手，通過現有傳本之校考，發現各傳本對於底本之文字差异，判斷其中之是非，爲傳本比較、平議提供堅確之證據。可以預見的是，校勘取徑全面展開以後，第一種取徑必然是包涵於内的；因此，校勘取徑可以説是最爲根本的方法。本節對於《經義考》三種四庫本之校考與平議，正是此一取徑之有益嘗試。

本章對《經義考》的盧刻本及三種四庫本（薈要本、文淵本、文津本）進行考察。研究表明，作爲《經義考》第一個全刻本以及其他各本之祖本，盧刻本雖有各種不足（如文字訛誤及改動等），仍是《經義考》傳本中最重要的一種，宜其作爲校勘整理、學術研究的底本。四庫館臣出於政治需要，對《經義考》有所改易，又因學術水平、敬業態度的不同，使得各四庫本之間存在一定的差异；比較而言，薈要本較佳，文淵本次之，文津本又次之。但對於《經義考》文本校理與研究而言，四庫諸本各有其價值，當在參考之列。

第九章　《經義考》之點校本

《經義考》自問世以降，刊印不斷，學人校正、續補、擬仿之作，遞有問世；而探究版本源流與優劣，進行文本整理與標點，業已成爲學界關注重心之一。檢討既有成果之得失，探索進一步整理之空間與取徑，不僅對於《經義考》之研究與利用而言，有其必要性；而且對於經學文獻之整理而言，亦具備開拓新徑、可資借鑒之意義。

目前，在文本標点、校勘方面，已有三種本子問世：

（一）校正本（指《點校補正經義考》），

（二）新校本（指《經義考新校》），

（三）儒藏本（見《儒藏（精華編）》第一七三—一七六册）。

校正本與新校本，均由臺北『中央研究院』文哲所的林慶彰先生主持，其實是同一傳本的前後兩個階段，可視作『一家二種』。因此，上揭三種，實際上是兩家（臺北『中央研究院』文哲所與北京大學《儒藏》編纂與研究中心)而已。儘管如此,在新校本問世之前的十餘年内,校正本是唯一行世的點校本,在擴大《經義考》的當代傳播與學術影響方面,功不可没;該本在點校中呈現之種種優長與不足,正爲後來新校本、儒藏本,以及更進一步的校補、疏證等,提供可供取資之經驗,同樣具有值得深入研討的價值。

那麽,以上兩家三種之點校本,其校理、標點之水平如何?具有何種價值?又存在何種不足?本章擬對此加以考論。

一　校正本平議

校正本,即《點校補正經義考》,由『中央研究院』中國文哲研究所經學研究室林慶彰先生主持點校,擔任編審者有林慶彰、蔣秋華、楊晋龍、張廣慶等,參與點校者有馮曉庭、許維萍、陳恒嵩、黄智信、汪嘉玲、游均晶、黄智明、張惠淑、侯美珍等〔一〕。林先生帶領的優秀團隊,執行『清乾嘉經學研究計畫』等多項專題研究計畫,召開『元代經學國際研討會』等多次經學研讨會議,整理并出版《陳奂全集》《朱

〔一〕《點校補正經義考·出版説明》,『中央研究院』中國文哲研究所籌備處,一九九七年,頁一—三。該書勒口名單顯示,第一册點校者還有江永川。

彝尊經義考研究論集》等經學家著作集或研究專集，計劃周詳，成果豐碩，引領經學研究方向，有力地推動了中國經學的研究與傳承。

根據林先生《點校説明》[一]，可知先生主持專題研究計畫『點校補正經義考』，采用團隊合作的方式，歷時十五個月告竣，成果即是一九九七年出版之《點校補正經義考》一種（凡八册）。該書以盧見曾補刻本爲底本，參校以文淵本、備要本，成爲《經義考》第一個整理本；該本不僅有斷句、標點，還有校勘、訂正，同時附以翁方綱《經義考補正》、羅振玉《經義考校記》及《四庫全書總目》相關内容，提高了《經義考》使用價值，具有集成式的典範意義，堪稱當時《經義考》最爲精善之版本。林慶彰先生及其學術團隊，在《經義考》文本標點、整理上可謂開辟榛莽，功績昭然。

在新校本、儒藏本問世之前，校正本是《經義考》唯一的標點本，流播學界，廣受重視與使用。筆者在撰寫博士論文及後續科研期間，對此本即多有利用。現就寓目所及，對其成就與不足試予平議[二]。

[一]《點校補正經義考》第一册，頁五—六。

[二] 關於校正本之得失，學界已不乏研究，主要有：彭林《〈點校補正經義考〉第六、七册孝經部分標點疑誤》（《經學研究論叢》第九輯，二〇〇一年），石立善《〈點校補正經義考〉孝經類、孟子類標點指瑕》（《經學研究論叢》第十八輯，二〇一〇年），張宗友《〈點校補正經義考〉易類標點商榷舉隅》（《古典文獻研究》第十二輯，二〇〇九年）、《〈點校補正經義考〉平議》（《古典文獻研究》第十三輯，二〇一〇年）等。楊果霖先生專著《朱彝尊〈經義考〉研究》第一章『六、全書文句的點校』（花木蘭文化出版社，二〇〇五年，頁一六—一七），對《點校補正經義考》一書得失有簡要討論，詳參本文第二部分之注引。

(一) 校正本之成就

《點校補正經義考》,核其名實,則所謂『點校』,即斷句、標點與校對; 所謂『補正』,即附著翁方綱《經義考補正》、羅振玉《經義考校記》、四庫館臣《四庫全書總目》(校正本分别簡稱爲『《補正》』、『《校記》』、『《總目》』)等相關考辨内容; 點校者有所是正,則作成校記,於脚注部分揭出。其成就,一言以蔽之,在新校本、儒藏本問世之前,可稱作《經義考》最爲精善之版本。具體而論,有以下數端:

首先,底本與參校本選擇精審。

《經義考》版本衆多,有初稿本、初刻本、盧刻本(校正本中稱作『盧見曾補刻本』)、四庫全書本系列(如摛藻堂《四庫全書薈要》本、《四庫全書》諸本[如文淵本、文津本等])、浙江書局本、《四部備要》本(校正本中簡稱作『《備要》本』)、錢唐汪氏修補本(校正本中稱作『汪汝瑮補刻本』)、秀水朱氏重修刊本等。點校者選取盧刻本作爲底本,參校以文淵閣《四庫全書》本(校正本中簡稱爲『《四庫》本』。本書稱爲『文淵本』)、《備要》本。朱氏初稿本雖然珍貴,但并非定本,且僅殘存十册; 初刻本惟成《易》《書》《詩》《禮》《樂》等五類(凡一百六十七卷)。盧刻本是在初刻本的基礎上,續刻成爲完帙的,是《經義考》的第一個全本(實有二百九十七卷),其後各種刊本,均溯源於此本。因此,選擇盧刻本作爲底本,最能保持《經義考》全本原貌,是進行點校工作的最佳選擇。四庫全書本系列,按四庫館成例有所删削改易〔一〕，不乏改動與是正之處。點校者取其中文淵本作爲參校本，蓋以《文淵閣四庫全書》最早影印、流傳較廣且易於采獲之故。《四部備要》中所采《經義考》之底本，其來源也可上溯至盧刻本，點校者選取該本作爲參校本，蓋以其經過遞修〔二〕，提供了另一個可供校對的异本。對參校本的選擇，可見點校者力求包羅代表性刊本的用心。

其次，校正本吸收了主要校正著作的成果，具有集成性質，從而提高了《經義考》文本的準確性，極大地方便了對《經義考》的取資利用。

被采録的校正著作主要有翁方綱《經義考補正》、羅振玉《經義考校記》與《四庫全書總目》。翁氏《補正》凡十二卷，共校正了《經義考》一千六百多處訛誤，對其所收條目、著録體例，也有是正，在校正諸作中成果最爲豐碩，『實有足爲竹垞功臣者』（伍崇曜《〈經義考補正〉跋》）。羅氏《校記》既對《經義

〔一〕關於四庫館臣如何删改《經義考》的問題，前揭楊晉龍《〈四庫全書〉處理〈經義考〉引録錢謙益諸説相關問題考述》、林慶彰《四庫館臣篡改〈經義考〉之研究》兩篇專文可參（見本書第七章第三節注引）。

〔二〕吳政上認爲《四部備要》本以浙江書局本爲底本，而浙江書局本是以盧刻本爲底本而重新製版印行的。杉山寛行則認爲《四部備要》本的底本是據盧刻本原版補修的汪氏修補本（見前揭吳政上《經義考提要及版本介紹》、杉山寛行《論朱彝尊的〈經義考〉——主論〈經義考〉之諸版本》二文）。

考》著録之失予以訂正,又於相關條目下附列清儒輯本,爲學者進一步考索提供了便利〔一〕。《經義考》校正著作雖多,點校者僅見以上二種〔二〕,故將其成果全部納入校正本中。《四庫全書總目》大量借鑒了《經義考》的成果,尤其是經部的引據,大大超過了《漢書·藝文志》《隋書·經籍志》等史志目録,以及晁公武《郡齋讀書志》、陳振孫《直齋書録解題》等私家書目。館臣在提要中,對《經義考》訛失之處,也頗多指正(詳本書第七章第三節)。點校者廣羅已有校正成果,隨文相附於相關條目之下,提高了《經義考》的利用價值,對《經義考》的文本整理而言,這種處理堪稱良善,具有集成式的典範意義。

其三,校正本出校頗精,不僅能據《經義考補正》《經義考校記》《四庫全書總目》以正《經義考》之誤,也能自斷其誤,并校正《補正》《校記》《總目》之誤。

以下略爲舉例發明之:

《經義考》卷一一二『王氏(禕)《詩草木鳥獸名急就章》』條,校正本出校云:『「禕」,各本皆同,應作「禕」。王禕,《明史》卷二八九有傳。』(四:一五九)〔三〕此校正《經義考》條目之誤,并指示作者傳記綫索

〔一〕楊果霖曾總結其校勘義例如次:一、根據各書傳本,以補其漏例;二、根據文字訓詁,以求其异例;三、根據相關内容,以補其缺例;四、根據相涉史事,以改其誤例;五、根據學術見解,以斷其歧例;六、根據相關名物,以校其錯例(見楊氏《羅振玉〈經義考目録、校記〉研究》,載《朱彝尊經義考研究論集》,頁五五七—五九二)。

〔二〕《點校説明》稱:『清儒繼起續補者有之,校正者有之……然多未見傳本,僅翁、羅二家之書見存。』(《點校補正經義考》,頁三)

〔三〕本文通例,夾注中前一數字表明册數,後一數字表明頁數(如四:一五九,即第四册第一五九頁)。

例(《經義考》通例,於條目下首載作者生平資料)。

又卷一一八『毛氏(晋)《毛詩草木蟲魚疏廣要》』條載『晋《自序》略曰』:『陸機《草木鳥獸蟲魚疏》相傳日久,愈失其真。予爲潤其簡略,正其淆訛,更有陸氏所未載,如葛、桃、燕、鵲之類,循本經之章次而補遺焉。命之曰《廣要》,雖不敢比於解頤折角之倫,亦僅效王景文《十聞》之一爾。』校正本出校云:『「機」,應依《校正》、《四庫》本作「璣」。』『「倫」,應依《四庫》本作「論」。』(四:二七〇—二七一)此據他本改正所據底本文字之誤。

又卷一五二『朱子(熹)《中庸輯略》』條載『唐順之《序》曰』:『蓋古之亂吾道者,常在乎《六經》、孔氏之外;而後之亂吾道者,常在乎《六經》、孔氏之中。……六家、九流與佛之與吾《六經》、孔氏并也,是門外之戈也。六家、九流與佛之説竄入於《六經》、孔氏之中,而莫之辨也,是室中之戈也。雖然,六經、九流之竄於吾《六經》、孔氏也,其爲説也粗,而其爲道也小,猶易辨也。佛之竄於吾《六經》、孔氏也,則其爲道也宏以濶,而其爲説也益精以密。……』校正本於『六經、九流之竄於吾《六經》、孔氏也』句,出校云:『「六經」,疑爲「六家」之誤。』(五:一六五)點校者實據前後文而下斷語,猶加『疑』字,以示審慎。此校正《經義考》輯録文獻之誤例。

又卷一〇九『段氏(昌武)《叢桂毛詩集解》』條下,校正本附載《四庫全書總目》卷一五《毛詩集解提要》云:『原書三十卷,明代惟朱睦㮮萬卷堂有宋槧完本,後没於汴梁之水,此本爲孫承澤家所鈔,僅存二十五卷,其《周頌・清廟之什》以下并已脱佚。朱彝尊《經義考》載是書三十卷,注曰:闕。又别載《讀詩總説》一卷,注曰:存。今未見傳本,而卷首《學詩總説》《論詩總説》,今在原目三十卷之外,疑即所謂《讀詩總記》者,或一書而彝尊誤分之,或兩書而傳寫誤合之,則莫可考矣。』又録《校記》云:『《四庫》本存廿四卷,《周頌・清廟之什》以下闕。』出校兩條,一云:『「記」,應作「説」。』一云:『按:《毛詩集解》著録於《四庫全書總目》及《文淵閣四庫全書》者皆作二十五卷,《校正》所言「廿四卷」與之不合。』(四:九〇)前一條指正《總目》『《讀詩總記》』當作『《讀詩總説》』,後一條指出《校記》(案:校正本偶誤作『《校正》』)所載卷數之誤。此校正《總目》與《校記》之誤例。

又卷一一七『錢氏(澂之)《田間詩學》』條,校正本附録《補正》云:『《四庫全書》作二十卷。』又録《校記》云:『《四庫》本十二卷。』出校謂:『按:《四庫全書總目》《文淵閣四庫全書》著録作「十二卷」,《補正》所言「二十卷」與之不合。』(四:二六五)此校正《補正》之誤例。

此外,校正本體例謹嚴,操作規範。其中如對《補正》《總目》《校記》的引據,對標點符號的使用,對字體的選擇等,均制定了堪稱精當的原則(《點校凡例》有詳細説明)。這在技術層面爲本書具有高水平提供了保證。而且全書版式疏朗,紙質精良,分裝八册之鉅,較其他出版機構吝惜紙張、細行密字而幾不可識相比,自具氣象,頗便利學人使用。

綜上,林慶彰先生等主持整理的《點校補正經義考》,版本選擇精審,集中了《經義考補正》《經義考校記》《四庫全書總目》的校正成果，出校頗精，體例謹嚴，在新校本、儒藏本問世之前，堪稱最爲精善的《經義考》版本，『足爲竹垞功臣』，嘉惠學林，功德無量。

（二）校正本之不足

無庸諱言的是，校正本仍然存在着一些不足之處。在點校規劃方面，就有以下幾點應當引起注意：

首先，就版本而論，《經義考》版本衆多，盧刻本、文淵本、備要本之外，其他版本必有可資參校之處。例如初稿本（藏台北『故宫博物院』）反映了《經義考》最初的編纂形態，如能旁參該本，揭出與盧氏續刊本不同之處，則可顯示朱彝尊編纂全書之過程。《四庫全書》現存諸本，在抄録時必然存在差异。盡可能地羅致衆本，比勘异同，對點校典籍而言，至爲重要。

其次，校正本彙集了校正《經義考》的三部主要著作（《補正》《校記》《總目》），具有集成性質，是其長處。實則《經義考》校正、續補、擬仿之作頗夥，已有的校正成果，實不限於前揭三種著作。例如，全祖望《讀易別録》三卷、陳矩《孟子弟子考補正》等，其書現存；沈廷芳《續經義考》四十卷，尚存數條於蔣光煦《東湖叢記》内〔一〕。對《經義考》有所是正者，當然也不止於上述專門之作。例如館臣在辦理《四庫全書》事務時，對著録諸書均有校正，與《經義考》相關的成果則集中反映在《欽定四庫全書考證》卷四十六、四十七兩卷内〔二〕。

再次，《經義考》著録條目，能注出卷數及文獻依據，以及存、佚、闕、未見等流存狀況，提供了較多的學術信息；惟於版本，未能著録。章學誠仿《經義考》體例以修《史籍考》，於「所據何本，較訂何人，出於誰氏，刻於何年，款識何若，有誰題跋，孰爲序引，板存何處，有無缺訛，一書曾經幾刻，諸刻有何异同」，詳考備載，以「補朱氏經考之遺」〔三〕。錢東垣續補朱著，對現存之書「注明某氏刊本、鈔本、宋刊本、元刊本、影宋鈔本」等（詳本書第二章第三節）。王重民撰《老子考》，仿《經義考》成例，而以其不注版本爲「美中不足」，遂「於刻本特欲致其詳」（詳本書第七章第一節）。對版本源流予以揭示，無疑能大大提高整理本的學術價值。三氏成例，頗資仿效，已爲《經義考》整理工作指示了能有作爲的一種方向。點校者於此似未措意。

〔一〕對《經義考》續補諸作，拙文《〈經義考〉續補諸作考論》可參（載《古典文獻研究》第十一輯，鳳凰出版社，二〇〇八年，頁三一九—三三六）。

〔二〕王太岳、曹錫寶、王燕緒、朱鈐、倉聖脉、何思鈞等編《欽定四庫全書考證》，書目文獻出版社一九九一年據清内府抄本影印。《經義考》部分在頁一一三二—一一八一。

〔三〕章學誠《論修史籍考要略》，載《章學誠遺書》，頁一一六。

此外，《經義考》著録宏富，條目下輯録之資料過萬條，成爲學人考論經義、取裁文獻之淵藪。惟所輯文獻，多以『某某曰』形式揭出，不明具體出處；又頗多節引、約引，與原文不盡相同；所録序、跋，文末常略去年月。這種現狀，大大影響了對其所輯文獻的直接取資，在一定程度上削弱了《經義考》的利用價值。學人於此，每引爲憾〔二〕。這就爲《經義考》的點校工作提供了大有作爲的空間。但可能受時間限制，點校者於此似未能有所施爲〔三〕。

以上舉其大端而論。若就整理細節而言，校正本也不無瑕疵。在對《經義考》原文、所録《經義考補正》與《四庫全書總目》相關考辨文字的處理上，在出校（注）、標點等方面，校正本均有不足之處，尤以標點問題爲最。以下對各方面處理未當之處，略予舉例明之（標點問題，本文第三小節專予討論）。

一、處理《經義考》文本未當之舉例

對《經義考》文本，點校者頗有處理未當之處，約有以下幾種情形：

〔二〕楊果霖指出：『（點校本）《校文》的部份，則僅收録《四庫全書》本、《四部備要》本等二種版本，僅能反映异本之間的差异，若能還原引文的原始出處，取以校勘，將能發現更多的改動情況，且能將查考的引書來源，仿錢熙祚補訂《古微書》之例，附記於引文之末，如此一來，將能提高校勘的價值。此外，若能再補充原經籍的相關版本，甚至補充其藏地的資料，除有助於查考經籍的存佚之外，將更便於讀者的使用。昔日章學誠嘗欲補充《經義考》缺録版本的缺失，惜其理想未能實現，以今日的學術環境，將較易達成此一目標，若能群策群力，補齊其缺録版本的不足，將能提高全書的參考價值。』（參氏著《朱彝尊〈經義考〉研究》，頁一七）

〔三〕據《點校説明》，林先生等主持的點校工作始於一九九四年三月，完成於次年六月（《點校補正經義考》，頁五）。

（一）脱漏例

如《經義考》卷七三『《百篇尚書》』條載『王肅曰』：『上所言，下爲史所書，曰《尚書》也。』此條盧刻本、文淵本、備要本均有，而校正本失載（三：一三四）。

又如《經義考》卷二八七刊石類『漢《一字石經》』條載『趙明誠《金石録》曰』：『……《洛陽記》又云：「《禮記碑》上有諫議大夫馬日磾、議郎蔡邕等名，今《論語》《公羊》後，亦有堂谿典、馬日磾等姓名尚在，據《邕傳》稱，邕以經籍去聖久遠，文字多謬，俗儒穿鑿，疑誤後學，乃奏求正定，自書於碑，於是後儒晚學，咸取正焉。……』（八：五九一）案：其中『議郎蔡邕等名，今《論語》《公羊》後，亦有堂谿典、馬日磾』等二十字，爲校正本所脱，蓋因前後均有『馬日磾』而目誤。

（二）誤以注文爲正文例

注文指《經義考》原文中夾注内容，校正本均以小號楷體字標示。然而亦有誤作正文者。如《經義考》卷八四王氏（柏）『《書疑》』『《書經章句》』『《尚書附傳》』諸條下，朱彝尊按語云：『……《書》則於《舜典》「舜讓於德弗嗣」下補入《論語》「堯作帝曰咨爾舜，天之曆數在爾躬。允執其中，四海困窮，天禄永終」二十四字……』（三：三八八）諸本『堯作帝曰』均作正文，點校者亦未詳察，强予標點，扞格不通。實則經文但作『堯曰』，『作帝』二字乃朱氏注文。

又如卷八九『豐氏（坊）《古書世學》』條，所載『顧炎武曰』文中『鄞人言出其子坊僞撰』一句，爲顧氏自注之文，而校正本誤作正文（三：四七九）。

又如卷九四『傅氏（寅）《禹貢集解》』條，記其存佚曰：『存闕。』（三：五七九）按朱氏著録通例，『存闕』二字并列，殊爲不倫，實則『闕』字當爲注文，爲後補以明其現狀者。

（三）誤以原文爲引文例

校正本通例，凡引《經義考補正》等《經義考》原本之外的文字，俱作引文格式處理（另起段落，以《補正》《總目》《校記》字樣領起，引文作楷體，均低一格書寫）。而校正本卷九三程氏（大昌）『《禹貢論》』『《禹貢論圖》』『《禹貢後論》』諸條下，在引用《補正》一條文字後，所載『大昌《自序》曰』『又自序《後論》曰』兩條《經義考》原有文字，却誤作引文處理（三：五七二—五七四）。

（四）誤以輯録文獻爲朱氏按語例

輯録文獻指《經義考》條目之下所輯序、跋、諸儒論説等，爲輯録體提要之主體；朱氏有所考論，則以按語形式附於輯録文獻之後。《經義考》卷二二五『李氏（公麟）《孝經圖》』條，校正本載朱彝尊按語云：『按：《中興聖政録》：「紹興五年，建國公初出資善堂，冲書李公麟《孝經圖》以進。」陸完曰：龍眠居士圖《孝經》，雖曰「隨章摭其一二」，然自天子以至於庶人，威儀動作之節，與夫郊廟之規模、閭里之風俗、器物之制度、畜産之性情，亦略備矣。』（七：一二）案：上文自『陸完曰』以下，實爲朱氏輯録之資料，校正本誤作按語格式處理（較正文低三格）。

二、引據《經義考補正》處理未當之舉例

校正本對翁方綱《經義考補正》的引據,亦有誤引文爲《經義考》原文者(如《經義考》卷二一二『孟氏(整)《論語注》』條下所引),但以脱漏、誤置者爲多。

(一)脱漏例

如《經義考》卷二四二『楊氏(安國)等《五經精義》』條載《玉海》曰:『……十一月甲寅,御邇英閣,侍讀上《尚書解節》三十卷。……』(七:三六二)《補正》卷一〇對此有所是正,謂:『《玉海》條内《尚書解節》當作「節解」。』[一]此條校正材料,校正本失載。

又如卷二九八通説類《隋書·經籍志》文,校正本録《補正》一則,云:『按:《後漢書方術傳注》有脱;又案《後漢書方術傳注》此《推度灾》至《援神契》五種俱在七緯之内,此云七緯三十六篇外又有此五篇,疑誤,檢《隋志》與此同,姑仍之。』(八:八六八—八六九)核諸《補正》,可知校正本於『有脱』二字之前,脱去『載《七緯篇目》,止三十五,而此云三十六,疑《後漢書》注』[二]二十字。(前文作『按』,則後文『又案』當作『又按』。)

校正本通例,引用《補正》時,必於文末注出卷次、頁碼。然亦有未能注出者。如卷二七一『邵子

[一] 翁方綱《經義考補正》(《叢書集成初編》本),商務印書館,一九三七年,頁一五二。
[二] 翁方綱《經義考補正》,頁一九一。

（雍）《皇極經世書》』條下，校正本録《補正》一則（八：一七〇），并未循例注出卷次與頁碼，蓋偶脱之。

（二）誤置例

校正本通例，引用《補正》《校記》及《總目》時，所引内容緊接相關條目之下，随文標示。但也有誤置者。如《經義考》卷七三『《百篇尚書》』條末有朱氏按語兩條，一談高麗、日本《古文尚書》流傳事，一輯《白虎通德論》所引《尚書》文并論其歸屬。校正本於第二條按語下録《補正》云：『竹垞案語引《日本刀歌》「傳聞其國居大海」，「海」當作「島」。方綱按：竹垞既援歐詩《日本刀歌》，固不能以脅然不獻即驗其必無，亦不能以高麗之無，決日本不有也。又按：高麗宣宗以乙丑歲嗣立，其八年是宋元祐八年，亦非六年也。』（三：一四二）審其内容，此條《補正》當置於第一條朱氏按語後。

又卷七四『《今文尚書》』條，校正本於『劉知幾曰』一條下，引《補正》云：『孔穎達條内「大航頭」，「航」字，丁杰據《經典釋文序録》及字書改「䑪」。』（三：一六四）此條補正顯然當附於上條『孔穎達曰』之下。

又卷二六九『王氏（涯）《太玄經注》』條，校正本引《補正》云：『案：今萬玉堂刻本有之，并不闕。』（八：一〇九）《補正》言『并』者，實兼包下文王氏『《説玄》』條而言，故本條《補正》當置於王氏『《説玄》』條之下。

此外如卷一二九『周氏(夢暘)《考工記評》』條,校正本於『林兆珂曰』下所引《補正》資料(四: 五五八),當置於上文『郭正域《序》曰』後; 卷一七一『董子(仲舒)《春秋繁露》』條,校正本於『黄震曰』下所引《補正》資料(五: 五五七),當置於上文『陳振孫曰』之後; 卷二二二『《古文孝經》』條,校正本於『許冲曰』下所引《補正》資料(六: 七九五),當上置於『班固曰』之後; 又卷二三二『趙氏(岐)《孟子注》』條,校正本於『《後漢書》』下所引《補正》之案語部分(七: 一一八),實應下置於『晁公武曰』之後。

三、引據《四庫全書總目》處理未當之舉例

校正本引據《四庫全書總目》諸提要,多爲節引。處理未當處,除誤以注文爲正文者(如卷七八『孔氏(穎達等)《尚書正義》』條所引《尚書正義》條提要)外,主要有以下兩類:

(一) 誤拆例

校正本通例,引據《總目》時,於文末注出卷次、頁碼及所屬提要。而《經義考》卷八一『吕氏(祖謙)《書説》』條下,校正本引《總目》云:

是編《文獻通考》作十卷,趙希弁《讀書附志》作六卷,悉與此本不合,蓋彼乃祖謙原書,未經編次,傳抄者隨意分卷,故二家互异。此本則其門人時瀾所增修也。原書始《洛誥》,終《秦誓》,其《召誥》以前《堯典》以後,則門人雜記之語録,頗多俚俗。瀾始删潤其文,成二十二卷,又編定原書爲十三卷,合成是編。(卷一一,頁十四,《書説》提要)(三: 三二二六)

吴師道曰：『清江時鑄，字壽卿，吕成公同年進士，與弟鋹率群從子弟十餘人，悉從公游。若澐、若瀾、若溼，尤時氏之秀。成公輯《書説》，瀾以平昔所聞纂成之，今所行《書傳》是也。』然則是書一名爲《書傳》矣。（卷一二，頁十五，《書説》提要）（三：三二六—三二七）

案：以上兩條《總目》，文字相承，實爲一條（即《總目》卷一一《書説》條提要），點校者將其拆爲兩條，末條并誤書其所屬卷次。

（二）重出例

指同一條提要重複引據。如校正本於卷一〇八『謝氏（升孫）《詩義斷法》』條（注云：『佚。』四：八四）、卷一一〇亡名氏『《詩義斷法》』條（注云：『一卷。』『佚。』四：一二五）下，均引《總目》云：

朱彝尊《經義考》載宋謝叔孫《詩義斷法》，不列卷數。注引《江西通志》曰：『叔孫，南城人，舉進士，官翰林編修。』又載《詩義斷法》一卷，不著名氏。注曰：『見《菉竹堂書目》』，并云已佚。此本五卷，與後一部一卷之數不符，其叔孫之書歟？（卷一七，頁七，《詩義斷法》五卷提要）

案：《總目》既已判定其書爲五卷本，且謝升孫條下已有引據，則不當重出於亡名氏一卷本條下。又如卷二〇五『王氏（震）《左傳參同》』條、卷二〇八『王氏（名未詳）《春秋左翼》』條，校正本所引《總目》『《春秋左翼》』條提要亦重出。

四、出校未當舉例

校正本通例,凡《經義考》文本不同版本之間存在差异,或對其文本有所是正,均予出校,當頁注出;如《經義考補正》《經義考校記》《四庫全書總目》等對《經義考》文本有所辨正,點校者也采其結論,予以出校;如認可其辨正成果,點校者即在注釋中據以校正。出校體例,頗稱謹嚴。惟《經義考》著録宏富,頭緒紛繁,出校難免有不妥之處。細按全書,約有以下幾種情形:

(一)失校例

校正本失校之處,有以下幾類:

(甲)《經義考》版本之間存在差异,點校者未能校出。如鄭氏(玄)『《尚書大傳注》』條,爲《四庫》本所無,點校者即未能出校。此條目失校例。

版本之間更大的差异是在文本上。如卷一〇〇『漢楚王(交)《詩傳》』條載『劉城曰』,『秦、漢間急攻戰』句,校正本脱去『間』字(三:七四二);卷一〇一『鄭氏(玄)《毛詩箋》』條朱彝尊按語中『古之人無擇』句,《四庫》本脱去『之』字(三:七七〇);卷一〇二『蔡氏(謨)《毛詩疑字》』條,據下文朱彝尊按語,知當作『《毛詩疑字議》』,諸本皆脱『議』字(三:七九二)。此類失校極夥。

(乙)《補正》等有所考辨,點校者未按通例出校。如《經義考》卷一四一『張子(載)《禮記説》』條,《補正》指出魏了翁《序》内『若有聞焉』,『聞』當作『問』(四:八一四),校正本即無注加以説明。

(丙)《經義考》版本之間雖無差异,而原文實有誤,點校者未能校出。如卷七二『《三皇五帝之書》』條載『方孝孺曰』:『書之名真而實僞者多矣,何從而信之哉?亦在慎辨之爾。』(三:一二八)此文實出自方氏《遜志齋集》卷四《讀三墳書》一文,其中『慎』當作『審』。又如卷九九『卜子(商)《詩序》』條載『許孚遠曰』一條(三:七三〇—七三二),其中引《史記》语云:『古者《詩》三千餘篇,孔子去其重,取其施於禮義……』案:『取其施於禮義』之『其』,當作『可』。

(二)誤校例

如卷九九『卜子(商)《詩序》』條載蔣悌生『又曰』:『論者謂《詩大序》非聖人不能作……意者采詩之時,皆總諸國史,條其篇類,明其義理,然後轉授瞽矇,使誦於王之左右。不然,則矇乃無目之人,若非他人相而詔之,又何從知其條類義理而誦之邪?』校正本出校云:『「轉」,《四庫》本同,應依《備要》本作「傳」。』(三:七二九)實則國史與瞽矇,所屬不同,當用『轉授』。檢蔣氏《五經蠡測》卷三,正作『轉』字。

又如卷一二九『周氏(夢暘)《考工記評》』條載『郭正域《序》曰』,校正本注云:『「萬」,《補正》、《四庫》本作「萬」。』(四:五五五六)檢《四庫》本,實作『萬』字。

(三)有校無斷例

指校正本雖予出校,但并未作出應有的推斷。如卷七八『亡名氏《尚書闡義》』條,據《隋志》著録爲

『一卷』。校正本出校謂：『「閏」，《備要》本作「潤」。』（三：二五一）檢《隋志》，即知備要本作『潤』字之誤。

又如卷一三〇『《儀禮》』條載朱子『又曰』，引『陳振叔説《儀禮》』云云。校正本出校謂：『「陳振叔」，《四庫》本作「陳振孫」。』（四：五七六）案：據下文所引『陳振孫曰』，即可斷所謂『陳振叔』當作『陳振孫』。

又如卷二七三『張氏（霸）《僞尚書》』條載《漢書》所記張霸《百兩篇》事，校正本出校云：『「霸以能百兩徵」，《四庫》本「能」下有「爲」字。』（八：二二二四）下文又引《補正》云：『《漢書》條内「以能百兩徵」，「能」下脱「爲」字。』（八：二二二五）按《補正》所校，此『爲』字當補。

（四）出校不全例

指校正本雖予出校，而未能對相關現象予以全面概括。如卷二三八『羅氏（願）《爾雅翼》』引『顧璘《跋》曰』一條，校正本出校云：『《四庫》本本條全闕。』（七：二二七六）實則此下『都穆《序》曰』一條，《四庫》本亦全闕，校正本未能出校。

此外，《經義考》諸本之間有規律性的文字差异，如加總括性説明，即可省去一一出校之繁瑣。如『注』，文淵本每作『註』；『邱』，文淵本每作『丘』；避諱字『玄』，文淵本常作『元』等。

（三）校正本之標點問題

點校古籍，最難在斷句與標點。校正本雖由名家主持，優良團隊操作，仍不免於標點上出現失當之處。筆者對其易類標點之失，曾有是正[一]。除無意之脱漏者外（此類頗多，不予舉例），大都因爲誤解文意致標點不當。若綜其形式，大致有以下幾種：

一、斷句有誤例

此類極夥。如《經義考》卷一〇五『董氏（逌）《廣川詩故》』條引《中興藝文志》：『建炎中，逌載是書而南其志，公學博不可以人廢也。』（四：五）[二]實當作：『建炎中，逌載是書而南，其志公學博，不可以人廢也。』

又如卷一二五『吴氏（當）《周禮纂言》』條載『陸元輔曰』：『臨川吴當伯尚，至正二年以薦授國子助教……明太祖至江州召見，長揖不屈，隱居吉水之谷坪，卒羅一峰。嘗言吴文正公考《周官》以正六典，

[一] 拙文《〈點校補正經義考〉易類標點商榷舉隅》拈取九例加以訂正，并總結云：『合而觀之，大都因不明名物制度，失於察考，或未能檢核相關文獻等而致誤。此外，還頗有因對文化或學術常識有所忽視，或對文獻層次未加措意而標點失當者。』（頁四七四）檢視全書，致誤之由大抵如此。

[二] 本節引用《經義考》文字，如無特殊説明，標點全依校正本。

以《大司徒》之半補《冬官》之缺,蓋取俞氏、丘氏之論也。……』(四:四六三)蓋以『羅一峰』爲地名。羅氏名倫,《明史》有傳。

又如卷一三三『敖氏(繼公)《儀禮集説》』引敖繼公『又《後序》曰』:『夫《記》者,乃後人述其所聞,以足經意者也,舊各置之於其本篇之後者,所以尊經而不敢與之雜也。朱子作《儀禮經解》,乃始以記文分屬於經文每條之下,謂以從簡,便予作集説,而於此則不能從也,予非求异於朱子也,顧其勢有所不可耳……』(四:六三六—六三七)案:細繹其文,『謂以從簡,便予作集説』,『便』字當屬上,與『簡便』成詞。下文有『雖未必盡如其所謂以從簡便之説』等語,可爲旁證。

又如卷二一二『李氏(充)《論語釋》』條下朱彝尊按語:

按:《釋文》:『予所否者,引李氏《釋》云。否,備鄙反。』(六:六一七)

案:所斷不通。宜作:

按:《釋文》『予所否者』引李氏釋云:『否,備鄙反。』

李氏指李充。見陸德明《經典釋文》卷二六《論語·雍也第六》部分音義。

又如卷二二一『王氏(肯堂)《論語義府》』條下『王綱振曰』:

損庵先生見世所行講説類多蕪陋,不足發明聖賢本旨,乃裒集儒先語録,下及近儒諸説經者,

凡數百家，選而輯之，時折衷以數語，名曰《義府論語》。最先脱稿，計四十餘萬言，因先刻之。（六：七七九—七八〇）

案：繹其文，王氏『義府』之作，《論語》祇是其中一種，故宜斷作：『名曰《義府》。《論語》最先脱稿……』

二、誤斷書名例

《經義考》通考歷代經義著作，廣録諸儒論説，所涉古人著述極多，校正本因此在書名的標示上，常有誤判。大致有以下幾種情形：

（一）誤合書名例。如卷一七八『馮氏（繼先）《春秋名號歸一圖》』條載『岳珂曰』：『《春秋名號歸一圖》二卷，馮繼先撰。刊本多訛錯，嘗合京、杭、建、蜀本參校……廖本無《年表歸一圖》，今既刊《公》《穀》，并補二書以附《經》《傳》之後。』（五：七五二—七五三）《年表》《歸一圖》即下文所言之『二書』，此誤合爲一。

（二）誤判爲書名例。如卷一五一『胡氏（瑗）《中庸義》』條載『晁説之曰』：『小人之《中庸》也，王肅本「之」下有「反」字，胡先生、温公、明道皆云然。』（五：一四一）案：首句乃《禮記》中語，『中庸』非書篇名，不當有書名號。又如卷二一三『韓子（愈）《論語注》』『《論語筆解》』條下引『王楙曰』，有句作『僕又觀《退之别集》《答侯生問論語》一書有曰』（六：六四一）。『退之别集』并非書名。

(三)應加書名號例。如卷九四『韓氏(邦奇)《禹貢詳略》』條載『邦奇《自序》曰』:『略者,爲吾家初學子弟也。復講説者,舉業也。詳釋之者,俟其進而有所考也。』(三:五八七)案:『略』指《禹貢詳略》,故當加書名號。

(四)人名、書名互淆例。如卷二〇九劉氏(城)『《竹書師春》』條載『黄伯思曰』:『晋太康二年,汲郡民不準盗發魏襄王冢,得古竹書,凡七十五篇。晋征南將軍杜預云:别有一卷,純集《左傳》卜筮事,上下次第及其文義皆與《左傳》同,名曰《師春》。《師春》似是鈔集人名也。今觀中祕所藏,師春乃與預説全异……』(六:五五二)末數句宜標點作:『「師春」似是鈔集人名也。今觀中祕所藏《師春》,乃與預説全异……』

(五)誤以篇名爲書名例。如卷一七六『孔氏(穎達等)《春秋正義》』條載『穎達《序》曰』:『按《家語》《本命》云……』(五:六七九)案:《本命解》是《孔子家語》的篇名,故宜標點作:『按《家語·本命》云……』

此外,如卷一六九『左丘子(明)《春秋傳》』條載吕大圭『又曰』:『蓋《左氏》曾見國史,而《公》《穀》乃經生也。』(五:五二三)案:《經義考》中雖多處用《左氏》《公》《穀》作爲《左氏傳》《公羊傳》《穀梁傳》之簡稱,但此處顯係人名,不得加書名號。校正本中此一錯誤頗多。

三、應標引號例

如文獻中復有引文，校正本常標引號以明示之，體例頗善。然亦有應標未標者。如卷一四〇『成氏(伯璵)《禮記外傳》』條下朱氏按語：『按：《禮記外傳》，今逸不傳。《太平御覽》每引之，有曰吉、凶、軍、賓、嘉五禮之目也。吉禮者，祭祀郊廟社稷之事是也……唐、虞之際，五禮明備，周公所制文物極矣。觀此，則一書之大綱略可見也。』(四：八〇九—八一〇)案：其中『有曰』以下爲所引之文，至『極矣』而止，當標引號，以免與朱彝尊之語混爲一談。其中文字差异處，亦應出校[一]。

又如卷一八三『張氏(根)《春秋指南》』條載『汪藻《序》曰』：

《六經》惟《春秋》爲仲尼作，聖人見其所志之書也。……然其褒貶一出乎天下是非之公，豈故爲殊絶甚高之論，使後人有不可及之嘆哉！不知班固何所授之，立爲弟子，退而异言之説，開後世諸儒相訴病之端。……(五：八五七—八五九)

案：『立爲弟子，退而异言之説』不通。班固《漢書·藝文志》春秋類序作『弟子退而异言』，當據此標示引號。

[一] 檢《太平御覽》卷五二三《禮儀部二·叙禮下》，知朱氏所引賓禮、軍禮次序相反。又，『記』當改爲『紀』，『雖尤』當作『蚩尤』，『焉』字當改爲『爲幣』(中華書局一九六〇年影印商務涵芬樓影宋本，頁二三七五)。

又如卷二二四『程子（頤）《論語説》』條載『康紹宗曰』：『伊川先生《論語解》，時氏本至麻冕禮也，一章而止。然以《大全集》校之閣本，詳略不同。』（六：六五九）案：『麻冕禮也』爲《論語解》内容，康氏用以表明起訖，當加引號，并與下文連屬。

四、誤斷直接引文範圍例

如卷一六八『《百國春秋》』條下朱彝尊按語：

按：《公羊傳》有『不修《春秋》』，則魯之《春秋》也。』周、燕、齊、宋皆有《春秋》，載在《墨子》，合以晋《乘》、楚《檮杌》、鄭《志》、《百國春秋》之名，僅存其八而已。（五：五一〇）

案：『不修《春秋》』爲《公羊傳・莊公七年》文，『則魯之《春秋》也』爲朱氏按語。

又如卷二一五『劉氏（彛）《論語講義》』條載『彛《自序》曰』：

……雖然若孔子者，非學也，故曰：『予非多學而識之，吾道一以貫之而已矣。』故曰：『我非生而知之，好古敏以求之而已矣。』……（六：六七三—六七六）

案：『而已矣』非孔子語，故宜標點爲：

……雖然，若孔子者，非學也，故曰『予非多學而識之』、『吾道一以貫之』而已矣，故曰『我非生而知之』、『好古敏以求之』而已矣。……

五、前後未能一貫例

校正本標點，頗多前後未能一貫者，甚至一段之中，即有差异。如卷八〇『林氏（之奇）《尚書集解》』條載『之奇《自序》曰』一段，時作『伏生之書』『孔壁續出之書』，時作『伏生之《書》』『孔壁續出之《書》』（三：二九五—二九八）。又如卷二一〇『張氏（以寧）《春王正月考》』條，凡『經』字俱作『《經》』字，致『《經》史傳記』并列，頗爲不倫（六：五六五—五六八）。標點有差异的詞語，校正本中常見的有以下幾組：經、《經》，傳、《傳》，古文、《古文》，今文、《今文》，《春秋三傳》、《春秋》三傳，《四庫》本、《四庫本》，注云、《注》云，等等。另外在標記六十四卦卦名時，書名號時有時無，亦未能統一。

需要指出的是，校正本標點未善之處，有時并不限於上舉某一類之情形，而是混合雜糅，層次紊亂，頗失理據。兹舉兩例：

《經義考》卷二二一亡名氏『《孔子三朝記》』條，校正本引《補正》云：

聘珍按：《漢藝文志》『《孔子三朝》七篇』，師古注：『今《大戴禮》有其一篇《高帝紀注》，臣瓚曰「《孔子三朝記》」云「蚩尤，庶人之貪者」，師古曰「瓚所引者同是《大戴禮》，出用兵篇而非《三朝記》也。《蜀志・秦宓傳》：「昔孔子三見哀公，言成七卷。」裴松之注：「劉向《七略》曰孔子三見哀公，作《三朝記》七篇，今在《大戴禮》。臣松之案中經部有孔子《三朝》八卷，一卷《目録》，餘者所謂七篇。今撿《大戴記》中『千乘四代虞戴德誥志小辨用兵少閒』皆對哀公之言，然《大戴》無『三朝

記』之名，未知師古所謂『一篇』者，意何屬也？（六：七八六）

案：『用兵』二字，校正本標以專名綫。實宜標點作：

聘珍按：《漢藝文志》『《孔子三朝》七篇』，師古注：『今《大戴禮》有其一篇。』《高帝紀注》，臣瓚曰：『《孔子三朝記》云：「蚩尤，庶人之貪者。」』師古曰：『瓚所引者同是《大戴禮》，出《用兵篇》，而非《三朝記》也。』《蜀志·秦宓傳》：『昔孔子三見哀公，言成七卷。』裴松之注：『劉向《七略》曰：「孔子三見哀公，作《三朝記》七篇，今在《大戴禮》。」』臣松之案：《中經部》有《孔子三朝》八卷，一卷《目録》，餘者所謂七篇。』今撿《大戴記》中『千乘四代虞戴德誥志小辨用兵少閒』，皆對哀公之言，然《大戴》無『三朝記』之名，未知師古所謂『一篇』者，意何屬也？

又如卷二五八『樊氏（良樞）《四書參解》』條載『良樞《自序》曰』，校正本作：

參於古之謂參，參於師友之謂參，參於獨見之謂參，兩人相商之謂參，兩書相證之謂參，《易》曰『參天倚數必參之，而數可極也』，又曰『參伍以變，必參之而變可通也』，荀卿曰『窺敵制變，欲伍以參』，韓非曰：『參之以比物，伍之以合參。』説、參莫辨於此矣。然必如《中庸》之天地參而後謂之參，吾所謂『參與聖賢』，『參』之謂也，參則解矣，今之讀書本直也，而曲解之本易也，而僻解之本深也，而淺解之有甚不費解，而終身索解不得者；有强作分解，而究竟不知其解者，所由不自參照

之故也。（七：六六一—六六二）

案：宜標點作：

參於古之謂參，參於師友之謂參，參於獨見之謂參，兩人相商之謂參，兩書相證之謂參。《易》曰：『參天倚數必參之，而數可極也。』又曰：『參伍以變，必參之而變可通也。』荀卿曰：『窺敵制變，欲伍以參。』韓非曰：『參之以比物，伍之以合參。』説『參』，莫辨於此矣。然必如《中庸》之『天地參』而後謂之『參』，吾所謂『參』，『與聖賢參』之謂也，參則解矣。今之讀書，本直也，而曲解之；本易也，而僻解之；本深也，而淺解之。有甚不費解，而終身索解不得者；有强作分解，而究竟不知其解者，所由不自參照之故也。

以上申論校正本之成就，并指陳其瑕。必須説明的是，校正本雖然存在不足，但并未掩其成就；在《經義考新校》及儒藏本未出之前，該本理所當然地成爲學人利用的最佳選擇。（筆者從事《經義考》專題研究，即頗拜該本之賜，并承林慶彰先生惠贈該書。）

二　新校本平議

新校本即《經義考新校》。所謂『新校』，是相對於《點校補正經義考》（校正本）之『舊校』而言。從傳承上看,《經義考新校》是《點校補正經義考》的修訂本、『升級版』,雖名稱有异,而整理旨趣、方法與主持者(林慶彰先生)及主要參加者未變,實際上屬於『同一家之言』,屬於同一傳本系列,可視作『一家二種』。

(一) 緣起

在儒藏本未出以前,新校本是朱彝尊《經義考》最爲精善之版本; 在儒藏本問世之後,新校本仍然具有同等重要之參考價值。此一論斷之得出,是基於以下兩個事實:

其一,《經義考新校》(『新校本』)以《點校補正經義考》(『校正本』)爲基礎,具備了良好的學術前提。林慶彰先生主持《點校補正經義考》計劃時,以盧刻本爲底本,參校以文淵本、備要本,并彙入翁方綱《經義考補正》、羅振玉《經義考校記》及館臣《四庫全書總目》等相關成果,經過精心整理,使該著具有開創性(此前《經義考》尚無整理本)與集成性,受到學界之矚目與廣泛使用。鑒於該本還存在許多不足,林慶彰先生復主持重校工作,遂有新校本。

其二,林慶彰先生組織了優秀的學術團隊,重校之時,擴大了參校本的範圍,加大了文稿整理與審讀的力度。新校本《點校凡例》首云:

本書點校部分,以『中研院』歷史語言研究所傅斯年圖書館藏盧見曾補刻本爲底本,加上新式標點；以《文淵閣四庫全書》本（簡稱『文淵閣《四庫》本』）、《文津閣四庫全書》本（簡稱『文津閣《四庫》本』）、《四部備要》本（簡稱『《備要》本』），詳加校勘。補正部分，則據廣文書局影印之翁方綱《經義考補正》（簡稱《補正》）、臺灣商務印書館景印文淵閣《四庫全書總目》（簡稱『《四庫總目》』）、廣文書局影印之羅振玉《經義考目録校記》（簡稱《校記》）。〔一〕

知此次新校，增加了《經義考》之文津閣《四庫》本（本書簡稱『文津本』）作爲參校本。實際上，筆者在研讀中發現，《經義考》之摛藻堂《四庫全書薈要》本（本書簡稱『薈要本』），也在參校之列。

在文稿整理與審讀方面，除精心校核外，林先生還另外約請了十位經學專家分司審閱〔二〕。據林先生《經義考新校序》，知此次新校，覆校始於二〇〇七年九月，而完成於二〇〇八年十二月；二〇〇九年一月開始撰寫校記，於十二月告成，爲時一年；次年五月至八月，由十位專研經學的學者『重新審閱，訂正點校的錯誤』〔三〕。由此可知，全部工作費時共計三年，較校正本用時爲豐。通過上述努力，《經義考新校》當能精益求精，更上層樓。

以上兩點，從學術力量與操作規程上保證了《經義考新校》的學術質量。例如，本書第八章所考察

〔一〕《經義考新校》，上海古籍出版社，二〇一〇年，頁一。
〔二〕以上參見林慶彰先生《經義考新校序》及書前《點校凡例》。
〔三〕林慶彰先生《經義考新校序》，載《經義考新校》，頁六。

之論語類『《古論語》』條,新校本即新增七條注釋(校語),即是明證。《新校》之嘉惠學林,有功經學,自不待言。

如所周知,古典文獻之整理,凡一段工作之告竣,一個新本之問世,往往意味着新的研究與整理工作的開始。《經義考新校》之於《點校補正經義考》,正是如此。那麼,《經義考新校》之整理、專家之審定,是否仍有其不足;個中經驗,是否能昭示新的整理方向?此類問題的提出,是新校本問世後的必然追問,也是對林先生及其學術團隊所作貢獻的應有禮敬。

《經義考新校》由上海古籍出版社出版,自面世後,即以其點校之精良、購得之容易(定價較合理),取代《經義考》此前各種傳本(包括校正本),成爲最新通行之本。對於該本中存在之問題,學界雖有關注〔一〕,但就研究深度與廣度而言,還遠遠不够,頗有深入探索的必要與空間。

爲探討《經義考新校》的點校水平、整理質量,筆者在既有研究基礎之上,采取以下兩個途徑:其一,以《經義考》論語類『《古論語》』條、《孟子》類『《孟子》』條作爲精讀之對象,通過溯源式考察,以發現新校本之優長與不足。其二,選取新校本若干校記(本書選擇最初之五十條),加以覆核,以明其出校

〔一〕《江海學刊》二〇一六年第四期載有《〈經義考新校〉校讀札記》一文(作者韓李良),對《新校》之失略有糾擿,惜文僅千言,例僅六條。筆者在考察楊果霖先生大著《〈經義考〉著録『春秋類』典籍校訂與補正》時,曾涉及《新校》有違其《凡例》原則之例(詳本書第十章)。

原則與質量。

（二）新校本『《古論語》』條、『《孟子》』條校考析論

本書第八章第一節，曾對《經義考》論語類『《古論語》』條、《孟子》類『《孟子》』條進行詳細校考，過録了新校本的校記，標點也以新校本爲準。因此，在考察《經義考》盧刻本文本面貌的同時，也爲討論新校本的點校質量問題，提供了文獻準備。

由『《古論語》』條之校考可知，新校本尚存在以下不足：

一、文字訛誤，未能校出

此類如：

（一）『惟與王充《譋衡》頗有出入』，『《譋衡》』當作『《論衡》』。（案：參前文第二一一·一·〇四節下所考。爲省繁文，以下僅標小節序次。）

（二）『敕己之時』之『己』，當從《論衡》諸本作『記』。（二一一·一·〇四節）

（三）『至昭帝女讀二十一篇』，『女』字當作『始』。（二一一·一·〇四節）

其中（一）内『譋』字之誤，最爲顯然，點校者、審讀者、校對者如能稍加注意，即可發現，未免可惜。

二、文字脱漏,未能校補

此類有:

(四)『故但以八寸』,據《論衡》諸本,知其末脱一『尺』字,當據補。(二二一・一・〇四節)

(五)『不二尺四寸也』,『不』下當補『以』字。(二二一・一・〇四節)

三、句讀有失

此類如:

(六)『弟子共紀孔子之言行敕己之時甚多』,當於『言行』下斷句。(二二一・一・〇四節)

(七)『以其遺非經傳文,紀識恐忘』,當作『以其遺非經,傳文紀識恐忘』。(二二一・一・〇四節)

(八)『宣帝下太常博士時,尚稱書難曉』,當作『宣帝下太常博士,時尚稱書難曉』。(一・〇四節)

(九)『初孔子孫』,當作『初,孔子孫』。(二二一・一・〇四節)

(一〇)『《易》《詩》《書》《禮》《樂》《春秋》,策皆尺二寸,《孝經》謙半之,《論語》八寸。策者,三分居一,又謙焉。』當作:『《易》《詩》《書》《禮》《樂》《春秋》,策皆尺二寸。《孝經》謙,半之。《論語》八寸策者,三分居一,又謙焉。』(二二一・一・〇六節。案:此條與《點校補正經義考》全同,知《新校》者審讀時未予注意。)

(一一)『寅,字明仲,安國弟,淳之子也。』當作:『寅,字明仲,安國弟淳之子也。』(二二一・一・一

八節）

（一二）『昔仲尼微言，門人追記，故仰其經目，稱爲《論語》。蓋群論立名始於兹矣。』當作：『昔仲尼微言，門人追記，故仰其經目，稱爲「論語」；蓋群論立名，始於兹矣。』（二一一・一・〇九節）

四、標點有待完善

例如：

（一三）『始曰「論語」』一句，係釋《論語》本末及名稱，當作『始曰「《論語》」』。（二一一・一・〇四節）

（一四）『子思、檀弓，皆纂修論語之人。』『論語』當加書名號。（二一一・一・一八節）

（一五）『答述曰：「語」』，冒號當去之。（二一一・一・一一節）

五、校記判斷有誤

例如：

（一六）『「尺二寸」，依《補正》應作「四尺四寸」，《四庫薈要》本誤作「二尺四寸」。』據前考，知作『二尺四寸』者是，作『四尺四寸』者誤。《新校》點校者（以下簡稱『《新校》者』）反而以是爲誤。（二一一・一・〇六節）

六、無須作出校記

例如：

(一七)『「曰」字,文津閣《四庫》本脱漏。』(二二一·一·〇六節)

案:此條校記無須作出,是因爲底本(盧見曾補刻本)無誤,且『曰』字之有無,不對底本原文文意産生任何影響。一般而言,當參校本之文字足以影響底本文意,或其文字能糾正底本之誤時,方有出校之必要。

至於『《孟子》』條,前文所校考之前二十例,新校本僅有一條脚注(校記),而且僅僅注明《經義考》參校本之有脱文(參前第一一條),其實無關宏旨;上揭《經義考》文本中存在之種種訛脱衍倒、增删潤飾之情形,均未能得以揭示。

(三)新校本校記之分析(以前五十條爲例)

古籍整理的校勘記,是凡例之外考察點校者之整理思路及點校水平的重要憑藉。《經義考新校》没有明確標出校勘記,但細察其文,知此次新校,亦分點校與補正兩個部分;凡遇文本歧异、摘録《補正》《校記》《四庫總目》成果處,均有當頁脚注,隨文標出。故是書脚注部分,即其校語,實可以校記視之。

爲對前揭問題有所討論,兹選取《經義考新校》前五十條脚注(校記),作爲考察樣本;并將考察結果,勒成簡表(見下)。説明如次:

（甲）表列項目：首先按各條脚注（校記）之先後，編以序次；其次列出脚注（校記）所在之頁次；其次列出脚注（校記）所在之條目（前五十條，均在《經義考》前四卷之内）；其次列出脚注（校記）之全部内容（徑名『校記』）；其次分析出校類型；其次指出所涉《經義考》之傳本；最後判斷《新校》有無論斷。

（乙）表行序次：按脚注（校記）先後編次，以便稱引。

（丙）校記序次：如果同一頁校記有兩條或以上，則於每條校記前，注明當頁序次。

（丁）所涉原文：爲省篇幅，校記所涉之原文從略，僅在下文論及時，再根據需要，予以節引或全引。

（戊）所涉傳本：指盧刻本、文淵本（《經義考》前四卷，在臺灣商務印書館一九八六年影印本第六七七册）、文津本（《經義考》前四卷，在北京商務印書館二〇〇五年影印本第二二五册）、薈要本（《經義考》前四卷，在世界書局一九八八年影印本第二三七册）、備要本、校正本（前四卷在第一册）等。

表九—一　《經義考新校》前五十條校記彙總表

序次	頁次	所在條目	校記	出校類型	所涉傳本	有無論斷
（一）	一	卷一『《御注孝經》』條	（注一）『乎』字，《四庫薈要》本脱漏。	脱文	薈要本	有
（二）	一	卷一『《御注孝經》』條	（注二）『彝』，文津閣《四庫》本作『懿』。	异文	文津本	無
（三）	二	卷一『《御注孝經》』條	『爲』字，文淵閣《四庫》本脱漏。	脱文	文淵本	有

續表

序次	頁次	所在條目	校記	出校類型	所涉傳本	有無論斷
(四)	四	卷一『《日講四書解義》』條	「輒」，依《四庫薈要》本、文淵閣《四庫》本、文津閣《四庫》本、《備要》本應作「輟」。	誤字	盧刻本	有
(五)	五	卷一『《日講四書解義》』條	(注一)『蔣弘道』，《四庫薈要》本作『蔣宏道』。	异文	薈要本	無
(六)	五	卷一『《日講四書解義》』條	(注二)『臣董訥，儒林郎』，文津閣《四庫》本作『儒林郎臣董訥』。	异文	文津本	無
(七)	六	卷一『《日講書經解義》』條	(注一)『蔣弘道』，《四庫薈要》本、《備要》本作『蔣宏道』。	异文	薈要本、備要本	無
(八)	六	卷一『《日講書經解義》』條	(注二)『翰林院』，文淵閣《四庫》本脱漏作『翰林』。	脱文	文淵本	有
(九)	七	卷一『《日講易經解義》』條	(注一)『蘊』，文津閣《四庫》本作『微』。	异文	文津本	無
(一〇)	七	卷一『《日講易經解義》』條	(注二)『諸』，文淵閣《四庫》本作『之』。	异文	文淵本	無

續表

序次	頁次	所在條目	校記	出校類型	所涉傳本	有無論斷
（一一）	八	卷一『《日講易經解義》』條	『蔣弘道』，《四庫薈要》本、《備要》本俱作『蔣宏道』。	异文	薈要本、備要本	無
（一二）	九	卷一『《孝經衍義》』條	『二十四日』四字，文津閣《四庫》本脱漏。	脱文	文津本	有
（一三）	一〇	卷一『《孝經衍義》』條	（注一）『倫』，文淵閣《四庫》本誤作『論』。	誤字	文淵本	有
（一四）	一〇	卷一『《孝經衍義》』條	（注二）『刑』字，文淵閣《四庫》本脱漏。	脱文	文淵本	有
（一五）	一四	卷二『《連山》』條	（注一）『其卦具内外』，文津閣《四庫》本作『其卦具乎内外』。	异文	文津本	無
（一六）	一四	卷二『《連山》』條	（注二）『占』字，文津閣《四庫》本脱漏。	脱文	文津本	有
（一七）	一五	卷二『《連山》』條	『鄭諤』，各本俱誤，應作『鄭鍔』。	誤字	所有各本	有
（一八）	一六	卷二『《連山》』條	『東北』，文淵閣《四庫》本作『東方』。	异文	文淵本	無
（一九）	一八	卷二『《連山》』條	（注一）『氏』，依文淵閣《四庫》本、文津閣《四庫》本應作『氐』。	誤字	盧刻本	有
（二〇）	一八	卷二『《連山》』條	（注二）『五十六卦』，文淵閣《四庫》本誤作『六十四卦』。	誤字	文淵本	有

續表

序次	頁次	所在條目	校記	出校類型	所涉傳本	有無論斷
(二一)	一九	卷二『《連山》』條	『序』,文津閣《四庫》本誤作『叙』。	誤字	文津本	有
(二二)	一九	卷二『《連山》』條	『寓』,依《四庫薈要》本應作『宇』。	誤字	盧刻本	有
(二三)	二〇	卷二『《連山》』條	(注一)『《連山》』,文津閣《四庫》本脱漏作『連』。	脱文	文津本	有
(二四)	二〇	卷二『《連山》』條	(注二)『孫奇逢』,文津閣《四庫》本誤作『孫奇峯』。	誤字	文津本	有
(二五)	二〇	卷二『《連山》』條	(注三)『四千三百言』,文淵閣《四庫》本作『七千三百言』。	誤字	文淵本	無
(二六)	二一	卷二『《連山》』條	(注一)『姮娥』,文津閣《四庫》本誤作『姮嫦』。	誤字	文津本	有
(二七)	二一	卷二『《連山》』條	(注二)『□』,文淵閣《四庫》本作『聚』。	异文	文淵本	無
(二八)	二三	卷三『《歸藏》』條	『常娥』,文淵閣《四庫》本作『嫦娥』。	异文	文淵本	無
(二九) (三〇)	二五	卷三『《歸藏》』條	(注一)(注二)『營惑』,《四庫薈要》本作『熒惑』。	异文	薈要本	無
(三一)	二五	卷三『《歸藏》』條	(注三)『爲馬』二字,文淵閣《四庫》本脱漏。	脱文	文淵本	有

續表

序次	頁次	所在條目	校記	出校類型	所涉傳本	有無論斷
（三二）	二五	卷三『《歸藏》』條	（注四）『毋』，文淵閣《四庫》本、文津閣《四庫》本俱作『母』。	异文	文淵本 文津本	無
（三三）	二六	卷三『《歸藏》』條	『者也』，文津閣《四庫》本作『也者』。	异文	文津本	無
（三四）	二七	卷三『《歸藏》』條	『此類』，文淵閣《四庫》本作『類此』。	异文	文淵本	無
（三五）	二九	卷三『《歸藏》』條	『蟲』，文淵閣《四庫》本誤作『蟲』。	誤字	文淵本	有
（三六）	三三	卷四『《周易》』條	『《漢志》』，文津閣《四庫》本誤作『《漢制》』。	誤字 音近而誤	文津本	有
（三七）	三四	卷四『《周易》』條	『楊雄曰：「《易》始八卦，而文王六十四。」』十三字，文津閣《四庫》本脱漏。	脱文	文津本	有
（三八）	三六	卷四『《周易》』條	『是』，文津閣《四庫》本作『故』。	异文	文津本	無
（三九）	三七	卷四『《周易》』條	『則』，文淵閣《四庫》本誤作『其』。	誤字	文淵本	有
（四〇）	四〇	卷四『《周易》』條	『偶』，文津閣《四庫》本作『耦』。	异文	文津本	無
（四一）	四三	卷四『《周易》』條	『戒』，文津閣《四庫》本作『誡』。	异文	文津本	無
（四二）	四五	卷四『《周易》』條	『辭』，文津閣《四庫》本作『詞』。	异文	文津本	無

序次	頁次	所在條目	校記	出校類型	所涉傳本	有無論斷
(四三)	四五	卷四『《周易》』條	『形』,《四庫薈要》本、文淵閣《四庫》本俱作『刑』。	异文	文淵本 薈要本	無
(四四)	四六	卷四『《周易》』條	『得』,文津閣《四庫》本作『配』。	异文	文津本	無
(四五)	四七	卷四『《周易》』條	『四』字,文津閣《四庫》本脱漏。	脱文	文津本	有
(四六)	四八	卷四『《周易》』條	『均』,文津閣《四庫》本作『同』。	异文	文津本	無
(四七)	四九	卷四『《周易》』條	(注一)『尚其辭』,文津閣《四庫》本作『尚存其辭』。	异文	文津本	無
(四八)	四九	卷四『《周易》』條	(注二)『緼』,依《四庫薈要》本、文淵閣《四庫》本、文津閣《四庫》本應作『粗』。	誤字	薈要本 文淵本 文津本	有
(四九)	四九	卷四『《周易》』條	(注三)『托之』,《四庫薈要》本脱漏,文津閣《四庫》本作『託之』。	脱文 异文	薈要本 文津本	有、無各半
(五〇)	五一	卷四『《周易》』條	『郭子章』,《四庫薈要》本、文津閣《四庫》本俱作『郭于章』。	异文	薈要本 文津本	無

古籍整理中,校記有無論斷,是考量整理成果的重要手段。《經義考新校》前五十條校語中,能够有所論斷與未加論斷者,分别爲二十四條、二十七條(其中一條有無論斷各占一半)。以下分别加以分析。

（四）新校本校記之考察（一）：有校有斷者

《經義考新校》前五十條校語中，能够有所論斷者，凡二十四條。其中判斷文字有脱漏者十一條，判斷文字有訛誤者十三條。

一、判斷文字有脱漏者

凡十一條。《新校》點校者（以下或簡稱『《新校》者』）有所是正，即爲定論。如：

（一）『乎』字，《四庫薈要》本脱漏。（《經義考》卷一，『《御注孝經》』條，引『世祖章皇帝御製《序》』，『通之乎萬世而無斁』。）〔一〕

案：此類脱文，進行傳本對校，即可獲知，因而易於論斷。所可議者，『脱漏』語涉重複，按校勘慣例，一『脱』字其義即足。

但其中有一條關於文淵本者，則屬誤判：

（八）『翰林院』，文淵閣《四庫》本脱漏作『翰林』。（《經義考》卷一，『《日講書經解義》』條，朱彝

〔一〕案：本書在列舉脚注（校語）時，將前表表行序次標之於前，附注該條校語所從出之文獻及相關語句，以求簡明。以下均同。

尊按語,『日講官起居注翰林院侍讀學士食正四品俸臣張英』。)

案:檢《經義考》之文淵本,『院』字未脱(頁七),考校正本無注,則此條係《新校》者誤校。以上通計有脱文者,薈要本二條,文淵本四條(實爲三條),文津本五條。四庫諸本,互有佳劣,於此可知一斑。

二、判斷文字有訛誤者

凡十四條。此類俱有理據,堪稱定論。古籍整理,向以能校出底本异同者爲貴。此十四條中,能校出盧刻本之誤者有五條(第四、一七、一九、二二、四八諸條)。

(四)『輒』,依《四庫薈要》本、文淵閣《四庫》本、文津閣《四庫》本、《備要》本應作『輙』。(《經義考》卷一,『《日講四書解義》』條,引康熙十六年十二月八日皇帝御製《序》,『經歷寒暑,罔敢間輒』。)

案:四庫諸本均不誤,知此書進呈四庫館後,館臣曾予校理,并徑改其誤。實際上,備要本誤作『輒』(頁一九),《新校》者誤校(參本書第八章第二節第二小節第四條之分析)。

(一七)『鄭諤』,各本俱誤,應作『鄭鍔』。(《經義考》卷二,『《連山》』條,引『鄭鍔曰』。)

案:此條能校正包括盧刻本在内的諸本之誤,極佳。參見本書第八章第二節第二小節第一六條之分析。校正本出注云：『「諤」當作「鍔」，各本皆誤。』（頁一九）知《新校》者此校繼承自校正本。

（一九）『氏』，依文淵閣《四庫》本、文津閣《四庫》本應作『氐』。（《經義考》卷二，『《連山》』條，引『朱元昇曰』，『其宿也氐』。）

案：『氐』爲二十八宿之一。此係常識，蓋館臣徑行校改者。校正本校記云：『「氐」，《備要》本誤作「氏」。』（頁二三）經檢，備要本亦作『氐』，所校有誤。《新校》此條校記中將備要本信息删去，顯然已發現此誤，因而徑删。但是，《新校》對文淵本、文津本的判斷，却是錯誤的。經檢，《經義考》文淵本（頁一五）、文津本（頁四五三）仍作『氏』。《新校》者可謂失於眉睫之前。（另參本書第八章第二節第二小節第一八條之分析。）

（二二）『寓』，依《四庫薈要》本應作『宇』。（《經義考》卷二，『《連山》』條，引『胡應麟曰』，『隋牛弘購得寓内遺書至三十七萬卷』。）

案：經檢，盧刻本、文淵本、文津本均作『寓』，即『宇』之异體。薈要本徑改爲『宇』。而備要本誤作『寓』（參本書第八章第二節第二小節第二一條之分析）。校正本亦作『寓』，蓋承備要本之誤。《新校》亦承校正本而作『寓』，且能據薈要本而訂正之，但未能校出備要本、校正本之誤。清高宗弘曆在纂修《四庫全書》時，恐不及見全書之成，下令擇其要者，先行纂成《四庫全書薈要》一套，以便觀覽。《薈要》

之書，因此校理頗精。此條校語，即是一證。

又，此條胡應麟文字，出自胡氏《四部正訛（上）》。檢其文字，知朱彝尊所録『其書尚傳於後』句前，尚有一『而』字[一]。《新校》者僅就《經義考》諸本施校，未及檢核胡氏文字，所以不能校出。

（四八）『緼』，依《四庫薈要》本、文淵閣《四庫》本、文津閣《四庫》本應作『粗』。（《經義考》卷四，『《周易》』條，引『王希旦曰』，『由緼探精』。）

案：知四庫館臣予以徑改。但此字仍以『緼』字爲是（説詳本書第八章第二節第二小節第四六條之分析）。《新校》者誤校。又，王希旦此條文字，《經義考》卷三一朱子《易傳》等著述之下，復有引據，亦作『緼』字；《新校》者於此條下則相沿不改，亦無校語（頁五三六）。知其前後校理，實未能一以貫之。

盧刻本之外，文淵本誤者有（一三）（二〇）（三五）（三九）等四條，文津本誤者有（二一）（二四）（二六）（三六）等四條。另外，第（一七）條各本均誤。

以上《新校》者有明確判斷者二十四條（其中第四、一九、二二等條均有誤判），幾近五十條校例之半數。

[一] 胡應麟《四部正訛》，載氏著《少室山房筆叢》卷三〇，上海書店出版社，二〇〇一年，頁二九一。

（五）新校本校記之考察（二）：有校無斷者

凡二十七條。所謂『有校無斷』，指《新校》者能校出文本歧异，但未作進一步探究，以定其訛脱衍倒。此類校例，前揭表九—一（『《經義考新校》前五十條校記彙總表』）『出校類型』中皆以『异文』二字標示。細考此二十五條校例，其實不難更進一步，作出推斷。

（六）『臣董訥，儒林郎』，文津閣《四庫》本作『儒林郎臣董訥，』。（《經義考》卷一，『《日講四書解義》』條，朱彝尊按語，『日講官起居注右春坊右中允兼翰林院編修臣董訥、儒林郎日講官起居注左春坊左贊善兼翰林院檢討臣王鴻緒』。）

案：據諸臣所列銜名通例，知當以文津本爲是（詳本書第八章第二節第二小節第六條之分析）。此處實爲倒文，當乙。校語中『董訥』後逗號當去。此屬書稿校對未盡。又，據《日講四書解義進呈疏》，知是書由喇沙里、陳廷敬擔任總裁官，而文淵本前所列總裁官、分撰官名録，所載有誤。詳細比勘可知，館臣誤將《日講書經解義》之分職抄録於此（朱彝尊所據者，當爲康熙十六年内府刻本）。

另外，第三三、三四二例，亦屬倒文，但盧刻本不誤，分别是文津本、文淵本當乙。兹不贅析。

（五）『蔣弘道』，《四庫薈要》本作『蔣宏道』。（《經義考》卷一，『《日講四書解義》』條，朱彝尊按語,『日講官起居注翰林院侍讀學士加二級臣蔣弘道』。)

案:『弘』作『宏』,顯係四庫館臣爲清高宗弘曆名諱而改。文淵本則處理爲缺末筆。此處异文,實同朱彝尊原本無關(朱氏卒於康熙四十八年,毋庸避諱)。

(七)『蔣弘道』,《四庫薈要》本、《備要》本俱作『蔣宏道』。(《經義考》卷一,『《日講書經解義》條,朱彝尊按語,『日講官起居注翰林院侍讀學士加二級臣蔣弘道』。)

案:此條同前第五條,亦係四庫館臣因清高宗弘曆之名而諱改。經檢,備要本仍作『弘』(頁二〇),《新校》者誤校。

(一一)『蔣弘道』,《四庫薈要》本、《備要》本俱作『蔣宏道』。(《經義考》卷一,『《日講易經解義》』條,朱彝尊按語,『資政大夫日講官起居注詹事府少詹事兼翰林院侍講學士仍加詹事府詹事臣蔣弘道』。)

案:此條同前第五、七兩條,亦係四庫館臣因清高宗弘曆之名而諱改。經檢,備要本仍作『弘』(頁二一),《新校》者依然誤校。

(二)『彝』,文津閣《四庫》本作『懿』。(《經義考》卷一,『《御注孝經》』條,『世祖章皇帝御製序』,『抑固有之秉彝』。)

案：檢《御注孝經》前此序，實作『彝』。知《經義考》之文津本誤（參見本書第八章第二節第二小節第二條之分析）。

（九）『藴』，文津閣《四庫》本作『微』。（《經義考》卷一，『《日講易經解義》』條，引『康熙二十二年十二月十八日皇帝御製序曰』，『思古帝王立政之要，必本經學，嘗博綜簡編，玩索精藴』。）

（一〇）『諸』，文淵閣《四庫》本作『之』。（《經義考》卷一，『《日講易經解義》』條，引『康熙二十二年十二月十八日皇帝御製序曰』，『若乃體諸躬行，措諸事業』。）

案：檢康熙《御製日講書經解義序》，知正作『藴』『諸』[二]，盧刻本所録不誤，而文淵本、文津本分別有誤。此誤係四庫館鈔録時所改，同《經義考》原本無關。

（一五）『其卦具内外』，文津閣《四庫》本作『其卦具乎内外』。（《經義考》卷二，『《連山》』條，引『方慤曰』，『《連山》首乎《艮》，其卦具内外而一體，其位居東北之兩間，則向乎人之時焉，夏用人正，故其書以之』。）

案：除文津本外，各本俱無『乎』字。文津本實誤衍此字（詳本書第八章第二節第二小節第一四條

[二] 庫勒納、葉方藹等編《日講書經解義》卷前，《景印文淵閣四庫全書》第六五册，頁二〇一。

之討論)。

(一八)『東北』,文淵閣《四庫》本作『東方』。(《經義考》卷二,『《連山》』條,引『羅泌曰』:『炎帝神農氏令司怪主卜,巫咸、巫陽主筮,於是通其變以成天地之文,極其數以定天地之象,八八成卦,以酬酢而祐神,以通天下之志,以斷天下之業,謂始萬物終萬物者,莫盛乎《艮》。《艮》,東北之卦也,故重《艮》以爲始,所謂《連山易》也。』)

案:據考,知確作『東北』,文淵本作『東方』有誤(詳本書第八章第二節第二小節第一七條之討論)。蓋館臣沓鈔偶誤。第二五條同此相類(參第八章第二節第二小節第二四條)。

又案:據上揭羅氏原文,知可出校者匪止一處:《經義考》誤『天下之象』之『下』爲『地』,誤『侑神』之『侑』爲『祐』。《新校》者未溯其源,故均未能校出。朱彝尊又正『天下志志』爲『天下之志』,正『裏《艮》以爲始』之『裏』爲『重』,極有理據。朱氏佳處,《新校》者亦未能發明。朱氏實將起首『炎帝神農氏』之語冠於此條之前,中間省去大段文字。知朱氏爲避繁瑣,常有省文之舉。

(二七)『□』,文淵閣《四庫》本作『聚』。(《經義考》卷二,『《連山》』條,朱彝尊按語:『又按:黄佐《六藝流别》載《連山・繇辭・復・初七》曰:「龍潛于淵,存神無�。」《象》曰:「復以存神,可致用也。」《剥・上七》曰:「數窮致剥,終吝。」《象》曰:「致剥而終,不知變也。」《姤・初八》曰:

「聚蛇于窪，滋孽之牙。」《象》曰：「陰滋，牙不可長也。」《中孚・初八》曰：「一人知女，尚可以去。」《象》曰：「女未歸，孚不中也。」不知本於何書？豈有《連山》之《易》乃效王弼《易傳》之體乎？作僞者拙，且爲劉炫笑矣。』）

案：經檢，文淵本果作『聚』字（詳本書第八章第二節第二小節第二六條之討論）。四庫館臣將《經義考》所闕之字補足，極佳。朱彝尊《曝書亭藏書目》（國家圖書館藏劉履芬鈔本）著録有《文藝流別》八本，蓋即黄氏此書（鈔本蓋誤『六』爲『文』），故朱彝尊得以善加利用。

又，黄氏所記，係分載《復》《剥》《姤》《中孚》等卦之爻辭及象傳，知按語首句當標點作『黄佐《六藝流別》載《連山》繇辭，《復・初七》曰……』，方不失其意。

（二八）『常娥』，文淵閣《四庫》本作『嫦娥』。（《經義考》卷三，『《歸藏》』條，引『劉勰曰』，『《歸藏》之經，大明迂怪，乃稱羿斃十日，常娥奔月』。）

案：此當從盧刻本作『常娥』（詳本書第八章第二節第二小節第二七條之討論）。

（二九）（三〇）『瞢惑』，《四庫薈要》本作『熒惑』。（《經義考》卷三，『《歸藏》』條，引『羅苹曰』，『其卦有《明夷》《瞢惑》《耆老》《大明》之類……桀筮《瞢惑》』。）

案：熒惑，火星之別名，《歸藏》用作卦名。薈要本所正爲是，盧刻本等須改。

(三二)『毋』,文淵閣《四庫》本、文津閣《四庫》本俱作『母』。(《經義考》卷三,『《歸藏》』條,引『羅苹曰』,『《節卦》云:「殷王其國,常毋谷月。」之類,其卦是也,其文非也』。)

案:『毋』『母』形近易混。此當以『母』爲是(詳本書第八章第二節第二小節第三〇條之討論)。

(三八)『是』,文津閣《四庫》本作『故』。(《經義考》卷四,『《周易》』條,引『孔穎達曰』:『鄭氏釋《周易》,言:「《易》道周普,無所不備。」雖有此釋,更無所據。按《世譜》等書,神農一曰連山氏,亦曰列山氏;黄帝一曰歸藏氏。既《連山》《歸藏》并是代號,則《周易》稱周,蓋取岐陽地名。又文王作《易》之時,正在羑里,周德未興,猶是殷世,故題周以别於殷。《易緯》云:「因代以題周。」是也。《十翼》謂《上彖》《下彖》《上象》《下象》《上繫》《下繫》《文言》《説卦》《序卦》《雜卦》。』)

案:朱彝尊所引孔穎達之文,分釋《周易》得名之由及《十翼》之組成。前者本諸孔氏《周易正義序·第三論三代易名》:

案:《周禮·大卜·三易》云:『一曰《連山》,二曰《歸藏》,三曰《周易》。』杜子春云:『《連山》,伏犧。《歸藏》,黄帝。』鄭玄《易贊》及《易論》云:『夏曰《連山》,殷曰《歸藏》,周曰《周易》。』鄭玄又釋云:『《連山》者,象山之出雲,連連不絶。《歸藏》者,萬物莫不歸藏於其中。《周易》者,言《易》道周普,無所不備。』鄭玄雖有此釋,更無所據之文。先儒因此遂爲文質之義,皆煩而无用,今所不取。案《世譜》等群書，神農一曰連山氏，亦曰列山氏；黄帝一曰歸藏氏。既「連山」、「歸藏」并是代號，則《周易》稱周，取岐陽地名。《毛詩》云「周原膴膴」是也。又文王作《易》之時，正在羑里，周德未興，猶是殷世也，故題周別於殷。以此文王所演，故謂之《周易》，其猶《周書》《周禮》題周以別餘代。故《易緯》云「因代以題周」是也。[一]

後者則本諸孔氏《周易正義序・第六論夫子十翼》：

其《彖》《象》等《十翼》之辭，以爲孔子所作，先儒更无异論。但數《十翼》，亦有多家，既文王《易經》本分爲上下二篇，則區域各別，《彖》《象》釋卦，亦當隨經而分，故一家數《十翼》云。《上彖》一，《下彖》二，《上象》三，《下象》四，《上繫》五，《下繫》六，《文言》七，《説卦》八，《序卦》九，《雜卦》十。鄭學之徒，并同此説，故今亦依之。[二]

知朱彝尊不僅節取以上兩則文字，合爲一條，同時又爲保持文本完整而有所改寫删潤。文津本改「是」爲「故」，實屬館臣臆改。

（四〇）「偶」，文津閣《四庫》本作「耦」。（《經義考》卷四，「《周易》」條，引「鄭厚曰」，「《易》從

〔一〕《周易正義》，阮元校刻《十三經注疏》本，頁九。

〔二〕《周易正義》，阮元校刻《十三經注疏》本，頁一一。

日從月,天下之理,一奇一偶盡矣」。)

案:奇、偶相對,『耦』與『偶』通。此處仍當作『偶』(詳本書第八章第二節第二小節第三八條之討論)。

(四一)『戒』,文津閣《四庫》本作『誡』。(《經義考》卷四,『《周易》條,引『朱子曰』:『竊疑卦爻之辭本爲卜筮者斷吉凶,而因以訓誡。至《彖》《象》《文言》之作,始因其吉凶訓戒之意,而推説其理義以明之。』)

案:此處仍以盧刻本『戒』字爲是。文津本作『誡』,蓋鈔手蒙前一『誡』字而誤(詳本書第八章第二節第二小節第三九條之討論)。

(四二)『辭』,文津閣《四庫》本作『詞』。(《經義考》卷四,『《周易》條,引『葉適曰』:『《易傳》惟《序卦》最淺鄙,於《易》有害。按:諸卦之名,以象取之,聖人重復殷勤其辭以訓釋之,多至數十百言未已,蓋其難明如此。今《序卦》不然,鱗次櫛比而言之,使其果若是,則束而聯之,一讀而盡矣。』)

案:古人『辭』『詞』常混。考朱彝尊所録葉適之語,出於葉氏《習學記言》:

按:《上、下繫》《説卦》浮稱汎指,去道雖遠,猶時有所明。惟《序卦》最淺鄙,於《易》有害。按諸卦之名，以象取之，與文字錯行於世者少，聖人重復殷勤其詞以訓釋之，多至數十百言而未已，蓋其難明如此。今《序卦》不然，以是爲天地萬物之所常有也，鱗次櫛比而言之，以是爲鉛槧篆籀之常文也。嗟乎！使其果若是，則束而聯之，一讀而盡矣，奚以《易》爲？學者尺寸不辨，而謂有見於無窮，吾不知也。〔一〕

據此，知其字當以『詞』爲是，故應據文津本改。又知朱彝尊節取葉適之文，并前增『《易傳》』二字，以補足文意；省『與文字錯行於世者少』『以是爲天地萬物之所常有也』『以是爲鉛槧篆籀之常文也。嗟乎』等句；復誤增『而』字。

（四三）『形』，《四庫薈要》本、文淵閣《四庫》本俱作『刑』。（《經義考》卷四，『《周易》』條，引『葉適曰』，『又曰：《易》有上、下《經》，因簡帙繁重分之，是也。《序卦》既錯舉以附合之，又爲之説曰：『有男女，然後有夫婦；有夫婦，然後有父子。』學者因是謂《上經》首《乾》《坤》，《下經》首《咸》《恒》者，父母夫婦之象也。夫《關雎》《鵲巢》明指義類，自家形國，以是爲后妃夫人者，蓋以其事言也。若天地陰陽，則象之而已，其父母夫婦男女安在耶？』）

〔一〕葉適《習學記言》卷四，國家圖書館藏明鈔本；《習學記言序目》卷四『序卦』條，中華書局，一九七七年，頁五〇。

案：此一校語，校正本即有（第一册，頁六二一），《新校》者又增加了薈要本作爲參校本。薈要本、文淵本所以作『刑』者，實已經過館臣校改。考《欽定四庫全書考證》有校曰：

《周易》　葉適曰：『夫《關雎》《鵲巢》明指義類，自家刑國。』刊本『刑』訛『形』，今改。〔一〕

《新校》者有校無斷，亦未能利用《欽定四庫全書考證》一書。但館臣未言其版本依據。考葉氏《習學記言》有云：

《易》之有《上下經》，其簡帙繁重，分之然也，《序》既錯舉以附合之，又爲之説曰：『有男女然後有夫婦，有夫婦然後有父子』，學者因是又以爲《上經》首乾、坤，《下經》首咸、恒者，父母夫婦之象也。夫《關雎》《鵲巢》，明指義類，自家形國，以是爲后妃夫人者，蓋以其事言也。若天地陰陽，則象之而已，其父母夫婦男女安在也？今也，神明之則以不可見爲見，褻鄙之則以必可見爲見，學《易》未有不出乎二者，相高於不測，相深於無窮，而其實則與卜筮同歸於淺末而已。〔二〕

案：爲便於説明問題，此處文本、標點，悉依《習學記言》之中華書局標點本。《習學記言》之明鈔

〔一〕王太岳、曹錫寶、王燕緒、朱鈐、倉聖脉、何思鈞等編《欽定四庫全書考證》卷四六，清内府抄本，書目文獻出版社，一九九一年影印，頁一一三〇。

〔二〕葉適《習學記言序目》卷二『咸、恒』條，頁一九。案：此本乾、坤、咸、恒等卦名俱不加書名號，就標點而論，《新校》實勝之。

本誤將『后妃』之『后』字鈔作『加』字，其餘全同。『自家刑國』之『刑』，《習學記言》之明鈔本、文淵本、標點本俱作『形』字。就此字而論，《經義考》之盧刻本、備要本頗忠實於葉著。四庫諸本内，薈要本、文淵本俱誤改作『刑』，而文津本作『形』，未予誤改。

又案：將上揭文本互校，知朱彝尊同時又頗有增省改易：省『《易》之有』之『之』字，改『其簡帙繁重』之『其』爲『因』，改『分之然也』之『然』爲『是』，改『又以爲』作『謂』，改『安在也』之『也』爲『耶』，於『序』字後誤增一『卦』字。四庫館臣就朱論朱，實未能校核葉氏原書（此書同在四庫館内）。朱彝尊凡有改動，不無潤色之義，但有損於文獻原貌。

（四四）『得』，文津閣《四庫》本作『配』。（《經義考》卷四，『《周易》』條，引『章如愚曰』：『聖人作《易》，本以明道，其緒餘可以卜筮而已。而後之言陰陽者、言星曆者、言樂律者，莫不於《易》求之，求之自以爲得，配之自以爲合，然於聖人之意則非也。』）

案：此字以『得』爲正，文津本涉下文『配』字而誤（詳本書第八章第二節第二小節第四二條之討論）。

（四六）『均』字，文津閣《四庫》本作『同』。（《經義考》卷四，『《周易》』條，引『俞琰曰』，『或疑《上經》卦三十，《下經》卦三十四，多寡不均』。）

案：此字以『均』爲是。除文津本外，諸本皆正(詳本書第八章第二節第二小節第四四條之討論)。

又案：《欽定四庫全書考證》校出《經義考》所引俞氏文内，『《屯》倒轉爲《解》』之『解』字，刊本訛『蒙』，因據《周易》校改〔一〕。《新校》者未能利用，從而漏校。

(四七)『尚其辭』，文津閣《四庫》本作『尚存其辭』。(《經義考》卷四，『《周易》條，引『王申子曰』，『又曰：《易》有聖人之道四，而伊川《易傳》止尚其辭，康節數學止尚其象，漢上《易説》止尚其變，晦庵《本義》止尚其占。』)

案：『尚其辭』，薈要本(頁四四九)、文淵本(頁四一)同，而文津本作『尚存其辭』(頁四六二)。關於本處文本，本書第八章第二節第二小節第四五條已簡要論及。考王申子答『問辭象變占』條：

或問曰：子之説《易》，卦卦爻爻，必兼辭、象、變、占四者而言之，何也？曰：愚反覆《大傳》，詳玩聖人之訓，既曰：『君子居則觀其象而玩其辭，動則觀其變而玩其占』，又曰：『《易》有聖人之道四焉：以言者尚其辭，以動者尚其變，以制器者尚其象，以卜筮者尚其占。』一再言此四者以示人，是誠作《易》之要，亦求《易》之要也。何以見之？天下至尊至大者，莫若《乾》。《乾》之初爻，祗

〔一〕《欽定四庫全書考證》卷四六，頁一一三〇。

四個字：『潛龍勿用』，其辭也；龍，其象也；潛，其變也；而必曰『勿用』，其占也。卦卦爻爻，備此四者。而伊川《易傳》止尚其辭，康節數學止尚其象，漢上《易説》止尚其變，晦庵《本義》止尚其占，謂非説《易》不可謂説之全，則恐猶有所遺也。〔一〕知『尚其辭』者，原本於《繫辭》，而文津本衍一『存』字。又，朱彝尊所引王申子之文，係節取其論説而成，前後并中間俱省去大段文字。如不溯其源，則無從知其文字所本及定傳本异文之是非。

（五〇）『郭子章』，《四庫薈要》本、文津閣《四庫》本俱作『郭于章』。（《經義考》卷四，『《周易》條，引『郭子章曰』。）

案：其人當作『郭子章』（詳本書第八章第二節第二小節第四九條之討論），『于』字係形近而誤。

（六）結論

以上以新校本前五十條校記爲考察對象，知其中有校有斷者、有校無斷者分别有二十四例、二十七例（含各占一半者一例）。在有校有斷諸例中，第四條、第一九條内，均有誤校；第二三條内，則有失校。

〔一〕王申子《大易緝説》卷二，《通志堂經解》本，第二册，頁四〇二；《四庫全書薈要》本，第一一册，頁四五五。

《新校》者有校無斷之二十七例，實際上均能考而按斷。考察結果如次：

甲、倒文。凡三例：第六例，盧刻本當乙；第三三、三四例，分别是文津本、文淵本當乙。

乙、諱改。有第五、七、一一等三例。

丙、衍文。第一五、四七等二例，均是文津本衍。

丁、誤字。（甲）盧刻本有誤者四例：第二九、三〇、三二、四二等。（乙）盧刻本闕字可補者一例：第二七例。（丙）盧刻本無誤，他本有誤者十二例，即第二、九、一〇、一八、二五、二八、三八、四〇、四一、四三、四四、四六、五〇等。

以上四個方面，《新校》者均未能更進一步，加以論斷，實在可惜。

又，如將上揭五十例校記合而觀之，按傳本細分，那麽，可以得出如下結論：

（一）盧刻本有誤者凡九例，闕文可補者一例，倒文當乙者二例。

（二）薈要本有誤者三例，脱文者二例。

（三）文淵本有誤者十例，脱文者三例，倒文當乙者一例。

（四）文津本有誤者十三例，脱文者五例，衍文者二例。

對於《經義考》之文本整理而言，上述結論中的第一條，最具學術價值。

綜上，由本節第二小節可知，新校本對於『《古論語》』條之點校、出校，存在六個方面的可議之處，涉及到二十二條輯録文獻中的十七條。新校本前五十條校記中，誤校二條，失校一條；另有二十七條未明確加以論斷者，實可進一步加以考溯，給出更爲具體的校記。

本節之討論，建立在樣本考察的基礎之上，雖因所選範圍一定，篇幅不長，而《新校》所體現之不足之處，却頗爲觸目。推及全書，則文字訛脱衍倒之未能校出、句讀標點之有待完善、校記判斷之有待修正等問題，必遠不止此。個别校記失於眉睫之前，可見校者也有漫不經心之時〔一〕。《新校》雖然精善，尤其在彙集《補正》《校記》《總目》成果方面，具有集成性質，但仍然有其不足之處。

《新校》仍有不足之原因，大約有以下數端：其一，文獻整理工作，殊爲不易，即使出自名家巨手，亦難盡善盡美，失誤亦在所難免。其二，《新校》雖有重校、審讀兩大專家團隊把關，但因出於衆手，迫於期限，實未能從容斟酌；或徑沿《點校補正經義考》之舊，未能充分注意。其三，《新校》之出發點，乃在文本校對，故受限於《經義考》傳本之範圍，至多旁涉《補正》《校記》及《四庫全書總目》等，而未能探究輯録文獻之史源，未能參考學界已有之文獻整理與研究成果。

文獻校理，是學術研究最重要的基石（校理本身也是研究的一部分）。就《經義考》而言，經林慶彰

〔一〕例如，《新校》第（五七）條校記：

「意」，依《備要》本應作「易」。（《經義考》卷四，「《周易》」條，引「黄宗炎曰」，「易從旦從勿」句。頁五七。）

原文「易」字，析出時竟誤作「意」字，可謂謬以千里。

先生及其學術團隊在文本校理方面的不懈努力,已使《新校》成爲當前彙集衆多成果的精善之本,同儒藏本各臻其致,具有不可或缺的學術價值(參見下一節關於儒藏本得失之討論)。《新校》的成就與經驗,爲新的整理與研究提供了堅實的文獻基礎。

三　儒藏本平議

當前《經義考》最新點校本,係北京大學《儒藏》編纂與研究中心完成者(出版於二〇一八年),收入《儒藏(精華編)》(在第一七三—一七六册),本書簡稱爲『儒藏本』。由於此本之前,已有校正本、新校本以及學界相關研究作爲基礎,儒藏本應能博取衆長,後出轉精,在句讀、標點、校記等層面,具備更高的學術水準,成爲代表《儒藏》中心乃至學界點校水平的最新傳本。能否達成上述學術期待,尚有賴於學界之檢驗。該本雖於二〇一八年出版,但可能出於流通原因,學界知之者鮮,相關研究自然闕如。筆者既對《經義考》系列傳本加以研究,對儒藏本自然充滿期待,因此不揣謭陋,試予平議,以此向點校者致敬。

那麼,如何評價儒藏本之點校水平?筆者擬從如下兩個層面展開考察:

其一,比較研究。林慶彰先生等《點校補正經義考》《經義考新校》是兩種高水平的點校本,是儒藏本最重要的學術前承，按照學術發展規律，點校者必然加以參考。因此，探討儒藏本之點校成就，必然要將其置於同校正本、新校本之相互比較的研究視域之中。

其二，樣本分析。選擇代表性的點校文本進行案例分析，最能從細微處見出點校者之方法、態度與水平。

鑒於上述認識，我們選取儒藏本《經義考》前十卷的所有校記（注釋），作爲具體案例加以考察，以期得出較爲客觀的認識與評價。

（一）儒藏本前十卷校記讀札

《經義考》實存二百九十七卷。本次選取儒藏本前十卷校記作爲考察範圍，所選者篇幅約占全書三十分之一。爲便於比較研究，現將需要使用到的《經義考》各種傳本之不同簡稱、前十卷所在册次，縷述如次：

甲、薈要本（《摛藻堂四庫全書薈要》本），新校本稱『《四庫薈要》本』，儒藏本稱『薈要本』。《經義考》前十卷，在世界書局一九八八年影印本第二三七册。

乙、文淵本（文淵閣《四庫全書》本），校正本稱『《四庫》本』，新校本稱『文淵閣《四庫》本』，儒藏本稱作『四庫本』。《經義考》前十卷，在臺灣商務印書館一九八六年影印本第六七七册。

丙、文津本（文津閣《四庫全書》本），新校本稱『文津閣《四庫》本』，儒藏本稱作『文津閣本』。《經義考》前十卷，在北京商務印書館二〇〇五年影印本第二三五册。

丁、備要本（《四部備要》本），新校本稱『《備要》本』。一九九八年，北京中華書局根據一九三六年排印本縮印出版（一册）。

此外，前揭之校正本（《點校補正經義考》）、新校本（《經義考新校》），均係單行本，《經義考》前十卷均在第一册内；儒藏本係叢書本（《儒藏（精華編）》），《經義考》前十卷均在第一七三册内。

又，翁方綱《經義考補正》，是第一部專糾《經義考》訛誤的專著，有《蘇齋叢書》本、《粤雅堂叢書》本等。校正本、新校本均全部過録其補正成果，儒藏本也依據該本出校。根據行文需要，本書有時簡稱爲『《補正》』。

儒藏本前十卷，校記凡三十五條。以下按次予以比較閲讀與分析（爲行文簡潔，下文涉及以上八種傳本之文本時，徑於文後夾注頁碼）。

（一）『輟』，原作『輒』，據四庫本、文津閣本、薈要本改。（《經義考》卷一，敕撰類，『《日講四書解義》』條，引『康熙十六年十二月八日，皇帝御製《序》曰』，『朕紹祖宗丕基，孳孳求治，留心問學，命儒臣撰爲講義，務使闡發義理，裨益政治，同諸經史進講，經歷寒暑，罔敢間輟』。儒藏本，頁三四二。）

案：『罔敢間輟』，盧刻本作『罔敢間輙』，儒藏本所謂『原作「輒」』之説不確。『輙』『輒』爲异體字。

校正本出校云：『「輒」，《四庫》本作「輟」。』（頁五）校正本所謂『《四庫》本』，即文淵本。新校本進一步指出：『「輒」，依《四庫薈要》本、文淵閣《四庫》本、文津閣《四庫》本、《備要》本應作「輟」。』（頁四）可知新校本點校者對三種四庫本（薈要本、文淵本、文津本）及備要本均有考察，較校正本範圍有所擴大。經檢，三種四庫本的確均作『輟』字，而備要本實作『輒』字（頁一九），新校本校記因此有誤（參本章第二節第四小節第四條與本書第八章第二節第二小節第四條之分析）。備要本以盧刻本之後印本爲底本而有所校勘，故徑改『輙』爲『輒』，所改良是，由此可證，備要本有其參校價值。儒藏本校記，應以新校本校記爲基礎，但并無更新發現，因此未能超出該本既有水平；儒藏本點校者忽略備要本，未免遺珠。

（二）『儒林郎』，文津閣本置於『臣董訥』上。（《經義考》卷一，敕撰類，『《日講四書解義》』條，朱彝尊按語，『分撰官十一人……日講官起居注翰林院侍講承德郎臣韓菼、日講官起居注右春坊右中允兼翰林院編修臣董訥、儒林郎日講官起居注左春坊左贊善兼翰林院檢討臣王鴻緒』。儒藏本，頁三四三。）

案：關於『儒林郎』之位置，按四庫諸臣所列銜名通例，當以『儒林郎』前置爲是。除文津本（頁四五〇）外，諸本皆誤。校正本無校（頁六）。新校本有校云：『「臣董訥，儒林郎」，文津閣《四庫》本作「儒林郎臣董訥」。』（頁五）儒藏本同新校本校記內容大意相同，顯然有所繼承（參見本章第二節第五小節第六條及本書第八章第二節第二小節第六條之分析）。但二者均止於『校异同』，而未更進一步，以『明去取』。

(三)『鄭諤』,據本書卷三『歸藏』所引,當作『鄭鍔』。(《經義考》卷二,易類,『《連山》』條,引『鄭諤曰』。儒藏本,頁三五二。)

案:關於『鄭諤』,校正本已正其誤:『「諤」當作「鍔」,各本皆誤。』(頁一九)新校本承之,而變換其表述:『「鄭諤」,各本俱誤,應作「鄭鍔」。』(頁一五)但點校者均未説明其理據。考《經義考》卷三『《歸藏》』條下引有『鄭鍔曰』,所引内容也較簡略:『《歸藏》以《坤》爲首,商人之《易》,其卦《坤》上《坤》下,故曰《歸藏》,言如地道之包含萬物,所歸而藏也。』此即儒藏本點校者所本,較校正本、新校本不言所據爲勝。(關於『鄭諤』當作『鄭鍔』,參見本章第二節第四小節第一七條及本書第八章第二節第二小節第一六條之相關分析。)從校對方法上來看,校正本、新校本止用『對校法』(即在《經義考》諸傳本之間互校),而儒藏本延及『本校法』(即利用《經義考》上下文本進行校對),宜其能有所發現。惟儒藏本校記中『歸藏』之性質同《連山》《周易》相類(《經義考》卷三僅《歸藏》一條),當加書名號,而非引號。

(四)『玄』,原避清聖祖玄燁諱作『元』,今回改。下同,不再出校。(《經義考》卷二,易類,『《連山》』條,引『王應麟曰』,『《太玄》紀日於牛宿,紀氣於中首,而以罔冥爲玄,艮之終始萬物也』。儒藏本,頁三五四。)

案:校正本(頁二一一)、新校本(頁一七)仍依盧刻本作『元』。回改爲『玄』,以復引文原貌,係儒藏本新見。可議者有二：一是對於『玄』字之處理。《經義考》本段文内有兩個『玄』字，《太玄》之『玄』，盧刻本闕其末筆；後一『玄』字，改换作『元』。闕筆、改字，都是古人常見避諱手段。儒藏本對後者之回改加以説明，對前者徑用本字，也宜説明。二是卦名之處理。《經義考》所引王應麟之文，内有《中孚》《艮》兩種卦名，校正本、新校本均標以書名號，頗當。由下揭相關文例可知，儒藏本於所涉卦名，或加書名號，或不加書名號，未能一貫。

（五）『氐』，原作『氏』，據四庫本、文津閣本、薈要本改。（《經義考》卷二，易類，『《連山》』條，引『朱元昇曰』，『春分，其卦也臨，其宿也氐、房』。儒藏本，頁三五五。）

案：『氐』爲二十八宿之一，此係常識。關於盧刻本『氏』字，校正本作『氐』，出校云：『「氐」，《備要》本誤作「氏」。』（頁二一三）實際上備要本正作『氐』（頁二一四），點校者誤校。（此例再次表明，備要本有其重要之參校價值。）新校本仍作『氏』，出校云：『「氏」，依文淵閣《四庫》本、文津閣《四庫》本應作「氐」。』（頁一一八。參見本章第二節第四小節第一九條及本書第八章第二節第二小節第一八條之分析。）儒藏本點校者，又將考察對象擴及薈要本。經檢，薈要本果作『氐』（頁四二四），這是負責纂修《薈要》的四庫館臣加以改正的結果；而文淵本（頁一五）、文津本（頁四五三）均同盧刻本作『氏』，而非『氐』。這説明兩個問題：

其一，新校本的校記，所稱依據（『依文淵閣《四庫》本、文津閣《四庫》本應作「氐」』）有誤。但這種錯誤是很罕見的,因爲將文淵本、文津本同盧刻本兩兩對校,并不複雜,不應該産生這種較爲低級的錯誤。推測新校本點校者采取了校正本的結論(以『氏』爲是),而改正了校正本的錯誤(不言『《備要》本誤作「氏」』);可是没有證據,就誤把與備要本不同的文淵本、文津本作爲根據,而没有意識到這兩種本子恰恰同盧刻本所記相同(作『氏』)。校正本所以證據有誤,大約徑依備要本(『氏』)而改正底本(『氏』),却在校記中誤書其實。新校本又在校正本的基礎上回改,援據失當,誤上加誤。

其二,儒藏本徑作『氏』,自稱『據四庫本、文津閣本、薈要本改』。據上,文淵本、文津本實際作『氏』,薈要本的確作『氏』。由此可見,(甲)儒藏本點校者將校正本、新校本作爲重要學術前承,加以參考;(乙)在本例中,點校者顯然直接取用了新校本的校記而失於檢核,承續其誤而不知;(丙)點校者已查檢薈要本,因此在新校本的基礎上擴大了取證範圍。

(六)『□』,四庫本作『聚』。(《經義考》卷二,易類,『《連山》』條,朱彝尊按語,『又按:黄佐《六藝流别》載《連山》繇辭……《姤》初八曰:「□蛇于窪,滋孽之牙。」』儒藏本,頁三五九。)

案:『□蛇于窪』,校正本無校(頁二一七)。新校本有校云:『「□」,文淵閣《四庫》本作「聚」。』(頁二一)檢文淵本正作『聚』字(頁一八)。而薈要本(頁四二六)、文津本(頁四五四)均注『闕』字,備要本(頁二五)則與盧刻本同。新校本出校精當(參見本章第二節第五小節第二七條、本書第八章第二節第二小節第二六條之討論)。儒藏本與新校本校記相同。

又案：『《姤》初八』，校正本、新校本俱作『《姤·初八》』。此處所引『□蛇于窪，滋孽之牙』，係《姤》卦初八爻辭，校正本、新校本標點較爲可取。

（七）『佀』上，原空一格，據四庫本、文津閣本、薈要本删。（《經義考》卷四，易類，『《周易》』條，引『黄宗炎曰』，『細繹諸所引之辭，不但不佀《彖》《象》』。儒藏本，頁三九八。）

案：此條校正本、新校本未出校，係儒藏本新校出者。

（八）『二年』，薈要本作『元年』。《補正》引丁杰曰：『「二年」當作「元年」。刊本沿房喬《晉書》傳刻之訛作「二」，應據杜預《左傳後序》及注所引王隱《晉書》改。』（《經義考》卷五，易類，『《竹書易經》』條，引『《晉書》』，『太康二年，汲郡人不準盜發魏襄王墓，或言安釐王冢，得《竹書》數十車』。儒藏本，頁四〇〇。）

案：關於『二年』，校正本出校云：『「二年」，應依《補正》作「元年」。』（頁八三）在所引《晉書》文本之後，附載《經義考補正》『丁杰曰』之文，此即其校記所本。新校本同校正本一致（頁五九—六〇）。儒藏本因不附載《補正》之文，所以要在校記中加以徵引。儒藏本首先提及薈要本作『元年』，不單以《補正》爲據，較校正本、新校本更進一步。檢薈要本確作『元年』（頁四五九），而其他各本均同盧刻本。翁方綱是四庫館臣中聲望較著者，而纂修《薈要》之館臣能改作『元年』，同翁氏之間有無必然關聯，一時難以考知。檢今通行本《晉書·束晳傳》，依然作『二年』[一]，顯然未能注意到丁杰此校。細檢《補正》（《蘇齋叢書》本、《粤雅堂叢書》本）卷一，末句均作『應據杜預《左傳後序》及注所引王隱《晉書》改正』，儒藏本脱去末一『正』字（校正本、新校本均無誤），亦失於眉睫之前。

（九）『二』，據《周易正義》，當作『三』。（《經義考》卷五，易類，『卜子（商）《易傳僞本》』條，朱彝尊按語，『考陸氏《釋文》所引，如……《睽》六二「其牛掣」作「契」，《傳》云「一角仰也」』。儒藏本，頁四〇五。）

案：《經義考》此處『六二』之『二』，各本俱同。校正本、新校本未出校記。儒藏本點校者查檢《周易正義》而正之，已超越《經義考》諸傳本範圍之外，此即其《校點説明》中所稱『適當』『他校』之一例。考《周易·睽·六三》：『見輿曳，其牛掣。其人天且劓，无初有終。』（《周易正義》卷四）又陸德明《經典釋文》卷二《周易音義·睽》内『掣』字條：『子夏作契，《傳》云「一角仰也」。』[二]知儒藏本所校爲是。此條非檢核原書不能校出。點校者能突破《經義考》傳本範圍而旁考其他文獻，而學術方法的突破，往往會産生更爲堅確之校勘成果。

（一〇）『莊』，《補正》引丁杰曰：『《漢書》作「裝」，《經典序録》作「莊」。此引《漢書》而字從《經典序録》，似訛。』（《經義考》卷五，易類，『田氏（何）《易傳》』條，引『《漢書》』：『自魯商瞿子木受《易》孔子，以

[一] 房玄齡等《晉書》卷五一，中華書局，一九七四年，頁一四三二。
[二] 陸德明《經典釋文》卷二，頁一〇一—一〇二。

授魯橋庇子庸，子庸授江東馯臂子弓，子弓授燕周醜子家，子家授東武孫虞子乘，子乘授齊田何子莊。何以齊田徙杜陵，號杜田生。』儒藏本，頁四〇七。）

案：校正本（頁九四）、新校本（頁六七）均過録《經義考補正》所載丁杰校語，并據以出校，以爲『莊』字當作『裝』字。儒藏本校記僅録《補正》之文，而未加論斷。陸德明《經典釋文序録》列注解撰述人，亦撮取《漢書·儒林傳》此文，始於『自魯商瞿子受《易》於孔子』（增一『於』字），止於『子乘授齊田何子莊』[一]。朱彝尊所引文句，較《經典釋文序録》爲豐，且未增『於』字，知其必以《漢書》爲據。至於『莊』字，可能因同音而誤，也有可能參用《序録》而得之。丁杰所校極是。

（一一）『蘿于地』，《補正》：『今《説文》「蘿」字下作「蘿於土」。』

（一二）『絮』，《補正》：『今《説文》作「需有衣絮」。』

（一三）『埶殺』，《補正》：『《説文》作「槷鼿」。』（《經義考》卷五，易類，『孟氏（喜）《周易章句》』條、『《周易災异》』條，朱彝尊按語：『許氏《説文解字序》言「《易》稱孟氏」，則所引皆孟氏《易》也，其與今文异者，如……「百穀草木麗乎土」作「蘿于地」。……「繻有衣袽」，「繻」作「需」，「袽」作「絮」。……又如「執飪，（句）埶殺（句）」，「地可觀者莫可觀于木」，則今本無是文，不知當日何所屬也。』儒藏本，頁四一二。）

[一] 陸德明《經典釋文》卷一，頁一六。

案：以上三條校記，均以《經義考補正》(卷一)爲據：

又按：此條下竹垞案許氏引孟喜《易》，『百穀艸木麗乎土』作『麗於地』，今《説文》『䕻』字下作『䕻於土』。『繻有衣袽』，『繻』作『需』，『袽』作『絮』，今《説文》作『需有衣絮』。『執鼿』，《説文》作『槷鼿』。皆當改正。

校正本(頁一〇二)過録《補正》此文，未出校記，而誤『孟喜』爲『孟嘉』。新校本與校正本全同(頁七三)，未出校記，『孟嘉』之誤亦同，則未加覆按可知(新校本之志意，原在於對校正本全面校核而得更爲精善之本，不意竟有此誤)。儒藏本并不全文過録《補正》，因此出校記加以引據。

(一四)『□』，四庫本作『蓋』，薈要本不空。(《經義考》卷六，易類，『焦氏(延壽)《易林》』條、『《易林變占》』條，引『孟康曰』：『分卦直日之法，一爻主一日，六十四卦爲三百六十日，餘四卦，震、離、兑、坎，□爲方伯監司之官。所以用震、離、兑、坎者，是二至二分用事之日，又是四時各專王之氣，各卦主一時。其占法各以其日觀其善惡也。』儒藏本，頁四一六。)

案：《經義考》盧刻本原空一字，校正本出校云：『「坎」下《四庫》本有「蓋」字。』(頁一〇八)校正本所謂『《四庫》本』，指文淵本。新校本亦出校云：『「《震》《離》《兑》《坎》爲方伯監司之官」，文淵閣《四庫》本作「《震》《離》《兑》《坎》蓋爲方伯監司之官」。』(頁七七)表述較校正本大爲增加，而文意并無不同。校正本此校，儒藏本予以繼承，并記録薈要本之文本情況，較校正本、新校本更進一步。經檢，薈要本果如所記(頁四七〇)。事實上,備要本亦有『蓋』字(頁四五),惜此本不在儒藏本參校之列。

考《漢書》京房本傳:『贛常曰:「得我道以亡身者,必京生也。」其説長於灾變,分六十四卦,更直日用事,以風雨寒温爲候,各有占驗。房用之尤精。』贛,焦延壽字。顏師古於『以風雨寒温爲候』下有注云:

孟康曰:分卦直日之法,一爻主一日,六十四卦爲三百六十日。餘四卦,《震》《離》《兑》《坎》,爲方伯監司之官。所以用《震》《離》《兑》《坎》者,是二至二分用事之日,又是四時各專王之氣。各卦主時,其占法各以其日觀其善惡也。[一]

朱彝尊所引,蓋即顏師古注引孟康之説。文本(如『各卦主時』)、標點等(如『《震》《離》《兑》《坎》等』),當以通行之《漢書》點校本爲勝。

(一五)『丙』,原避唐高祖父李昞諱作『景』,今回改。下同,不再出校。(《經義考》卷六,易類,『焦氏(延壽)《易林》』條、『《易林變占》』條,引『王俞《序》曰』:『聖唐會昌丙寅歲。』儒藏本,頁四一七。)

案:《經義考》盧刻本作『景寅』,文淵本(頁六一)、薈要本(頁四七〇)、備要本(頁四五)同。校正本無校(頁一〇九)。新校本出校云:『「景寅」,文津閣《四庫》本作「丙寅」。』(頁七八)則文津館臣已改

[一] 班固《漢書》卷七五,頁三一六〇。

文在前。晁公武《郡齋讀書志》卷一《焦氏易林》十六卷解題，謂此書前『有唐王俞序』。此數字，各本或誤『王俞』爲『渝王』，經黄丕烈『據本書序改正』[一]。朱彝尊所載者，即王氏此序。王氏既爲唐人，宜其避諱作『景寅』。其序原文當如此。文津館臣强改曰『丙寅』，有失王氏原貌。儒藏本點校者亦因其避諱而回改，其實并非朱彝尊引據時有所諱改，而是王氏原文即如此。此類是否回改，有待細酌。

（一六）『吹』，《補正》：『當作「推」。』《漢書》卷七五作『推』。（《經義考》卷七，易類，『京氏（房）《易傳》』至『《易傳積算法雜占條例》』諸條，引『《漢書》』，『房本姓李，吹律自定爲京氏』。儒藏本，頁四二七。）

案：《漢書》京房本傳：『房本姓李，推律自定爲京氏，死時年四十一。』[二]此即朱彝尊所本。《補正》云：『又案：《漢書》：「房本姓李，吹律自定爲京氏。」「吹」當作「推」。』（卷一。）正據《漢書》本傳訂正。校正本（頁一二二五）、新校本（頁九〇）均出校云：『「吹」，依《補正》應作「推」。』儒藏本顯然效法校正本、新校本前例，而變换校記寫法：首采《補正》結論，復檢《漢書》加以佐證。《漢書》爲常見文獻，其實一檢即得。

（一七）『遁下體艮』，原無；『二』上，原衍『遁』字。據項安世《項氏家説》（清武英殿聚珍版叢書本）

[一] 晁公武撰，孫猛校證《郡齋讀書志校證》卷一，頁一〇—一一。
[二] 班固《漢書》卷七五，頁三一六七。

卷二補、删。（《經義考》卷七，易類，『京氏（房）《易傳》』至『《易傳積算法雜占條例》』諸條，引『項安世曰』，『二世遁，遁下體艮，飛爲艮二丙午，伏仍乾二甲寅之類』。儒藏本，頁四三一—四三二。）

案：《經義考》原刻本作『二世《遁》飛爲《艮》，《遁》二丙午，伏仍《乾》二甲寅之類』（標點依校正本頁一三一。新校本頁九四同）。校正本、新校本未出校。儒藏本點校者直溯其源（項安世《項氏家説》）而出校，并不限於《經義考》傳本範圍，已是『他校』。

（一八）『復』，原作『履』。『需』，原作『師』。據四庫本、薈要本、《補正》改。（《經義考》卷七，易類，『京氏（房）《易傳》』至『《易傳積算法雜占條例》』諸條，引『胡一桂曰』，『中卷首坤宮八卦』下小注：『坤、復、臨、泰、大壯、夬、需、比。』儒藏本，頁四三二。）

案：《經義考》原刻本小注作『《坤》《履》《臨》《泰》《大壯》《夬》《師》《比》。』（此處標點依校正本頁一三二，新校本頁九五同）《經義考補正》卷一：『胡一桂條内小注「《坤》《履》《臨》《泰》《大壯》《夬》《師》《比》」，「《履》」當作「《復》」，「《師》」當作「《需》」。』（標點依校正本頁一三三）校正本有校記兩條：『「《履》」，應依《補正》、《四庫》本作「《復》」。』『「《師》」，應依《補正》、《四庫》本作「《需》」。』（頁一三二）新校本亦有校記兩條：『「《履》」，依《補正》、《四庫薈要》本、文淵閣《四庫》本、文津閣《四庫》本應作「《復》」。』『「《師》」，依《補正》、《四庫薈要》本、文淵閣《四庫》本、文津閣《四庫》本應作「《需》」。』（頁九五）校正本實據《補正》校語及文淵本出校，新校本另增薈要本、文津本爲據。儒藏本的校記，顯然以新校本爲基礎,但對同爲參校本之一的文津本則有所遺漏。

(一九)『爻』,據劉紹攽《周易詳説》(清乾隆劉氏傳經堂刻本)卷一八引徐善語,當作『卦』。(《經義考》卷七,易類,『京氏(房)《易傳》』至『《易傳積算法雜占條例》』諸條,引『徐善曰』:『其法每爻主六日又八十分日之七,三百六十爻當一歲三百六十五日四分日之一,用中孚初爻起冬至。』儒藏本,頁四三四。)

案:《經義考》『其法每爻』之『爻』,諸本相同。儒藏本校記以爲當作『卦』。核其文義,以『卦』爲是。點校者使用『他校』,查檢劉紹攽《周易詳説》所載徐善語爲證,方法得當,結論堅確。

(二〇)『博士』上,《補正》云當有『郎』字。《漢書》卷八八有『郎』字。(《經義考》卷七,易類,『段氏(嘉)《易傳》』條,引『蘇林曰』:『東海人。爲博士。』儒藏本,頁四三五。)

案:儒藏本此條校記,先引《經義考補正》爲據,復核《漢書》原文,處理方式同前揭第一六條如出一轍。檢《補正》卷一,其文云:『當作「皆爲郎、博士。」』校正本(頁一三六)、新校本(頁九七)均據此出校。但是,《補正》所校,并非針對《經義考》所載蘇林之語,而是前一條引自《漢書》之文者:『京房授東海段嘉、河東姚平、河南乘弘,皆爲博士。』由於兩條文字其末相同(均作『爲博士』),儒藏本點校者遂誤繫出處,顯然失於細檢。

(二一)『蓍』,原作『著』。據薈要本改。(《經義考》卷八,易類,『於陵氏(欽)《易吉凶》』條,志其篇

卷云：『《漢志·著龜家》：「二十三卷。」』儒藏本，頁四三九。）

案：《經義考》盧刻本作『著龜家』，文淵本等同。《漢書·藝文志·數術略》有著龜一類，此係常識，『著』字之誤顯而易見。薈要本（頁四八六）、備要本（頁五五四）均已改正。校正本（頁一四五）、新校本（頁一〇三），均據備要本出校，而未及核查薈要本。儒藏本校記以薈要本爲據，顯然已遍核諸本。此例再次表明，備要本有其重要之參校價值；不知爲何，儒藏本點校者并不以備要本爲參校本，所以在校記中選擇忽視，儘管校正本、新校本已有校記在前。

（二二二）『就』，四庫本作『至』。（《經義考》卷九，易類，『鄭氏（玄）《周易注》』條，引『《後漢書》』：『公車再徵，不就，徵爲大司農。』儒藏本，頁四四六。）

案：朱彝尊自《後漢書》中録鄭玄傳，係撮取其文加以改寫，文極精鍊。『公車再徵，不就，徵爲大司農』等語，并非《後漢書》原文。文淵館臣改『就』爲『至』，文意無殊，并無必要，整理者出校之必要性，也大爲降低。而校正本出校云：『「就」，《四庫》本作「至」。』（頁一五四）新校本復相承出校云：『「就」，文淵閣《四庫》本作「至」。』（頁一一二）由於并不涉及《經義考》所引文本之正誤，以上校記之功用，僅在於保存《經義考》不同傳本之异文而已。儒藏本此條校記，其功用也并未超出校正本、新校本之外；是否需要出校，值得商榷。

（二二三）『止』，四庫本作『其』，屬下。薈要本、《崇文總目》（影印文淵閣《四庫全書》本）卷一無此字。

（《經義考》卷九，易類，『鄭氏（玄）《周易注》』條，引『《崇文總目》』：『今惟《文言》《説卦》《序卦》《雜卦》合四篇止，餘皆逸。』儒藏本，頁四四七。）

案：《經義考》此條引《崇文總目》之文，薈要本（頁四九二）、備要本（頁五七）等，均與盧刻本相同。惟《經義考》之文淵本作：『今惟《文言》《説卦》《序卦》《雜卦》合四篇，其餘皆逸。』（頁八二）關於此處文字差异，校正本已出校：『「止」，《四庫》本作「其」。』（頁一五五）新校本承之：『「止」，文淵閣《四庫》本作「其」。』（頁一一三）儒藏本在此基礎上，復考察薈要本之文本，并檢核《崇文總目》之文淵本，在考察範圍上有所擴大，可謂更進一步。檢文淵本《崇文總目》卷一『《周易》一卷』條下引『鄭康成《易注》』：『今惟《文言》《説卦》《序卦》《雜卦》合四篇，餘皆逸。指趣淵確，本去聖之未遠。』（第六七四册，頁四）果無『止』字。但是，薈要本同盧刻本相同，有一『止』字。因此，儒藏本校記中關於《經義考》薈要本的陳述，并不準確。

《崇文總目》久佚。朱彝尊嘗倩人自天一閣抄得傳本，惜止有目録而無叙釋，因此『擬從《六一居士集》暨《通考》所采，别抄一本。老矣未能，始識於此』〔一〕。觀《經義考》此條，知朱氏雖曰『未能』，其實已有采集，但可能并未最終完成。檢馬端臨《文獻通考·經籍考》有『鄭康成《易注》』條，下引『《崇文總

〔一〕朱彝尊《崇文書目跋》，載胡愚、王利民補輯《曝書亭集外詩文補輯》卷六，見《曝書亭全集》，吉林文史出版社，二〇一〇年，頁九六〇。

目》：『今唯《文言》《説卦》《序卦》《雜卦》合四篇，餘皆逸。指趣淵確，本去聖之未遠。』〔一〕上揭四庫館臣自《永樂大典》中輯出者，與《通考》所載亦同。由此知《經義考》盧刻本中『止』字，係朱氏傳鈔時所加；文淵館臣在鈔録《經義考》時，復删『止』而增『其』字。

（二四）『黯』，《補正》：『「黚」之訛也。』

（二五）『節』，《補正》：『「飾」之訛也。』（《經義考》卷九，易類，『鄭氏（玄）《周易注》』條，朱彝尊按語：『鄭氏之《易》與王輔嗣本不同者甚多，如……「爲黔喙之屬」作「黯喙」，「蠱則飭也」，「飭」作「節」。當日河北諸儒專主鄭學，今則王伯厚所集一卷外，見於陸氏《釋文》者僅此爾。』儒藏本，頁四四八—四五〇。）

案：針對朱氏此段按語，《經義考補正》卷一有長篇訂正，校正本據以出校記者即有九條。同儒藏本對應的《補正》文本爲：『「爲黔喙之屬」作「黯」；按：此「黯」字，「黚」之訛也。「蠱則飭也」，「飭」作「節」；按：此「節」字，「飾」之訛也。』（標點依新校本頁一一一五）校正本相應的校記有兩條：『「黯」，據《補正》當作「黚」。』『「節」，依《補正》當爲「飾」之誤。』（頁一五九）儘管《補正》訂正較富，新校本僅有一條校記：『「節」，依《補正》應作「飾」。』（頁一一一五）可謂一反常態。儒藏本兩條校記，其前承是校正本

〔一〕馬端臨《文獻通考》卷一七五，中華書局，一九八六年，頁一五一四。

校記，從九條中選擇兩條加以繼承，在於《補正》相應的内容，能明確定其訛誤。

（二六）『所集』，原作『集所』，據四庫本、薈要本、《補正》、陸德明《經典釋文》（宋刻本）卷一乙正。（《經義考》卷九，易類，『（荀氏［爽］）《九家易解》』條，引『陸德明曰』：『荀爽《九家集注》十卷，不知何人所集，稱荀爽者，以爲主故也。』儒藏本，頁四五一。）

案：《經義考》此誤，《經義考補正》已予指出。校正本出校云：『「集所」，應依《補正》、《四庫》本作「所集」。』（頁一六二）在《補正》基礎上，增加了文淵本的證據。新校本校記云：『「集，所」，依《補正》、《四庫薈要》本、文淵閣《四庫》本應作「所集」。』（頁一一七）又在校正本基礎上，增加薈要本的證據。儒藏本顯然又在新校本的基礎上，直接檢視陸德明《經典釋文》原書，進一步予以論定。此即所謂『他校』。

（二七）『略』，據《三國志·魏志六·劉表傳》注引，當作『界』。（《經義考》卷九，易類，『劉氏（表）《周易章句》』條，引『《漢末英雄記》』：『州略群寇既盡，表乃開立學官，博求儒士，使綦母闓、宋忠等撰定《五經章句》。』儒藏本，頁四五三。）

案：《漢末英雄記》，題王粲撰，有王世貞鈔本，『大抵取於裴松之《三國志注》爲多』〔一〕。《三國志》

〔一〕《欽定四庫全書總目》卷六一《漢末英雄記提要》，《景印文淵閣四庫全書》第二册，頁三四二。

卷六《劉表傳》：『（張）羡病死，長沙復立其子懌，表遂攻并懌，南收零、桂，北據漢川，地方數千里，帶甲十餘萬。』裴注：『《英雄記》曰：州界群寇既盡，表乃開立學官，博求儒士，使綦毋闓、宋忠等撰《五經章句》，謂之《後定》。』[一]朱彝尊所引此條，當溯源於此。校正本（頁一六七）標點作《漢末英雄記·州略》，新校本因之（頁一二一〇），顯然有誤（大約因爲朱彝尊引據之時，省去『曰』字）。儒藏本點校者檢視《三國志》，遂能訂正此誤。

（二八）『傳』，《補正》據《漢志》云當删。下《古雜傳》『傳』字同。（《經義考》卷九，易類，『亡名氏《古五子傳》』條、『《古雜傳》』條。儒藏本，頁四五八。）

案：《經義考》卷九『亡名氏《古五子傳》』條、『《古雜傳》』條，均據《漢志》（《漢書·藝文志》）著録其篇卷（分别爲十八篇、八十篇）。《漢志·六藝略》易類，有『《古五子》十八篇（自甲子至壬子，説《易》陰陽）』、『《古雜》八十篇』等條，此即朱彝尊裁取文獻之初源。《經義考補正》對朱氏所立條目内『傳』字，頗有异議：『案：《漢志》云：「《古五子》十八篇。《古雜》八十篇。」俱無「傳」字，今應將「傳」字删去。』（卷一）校正本因此於『《古雜傳》』下出注：『「傳」，據《補正》當删。』（頁一七四）若細究其文，則『《古五子傳》』下即當出注，方合《補正》之意。新校本承之，亦僅於『《古雜傳》』下出注：『「《古雜傳》」，依《補

[一] 陳壽撰，裴松之注《三國志》卷六，中華書局，一九五九年，頁二一一—二一二。

正》應作「《古雜》」。』(頁一一二五)其文雖經改寫,反不如校正本精當。儒藏本此條校記,對上下兩個條目都有照應,顯然更合《補正》之意;點校者雖未加明斷,其贊同《補正》之意,不言而喻。

但是,《經義考補正》此條校訂,不無可議。《漢志・六藝略》之易類,首條言『經』(『《易經》十二篇,施、孟、梁丘三家』),次條起既開始言『傳』(『《易傳周氏》二篇[字王孫也]』)。此下各條,均屬經解,都屬於『傳』:『《服氏》二篇』,實即『《易傳服氏》二篇』,亦不妨稱作『《周易服氏傳》二篇』,承前而省『易傳』二字。同理,『《古五子》』即『《古五子傳》』,『《古雜》』即『《古雜傳》』,承前省去『傳』字。作爲清初杰出的歷史編纂家,朱彝尊深諳班固之史家書法,徑以『《古五子傳》』『《古雜傳》』之名開立條目,正見其高明。《補正》此處,失於詳察。點校者從而出注,也失於細究。

(二九)『茹』,原作『如』,據四庫本、文津閣本、薈要本、《周易正義》卷二改。(《經義考》卷一〇,易類,『董氏(遇)《周易注》』條,朱彝尊按語,『餘如「拔茅茹,以其彙征」,「彙」作「䕸」』。儒藏本,頁四六二。)

案:關於盧刻本之『拔茅如』,校正本無校語(頁一八一),顯然未予校出。新校本始有校記:『「如」,依《四庫薈要》本、文淵閣《四庫》本、文津閣《四庫》本應作「茹」。』(頁一三〇)可見點校者將三種四庫本一一查核,一糾校正本之疏失。儒藏本又更進一步,采用他校法,直接從《周易正義》中找到證據,使這一問題得以解決。

（三〇）『節』，《補正》：『乃「飾」字之訛。』（《經義考》卷一〇，易類，『王氏（肅）《周易注》』條、『《周易音》』條，朱彝尊按語：『按：王氏《易注》《易音》皆不傳，見於《釋文》所引者……「蠱則飭也」，「飭」作「節」。』儒藏本，頁四六六。）

按，對其中三條加以訂正：

案：朱彝尊將陸德明《經典釋文》所引王肅之文，一一抉出，共得三十八條。翁方綱等對此加以覆按：

竹垞按王氏《易注》《易音》見於《釋文》所引者，『六爻發揮』作『輝』。按：陸氏《釋文》：『「揮」音「輝」。王肅云：「散也。本亦作輝。」』未嘗云『王肅本作「輝」也』。『失得勿恤』作『得失』。按：《釋文》：『「失得」，王肅本作「矢」。』王云『離爲矢』，不云『作得失』也。『蠱則飭也』，『飭』作『節』。按：此『節』字乃『飾』字之訛。（《經義考補正》卷一）

其例先引竹垞文字，再加按語訂正之。校正本據其後兩條出校：『「失得勿恤」，據《補正》當作「失勿恤」。』（頁一八六）『「節」，據《補正》當爲「飾」之誤。』（頁一八七）新校本僅承其一：『「節」，依《補正》應作「飾」。』（頁一三五）其中原因，在於校正本『當作「失勿恤」』之説，係對原文有誤讀。儒藏本顯然認可新校本的做法，所以僅據末條出校。

（三一）『漢魏』，原作『魏漢』，據薈要本、郝敬《談經》（明崇禎《山草堂集》增修本）卷一乙正。（《經義考》卷一〇，易類，『王氏（弼）《周易注》』條，引『郝敬曰』：『漢魏以還，學者迷習訓詁，獨王輔嗣超然

窺十翼之藩，而說者謂其於象太疎。』儒藏本，頁四七二。）

案：《經義考》原作『魏漢』，校正本出校云：『「魏、漢」，各本同，當作「漢、魏」。』（頁一九六）但未言其根據。新校本有校云：『「魏、漢」，依《四庫薈要》本應作「漢、魏」。』（頁一四一）說明四庫館臣纂修《薈要》時已予改正。儒藏本點校者在新校本基礎上，用『他校』之法，直接查檢郝氏著作，使『漢魏』成爲定論。

（三二）『明辨晳也作析』，《補正》：『此「晳」字是「晳」之譌，「析」字亦「折」之譌。』（《經義考》卷一〇，易類，『虞氏（翻）《周易注》』至『《周易日月變例》』諸條，朱彝尊按語：『虞氏世治孟氏《易》，然《釋文》所引，其文或不盡依孟氏。若……「明辨晳也」作「析」……「已事遄往」「已」作「紀」……此與諸家不同。』儒藏本，頁四七八。）

（三三）『紀』，《補正》：『《釋文》引虞作「祀」，李鼎祚引虞云：「祭祀也。」是虞作「祀」無疑。』（案：出處同上條。）

案：《經義考補正》訂正朱氏按語，有云：『「明辨晳也」作「析」。按：此「晳」字是「晳」之譌，「析」字亦「折」之譌也。「已事遄往」，「已」作「紀」。按：《釋文》引虞作「祀」，李鼎祚引虞云：「祭祀也。」是虞作「祀」無疑，竹垞蓋偶因板本誤爲糸旁耳。』（卷一）校正本未能據《補正》出校（頁二〇五—二〇六）。新校本止出校記云：『「紀」，依《補正》應作「祀」。』（頁一五〇）儒藏本則據《補正》出兩條校記，而且將其理據列出，較《新校》爲勝。

（三四）『哲』，《補正》：『是「晳」字之訛。』下『哲』字同。（《經義考》卷一〇，易類，『陸氏（績）《周易注》』條、『《注京氏易》』條，朱彝尊按語：『陸氏《易注》已亡，今《鹽邑志林》載有一卷，乃係抄撮陸氏《釋文》、李氏《集解》二書爲之，所存者幾希矣。其經文异諸家者：「履帝位而不疚」作「疾」；「明辨晳也」，「晳」作「逝」。』儒藏本，頁四七九。）

案：《經義考補正》卷一：『竹垞按陸氏《易注》經文异者，「明辨晳也」，「晳」作「逝」。此『哲』字是「晳」字之訛也。』校正本過録此條，誤將『晳』字仍誤作『哲』字（頁二二〇九），所出校記亦云：『「哲」，據《補正》當作「晳」。』（頁二二〇八）殊爲失考之甚。新校本亦過録此條，已予改正（頁一五二二），但并未據以出校。儒藏本此條校記，對校正本、新校本各有繼承。

（三五）『張倫本』，《補正》：『《釋文》作張璠本。』（《經義考》卷一〇，易類，『張氏《易義》』條，朱彝尊按語：『張氏《易》見《九家易注》，不詳其名。陸氏《釋文》載有張倫本。』儒藏本，頁四八一。）

案：《補正》此條，校正本（頁二二一三）、新校本（頁一五五五）均予過録，均未出校。儒藏本據《補正》出校，更合通例，較校正本、新校本爲勝。

(二) 儒藏本得失及旨趣之平議

通過對《經義考》儒藏本前十卷三十五條校記(注釋)之細讀,可以得出如下認識:

(甲)《經義考》儒藏本之點校,建立在校正本、新校本既有基礎之上。儒藏本校記,充分吸收了校正本、新校本以及《經義考補正》的校勘成果。除上揭第七、九、一七、一九等少數校記外,幾乎每一條校記都參考或直接繼承了校正本、新校本或《補正》的校勘成果。在上揭第五條的極端例子裏,儒藏本連新校本的訛誤也一并承繼之。作爲儒藏本的學術前承,校正本、新校本的校點,《補正》的訂誤,對儒藏本均有深遠的學術影響。

(乙)《經義考》儒藏本之點校,雖以校正本、新校本爲學術前承,但總體上并非對其校記機械地予以繼承,而通常是有所甄别,并能進一步擴大考察的範圍。儒藏本點校者充分查檢了文淵本、文津本、薈要本的相關文本。儒藏本點校者通過對薈要本的考察,改寫了部分校記,如前揭第五、八、一四、二一等條,即是其例。

(丙)《經義考》儒藏本之點校,對翁方綱《經義考補正》的成果予以充分重視,部分校記因此突破了校正本、新校本的局限。如前揭第一一、一二、一三、二四、二五、三二、三三、三五諸條。

(丁)《經義考》儒藏本之點校,并不僅僅局限於校正本、新校本、《經義考補正》已有之範圍,而是能够校出新的錯誤，產生新的校記。如前揭第七、九、一七、一九等條即是。對古籍特有現象的把握，諸如對朱彝尊引據文獻時有所避諱改字問題的處理（前揭第四條）等，爲校正本、新校本所不及，識見較爲通達。這些條目充分説明，儒藏本點校者能在既有基礎之上，把點校工作向前推進了一大步。

儒藏本點校水平的提高，能使《經義考》點校工作層累地向前推進。這一成效的取得，同儒藏本點校者使用的學術方法有關。確切地説，儒藏本點校者不再是單純地在《經義考》各傳本之間進行比較，或對《經義考補正》的成果予以機械地取用，而是在『對校法』之外，又使用了『本校法』與『他校法』。前者如前揭第三條，後者如前揭第九、一七、一九、二六、二七、二九、三一等條。

但是，儘管儒藏本的點校水平，相較於校正本、點校本有很大的推進與提高，其點校中仍然存在着一些不足，包括：

（甲）對備要本作爲參校本的學術價值有所忽略。中華書局一九三六年排印的備要本，雖然以《經義考》後印本爲底本，但其排印、編校水平是還是比較高的，有些底本錯誤得到了糾正。前揭第一、五、一四、二一等條，即體現了備要本具有一定的參校價值；由於没有利用備要本，儒藏本因此失去了相應的文本參考。實際上，作爲儒藏本前承的校正本、新校本，都將備要本作爲重要的參校本，因此，儒藏本點校者如將備要本列爲參校本而加利用，也不失爲求全之舉。

(乙) 對《經義考補正》、校正本、新校本已有校記查檢、甄别不足。或繼承其中之訛誤(如前揭第五條),未能辨出新校本的訛誤);或有所遺漏(如前揭第一八條);或不必出校(如前揭第二二、二八等條);或止於『校异同』,未能『明去取』(如前揭第二、一〇等條);或未能考出朱彝尊引文之本源(如前揭第一四條)。

(丙) 個别文本與標點有誤。或校記有脱文(如前揭第八條),或當加書名號(如第三條内『歸藏』當作『《歸藏》』。此一問題集中在卦名上,如前揭第四、一四等條)。

此外,在擴大考察範圍時,也有誤記(如前揭第二三條);在回改避諱文字時,或未能俱加説明(如前揭第四條),或未能細審究屬原文諱改,還是出於朱彝尊之改動(如前揭第一五條)。又,在前揭第二〇條裏,竟然出現了誤繫校記出處(即校記與原文不能一一對應)的差錯。

如果將儒藏本的校記同新校本的校記作一對比,就會發現兩者在數量上完全不同:儒藏本前十卷共有三十五條校記,而新校本則有一百四十二條,儒藏本尚不及新校本的四分之一。由前揭對新校本、儒藏本校記之考察可知,新校本前五十條校記中,衹有第四條、第六條、第一七條、第一九條、第二七條等五條,在儒藏本中有所呼應(分别對應於第一條、第二條、第三條、第五條、第六條)。那麽,同樣是點校本,爲什麽會産生如此巨大的差异?作爲後出之本,理應更爲詳密,爲什麽儒藏本的校記,反較新校本大幅減少?實际上,這一差异,同二本點校者的整理旨趣緊密相關。

新校本《點校凡例》首云：

> 本書點校部分，以『中研院』歷史語言研究所傅斯年圖書館藏盧見曾補刻本爲底本，加上新式標點；以《文淵閣四庫全書》本（簡稱『文淵閣《四庫》本』）、《文津閣四庫全書》本（簡稱『文津閣《四庫》本』）、《四部備要》本（簡稱『《備要》本』），詳加校勘。補正部分，則據廣文書局影印之翁方綱《經義考補正》（簡稱《補正》）、臺灣商務印書館景印文淵閣《四庫全書總目》（簡稱『《四庫總目》』）、廣文書局影印之羅振玉《經義考目録校記》（簡稱《校記》）。〔一〕

實際上，薈要本也是《經義考新校》的重要參校本。《新校》同《點校補正經義考》體例大致相同，不僅對《經義考》的文本進行點校，而且將翁方綱《經義考補正》、羅振玉《經義考校記》，逐條過録在相應條目之下；舉凡同盧刻本文本差异之處以及《補正》訂正之處，均一一出校。由此可見，校正本、新校本的整理方法有二：一是盡可能彙集有關《經義考》的訂正成果，二是盡可能羅列《經義考》不同傳本的异文。如此處理之佳處，在其具有校訂之集成性質，一編在手，《經義考補正》《經義考校記》俱備，而且諸本之原貌，均可得以呈現。

儒藏本的《校點説明》中，除簡要介紹朱彝尊生平、該書成書背景、内容及影響、主要版本外，對於

〔一〕《經義考新校》，頁一。

此次點校，有如下表述：

此次校點，采用北京大學圖書館藏乾隆十九年盧見曾續刻本之初印本爲底本，校以臺灣商務印書館影印文淵閣《四庫全書》（簡稱『四庫本』），參校了臺灣世界書局影印《摛藻堂四庫全書薈要》本（簡稱『薈要本』）、商務印書館影印文津閣《四庫全書》本（簡稱『文津閣本』），以及翁方綱的《經義考補正》（乾隆五十七年大興翁方綱氏刻本，簡稱『《補正》』）、羅振玉的《經義考校記》（民國二十二年石印本，簡稱『《校記》』），并適當做了他校。他校諸書，『十三經』采用臺灣藝文印書館影印嘉慶二十年南昌府學刊阮刻《十三經注疏》本，『二十四史』采用商務印書館影印百衲本，其他文獻則於校記首見處注明版本。〔一〕

同新校本相較，知儒藏本同樣采用盧見曾刻本作爲底本，并且采用三種四庫本（薈要本、文淵本、文津本）、翁方綱《經義考補正》、羅振玉《經義考校記》作爲參校本。可見在底本及參校本的選擇上，點校者都有共識（但儒藏本未將備要本列爲參校本）。但是，儒藏本雖然將《經義考補正》《經義考校記》列爲參校本，僅僅是取其訂正成果，以供出校之用，并非將二者全文逐條移録；與此同時，儒藏本也并没有將薈要本、文淵本、文津本等文本差异之處，一一注出。這種處理，無疑極爲謹慎。檢《〈儒藏〉精

〔一〕 李峻岫、谷建、葉純芳、張文《校點説明》，《儒藏（精華編）》第一七三册，頁四。

華編凡例》第四、第五條有云：

四、所收書籍的篇目卷次，一仍底本原貌，不選編，不改編，保持原書的完整性和獨立性。

五、對入選書籍進行簡要校勘。以對校爲主，確定内容完足、精確率高的版本爲底本，精選有校勘價值的版本爲校本。出校堅持少而精，以校正誤爲主，酌收异同。校記力求規範、精煉。〔一〕

由此可見，儒藏本點校者上述足稱謹慎之處理，實際上受到《〈儒藏〉精華編凡例》的制約。作爲大型文獻叢書，《儒藏》有其謹嚴之入選標準與校勘要求，理宜固然。

如將《經義考》儒藏本同新校本點校、整理之宗旨加以比較，那麽，二者之特點即可顯現：新校本旨在求其『全』，而儒藏本則旨在求其『精』。平情而論，新校本的確全備，給學界以更多之取資；儒藏本的確精審，能爲學界提供精要之版本。

事實上，在點校《經義考》之時，儒藏本點校者一方面要面對新校本堪稱全備的既有整理成果，另一方面，又要面對《〈儒藏〉精華編凡例》的嚴格規定（可能還有期限的要求）。在如此形勢下，如何儘可能地利用、吸收既有研究成果，并在現有基礎（主要是新校本）上有所推進與擴展，從而爲學界奉獻更爲精審的點校本，是儒藏本點校者所面臨的挑战。

〔一〕《〈儒藏〉精華編凡例》，《儒藏（精華編）》第一七三册，頁一。

點校工作,實際上包括『點』(句讀)與『校』(校對)兩個層面。就『點』(句讀)的層面而言,筆者尚未發現儒藏本有明顯的錯誤。這表明,儒藏本點校者能在校正本、新校本的基礎上,用力極勤,後出轉精,達到了很高的學術水準。就『校』(校對)的層面而言,通過對儒藏本前十卷共計三十五條校記的研讀,可知點校者在以下兩個方面,做出了不懈努力:一是嚴格去取,二是『適當』『他校』。

所謂『嚴格去取』,就是對校正本、新校本、《經義考補正》的既有點校、訂正成果,須經仔細甄別、覆按後再加采用,并且嚴格貫徹《〈儒藏〉精華編凡例》『出校堅持少而精,以校正誤爲主』的原則。實際上,新校本前十卷一百四十二條校記,絶大部分都是在備列諸本之异同。對於以求全爲旨趣的整理來説,備列諸本异同是應有之義,但對要求『一仍底本原貌』、以求精爲旨趣的點校而言,對不涉及底本正誤的參校本之异同,就没有出校的必要。這是儒藏本前十卷校記總數不到新校本前十卷校記總數之四分之一的最主要原因。當然,這并不意味着儒藏本没有著録諸本之异同。由於《凡例》還有『酌收异同』的要求,因此,在前十卷三十五條校記中,就有第二二條能兼列文淵本之异同(雖然并無必要)。如何在衆多的文本异同中選擇并酌收之,是儒藏本點校者需要處理的難題之一。顯而易見,如果不能對校正本、新校本有所突破,而拘泥於兼列他本之异同,便同《儒藏》力求精審的旨趣相冲突。

所謂『適當他校』,就是在校正本、新校本、《經義考補正》的既有基礎之上,適當擴大文獻考察的範圍，以期發現更多的文本問題，通過校記的辨正，儘可能提高《經義考》文本的準確性。在儒藏本前十卷三十五條校記中，就有第九、一七、一九、二六、二七、二九、三一等條，使用了『他校法』，相關成果，大大突破了新校本的既有成就，將《經義考》的點校水平，向前推進了一大步。如所周知，《經義考》所立條目達八千二百餘條，自成段落之引據資料數以萬計，朱氏按語也有上千條，涉及文獻極爲宏富。欲一一核其初源，工作量極大，所需人力、時間，一時難以勝計。關於此節，學界已有兩種成果可作比較：一是司馬朝軍《〈經義考·通説〉疏證》（二〇一〇年出版），專就《經義考》内通説類文獻進行疏證。通説類凡四卷，而《疏證》全文已達二十五萬餘字。二是楊果霖《〈經義考〉著録『春秋類』典籍校訂與補正》（二〇一三年出版），春秋類凡四十三卷，而楊氏校補專著已有一百三十餘萬言。如何進行『適當』的『他校』，既要形成突破，又不違背《〈儒藏〉精華編凡例》所規定的原則，是儒藏本點校者面臨的另一大難題。儒藏本所呈現的面貌，正是點校者在《凡例》規定之下而努力突破的結果，其志意與實績，極爲難得。

另一个細節頗能見出儒藏本點校者的匠心。試觀下表：

表九—二　《經義考》儒藏本、新校本卷前諸項對照表

書前項目	儒藏本	新校本	備注
(一)	序	盧見曾序	儒藏本於『序』下出注云:『此題原無,據版心文字擬。』
(二)	奏書	盧見曾奏狀	儒藏本置於卷末
(三)	序	陳廷敬序	儒藏本於『序』下出注云:『此題原無,據版心文字擬。』
(四)	序	毛奇齡序	儒藏本於『序』下出注云:『此題原無,據版心文字擬。』
(五)	識語	朱稻孫識語	儒藏本置於卷末
(六)	(無標題)	盧見曾識語	儒藏本置於卷首目録之後,《校點説明》之前,并有注云:『本文原爲盧見曾爲《經義考》所編《總目》卷上、卷下之識語,今將《總目》删去,識語則附於此。』
(七)	御題朱彝尊經義考	御題朱彝尊經義考	儒藏本置於卷末
(八)	上諭	乾隆上諭	儒藏本置於卷末
(九)	紀文	三寶紀文	儒藏本置於卷末

除《總目》外,盧刻本卷前,共有盧見曾序、陳廷敬序、毛奇齡序及盧見曾識語(附於《總目》後)等四項。通過上表,可知儒藏本同新校本一致,將卷前項目擴展至九項。這一舉措表明,雖有《〈儒藏〉精華編凡例》『一仍底本原貌』的規定,點校者還是參考了新校本的優點,在卷前項目上體現出『求全』的用

心，目的當然是在『求精』的基礎上，能爲使用者提供更多的學術信息。

（三） 結論

通過前揭對《經義考》研究歷史與現狀的梳理，可知自該著問世以降，即已出現三個衍生著作系列，充分説明該著作爲古代中國最大的一部經籍總目，在經解考證、資料彙纂及書目編製等方面有其典範性，具有持續研究的價值。在儒藏本問世之前，學界已有近六十篇學術論文，兩種分别從文獻學、目録學等角度加以綜合研究的學術專著（《朱彝尊〈經義考〉研究》（楊果霖，二〇〇五年）、《〈經義考〉研究》（張宗友，二〇〇九年）），兩種分别就其通説類、春秋類文獻進行疏證、校補的研究著作（《〈經義考·通説〉疏證》（司馬朝軍，二〇一〇年）、《〈經義考〉著録『春秋類』典籍校訂與補正》（楊果霖，二〇一三年）），以及林慶彰先生領銜的兩種點校本（校正本、新校本）。如何按照《儒藏（精華編）》的編纂要求，在既有研究與點校成果的基礎上有所突破，奉獻更高水平的點校本，是儒藏本點校者面臨的學術挑戰。就爲此，點校者以求精爲準的，在『點』（句讀）與『校』（校對）兩個層面，均達到了很高的學術水準。就『點』（句讀）的層面而言，臻於完美（尚未發現錯誤）；就『校』（校對）的層面而言，一方面嚴格去取，對校正本、新校本、《經義考補正》的既有點校、訂正成果，經仔細甄别後加以采用，貫徹『少而精』的原則；另一方面適當他校，不僅就《經義考》不同傳本對校，還通過《經義考》上下文本互校（『本校』）、選擇其他文獻（一般是朱彝尊引據文獻的原本）進行他校，從而取得更多的校勘成果。在書前項目的安排上，也能體現點校者力求提供點校精品的學術努力。

比較而言，林慶彰先生領銜的《經義考》校正本、新校本，代表了『求全』的整理路徑，而儒藏本則代表了『求精』的點校取徑。平情而論，儘管各自尚存在不足之處（任何大規模的文獻點校與整理，均難免有失），但就以上兩個方向的學術追求而論，新校本、儒藏本分別達到了最高水平，都堪稱『《經義考》之功臣』。

儒藏本繼新校本之後問世，意味着《經義考》點校工作，已告完成，學人再無必要進行新的點校工作——即使有學者致力於新的點校與整理，也衹能在新校本、儒藏本的基礎上略補闕漏而已，無法在學術方法與實際成就上形成新的突破，自然無法超越二者既有的格局與水平。針對《經義考》這部古代中國最大的經籍總目，今後學界的努力方向，將是如何進行更爲全面的校補、疏證與研究，從而奉獻更高水平的研究著述，推動經學文獻整理與問題研究進一步走向深入。

本章介紹并考察《經義考》點校本的學術水準（有『點』無『校』的單純標點本，不在討論之列）。校正本（《點校補正經義考》）是《經義考》的第一個點校本，具有開創性；同時彙集《經義考補正》《經義考校記》及《四庫全書總目》的相關成果，具有集成性，從而爲學界提供了精善的版本，有力地擴大了《經義考》的學術影響。新校本(《經義考新校》)是校正本的升級版，擴大了校本範圍，增强了審讀力度，糾正了各種訛誤，成爲新的代表性點校之作。在校正本、新校本的基礎上，儒藏本在文本句讀、校勘等方面後來居上，質量更爲精善。新校本、儒藏本分别體現了《經義考》點校中『求全』『求精』學術取徑的最高水平，成爲兩種不可或缺的、交互爲用的代表性點校本；新校本、儒藏本并行於世，意味着《經義考》點校工作的完成。

第十章　《經義考》之校補與疏證

《經義考》是集大成式的經籍總目，因此出現了以該著爲核心的校正、補作、續作三個系列。如果説，全祖望《讀易别録》、翁方綱《經義考補正》、陳矩《孟子弟子考補正》等，代表了傳統學術範式（尤其是乾嘉學術傳統）下的校補成就，那麽，在學術昌明的今天，理應有當代學術範式下的研究成果。如果説，自民國以降發表的六十餘篇單篇學術論文，代表了現代學術視野下《經義考》研究的廣度，那麽，運用今日之學術方法，返視并全面研究《經義考》，乃是學術發展的必然態勢。司馬朝軍所著《〈經義考·通説〉疏證》、楊果霖所著《〈經義考〉著録『春秋類』典籍校訂與補正》，就是體現上述學術發展趨勢以及《經義考》研究深度的兩種著作。

一　《經義考通説疏證》平議

作爲經籍總目,《經義考》共分三十個門類(主題單元),其中卷二九五至卷二九八,係『通説』部分。司馬朝軍先生對該部分進行專題研究,相關成果,以《〈經義考·通説〉疏證》之名,收入其《國故新證》一書(武漢大學出版社,二〇一〇年)。《新證》凡七篇:《論卦辭深層結構》《〈經義考·通説〉疏證》《〈經解入門〉辨僞十題》《〈經解入門〉待質録》《論司馬遷的歷史地位》《〈樂庵語録〉真僞考》《〈黄侃傳〉徐復序辨僞》。從主題上看,《國故新證》是一部以討論經史之學及辨僞爲主的學術論集。《新證》正文凡三百九十頁,全書篇幅達三十六萬餘字。《〈經義考·通説〉疏證》係此集第二篇,從體量上看,内容多達二百七十頁,約二十五萬字,近占全書篇幅之百分之七十,實際上已然能自成一書。格於論集體例,《〈經義考·通説〉疏證》并無序、跋等發凡起例之文字,惟在文章開篇,有簡要之緣起(見下引)。其實司馬朝軍先生撰寫《〈經義考·通説〉疏證》之志意,業已形諸文字,即《〈經義考通説疏證〉序跋》一文(由序、跋各一篇組成)。該文撰寫於二〇〇九年冬,發表於《新證》行世之次年(載《出版科學》二〇一一年第一期)。可見,作者已將有關《通説》之專題研究,定名爲《經義考通説疏證》,惟囿於論集體例,尚未將序跋載入《新證》。據此,本文將《〈經義考·通説〉疏證》及其序跋,視作一種著述之整體,并按

《〈經義考通説疏證〉序跋》題名之例，徑稱爲《經義考通説疏證》（簡稱作『《疏證》』）。

《疏證》是現代學術視野與規範下的第一種有關《經義考》某一門類文獻的專題研究著作，屬於經學文獻整理範疇，在《經義考》研究史、經學史上具有獨特之地位。《疏證》之緣起、貢獻與經驗，理應引起學界之重視。

目前學界對《疏證》之注意與研究，已有數篇論文，如《〈經義考・通説〉疏證〉補證》《〈經義考・通説〉引文考辨十二則》等。前文針對《疏證》『不切及錯誤之處，略作補證』〔一〕，後文針對《疏證》『待考』的條目，『擇取十二則予以考辨』〔二〕。可見二文旨趣，分别在糾《疏證》之訛誤、補《疏證》之未備，而於《疏證》之撰述緣起、疏證實績及其在經學文獻整理方面之意義，尚未討論。

（一）《經義考通説疏證》之緣起

《經義考・通説》分《説經》《説緯》兩個部分，前者三卷，後者一卷，合計四卷。《疏證》因此分爲四節：『《經義考・通説一・説經上》疏證』『《經義考・通説二・説經中》疏證』『《經義考・通説三・説經

〔一〕陳開林《〈經義考・通説〉疏證〉補證》，《圖書館研究與工作》二〇一五年第二期，頁六七。

〔二〕陳開林《〈經義考・通説〉引文考辨十二則》，《貴州師範大學學報》二〇一五年第三期，頁一一〇。案：作者另有《〈經義考・通説〉引文續考》一文（《圖書館情報研究》二〇一六年第三期，頁九一—九七），志意相同。

下》疏證』『《經義考·通説四·説緯》疏證』。

《疏證》開篇，有簡要之緣起：

清儒朱彝尊撰《經義考》三百卷，爲經學研究的必備之書，其《通説》四卷撮録自孔子迄清初諸儒有關經學的觀點，資料極其豐富，但未一一注明出處，不便於研究者使用，加以錯訛衍奪，所在多有，今試爲之疏通證明，補所未逮，或於經學不無小補云爾。〔一〕

此段緣起，首先肯定《經義考》的學術價值(『經學研究的必備之書』)，繼而指出兩大缺點：甲、不一一注明所録資料之出處；乙、『錯訛衍奪，所在多有』。那麽，作者『爲之疏通證明，補所未逮』之目的，應當有二：一是考出《經義考》所録資料之出處；二是校正文字『錯訛衍奪』之誤。但是，此段文字十分簡略，内容有限，尚不足以充分説明作者撰寫《疏證》之志意。

《疏證》作者司馬朝軍先生，首以研治四庫學蜚聲學界，著有《〈四庫全書總目〉研究》《〈四庫全書總目〉編纂考》等。對《經義考》之注意，起源於對《四庫全書總目》的研究：

具有重大價值的研究課題往往衹有在研究過程中纔會被發現。自從開始研究《四庫全書總

〔一〕司馬朝軍《〈經義考·通説〉疏證》，載《國故新證》，武漢大學出版社，二〇一〇年，頁一三。

目》，我就發現了不少相關課題，關於《經義考》的溯源即爲其中一例。《經義考》與《總目》存在深刻的淵源關係，我在研究《總目》之初就與它打上了交道。因此，選擇《經義考》，對於我來説，并非偶然，而是必然。在追溯《總目》編纂來源時，凡屬涉及《經義考》的條目，我就不厭其煩地查閱原書。經過比勘，我發現了《經義考》存在大量錯誤，還特地寫過考證文章予以駁正。〔一〕

《經義考》中存在的問題，引發了朝軍先生的研究興趣：

乾嘉時期的一位大儒翁方綱在《蘇齋筆記》中指出：『《經義考》於每書之序多删去其歲月，觀者何而考其師承之緒及其先後之迹乎？又所載每書考辨論説皆渾稱爲某人曰，不注其出於某書、某注、某集，則其言之指歸無由見，而於學人參稽互證之處亦無所裨助。』删去歲月，不注出處，此二點正是《經義考》的最大缺點……這些致命的弱點無疑大大降低了它的學術價值，也影響了它作爲工具書的使用效率。〔二〕

如何解決《經義考》中存在的問題？在學界既有研究實踐的基礎上，朝軍先生對研治《經義考》的學術方法，進行了探索：

〔一〕司馬朝軍《〈經義考通説疏證〉序跋》，載《出版科學》二〇一一年第一期，頁一〇八。
〔二〕司馬朝軍《〈經義考通説疏證〉序跋》，頁一〇六—一〇七。

張宗友博士認爲：『對《經義考》所録資料，考溯其源，校核其文，補其未備，從而爲學界提供完善的可資利用的文本，即爲頗具有現實意義和切實可行的課題。』(《經義考研究》第三四四頁，中華書局，二〇〇九年)楊果霖先生亦有『還原其原始的出處』的看法，可謂英雄所見略同。筆者早在世紀之交就注意及此，在研究《四庫全書總目》的同時，也開始積累相關資料，準備做《經義考》的溯源校勘工作。〔一〕

基於上述對《經義考》文本溯源、校勘之重要性的認識，朝軍先生『發願在此方面有所突破，且以最笨的辦法去獲取最佳的效果』。爲此：

我采取了張果老倒騎驢的辦法，首先整理最後的四卷，即《通説》部分。《通説》四卷撮録自孔子迄清初諸儒有關經學的觀點，資料極其豐富，但未一一注明出處，不便於研究者使用。加以錯訛衍奪，所在都有。我開始一條一條地查找原始出處，補充史料，校勘文字。……經過我們的史料溯源，無疑將大大提升其學術價值，并爲經學話語的重構準備豐富的資料，其意義是每一個經學研究者都不難理解的。〔二〕

〔一〕 司馬朝軍《〈經義考通説疏證〉序跋》，頁一〇七—一〇八。
〔二〕 司馬朝軍《〈經義考通説疏證〉序跋》，頁一〇八。

可見，朝軍先生所謂『最笨的辦法』，在於『一條一條地查找原始出處，補充史料，校勘文字』；其志意，即欲『獲取最佳的效果』，在於『大大提升』《經義考》的『學術價值』，『并爲經學話語的重構準備豐富的資料』。志願恢弘良善，方法敦切可行。

綜上，司馬朝軍先生因研治《四庫全書總目》而發現《經義考》之重要性與研究價值，通過溯源、校勘的方法研治此書，而首及於《通説》部分。《經義考通説疏證》，即爲其學術結晶。

（二）《經義考通説疏證》之學術成就

《經義考》之《通説》部分凡四卷，包括《説經》三卷、《説緯》一卷。各卷均引前儒或某種文獻内有關經典闡釋的文字，體現出歷代關於經典的認知。所輯文字，《説經上》有九十五條，《説經中》有一百一十條，《説經下》有九十四條，《説緯》有九十八條；另有朱彝尊按語五條。以上合計，共有四百零二條。實際上，由於某條之内，往往不止一則資料（通常以『又曰』領起），因此，實際輯録之資料，約近五百則〔一〕。

《經義考通説疏證》是司馬朝軍先生對《通説》四卷進行溯源、校勘的學術結晶，成果極爲豐碩。具

〔一〕 陳開林統計出，共計四百九十九則。見其《〈經義考·通説〉疏證〉補正》文（頁六七）。

體來説,其成就有以下幾個方面:

一、考溯《經義考》引據文獻之初源

據統計,除六十一則資料『待考』外,《疏證》共考出《經義考》四百三十八則引據資料之出處〔一〕。在考溯初源時,《疏證》體式較爲靈活。其例有以下數種:

(一)徑明文獻初源

例如,《説經上》第十條(『莊周曰』):『《詩》以道志,《書》以道事,《禮》以道行,《樂》以道和,《易》以道陰陽,《春秋》以道名分。』(《經義考》卷二九五)《疏證》云:

語見《莊子·天下篇》。(《疏證》,頁一五)

又如《説經上》第十五條(『陸賈曰』):『天生萬物,以地養之,聖人成之,定《五經》,明六藝。《鹿鳴》以仁求其群,《關雎》以義鳴其雄,《春秋》以仁義貶絶,《詩》以仁義存亡,《乾》《坤》以仁和合,八卦以義相承,《書》以仁叙九族,君臣以義制忠,《禮》以仁盡節,《樂》以禮升降。學之者明,失之者昏,背之者亡。』(《經義考》卷二九五)《疏證》云:

〔一〕陳開林《〈經義考·通説〉引文考辨十二則》,頁一一〇。

語見漢陸賈《新語》卷上《道基第一》。(《疏證》,頁一七)

案:此類斷語簡要果決。《莊子》《新語》非稀見或亡佚之書,通行易得,無須辭費。

(二)兼列其他可能出處

例如:《説經上》第八條(『齊太史子與曰』):『孔子生於衰周,先王典籍錯亂無紀,而乃論百家之遺記,考正其義,祖述堯舜,憲章文武,删《詩》述《書》,定《禮》理《樂》,制作《春秋》,贊明《易》道,垂訓後嗣,以爲法式,何甚盛也!』(《經義考》卷二九五)《疏證》云:

語見《孔子家語》卷九《本姓解》。又見宋楊簡《先聖大訓》卷六、宋胡仔《孔子編年》卷五、《繹史》卷八六之三。(《疏證》,頁一五)

案:《疏證》指出本條文獻之初源(《孔子家語》),但同時列出宋儒楊簡、胡仔及清初學者馬驌(一六二一——一六七三)之著述。朱彝尊治學以博雅精勤著稱,楊、胡、馬三氏之著述,均有可能在其取材之列。此類疏證,頗見作者之匠心。

又如,《説經上》第四十條(『張華曰』):『聖人制作曰經,賢者著述曰傳,曰記,曰章句,曰解,曰論,曰讀。』(《經義考》卷二九五)《疏證》云:

晋張華《博物志》卷六:『聖人制作曰經,賢者著述曰傳。鄭玄注《毛詩》曰箋,不解此意。或云，毛公嘗爲北海郡守，玄是此郡人，故以爲敬。』《太平御覽》卷六〇八引《博物志》曰：『聖人制作曰經，賢者著述曰記，曰章句，曰解，曰論，曰讀。』唐虞世南《北堂書鈔》卷九五引張華《博物志》云：『聖人制作曰經，賢者著述曰傳記，曰章句，曰解，曰論，曰注。』（《疏證》，頁三一七）

案：《疏證》指出本條文獻之初源（《博物志》），而文本有差异；復列出文本相近者兩種，即分别載於《北堂書鈔》《太平御覽》者。後二者與《經義考》所載者相近，可能均在朱彝尊取材之列。

（三）兼釋所引文獻

例如，《説經上》第一條（『《經解》』）：『孔子曰：「入其國，其教可知也。其爲人也，温柔敦厚，《詩》教也……屬辭比事，《春秋》教也。故《詩》之失愚……《春秋》之失亂。其爲人也，温柔敦厚而不愚，則深於《詩》者也……屬辭比事而不亂，則深於《春秋》者也。」』（《經義考》卷二九五）《疏證》云：

《禮記注疏》卷五〇：《正義》曰：『《經解》一篇，總是孔子之言，記者録之以爲經解者。』（《疏證》，頁一一三）

又如，《説經上》第四條（『《春秋演孔圖》曰』）：『孔子作法五經，運之天地，稽之圖象，質於三王，施之四海。』（《經義考》卷二九五）《疏證》云：

明孔穀編《古微書》卷八。關於《春秋演孔圖》，原注云：『此耑爲血書烏圖而述也，故以演孔

立名，而旁及帝王。』（《疏證》，頁一四）

案：《疏證》不僅標明《經義考》引據文獻之出處，還對引據文獻所在篇目（如《經解》）或所從出之原始文獻（如《春秋演孔圖》），引用前人注語略加説明，無疑有助於對所引文獻之理解，起『疏通證明』之用。

（四）備列引據文獻之全本

例如，《説經上》第十六條（『韓嬰曰』）：『千舉萬變，其道不窮，六經是也。』（《經義考》卷二九五）《疏證》云：

漢韓嬰《韓詩外傳》卷五：儒者，儒也，儒之爲言無也，不易之術也。千舉萬變，其道不窮，六經是也。若夫君臣之義，父子之親，夫婦之别，朋友之序，此儒者之所謹守，日切磋而不舍也。雖居窮巷陋室之下，而内不足以充虚，外不足以蓋形，無置錐之地，明察足以持天下，大舉在人上，則王公之材也。小用使在位，則社稷之臣也。雖岩居穴處，而王侯不能與争名，何也？仁義之化存爾。如使王者，聽其言，信其行，則唐虞之法可得而觀，頌聲可得而聽。《詩》曰：『先民有言，詢於蒭蕘。』取謀之博也。（《疏證》，頁一七）

案：朱彝尊取《韓詩外傳》中數語，突出『六經』之『千舉萬變，其道不窮』。然而『六經』何以如此？《外傳》中對『儒』之含義、職守、功用加以解讀，説明『儒』所謹守之『君臣之義』等，均源出『六經』。《疏證》還原『千舉萬變,其道不窮』之語境,當然有助於對其文之理解。此類疏證,可謂元元本本,極爲明了,朱彝尊引據時所作之改動及其訛誤,均能一目了然。

(五) 兼考其他文獻之异同

例如:《説經上》第四十一條(『乙瑛曰』):『孔子作《春秋》,制《孝經》,演《易·繫辭》,經緯天地,幽贊神明。』(《經義考》卷二九五)《疏證》云:

《幸魯盛典》卷八《漢魯相置孔子廟百石卒史碑》引其文曰:『司徒臣雄、司空臣戒稽首言:魯前相瑛書言,詔書崇聖道,勉六藝。孔子作《春秋》,制《孝經》,删述五經,演《易》繫辭,經緯天地,幽贊神明。』《五禮通考》卷一二一同。宋歐陽修《集古録》卷二删去『删述五經』四字,《隸釋》卷一闕『删述』二字。乙瑛字少卿,平原高唐人。(《疏證》,頁三〇)

案:《疏證》根據碑文,不僅列出文獻初源,而且對《五禮通考》《集古録》《隸釋》等采録此碑之文本,予以檢視,載其同异。

二、校正《經義考》引據之誤

例如,《説經上》第五十四條(『葛洪曰』):『《五經》爲道德之淵海。』(《經義考》卷二九五)《疏證》云:

《抱朴子外篇·尚博》:『抱朴子曰:正經爲道義之淵海,子書爲增深之川流。仰而比之,則景星之佐三辰也；俯而方之，則林薄之裨嵩嶽也。雖津塗殊闢，而歸於進德；雖難於舉趾，而合於興化。故通人總原本以括流末，操綱領而得一致焉。』今按：正經，指儒家經典。而《經義考》誤作『五經』。（《疏證》，頁三八—三九）

又如，《説緯》第四條（『班固曰』）：『聖人作經，賢者緯之。』（《經義考》卷二九八）《疏證》指出，此語本諸孟康爲《漢書叙傳》所作之注。班固原文爲：『登孔顥而上下兮，緯群龍之所經。』孟康注云：『孔，甚也。顥，大也。聖人作經，賢者緯之也。』《疏證》因申論云：

今按：此處將孟康之注文誤讀爲班固之正文，魯莽滅裂，不足爲訓。（《疏證》，頁二五二）

案：以上兩例，《疏證》分别校出《經義考》引據之誤：前例將『正經』誤作『五經』，後例誤將注文當作正文。

三、校正《點校補正經義考》之誤

例如：《説經上》第四十四條（『（荀悦）又曰』）：『道之本，仁義而已矣，五典以經之，群籍以緯之，施之當時則爲道德，垂之後世則爲典經。』（《經義考》卷二九五）《疏證》云：

南朝宋范曄《後漢書》卷九二《荀悦傳》：『夫道之本，仁義而已矣。五典以經之，群籍以緯之，咏之歌之，弦之舞之，前監既明，後復申之。故古之聖王，其於仁義也，申重而已。』漢荀悦《前漢

紀》卷二五：『施之當時，則爲道德；垂之後世，則爲典經。皆所以總統綱紀，崇立王業。』(《疏證》，頁三二二)

案：以上《疏證》考其出處，復加『今按』云：『此段本爲來源不同的材料，而被朱彝尊捏合爲一。《點校補正經義考》一書的整理者不明其故，該書第八册第七七五頁誤點爲：「道之本，仁義而已矣，五典以經之，群籍以緯之、施之，當時則爲道德，垂之後世則爲典經。」「施之當時」與「垂之後世」相對成文。』(頁三二二)事實上，以《點校補正經義考》爲基礎，遞經覆校、審讀之《經義考新校》，此處仍沿誤未改(頁五三三五)。由於《國故新證》與《經義考新校》均刊行於二〇一〇年，《新校》整理者因此無法利用《疏證》此處成果。《點校補正經義考》《經義考新校》之誤，在於整理之時，未能采用考溯文獻初源的方法，擴大考察範圍，因而不易發現錯誤。

(三)《經義考通説疏證》指瑕

《經義考通説疏證》是第一部針對《經義考》某一部類進行疏通證明的專著，以考溯引據文獻之初源、進行文本校正爲旨趣，屬於經學文獻整理、考證之範疇。朱彝尊治學，以博雅精勤著稱，《經義考》引據極爲浩博，因此，考溯《經義考》引據文獻之初源，存在兩個方面的困難：其一，工作量大，極費時力。其二，很多文獻已經亡佚，極難考知。對於通行文獻而言，難處在於如何辨别初源、斟酌去取；對於亡佚文獻而言，難處在於如何能藉由蛛絲馬迹，正確尋繹。因此，對《經義考》文本予以溯源，有所錯訛，在所難免。陳開林《〈《經義考·通説》疏證〉補證》《〈經義考·通説〉引文考辨十二則》二文，旨在糾誤、補闕，即緣此而作（見前揭）。

朱彝尊身歷明清易代之變，長期奔波江湖，賴有驚人之毅力、强大之學術交流網絡，方能纂成《經義考》三百卷之鉅著。學術發展至今日，文獻資源獲得之難度，已大爲降低。因此，當下經學文獻之整理，最難者不在於查檢文獻，而在於甄别去取，正確考溯文本之初源。如從文獻整理之角度來審視《疏證》，那麽，其中難免有所不足。以下試舉其例。

一、缺少整理要素

作爲經學文獻整理、考證之專著，《疏證》僅於篇首有簡短之緣起，而缺少應有的説明與交待。如果同《點校補正經義考》及《經義考新校》相比較，那麽，《疏證》尚缺少以下兩個方面的關鍵要素：

（一）凡例

任何一部高水平的文獻整理著作或學術論著，都有其行文準則與内在規範，此即凡例。對於文獻整理而言，凡例尤爲重要。例如，《點校補正經義考》之《點校凡例》，即交待了整理時所依據之底本、參校本，各項内容之次序、標點方式等等，全書因此眉目清楚，條理暢然。凡例不明，必然影響到文獻整理的行文水準與讀者的使用效率。

例如，關於如何引入文獻出處的問題，由於缺少凡例的約束，《疏證》在引入文獻時，便無一定之規。兹舉數例：

語見《春秋左傳注疏》卷一五。《正義》曰：……。(頁一四)

漢韓嬰《韓詩外傳》卷五：……。(頁一七)

漢戴德《大戴禮記》卷三《保傅第四十八》：……。(頁一三)

《漢書》卷七五：……。《朱子語類》卷一三七：……。(頁二〇)

《漢書·儒林傳》：……。(頁二三——二四)

語見《後漢書》卷四八。(頁二九)

南朝宋范曄《後漢書》卷六四《吴延史盧趙列傳》：……。(頁三〇)

語見漢賈誼《新書》卷八《道德説》，原文爲：……。(頁一七)

漢牟融《理惑論》：……。(友案：文末出注，云：『梁釋僧祐《弘明集》卷一。』)(頁二二——二三)

梁釋僧祐《弘明集》卷一引《理惑論》：……。(頁二七)

唐虞世南《北堂書鈔》卷九五引楊泉《物理論》云：……。(頁三八)

明昌翰林六年學士党懷英《金重修至聖文宣王廟碑》……。(案：文末出注，云：『載四庫本《山東通志》卷一一之七。』)(頁一四〇——一四二)

可見，關於經傳、史傳、子書等之稱引，文獻、卷次、篇目與責任者之組合，稱引文獻與據以析出文獻之位次等，《疏證》尚無定則。倘有凡例加以規範，即能整齊其類例，不致參差。

（二）文獻傳本信息

《經義考·通説》以選録前儒論説或摘録文獻記述爲主，因此涉及大量文獻；《疏證》考溯引據文獻之初源，同樣涉及各種文獻。而對於文獻傳本信息，《疏證》大都未予交待（僅部分脚注/校記中有所注出。此類注文，集中於《説緯》部分）。所謂傳本信息，除文獻名稱外，尚包括責任者、版本或版次、頁碼等。《疏證》并非古人著述，而是當代學術著作，理應遵循當代學術規範。但是，《疏證》既未能對傳本信息一一注出，也未能於全文之末附上引據書目，致使所涉文獻傳本面貌不明，大大影響了《疏證》文本之可信度。

由於凡例、文獻傳本信息的缺失，《疏證》許多内容，即令人費解。例如，《説經中》第二十七條『鄒浩曰』，《疏證》出校云：

> 鄒浩，吏部侍郎，字志完，常州晉陵人。中進士第。歷揚州穎昌府教授，元祐七年除太學博士，出爲襄州教授。大觀四年復直龍圖閣。政和元年卒，年五十二。（《疏證》，頁九一）

案：以上顯然是對鄒浩簡要生平事行之介紹。問題在於，《疏證》對於《經義考》内『某某曰』之『某某』身份，并未全部加以引介。那麽，何者當介紹，何者當忽略？其中依據是什麽？此其一。其二，本處關於鄒浩之介紹文字，源於何種文獻？應予交待。

又如，《説經中》第三十條（『晁説之曰』）：『五采具而作繪，五藏完而成人，學者於《五經》，可舍一哉？』《疏證》注『五采』『五藏』云：

① 五采，指青、黄、赤、白、黑五種顔色。荀子《賦》：『五采備而成文。』

② 五藏，即五臟。指心、肝、脾、肺、腎。中醫謂『五臟』有藏精氣而不瀉的功能，故名。《素問・五臟别論》：『所謂五藏者，藏精氣而不寫也。』《管子・水地》：『五味者何？曰五藏。酸主脾，咸主肺，辛主腎，苦主肝，甘主心。』（《疏證》，頁九三）

《疏證》以上兩條注文，係對引據文獻中『五采』『五藏』加以解説。然而《疏證》此前，并無先例，何以此處需要出注？如果有規律可循，那麼，《經義考》引據文獻衆多，涉及名物不可勝計，何者當出注解讀？

又如，《説經中》第三十六條（『蘇籀曰』）：『昔仲尼於《詩》《書》《易》《禮》《樂》《春秋》，惟舉要發端，不詳其言，非不能詳也，以爲詳之則隘，故略之，使仁智者自求而得。』《疏證》明其出處爲蘇籀《雙溪集》卷九《初論經解札子》，并節引其文以明初源。引文首云：『臣聞聖經賢傳，唐虞三代所遺；闕里之業，王者樂道尊儒。』於『闕里』二字出注云：

闕里，孔子故里。在今山東曲阜城内闕里街。因有兩石闕，故名。孔子曾在此講學。後建有孔廟，幾占全城之半。後借指曲阜孔廟。又借指儒學。（《疏證》，頁九九）

此條所注，已非《經義考》引據之文，而是整理者用以考證之文，更爲泛濫無歸。闕里作爲孔子故里，也係常識。實際上，就全書通例而言，以上三例，似均無出注之必要。

以上所舉，是否應當出注，因無統攝之例，便不明所以，造成行文體例之前後不一。同時由於缺少傳本信息，《疏證》所費力考溯之文本初源，即難以令人放心稱引。如此後果，實有違於《疏證》之初衷。前揭《疏證序》云：『删去歲月，不注出處，此二點正是《經義考》的最大缺點……這些致命弱點無疑大大降低了它的學術價值，也影響了它作爲工具書的使用效率。』執此返視《疏證》，雖注出處而無凡例、不交待版本信息，其實也有損於《疏證》作爲經學文獻整理著作的學術價值。

二、標點不盡準確

經學文獻之整理，其事匪易，最難者往往不在尋繹初源，而在看似平凡之標點。《疏證》之標點，也頗有可商之處。

（一）標點未能正確顯示文獻之層級

例如《説經上》第六條（『管仲曰』）：『内不考孝弟，外不正忠信，澤其《四經》而誦學者，是亡其身者也。』《疏證》云：

語見《管子》卷一〇《戒第二十六》。唐房玄齡注:『内不考孝弟,言不仁。外不正忠信,言不友。澤其四經而誦學者,是亡其身者也,四經謂《詩》《書》《禮》《樂》,既無孝弟忠信,空使四經流澤,徒爲誦學者,即四經可以亡身也。』(《疏證》,頁一四)

案:《疏證》於探其初源之後,另録房玄齡之注,以明其所指。初讀之下,頗以房氏所注,頗類經解之章句體(如《公羊傳》、孔穎達《正義》等)。實際上,上揭文内『言不仁』『言不友』『四經謂……可以亡身也』等句,分别是《通説》所引『内不考孝弟』等三句之注文,在原書内,以夾注形式出現。《疏證》當加以轉寫。

(二) 斷句未當,標點有誤

例如《説經上》第七條(『趙衰曰』):『《詩》《書》,義之府也;《禮》《樂》,德之則也。』《疏證》云:

語見《春秋左傳注疏》卷一五。《正義》曰:説謂愛樂之,敦謂厚重之。《詩》之大旨,勸善懲惡,《書》之爲訓,尊賢伐罪,奉上以道,禁民爲非之謂義。《詩》《書》,義之府藏也。《禮》者,謙卑恭謹,行歸於敬樂者。欣喜歡娱,事合於愛,揆度於内,舉措得中之謂德。《禮》《樂》者,德之法則也。心説《禮》《樂》,志重《詩》《書》,遵《禮》《樂》以布德,習《詩》《書》以行義,有德有義,利民之本也。《晋語》云:文公問元帥於趙衰,對曰:郤縠可年五十矣,守學彌惇。夫好先王之法者,德義之府也。夫德義,生民之本也。能敦篤不忘百姓,請使郤縠公從之。(《疏證》,頁一四——一五)

案：《疏證》在指明文獻初源之後，復引孔穎達《正義》以補充説明之，正合『通説』之義。然而文中首句『説謂愛樂之敦謂厚重之』，語意晦澀；『郤穀可年五十矣』『請使郤穀公從之』，令人費解。核其實，《左傳・僖公二十七年》，『（晋）蒐于被廬，作三軍，謀元帥』。趙衰因建言曰：『郤穀可。臣亟聞其言矣：説《禮》《樂》而敦《詩》《書》。《詩》《書》，義之府也。《禮》《樂》，德之則也。德、義，利之本也。』上揭孔穎達《正義》，係疏解趙衰之語而發。宜標點作：

《正義》曰：『「説」，謂愛樂之。「敦」，謂厚重之。《詩》之大旨，勸善懲惡。《書》之爲訓，尊賢伐罪。奉上以道、禁民爲非之謂義。……心説《禮》《樂》，志重《詩》《書》。遵《禮》《樂》以布德，習《詩》《書》以行義。有德有義，利民之本也。《晋語》云：「文公問元帥於趙衰。對曰：『郤穀可。年五十矣，守學彌惇。夫好先王之法者，德、義之府也。夫德、義，生民之本也。能敦篤不忘百姓，請使郤穀。』公從之。」』

三、考溯出處未盡

例如，前揭《説經上》第五十四條（『葛洪曰：《五經》爲道德之淵海。』），《疏證》云：

《抱朴子外篇・尚博》：『抱朴子曰：正經爲道義之淵海，子書爲增深之川流。……故通人總原本以括流末，操綱領而得一致焉。』今按：正經，指儒家經典。而《經義考》誤作『五經』。（《疏

證》,頁三八—三九)

案：此條《疏證》,已能指出『五經』乃『正經』之誤。但可議者有以下幾點：

(甲)細讀文本,知『道德』二字,《抱朴子》實作『道義』。此异《疏證》未予指出。

(乙)考《抱朴子外篇·百家第四十四》：『抱朴子曰：百家之言,雖不皆清翰鋭藻,弘麗汪濊,然悉才士所寄心,一夫澄思也。正經爲道義之淵海,子書爲增深之川流。仰而比之,則景星之佐三辰;俯而方之,則林薄之裨嵩岳。』[一]其中也有『正經爲道義之淵海』等句。那麽,《百家》篇所載,也有可能是《經義考》之初源。

(丙)檢《太平御覽·學部·叙經典》：『抱朴子曰：正經爲道德之淵海,子書爲增深之川流。猶北辰之佐三辰,林薄之依高岳也。』[二]《經義考》所引『道德』二字,很有可能據《太平御覽》析出。

又如,《説經上》第七十條(『王通曰』)：『九師興而《易》道微,《三傳》作而《春秋》散。齊、韓、毛、鄭,《詩》之末也;大戴、小戴,《禮》之衰也。《書》殘於古今,《詩》(或曰：『當作《論》。』)失於齊、魯。』(《經義考》卷二九五)《疏證》指出,此段文字,本於王通《中説》卷二《天地篇》：『子曰：「蓋九師興而

[一] 楊明照《抱朴子外篇校箋》卷四四,中華書局,一九九一年,頁四四一。
[二] 李昉等《太平御覽》卷六〇八,頁二七三六。

《易》道微，《三傳》作而《春秋》散。」賈瓊曰：「何謂也？」子曰：「白黑相渝，能無微乎？是非相擾，能無散乎？故齊、韓、毛、鄭，《詩》之末也；大戴、小戴，《禮》之衰也。《書》殘於古今，《詩》失於齊魯，汝知之乎？」』『當作《論》』三字，顯係朱彝尊自作夾注。《疏證》於此三字下出校，云：

今按：或曰非也。當作『詩』。宋阮逸注：『齊轅固生治《詩》，爲博士，齊人宗之。魯申公漢初爲儒學，魯人宗之。于是有齊、魯《詩》。』（《疏證》，頁五〇）

案：據《經義考》夾注，知朱彝尊認爲，『《詩》失於齊魯』，也可能作『《論》失於齊魯』。至於其中理據，未予發明。《疏證》據阮逸爲王通《中説》本句所作注，認爲《經義考》之夾注有誤，至於朱彝尊何以夾注，未予考察。考王應麟《困學紀聞·諸子》，論及《中説》，有云：

『《詩》失於齊、魯』，當從龔氏本云『《論》失於齊、魯』，謂《論語》也。上文已言『齊、韓、毛、鄭，《詩》之末也』，不當重出。（《困學紀聞》卷一〇）〔一〕

王應麟依據傳本（『龔氏本』）、文理（前文已言『《詩》之末』），認爲此處當作『《論》失於齊、魯』。翁元圻注云：『唐李行修《請置詩學博士書》云：「《書》殘於古今，《論》失於齊魯。」正用文中子語，可以證

〔一〕王應麟《困學紀聞》卷一〇，《景印文淵閣四庫全書》第八五四册，頁三四四。

襲本之不誤。』〔一〕朱彝尊自注之『或曰』,其實即本諸王氏此説。《疏證》徑斷其誤,而未遑及此。

四、出注不合通例

《疏證》專以疏通證明《經義考》所引文獻爲職志,尤以考溯文本初源、指正文字訛誤爲要務,撰者有所申論,正文中即能發揮(《疏證》有『今按』之設置),因此除非必要,一般不宜出注(脚注)。《疏證》偶有出注,起標明文本异同作用,自無不可。例如,《説經上》第十七條(『賈誼曰』),《疏證》引賈誼《新書》『鬼神以與于利害』、『受博學以達其知』,出注兩條:

『以』,上海人民出版社一九七六年版《賈誼集・新書》作『能』。(《疏證》,頁一八)

『受』,上海人民出版社一九七六年版《賈誼集・新書》無,而四庫本《新書》有,似爲衍文。(《疏證》,頁一八)

以上二注表明,作者在考溯文本初源時,曾參考今人整理本。注出文本异同,以備考核,屬於通例。同是本條,作者又能校正《點校補正經義考》之誤:

今按:……《點校補正經義考》第八册第七六八頁將『賈誼』誤作『陸賈』。(《疏證》,頁一八)

〔一〕王應麟撰,翁元圻注《困學紀聞注》卷一〇,《續修四庫全書》第一一四二册,頁六九一。

此條同前揭《説經上》第四十四條（『（荀悦）又曰』）内『今按』一例，均指正《點校補正經義考》之誤，體例允洽。此類按語，其功用相當於校記。

但有些注文（校記），於例未安。例如《説經上》第十九條（『（董仲舒）又曰』）内，『《春秋》正是非，故長於治』，《疏證》于『正』字出注云：

今按：《點校補正經義考》第八册第七六九頁奪『正』字。（《疏證》，頁一九）

此條注文，實同上揭《説經上》第十七條（『賈誼曰』）内『今按』功用相同，當循例置於正文爲宜。

又如，《説經上》第七十二條（『牛弘曰』）：『周德既衰，經籍紊棄，孔子以大聖之才，開素王之業，憲章祖述，制《禮》刊《詩》，正五始而修《春秋》，闡《十翼》而弘《易》道。』《疏證》引《隋書・牛弘傳》，内有『昔陸賈奏漢祖云：「天下不可馬上治之」』，出注云：

陸賈曰：『陛下馬上得之，不可馬上治之。』（《疏證》，頁五三）

案：此注顯然在追溯『天下不可馬上治之』之語源。但此注同要疏通證明之牛弘之文，并無直接聯繫，作者將其作爲讀書零札則可，若將其作爲注文而納入《疏證》，即同上揭出注之通例不合。

又如，《説經下》第三十九條（『方鵬曰』）：『《五經》《四書》一也，漢人讀之爲訓詁之學，唐人讀之爲辭章之學，今人讀之爲科舉之學，蓋讀之者同，而用之者异也。』），《疏證》指出其出處爲『明方鵬《矯亭存稿》』，出注云：

《四庫全書總目》卷一百七十六《矯亭存稿》提要：『十八卷、《續稿》八卷，明方鵬撰。是集詩文多應酬之作，所載筆記亦無所發明。』因此列入存目。（《疏證》，頁二一一二）

案：此注明方氏《矯亭存稿》何以入四庫存目。所揭事實，同需要考溯之文本初源，并無直接關聯，是否有必要出注，值得推敲。

五、載録原文過長

備列《經義考》引據文獻之全本，使其中文本之訛脱衍倒等情形，不言自明，是《疏證》之一大優點，已如前述。但所引文獻之『全』，以何爲度，其實頗值探討。《疏證》中部分文本初源，載録過長。例如，《説經上》第六十五條（『（劉勰）又曰』）：『聖哲彝訓曰經，述經叙理曰論。』（《經義考》卷二九五）此見於劉勰《文心雕龍・論説第十八》卷首。《疏證》將《論説》全篇照録（頁四六—四八），纚纚達千餘言。又如《説經上》第七十二條（『牛弘曰』）：『周德既衰，經籍紊棄。孔子以大聖之才，開素王之業，憲章祖述，制《禮》刊《詩》，正五始而修《春秋》，闡《十翼》而弘《易》道。』此牛弘請開獻書之路之表文。《疏證》遂將牛弘里貫及表文，自《隋書》中析出，文字長達一千七百餘言（頁五二—五四）。諸如此類，未免轉録過當，失於冗長。

此外，《疏證》在引據文獻時，偶有未諳古文體例而解讀有誤者。例如《説經中》第八十七條（『党懷英曰』)：『六藝者，夫子所以傳唐、虞、三代之道，衆流之所從出，而儒爲之源也。』《疏證》考其出處爲『四庫本《山東通志》』所載『明昌翰林六年學士党懷英《金重修至聖文宣王廟碑》』(頁一四〇)。其中『明昌翰林六年學士』，莫明所以。檢文淵閣《四庫全書》本(《疏證》所謂『四庫本』，應指此本)《山東通志》，知此數字均爲夾注之文，分作『明昌六年』『翰林學士』兩段，中間空一字距。由於夾注雙行書寫，《疏證》顯將縱行連讀，致文次失序。明昌(一一九〇—一一九六)，金章宗完顔璟年號。

(四) 結語

綜上所述，《疏證》以考溯《經義考》通説部分之文獻初源爲職志，或徑明文獻之初源，或兼列其他可能出處，或兼釋所引文獻，或備列引據文獻之全本，或兼考其他文獻之异同，共考出四百三十八則引據資料之出處，約占該部分引據資料百分之八十八。如慮及古典文獻之浩如烟海，亡佚文獻之艱於探尋，此一整理成果，無疑極爲豐碩。司馬朝軍《疏證序》云：『我們無意否定朱彝尊的歷史功績，也無意貶低《經義考》的史料價值，衹是想讓這部名著更加熠熠生輝，更加完美無缺。我們無意成爲朱彝尊之諍友、《經義考》之功臣，衹是想做一點有利於學術的善事而已。』[一] 事實上，《疏證》雖偶有不足，但其豐

[一] 司馬朝軍《〈經義考通説疏證〉序跋》，頁一〇八。

碩之考溯成果，不僅有功於《經義考》，也爲經學文獻之整理，提供了可資借鑒的範本，足以當得『朱彝尊之諍友、《經義考》之功臣』。

二　《〈經義考〉著録『春秋類』典籍校訂與補正》平議

楊果霖先生近著《〈經義考〉著録『春秋類』典籍校訂與補正》（以下簡稱《校補》），皇皇三巨册，累累百萬言，蔚爲大觀。筆者通讀該著總論各章，并研讀、覆核其『考證篇』中部分校訂與補正成果，深韙其立意高遠，設計周密，考訂精審，成果豐碩，乃經學文獻整理、研究之佳構，不僅對《經義考》專題研究而言，係最新之代表性成果；對《春秋》學乃至經學文獻之整理與研究而言，也卓有貢獻，啓示良多。其志意、方法及實績，均極可觀，堪稱『《春秋》巨著，竹垞功臣』，亟宜紹介、論析，以推動《經義考》之整理與相關研究繼續走向深入。

楊先生校訂與補正之對象《經義考》三百卷，係『二千年來經部群籍之總彙』[一]，『卷帙博富，允爲古今簿録之冠』[二]，實集經學目録之大成，一向受到學界之重視、稱引與研究。楊先生矢力是著，足見慧

[一] 陳鴻森《〈經義考〉札迻》，載鄭卜五主編《經學研究集刊》第五期，二〇〇八年十一月，頁一〇一。
[二] 楊果霖《〈經義考〉著録『春秋類』典籍校訂與補正》，學生書局，二〇一三年，頁一。

識。今更欲發明《校補》之學術意義，需考論下述問題：《經義考》部帙較大（存二百九十七卷），所涉極廣，面對此項整理與研究并重、需要投入大量時間與精力之論題，主持者需要具備何種研究基礎？《校補》取得之學術成績，具體呈現如何？在校訂與補正細節中，有無可供改進之處？《校補》之啓示意義何在？以下即對上述問題，逐一加以討論[一]。

（一）《校補》之學術基礎

中國典籍，汗牛充棟。欲綜考歷代文獻，析出經學著述，并按《經義考》成例，詳考其撰人、卷數、存佚，輯録諸儒論説，考辨相關問題，談何容易？要實現校補朱著、編撰全新經學書目之弘願，決非易事。研究者既要有整理經學文獻、光大前儒鴻業的決心，復要有全心投入的毅力與時間，還要具備淵博的學術積累與豐富的整理經驗。拙見以爲，《校補》得以昭立於世，其學術基礎有以下幾點：

首先，學界對《經義考》已有持續關注、研究與整理。《經義考》雖具集成性質，但受限於個人之力，其遺漏、錯訛之處所在多有，從而爲後來學者留下了校訂、補正的學術空間。校訂、補作、續作三個衍生系列著作群的出現，足證該著所具有的學術價值與魅力。持續不斷的續補與校正，亦符合學術研究

[一] 案：本節原以《〈春秋〉巨著　竹垞功臣——論楊果霖先生〈《經義考》著録「春秋類」典籍校訂與補正〉》爲題，載於《中國經學》第二〇輯（二〇一七年，頁一九九—二一四）。

層累演進、日益精深的發展趨勢。同時,由於《經義考》在學科目録編纂上的典範意義,其撰述動機與成熟的體例,遂能影響及於其他學科目録的編纂,諸如史學目録(如章學誠等《史籍考》)、子學目録(如王重民《老子考》)與文學目録(如周采泉《杜集書録》)等。在此進程中,《經義考》所具有的長處得到發揚,不足之處得以修正或揚棄,纂修經驗或進而上升至理論高度,章學誠《史考釋例》《論修史籍考要略》等堪稱顯例。而自現代以降,《經義考》同樣受到學人之重視,先後出現六十餘篇單篇學術論文、包括楊先生《朱彝尊〈經義考〉研究》在内的四種專題研究著作(詳本書《緒論》部分),以及林慶彰先生主持的兩種點校本(儒藏本係後出者)。以上事實説明,《經義考》已成爲當代經學文獻整理與研究中,比較受人矚目的論題之一,相關研究已呈深入而專精之發展趨向。

其次,楊果霖先生對《經義考》及相關著述進行了全面研究。楊先生對《經義考》的研究,起步於二十世紀九十年代[一],前期成果,集萃於以同題博士論文(中國文化大學中文研究所,二〇〇〇年)爲基礎的《朱彝尊〈經義考〉研究》一書(花木蘭文化出版社,二〇〇五年)。該書重點探討《經義考》之編纂、引書、體例、分類、缺失及影響,發凡起例,條分縷析,尤能窮盡其類,既全且細,堪稱《經義考》研究領域的代表性成果。完成學位論文之後,楊先生復有深入拓展[二],實施以『《經義考》著録「春秋類」典籍補

[一] 楊先生自稱其從一九九五年開始『即從事《經義考》的考訂工作』(見《校補》,頁二)。

[二] 楊先生自陳其研究動機如次:補正經學書目謬誤,學習編纂書目之法,拓展個人學術視野(見《校補》,頁二—六)。

正』爲代表的多項科研計畫，除對《經義考》春秋類、禮類典籍予以補正外，還發表了多篇相關論文〔一〕。二〇〇八年，《〈經義考〉著録『春秋類』典籍訂補》一書刊行（高立圖書公司），惜印數較少，未廣流傳。本文所討論的《校補》一書（學生書局，二〇一三年），即以前著爲基礎，修訂而成，是楊先生近年《經義考》專題研究的成果彙集，代表了《經義考》研究領域的最新水平。

再次，在長期研究并借鑒前賢得失的基礎上〔二〕，楊果霖先生對如何校訂與補正《經義考》，設計出一套具體可行之方案。其要點如次：一、廣徵目録，考其流變；二、考訂版刻，審訂存佚；三、校讎文字，辨明差异；四、搜集佚文，補訂内容；五、彙聚解題，增添功效；六、綜整資料，酌與考證〔三〕。不難發現，該方案之核心，即在『校訂』『補正』二詞，既校訂其訛誤，又補正其闕漏，復對相關問題，有所考

〔一〕主要有《翁方綱〈經義考補正〉研究》（《『國立中央圖書館』臺灣分館館刊》第七卷第一期，二〇〇一年）、《朱彝尊〈經義考〉『剪裁之法』的運用析論》（《醒吾學報》第二十五期，二〇〇二年）、《有關〈經義考〉著録的幾項分析》（《『國立中央圖書館』臺灣分館館刊》第八卷第四期，二〇〇二年）、《〈經義考〉『春秋類』删略解題析論》（《醒吾學報》第二十六期，二〇〇三年）、《四庫館臣補正〈經義考〉成果考論》（《『國立中央圖書館』臺灣分館館刊》第九卷第四期，二〇〇三年）、《〈經義考〉補正方案芻議》（《醒吾學報》第二十七期，二〇〇四年）、《朱彝尊對於後世學術發展的影響》（《東吴中文學報》第二三期，二〇一二年）等。

〔二〕楊先生曾檢討前賢訂補《經義考》的方法，指出優點有：議論頗爲深廣，指引整理方針，補録衆多解題，有助查考出典等；缺點有：僅發其緒，而未及周全；失之瑣細，而難成系統；論證未足，而猶待補議；糾謬失當，而有待反正等。參《校補》，頁三一—四〇。

〔三〕《校補》第一章《緒論》第二節『研究方法』，頁七—一三。

證。在論題設計上,楊先生自陳受到喬衍琯、陳鴻森兩位先生之指引,并且遵循陳先生提出的『分經考辨之法』[一]。楊先生從事校補之宏圖,在於『透過這些訂補程序,將有助於累積個人經驗,以應日後編纂經學書目之需求,期能擁有全新的經學書目,藉以取代竹垞是書的參考價值』[二],立意可謂高遠,願景堪稱恢弘。由此返視,《校補》之作,尚其初步耳。

上述各個層面之學術基礎,對於《校補》一書之完成,均必不可少。斯人而有斯作,信然。

(二)《校補》之學術成就

《校補》一書,除却《自序》與參考書目、附録外,其主體由兩部分構成:前一部分共六章,屬綜述性質(實可名爲『綜述篇』);後一部分乃『考證篇』,對《經義考》春秋類各卷(自卷一六八至二一〇,凡四十三卷),逐一加以校訂與補正。首章《叙論》,論研究動機、方法與預期成果;次章《前賢校正〈經義考〉之法析例與檢討》,歸納既有校正之法,并論其得失;第三章《〈經義考〉著録『春秋類』解題校勘舉

[一]《校補》,頁三—五。

[二]《校補》,頁六。楊果霖先生對於此點,曾再三致意。如下文復云:『筆者從實際方法的運用之中,嘗試厘測竹垞編纂書目的過程,如此一來,既能考知竹垞纂輯之例,也能有助於累積個人經驗,以便於日後能重編新目,藉以逐漸取代《經義考》的學術價值。』(《校補》,頁一三)又云:『日後若能累積更多内容,將有助於重編新目,以便能澈底取代《經義考》的治經功效。』(《校補》,頁三四)

隅》，分析《經義考》解題變動之因素，以例説明誤、脱、衍、倒等情形；第四章《〈經義考〉著録『春秋類』典籍補正》，分析謬誤成因，歸納訛誤類型；第五章《訂補〈經義考〉的價值與建議》，討論訂補之學術意義，提出訂補之具體方案；第六章《結論》，總結本題研究成果，提出未來工作展望。可見，前六章之綜論，既是作者近年專題研究之彙集，也是後一部分『考證篇』之理論總結與方法指導；『考證篇』之具體實踐，不僅爲前六章之理論歸納與演繹提供具體實例，同時也受其方法之指導，而付諸實際校補。理論部分，各有堅確之佳例作爲支撑，因而論不虚發，切實可行；實踐部分，因有理論部分做指導，因而校補全面，徵實可信。理論與實踐之往復考量，足見作者思慮之精密，用功之日深；前後兩部分兼濟爲用，彼此成就，遂爲全書高質量之學術水準，奠定堅實之根基。

至於《校補》具體成就，其第六章對本題研究成果九個方面之歸納，實能自道其勝：（一）綜論前賢方法，（二）探討致誤之由，（三）完成補正析例，（四）補録漏失典籍，（五）指明典籍藏地，（六）從事版本審議，（七）考察引文出處，（八）完成异文校讎，（九）增加解題資料等[一]。

拙見以爲，《校補》之成就，既在理論發明，又在校補實踐。

[一]《校補》，頁二四七—二五四。

一、理論發明

就理論發明而言，《校補》之貢獻，有以下幾點：

（一）對前賢考訂方法之總結

楊先生『綜論前賢方法』，計有：廣輯文獻資料，校其内容參差；運用版刻知識，審其載録失當；善考目録傳承，訂其傳録舛錯；博通文字音讀，判其著録錯判；善用義例分析，考其體製錯當；熟悉相關史實，核其内容誤謬；根據學術見解，斷其内容歧异等[一]。

（二）對《經義考》産生訛誤之例析

楊先生指出，《經義考》春秋類之錯誤有：經籍的闕漏、書名的誤題、作者的誤題、卷數的訛誤、類目的錯置、存佚的誤判、體例的失當、解題的更竄、案語的漏誤等[二]。

（三）對《經義考》致誤緣由之探討

楊先生認爲，《經義考》春秋類致誤之由有以下數端：援據廣博，不無舛錯；經籍藏地，未能遍知；體例多方，難於劃一；輯録勘校，難求全備；目録工具，未能周全；文獻徵引，未據善本；輾轉傳

[一]《校補》，頁二四七—二四八。
[二]《校補》，頁二四九。

聞，相沿而誤等〔一〕。對古籍校補而言，找到致誤之由，解決問題之方法即不難考求。

二、校補實踐

就校補實踐而論，《校補》成就之要者有以下三個層面：

（一）通考歷代《春秋》學著述，補録《經義考》失收之作

朱彝尊以個人之力，從事經籍總目之編撰，其聞見畢竟有所局限，是以《經義考》雖能通考歷代經籍，而其漏收者所在多有。楊先生運以深厚之學養，輔以現代電腦技術，遍考古代、現代典籍，參以國立編譯館主編之《十三經論著目録》，對《經義考》失收之《春秋》著述，一一增補，共得一千八百五十七種。此項成就，可謂驚人，因其遠超朱彝尊原録之數（《經義考》春秋類所收條目，楊先生統計爲一千二百三十八種）。其中重要原因，一方面在於朱氏著録未備，闕漏難免；另一方面，在於楊先生查考之範圍，其下限并不止於清初，而是延至民國初年，故能囊括有清一代。合《經義考》及《校補》以觀，計有《春秋》著述三千餘種；楊先生補考者，約占五分之三。由此可見，《校補》之作，對通考《春秋》學之著述面貌，可謂居功至偉。例如，楊氏所補録之清人著述，即有九百四十二種，從其所占比重（約占全部《春秋》著述的三分之一），不難窺見有清一代，乃《春秋》學史上著述最爲宏富之時代。《校補》附録有

〔一〕《校補》，頁二四八—二四九。

《竹垞漏輯典籍簡表》,一一詳其書名、作者、卷數、存佚等項。另據作者自陳,爲求擴大訂補成效,已按《經義考》體例,『逐一輯録相關解題,并附以考證案語』[一],惜礙於《校補》格式,該書中未能完全顯現[二]。

(二) 遍考書目等文獻之著録,校正《經義考》條目之誤失

《經義考》各條著録,實包含三個部分,即: 甲、以著述題稱爲中心的條目部分(包括撰者、書名、卷數、存佚等),乙、以輯録文獻爲主體的解題部分,丙、按語部分(用以補充史料、引申説明、考辨問題)。受個人聞見、精力所限,朱彝尊在著録撰者、書名、卷數、存佚等項目時,各有不同程度之誤失。就條目體例而論,《經義考》最大之缺環,在於不著録版本; 其次對尚存之書,也未標注藏地。楊先生在校補《經義考》條目之誤時,頗措意於版本、藏地信息之著録,俾便於據目尋書,從而使《經義考》之工具效用,大爲提升。例如,《經義考》卷一六八《春秋古經》條下,楊氏補入六種版本: 廣德軍所刊古監本、朱熹刻於臨漳四經本、國家圖書館藏明刊本、國家圖書館藏黄奭輯本之影印本(民國十四年[一九二五]

[一] 《校補》,頁二二五〇。

[二] 楊先生在致筆者郵件(二〇一六年二月一日)中説,這一部分已大致製成數據庫,衹是礙於時間、經費之故,暫未并合原《經義考》内容,以成全新『春秋學古籍書目資料庫』,藉以取代《經義考》『春秋類』典籍的著録及校訂。而『傾力將數據庫建置完成,以供學界參考之用』,乃楊先生近期致力之弘業。

王鑒修補印道光甘泉黄氏刊本,收入藝文印書館《四部分類叢書集成三編》)、中國歷史博物館藏清祁寯藻抄本、中國歷史博物館藏清刻本。前二種係陳振孫《直齋書録解題》卷三之解題中叙及,而由何廣棪《陳振孫之經學及其〈直齋書録解題〉經録考證》加以考證、析出; 後三種則出自《『國家圖書館』善本書志初稿》《中國歷史博物館藏普通古籍目録》等。考今人所編《春秋總義類論著目録》,有『《春秋古經》十二篇』『《春秋經》十一卷』二目,對『傳本』的著録,主要以陳振孫《直齋書録解題》爲據,所增惟明弘治年間陳鳳梧篆書《篆文六經》本而已〔一〕。至周何《春秋總義著述考》(上册),乃以《目録》爲據,增以作者簡介、序跋例言、考證評論、個人按語等,而於『傳本』等項一仍其舊,未有增補〔二〕。兩相比較,《校補》自然後出轉精,更爲繁富。即此一例,已見一斑。

(三) 考溯輯録文獻之史源,恢復朱氏引文之原貌,補入更多參考之資料

就目録體例而言,《經義考》之解題,以大量輯録文獻爲基礎,復有按語加以説明、申論與考證,是爲輯考體。輯録文獻部分,以諸儒序跋、論説爲主,而古籍浩瀚,搜集極爲不易,應耗去朱彝尊無數心

〔一〕 簡宗梧、周何《春秋總義類論著目録》,洪葉文化事業有限公司,二〇〇〇年,頁七。
〔二〕 周何《春秋總義著述考》(上册),鼎文書局,二〇〇四年,頁一—一八。

血。儘管如此,其中訛失仍夥。其原因,除傳抄時不可避免的失誤之外,還在於朱彝尊有意的增删改易〔一〕。《經義考》以引證宏富著稱,凡有所輯,如全部照録,則卷帙不可勝計,實無必要。朱彝尊爲避免長篇引録,對輯録文獻頗有删減;而一旦删減,原文之架構不免有損,文氣不免塞澀,爲求通暢,朱氏復加潤色,有所改易或增加,乃至并合。學者倘加引用,不知何者爲原文所有,何者爲朱氏所增删改易,其弊顯而易見。此外,爲求體例一貫,朱氏於引導輯録文獻時,概標以『某某曰』,而不標明其究係出自何種文獻;又喜删去文末年月(朱氏晚年手定其《曝書亭集》時亦然)。因此,《經義考》輯録文獻之完整性、可靠性,均有待辨明、補充、提高。楊果霖先生對《經義考》輯録文獻之變動因素,頗有論析〔二〕;對校勘實例之類型,予以歸納〔三〕;至《校補》之作,即致力於校訂、補正,凡輯録文獻之出處、原貌、年月等,均極力考溯,以求其全,俾學者加以引據時,再無後顧之虞。在此基礎上,復具情補入更多

〔一〕楊果霖先生曾探析朱氏引録文獻的方式,分爲直録、約引、訛增、抽换、倒置、并合、析離等情形,概括較全,可參。見氏著《朱彝尊〈經義考〉研究》,頁一七三—一八九。

〔二〕楊先生認爲,影響《經義考》解題(即輯録文獻)之變動的因素有:竹垞剪裁文句、輾轉引文而异、傳本刻印之誤、抄寫誤换他字等。對於朱氏删減文句的『剪裁之法』,楊先生受陳鴻森教授啓發,有深入之剖析,而歸納爲以下九個方面的原因:内容重複、資料冗長、資料常見、析離資料、無涉主題、改寫資料、主觀評斷、避諱求安、原書漫漶等。其優點在於:鎔貫剪裁,如出一手;内容適當,繁簡適中;條理秩然,體例詳明;缺點在於:剪裁有失真之處,體例有未貫之自,内容有誤删之處。參前揭《朱彝尊〈經義考〉『剪裁之法』的運用析論》一文(《醒吾學報》第二十五期);另參《校補》頁四二—五七。

〔三〕參《校補》第三章第二節『《經義考》「春秋類」解題校勘析例』,分誤字例、脱字例、衍文例、錯倒例等加以發明(頁六三—一二八)。

相關資料，使參考效用益爲美富〔一〕。以下略作舉例，以窺其善。

《經義考》卷一六八《春秋古經》條，輯録文獻内『揚雄曰』條：『仲尼不遭用，《春秋》因斯發。』《校補》注四七云：

霖按：《藝文類聚》卷十〈符命部〉，〈劇秦美新〉文。又《文選》卷四八，頁六七八。又《文心雕龍》卷五〈封禪〉第二十一，注一六引《文選》作『因』字。《法言》無此文。竹垞引文，當係根據《藝文類聚》之文。（《校補》，頁二六三）

案：楊先生備列朱氏輯録文獻之可能來源。既然揚雄《法言》無此文，朱彝尊必本諸《藝文類聚》或《文選》李善注（見《校補》後附《參考書目》，頁一六七一）。二者之中，《藝文類聚》時代居前，爲朱氏所引據之可能性最大。《校補》之推論，無疑確鑿可信。

又輯録文獻内『劉熙曰』條：『《春秋》者，春、秋、冬、夏，終而成歲。《春秋》書人事，卒歲而究備。春、秋温凉，中象政和也，故舉以爲名也。』《校補》注八三云：

霖按：『者』字，《釋名疏證》卷六引作『言』字，又據〈注文〉云：『今本脱「言」字』，則『者』字當

〔一〕楊先生《訂補凡例》云：『本文以解題校訂爲主，相關内容增補爲輔。在校訂解題方面，除了大量采用前人文獻之外，也能補入更多相關内容，而在訂補過程之中，除了納入林慶彰諸位教授《經義考新校》一書之外，也補入更多參考資料。』（《校補》，頁二五七）

爲竹垞所加,可據以删去。又《初學記》《太平御覽》引作『言』字,可據以補入。(《校補》,頁二六六)

案:《校補》對本條引據文獻之考溯,對文字之應删、應補,均極有理據,精審可信。《校補》『考證篇』,主要措力於此,其例俯拾即是,毋庸辭費。其可議之處在於,雖能恢復引據文獻之原貌,却不免失去朱氏增删改易之本意(見下節各例之討論)。

《經義考》以著録宏富著稱,各條目之下的輯録文獻也極爲繁富,内容以諸儒序跋及論説爲主,構成了輯考體提要的主幹,有力地揭示了當條著作的撰寫緣起、内容主旨、學術特色等。《校補》對輯録文獻,也能有所補入。例如,《經義考》卷一六八《春秋古經》條下,輯録了從卜子(子夏)至毛奇齡共七十三條資料,蔚爲大觀。楊先生復以王應麟《困學紀聞》卷六、耿文光《萬卷精華樓藏書記》卷八、何廣棪《陳振孫之經學及其〈直齋書録解題〉經録考證》計三條資料,加以增補,使原著之參考作用,更爲加强。

此外,《校補》遵循林慶彰先生《點校補正經義考》《經義考新校》前例,薈萃前人校正成果(如翁方綱《經義考補正》),并重新審核,往往能糾正前賢之失。例如《經義考》卷二〇〇『吴氏廷舉《春秋繁露節解》』條,引《廣西通志》,謂吴氏『累官南京兵部尚書』,《經義考新校》采納《補正》意見,以爲『兵』當作

『工』。《校補》證以《廣西通志》原書，指出竹垞無誤，《經義考新校》有未能查檢之失[一]。諸如此類，實能後來居上，具有集成性質。

以上對《校補》之學術成就，予以簡括之發明。筆者以爲，其中最要者有二端：一在補録《經義考》漏載之著述，并延及民初；二在考溯輯録文獻所從出之文獻原貌（爲論述方便，以下將朱彝尊輯録材料所從出之文獻，稱之爲『引據文獻』）。前者使《春秋》學著述彙成完目，後者能考引據文獻之面貌，均對《春秋》學之深入研究與拓展，貢獻匪淺。

（三）《校補》指瑕

《校補》之作，皇皇巨册，累累百萬，其學術成就之要者，已如上述。筆者近來通讀其綜述諸篇，復研習、覆核其部分考證文字，發現其中也有若干地方之實際與取捨之尺度，尚存可議之處。兹以《校補》對《經義考》卷一六八《春秋古經》條之校訂、補正爲例，加以討論。

如前所述，考溯輯録文獻之史源，恢復朱氏引文之原貌，係《校補》最爲突出之成就之一。但在引據文獻之判斷上，《校補》尚有可議之處。

[一] 參《校補》，頁五九、一三三七；《經義考新校》，頁三六五〇。

(一)輯録文獻内『莊周曰』條,凡二則,第一則云:『《春秋》經世,先王之志也,聖人議而不辯。』《校補》注三三云:『霖案:《莊子集解》卷一,《齊物論》,頁二〇。又《春秋本義綱領》頁一三八七三引之,考竹垞引文,應係根據《春秋本義綱領》之文轉録,而非録自《莊子》原書。』《校補》注四云:『「也」,依《補正》當删。霖案:竹垞之文,明顯録自《春秋本義綱領》,翁方綱雖據原書删去「也」字,但此條异文,適可厘正竹垞引文來源。』(頁二六〇)

案:《校補》第三章論《經義考》『輾轉引文而异』,已引此例(頁五七);至第五章第二節論訂補《經義考》之建議,首曰『稽考引文出處』,對上述處理,尚有更完整之説明:

竹垞曾於《經義考》卷一六八,《春秋古經》條下,輯録如下引文:『莊子曰:「《春秋》經世,先王之志也,聖人議而不辯。」』今考《莊子·齊物論》録有上文,惟未見『也』字,而翁方綱《經義考補正》卷第七根據《莊子》之文,因而删去『也』字,實未知竹垞引文出處,并非録自《莊子》原書文句,而係根據程端學《春秋本義綱領》一書,間接引證其文句,是以脱漏『也』字,乃是承繼程書漏略之文,而翁氏考訂之文,雖係根據《莊子》之文,雖有其直接證據,然未能確實稽考竹垞引書來源,是以翁氏的考訂内容,雖有訂正解題之效,却有未及周全之失。(頁二一三〇)

可見,《校補》以文字异同比較爲基礎,指出《經義考》引據文獻爲《春秋本義綱領》,而非《齊物論》原文。《校補》對《經義考》未引原文之判斷,符合實際,但對其引文本諸《春秋本義綱領》之判斷,尚欠穩妥。所謂《春秋本義綱領》，指元儒程端學《春秋本義》前所附之《春秋綱領》。考宋儒胡安國《春秋傳》，前附《春秋綱領》内載：『莊周曰：「《春秋》經世，先王之志也，聖人議而不辯。」又曰：「春秋以道名分。」』[一]程端學《綱領》此條文字與胡氏全同，很有可能即沿用胡著。《經義考》中屢見對胡安國、程端學之説之引據，但就本條輯録文字而言，其取材於胡安國《春秋綱領》之可能性更大。

（二）輯録文獻内『莊周曰』條第二則（『又曰』）云：『仲尼讀《春秋》，老聃踞竈觚而聽之，曰：「是何書也？」曰：「《春秋》也。」』

案：此條既不本於《齊物論》，亦非出自胡氏或程氏《春秋綱領》，《校補》注三實未能考出。考唐歐陽詢《藝文類聚》卷八〇『竈』字條下載：『莊子曰：「仲尼讀書，老聃倚竈觚而聽之，曰：『是何書也？』曰：『《春秋》也。』」』[二]蓋爲《經義考》所本（前一『《春秋》』，蓋涉下文而改）。

（三）輯録文獻内『公扈子曰』條，《校補》注七云：『霖按：《説苑》卷三，頁二九。又《後漢書》卷五二，頁一七一九；又《四庫提要》卷二九，經部二九春秋類四，頁二三四有之。』（頁二六一）

案：考《校補》之通例，對每條輯録文獻，第一個注係斷其引據文獻，不止一種者則并列之，恰如本例所示。惟上舉《四庫提要》（即《欽定四庫全書總目》），係清高宗修《四庫全書》時由館臣纂修之總目，

[一] 胡安國《春秋傳》卷首，《景印文淵閣四庫全書》第一五一册，頁六。
[二] 歐陽詢《藝文類聚》（宋本），上海古籍出版社，二〇一三年影印，頁二〇五八。

其時距朱彝尊辭世已有數十年,不得目爲引據文獻之一[一]。

(四)輯録文獻内『《春和握誠圖》曰』條:『孔子作《春秋》,陳天人之際,記异考符。』《校補》注五〇云:『霖案:《法言義疏》卷一九,頁七九四注引《初學記》二十一曰:「《初學記》二十一引《春秋握成圖》:『孔子作《春秋》,陳天人之際,記异考符。』」』(頁二六三—二六四)

案:《初學記》是《校補》參考文獻之一(見附録《參考書目》,頁一六七三),實無必要經由《法言義疏》轉引。經核,《經義考》確本諸《初學記》。所引文獻當作《春秋握誠圖》,《校補》正文與注文中『和』『成』二字均需是正。

(五)輯録文獻内『《春秋説題辭》曰』條:『孔子作《春秋》,一萬八千字,九月而書成,以授游、夏,游、夏之徒不能改一字。』《校補》對本條文字之出處,頗有質疑:『霖案:《春秋公羊注疏》卷二二,頁二八二「其詞則丘有罪焉耳」條下《疏》文引作《春秋説》,而非題作《春秋説題辭》。』(注五一,頁二六四)蓋以徐彦《疏》引文所稱之《春秋説》,爲《經義考》所本。

[一] 楊先生指出,此條『實則因校理之文過多,有些未及細校内容,故僅能標示查考相近之文句,以俟後考,惟其後在統合體例之時,未及檢出此條校文』(二〇一六年二月一日致筆者郵件)。在極爲繁瑣的文獻考溯中,偶有此失,在所難免。由此看出,楊先生從事校補之時,爲求全、求細而旁徵博引,梳理綫索,做出了長期努力。

案：本條内容，爲孫瑴輯入《古微書》卷一一『《春秋説題辭》』名下[一]，《經義考》輯録者本此（『以授游、夏』之後，承後省去『之徒』二字），故題作《春秋説題辭》。

（六）輯録文獻内『《春秋命歷序》曰』條，凡引二則，第一則云：『孔子治《春秋》，退修殷之故歷，使其數可傳於後，《春秋》宜以殷歷正之。』《校補》注五三云：『霖案：《晋書》卷一八，《律曆下》，頁五五六。題作《命曆序》。《經義考新校》頁三〇七〇引作：「《春秋命曆序》」，則已有更正。』（頁二六四）其後數條注中（注五四—六〇，頁二六四），復以《晋書》爲據，校其文字异同脱漏，顯然以《晋書·律曆志》爲《經義考》本條之引據文獻。

案：《經義考》所引文字，與孫瑴《古微書》卷一三『《春秋命歷序》』下所輯全同[二]，可見全本諸孫著。《校補》注六〇云：『霖按：「歷」，《晋書》作「曆」字。《經義考新校》頁三〇七〇本文亦作：「殷曆」。』（頁二六四）此條注文，既以《晋書》爲依歸，復引《經義考新校》作旁證，在處理上可謂全備。

又案：此處需要附帶論及《經義考新校》之問題。檢《點校補正經義考》，本條引文中俱作『歷』

[一] 孫瑴《古微書》卷一一，《景印文淵閣四庫全書》第一九四册，頁八九〇。
[二] 孫瑴《古微書》卷一三，頁九〇六。

字〔二〕；至《經義考新校》，俱改爲『曆』字，并無校記加以説明。據此可知，《點校補正經義考》尚能從其《凡例》，保留底本（盧見曾補刻本）之原貌；《經義考新校》則予以徑改，既未能如《校補》之所爲，考溯其史源，亦未説明原本面貌，實有違其《凡例》所定底本原則（頁一）。《經義考新校》對第二個『殷』字，有校記謂：『文津閣《四庫》本「殷」下有「之故」二字。』（頁三〇七〇）該條校記爲《校補》注五九所引，楊氏并云：『惟考《晉書》引文無此二字。』（頁二二六四）可證『之故』二字，係四庫館臣承前文（『殷之故歷』）而衍，同《經義考》原貌及引據文獻均無涉，其實大可闕而不録，否則，徒增羨文而已。是以就《經義考》本條輯録文字而言，《經義考新校》在何者當出校記之斟酌上，頗欠考量。

（七）輯録文獻内『《春秋命歷序》曰』條，第二則（『又曰』）云：『自開闢至獲麟，二百二十七萬六千歲。』《校補》注六一云：『霖案：《困學紀聞》卷九、《庶齋老學叢談》卷上、《路史》卷三八《大素之年》、《稗編》卷六〇《紀年》、《學林》卷三、《玉芝堂談薈》卷一八等録之。』（頁二二六四）又《校補》注六二，徵引《後漢書·律曆志》之不同記載，指出：『與竹垞引文出入頗大。竹垞引文不知出自何處，待考。』（頁二二六四）

案：《校補》注六一列出了具有相同記載的六家文獻，除徐應秋《玉芝堂談薈》未被《經義考》引據

〔二〕朱彝尊原著，許維萍、馮曉庭、江永川點校，林慶彰、蔣秋華、楊晉龍、張廣慶編審《點校補正經義考》第五册，『中央研究院』中國文哲研究所籌備處，一九九七年，頁四八九。

外，其餘五家，《經義考》均有取資，故在理論上，都有可能爲《經義考》本條之引據文獻。經檢，惟孫瑴《古微書》卷一三『《春秋命歷序》』下第一條文獻，同上揭《經義考》所引第二則文字全同〔一〕，不難推斷，《經義考》所引據者，仍爲孫著。兩則文字俱本諸孫著，同《經義考》引文慣例亦合。

（八）同上條，《校補》注六一備考可能之引據文獻，計有《困學紀聞》（王應麟）、《庶齋老學叢談》（盛如梓）、《路史》（羅泌）、《稗編》（唐順之）、《學林》（王觀國）、《玉芝堂談薈》（徐應秋）等六家。

案：上揭諸家，羅泌、王觀國、王應麟係宋人，盛如梓爲元人，唐順之、徐應秋爲明人。作爲經學文獻整理巨著，宜首重義例，故六家之次序，宜按其時代有所序次，以嚴體例。

（九）輯録文獻内『《孝經援神契》曰』：『《春秋》三世，以九九八十一爲限。隱元年盡僖十八年爲一世，自僖十九年盡襄十二年又爲一世，自襄十三年盡哀十四年又爲一世。』針對本條，楊氏有二注。《校補》注六三云：『霖按：《春秋公羊注疏》卷一，第一頁《注》引之。』注六四云：『霖按：「限」字下，應依《春秋公羊傳注疏》卷一《注》文補入「然則」二字。』（頁二六四）

案：據上可知，楊氏認爲《經義考》所引，俱本諸《春秋公羊注疏》之《注》文。其疏忽之處在於，上述文字實爲徐彦之《疏》文，而非何休之《注》文。其誤識之處在於，《經義考》所本，仍爲孫瑴《古微書》

〔一〕孫瑴《古微書》，頁九〇〇。

(卷二九),且文字基本全同〔一〕。孫著本條復有『所以不悉八十一年者,見人命參差不可以齊之義』等句(徐《疏》『齊』字前有『一』字),未見録於《經義考》。

(一〇)輯録文獻内『《孝經鉤命決》曰』:『孔子在庶,德無所施,功無所就,志在《春秋》,行在《孝經》。以《春秋》屬商,《孝經》屬參。』《校補》注六五云:『霖按:《春秋公羊注疏·序》「吾志在春秋,行在孝經」條下《疏》文,頁三。又同書卷一,頁七;卷二八,頁三五七;《孝經·引言》頁四俱引此文。』(頁二六四)又注六六云:『霖按:「《孝經》」二字下,《春秋公羊注疏·序》《疏》文有「是也」二字,然無「以《春秋》屬商,《孝經》屬參。」等九字,考《春秋公羊注疏》卷一引此九字,題作「《孝經説》」,而非出自《孝經鉤命決》,是則此九字者,當删去不論。』(頁二六四)

案:《校補》指出《經義考》引文之前後兩段,分别源自《春秋公羊注疏》徐彦《疏》引之《孝經鉤命決》《孝經説》,蓋以徐《疏》爲《經義考》之引據文獻。考孫瑴《古微書》卷三〇『《孝經鉤命決》』下,輯録之文獻有:『孔子在庶,德無所施,功無所就,志在《春秋》,行在《孝經》。又曰:丘以匹夫徒步,以制正法。以《春秋》屬商,以《孝經》屬參。』〔二〕據此可以考知,《經義考》實本諸孫著,而省去中間『又曰』等十餘字。又考《孝經注疏·孝經序》邢昺《疏》云:『案《鉤命決》云:「孔子曰:『吾志在《春秋》,行在《孝

〔一〕 惟《古微書》『隱九年』,竹垞是正爲『隱元年』。《景印文淵閣四庫全書》第一九四册,頁一〇一三。
〔二〕 孫瑴《古微書》卷三〇,頁一〇二三。

經》。』」據先後言之，明《孝經》之文同《春秋》作也。又《鉤命決》云：「孔子曰：『《春秋》屬商，《孝經》屬參。』」則《孝經》之作，在《春秋》後也。』[一] 則『《春秋》屬商，《孝經》屬參』等句，係邢昺隸諸《鉤命決》，孫穀據以輯録，朱彝尊徑引孫著而未察也。

（一一）輯録文獻内『葛洪曰』：『仲尼《春秋》成，紫微降光。』《校補》注九〇云：『霖按：《北堂書鈔》卷九九，引作「仲尼經成，紫微降光」，《注》云：「抱朴子云。」又云：「今案：平津館本《抱朴子》脱此文，惟嚴鐵橋輯《抱朴子》佚文，附刻『金陵本』後，尚存此條。」（頁四四〇）則竹垞此文，當據《北堂書鈔》之文改寫而成，由於通俗之本《抱朴子》無此文，故顯得彌足珍貴。又《六帖補》一三—三上、《天中記》二一—一七下、《廣博物志》二六—三四上、《尚史》八二—一六下等亦録有此文。』又注九一云：『霖按：「《春秋》」二字，《北堂書鈔》卷九九引之，題作「《經》」字，題作「《春秋》」者，乃是竹垞改作所致。』（頁二六六）

案：由上揭二注，知《校補》列出同《經義考》有相似記載之五種文獻，并判斷其引據文獻乃《北堂書鈔》，蓋以其時代最早而論定之；并由《抱朴子》今本不録此條，進而申論《經義考》記録之『彌足珍貴』。經檢，《六帖補》（［宋］楊伯喦撰）、《天中記》（［明］陳耀文撰）所載，與《經義考》所録全同；《廣博

[一] 李隆基注，邢昺疏《孝經注疏》，阮元校刻《十三經注疏》本，頁二五三九。

物志》（［明］董斯張撰）、《尚史》（［清］李鍇撰）則與《北堂書鈔》全同。此外，《紺珠集》卷三（［宋］朱勝非撰）也與《經義考》所録全同〔一〕。在文本全同之三家中，《經義考》未著録朱勝非著述，也未采録其論説。由此看來，楊伯喦《六帖補》、董斯張《廣博物志》，很有可能爲《經義考》本條之引據文獻；其中又以楊著時代居前，可能性更大。

（一二）輯録文獻内『顔延之曰』條：『襃貶之書，取其正言晦義，輔制衰王，《春秋》爲上。』《校補》注九九，據詹鍈《文心雕龍義證》載饒宗頤文内所引，斷本條文獻出自顔延之《庭誥》一文，而『尚未查到原文出典爲何』（頁二二六七）。

案：今考《經義考》所引文字，同《太平御覽》卷六一〇《學部四》『《春秋》』下所載『顔延之《庭誥》曰』文字全同〔二〕，知其所本當在此。

（一三）輯録文獻内『賈逵曰』：『《春秋》取法陰陽之中：春爲陽中，萬物以生；秋爲陰中，萬物以成，欲使人君動作不失中也。』《校補》注七四云：『霖按：《春秋左傳正義》卷一《序》，第二頁《疏》文無「《春秋》」二字，當據以刪正。』又『服虔曰』：『《春秋》古文篆書，一簡八字。』《校補》注七六云：『霖按：「《春秋》」二字，《儀禮注疏》卷二四《疏》文無此二字。』（頁二二六五）

〔一〕以上各本之查驗，虞世南《北堂書鈔》，據南海孔氏刊本（中國書店，一九八九年影印，頁三七八）；其餘均據文淵閣《四庫全書》本。

〔二〕李昉《太平御覽》卷六一〇，頁二七四六。

案：朱彝尊於兩條引文之前，均增『《春秋》』二字，其用意較爲顯然，乃在補足文意。對相同之增文，《校補》處理意見有异，以爲前者當删，後者則不置可否。細味其文，『賈逵曰』條内《春秋》二字，實不宜删除，否則『取法』云云，即前無所承。拙見以爲，對朱彝尊增添之文字，除非有害文義，否則，注出文字原貌即可，讀者利用時自可裁奪。由此看來，《校補》後一條之處理方式，較爲允當。《校補》下文注八七等（頁二六六），亦當同此辨理。

（一四）輯録文獻内『卜子曰』：『有國家者，不學《春秋》，則無以見前後旁側之危，則不知國之大柄。』《校補》注一，已準確指出其引據文獻爲《春秋繁露》之《俞序》篇。《校補》注二云：『霖案：「不學」字前，依《春秋繁露》補入「不可」二字。』（頁二六〇）

案：何者當補入，應先考察是否有害文義。就本條而言，考《俞序》篇相關文字作：『故衛子夏言：有國家者，不可不學《春秋》；不學《春秋》，則無以見前後旁側之危，則不知國之大柄、君之重任也。』知朱彝尊頗有約省，而文意略備，《校補》僅需注出文字原貌即可。如必欲補足，實當補『不可不學《春秋》』六字。

（一五）輯録文獻内『壺遂曰』：『孔子之時，上無明君，下不得任用，故作《春秋》，垂空文以斷禮義。』《校補》注三六云：『「義」字下，應依《史記》補入「當一王之法，今夫子上遇明天子，下得守職，萬事既具，咸各序其宜，夫子所論，欲以何明？」等三十四字。』（頁二六三）

案：朱彝尊引壺遂之語，意在説明孔子作《春秋》之背景，乃不得已而作；其文後半，却在問史公，既處明世，而有所論，意欲何爲？可見，後半實與《春秋》無涉。此條如欲補足，至『當一王之法』而止較允，實不必過於延伸，否則《經義考》一書，豈三百卷所能容納。

以上十五例，均同引據文獻有關。前十二例中，有漏考引據文獻者（第二例），有尚未考出者（第一二例），有無須轉引者（第四例），有宜講求引據文獻之序次者（第八例）；其餘各例，均屬對引據文獻有誤判者。後三例，均涉及《經義考》引據文獻之增删改易問題。如何判斷何者當删，何者當補，以復其原貌，實宜謹慎。對於删減、增補之文字，《校補》常持論云『應依××補入××等字』等，較爲果斷。實則正如上舉各例所析，朱氏删減原文，常意在省略，以避繁瑣；增入文字，志在補足文意，對引文之自足性而言，實屬必不可少。故是否當補、當删，仍須斟酌。如校記（注）明示『原有××等字』，以示客觀，似更爲允當。

此外，《校補》在校記、標點、延伸研究、文本校對等方面，也不免存在微瑕，限於篇幅，兹從省略。

（四）餘論

以上各小節，首先對楊果霖先生從事《校補》之學術基礎，有所申述，旨在考辨源流，述學知著；其次對《校補》在理論、實踐兩個層面取得之學術成就，予以發明，特别表彰其能補録《經義考》遺漏之著述、考溯輯録文獻所從出之文獻原貌等方面之貢獻；復就其校訂與補正之細節中可供商榷之處，有所是正與討論。

回顧《經義考》之接受史、研究史，不難發現，以校訂、補作、續作三個系列的衍生著述群爲標志，清代學者建立了《經義考》的研究範式，影響了後來學人以校訂、補正爲主要内容的研究方式；陳鴻森先生對《孝經》一類所作的訂正與補遺，堪稱代表。羅振玉編撰《經義考目録》及《校記》，開始重視發掘《經義考》所藴含的學術資源，將之視作重要學術工具而加以查檢與利用，對清人建立的研究範式而言，無疑是一種突破。吴政上先生編撰《索引》，則是該思路的延續。以喬衍琯先生爲代表的一批學者，目光投向《經義考》之『外』，措意於《經義考》同其他文獻之間的關係，拓展了研究視域；以杉山寬行爲代表的學者，復深入《經義考》之『内』，討論其版本流變、文本差异、分類體系等。林慶彰先生等主持的《點校補正經義考》《經義考新校》，注重文本校勘，彙聚前賢成果，爲學界貢獻了可以信賴的版本，提升了《經義考》作爲經學資源的利用價值，擴大了該著的學術影響。以盧仁龍、陳祖武爲代表的一批學者，從學術史的角度加以察照，試圖全面評述《經義考》的學術貢獻。兩部研究專著（楊果霖《朱彝尊〈經義考〉研究》、張宗友《〈經義考〉研究》），既探其源，又析其流，既入其『内』，又出其『外』，綜合繼承了前賢研究思路與成果，并各有深入之研究，全面評述了《經義考》的學術成就與價值。

如將楊果霖先生《校補》之作,置於《經義考》研究史的脉絡中加以審視,則不難發現,該著既是對上揭各種研究思路與成果之承繼,同時更是一種全新的突破:從研究視野上看,該著已不局限於《經義考》本身,而是放眼上下數千年的中國經學史,下及於民初;從研究方法上看,該著已不滿足於文字校對、版本考异,而是全面考溯引據文獻,意圖恢復朱彝尊采録文獻之原貌,并有所增補;從研究志意上看,該著也并不以對《經義考》的拾遺補闕爲職志,而是以之爲研究的起點,汲其體例之長而棄其闕漏之失,志在編撰全新的經學書目,以符合當代學術發展之需要。其創新之思路與取得之實績,已然超越前此成就,令人矚目。

儒學是中國傳統學術的主流,而其核心則是經學。完備的經學總目,起辨章學術、考鏡源流的治學門徑作用。最新且全的經學總目,當推國立編譯館主編的《十三經論著目録》《十三經著述考》兩種叢書,體製恢弘,著録宏富,勝義迭呈。《著述考》係以《目録》爲基礎,增以作者簡介、序跋例言、提要解題、考證論評、個人按語等内容,顯然借鑒了《經義考》的編撰體例。但通過《春秋總義著述考》同《經義考》之條目比對可知,前者對《經義考》輯録的大量文獻,并未善加引用。由此看來,楊果霖先生之《校補》不僅在條目著録方面,較《著述考》更爲豐富、全面(見前揭《春秋古經》條版本與藏地例),而且在輯録文獻之考溯、增補方面,較《著述考》考證更細,用力更深,因而更具參考價值。

要之,楊果霖先生《校補》之作,是《經義考》研究領域的最新成果,建構了全新的整理與研究範式,堪稱『《春秋》巨著，竹垞功臣』。該著爲《經義考》之整理及經學總目之編纂，提供了守正出新而又極具操作性的示範，指引了大有可爲的努力方向〔二〕。

〔一〕楊先生指出：『筆者拙著校理《經義考》之解題，僅是希望能對於引書來源，或引文方式，進行更細緻的理解，但是實則筆者希望完成的内容，是能取代原書内容，并能提供數據庫，以供查檢之用。因此，如有可能，應以數據庫方式，逐條呈現其原文内容（含版本或解題資料），纔能真正取代《經義考》的部分治經功能。在數據庫的應用之中，則可暫時不用考慮解題多寡的問題，也能真正建立有關「春秋學」的知識庫（或單純數據庫），以供讀者治經之用。』（二〇一六年二月一日致筆者郵件）將傳統的文獻整理與先進的計算機、網絡技術相結合，無疑是今後經學文獻整理、研究、利用的正確途徑。

第十一章　朱彝尊經學思想之初探

作爲清初大家，朱彝尊首以文學知名，在詩、詞、古文等領域，其創作實績與理論建樹均令人矚目，引領一時風氣，同王士禛、陳維崧等詩、詞大家齊名。其作品先後有《騰笑集》《竹垞文類》等付刻，至晚年彙爲《曝書亭集》，親予删定，有八十卷；逸篇遺什爲後人搜羅編輯，復成《外集》八卷（朱墨林、馮登府編）、《補輯》十一卷（王利民、胡愚等編），合計詩文近百卷。朱彝尊嗜古愛博，醉心經籍，復以藏書家、文獻學家之身份，著名於世，一生借書、抄書、讀書、編書、刻書未歇，所至即叢祠荒冢，亦留連考古，椎拓不已。惟早年家藏，因惧文字之禍（莊廷鑨《明史》案）而付諸一炬；其後猶能以個人之力，不斷聚書，至晚年竟達八萬卷〔一〕，躋身藏書大家之列。朱氏治學勤勉，博通書籍，『顧炎武、閻若璩皆極稱

〔一〕朱彝尊《曝書亭著録序》：『予……凡束修之入，悉以買書……歸田之後，續收四萬餘卷。又上海李君贈二千五百卷，於是擁書八萬卷，足以豪矣。』（《曝書亭集》卷三五）

之』[一]。在經學文獻整理與辨僞、史書編纂及理論建構等方面，均頗有實績，不容忽視。相對文學研究而言，學界對其經學思想與成就之研究，尚嫌不足，故本文擬就其經學思想問題，稍作初步之探討，藉求引玉之效。

一　朱彝尊之經學貢獻及其研究現狀

朱彝尊在經學文獻整理方面，主要貢獻如次：（一）編撰《經義考》三百卷。該著係『二千年來經部群籍之總彙』[二]，對先秦以迄清初之經學著述作空前、全面之梳理與著録，可視爲目録形式的儒學經籍史；其體例之嚴整，分類之細密，實集經學目録之大成，在經學、目録學兩大領域，俱稱鴻構。（二）參與《通志堂經解》之刊刻。此係清初最大的一部經解叢書，收宋元明經解一百四十種，朱彝尊同叢書主持者徐乾學（原一，健庵。一六三一—一六九四）、納蘭性德（容若，楞伽山人。一六五五—一六八五）俱有深交，不僅對該叢書之刊刻有大力提倡之功，而且親與其事，爲之訪購圖書，提

[一] 清國史館《清國史·文苑傳·朱彝尊傳》（嘉業堂抄本，中華書局，一九九三年，頁八二七）。顧炎武《廣師》篇：『文章爾雅，宅心和厚，吾不如朱錫鬯。』（《亭林文集》卷六，見華忱之點校《顧亭林詩文集》，頁一三四）

[二] 陳鴻森《〈經義考〉札逡》，載鄭卜五主編《經學研究集刊》第五期，二〇〇八年十一月，頁一〇一。

供藏本，撰寫序跋，貢獻頗著[一]。（三）參與《玉玲瓏館叢書》之刊刻。朱彝尊曾入龔佳育（祖錫、介岑。一六二二—一六八五）之幕，同其子、該叢書主持者龔翔麟（天石，蘅圃。一六五八—一七三三）交洽，故能躬與其役，如叢書中朱睦㮮《授經圖》一種，即經其校定；該書之體例，亦直接影響到《經義考》之編撰[二]。

在編纂上述叢書及《經義考》之歷程中，朱彝尊對所涉及之經學問題，多有討論。其中單獨成篇之什，如《太極圖授受考》《尚書古文辨》《孔子弟子考》《孔子門人考》《孟子弟子考》等考辨、梳理源流之作，以及《周易集解跋》《讀武成篇書後》《授經圖序》等大量序、跋之作，大都收入《曝書亭集》。《經義考》內，復有近千條按語，各因書而發，大略可分輯佚、考辨、解説三類，蘊含有朱彝尊經學見解[三]。此外，朱彝尊還用書札的形式，同友人探討經學問題。例如，康熙三十八年（一六九九）十二月，朱彝尊致信閻若璩，討論《古文尚書》真僞問題，凡一十四條[四]。康熙四十一年（一七〇二），朱氏有《答蕭山毛檢

〔一〕關於朱彝尊參與《通志堂經解》編刻事，林慶彰《〈通志堂經解〉之編纂及其學術價值》一文中有所討論。載氏著《清代經學研究論集》，「中央研究院」中國文哲研究所，二〇〇二年，頁一七九—二〇七。

〔二〕關於朱彝尊參與編刻《玉玲瓏館叢書》事，詳陳惠美《朱彝尊經史之學研究》，臺灣東海大學二〇〇一年博士論文，頁四五—四六。

〔三〕關於《經義考》按語的研究，詳楊果霖《朱彝尊〈經義考〉研究》第七章《〈經義考〉的體例》之第五節《案語體例》（花木蘭文化出版社，二〇〇五年，頁二八三—三一四），及本書第五章。

〔四〕朱彝尊《與閻若璩論理古文尚書卷》，載《田家英與小莽蒼蒼齋》（增訂本），生活·讀書·新知三聯書店，二〇一一年，頁九八—一〇一。

討書》(《曝書亭集》卷三三),同毛奇齡討論《舜典》前二十八字出現時代之問題。

近年來,學界對朱彝尊的研究,由其文學而擴展至史學、經學,部分論著開始探討其經學成就與思想。二十世紀八十年代,劉起釪先生《尚書學史》内,對朱彝尊《尚書》辨僞之論,屢有徵引與評議[一]。九十年代,林慶彰先生《清初的群經辨僞學》内,對朱彝尊在《太極圖》《古文尚書》《詩傳》《詩説》《魯詩世學》等方面的辨僞貢獻,有更爲詳細之論析[二]。進入二十一世紀,學界研究漸多,而以《經義考》爲關注重點。二〇〇一年,東海大學陳惠美博士完成學位論文《朱彝尊經史之學研究》。二〇〇五年,楊果霖先生出版了專著《朱彝尊〈經義考〉研究》。二〇〇六年,筆者亦完成了學位論文《〈經義考〉研究》(中華書局,二〇〇九年)。此外,吴超以《經義考》爲基礎,對朱彝尊的易學、禮學思想作了初步探討[三]。其他學者在研究朱彝尊的文學思想時,對其經學背景也能有所關注,如李瑞卿《朱彝尊文學思想研究》(京華出版社,二〇〇六年),即辟有專節討論朱彝尊的儒學思想。

由討論朱彝尊的經學整理(輯佚、彙編等)實績,進而討論其經學思想之事實,可知學界對朱彝尊

[一] 劉起釪《尚書學史》,中華書局,一九八九年,頁一七五、一七八、三四七、三六七等。
[二] 林慶彰《清初的群經辨僞學》,華東師範大學出版社,二〇一一年,頁一〇〇—一〇二、一九一—一九七、二八九—二九四。
[三] 吴超《〈經義考〉禮學思想研究》,《嘉興學院學報》二〇一〇年第四期;《朱彝尊〈易〉學思想評議》,《中華文化論壇》二〇一三年第九期。

經學貢獻之研究，已由純文獻層面，擴及思想層面，呈漸趨專精之態勢。在思想研究方面頗有貢獻者，即上揭陳惠美、李瑞卿等學者。陳惠美曾討論『竹垞的經學觀』[一]，將其歸結爲四點：（一）經書可辨，不可輕疑、輕改；（二）重視經學傳承；（三）客觀呈現經學流變；（四）著録經説著作，當一出於公心。李瑞卿稱：『有關朱彝尊的儒學思想，本文認爲，疏離政治、關注六經、反對宋儒空談玄理和以己志説經，推崇孔子及其弟子、發揚聖賢精神是其基本特點。』[二]而在《朱彝尊的儒學思想》專節中，則將朱氏思想歸納爲兩個方面：（一）回歸六經，尊漢儒注疏；（二）尊崇孔子及其弟子，發揚聖賢精神。[三]楊果霖總結朱氏『治學的觀念』，雖未討論朱氏經學思想，而其概括頗有近似之處[四]。陳惠美討論的是朱彝尊的『經學觀』，揭示了朱氏部分經學主張與特點，尚非其全貌；李瑞卿歸納簡明，論述較詳，然而

[一] 陳惠美《朱彝尊經史之學研究》，頁四五—四六。
[二] 李瑞卿《朱彝尊文學思想研究》，京華出版社，二〇〇六年，頁四。
[三] 李瑞卿《朱彝尊文學思想研究》，頁三四—六一。
[四] 楊果霖將朱氏治學理觀念概括爲五：（一）援據精博，信而有證；（二）反對抄襲，注重創發；（三）稽古崇漢，重視傳授；（四）實事求是，不執成見；（五）簡明精要，去除繁瑣。詳氏著《朱彝尊〈經義考〉研究》，頁五六—七二。

尚未能完全揭示其經學主張的思想背景,其歸納也有可議之處〔一〕。

二　朱彝尊經學思想之建構及其意義

作爲傳承不墜的文明古國,中國文化傳承的重要體現就是對經典的不斷闡釋,與古爲新。如何對待經典?乃是探討學者經學思想面貌的最爲根本的問題。對經典的認知程度,代表着學人對以經典認同爲核心的思想文化體系的理解與認同程度。朱彝尊不僅在經籍整理上貢獻卓著,而且在理論建構上亦頗爲用心。對於經典之形成,朱彝尊認爲:

《五經》垂世,昔賢方之于海,比之日月,久而長新,挹而不竭,蓋合羲、農、軒、堯、舜、禹、湯、

〔一〕李瑞卿認爲「疏離政治」是朱彝尊儒學思想的一大特點。其實,朱彝尊雖然實際做官的時間比較短,但觀其一生,并未能有意地疏離政治。例如,朱氏早歲參與「十郡大社」,此係江南文人自發的文學社盟活動,因其鮮明的政治功能,遭到清廷嚴禁。在明清易代之際,如何出處自守是擺在每位士人面前的政治難題,朱彝尊汲汲奔走,從事反清,表明其作爲前明顯宦之後的政治擔當與應有氣節;及清祚漸固、抗清無望之際,又應徵鴻博,釋褐爲官,在接納清廷正統地位的表象下,蘊含着認可新朝統治合法性而欲有所爲的政治判斷與抉擇。及至晚年歸田,以編書、校書、刊書爲職志,仍不忘數次往迎南巡之聖駕,以「研經博物」爲接受獎賞之最,標舉「太史」聲名爲馳騁文苑之資。作爲身懷故國,以整理文獻、傳承儒教爲職志的「文儒」,朱彝尊關注時局、投身政治之意,終其一生,未嘗稍減。

文、武、周公、孔子數聖人而成，非一人一家之言也。（《經書取士議》，載《曝書亭集》卷六〇；又見於《經義考》卷二九七《通説三》所附按語）

《五經》，指漢代所存之《易》《詩》《書》《禮》《春秋》。經典成於聖人之手，係先秦以來學術通識，尤其受到儒家之認同。朱彝尊認爲經典有長期形成之過程，『非一人一家之言』，這一重視源流之論，頗有見地。對於經典之重要性（地位與作用），朱彝尊屢有論及。如云：

惟先師之遺澤，道莫著乎六經。配光華于日月，若迭奏之琴箏。（《謁孔林賦》，《曝書亭集》卷一）

六經之義，如江河日月，無所不該。（《授經圖序》，《曝書亭集》卷三四）

朱彝尊認爲經典寓有先師（孔子）之道，其義無所不該。至於更爲理論化之表述，則以《原教》一篇所論，最具代表性：

始爲三教之説者誰與？其小人而無忌憚者與？生民之初，草衣而血食，露處而野合。聖人者出，教之田里，教之樹畜。養生之本既具，然後修道以明之。其理身心性命，其治家國天下，其端禮樂刑政，其文《易》《詩》《書》《禮》《春秋》。蓋自庖犧氏作，而伊耆、軒轅、堯、舜、禹、湯、文、武、周公、孔子，以數聖人損益之，而教已大備，初未嘗有所不足，必待佛、老之説以濟之也。（《曝書亭

集》卷五八)

通過上述文字,朱彝尊構建了儒教生成與傳承的内在邏輯與歷史譜系,突出了聖人之教、聖人之道的重要性,經典的文化價值即在這一理論建構中得以表出。這一圍繞儒教生成與傳承而展開的理論體系,是朱彝尊學術思想的核心與基石,其經學思想也在該體系内得以集中闡述。以下試作發明。

在《原教》所構建的理論框架内,聖人對儒教形成起決定性作用。儒教(聖人之教)有兩個層級,首先是使先民(生民)能具『養生之本』,族群賴以生存、繁衍; 其次是『修道以明』,使先民(生民)在聖人之道的教化下,脱離蒙昧,走向文明。聖人之道即儒家之道,是教化之道、化成人文之道,乃儒教之核心,體現爲身心性命之理、家國天下之治、禮樂刑政之端、《易》《詩》《書》《禮》《春秋》之文。聖人以道教化,累世損益,已然自足,故無待於佛、老之相濟。教化自人倫始,故《原教》有云:『且所謂教者何哉?君臣、父子、兄弟、夫婦、朋友之教而已矣!』儒家之道(聖人之道)因何而生?實因先民(生民)由蒙昧走向文明之需要。儒家之道之産生、傳承,正是在歷代聖人的『接力』之中,得以完成。朱彝尊構擬的聖人譜系,始於傳説時代的伏羲(庖犧氏),也即上溯及於『生民之初』、蒙昧與文明分野之際。該譜系中之聖人多兼具『先王』與『聖人』之雙重身份,因而能合道統、治統、學統於一。

朱彝尊指出,聖人之道涵括并體現於四個方面,即:(一)身心性命之理,(二)家國天下之治,(三)禮樂刑政之端,(四)《易》《詩》《書》《禮》《春秋》之文。如將此論置諸經學史視野内加以考察,則其意義不言而喻。身心性命之理，既爲『道』之體現，則宋人性命之學，乃至理學、心學之主張，均不出聖人之道之外。家國天下之治，既爲『道』之體現，那麽，衹要認可、接納、踐履聖人之道，按儒家原則與規範施治，教養士民，則即處於儒家之道可接納之範圍，而不必拘於究係何家（大夫）、何國（諸侯）、何姓（天子）之治。由此可知，文化認同實高於朝代之更迭。家國天下之治，必措諸禮樂刑政（指具體的禮樂制度與施政措施），體現出聖人之道。

聖人之道，『其文《易》《詩》《書》《禮》《春秋》』。此即意味着，經典（五經）爲道之體現，故道在經典（五經）；經典既寓聖人之道，即爲載道之具[一]。這是朱氏經學思想的核心理念，也是其學術思想的核心理念，是其詩、詞、古文等文學理論建構的出發點。如所周知，作爲先民歷史經驗、生存智慧之結晶與記録，《易》《詩》《書》《禮》《春秋》（另有《樂》）等經典係上古王官之學的核心典籍，爲諸子百家共同的文化資源。儒家尤大力表彰之，認爲經典中寓有聖人之微言大義，爲内聖外王之道所在。至漢武帝構建新王官之學，儒家獨尊，五經（《樂》佚）之解釋權遂操於儒家之手。隨着儒學的發展，儒家經典系統

[一] 朱彝尊《道傳録序》亦倡道在六經：『宋元以來言道學者，必宗朱子。朱子之學，源於二程子。先二程子言學者，爲周子。於是論者尊之，謂直接孟子，是爲道統之正。毋論漢唐諸儒不得在其列也，即七十子親受學於孔子者，亦不與焉。故凡著書言道統者，輒斷自周子始。飲流或忘其源，知末而不揣其本，吾嘗未慊於中也。且夫聖人之道，著在六經，是豈一師之所能囊括者與？』（《曝書亭集》卷三五）

由五經發展至十三經,漢唐諸儒之訓詁考據受到重視; 至宋儒標榜道學,表彰《四書》,復成《四書五經》系統,經過元明科舉的强化,以宋儒爲主的經學闡釋遂成官定之標準。朱彝尊越過以宋儒闡釋爲主的《四書五經》系統,回到十三經系統; 復由十三經,上溯至漢代五經,以爲聖人之道在此。朱氏之跨越與回溯,體現其對宋學系統的省思與反撥,及其回歸漢學系統、直詣經典本原的經學主張。

朱彝尊對經學的反思與回溯,何以至五經(漢代)而止?蓋五經爲舊王官之學之遺存,又爲新王官之學的核心典籍; 漢人去古未遠,猶能訓詁文字,發揮章句,得聖人(孔子)之大體; 先秦儒家對經典之闡釋,實已通過經師口耳相傳,寓於訓詁章句之中; 經劉向、歆父子領校群書,秦火之後的五經文本首次得到完備之整理,成爲後世考溯五經文字之依歸。

朱彝尊既秉持道在經典、回歸經典(五經)的經學思想,那麽,朱氏種種經學努力與貢獻,都能在此思想框架下得到合理解釋。朱彝尊務求本原之經學精神與經學實踐,實可以『正經』二字概括之[一]。『正』者,考正、辨正,正本清源; 『經』者,經文、經解,經學源流。蓋欲求聖人之道,須通聖人之經; 欲通聖人之經,須正經典之文; 欲正經典之文,須明聖人之傳承譜系及經師之授受源流,發揚聖賢傳道、弘道之精神。漢代因去古未遠,經文最得其真,故尤須重視; 漢儒承先秦之學,師弟傳授有自,其訓詁

[一] 錢謙益曰:『誠欲正人心,必自反經始; 誠欲反經,必自正經學始。』載朱彝尊《經義考》卷二九七《通説》。

考據，亦須重視。朱彝尊編纂《經義考》，考辨經文、傳記之僞托、附會，梳理孔、孟弟子、門人之譜系，倡議立周公之後爲世襲五經博士〔一〕，都是其爲『正經』而作出的學術努力。

朱彝尊的經學思想，是其學術思想中最重要的一個層面，爲其史學、文學等領域的主張與實踐提供了精神内核與理論依據〔二〕，并體現出博通的治學氣象〔三〕。在史學領域，朱彝尊保持了務求本原、實事求是的學術精神，置歷史真實於第一位，重視史料的搜集、鑒别與編纂，用以考史、存史。朱氏『客游南北，必橐載十三經、二十一史以自隨』〔四〕，重視金石碑刻，考古問賢，目的是爲了將碑岩之文字、民間之傳聞與紙上之材料相互印證；居晋期間尤其樂此不疲（主要爲訂正《舊五代史》而作準備）。《明史》開館，朱彝尊七次上書總裁，要求明正體例，先行聚書，并就具體修史細節據理力争。如其第五書專論道學傳之廢立，有云：

傳儒林者，自司馬氏、班氏以來，史家循而不改。逮宋王偁撰《東都事略》，更名儒學，而以周、張、二程子入之。元修《宋史》，始以儒林、道學析而爲兩，言經術者入之儒林，言性理者别之爲道

〔一〕見朱彝尊《上山東巡撫張公書》（康熙二十三年〔一六八四〕作。載《曝書亭集》卷三三）。
〔二〕朱彝尊《答孫侍郎書》：『彝尊不學，狃於章句，六經之所無者，不敢遽定其有。』（《曝書亭集》卷三一）
〔三〕潘耒《朱竹垞文集序》：『竹垞之學，邃於經，淹於史，貫穿於諸子百家。』（載氏著《遂初堂文集》卷八，《續修四庫全書》第一四一七册，上海古籍出版社，二〇〇二年，頁五二〇）
〔四〕陳廷敬《皇清敕授徵仕郎日講官起居注翰林院檢討竹垞朱公墓誌銘》，見《曝書亭集》附録。

學；又以同乎洛閩者進之道學，异者置之儒林。其意若以經術爲麁而性理爲密，朱子爲正學而楊、陸爲歧塗，默寓軒輊，進退予奪之權，比於《春秋》之義。然六經者，治世之大法，致君堯、舜之術，不外是焉。學者從而修明之，傳心之要，會極之理，範圍曲成之道，未嘗不備，故儒林足以包道學，道學不可以統儒林。夫多文之謂儒，特立之謂儒，以道得民之謂儒，區别古今之謂儒，通天地人之謂儒：儒之爲義大矣，非有遜讓於道學也。(《史館上總裁第五書》，《曝書亭集》卷三二)

宋儒標榜道學，欲跨越漢唐諸儒之訓詁考據，直承聖人之道，故有《道學傳》之立；朱彝尊則跨越宋儒，回到漢學系統，主張僅立《儒林傳》。朱彝尊上述見解，是其經學思想在史書修纂上的投射，堪稱顯例。《明史》不設《道學傳》，足證學術風氣之轉移，朱氏實與有力焉。

在文學領域，朱彝尊秉承『文以載道』的傳統理念，認爲經典乃文學之源：

詩篇雖小技，其源本經史。(《齋中讀書十二首》之十一，《曝書亭集》卷二一)

是則六經者，文之源也，足以盡天下之情、之辭、之政、之心，不入於虚僞而歸於有用。(《答胡司臬書》，《曝書亭集》卷三三)

朱彝尊主張根源六經，提出宗經、重道的文學思想。具體到詩、詞、古文等領域，各有精微之發揮。在詩歌方面，朱彝尊以《詩經》爲典範，發揮『言志』之説，倡導儒家詩教，重視教化、美刺功能：

《書》曰：『詩言志。』《記》曰：『志之所至，詩亦至焉。』古之君子，其歡愉悲憤之思感於中，發之爲詩。今所存三百五篇，有美有刺，皆詩之不可已者也。夫惟出於不可已，故好色而不淫，怨悱而不亂，言之者無罪，聞之者足以戒。後之君子誦之，世治之污隆，政事之得失，皆可考見。故不學者，比之『墻面』；學者，斯『授之以政，使於四方』。蓋詩之爲教如此。（《與高念祖論詩書》，《曝書亭集》卷三一）

在詩的内容上，朱彝尊提倡有感而發，抒寫内心『不容已于言』之情：

詩以言志者也。中有欲言，縱吾意言之。連章累牘，而不厭其多。無可言，則經年逾月，置勿作焉也可。詩三百有五，爲嘉、爲美、爲規、爲刺、爲誨、爲戒，皆出乎人心有不容已于言者言之，非者强之者而後言也。（《陳叟詩集序》，《曝書亭集》卷三八）

朱彝尊認爲，感情真摯，其詩必工，本乎自得，其詩可傳，而不必先求合於古人：

緣情以爲詩，詩之所由作，其情之不容已者乎。夫其感春而思，遇秋而悲，蘊于中者深，斯出之也善。長言之不見其多，約言之不見其不足，情之摯者，詩未有不工者也。……惟本乎自得者，其詩乃可傳焉。蓋古人多矣，吾辭之工者，未有不合乎古人，非先求合古人而後工也。（《錢舍人詩序》，《曝書亭集》卷三七）

至於詞，雖屬『小技』，但朱彝尊認爲，此一文體，有其長處，可以表達『詩所難言者』，因此同樣可以寄托作者之志，從而成爲詩的補充：

詞雖小技，昔之通儒鉅公，往往爲之。蓋有詩所難言者，委曲倚之于聲，其辭愈微而其旨益遠。善言詞者，假閨房兒女子之言，通之于《離騷》、變雅之義，此尤不得志于時者，所宜寄情焉耳。（《陳緯雲紅鹽詞序》，《曝書亭集》卷四〇）

朱彝尊推尊詞體，爲之『正名』，與其前揭『正經』之努力一以貫之。

在古文方面，朱彝尊認爲六經爲文章之源，爲作者取法之對象：

文章之本，期於載道而已。道無不同，則文亦何殊之有。……若僕之所期於足下，則不惟不以唐宋之文强足下以所不爲，亦且不以秦漢之文爲足下勸勉。蓋足下之所尚者文，而僕之所期於足下者，載道之謂也。（《報李天生書》，《曝書亭集》卷三一）

若僕之所見，秦漢、唐宋，雖代有升降，要文之流委，而非其源也。……是則六經者，文之源也，足以盡天下之情、之辭、之政、之心，不入於虛僞而歸於有用。執事誠欲以古文名家，則取法者莫若經焉爾矣。經之爲教不一，六藝异科。衆説之郛，大道之管，得其機神而闡明之，則爲秦、爲漢、爲六朝、爲唐宋、爲元明，靡所不有，亦靡所不合，此謂取之左右而逢其原也。至於體製，必極

其潔；於題，必擇其正。（《答胡司臬書》，《曝書亭集》卷三三）

以『載道』與否爲評價尺度，朱彝尊對秦漢、唐宋兩派一視同仁，并無偏頗。至於如何作文，除前述『至於體製，必極其潔；於題，必擇其正』外，朱彝尊又有『正源』『正事』『正學』之説：

以武曾之才，正不必博搜元和以前之文，但取有宋諸家，合以元之郝氏經、虞氏集、揭氏傒斯、戴氏表元、陳氏旅、吴氏師道、黄氏溍、吴氏萊，明之寧海方氏孝孺、餘姚王氏守仁、晋江王氏慎中、武進唐氏順之、昆山歸氏有光諸家之文，游泳而紬繹之；而又稽之六經以正其源，考之史以正其事，本之性命之理，俾不惑於百家二氏之説以正其學：如是而文猶不工，有是理哉！（《與李武曾論文書》，載《曝書亭集》卷三一）

文章以經典爲源，又是載道之具，故『文章不離乎經術』；經術之純否，爲文章風格『醇雅』與否的判斷標準：

西京之文，惟董仲舒、劉向經術最純，故其文最爾雅。彼揚雄之徒，品行自詭於聖人，務掇奇字以自矜尚，安知所謂文哉！魏晋以降，學者不本經術，惟浮夸是務。文運之厄數百年，賴昌黎韓氏始倡聖賢之學，而歐陽氏、王氏、曾氏繼之，二劉氏、三蘇氏羽翼之，莫不原本經術，故能横絶一世。蓋文章之壞，至唐始反其正，至宋而始醇。宋人之文，亦猶唐人之詩，學者舍是不能得師也。

(《與李武曾論文書》,載《曝書亭集》卷三一)

綜上可知,朱彝尊的文學創作與理論建構,都以其道寓經典、回歸經典的經學思想爲基礎,主張以經典爲創作之源、取法對象,發揮儒家的教化功能。實際上,朱彝尊的經學思想并没有遠邁或迥异於時賢、超出傳統儒家討論的範圍,但因其能緊密結合時代思潮,爲經學考證與文獻整理提供理論架構、成爲文學創作與主張的理論根基且引領時代風氣,從而獨具風貌、獨具影響,具有深入探討的學術價值。

三　朱彝尊經學思想之形成

朱彝尊道在經典、回歸經典的經學思想,形成於何時?考《原教》一文,并無確切之寫作時間,朱氏本集中亦艱於查尋。惟其《與盤山拙庵大師書札》(其七)中稱:

《原教》諸文,原係三十年前少作,敝帚不棄,遂類入稿中。〔一〕

〔一〕載《曝書亭集外詩文補輯》卷一〇,《曝書亭全集》,頁一〇〇七。

朱彝尊與釋智朴（拙庵大師）之交游，主要是在京師期間。康熙三十一年（一六九二），朱彝尊罷官歸里，辭世於康熙四十八年（一七〇九）。前溯三十年，乃康熙二年至康熙十九年（一六六三—一六八〇）。筆者推測，《原教》等文之寫作，當在通海案解（一六六三）至徵召鴻博（一六七八）之間，極有可能作於朱氏往依山西按察副使曹溶之幕前後。朱彝尊抵達曹幕之時間爲康熙三年（一六六四）九月十九日，而是歲十二月，朱氏即有信寄李良年（武曾，秋錦。一六三五—一六九四）〔一〕，縱論歷代文章得失，追溯文章本原，倡論作文之法（見上揭《與李武曾論文書》），持論與《原教》頗近，可以看作朱氏學術思想在古文領域的進一步闡發。居晋期間，朱彝尊與顧炎武（忠清、寧人。一六一三—一六八二）、屈大均（翁山、介子。一六三〇—一六九六）、李因篤（天生，孔德。一六三一—一六九二）等多有過從，而椎拓荒碑、訪求文獻，於此際最爲密集，足證其弘揚文獻之志頗堅，而推翻清廷之意已減，抗清已非必然選項。

如果上述推論不誤，那麼，康熙三年（一六六四）這個時間節點，對了解朱彝尊的思想轉變及其後來作爲，尤其是出仕清廷、編纂《詞綜》《日下舊聞》《經義考》《明詩綜》等著述，就極爲重要。《原教》的撰成，標志着朱彝尊已從單純的以推翻清政權爲目標的抗清志士，轉變成爲故國文獻的整理者、儒家

〔一〕關於朱彝尊本年之行止，參拙撰《朱彝尊年譜》三六·二五、三六·三七諸條，頁一二九—一三二。

文化的傳承者；其目力所及，已非一家一姓之朝代更替，而是儒家文化傳統的承續與弘揚。明乎此，朱彝尊甘願『降志』『辱身』、『代人悲喜』『强效歌哭』的游幕行爲〔一〕，以及甘冒『失節』之譏、應徵鴻博的出仕之舉〔二〕，方能得到合理的解釋。朱彝尊嘗稱『吾黨處貧賤不堪之境，尤當以艱貞自勵』（《與李武曾論文書》，載《曝書亭集》卷三一），信然。

朱彝尊經學思想之形成，并非朝夕而就，而是受到諸多因素之影響。其中最重要的有以下三個方面：

首先是明清易代的强烈刺激。清廷以關外少數族群入主中原，其殘酷的屠殺行爲（如揚州十日、嘉定三屠，鎮壓嘉興義軍後的屠殺）與殘暴的統治措施（如剃髮令，横征暴斂），激起了廣大士民（尤其江南人民）的抗清之舉。朱彝尊晚年手定《曝書亭集》時，清廷已屢興文字大獄，但集中仍然保留了不少反映易代之際兵燹之禍的詩文作品。譬如，其《夏墓蕩二首》（順治二年）詩，『夕陽滿地北風起，飛遍

〔一〕朱彝尊《報周青士書》：『僕頻年以來，馳逐萬里，歷游貴人之幕，豈非飢渴害之哉！每一念及，志已降矣，尚得謂身不辱哉？昔之翰墨自娱，苟非其道，義不敢出；今則徇人之指，爲之惟恐不疾。夫人境遇不同，情性自异，乃代人之悲喜，而强效其歌哭，其有肖焉否邪？』（《曝書亭集》卷三一）

〔二〕朱彝尊出仕清廷，頗遭物議，也不乏爲之辯白者。以今觀之，影響其出仕的因素有：甲、抗清無望之形勢；乙、家中生計之艱難（此點可參朱麗霞《明清之交文人游幕與文學生態：以徐渭、方文、朱彝尊爲個案》，上海古籍出版社，二〇〇八年）；丙、清廷徵召之强命；丁、清廷對儒家文化、前明政治體系之認同與全盤接受。在上述外因之外，更爲重要的則是內因，即朱氏思想之轉變，此際實已以整理文獻、傳承儒教爲己任，不再顧慮王朝之易姓、遺民之身份（朱氏易代時爲一十七歲之布衣）。

蘆花不見人』，寫亂後人烟凋零；『豈意叉魚艇子集，殺機不异鋭頭兒』，紀兵燹之下四伏之殺機。《平陵東》（順治三年）詩：『平陵東，蒿艾蓬。爾爲誰，劫義公。摐者金，伐者鼓，縛義公，大旗下，帳前力士頭虎毛，傳呼欲下五尺刀。如可贖，君歸賣白馬，我歸賣黄犢。』寫易代之際，盗賊公然横行之亂象。至於《捉人行》《馬草行》二詩（順治四年），更是滿洲八旗兵奴役百姓、强征軍需的實録，留下了『頽垣古巷無處逃，生死從他向前路』『階前野老七十餘，身上鞭扑無完膚』的真實寫照。此二首詩，論者直比諸杜詩之『三吏三别』。面對兵荒馬亂、民不聊生的現實，朱彝尊不僅有『我欲悲歌，誰當和者。四顧無人，茕茕曠野』（《悲歌》，順治三年）的悲憤與徬徨，還有私下結交抗清志士、圖謀反復之舉。朱彝尊先後與屈大均、魏耕（白衣、野夫。一六一四—一六六二）、朱士稚（朗詣。一六一四—一六六一）、陳三島（鶴客。一六二五—一六五九）、錢纘曾（允武。？—一六六二）及祁理孫（奕慶，杏庵。一六二七—一六八七）、祁班孫（奕喜。一六三五—一六七三）兄弟交游密切，往來奔波於山陰道上。但是，隨着順治十六年（一六五九）鄭成功反攻之失敗、康熙元年（一六六二）魏耕等死於通海一案，抗清反復之業，漸告無望。清廷統治日趨鞏固，由明入清之士人，或應舉出仕，積極融入新朝；或以遺民自處，避逃方外；或醉心著述，閉門不出。在如此情勢下，長期依人遠游、顛沛在外的朱彝尊，必有其痛苦之思量，最終將目光投向歷史深處，矢志整理故國文獻，維繫文化傳承。其包含經學思想在内的學術思想，當即奠定於此際。

其次是家世門風的深遠影響。朱彝尊《史館上總裁第一書》稱:『彝尊來自田間,學無師法。』(《曝書亭集》卷三二)此係自謙之詞,其治學實有師承可考。高祖朱儒(宗魯,東山。一五一五—一五九一),以醫術顯,入籍太醫院,仕至院使,著有《太醫院志》《立命玄圭》。曾祖朱國祚(兆隆,養淳。一五五九—一六二四),萬曆癸未狀元,官至户部尚書、武英殿大學士、太子太傅,以清廉剛直著稱,『朝有正人之目』(《報汪苕文户部書》,《曝書亭集》卷三一)。著有《孝宗大紀》《册立儀注》《介石齋集》。祖父朱大競(君籲,忱予。一五七八—一六三六),官至雲南楚雄知府,政尚廉静,清貧自守,奔喪回籍,力不能具舟楫,郡人爲之歌曰:『清貧太守一世難,百鳥有鳳鳳有鸞。』[一]嗣父朱茂暉(子若,晦在。一五九八—一六七五),諸生,以蔭授中書舍人。博覽經史,兼綜諸子百家。復社集會,同盟奉爲倫魁。有《禹貢補注》《棘闈記》《晦在先生集》。本生父朱茂曙(子蘅,安度先生。一六〇一—一六六三),邑庠廩生。爲人恂恂儒雅,篤於孝友,取予進退,介而有節。少善屬文,工行楷書,能畫山水竹石,爲董其昌所稱。明季即棄去諸生業,經史之外,旁習天文、醫卜諸家書。有《春草堂遺稿》《兩京求舊録》等[二]。可見朱彝尊先祖以醫術顯,後以科舉成重臣,以清廉忠貞著稱;治學則尚博覽,并不以舉業爲限。朱彝尊易代後立志抗清,當與此家世門風有關。嗣父朱茂暉,治學廣博;本生父朱茂曙,頗具藝術才能,均影響

[一] 朱彝尊《明詩綜》卷一〇〇《楚雄歌》條。
[二] 關於朱彝尊家世,參拙撰《朱彝尊年譜》卷一崇禎三年(一六三〇)内各條(頁一一—二〇)。

到朱彝尊日後治學之取向。但對朱氏影響最鉅者，當推朱茂晥〔一〕。崇禎十一年（一六三八），朱彝尊始從茂晥受業，先後與譚吉璁、譚瑄、陸世楷、陸棻、朱彝器等同學〔二〕。此時所習者當爲舉子業，所誦經典屬《四書五經》系統。至崇禎十五年（一六四二），朱茂晥觀察時局，語朱彝尊曰：『河北盜賊，中朝朋黨，亂將成矣，何以時文爲？不如舍之學古。』乃以《周官禮》《春秋左氏傳》《楚詞》《文選》《丹元子步天歌》相授，又以所藏黄淳耀文稿授讀〔三〕。舉業既棄，自不能通過科舉一途，獵取功名，朱彝尊的身份遂止於布衣。在朱氏求學、治學歷程中，此係重大關節，所習經典已由《四書五經》系統，跨入十三經系統；不僅有經部之學（《周官禮》《春秋左氏傳》），亦有子部（《丹元子步天歌》）、集部（《楚詞》《文選》）之學，已開博通之治學趨向，非惟舉業是務者能比。黄淳耀之學問、氣節，亦有潤物無聲之效。此外，朱彝尊從外家得嗣母鄭孺人之太高祖鄭曉所著《尚書考》下卷，『中多辨正古文之非』〔四〕。朱氏後來從事

〔一〕朱茂晥（一六〇七—一六七二），字子芾，號芾園，又號明農，徐安人出。朱彝尊祖父朱大競之第四子，行八。崇禎初補嘉興縣學生。遠浮名，務實學，教授鄉里。有《顧領集》《獵碣考异》《忠貞服勞録》（參《朱彝尊年譜》三・一條，頁二〇）。

〔二〕詳《朱彝尊年譜》一〇・一條，頁二六。

〔三〕詳《朱彝尊年譜》一四・一條，頁三一。黄淳耀（一六〇五—一六四五），初名金耀，字蕴生，一字松崖，號陶庵，又號水鏡居士，嘉定人。崇禎癸未進士。乙酉城破自縊，以氣節著稱。有《山左筆談》《陶庵全集》等。

〔四〕《經義考》卷八九『鄭公（曉）《尚書考》』條，著録曰『闕』，而朱彝尊按語云：『《書考》一册，彝尊得之公家，失其上卷，中多辨證古文之非，蓋公自撰也。』鄭曉（一四九九—一五六六），字窒甫，號澹泉，海鹽人。累官南京吏部尚書，尋以右都御史協理戎政，改刑部尚書。有《尚書考》《四夷考》《吾學編》《今言類編》《端簡鄭公文集》等（參《朱彝尊年譜》三三・三四條，頁一〇九）。

《古文尚書》之辨僞，理當受到此書之啓發。鄭氏對宋學貶低漢學、『譏訕訓詁』之弊，頗有反思，持論云：『宋儒所資於漢儒者十七八，祇今諸經書傳注，儘有不及漢儒者。宋儒議漢儒太過，近世又信宋儒太過。要之，古注疏終不可廢也。』（見《經義考》卷二九七《通説》）此論對朱彝尊重視漢儒訓詁考據、回溯至漢代經典之立場，更有直接之影響。

再次是經學發展的内在理路。宋學以傳承道學相標榜，與經學分途，棄漢儒訓詁考據不講。元明時代科考所用《四書五經大全》，實雜抄宋元經説而成，『乃至不全之書也』〔一〕，其割裂淆亂，顧炎武至有『八股行而古學棄，《大全》出而經説亡』〔二〕之嘆，朱彝尊亦揭『帖括盛而經義微，語録多而經義少』之弊〔三〕。明代王學盛行，而其末流，束書不觀，至於狂禪，荒陋已極。於是自明中葉起，已有學者開始反思宋學之弊，以爲漢學訓詁，不可偏廢。『不論談心性的内聖之學，或論經世致用的外王之學，皆必須取資於經書，由經書中尋找其大本大源，這就是學術思想史上所説「回歸原典」的現象。』〔四〕朱彝尊回歸經典，考正經文，梳理源流，自然也是這種學術思潮影響下的産物與體現。

〔一〕朱彝尊按語，見《經義考》卷四九胡廣等《周易傳義大全》條下。
〔二〕顧炎武《日知録》卷一八『《書傳會通》』條，黄汝成《日知録集釋》本，頁一三九〇。
〔三〕朱彝尊按語，《經義考》卷二九七《通説三》末附。
〔四〕林慶彰《清初的群經辨僞學》，頁四八。

朱彝尊構建的聖人傳道譜系及其道寓經典、回歸經典的經學思想，并非憑空産生，而是有其深遠之學術前承。朱彝尊《經義考》卷二九七《通説》篇，對上自孔子、下迄同時諸儒（如顧炎武、胡渭）之經學理論，均有詳細采録，爲其思想之形成提供了豐富的理論素養。而最爲直接的學術前承，當推韓愈《原道》一文。朱彝尊取用其詞，師法其意，不僅高度凝練，而且有所拓展，有所區别。韓愈所謂的『道』〔一〕，是『仁』『義』之道，按『仁』『義』之則施行之道；朱彝尊之『道』，是教化生民脱離蒙昧、走向文明之道，體現爲身心性命之理、家國天下之治、禮樂刑政之端、《易》《詩》《書》《禮》《春秋》之文。韓氏陳義甚高，而内容較空泛，朱氏所論則明確具體。韓愈構擬的聖人系統，有堯、舜、禹、湯、文、武、周公、孔子，至孟子而止；朱氏則上推及於黄帝（軒轅氏）、炎帝（伊耆氏）、伏羲（庖犧氏），起於『生民之初』而止於孔子。韓愈論先王之教，『其文《詩》《書》《易》《春秋》』，所舉經典止四；朱氏論聖人所修之道，『其文《易》《詩》《書》《禮》《春秋》』，而擴展至於五經。韓氏以《詩》爲首，重在教化；朱氏以《易》爲首，重在傳承。最根本的區别在於，二氏立論的歷史情境、儒學發展態勢不同：韓愈是在佛、老大行，直與儒教分庭抗禮的情況下，起而辟佛、老，維護儒教，構建道統的傳承體系；朱彝尊則在抗清無望的形勢下，轉而尋求名山事業，致力於故國文獻之整理，托志於儒家文化之傳承。朱彝尊實借《原道》之『舊瓶』，發

〔一〕 韓愈《原道》首云：『博愛之謂仁，行而宜之之謂義，由是而之焉之謂道，足乎己無待於外之謂德。仁與義，爲定名，道與德，爲虚位。』

揮其學術理念，構建儒教發生與傳承之譜系。《原教》一文，雖有深遠的思想資源與直接的學術前承，但并不影響朱彝尊苦心經營的理論建構與學術創新，爲其學術活動、出處進退提供强大的思想動力。

總之，朱彝尊在抗清無望的情勢下，轉而致力於故國文獻之整理，以傳承儒家文化爲職志；爲此，朱氏擴展了聖人之道的傳承體系，主張回歸經典，考正經文，重視梳理學術源流，因而在經學考證與文獻整理方面，成就斐然。其經學思想之形成，受到明清易代的强烈刺激，受到家世門風以及自明中葉以來『回歸元典』學術思潮的影響。朱彝尊經學思想是其學術思想的核心，不僅影響到朱氏之文學創作與理論建樹，也影響到朱氏應徵鴻博、出仕清廷的人生取徑。《經義考》的編撰，是其經學思想指導下的具體實踐；《經義考》因此成爲承載朱彝尊學術思想的最具代表性的文本之一。

第十二章　總結與展望

《經義考》是經學目録的集大成之作。以上各章，從《經義考》目録學特性出發展開研究，論題主要集中在以下幾個方面：（甲）《經義考》整理經學文獻之實績及其書目體製之貢獻；（乙）《經義考》傳本（盧刻本、四庫本三種）之面貌；（丙）《經義考》學術史之考察（包括點校本、研究論著之平議）；（丁）朱彝尊經學思想之初探等。

一　研究總結

本書緒論部分，集中在兩個主題上。其一，《經義考》研究現狀之分析。從單篇論文上看，已有六十餘篇，論題涉及《經義考》之各個層面。就研究專著而言，刊行者已有四種：楊果霖《朱彝尊〈經義考〉研究》（二〇〇五年）、張宗友《〈經義考〉研究》（即本書之初版。二〇〇九年）、司馬朝軍《〈經義考·

通説〉疏證》(二〇一〇年)、楊果霖《〈經義考〉著録『春秋類』典籍校訂與補正》(二〇一三年)。第一種從文獻學角度切入,對《經義考》進行全方位之研究; 後二種則分别就《經義考》通説類、春秋類,進行疏證或校補。就點校本而言,學界已有兩家三種,即臺灣『中研院』林慶彰先生主持之校正本、新校本,與北京大學《儒藏》編纂與研究中心的儒藏本。其二,本書研究與增訂之思路。本書深入討論《經義考》作爲經籍總目的特質及其學術史,包括對初本既有内容之修訂與新近研究内容之增補兩個方面。前者涉及《經義考》之編撰、旨趣與性質,研究其著録體系、分類體系、提要體系、按語、學術前承與影響等; 後者包括對《經義考》之傳本(盧刻本、四庫本)、點校本(校正本、新校本、儒藏本)、疏證(《〈經義考·通説〉疏證》)、校補(《〈經義考〉著録『春秋類』典籍校訂與補正》)之考察,以及朱彝尊經學思想之探析。

本書首章,討論《經義考》之編撰、旨趣與性質。《經義考》雖編成於康熙三十八年(一六九九),但朱彝尊編撰此著,有其長期之準備歷程,其淵源最早可以追溯至早歲對程朱理學、漢唐經學之習得。《經義考》并非朱氏晚年『緝學著書自娱』的産物,而是在經學、目録學、清初學風及朱彝尊本人治學旨趣等各方面因素綜合作用下的學術結晶。《經義考》之性質,屬於經籍總目; 在目録學視域内,屬於學科目録範疇; 從經學目録之源流來看,《經義考》承先啓後,具有集大成的學術地位與意義。《經義考》的内部分類,并不單純從歷代經解著述的角度加以考量,因此,《經義考》其實又并非單純之經學目録,而是一部融文獻、考證、學術史於一體的經學、目録學著作。

第二章討論《經義考》之著録體系。著録體系是衡量一部書目編纂水平高下的重要依據。從形式上看，《經義考》的著録體系由條目部分、解題部分構成，其中書名是條目部分的核心。條目部分的著録結構是：『撰人姓氏（附名）＋書名＋篇卷＋存佚』，其突出特點是『撰者居首，以氏繫名，明著篇卷，詳具存佚』。在目録學史上尤具創新之處者，則在『以氏繫名』與『四柱之法』兩端，對後世産生深遠影響（如孫詒讓《温州經籍志》、章學誠《史籍考》等，在體例上對《經義考》均有所取資）。

第三章討論《經義考》之分類體系。就經學目録而言，分類不僅是部次群籍的手段，也是審視經學源流的重要取徑。朱彝尊在歷代書目經籍分類的基礎上，采用多層次、多維度的視角，在《經義考》内創立了由三十個門類構成的分類體系；其分類之細，堪稱古代書目之冠。《經義考》分類體系，貫穿了朱彝尊博通的治學追求，成爲體現朱氏目録學分類思想的代表之作。就功能而言，《經義考》分類體系同其著録體系相配合，分别從内在邏輯與外在形式兩個層面，賦予《經義考》極强的學術張力，便於對經學著述進行精細的著録，對經學源流進行多維度的梳理。著録體系與分類體系相結合，奠定了《經義考》的學術格局（具見表三—二所示結構體系）。

第四章討論《經義考》之提要體系。《經義考》的著録體系包括條目部分與解題部分，後者主要由提要體系與按語構成（參見表三—二）。《經義考》提要（解題）的主體，是上萬條輯録資料，以及近千條朱氏按語。《經義考》的提要（解題）體例，係以輯録體爲主，而以輯考體爲輔，并且是輯考體書目的代表之作。《經義考》所輯録之文獻，淹及四部，上溯先秦，下及清初，通貫古代學術史；從題材上看，以經籍、史傳、方志、文集等爲主。朱彝尊在選輯資料時，并非全文照録，而是有所去取，并加潤飾，由此導致部分資料未免有失原貌，甚至造成訛誤。

第五章討論朱彝尊之按語。朱氏按語係輯考體提要中『考』的部分，從功能上看，可分爲輯佚類、考辨類、解説類三個類别。對亡佚文獻的輯佚，體現了朱彝尊的文獻意識；解説類按語體現了朱氏對相關論題的補充發明；至於考辨類，則體現了朱氏本人的經學見解，是其經學貢獻的主要載體。通過對尚書部分考辨類按語的逐條分析，可知朱彝尊對尚書學史上的重大問題，如今古文《尚書》之篇次問題，百篇《書序》問題，僞孔《序》問題，僞孔《傳》問題，僞孔《傳》本《尚書》之文本問題，今古文《尚書》之傳授問題等，均有所考辨。朱彝尊之辨僞理念、實踐與成就，實與顧炎武、閻若璩等同調共鳴，共同推動清初徵實學風之形成。

第六章討論《經義考》之學術前承。作爲一部經籍總目，《經義考》在著録内容與體製上，無不有其學術前承；歷代書目諸如《漢志》《七録》《隋志》《郡齋讀書志》《授經圖》《經序録》，及當時之書目如《千頃堂書目》等，均是《經義考》重要的文獻來源與體製前承。此外，其他史部文獻（如《通志》《文獻通考》）、子部文獻（如《玉海》）等，都在朱彝尊采擇、鎔裁之列。《經義考》以輯録體爲主、輯考體爲輔的提要體例，即主要繼承自馬端臨《文獻通考·經籍考》。通過《經籍考》與《經義考》易類之比較，可知《經義考》輯録資料約爲《經籍考》的十倍，但直接引據《經籍考》的資料，僅有二十四條，遠較采自《隋志》《宋志》及《通志》者爲少。

第七章討論《經義考》之學術影響。作爲古代中國最大的一部經籍總目，《經義考》通考歷代經解并彙集經學專題資料，著録宏富，體例精嚴，客觀地、多維度地呈現古代經學發展之面貌，對後世經學研究、書目編纂等均産生深遠的學術影響。研治經學者，均不能忽視經學文獻與傳承之考溯，《經義考》因此必在引據與參考之列。由於體製完備且創新頗多，後世經學目録、史學目録、子學目録、文學目録之編纂，均能從《經義考》獲得體例參考。四庫館臣編纂《總目》更是大量取用《經義考》的學術成果與資源。自乾隆朝以降，即以《經義考》爲核心，形成校訂、補作、續作三個衍生著述系列；當前學界已經出版三種點校本、四部專著。以上事實，充分説明《經義考》堪稱一部集大成式的典範著作，具有深遠的學術影響與進一步深入研究的價值。

第八章討論《經義考》之傳本。本章主要集中在兩個論題上：一是考察盧刻本，二是考察三種四庫本（薈要本、文淵本、文津本）。盧刻本是《經義考》的第一個全刻本，最接近朱彝尊編纂成書之原貌，是後來所有傳本之祖本。通過『《古論語》』『《孟子》』兩條内容的全面校核，知所考察之四十二條資料中，存在着各種文字錯誤（訛、脱、倒）及改動（省、增、并合、節取）者有二十二處，與引據文獻保持相同者則有二十處。文字之差异，既有無意之誤，也有出於保持文字獨立性及文義通暢之需要而加以有意之改寫等。《經義考》前四卷内,盧刻本出現誤字九處,倒文一處,合計十處; 薈要本有誤字七處,脱文二處,倒文一處,合計十處; 文淵本有誤字十七處,脱文五處,倒文二處,合計二十四處; 文津本有誤字二十一處,脱文五處,衍文二處,倒文一處,异體字一處,合計三十處。考察結果表明,盧刻本作爲第一個全刻本,質量較優; 在三種四庫本中,則以薈要本居上,文淵本次之,文津本又次之。四庫諸本雖對原文有所改易,仍不失其參考價值。

第九章討論《經義考》之點校本。『點校』包括『點』(句讀)與『校』(校理)兩個層面,是對古典文獻進行整理、利用的基礎性工作。在《經義考》的三種點校本中,《點校補正經義考》(校正本)首開點校先河,彙集《經義考補正》《經義考校記》等全部成果以及《四庫全書總目》相關内容爲一體,甫一問世,即係最稱精善之本,超越此前各本而成爲通行本。針對其中訛誤,主持者林慶彰先生又發起重校,成果即《經義考新校》(新校本),訛誤大爲减少,質量較前更進一步。相較於校正本、新校本之『求全』,北京大學儒藏本受限於《儒藏(精華編)》叢書之體例,實以『求精』爲準的,在校正本、新校本基礎上,不僅句讀更爲精審,而且進一步利用《經義考》本書之前後文字及引據文獻之原本文字進行校勘,取得更佳效果,成爲與新校本具有同等使用價值之代表性文本。較而論之,新校本勝在全備,儒藏本勝在精審。新校本、儒藏本之相繼問世與交互爲用,意味着《經義考》點校工作的完成。學人當在此基礎上,致力於考溯初源、補正闕漏、抉發論題等更爲深入之研究。

第十章討論《經義考》之疏證、校補著作。本章針對兩部專著進行討論，即司馬朝軍《經義考通説疏證》(『《疏證》』)與楊果霖《〈經義考〉著録『春秋類』典籍校訂與補正》(『《校補》』)。朝軍先生、果霖先生對《經義考》均有深切之認同，既重其學術價值又惜其有所不足，因此分别對《經義考》之通説類、春秋類全部内容，進行溯源式考校，訂正其中文本訛誤；不僅大大提升《經義考》之使用價值，亦能展示經學文獻研究更爲精深、弘通之取徑。《校補》一書達一百三十餘萬言，對春秋類現存著述，還能詳其傳本與藏地，爲學界貢獻更爲豐富的學術信息。在如何深化對《經義考》及經學文獻之整理與研究方面，朝軍先生、果霖先生以其豐碩的校理成果，進行了頗具示範意義的先行實踐。

第十一章探析朱彝尊之經學思想。《經義考》出現於清初，撰成於朱彝尊之手，必有其思想背景。朱彝尊積極致力於經學文獻之搜集與整理，致力於儒家典籍與明史文獻之纂修與刊布，實際上同其本人之身世、教育、境遇及其對儒家經典之認知密切相關。朱彝尊集前明遺民、抗清志士、落拓文人、寄食幕客、博學鴻儒、翰林檢討、歸田太史等多重角色於一身，一生跌宕起伏，際遇非凡。在抗清失敗、復明無望之後，朱彝尊轉而重拾學術之路，以儒家文化之傳承、故國文獻之整理爲己任；此一道路之抉擇，實際上深受早年塾師朱茂晥之學術指導、培養與啓發。朱彝尊深受傳統儒家思想之熏染，對程朱理學、漢唐經學均有研習，故其治學以崇儒傳道爲依歸；具體到經學領域，朱彝尊認爲道在六經，治學要本諸六經、回歸六經，并由宋明理學而回溯至漢唐經學，其本人也深以『文儒』自期。《經義考》就是朱彝尊在上述學術思想指導下而付諸纂修實踐的學術結晶，并因其集成性與典範性而成爲考察朱氏學術貢獻與清初學問世界的代表性文本。

通過上述各章之研究，可知作爲經籍總目的《經義考》，無疑具有以下三個方面的學術特點：

（一）著録宏富。《經義考》達三百卷之巨，無論是所立條目、輯録文獻，還是所附按語，其内容均極爲繁富，遠邁前修，無目能及，故曰著録宏富。《經義考》經學内容之集成性（『集大成』），即在於此。

（二）體例完備。《經義考》之條目，内容豐富，形式完備；《經義考》之分類，類别精細，結構謹嚴；《經義考》之提要，廣徵博引，薈萃群言，故曰體例完備。《經義考》經學目録之典範性，即在於此。

（三）考證精詳。朱氏摭拾遺逸，融會前説，探源析流，撮要解紛，辨僞正誤，的見紛陳，故曰考證精詳。藉助該書，朱彝尊獲得了『與顧炎武、閻若璩鼎足而三』[一]的學術聲譽。

學界對於《經義考》的評價，多着眼於第一點。如梁啓超指出：『（朱彝尊）有《經義考》三百卷，把自漢至明説經的書大概都網羅齊備，各書序跋目録都録入，自己更提要批評，私人所撰目録學書，没有比他更詳博的了。』[二]龐朴主編之《中國儒學》，以爲該書『搜羅廣博，考證賅洽，資料豐富』[三]。在此基

[一] 嚴文儒、吴定德《中國理學（二）》中語，見本書第五章第二節所引。

[二] 梁啓超《中國近三百年學術史》之十二《清初學海波瀾餘録》，載《飲冰室合集》第一〇册，中華書局，一九八九年，頁一七二—一七三。

[三] 龐朴主編《中國儒學》第三卷，東方出版中心，一九九七年，頁一八。

礎上，學人更進一步指出該著之第三個優點（『考證精詳』）〔一〕。

從學術史的角度來審視《經義考》，上述三個方面的優點，深切地反映其價值所在。其一，如前所述，《經義考》共收録了八千二百多個條目，是自有簿録以來著録經學典籍最爲宏富的一部著作；在對經學著作的分類上，《經義考》從不同的角度，建立了一個立體的多維度的分類體系；朱彝尊所輯録的萬餘條解題資料，展示了相關著述的歷史背景；朱氏本人在按語中的考辨，更是對經學發展與清初徵實學風的推動。因此，在經學史上，《經義考》堪稱清初以前經解著述的總結之作。學人或以『中國第一部儒學經籍史』視之〔二〕，允得其實。其二，朱氏所搜輯的解題資料，有些不僅具有經學上的史料價值，還具有其他方面的文獻價值。比如，因爲有些資料爲他書所未載，捨《經義考》則無以求之，故具有輯佚學上的價值；即使是那些同樣爲他書所收録的資料，由於在文本記録上的差异，《經義考》在校勘學上也自具獨特的價值。其三，如前所論，《經義考》采用了目録體的著述形式，在條目體系、提要類型等方面，無疑都有所承繼與發展，成爲集大成式的經學目録巨著。正是這種目録形式與經學内容的有機結合，使得《經義考》極具學術張力，全面地展示了兩千年經學發展的脉絡。因此，《經義考》既是一

〔一〕盧仁龍將《經義考》之特點總結如次：内容廣泛、綜録古今、甄别存亡、集録衆説、考證精詳（盧仁龍《〈經義考〉綜論》，載《社會科學戰綫》一九九〇年第二期，頁三三六—三三八）。吴政上《經義考索引·自序》即采此論（頁五）。

〔二〕張宏生《中國詩學考索》，江蘇教育出版社，二〇〇六年，頁一九〇。

部經學著述與資料的彙編,堪稱經學目録的集大成之作; 在一定程度上,又是一部有着目録形式的、蕴含了朱氏本人經學見解的獨特的經學史。 該書的問世,順應了在明末心學極弊之後走向徵實的學術潮流,是儒學内部從偏重『尊德性』到偏向『道問學』發展路徑的反映,同時也對清初徵實學風的形成,具有積極的推動作用。

後代學者對《經義考》在歸類上的歧异,或可作爲上述論斷的旁證。《四庫全書總目》將其繫於史部目録類,而將作爲《經義考》取資之一的《五經翼》,收入經部五經總義類。《光緒嘉興府志·經籍志》將《經義考》著録於經部群經類。 朱記榮《國朝未刊遺書志略》,將五種續補《經義考》的著作均列於經目之下,自然視《經義考》爲經目。 張之洞《書目答問》,一方面將《經義考》收入史部簿録類,一方面又將其同《授經圖》《經義考補正》等一起,著録在經部五經正義類之後、小學類之前〔一〕。 與張氏相仿,梁啓超將《經義考》互著於經部『兼釋群經之作』與史部簿録條下。 他認爲:『這部書把竹垞以前的經學書一概網羅,簿存目録,實史部譜録類一部最重要的書,研究「經史學」的人最不可少。』〔二〕 葉德輝在開

〔一〕 張之洞《書目答問》,見《書目答問補正》(范希曾補正),頁四六、一二三。

〔二〕 梁啓超《中國近三百年學術史》,頁二二七。(《中國近三百年學術史》之十三《清代學者整理舊學之總成績》,載《飲冰室合集》第一〇册,頁二〇三。)

列《求書簡明目》時，將《經義考》《經義考補正》列入『經部考證書』〔一〕。二十世紀二三十年代，中華書局出版《四部備要》，將《經義考》收入經部經義類。江瀚爲《經義考補正》撰寫提要，力主歸入經部：『清《四庫全書總目》列朱彝尊《經義考》於史部目録類，殊屬不倫。張之洞《書目答問》列於經部總義類，較爲妥協。方綱是書今從之。』〔二〕兩部續修四庫全書《提要》，均從江氏之説，歸《經義考》於經部總義類。學者們對該著或經或史的判斷，正是基於其兼具經學内容與目録形式的獨特性質。

《經義考》同時也存在着許多不足，而且與其上述學術特點密切相關：（一）著録宏富，而收録未免失當：或條目失收，未能全備；或文字有誤，非盡符原貌。（二）體例完備，而標準或未能一貫，著録因此難免有誤（如注『佚』者而其書實存之類）。（三）考證精詳，而結論或不盡精確，具有進一步探索之餘地。總之，《經義考》既有其宏富、完備與精詳，又有其種種不足，從而爲後世之規仿、續補與研究，留下廣闊之學術空間。

〔一〕葉德輝《經學通詁》，載《葉德輝集》，學苑出版社，二〇〇七年，第二册，頁五四。

〔二〕分見《續修四庫全書總目提要（經部）》群經總義類，頁一三四六；《續修四庫全書提要》五經總義類，頁一〇三五。由於後者僅據前者之部分打印稿編成，故當以前者爲主。參《續修四庫全書總目提要（經部）》之《整理説明》，頁四。

二　研究展望

《經義考》成稿於康熙三十八年(一六九九),全部刻成於乾隆二十年(一七五五),自問世迄今,一直吸引着學人之關注與研究。經學是中國儒學的核心,而儒學又處於中國古代學術的中心地位,因此,任何關於古代中國的研究,都必須重視經學的研究與傳承。以求真(歷史真實)爲準的的文獻研究,是任何學術研究的基礎與出發點,經學文獻學因此有其極爲重要的學術地位。作爲古代中國最大的一部經籍總目(『儒學經籍史』)、《經義考》因其集大成式的經學叙事(通考歷代經解,輯録經學資料)與典範的史學建構(著録體系、分類體系、提要體系、按語等),而具有重要的學術價值與研究價值。這是自該著成書以後,於乾隆朝以降出現校訂、續作、補作三大衍生著述系列,自現代以來不斷得以刊印、點校,以及研究論著不斷問世的學理基礎。

任何時代的學術發展,都必須高度重視以下兩個層面的學術取徑:一是着眼於『内』,從固有的學術傳統内,汲取有價值的營養,與古爲新;二是着眼於『外』,借助外來思想與學術理念,相互觀照,以他山之石,琢新美玉。在中國本體的學術傳統中,圍繞具有集成性、典範性的學術著作層累地展開持續研究,則是固有的研究範式之一。以五經爲核心的歷代經解著作,大都是此一固有研究範式下的學術結晶。明乎此，即知上述圍繞《經義考》而展開的校訂、續作、補作、點校及研究論著，實際上是在傳統研究範式下不斷取得進益、守正出新的學術成果。

學術取徑雖然相同或近似，而今日學人所擁有的學術環境、資源及任務等，同古人、前賢均有不同，因此應該在更高的歷史起點上、更廣闊的學術視野內，來審視、研究經學文獻。全面厘清經學史實，系統梳理經學著述，合理闡發經學命題，努力建構新的經學解釋體系，無疑是今日學人應當積極面對的學術挑戰〔一〕。作爲經籍總目，《經義考》由於其集成性、典範性，因此成爲回應上述挑戰的基石與憑藉。執此以論，則《經義考》之研究，除點校一項外，其實仍未完全告成，仍然大有開拓與提升之學術空間。

〔一〕事實上，學界早已不乏此類思考。如蔣伯潛提出了編撰古今經解書目的課題：『宣宗道光時，阮元彙刊《皇清經解》於學海堂，有目録，沈豫爲撰《提要》；德宗光緒初，輯刊《皇清經解續編》於南菁書院，亦有目録，但未有人爲撰提要。阮、王二編是經解的叢書，如能合編目録，仿《經義考》撰成一書，而補以清末人經學的著述，可成古今經學書目。』（蔣伯潛《校讎目録學纂要》，頁五一）近來一些學者在探討儒學第三期的問題。杜維明先生認爲，需要一種全球眼光使其普世化（參杜維明《論儒學第三期》，載其《道、學、政：論儒家知識份子》，錢文忠、盛勤譯，上海人民出版社，二〇〇〇年，頁一四三—一六四）。余英時先生認爲，儒家是要人們把做人的道理溶化在『日用常行』當中，因而寄望於大批新『人師』新『身教』的不斷涌現（參其《現代儒學的回顧與展望——從明清思想基調的轉換看儒學的現代發展》，載《現代儒學的回顧與展望》，生活·讀書·新知三聯書店，二〇〇四年，頁一八六）。在名爲『儒學與全球化』的國際學術研討會中（青島，二〇〇二年），不少學者就儒學的復興、普世化等問題進行了研討（參本次會議的論文集《儒學與全球化》，陳啓智主編，齊魯書社，二〇〇四年）。如所周知，任何對未來的展望和科學的研究，都必須建立在堅實的文獻基礎之上。

回顧學界研究《經義考》的既有成果,大致有以下不同的視角:

(甲)文獻學的視角。即進行文字校理,或分門别類地歸納《經義考》的文獻特點、貢獻與不足。此類研究,係校勘之學、條例之學。

(乙)學術史的視角。即在經學史、目録學史的視域内,考察《經義考》的學術前承、貢獻與影響。此類研究,堪稱源流之學(或曰辨章之學)。

(丙)思想史的視角。即將朱彝尊治學歷程置於清初宏闊的歷史背景、博大的學問世界内加以觀照,闡發《經義考》的學術貢獻與思想史意義。此類研究,堪稱思辨之學(或曰闡釋之學)。

學界既有成果,多是兼用以上不同視角進行研究的結晶。總體而言,文獻學、學術史的探討已較爲充分(但并未全部完成),而思想史的研究,正方興未艾。筆者認爲,以下幾個主題,仍然大有作爲:

(一)《經義考》著録條目之查核與補闕。即對《經義考》已有條目,核其著録(如存佚),補其未備。

(二)《經義考》著録條目之續纂。即按照《經義考》既有之範式,下擴至清末,以期將古代經學著作,全部囊括。

(三)《經義考》輯録文獻之校核。朱氏所輯資料,有訛誤及改動者所在多有,需要考溯初源,還原本真,以增强其文獻可靠性。

（四）朱彝尊經學貢獻之研究。朱氏經學見解，主要凝結於《經義考》。本書對其尚書學之貢獻有所發明（詳第五章），而於其他諸經，未遑深入。學界既有研究，還僅僅涉及《經義考》之易、詩經、春秋、論語、孝經及通説等門類，尚未能全面展開。

（五）朱彝尊與清初學林之互動研究。朱彝尊的學術事業，同其所處的清初學術環境密切相關。朱彝尊建構起龐大的學術交流網絡，同顧炎武、黄宗羲、閻若璩等當時最爲杰出之學人，均有交游。研究經學史、清代學術史，對於朱彝尊之學術貢獻及其與清初學林之互動關係，應予以足够的重視。

以上幾個主題，大致涉及文獻與思想兩個層面，而文獻研究無疑更具基礎性。由陳鴻森、楊果霖、司馬朝軍等先生的既有研究可知，對《經義考》進行全面的校補、疏證，無疑是極爲正確的努力方向。就方法而論，筆者認爲，要達到全面校補、疏證的學術目的，不僅要『以朱證朱』，更要『以朱還朱』。

所謂『以朱證朱』，就是以《經義考》不同傳本之間的文本相互對校，得其异同，以定其正誤。前揭林慶彰先生主持之校正本、新校本，以及儒藏本，就采用此法。儒藏本點校者還能利用《經義考》上下文本互校，即由對校擴展至『本校』。如所周知，古典文獻之整理，校勘是厘清版本源流、選定工作底本與參校本後之第一要務，旨在校出最佳傳本，便利學人取用與研究。但是，如果僅僅校出异文，而不加按斷，所能達到上述目標的程度，便會降低。通過前揭數章中對《經義考》文本之校理，知其引據文獻之情況,極爲複雜,朱彝尊常對相關文本施以增删改易,或加以綴合。因此,僅據不同傳本之文字互校,實僅能標出异同,無法考定其文本之形成,也鮮能論定其文本之是非,無法達到求真的校核目的。

所謂『以朱還朱』,就是要考溯朱彝尊條目、輯録文獻之初源,通過引據文獻與原始文獻之間的比較,以校出訛脱衍倒之所在,明其去取、删潤之歷程,從而提供更爲準確的引據文本,提高《經義考》的利用價值。易言之,就是通過史源學的方法,補齊《經義考》的文獻闕漏,使該著之價值更爲凸顯。

怎樣開展校勘工作,以便得到高質量的傳本?胡適〔一〕、王叔岷〔二〕等,均有精要之理論概括。結合胡、王二氏之説,知古典文獻之整理,應以恢復或無限接近文獻原貌爲最高原則,以便『爲人們讀書治學提供符合或接近原稿的書面材料』〔三〕。實際上,司馬朝軍《經義考通説疏證》、楊果霖《〈經義考〉著録

〔一〕胡適云:『校勘之學起於文件傳寫的不易避免錯誤。文件越古,傳寫的次數越多,錯誤的機會也越多。校勘學的任務是要改正這些傳寫的錯誤,恢復一個文件的本來面目,或使他和原本相差最微。校勘學的工作有三個主要的成分,一是發見錯誤,二是改正,三是證明所改不誤。』(胡適《元典章校補釋例序》,載陳垣《校勘學釋例》,上海書店出版社,一九九七年,頁一—二)

〔二〕王叔岷云:『所謂「斠讎學」,簡單地説,就是訂正古書字句之學。概括地説,是恢復古書本來面目之學。本來面目,包括作者(是否)、書名(异同)、版本(早晚)、篇目(先後)、篇數(多少)、篇名(原貌)、字句(變异)、章節(竄亂)、篇第(分合)、散佚(包括殘缺)、真僞等。』(王叔岷《我與斠讎學》,載氏著《斠讎學(補訂本)》,中華書局,二〇〇七年,頁一)

〔三〕程千帆、徐有富《校讎廣義·校勘編》,齊魯書社,一九九八年,頁一四。

『春秋類』典籍校訂與補正》，提供了兩個可資借鑒的樣本。二者成功之處，其實就是對上揭『以朱還朱』校理取徑的全面運用。

總之，將來《經義考》研究，不僅要『以朱校朱』，還要『以朱還朱』，借鑒已有研究成果的積極策略，展開更爲堅實的文獻研究；在此基礎上，進一步探索朱彝尊與清初學林的互動關係，深入揭示《經義考》的學術史、思想史意義。

徵引書目

說明：（甲）本部分爲本書引用的主要書目（單篇論文所從出之論文集、期刊、學術集刊及報紙等從略），大致分爲古籍與現代學術著作兩部分。（乙）古籍部分略依四部分類，現代學術著作部分則按出版時間編次。（丙）每種圖書先列書名，次列撰著者，次列版本信息。（丁）古籍不止一册者，僅列引據文本所在之册次。

古籍之屬

［經部］

《周易正義》，王弼、韓康伯注，孔穎達疏，見《十三經注疏》，清阮元校刻，中華書局，一九八〇年影印(以下簡稱『阮元校刻《十三經注疏》本』)

《焦氏易林》,焦贛撰,明成化九年(一四七三)彭華刊本

《文公易説》,朱鑒編,《景印文淵閣四庫全書》第一八册(臺灣商務印書館,一九八六年);又題《晦庵先生朱文公易説》,《通志堂經解》第二册(江蘇廣陵古籍刻印社,一九九六年影印)

《周易啓蒙翼傳》,胡一桂撰,《景印文淵閣四庫全書》第二二册;又題《周易發明啓蒙翼傳》,《通志堂經解》第三册

《大易緝説》,王申子撰,《通志堂經解》第二册;又《四庫全書薈要》第一一册

《俞氏易集説》,俞琰撰,《通志堂經解》第三册

《周易會通》,董真卿撰,《景印文淵閣四庫全書》第二六册,又題《周易經傳集程朱解》,《通志堂經解》第四册

《周易傳義大全》,胡廣等撰,《景印文淵閣四庫全書》第二八册

《尚書正義》,題孔安國傳,孔穎達正義,阮元校刻《十三經注疏》本

《日講書經解義》,庫勒納、葉方藹等編,《景印文淵閣四庫全書》第六五册

《尚書古文疏證》,閻若璩撰,《清經解續編》本(王先謙編,上海書店,一九八八年)

《古文尚書撰异》,段玉裁撰,《清經解》本(阮元編,上海書店,一九八八年)

《周禮注疏》，鄭玄注，賈公彦疏，阮元校刻《十三經注疏》本

《欽定周官義疏》，乾隆御定，《景印文淵閣四庫全書》第九九册

《考工記解》，林希逸撰，《景印文淵閣四庫全書》第九五册

《儀禮注疏》，鄭玄注，賈公彦疏，阮元校刻《十三經注疏》本

《禮記正義》，鄭玄注，孔穎達正義，阮元校刻《十三經注疏》本

《大戴禮記解詁》，王聘珍撰，中華書局，一九八三年

《禮記集説》，衛湜撰，《景印文淵閣四庫全書》第一一八册；又《通志堂經解》第一二册

《禮記纂言》，吴澄撰，《景印文淵閣四庫全書》第一二一册

《春秋左傳正義》，杜預注，孔穎達正義，阮元校刻《十三經注疏》本；又李學勤主編《十三經注疏》整理本，北京大學出版社，二〇一〇年

《春秋傳》，胡安國撰，《景印文淵閣四庫全書》第一五一册

《孝經注疏》，李隆基注，邢昺疏，阮元校刻《十三經注疏》本

《御定孝經注》，《景印文淵閣四庫全書》第一八二册、《文津閣四庫全書》第六三册（商務印書館，二〇〇五年影印）

《四如講稿》，黄仲元撰，《景印文淵閣四庫全書》第一八三册

《新編十一經問對》,何異孫撰,元刻本,《四庫提要著録叢書》經部第九一册,北京出版社,二〇一一年影印;又《景印文淵閣四庫全書》第一八四册(題《十一經問對》)

孫穀《古微書》,《景印文淵閣四庫全書》第一九四册

《中庸輯略》,宋石憝編,朱熹删定,《景印文淵閣四庫全書》第一九八册

《論語正義》,劉寶楠撰,中華書局,一九九〇年

《論語會箋》,〔日〕竹添光鴻撰,鳳凰出版社,二〇一二年

《孟子注疏》,趙岐注,孫奭疏,阮元校刻《十三經注疏》本

《孟子正義》,焦循撰,沈文倬點校本,中華書局,一九八七年

《孟子雜記》,陳士元撰,《景印文淵閣四庫全書》第二〇七册

《四書章句集注》,朱熹撰,中華書局,一九八三年

《三經見聖編輯存》,譚貞默著,譚志賢輯,《四庫全書存目叢書》經部第一六六册

《説文解字繫傳》,徐鍇撰,中華書局,一九八七年

《釋名匯校》,劉熙撰,任繼昉纂,齊魯書社,二〇〇六年

《廣韵》,陳彭年等編,影印宋本,江蘇教育出版社,二〇〇二年

《經義述聞》,王引之撰,江蘇古籍出版社,一九八五年

《經典釋文》，陸德明撰，影印宋刻宋元遞修本，上海古籍出版社，一九八五年
《經典釋文序録疏證》，陸德明撰，吴承仕疏證，中華書局，二〇〇八年

［史部］

《史記》，司馬遷撰，二十四史點校本修訂本，中華書局，二〇一三年
《史記正義佚文輯校》，張守節撰，張衍田輯校，北京大學出版社，一九八五年
《唐張守節史記正義佚存》，張守節撰，〔日〕瀧川資言輯，〔日〕小澤賢二録文，袁傳璋校點，中華書局，二〇一九年
《漢書》，班固撰，中華書局，一九六二年
《三國志》（《前四史》本），陳壽撰，裴松之注，中華書局，一九九七年
《晋書》，房玄齡等撰，中華書局，一九七四年
《北史》，李延壽撰，中華書局，一九七四年
《隋書》，魏徵等撰，中華書局，一九七三年
《舊唐書》，劉昫等撰，中華書局，一九七五年
《清史稿》，趙爾巽等撰，中華書局，一九七七年

《清國史》(嘉業堂抄本),清國史館撰,中華書局,一九九三年
《清實録》,中華書局,一九八五年
《通志》,鄭樵撰,中華書局,一九八七年
《通志二十略》,鄭樵撰,王樹民點校,中華書局,一九九五年
《路史》,羅泌撰,明嘉靖洪楩刻本,《四庫提要著録叢書》第一九一册,北京出版社,二〇一三年

影印

《國語》,韋昭注,上海師範大學古籍整理研究所編,上海古籍出版社,一九八八年
《世宗憲皇帝硃批諭旨》,雍正十五年敕編,《景印文淵閣四庫全書》第四二三册
《清史列傳》,王鍾翰校點,中華書局,一九八七年
《秀水朱氏家譜》,朱榮纂修,咸豐三年刻本,《清代民國名人家譜選刊續編》第六七册,國家圖書館
地方志家譜文獻中心編,北京燕山出版社,二〇〇六年
《閩中理學淵源考》,李清馥撰,《景印文淵閣四庫全書》第四六〇册
《朱竹垞先生年譜》(《曝書亭詩注》前所附),楊謙編,清木石居印本
《清儒學案》,徐世昌撰,中國書店,一九九〇年
《蜀中廣記》,曹學佺撰,《景印文淵閣四庫全書》第五九二册

《江西通志》，謝旻等撰，《景印文淵閣四庫全書》第五一五册

《吴興備志》，董斯張撰，《景印文淵閣四庫全書》第四九四册

《浙江通志》，嵇曾筠等監修、沈翼機等編纂，《景印文淵閣四庫全書》第五二四册

《光緒嘉興府志》，許瑶光修，吴仰賢等纂，《中國地方志集成》（浙江府縣志專輯）本［據光緒四年（一八七八）鴛湖書院刻本影印］，上海書店，一九九三年

《光緒嘉興縣志》，趙惟崳修，石中玉、吴受福纂，《中國地方志集成》（浙江府縣志專輯）本［據光緒三十四年（一九〇八）影印］，上海書店，一九九三年

《光緒桐鄉縣志》，嚴辰纂，《中國地方志集成》（浙江府縣志專輯）本［據光緒十三年（一八八七）影印］，上海書店，一九九三年

《梅里志》，楊謙纂，李富孫補，余𪀓續修，清光緒刻本

《宣統番禺縣續志》，梁鼎芬修，丁仁長、吴道鎔等纂，《中國地方志集成》（廣東府縣志專輯）本［據民國二十年（一九三一）重印本影印］，上海書店出版社，二〇〇三年

《民國杭州府志》，齊耀珊重修，吴慶坻重纂，《中國地方志集成》（浙江府縣志專輯）本［據民國十一年（一九二二）鉛印本影印］，上海書店一九九三年

《民國海寧州志稿》，李圭修，許傳霈纂，劉蔚仁續修，朱錫恩續纂，《中國地方志集成》（浙江府縣志

專輯）本［據民國十一年（一九二二）續修鉛印本影印］，上海書店，一九九三年
《唐會要》，王溥撰，上海古籍出版社，二〇〇六年
《文獻通考》，馬端臨撰，中華書局，一九六五年、一九八六年影印本
《皇朝文獻通考》，乾隆十二年敕撰，《景印文淵閣四庫全書》第六三七册
《七略别録佚文·七略佚文》，姚振宗輯録，鄧駿捷校補，澳門大學，二〇〇七年
《七録》，阮孝緒撰，宋思溪藏本，國家圖書館出版社，二〇一八年
《崇文總目》，王堯臣、王洙、歐陽修等撰，《景印文淵閣四庫全書》第六七四册；又《中國歷代書目叢刊》本，錢東垣等輯釋，現代出版社，一九八七年
《郡齋讀書志》，晁公武撰，趙希弁續輯并編，《景印文淵閣四庫全書》第六七四册；又《郡齋讀書志校證》，孫猛校證，上海古籍出版社，一九九〇年
《遂初堂書目》，尤袤撰，《景印文淵閣四庫全書》第六七四册
《直齋書録解題》，陳振孫撰，《景印文淵閣四庫全書》第六七四册；又徐小蠻、顧美華點校，上海古籍出版社，一九八七年
《史略》，高似孫撰，遼寧教育出版社，一九九八年
《玉海藝文校證》，王應麟撰，武秀成、趙庶洋校證，鳳凰出版社，二〇一三年

《文淵閣書目》，楊士奇撰，《叢書集成初編》本（商務印書館，一九三五年）

《萬卷堂書目》，朱睦㮮撰，《續修四庫全書》第九一九册

《授經圖義例》，朱睦㮮撰，《景印文淵閣四庫全書》第六七五册

《經序録》，朱睦㮮撰，《四庫全書存目叢書》史部第二七七册（齊魯書社，一九九七年）

《百川書志》，高儒撰，《續修四庫全書》第九一九册；又《叢書集成續編》第六八册（上海書店，一九九四年）

《寶文堂書目》，晁瑮撰，《四庫全書存目叢書》史部第二七七册；又《續修四庫全書》第九一九册；又影印本，上海古籍出版社，二〇〇五年

《國史經籍志》，焦竑撰，《四庫全書存目叢書》史部第二七七册

《世善堂藏書目録》，陳第撰，《續修四庫全書》第九一九册

《澹生堂藏書目》，祁承㸁撰，《續修四庫全書》第九一九册；又《叢書集成續編》第六八册

《内閣藏書目録》，孫能傳、張萱等撰，《續修四庫全書》第九一七册

《脉望館書目》，趙琦美撰，《叢書集成續編》第六八册

《絳雲樓書目》，錢謙益撰，《續修四庫全書》第九二〇册；又《絳雲樓書目補遺》，《叢書集成續編》第六八册

《千頃堂書目》，黄虞稷撰，上海古籍出版社，二〇〇一年

《傳是樓書目》，徐乾學撰，《續修四庫全書》第九二〇册

《讀書敏求記》，錢曾撰，書目文獻出版社，一九八四年

《述古堂藏書目録》，錢曾撰，《虞山錢遵王藏書目録彙編》本，瞿鳳起編，上海古籍出版社，二〇〇五年

《全唐詩未備書目》，朱彝尊撰，《潛采堂書目四種》之一，載《晨風閣叢書》第七册，民國沈宗畸輯，清宣統元年番禺沈氏刊本

《明詩綜采摭書目》，朱彝尊撰，同上

《兩淮鹽筴書引證書目》，朱彝尊撰，同上

《竹垞行笈書目》，朱彝尊撰，同上

《潛采堂宋元人集目録》（含《潛采堂宋人集目録》《潛采堂元人集目録》兩部分），朱彝尊撰，載《觀古堂書目叢刻》，葉德輝編，民國八年（一九一九）刊本

《逸經補正》（上中下三卷），朱彝尊輯，馮登府補，載張鈞衡《適園叢書》第七集，第一一一册

《讀易别録》，全祖望撰，鮑廷博刻《知不足齋叢書》第二十三集

《翁方綱纂四庫提要稿》，翁方綱撰，吴格整理，上海科學技術文獻出版社，二〇〇五年

《經義考補正》，翁方綱撰，翁氏《蘇齋叢書》本，《粵雅堂叢書》本，及《叢書集成初編》本

《四庫全書總目》，清永瑢等領修，武英殿本，見《景印文淵閣四庫全書》第一—五册；另中華書局一九六五年影印本、四庫全書研究所整理本（中華書局，一九九七年）

《欽定四庫全書考證》，王太岳、曹錫寶、王燕緒、朱鈐、倉聖脉、何思鈞等編輯，書目文獻出版社，一九九一年據清内府抄本影印

《校讎通義》，章學誠撰，葉瑛《文史通義校注》本，中華書局，一九九四年

《天禄琳琅書目》，于敏中、彭元瑞等撰，江蘇廣陵古籍刻印社（據王先謙校刊本影印），一九九二年

《温州經籍志》，孫詒讓撰，上海社會科學院出版社，二〇〇五年；又《續修四庫全書》第九一八册

《鄭堂讀書記》，周中孚撰，中華書局，一九九三年

《經籍考》，陸元輔撰，《續修四庫全書》第九二三册

《小學考》，謝啓昆撰，清咸豐二年謝質卿校刻重刊本（收入《續修四庫全書》第九二二册）；又浙江書局刊本（漢語大辭典出版社，一九九七年影印）

《經義考目録》《校記》，羅振玉撰，載《羅雪堂先生全集》第三編第一〇册，文華出版公司，一九七〇年

《書目答問補正》，張之洞著，范希曾補正，上海古籍出版社，二〇〇一年

《國朝未刊遺書志略》,朱記榮撰,《叢書集成續編》第六八册

《越縵堂讀書記》,李慈銘撰,由雲龍輯,上海書店出版社,二〇〇〇年

《增訂四庫簡明目録標注》,邵懿辰撰,邵章續録,上海古籍出版社,一九七九年

《金石録》,趙明誠撰,《四部叢刊續編》本(上海書店,一九八四年[據商務印書館一九三四年重印])

《求古録》,顧炎武撰,《景印文淵閣四庫全書》第六八三册

《金石文字記》,顧炎武撰,《景印文淵閣四庫全書》第六八三册

《歷代名賢確論》,佚名編,《景印文淵閣四庫全書》第六八七册

《文史通義》,章學誠撰,葉瑛《文史通義校注》本,中華書局,一九九四年

[子部]

《法言義疏》,揚雄撰,汪榮寶疏,陳仲夫點校,中華書局,一九八七年

《新輯本桓譚新論》,桓譚撰,朱謙之校輯,中華書局,二〇〇九年

《桓譚〈新論〉》,桓譚著,吴則虞輯校,吴受琚輯補,俞震、曾敏重訂,社會科學文獻出版社,二〇一四年

《二程集》，程顥、程頤著，王孝魚點校，中華書局，一九八一年
《朱子語類》，黎靖德編，王星賢點校，中華書局，一九八六年
《大學衍義補》，丘濬撰，《景印文淵閣四庫全書》第七一二册
《曆算全書》，梅文鼎撰，《景印文淵閣四庫全書》第七九四册
《欽定協紀辨方書》，允禄、梅穀成等撰，《景印文淵閣四庫全書》第八一一册
《論衡校釋（附劉盼遂集解）》，黄暉撰，鍾哲標校，中華書局，一九九〇年
《論衡校注》，張宗祥撰，鄭紹昌標點，上海古籍出版社，二〇一三年
《風俗通義校注》，應劭撰，王利器校注，中華書局，二〇一〇年
《意林校釋》，馬總撰，王天海、王韌校釋，中華書局，二〇一四年
《容齋隨筆》，洪邁撰，上海古籍出版社，二〇一五年
《拾遺録》，胡爌撰，《景印文淵閣四庫全書》第八五八册
《困學紀聞》，王應麟撰，閻若璩、何焯評注，《景印文淵閣四庫全書》第八五四册
《困學紀聞注》，王應麟撰，翁元圻輯注，《續修四庫全書》第一一四二册；又孫通海點校本，中華書局，二〇一六年
《少室山房筆叢》，胡應麟撰，上海書店出版社，二〇〇一年

《經籍會通》(外四種),胡應麟撰,北京燕山出版社,一九九九年
《習學記言》,葉適撰,國家圖書館藏明鈔本; 又《習學記言序目》,標點本,中華書局,一九七七年
《日知録集釋》,顧炎武撰,黄汝成集釋,上海古籍出版社,一九八五年
《池北偶談》,王士禛撰,中華書局,一九八二年
《居易録》,王士禛撰,《景印文淵閣四庫全書》第八六九册
《東湖叢記》,蔣光煦撰,《續修四庫全書》第一一六二册
《無邪堂答問》,朱一新撰,中華書局,二〇〇〇年
《郎潛紀聞初筆二筆三筆》,陳康祺撰,中華書局,一九八四年
《十駕齋養新録》,錢大昕撰,江蘇古籍出版社,二〇〇〇年
《初學記》,徐堅等撰,中華書局,二〇〇四年
《北堂書鈔》,虞世南撰,南海孔氏刊本,中國書店,一九八九年影印
《藝文類聚》(宋本),歐陽詢撰,上海古籍出版社,二〇一三年影印
《太平御覽》,李昉等撰,涵芬樓影宋本縮印本,中華書局,一九六〇年
《册府元龜》,王欽若、楊億等奉敕撰,《景印文淵閣四庫全書》第九一二册
《玉海》,王應麟撰,江蘇廣陵古籍刻印社,一九八五年影印

《山堂考索》，明正德本，章如愚撰，書目文獻出版社，一九九一年影印

《出三藏記集》，釋僧祐撰，中華書局，一九九五年

《廣弘明集》，釋道宣撰，宋思溪藏本，國家圖書館出版社，二〇一八年；又《景印文淵閣四庫全書》第一〇四八册

《大唐内典録》，釋道宣撰，《續修四庫全書》第一二八九册

《開元釋教録》，釋智升撰，《景印文淵閣四庫全書》第一〇五一册

《列子集釋》，楊伯峻撰，中華書局，一九七九年

《抱朴子外篇校箋》，葛洪撰，楊明照校箋，中華書局，一九九一年

［集部］

《韓愈全集》，韓愈撰，錢仲聯、馬茂元校點，上海古籍出版社，一九九七年

《柳宗元集》，柳宗元撰，中華書局，一九七九年

《皮子文藪》，皮日休撰，蕭滌非、鄭慶篤整理，上海古籍出版社，一九八一年

《歐陽修全集》，歐陽修撰，李逸安點校，中華書局，二〇〇一年

《蘇洵集》，蘇洵撰，何新所編，中州古籍出版社，二〇一〇年

《節孝集》，徐積撰，《景印文淵閣四庫全書》第一一〇一册
《蘇軾文集》，蘇軾撰，孔凡禮點校，中華書局，一九八六年
《豫章黄先生文集》，黄庭堅撰，《四部叢刊》影宋乾道刊本
《慈湖遺書》，楊簡撰，明嘉靖四年秦鉞刻本，《四庫提要著録叢書》集部第五四册
《升庵集》，楊慎撰，《景印文淵閣四庫全書》第一二七〇册
《黄宗羲全集》，黄宗羲撰，沈善洪主編，浙江古籍出版社，二〇〇五年
《顧亭林詩文集》，顧炎武撰，華忱之點校，中華書局，一九八三年
《遂初堂文集》，潘耒撰，《續修四庫全書》第一四一七册
《曝書亭集》，朱彝尊撰，清康熙甲午（一七一四）刻本
《曝書亭全集》，朱彝尊撰，王利民、胡愚等校點，吉林文史出版社，二〇一〇年
《静志居詩話》，朱彝尊撰，人民文學出版社，一九九〇年
《午亭文編》，陳廷敬撰，康熙四十七年（一七〇八）林信序并寫刻本
《全祖望集彙校集注》，全祖望撰，朱鑄禹彙校集注，上海古籍出版社，二〇〇〇年
《抱經堂文集》，盧文弨撰，中華書局，一九九〇年
《孟亭居士文稿》《詩稿》，馮浩撰，清嘉慶七年（一八〇二）刻本

《潛研堂文集》，錢大昕撰，《嘉定錢大昕全集》第一〇册，江蘇古籍出版社，一九九七年
《復初齋文集》，翁方綱撰，《續修四庫全書》第一四五五册
《章學誠遺書》，章學誠撰，文物出版社，一九八五年
《洪亮吉集》，洪亮吉撰，劉德權點校，中華書局，二〇〇一年
《秋室集》，楊鳳苞撰，光緒十一年（一八八五）湖州陸氏刻本
《烟嶼樓文集》，徐時棟撰，《續修四庫全書》第一五四二册
《增訂文心雕龍校注》，劉勰撰，黄叔琳注，李詳補注，楊明照校注拾遺，中華書局，二〇〇〇年
《文心雕龍注》，劉勰撰，范文瀾注，人民文學出版社，一九六二年
《明詩綜》，朱彝尊撰，康熙四十四年（一七〇五）六峰閣刻本
《東漢文紀》，梅鼎祚編，《景印文淵閣四庫全書》第一三九七册
《文選》，蕭統編，上海古籍出版社，一九八六年
《唐文粹》，姚鉉編，《四部叢刊》影烏程蔣氏密韵樓藏元翻小字本
《宋文鑒》，吕祖謙撰，《景印文淵閣四庫全書》第一三五一册
《元文類》，蘇天爵編，《景印文淵閣四庫全書》第一三六七册
《六藝流别》，黄佐撰，明嘉靖四十一年（一五六二）歐大任刻本，《四庫全書存目叢書》集部第三〇

《沅湘通藝録》,江標編校,《叢書集成初編》本
〇册

現代著作

《老子考》,王重民著,中華圖書館協會,一九二七年
《書目長編》,邵瑞彭等編,民國戊辰年(一九二八)京師排印本
《漢書藝文志舉例》,孫德謙著,中華書局《二十五史補編》本,一九五五年
《古書真僞及其年代》,梁啓超著,中華書局,一九五五年
《觀堂集林》,王國維著,中華書局,一九五九年
《續修四庫全書提要》,王雲五主持,臺灣商務印書館,一九七二年
《中國目録學講義》,昌彼得撰,文史哲出版社,一九七三年
《四庫提要辨證》,余嘉錫著,中華書局,一九八〇年;又雲南人民出版社,二〇〇五年
《明末清初的學風》,謝國楨著,人民出版社,一九八二年
《中國目録學史論叢》,王重民著,中華書局,一九八四年

《中國目録學史》，姚名達著，王重民整理，上海書店，一九八四年；又上海古籍出版社，二〇〇二年

《中國目録學史稿》，吕紹虞著，安徽教育出版社，一九八四年

《圖書館古籍編目》，北大、武大圖書館系編，中華書局，一九八五年

《章實齋先生年譜》，胡適撰，姚名達訂補，遠流出版公司，一九八六年

《杜集書録》，周采泉著，上海古籍出版社，一九八六年

《中國著名藏書家傳略》，鄭偉章、李萬健著，書目文獻出版社，一九八六年

《中國文化史》，柳詒徵著，東方出版中心，一九八八年

《尚書綜述》，蔣善國著，上海古籍出版社，一九八八年

《尚書學史》，劉起釪著，中華書局，一九八九年

《朱彝尊年譜》，羅仲鼎、陳士彪編，《朱彝尊詩詞選》後所附，浙江古籍出版社，一九八九年

《校讎目録學纂要》，蔣伯潛著，北京大學出版社，一九九〇年

《清初的群經辨僞學》，林慶彰著，文津出版社，一九九〇年；又華東師範大學出版社，二〇一一年

《四庫提要補正》，崔富章著，杭州大學出版社，一九九〇年

《四庫提要訂誤》，李裕民著，書目文獻出版社，一九九〇年

《目録學發微》,余嘉錫著,巴蜀書社,一九九一年
《經義考索引》,吴政上編,漢學研究中心,一九九二年
《五經正義研究》,張寶三著,臺灣大學中國文學研究所博士論文,一九九二年
《續修四庫全書總目提要(經部)》,中國科學院圖書館整理,中華書局,一九九三年
《陳振孫之生平及其著述研究》,何廣棪著,文史哲出版社,一九九三年
《朱彝尊研究》,朱則杰著,浙江古籍出版社,一九九三年
《語石》,葉昌熾撰,《語石异同評》,柯昌泗撰,中華書局,一九九四年
《文獻通考研究》,王瑞明主編,學峰文化事業公司、中州古籍出版社,一九九四年
《近三百年古籍目録舉要》,嚴佐之著,華東師範大學出版社,一九九四年
《春秋左傳注》,楊伯峻著,中華書局,一九九五年
《續修四庫全書總目提要(稿本)》,中國科學院圖書館整理,齊魯書社,一九九六年
《目録學》,劉咸炘著,載其《推十書》第二册,成都古籍書店,一九九六年影印
《王國維文集》,王國維著,中國文史出版社,一九九七年
《中國哲學史大綱》,胡適著,上海古籍出版社,一九九七年
《中國近三百年學術史》,錢穆著,商務印書館,一九九七年

《纂修四庫全書檔案》，中國第一歷史檔案館編，上海古籍出版社，一九九七年
《中國儒學》（第三卷），龐朴主編，東方出版中心，一九九七年
《校勘學釋例》，陳垣著，上海書店出版社，一九九七年
《清代學術概論》，梁啓超著，上海古籍出版社，一九九八年
《校讎廣義·校勘編》，程千帆、徐有富著，齊魯書社，一九九八年
《校讎廣義·目録編》，程千帆、徐有富著，齊魯書社，一九九八年
《校讎廣義·版本編》，程千帆、徐有富著，齊魯書社，一九九八年
《廣清碑傳集》，錢仲聯主編，蘇州大學出版社，一九九九年
《中國經學史講義》，周予同著，上海文藝出版社，一九九九年
《石學論叢》，程章燦著，大安出版社，一九九九年
《中國哲學史》，馮友蘭著，華東師範大學出版社，二〇〇〇年
《目録學研究》，汪辟疆著，華東師範大學出版社，二〇〇〇年
《王欣夫説文獻學》，王欣夫著，上海古籍出版社，二〇〇〇年
《論戴震與章學誠——清代中期學術思想史研究》，余英時著，生活·讀書·新知三聯書店，二〇〇〇年

《道、學、政：論儒家知識份子》,杜維明著,錢文忠、盛勤譯,上海人民出版社,二〇〇〇年
《朱熹文學研究》,莫礪鋒著,南京大學出版社,二〇〇〇年
《〈春秋〉經傳研究》,趙生群著,上海古籍出版社,二〇〇〇年
《春秋總義類論著目録》,簡宗梧、周何等編,洪葉文化事業有限公司,二〇〇〇年
《杰出人物與中國思想史》,徐雁主編,江蘇教育出版社,二〇〇〇年
《金明館叢稿初編》,陳寅恪著,生活・讀書・新知三聯書店,二〇〇一年
《金明館叢稿二編》,陳寅恪著,生活・讀書・新知三聯書店,二〇〇一年
《中國經學史》,本田成之著,上海書店出版社,二〇〇一年
《兩漢經學今古文平議》,錢穆著,商務印書館,二〇〇一年
《羅根澤説諸子》,羅根澤著,周勛初編,上海古籍出版社,二〇〇一年
《梁啓超和中國古代學術的終結》,蔣廣學著,江蘇教育出版社,二〇〇一年第二版
《四庫全書總目辨誤》,楊武泉著,上海古籍出版社,二〇〇一年
《易學史發微》,潘雨廷著,復旦大學出版社,二〇〇一年
《文獻學概要》,杜澤遜著,中華書局,二〇〇一年
《馬端臨評傳》,王瑞明著,南京大學出版社,二〇〇一年

《朱彝尊經史之學研究》，陳惠美著，臺灣東海大學博士論文，二〇〇一年

《朱子學提綱》，錢穆著，生活・讀書・新知三聯書店，二〇〇二年

《清人詩文集總目提要（上）》，柯愈春著，北京古籍出版社，二〇〇一年

《詩經學史》，洪湛侯著，中華書局，二〇〇二年

《翁方綱年譜》，沈津著，『中央研究院』中國文哲研究所，二〇〇二年

《中國經學史十講》，朱維錚著，復旦大學出版社，二〇〇二年

《邃谷文録》，來新夏著，南開大學出版社，二〇〇二年

《文獻學研究》，徐有富、徐昕著，江蘇古籍出版社，二〇〇二年

《中國禮制史（先秦卷）》，陳戍國著，湖南教育出版社，二〇〇二年

《田家英與小莽蒼蒼齋》，陳烈著，生活・讀書・新知三聯書店，二〇〇二年；又增訂本，二〇一一年

《中國理學（二）》，嚴文儒、吴定德編著，東方出版中心，二〇〇二年

《續四庫提要三種》，胡玉縉撰、吴格整理，上海書店出版社，二〇〇二年

《書於竹帛》，錢存訓著，上海古籍出版社，二〇〇二年

《〈玉海・藝文〉研究》，邊頻著，南京大學碩士論文，二〇〇二年

《中國經學思想史》，姜廣輝主編，中國社會科學出版社，二〇〇三年

《中國思想史》,韋政通著,上海書店出版社,二〇〇三年
《古典目録學淺説》,來新夏著,中華書局,二〇〇三年
《〈舊唐書〉辨證》,武秀成著,上海古籍出版社,二〇〇三年
《讖緯文獻與漢代文化構建》,徐興無著,中華書局,二〇〇三年
《中國近三百年學術史》,梁啓超著,東方出版社,二〇〇四年; 又《飲冰室合集》第一〇册,中華書局,一九八九年
《春秋總義著述考》(上册),周何撰,鼎文書局,二〇〇四年
《古書通例》,余嘉錫著,中國人民大學出版社,二〇〇四年
《廣校讎略》,張舜徽著,華中師範大學出版社,二〇〇四年
《中國學術通史(先秦卷)》,張立文主編、陸玉林著,人民出版社,二〇〇四年
《中國學術通史(宋元明卷)》,張立文、祁潤興著,人民出版社,二〇〇四年
《春秋學史》,趙伯雄著,山東教育出版社,二〇〇四年
《〈四庫全書總目〉研究》,司馬朝軍著,社會科學文獻出版社,二〇〇四年
《宋明理學(第二版)》,陳來著,華東師範大學出版社,二〇〇四年
《現代儒學的回顧與展望》,余英時著,生活·讀書·新知三聯書店,二〇〇四年

《中國古代文明研究》，李學勤著，華東師範大學出版社，二〇〇五年
《劉向評傳》，徐興無著，南京大學出版社，二〇〇五年
《〈周易集解〉導讀》，張文治著，齊魯書社，二〇〇五年
《〈四庫全書總目〉編纂考》，司馬朝軍著，武漢大學出版社，二〇〇五年
《史微》，張爾田著，黄曙輝點校，上海古籍出版社，二〇〇六年
《中國詩學考索》，張宏生著，江蘇教育出版社，二〇〇六年
《朱彝尊文學思想研究》，李瑞卿著，京華出版社，二〇〇六年
《〈四庫全書〉提要稿輯存》，張升編，北京圖書館出版社，二〇〇六年
《四庫存目標注》，杜澤遜撰，上海古籍出版社，二〇〇七年
《經學通詁》，葉德輝著，載《葉德輝集》，學苑出版社，二〇〇七年
《斠讎學（補訂本）》，王叔岷著，中華書局，二〇〇七年
《孟子譯注》，楊伯峻撰，中華書局，二〇一〇年
《嘉興明清望族疏證》，龔肇智撰，方志出版社，二〇一一年
《朱彝尊年譜》，張宗友著，鳳凰出版社，二〇一四年

初版後記

本書是在博士學位論文（二〇〇六年五月答辯）的基礎上，根據答辯委員會的意見改定的。我的導師徐有富先生，斟酌選題，精心指導，并三次校閱全稿，爲論文的完成付出了大量心血。本所學術前輩周勛初先生，除提供相關資料（如《朱彝尊經義考研究論集》等）外，還明示了論文提升與今後治學的門徑；卞孝萱先生也關心本書的完成與出版。在論文寫作階段，我曾屢就經學及目録學問題，分别向徐興無教授、武秀成教授請益，受教殊多。答辯之前，姚松老師、徐雁平老師等，都提出了修改建議。答辯委員會趙生群教授、陳書録教授、蔣廣學教授、莫礪鋒教授、程章燦教授等，均提出了寶貴的修改意見。此後又承武秀成教授通讀并删潤全稿。故本書得以殺青，完全是諸位師長悉心指導的結果。中華書局周楊先生，爲本書的出版付出了辛勤的勞動。金程宇先生、袁明嶸先生，爲本書插圖提供了幫助。在此謹申謝忱，以志永懷。

多年來，我的家人一直與我甘苦與共，給予我最無私的支持。希望本書的出版，能給我的家人以及關心和支持我的朋友們，帶來些許慰藉。

論文及書稿撰寫期間，對前人及時賢研究成果，多有引據，文中均予標出，在此一并致謝。近來得讀臺灣學者楊果霖先生的專著，深佩其全面與細緻，可增益拙稿者頗多，因不敢掠美，故仍以文稿原貌付梓。限於水準，本書一定還存在着許多不足之處。我期待着教正。

增訂後記

作爲古代中國最大的一部經籍總目，《經義考》無疑是研究中國古代經學、目録學等相關問題的典範文本。《經義考》的典範性，植基於以下事實：（甲）《經義考》是上起先秦、下迄清初的經學著述的彙編性文獻，集經學目録之大成。（乙）《經義考》是對明末空疏學風的反撥，開啓了清代彙編經學文獻、考求經解源流的徵實之風。（丙）《經義考》建立了學科目録的編纂範式，深刻影響了後世學科目録的編撰（如《小學考》《史籍考》《老子考》等）。校訂、補作、續作等衍生著述系列的出現，即是《經義考》典範性之具體表徵。惟其如此，《經義考》纔一再引起學界關注，整理成果與研究論文、著作不斷問世。

本書初版於二〇〇九年，實以二〇〇六年提交答辯的同題博士學位論文爲基礎。爲準確把握《經義考》作爲經學總目的性質，發明朱彝尊在歷史編纂學方面的貢獻，學位論文聚焦於《經義考》的目録學特質，深入探討《經義考》的内部結構及其功能；著録體系、分類體系、提要體系、朱氏按語、學術前承及影響等，構成了論文的主體。實際上，《經義考》所關涉的學術論題遠非目録學一端，因此，不斷發現問題并持續加以研討，成爲筆者不斷深入文史研究的起點。近十年來，筆者以《經義考》爲論域而陸續發表研究文章，集中在以下幾個主題：（甲）《經義考》不同傳本之研究（盧刻本與三種四庫本），（乙）《經義考》引據文獻之溯源，（丙）《經義考》點校本之比較（校正本、新校本、儒藏本），（丁）《經義考》研究成果之評議（《經義考通説疏證》《〈經義考〉著録『春秋類』典籍校訂與補正》），（戊）朱彝尊經學思想之探討。

上述研究，都是《經義考》研究領域的應有之義。此次增訂之『增』，就是增入近十年來的研究所得；所謂『訂』，就是訂正初版中存在的訛失之處，融入關於《經義考》目録學特質的新思考。本書篇幅，也由初版的八章（主體有六章，對應於現在的第二至第七章），改寫、增擴至十二章（主要增加了第八至第十一各章），文字也增加五分之二强。

筆者從事《經義考》以及目録學、清初學術研究，始終得到業師徐有富先生以及學科其他師長的關心。與此同時，筆者也有幸結識了一批學界前輩與同人，如美國的謝正光先生，臺灣的陳鴻森、夏長樸、王國良、蔣秋華、陳恒嵩、車行健、楊果霖、陳惠美等先生，大陸的彭林、顧永新、司馬朝軍等先生。尤其是林慶彰先生，不僅贈以《點校補正經義考》《經義考新校》，還贈以《豐坊與姚士粦》《明末清初的辨僞學》等十餘種著述，關懷之殷，無時或忘。友人曹紅軍、劉立志、楊新勛、張濤、王利民、胡愚及陳開林等的同調共鳴，也是筆者不斷前行的重要支持。

筆者供職於南京大學文學院、古典文獻研究所，所從屬的古代文學學科，學風謹嚴，具有上進而溫情的學術氛圍。諸位師長之言傳身教，感懷殊深（武秀成老師辦公室深夜不熄的燈光，昭示着追求卓越的治學精神）。士志於道而樂其群，正是筆者不斷深化既有研究的內在動力之一。

本書最後定稿時，筆者在美訪學，因此請劉貝嘉、張秀秀、栗娜、陳彩霞、姜好同學等代爲查尋若干資料。責編許勇博士，極爲盡責。在此謹一并申謝。

庚子仲春定稿於 GRINNELL COLLEGE

張宗友

Z

Y

X

W

T

R

S

N

O

P

Q

M

K

L

J

G

人名索引

説明：

1. 索引編製範圍爲本書正文部分(從“緒論”至“第十二章”)。
2. 按人名音序排列。
3. 頁碼使用阿拉伯數字。

國家社會科學基金項目（17BZW118）
全國高校古委會規劃項目（1314）
江蘇高校優勢學科建設工程資助項目（PAPD）
南京大學中國文學與東亞文明協同創新中心資助項目
南京大學『世界一流大學和一流學科建設』出版資助項目

清代學術史研究叢書

主編 張宗友

經義考研究

（增訂本）

上

張宗友 著

鳳凰出版社

圖書在版編目（CIP）數據

經義考研究 / 張宗友著. -- 增訂本. -- 南京：鳳凰出版社，2020.12
（清代學術史研究叢書 / 張宗友主編）
ISBN 978-7-5506-3370-4

Ⅰ. ①經… Ⅱ. ①張… Ⅲ. ①經學—考證 Ⅳ. ①Z126.27

中國版本圖書館CIP數據核字(2021)第002782號

書　　名　經義考研究(增訂本)
著　　者　張宗友
責任編輯　許　勇
裝幀設計　徐　慧
封面題簽　成懋冉
出版發行　鳳凰出版社(原江蘇古籍出版社)
　　　　　發行部電話025-83223462
出版社地址　江蘇省南京市中央路165號，郵編:210009
出版社網址　http://www.fhcbs.com
照　　排　南京凱建文化發展有限公司
印　　刷　南京愛德印刷有限公司
　　　　　江蘇省南京市江寧區東善橋秣周中路99號，郵編:211153
開　　本　880毫米×1230毫米　1/32
印　　張　30.625
字　　數　632千字
版　　次　2020年12月第1版
印　　次　2020年12月第1次印刷
標準書號　ISBN 978-7-5506-3370-4
定　　價　248.00圓(全二册)
(本書凡印裝錯誤可向承印廠調換，電話:025-57928003)

叢書緣起

清代是中國古代歷史上最後一個中央集權的大一統帝國。順治、康熙二朝，易代不久，身歷明亡之痛的一批杰出學者，反思王學末流游談無根之弊，提倡實學，不尚空談，格局恢宏，氣象博大，成爲乾嘉學術的先聲。雍正、乾隆、嘉慶三朝，統治根基穩固，帝王權力達到頂峰，思想控制空前加强，文網嚴密；清廷開設四庫館，寓禁於徵，寓毁於修，對存世典籍進行大規模的清洗，以構建符合帝國需要的文獻體系。學者『避席畏聞文字獄，著書都爲稻粱謀』，群趨於政治風險較低的考據之學，因此在經、史、子、集等部類都出現了集成式的、超越前代的學術成果，朴學由是極盛。道光、咸豐以降，國門洞開，救亡圖存成爲時代主題，經世之學與新學同時興起，傳統中國開始向近代轉型。

清代是中國古代學術的大總結、大發展的時期，清代學術是最受學界矚目的研究領域之一。自梁啓超《清代學術概論》以來，有關清代學術的各個論域，都産生了豐碩的成果。隨着文獻整理的持續發展、學術研究的不斷演進以及學術交流的日益頻繁，必將有更多高質量的成果遞相問世。

本叢書旨在遴選、出版有關清代學術的最新論著，爲推動學術研究進一步開展而添磚加瓦，貢獻綿薄。

朱彝尊研究系列説明

朱彝尊(錫鬯、竹垞。一六二九—一七〇九),清初文學大家。早歲就塾,過目成誦;初學時藝,下筆千言。後棄舉業,習詩古文,好學深思,無書不讀。及長擅對,應答無窮,而於詩藝尤工:初與沈進并稱,號曰『朱沈』;後與王士禛聲價相齊,稱『南朱北王』。載酒江湖,倚遍雕闌,寄情静志居,體物茶烟閣,開派浙西,蔚爲詞宗,與陳維崧并稱『朱陳』。其文紆餘澄瀹,蜕出風露,於辯證尤精,迥出侯方域、王猷定之上。當時王士禛工詩,汪琬工文,毛奇齡工考據,獨彝尊奄有衆長。

詩文之外,朱彝尊復究心學術,同顧炎武、閻若璩等相頡頏;於清初諸大家中,尤以博雅精勤著聞。通考經籍,集古代經學目録之大成;倡刻叢書,開有清彙編經解之風尚。析《易圖》授受,辨《尚書》古文。述孔門宗派,考孟子弟子。與修明史,上書總裁凡七次之勤;傳抄珍秘,聚集圖書達八萬之鉅。注五代史册,輯日下舊聞。瀛洲道古,車塵蓬勃之間,不廢著述;究心流略,幕府清瀹之際,勤於鉤玄。彙集兩淮鹽筴之編,勒成吉金貞石之志。推尊詞體,總彙歷代之佳構;綜録明詩,兼補全唐之未備。尚博尚雅，著述不輟；且編且梓，至老彌篤。

名門之後、前明遺民、抗清志士、江湖幕客、博學鴻儒、翰林檢討、《明史》纂修、鄉試主考、經筵講官、歸田太史等，朱彝尊集多重身份於一身，上至康熙皇帝、當朝顯宦，下至赤馬書賈、閭里布衣，均有交接，際遇非凡；其一生之出處進退，實能折射清初之士林生態與政治風雲，極具研究價值，同其文學成就、學術貢獻等，一并受到學人之高度重視。清代即已出現以朱氏著述（如《詞綜》《經義考》等）爲核心之衍生著作群。二十世紀七十年代以降，朱彝尊受到學界更多之關注，論文、專著，遞有問世。僅以朱氏著述及其成就爲學位論文選題者，即有十數篇，作者則廣布海内外。

學術乃天下公器，既重傳承，復貴新創。爲進一步推動朱彝尊研究走向深入，兹組編本研究系列。舉凡同朱彝尊有關之文獻整理、學術研究之最新成果，均在采擷之列。大雅君子，幸垂意焉。

金寨張宗友，己亥初夏於大竹園居

目次

圖表索引

凡例

一、本書引據《經義考》，以盧見曾補刻本爲底本。涉及文本討論時，附注相應的傳本（如薈要本、新校本、儒藏本等）頁碼。

二、本書所引文獻之同一版本，僅在首次引用時注明，以省繁文。書末有《徵引書目》，以備查詢。

三、文獻卷次，采取簡式。如卷一〇、卷一二、卷二〇一等。

四、引據文獻原有之自注，標以小括號『（）』；筆者補足之文字或解説，標以方括號『［］』；如原文有誤字，則在其後以六角括號『〔〕』標出正字。

五、本書引證前人或時賢考據文字較夥，其中不乏按語。爲示區别，筆者有所考論時，另以『案』字領起。

六、部分文獻，采用簡稱，并在首次使用時予以説明。主要有：

(一)《經義考》之主要傳本。計有:[一]《摛藻堂四庫全書薈要》本,簡稱『薈要本』。[二]文淵閣《四庫全書》本(《景印文淵閣四庫全書》本),簡稱『文淵本』。[三]文津閣《四庫全書》本,簡稱『文津本』。[四]《四部備要》本,簡稱『備要本』。[五]《點校補正經義考》,簡稱『校正本』。[六]《經義考新校》,簡稱『新校本』。[七]北京大學儒藏中心《經義考》點校本,簡稱『儒藏本』。

(二)歷代史志。如《漢書·藝文志》《隋書·經籍志》《舊唐書·經籍志》《新唐書·藝文志》《宋史·藝文志》《明史·藝文志》等,分別簡稱爲《漢志》《隋志》《舊唐志》《新唐志》《宋志》《明志》。《舊唐志》與《新唐志》合稱《兩唐志》,加上《隋志》,則合稱《隋唐志》。

(三)其他。如《欽定四庫全書總目》,簡稱《四庫總目》等。

七、本書稱引前賢、今人,臨文不諱,一般徑稱其名。(評論學術、商榷觀點時,則稱『先生』。)

緒論

朱彝尊所著《經義考》三百卷，是古代中國最大的一部經籍總目。經學、史學，是中國古代學術的兩大主幹，《經義考》則兼跨經學、史學兩大領域，深受學界推重，影響極爲深遠。四庫館臣贊其『上下二千年間，元元本本，使傳經源委，一一可稽』〔一〕。錢大昕云：『秀水朱氏《經義考》，博稽傳注，作述源流，最爲賅洽。』〔二〕梁啓超稱《經義考》『實史部譜録類一部最重要的書，研究「經史學」的人最不可少』〔三〕。事實上，無論從著録容量、書目體製，抑或是學術影響等視角加以考量，《經義考》都堪稱是一

〔一〕紀昀等《欽定四庫全書總目》卷八五《經義考提要》，武英殿本，臺北商務印書館，一九八三年，《景印文淵閣四庫全書》第二册，頁七六七。案：根據行文需要，以下或將該目簡稱作『《四庫總目》』。

〔二〕錢大昕《小學考序》，《潛研堂文集》卷二四，《嘉定錢大昕全集》第一〇册，江蘇古籍出版社，一九九七年，頁三七九。

〔三〕梁啓超《清代學者整理舊學之總成績》，《中國近三百年學術史》之十三，《飲冰室合集》第一〇册，中華書局，一九八九年，頁二〇三。

部具有集大成性質的典範著作〔一〕。

《經義考》通考上起先秦、下迄清初近兩千年的經學著述，著録條目達八千二百餘條，堪稱『二千年來經部群籍之總彙』〔二〕，遠超此前官修簿録、史志目録以及私家書目對於經學著述的記載。作爲經籍總目，《經義考》各條著録以條目爲核心，采用『以氏繫名』（孫詒讓語）之則例并按四柱之法標示存佚，較爲詳盡地記録了經學著述的流存面貌；各條條目之下，通常選輯先儒論説，以發明撰述旨趣；朱彝尊按語作進一步之説明、考辨或申論，提供了豐富的學術資料與個人見解，『信校讎之總彙，考鏡之淵椒』〔三〕。《經義考》構建了立體的多維度的分類體系，不僅有易、書、詩、禮、樂、春秋、論語、孝經、孟子等傳統部類，也有承師、宣講、立學、刊石、書壁、鏤板、通説、家學、自叙等新創門類。傳統部類用以容納歷代經學著述，展示經學發展之盛衰概貌；新設部類則從不同角度審視經學制度、傳承等問題，是獨立成篇的經學研究專題資料彙編。以條目爲核心的著録體系、以輯録文獻爲主體的解題體系同立體

〔一〕案：關於《經義考》『集大成』的提法，日本學者杉山寬行在其《論朱彝尊的〈經義考〉——主論〈經義考〉之諸版本》一文中，曾屢加提及（該文原載《日本中國學會報》第三十一集〔一九七九年十月，頁二二一—二三四〕，譯文載《朱彝尊經義考研究論集》〔林慶彰、蔣秋華主編，『中央研究院』中國文哲研究所籌備處，二〇〇〇年，頁九一—一二六。譯者金培懿〕）。

〔二〕陳鴻森《〈經義考〉札迻》，載鄭卜五主編《經學研究集刊》第五期，二〇〇八年，頁一〇一。

〔三〕孫詒讓《温州經籍志叙例》，《温州經籍志》，上海社會科學院出版社，二〇〇五年，頁九—一〇。案：該本文字偶有訛誤，本書在引據時，以上海古籍出版社影印民國十年（一九二一）浙江圖書館校刊本（《續修四庫全書》第九一八册）參校而酌取之。

多維的分類體系相結合，使《經義考》的結構體系極具學術張力。

著録内容之宏富與書目體製之張力兩個要素相結合，使《經義考》具有集成性，堪稱經學目録的典範之作。該著問世之後，即出現校訂、續作、補作等衍生著作系列。著名學者全祖望撰有《讀易别録》，被視爲糾正《經義考》易類之偏的著作；翁方綱等撰《經義考補正》，對全書之失加以校訂；謝啓昆等撰《小學考》，專補《經義考》小學書著録之闕失。其後又有起而糾謝氏書之失者；又有仿《經義考》體例而撰其他學科目録者。校訂、補作與續作系列的出現，可視爲傳統學術範式内對《經義考》的承繼與研究。清高宗弘曆爲構建同極權帝國相適應的文獻體系，下令纂修《四庫全書》，《經義考》以其著録宏富、體式完備而受到青睞，弘曆親爲題詩并先行收入《四庫全書薈要》。入選《四庫全書》，標志着清廷上層對於《經義考》編纂成就與學術價值的高度認同。

民國以降，《經義考》開始進入現代學術視野，其理念、實績與價值，逐漸受到學人之重視與研究。一九三六年，中華書局將其列入《四部備要》，更進一步擴大了《經義考》的傳播與影響。至二十世紀九十年代，臺灣「中央研究院」中國文哲研究所籌備處對《經義考》進行整理，成《點校經義考補正》一種，是《經義考》第一個標點整理本。進入二十一世紀後，《經義考》更受學人關注，論文、專著遞相問世，相關研究不斷走向深入。

一　《經義考》之研究現狀

現代學術意義上的《經義考》研究,可以從單篇論文、研究專著、點校成果等方面加以回顧與審視。

(一) 單篇論文

二十世紀三十年代以降,以《經義考》爲主題的研究論文開始問世。二〇〇〇年出版的《朱彝尊經義考研究論集》(林慶彰、蔣秋華主編),收入吴梁、翁衍相、田鳳台、杉山寬行、邱建群、盧仁龍、蔡瑱琪、朱則杰、陳祖武、曾貽芬、王渭清、黄忠慎、楊果霖、喬衍琯、楊晉龍、林慶彰、莊清輝等十七位作者的二十三篇論文。該論集選文審慎,爲考察二〇〇〇年以前學界研究情況提供了範本。如果以該論集爲範圍加以考察,那麽,不難從以下幾個層面加以分析:

首先,從學者地域上來看,有中國大陸及臺灣、香港等地區,域外則有日本,而以大陸和臺灣學者爲主。大陸學者長於宏觀綜述,而或失於粗疏,故所論不無可商;港臺學者善於微觀比較,條分縷析,巨細無遺,故有所論斷,多確乎不拔。

其次,從發表時間上看,二十世紀八十年代不足十篇,大多數論文則發表於九十年代;八十年代以前，僅有三篇。可見從八十年代起，《經義考》纔逐漸受到學術界的重視和研究。

再次，如就研究主題而論，《論集》所選論文，既有簡介、綜述性質者，也有就某一專題進行探討者。《論集》編者曾將研究主題歸納爲以下幾個方面：一、論朱彝尊之著述者；二、綜論朱彝尊之著述者；三、綜論《經義考》者；四、論四庫館臣篡改《經義考》者；五、論《經義考》所録各類經説者；六、論《經義考》與其他書目之關係者；七、論補正《經義考》諸書者；八、綜論朱彝尊學術成就者〔一〕。這一概括，基本囊括《經義考》研究的各個層面。據筆者考察，綜論及介紹朱彝尊或《經義考》成就者，以大陸學者爲多，其中以陳祖武、朱則杰、盧仁龍、曾貽芬等學者論述較爲精詳；就某一專題加以研討者，則以港臺學者爲多，其中以林慶彰、楊果霖、喬衍琯、莊清輝等先生貢獻最大，論題多集中在《經義考》與《文獻通考·經籍考》《千頃堂書目》《明史·藝文志》《四庫全書總目》等目録之關係的探討上。關於《經義考》之傳本源流、分類體系、編纂得失，以及學術前承及影響等，也多有涉及。

二〇〇〇年以降，以《經義考》爲論域的研究論文已有四十餘篇，足證此著引起學界更爲廣泛的關注與研究。論文主題，集中在以下幾個主方面：

（一）探討《經義考》的學術背景與前承。沈乃文《朱彝尊與〈經義考〉》（載《國學研究》第七卷，二〇

〔一〕《編者序》，載《朱彝尊經義考研究論集》，頁四—五。

〇〇年)是一篇全面介紹之作,涉及朱彝尊的家世、才學、仕履,以及《經義考》的編撰背景、體例傳承、完成時間、成稿方法,并對其成就與不足、傳刻源流及傳本優劣等,頗有討論,多有的見。此類論文還有王洪軍《〈古今經傳序略〉與〈經義考〉比较研究》(載《中國文哲研究通訊》第十三卷第四期,二〇〇三年),張宗友《朱彝尊〈經義考〉問世原因析論》(載《古籍整理研究學刊》二〇〇七年第五期)等。

(二) 析論《經義考》文獻編纂之貢獻與不足。此類論文有楊果霖《〈經義考〉引文方式的分析》(載《中國文化大學中文學報》二〇〇〇年第五期)、《有關〈經義考〉著録的幾項分析》(載《『國立中央圖書館』臺灣分館館刊》第八卷第四期,二〇〇二年)、《朱彝尊〈經義考〉『剪裁之法』的運用析論》(載《醒吾學報》第二十五期,二〇〇二年)、《〈經義考〉『春秋類』删略解題析論》(載《醒吾學報》第二十六期,二〇〇三年),張宗友《論〈經義考〉的條目著録體系》(載《古典文獻研究》第九輯,二〇〇六年)、《〈經義考〉分類論略》(載《古典文獻研究》第十輯,二〇〇七年),張秀秀《〈經義考〉編纂特色新探——以孟子類第三卷爲例》(載《嘉興學院學報》二〇二〇年第一期)等。

(三) 補正《經義考》之闕誤。陳鴻森先生二〇〇〇年發表了《〈經義考〉孝經類别録》(分載《書目季刊》第三四卷第一——二期)一文,分考正、補遺兩部分,既正朱氏之誤,復遵其例而補其闕,爲《經義考》的深入研究與高水平整理,提供了示範之作。此類論文還有王同策《〈京氏易考〉作者辨——〈經義考〉〈四庫全書總目提要〉訂誤》(載《吉林大學學報》二〇〇〇年第五期),陳惠美《〈經義考〉孟子類金元人著述考辨》（載《東海大學圖書館館訊》新六十期，二〇〇六年），楊艷燕、許建平《〈經義考·論語〉闕誤補正》（載《書目季刊》第四十卷第三期，二〇〇六年），司馬朝軍、沈科彦《〈經義考〉辨僞一例》（載《圖書情報知識》二〇〇七年第三期），傅建忠《〈經義考〉載宋人姚隆籍貫考誤》（載《中國典籍與文化》二〇〇八年第三期），周懷文《〈經義考〉毛奇齡序駁誼》（載《圖書館工作與研究》二〇一〇年第六期），沈曙東、林日波《〈經義考〉所録五部宋人佚著考略》（載《綿陽師範學院學報》二〇一二年第七期），張欣《〈千頃堂書目〉〈經義考〉所收元代春秋學著述補正》（載《圖書館雜志》二〇一三年第六期），陳開林《〈經義考〉卷六三著録易類典籍辨證》（載《中華易學》二〇一八年第二卷）等。

（四）考察《經義考》之接受史。如楊果霖《四庫館臣補正〈經義考〉成果考論》（載《『國立中央圖書館』臺灣分館館刊》第九卷第四期，二〇〇三年），張宗友《〈四庫全書總目〉誤引〈經義考〉訂正》（載《中國典籍與文化》二〇〇七年第一期）、《〈經義考〉四庫本三種平議》（載《中國四庫學》第四輯，二〇一九年）等。其中較爲集中的論題，是對《經義考》續補、整理、研究著作進行考論與評議，有兩個系列：

其一，《經義考》續補著作系列。如楊果霖《羅振玉〈經義考目録·校記〉研究》（載《書目季刊》第三三卷第四期，二〇〇〇年）、《翁方綱〈經義考補正〉研究》（載《『國立中央圖書館』臺灣分館館刊》第七卷第一期，二〇〇一年），張宗友《〈經義考〉續補諸作考論》（載《古典文獻研究》第十一輯，二〇〇八年）、《論〈經義考補正〉提要二種》（載《圖書館雜志》二〇〇八年第五期），陳煒舜《全祖望〈讀易別録〉初探》

(載《書目季刊》第四十七卷第四期,二〇一四年)等。

其二,《經義考》整理、研究著作系列。如彭林《〈點校補正經義考〉第六、七册孝經部分標點疑誤》(載《經學研究論叢》第九輯,二〇〇一年),張宗友《〈點校補正經義考〉易類標點商榷舉隅》(載《古典文獻研究》第十二輯,二〇〇九年)、《〈點校補正經義考〉平議》(載《古典文獻研究》第十三輯,二〇一〇年),石立善《〈點校補正經義考〉孝經類、孟子類標點指瑕》(載《經學研究論叢》第十八輯,二〇一〇年),孫振田《古典目録學研究的重要貢獻——張宗友〈《經義考》研究〉讀後》(載《新世紀圖書館》二〇一〇年第六期),陳開林《〈《經義考·通説》疏證〉補正》(載《圖書館研究与工作》二〇一五年第二期),陳開林、齊穎《〈經義考·通説〉引文考辨十二則》(載《貴州師範大學學報》二〇一五年第三期),韓李良《〈經義考新校〉校讀札記》(載《江海學刊》二〇一六年第四期),張宗友《〈春秋〉巨著　竹垞功臣——論楊果霖先生〈《經義考》著録『春秋類』典籍校訂與補正〉》(載《中國經學》第二十輯,二〇一七年)、《〈經義考〉『〈古論語〉』條通校——兼論〈經義考新校〉之得失》(載《中國經學》第二十五輯,二〇一九年)、《諍友與功臣:〈經義考通説疏證〉平議》(載《嘉興學院學報》二〇二〇年第一期)等。

(五)申論朱彝尊學術思想與《經義考》的學術影響。如吴超《〈經義考〉禮學思想研究》(載《嘉興學院學報》二〇一〇年第四期)、《朱彝尊〈易〉學思想評議》(載《中華文化論壇》二〇一三年第九期),楊果霖《朱彝尊對於後世學術發展的影響》(載《東吴中文學報》第二十三期,二〇一二年)等。

（六）探討《經義考》研究方向。如楊果霖《〈經義考〉補正方案芻議》（載《醒吾學報》第二十七期，二〇〇四年），司馬朝軍《〈經義考通説疏證〉序跋》（載《出版科學》二〇一一年第一期），張宗友《〈經義考〉『〈孟子〉』條校考——兼論〈經義考〉之整理》（載《傳統中國研究集刊》第十八輯，二〇一八年）、《〈經義考〉整理芻議》（載《經學文獻學研究》，北京大學出版社，二〇一九年）等。

（七）研究基於《經義考》的其他經學問題。如吴超《朱彝尊與閻若璩〈尚書〉學之關係考論》（載《北方論叢》二〇〇九年第二期），葛焕禮《漢宋〈春秋〉學的异同——基於朱彝尊〈經義考〉所載條目及相關典籍文本的研究》（載《人文雜志》二〇一一年第二期），劉雅萌《論朱彝尊對唐前易學的梳理與建構——以〈經義考〉爲中心》（載《嘉興學院學報》二〇一八年第三期）等。

（二）研究專著

有關《經義考》專題研究的論著，已出版者有以下四種：

一、楊果霖《朱彝尊〈經義考〉研究》（花木蘭文化出版社，二〇〇五年）。該著從經學文獻編纂角度切入，重點探討《經義考》之編纂、引書、體例、分類、缺失及影響，每一部分均能發凡起例，條分縷析，窮盡其類，既全且細，用功既勤，匠心獨運，堪稱《經義考》乃至經學文獻研究領域的代表性成果。

二、張宗友《〈經義考〉研究》（中華書局，二〇〇九年）。即本書之初本。此本主要從目録學角度切入討論,研究《經義考》的學術背景、條目體系、分類體系、提要體系、按語部分及學術前承與影響等,試圖從學術史的角度,對《經義考》之『内』與『外』有清晰的梳理與宏觀的把握。

三、司馬朝軍《經義考通説疏證》(以《〈經義考·通説〉疏證》爲名,收入氏著《國故新證》,武漢大學出版社,二〇一〇年)。該著采用溯源、校勘的方法,對《經義考》通説部分(凡四卷)進行詳細的疏證,取得豐碩的成果,是第一部專就《經義考》某一門類加以疏證的學術專著(説詳本書第十章第一節)。

四、楊果霖《〈經義考〉著録『春秋類』典籍校訂與補正》(學生書局,二〇一三年)。楊氏按照陳鴻森先生『分經考辨之法』,設計出完整的操作流程,對《經義考》『春秋類』(凡四十三卷)予以校訂與補正,成果極爲豐碩,全書多達一百三十餘萬言,皇皇鉅著,蔚然稱盛。其志意、實績與方法,均足稱道(説詳本書第十章第二節)。

此外有學位論文兩篇(陳惠美《朱彝尊經史之學研究》,臺灣東海大學博士論文,二〇〇一年;李莉《朱彝尊〈經義考〉按語研究》,華中師範大學碩士論文,二〇一一年),屬於綜合性研究。

(三) 點校成果

對古籍進行標點、校理,形成點校本,是古典文獻研究的基礎性工作,通常是高質量研究的學術起點。學界關於《經義考》的點校成果,已有三種:

一、《點校補正經義考》(『校正本』)。一九九四年,臺灣『中央研究院』中國文哲研究所林慶彰、蔣秋華、楊晉龍等先生,開始對《經義考》進行精勤之點校,次年完成,出版於一九九七年。《點校補正經義考》是《經義考》第一個點校本,彙集了《經義考補正》(翁方綱撰)及《四庫全書總目》等相關成果,具有集成性,有力地擴大了《經義考》學術影響(説詳本書第九章第一節)。

二、《經義考新校》(『新校本』)。二〇〇七年九月,林慶彰先生主持了對《點校補正經義考》的全面覆校工作,完成并出版於二〇一〇年。此本以校正本爲基礎,擴大校本範圍,訂訛正謬,後出轉精,成爲質量更高的具有集成性的點校本(説詳本書第九章第二節)。

三、《經義考》之《儒藏(精華編)》點校本(『儒藏本』)。此本由北京大學《儒藏》編纂與研究中心點校,二〇一八年出版。點校者一方面對《經義考補正》及《點校補正經義考》《經義考新校》相關校訂成果詳細甄别後采用,另一方面又適當進行『本校』(利用《經義考》上下文本)、『他校』(一般是朱彝尊引據文獻之原本),使該本成爲一個高質量的點校本(説詳本書第九章第三節)。

《經義考》内容宏富,實存二百九十七卷,『卷帙浩繁,通讀費時』〔一〕,點校更爲不易。以上『兩家三

〔一〕陳祖武曾指出:『治經學史,朱彝尊著《經義考》爲一重要著述,惜少有人對之進行專題研究。卷帙浩繁,通讀費時,流傳未廣,得書非易,恐怕皆是原因之一。』(參氏撰《朱彝尊與〈經義考〉》一文,載《文史》第四十輯,中華書局,一九九四年,頁二一二)

種』(前兩種先後相承,均由林慶彰先生主持),解決的是《經義考》『流傳未廣,得書非易』〔一〕的問題,在擴大《經義考》學術影響、推動經學研究深入拓展方面,均有其積極意義。尤其是新校本、儒藏本的遞相問世,分別代表着『求全』與『求精』兩種校勘理念下的最高水平,也意味着《經義考》點校工作的完成(説詳本書第九章第三節)。

綜上所述,《經義考》既有研究可謂碩果累累,也充分説明該著所具有的典範意義與研究價值。

二　本書研究與增訂之思路

《經義考》研究儘管已有豐碩之成果,但仍然有進一步深入的必要和空間。相關論題集中在以下幾個領域:

其一,《經義考》目録學特性及其成就之研究。《經義考》首先是一部經籍總目,屬於學科目録的範疇。那麽,作爲一部書目,其體製如何?其著録體系、分類體系、解題體系之學術前承如何?朱彝尊如何采録前代文獻?本目反映何種經學面貌?學術影響表現在哪些方面?以之爲核心的校訂、續作、補

〔一〕陳祖武《朱彝尊與〈經義考〉》,頁二一二二。

作系列，其學術面貌與成就又如何？學界應從學理上加以發明。對於上述問題，除本書之初本（《〈經義考〉研究》）外，尚缺少更爲全面、深入的研究。本書初本出版已有十年，對上述問題的有關討論，值得作進一步之修訂與深入探析。

其二，《經義考》傳本系列之研究。《經義考》自問世後，傳本衆多：既有初稿本，又有初刻本、全刻本；全刻本復有初印、後印之别；清高宗時進呈四庫全書館，遂有四庫本系列（包括《四庫全書薈要》本與文淵閣、文津閣等七閣《全書》本，均係抄本）。民國時期，《經義考》收入《四部備要》，係排印本。二十世紀九十年代以來，又有前揭校正本、新校本、儒藏本等點校本。以上諸本（尤其是點校本），其文本面貌與學術水準究竟如何？亟須研討。

其三，學界既有研究成果之分析與平議。司馬朝軍《〈經義考·通説〉疏證》、楊果霖《〈經義考〉著録『春秋類』典籍校訂與補正》，分别就《經義考》之通説類與春秋類予以校正、疏證，超越文本標點、校勘的文獻整理層次，體現了《經義考》校理與研究的新方向。以上兩部著作，具有何種學術面貌與成就？商榷學問，激蕩新知，無疑是深化學術研究的應有之義。

其四，朱彝尊經學思想研究。朱彝尊首以文學名世，因此，關於其文學思想的研究（諸如詩學、詞學及古文等），學界已經取得了十分豐碩的研究成果。但朱彝尊同時也是一位學者，《經義考》一書，就是其學術思想指導下的具體實踐。那麽，朱彝尊是如何認識儒家經典的？朱氏豐富的經學實踐與相關論著，體現了怎樣的經學思想？此一論域，學界罕有論及，但於朱氏及清初學術研究，必不可少，亟待探索。

鑒於上述認識，本書之增訂，將包括初本既有内容之修訂與新近研究内容之增補兩個單元：

（一）初本既有内容之修訂。針對本書之初本，進行全面修訂，包括觀點之揭出、論據之更新、論證之細化等，旨在將近十年來的新思考，融入既有之討論，新其面貌。這一部分包括七章（主要内容均係本書初本所有者）：第一章，論《經義考》之成書、旨趣與性質；第二章至第五章，討論《經義考》之體製，包括著録體系、分類體系、解題體系與朱氏按語等；第六章、第七章，則分别討論《經義考》之學術前承與深遠影響。

（二）新近研究内容之增補。所謂『新』，即本書初本所無之内容。包括以下三個主題：一是《經義考》傳本之研究，包括第八章討論的盧刻本與三種四庫本（薈要本、文淵本、文津本），以及第九章討論的三種點校本（校正本、新校本、儒藏本）。二是《經義考》校訂、疏證專著之平議，即第十章（考察對象爲司馬朝軍《〈經義考·通説〉疏證》、楊果霖《〈經義考〉著録『春秋類』典籍校訂與補正》）。此係『研究之研究』，是《經義考》學術史的重要組成部分。三是朱彝尊經學思想之初探（第十一章）。

以上兩個單元，前者以本書初本爲基础，着重在『訂』；後者爲近十年來持續研究的新内容，着重在『增』：本書所謂『增訂本』者以此。

第一章　《經義考》之編撰、旨趣與性質

《經義考》是清初學者朱彝尊的學術代表作之一。朱彝尊（一六二九—一七〇九），字錫鬯，號竹垞，又號醧舫、金風亭長、小長蘆釣魚師等[一]。行十，或稱『朱十』。浙江省嘉興府秀水縣人。明太傅朱國祚曾孫。朱彝尊生逢有明季世，家道中落，早歲棄時藝，務古學；易代之際，則奔波抗清，往來山陰道上；失敗後，落拓江湖，游幕四方。康熙時應徵博學鴻儒，授翰林院檢討，與修《明史》，典試江南。後任經筵日講官、知起居注等。康熙三十一年（一六九二）罷官後，歸田園居[二]。朱彝尊書生本色，好學不輟，著述宏富，代表性著作有《經義考》三百卷、《日下舊聞》四十二卷、《潛采堂書目》四種、《曝書亭

[一] 朱彝尊自號，自題多種，詳筆者所撰《朱彝尊年譜》一·五條至一·一〇條之梳理（鳳凰出版社，二〇一四年，頁五—一〇）。
[二] 關於朱氏家世與生平，在筆者《朱彝尊年譜》之前，朱彝尊同里後學楊謙已撰有《朱竹垞先生年譜》（《曝書亭詩注》前所附，清木石居印本）。

集》八十卷;另編有《明詩綜》一百卷、《詞綜》三十卷等〔一〕。

朱彝尊首以文學知名。『自少時以詩古文辭見知於江左之耆儒遺老』〔二〕,在詩、詞、古文等領域,俱有深造。其詩初與沈進齊名,人稱『朱沈』;後與王士禛聲價相齊,被目爲『南朱北王』。詞則與陳維崧并稱,開浙西一派。葉舒崇贊其『天上謫星,人間達士。弄桓伊之笛,姿制無雙;鼓安道之琴,風流第一』〔三〕。顧炎武嘗推崇同時諸人,以爲『文章爾雅,宅心和厚,吾不如朱錫鬯』〔四〕。王士禛則云:『錫鬯之文,紆餘澄濬,蜕出風露,于辯證尤精。詩則捨筏登岸,務尋古人不傳之意於文句之外。今之作者,未能或之先也。』〔五〕《清史稿》本傳謂:『當時王士禛工詩,汪琬工文,毛奇齡工考據,獨彝尊兼有衆長。』〔六〕

〔一〕參朱桂孫、朱稻孫《皇清欽授徵仕郎日講官起居注翰林院檢討祖考竹垞府君行述》,載錢仲聯主編《廣清碑傳集》卷五,蘇州大學出版社,一九九九年,頁二八三—二八八。又,筆者對朱彝尊經、史、子、集四部著述均有梳理,參《朱彝尊與清初文獻傳承》一文(載《南京大學學報》二〇一八年第五期)。
〔二〕清國史館《清國史·文苑傳·朱彝尊傳》(嘉業堂抄本),中華書局,一九九三年,第一二册,頁八二七。
〔三〕朱彝尊《曝書亭集》卷首,清康熙甲午(一七一四)刻本。
〔四〕顧炎武《亭林文集》卷六《廣師》篇,載華忱之點校《顧亭林詩文集》,中華書局,一九八三年,頁一三四。
〔五〕王士禛《曝書亭集序》,載《曝書亭集》卷首。
〔六〕趙爾巽等《清史稿》卷四八四,中華書局,一九七七年,頁一三三四〇。

朱彝尊又是一位博雅精勤的學者，『博通書籍，顧炎武、閻若璩皆極稱之』〔一〕。朱氏治學，雅好經、史，於經學、史學（目録學、金石學）、文學諸領域，均有貢獻。顧炎武弟子、與朱彝尊等并稱『四大布衣』的潘耒，推崇朱氏之學云：

秀水朱竹垞氏，天才甚高，識趣甚遠……人皆服其文之富且工，而不知其悉本之於學也。竹垞之學，邃於經，淹於史，貫穿於諸子百家。凡天下有字之書，無弗披覽；墜聞逸事，無弗記憶。蘊蓄宏深，搜羅繁富，析理論事，考古證今，元元本本，精詳確當，發前人未見之隱，剖千古不決之疑。〔二〕

皇皇三百卷巨著《經義考》，就是朱彝尊通貫經學與史學的集大成之作，是其治學心血之重要結晶。

〔一〕清國史館《清國史·文苑傳·朱彝尊傳》（嘉業堂抄本），頁八二七。
〔二〕潘耒《朱竹垞文集序》，《遂初堂文集》卷八，《續修四庫全書》第一四一七册，上海古籍出版社，二〇〇二年，頁五二〇。

一　編撰：《經義考》之成書與傳本

朱彝尊所撰《經義考》，初名《經義存亡考》[一]，在經學及目録學上均具有重要之學術地位與研究價值。關於書名，需予指出者有以下幾點：

(一) 關於『經義』。一般而論，『經』指『經典』，即儒家之核心典籍；『義』指義理，即經典中所包含之義理。《易》《書》《詩》《禮》《春秋》等典籍，之所以被奉爲儒家經典，就在於古代學者堅信，上揭典籍經過孔子之删述、整理，蘊含有孔子所賦予的微言大義。因此，尋繹經典大義，成爲古人治學最重要的彀之一，經解著述因此代有其作，蔚成大觀。《經義考》之『經義』，不僅包括經典之義理，也包括對經典加以闡釋、解説的經解著述之義理。由《經義考》之構成可知，朱彝尊在每一種著述之下，都盡可能地搜輯其序跋、作者之生平資料及諸儒之相關論説等，其目的即在於知人論世，便於考求著述大旨及

[一]《經義存亡考》改名《經義考》，係朱氏手定。但邱建群認爲：『是書初名《經義考存亡考》，朱氏校刻未半，鴻業未終，越數十年，至乾隆甲戌、乙亥間，盧見曾、馬曰琯捐資刻成，因改名爲《經義考》。』(參其《朱彝尊〈經義考〉讀後記》，載《四川圖書館學報》一九八五年第二期，頁四七)王渭清根據毛奇齡《經義考序》及盧見曾《經義考識語》，已指出邱説之非(參其《談〈經義考〉中的『易考』——兼及全祖望〈讀易別録〉》，載《四川圖書館學報》一九八八年第二、三合期，頁一四五)。

其學術價值。

（二）關於『存亡』。『存』指現存，『亡』指亡佚；以含義相反之『存亡』爲詞，其義即指經學著述流傳存亡之現狀。朱彝尊後來删去『存亡』二字，蓋在編撰此書過程中，對圖書流存狀態有了更爲精細的描述方法，即采用『存』『佚』『闕』『未見』這四個詞語加以標記，已非『存亡』二字所能涵包；且某一著述之存亡與否，是其學術價值的重要體現，故對存亡之徵求，亦爲考求經義應有之義。

（三）關於『考』。由《經義考》成書來看，朱彝尊所考者有以下數端：其一，歷代經學著述（由先秦以迄清初）。其二，經學著述之流存面貌（『存』『佚』『闕』『未見』必居其一）。其三，經學著述之學術源流。一般通過輯録本書序跋、前儒論説等加以體現。其四，亡佚著述之遺文佚字。此外，朱彝尊還對相關問題進行發揮或補充説明（一般通過按語實現）。

《經義考》之書名，即能體現該書之旨趣：通考歷代著述，備列相關資料，展現學術源流，論析經學問題；融文獻、考據於一體，所追求者乃是學術史意義上的經學『大義』（《曝書亭集》卷三三《寄禮部韓尚書書》稱『微言雖絶，大義間存』）。因此，《經義考》是一部以經學總目爲其外在形式而内容極其豐富的兼具經學、目録學性質的學術著作。

(一)《經義考》之編撰

關於《經義考》之編撰歷程,學界多有考論[一]。對於該書始撰之時間,當代學者普遍認爲在朱彝尊罷官歸田之後:

《經義考》初名《經義存亡考》,是朱彝尊去官歸里後的晚年之作。[二]

《經義考》是朱彝尊歸田以後編撰的一部大型經學文獻工具書。[三]

朱氏一向篤好經學,清康熙三十一年時年六十四歲罷官歸田以後,放棄了心愛的倚聲填詞,專心致力於經學遺篇的搜集整理,經過近十四年的辛勤撰述,終於完成了輯録體提要目録中的巨著《經義考》三百卷。[四]

[一] 案:關於《經義考》的編撰歷程,楊果霖《朱彝尊〈經義考〉研究》曾予探討,指出其「編纂的程序」有擬定體例、抄輯資料、考訂朝代、删并整合、按類比附、判別存佚、案語考證等層面(見氏著《朱彝尊〈經義考〉研究》,花木蘭文化出版社,二〇〇五年,頁一五九—一六七)。

[二] 鄭偉章、李萬健《中國著名藏書家傳略》,書目文獻出版社,一九八六年,頁一〇三。

[三] 盧仁龍《〈經義考〉綜論》,載《社會科學戰綫》一九九〇年第二期,頁二三四。

[四] 吴梁《經學目録的巨著——〈經義考〉》,載《圖書館理論與實踐》一九九〇年第四期,頁四八。

《經義考》初名《經義存亡考》，它是朱彝尊晚年家居之作。[一]

考毛奇齡《經義考序》云：

竹垞於歸田之餘，乃始據疇昔所見聞，合古今部記而著爲斯編，曰《經義考》。（載《經義考》卷首）

上揭諸説，蓋即本諸毛氏。楊謙《朱竹垞先生年譜》康熙二十五年（一六八六）内載：『輯《經義考》。』附載王士禛《居易録》所記：『竹垞過邸舍云，近著一書曰《經義存亡考》。』朱則杰因推論道：『朱彝尊自罷官歸田後，不復與王士禛相會，可見在此以前《經義考》纂輯工作即已開始，并且體例也已大致確定，初具規模。』認爲該書『草創於謫官居燕之際』[二]，頗得其實。朱彝尊初次去官在康熙二十三年（一六八四），其後留居京師，至康熙二十九年（一六九〇）得補原官，復於康熙三十一年（一六九二）罷官，旋歸田園居（以上參拙撰《朱彝尊年譜》）。知毛氏所説不確，上揭諸人沿襲之説均誤。事實上，《經義考》卷帙宏富，體系嚴密，因而有關資料的搜集，當在朱氏早年落魄江湖、交游四方之時即已進行。更進一步説，此書之編纂，根植於朱彝尊對儒家經典、文教之深切認知，而其學術準備，最早可以追溯

[一] 莊清輝《〈經義考〉與〈四庫提要〉之關係》，載《朱彝尊經義考研究論集》，頁四七五。
[二] 朱則杰《朱彝尊研究》，浙江古籍出版社，一九九三年，頁二二一—二二二。

至入塾讀書時對程朱理學、漢唐經學的習得〔一〕。

康熙三十八年(一六九九)《經義考》三百卷編成,陳廷敬、毛奇齡等爲之作序。由於朱彝尊財力有限,在世之日,僅刻成《易》《書》《詩》《禮》《樂》等部分,凡一百六十七卷。朱彝尊曾於康熙四十四年(一七〇五)四月初九日,晋見玄燁於西湖行殿,進《經義考》易、書二種,諭留南書房,希速刻完進呈,并賜『研經博物』匾額(詳《朱彝尊年譜》七七・六條〔二〕)。朱氏歿後,馬曰琯嘗欲捐資刊刻,因故未果。直到乾隆十九年(一七五四),纔由執掌兩淮鹽務的盧見曾捐俸倡刻,并於乾隆二十年(一七五五)刻成,次年進呈。至此,《經義考》終於全部付梓,可惜内容已有殘闕。朱稻孫(朱彝尊之孫)在《經義考》前附《識語》中陳述甚詳。

〔一〕案:朱彝尊先後兩次入塾讀書:第一次在其六歲時(崇禎七年,一六三四),入朱氏家塾,所讀者《四書五經》,以永樂所頒《四書五經大全》爲準;第二次在其十歲時(崇禎十一年,一六三八),入譚氏家塾,受塾師、第八叔父朱茂晥影響,棄時藝而習古文,讀《周官禮》《春秋左氏傳》《楚辭》《文選》《丹元子步天歌》及黄淳耀文稿等。詳拙文《朱彝尊家學考——兼論竹垞文學與學術之起點》(載《蘇州大學學報》二〇一八年第三期,頁一三一—一三九)。

〔二〕張宗友《朱彝尊年譜》,頁五〇九。

（二）《經義考》之傳本

《經義考》傳本衆多〔一〕，主要有：

一、初稿本

封箋題曰『朱竹垞太史編《經義存亡考》　青來館主人自述』，殘存十册（《易》五册，《春秋》三册，《禮》二册）。有馮登府道光十四年（一八三四）手跋。爲朱彝尊編輯《經義考》之初稿本，藏臺北『國家圖書館』。

二、初刻本

朱彝尊在世時，《經義考》僅刻成《易》《書》《詩》《禮》《樂》等五類〔二〕，凡一百六十七卷。

〔一〕關於《經義考》各種傳本之源流與關係，前賢多有討論。參吴政上《經義考提要及版本介紹》（吴政上《經義考索引》附録，漢學研究中心，一九九二年，頁一—五）、日本學者杉山寬行《論朱彝尊的〈經義考〉——主論〈經義考〉之諸版本》（載《朱彝尊經義考研究論集》，頁九一—一二六）等文，後者對《經義考》版本探討最詳。林慶彰、蔣秋華《朱彝尊經義考研究論集》之《編者序》中，亦有精當之介紹。

〔二〕楊謙《朱竹垞先生年譜》於康熙三十八年（一六九九）下，謂《經義考》於朱氏逝世時，『先刊易、書、詩、禮一百六十七卷』，而脱去樂類。

三、盧見曾補刻本(又稱揚州馬氏刻本。簡稱『盧刻本』)

此係《經義考》第一個全刻本(雖然并非足卷之本)。朱彝尊之孫朱稻孫得到兩淮鹽運使盧見曾資助,由揚州馬曰琯、馬曰璐等校訂,於乾隆二十年(一七五五)刻竣,故又稱揚州馬氏刻本。該本封面右上題『朱竹垞太史編』,中爲『經義考』三個大字,左下題『曝書亭藏板』。次爲毛奇齡序(一七〇一年)、盧見曾序(一七五四年)、陳廷敬序(一六九九年),次盧見曾所編《經義考總目》上、下卷及識語(一七五五年)。正文半頁十二行,行二十三字。四周單邊。版心上爲『經義考』三字,次單魚尾,次卷次,次頁碼。所列條目頂格,次卷數及出處,上空兩格;次四柱(即『存』『佚』『闕』『未見』),上空三格;次輯録文獻及諸儒論説,上空一格;彝尊之按語,則上空四格。卷末列校對者姓名。卷一六七以前,凡每卷末半頁無字者,輒有陰影,顯爲原板污損之處;自卷一六八以後則無之:猶能看出補刊痕迹(字體方面差别不大)。該本止於卷二九八,且無卷二九六,故實爲二百九十七卷(此係《經義考》以下各本實存之卷數),而非足卷之本。

該本現有中國書店影印本(附翁方綱《經義考補正》、羅振玉《經義考校記》,二〇〇九年)、四川大學斷句本〔一〕等。

〔一〕 該本收入《儒藏》雜史類(四川大學出版社,二〇一四年,第二一—五册),由四川大學古籍整理研究所王小紅、張尚英、李冬梅、鄭偉等加以點斷,吴洪澤審稿。

四、摛藻堂《四庫全書薈要》本（簡稱『薈要本』）

抄本。清乾隆三十七年（一七七二）有修《四庫全書》之議，次年開館，四十三年（一七七八）先完成《四庫全書薈要》一套，貯於摛藻堂。《經義考》收入史部目録類。館臣以盧刻本爲據，中間有所抽毁改寫。一九七八年，世界書局影印摛藻堂《四庫全書薈要》，《經義考》在全書第二三七—二四二册（史部第一五一—一五六册）。該本首題『欽定四庫全書薈要』，其下小字注出『史部』及『經義考』；次題『詳校官員外郎臣潘紹觀』。其次爲乾隆《御製題朱彝尊經義考》詩并注；其次『經義考總目』二卷；其次四庫館臣所撰提要（其文與文淵閣《四庫全書》本前附提要有异，與通行之《四庫全書總目》内提要也有所不同）；其次『經義考原序』（毛奇齡序）。其次正文，半頁八行，行二十一字。提要中有『繕録并仍其舊』之語，然而檢卷四九『趙氏（汸）《大易文詮》』及『周氏（南老）《易傳雜説》』兩條〔一〕，朱彝尊所引錢謙益之説，薈要本均改爲『錢陸燦』，與文淵閣《四庫全書》本相同，可知其大言欺人也。該本雖實存二百九十七卷，但仍標三百卷，而於卷二八六『宣講』『立學』兩類及末兩卷『家學』與『自叙』兩類下，注出『闕』字，虚列其目。

〔一〕《經義考》條目内先引撰人姓氏，附注其名，小字書寫。爲便於區分，現將其名視作夾注之文，用小括號標示，以符本書《凡例》。

五、文淵閣《四庫全書》本（簡稱『文淵本』）

抄本。清乾隆四十七年（一七八二），完成《四庫全書》第一分，貯於文淵閣，《經義考》收入史部。該本首題『欽定四庫全書』，其下小字注出『史部』及『經義考』。其次列『詳校官編修（臣）李堯棟』『編修（臣）程嘉謨覆勘』及『總校官知縣（臣）繆琪』『校對官編修（臣）秦泉』『謄録監生（臣）顧光晋』等職名。其次爲乾隆《御製題朱彝尊經義考》詩并注。其次館臣所撰本書提要（又稱書前提要、閣書提要、庫書提要等。其文與通行之《四庫全書總目》内提要有所不同），末署『總纂官（臣）紀昀（臣）陸錫熊（臣）孫士毅』『總校官（臣）陸費墀』等職名。其次正文，半頁八行，行二十一字。一九八六年，臺灣商務印書館將文淵閣《四庫全書》影印出版（稱『《景印文淵閣四庫全書》』），《經義考》在全書第六七七—六八〇册（史部第四三五—四三八册）。一九九九年，上海人民出版社和迪志文化出版有限公司合作出版了文淵閣《四庫全書》影印本的電子版。該本體製與《四庫全書薈要》本基本相同，惟編修校對官員不同，書前提要也有差异。

六、文津閣《四庫全書》本（簡稱『文津本』）

文津閣《四庫全書》是清修七部《四庫全書》的第四部，成書於乾隆四十九年（一七八四），并於次年（一七八五）貯於承德避暑山莊文津閣。一九一四年，此部《全書》轉貯於北京，現存於中國國家圖書館内，原架、原函、原書一體存放，是保存最好的一套《四庫全書》。二〇〇五年，北京商務印書館將文津閣《四庫全書》影印出版(本書稱該影印本爲『《影印文津閣四庫全書》』),《經義考》在第二二五—二二六册。

七、汪汝瑮修補本

乾隆四十二年(一七七七)刊刻完成。該本書版,與盧刻本相同,是盧刻本之後印本。書版由朱彝尊後人轉售給汪氏,而汪氏加以修補。書前題『御題經義考』五字,紅色,飾以龍紋;次爲乾隆御題詩及注,大字刷印,亦紅色。乾隆御題詩及注下,有『乾隆四十二年四月二十日大理寺寺丞職銜臣汪汝瑮恭録敬鐫』二十六字。次爲浙江巡撫三寶紀文,次爲朱彝尊畫像(上横行題『竹垞先生像』,左下竪行題『門弟子顧仲敬圖』,并有顧氏印),背面則爲龔翔麟題詩:『五經紛綸抽腹笥,布襪麻鞋見天子。金門玉堂偶然耳,歸來著書以没齒,千秋之名在青史。』次爲盧見曾奏狀及批復(一七五六年),次朱稻孫識語(一七五五年),次毛奇齡序(一七〇一年),次陳廷敬序(一六九九年),次盧見曾序(一七五四年),次盧氏所編《經義考總目》,下附盧氏識語(一七五五年)。以下爲正文,亦至卷二九八止。

八、浙江書局本

清光緒二十三年(一八九七)刊行。此本係以盧刻本之後印本爲據而重新刊刻。首頁書名爲大號篆字,黑色。其下各項依次爲:陳廷敬序(一六九九年)、毛奇齡序(一七〇一年)、盧見曾序(一七五四年)、朱稻孫識語(一七五五年)、乾隆題詩及注、廷寄、三寶紀文、盧見曾奏狀及批復(一七五六年)、盧氏所編《經義考總目》,并附盧氏識語(一七五五年)。次頁書『浙江書局刊』,末列爲校對人員姓名。正文内容體製,與盧刻本相同。每卷最後三列,上空五格,書『浙江書局刻』五字;其下抵底綫列出校對人員姓名。

九、《四部備要》本(簡稱『備要本』)

排印本,上海中華書局一九三六年出版。《經義考》收入經部。此本卷前牌記題『據揚州馬氏刻本校刊』。該本實以盧刻本之後印本爲據,并校以浙江書局本。一九九八年,北京中華書局出版縮印本(一册)。

一〇、臺灣『中央研究院』《點校補正經義考》本(簡稱『校正本』)

一九九四年,臺灣『中央研究院』林慶彰、蔣秋華、楊晉龍等先生,開始對《經義考》進行點校,次年即告成,極爲高效。點校本出版於一九九七年,定名爲《點校補正經義考》[一]。《點校説明》指出:

[《經義考》]各本皆未加新式標點,闕誤處也未經校勘;且書名和内文字體并無分别,檢索爲難。『中央研究院』中國文哲所經學文獻組林慶彰、蔣秋華、楊晉龍三人,乃向『國家科學委員會』提出專題研究計畫『點校補正經義考』(NSC—83—0301—H—001—065),進行《經義考》之整理

[一] 許維萍、馮曉庭、江永川點校,林慶彰、蔣秋華、楊晉龍、張廣慶編審,『中央研究院』中國文哲研究所籌備處,一九九七年。

工作。該計畫於一九九四年三月開始執行，次年六月完成。整理之方法是以盧見曾補刻本爲底本，加上新式標點，再以《景印文淵閣四庫全書》本、《四部備要》本爲輔本，詳加校勘，作成校記，再將前賢之補正資料，如翁方綱《經義考補正》、羅振玉《經義考校記》、《四庫全書總目》（涉及《經義考》失誤，而四庫館臣加以辨正者）等，附於相關條目之下。[一]

此本係《經義考》第一個點校本、整理本。全書精裝八册，合六千餘頁。此本對於擴大《經義考》使用範圍與學術影響，功不可没（説詳本書第九章第一節『校正本平議』）。爲同下述新校本相區别，并鑒於此本所附之翁方綱《經義考補正》成果較爲豐碩，兹將該本簡稱爲『校正本』。

二、臺灣『中央研究院』《經義考新校》本（簡稱『新校本』）

此本係以校正本爲基礎而加以校訂，仍以盧刻本爲底本，而增加文津本作爲參校本。此本之校訂工作，分爲三個階段。（甲）覆校階段。始於二〇〇七年九月，而完成於二〇〇八年十二月，參加者有馮曉庭、葉純芳、簡逸光、黄智明、鄭于香、陳亦伶、倪瑋均、洪楷萱、陳洛嘉、曾怡慧等十人。（乙）撰寫校記階段。始於二〇〇九年一月，告成於十二月。負責撰寫者爲馮曉庭、葉純芳二人。（丙）審閲階

[一] 校正本，頁五—六。

段,始於二〇一〇年一月,至八月告竟,分卷負責者有馮曉庭、蔣秋華、陳恒嵩、范麗梅、張曉生、丁亞杰、蔡長林、黄智明、黄復山、林慶彰等十人[一]。同年,《新校》即由上海古籍出版社出版,堪稱迅速;距《點校補正經義考》之行世,已有十三年。此本糾正了校正本的許多錯誤,而且擴大了參校本的範圍,質量大爲提高(説詳本書第九章第二節『新校本平議』)。

一二、北京大學《儒藏》編纂與研究中心《經義考》點校本(簡稱『儒藏本』)

二〇一八年四月,北京大學《儒藏》編纂與研究中心《經義考》點校本(以下簡稱『儒藏本』)出版(北京大學出版社),收入《儒藏(精華編)》第一七三——一七六册。此本係繼《點校補正經義考》《經義考新校》之後的第三種、第二家點校本,是當前最新的點校本(説詳本書第九章第三節『儒藏本平議』)。校點者爲李峻岫、谷建、葉純芳、張文[二];每册另有審稿人與責任編委。

以上爲《經義考》的主要傳本。筆者所供職的南京大學文學院藏有盧刻本,古典文獻研究所則購有文津本,校館古籍部則有文淵本。(筆者有《點校補正經義考》《經義考新校》二種,係林慶彰先生贈書。)

[一] 林慶彰《經義考新校序》,《經義考新校》卷首,上海古籍出版社,二〇一〇年,頁六—七。

[二] 書前《校點説明》載分工如次:『卷一至七一、卷九八至一一九,由谷建校點;卷一二〇至二一〇,由葉純芳校點,趙永磊協助完成;卷二一一至二八〇,由李峻岫校點;卷七二至九七、卷二八一至卷三〇〇,由張文校點』。《儒藏(精華編)》第一七三册,北京大學出版社,二〇一八年,頁三三〇。

二　旨趣：《經義考》之編撰緣起

《經義考》通考歷代經學著述，論列經學源流，兼論經學問題，是一部具有經學總目形式的特殊的經學、目録學著作，對後世影響極大。對這部皇皇巨著的編撰緣起（即朱彝尊爲何要編撰此著），與朱氏同時及其後之學者，均有不同的認識。以下試予討論。

（一）《經義考》編撰緣起成説探源

陳廷敬（子端，説岩、午亭。一六三九—一七一二）係康熙朝名臣，官至吏部尚書、文淵閣大學士。陳氏與朱彝尊曾同朝爲官，同在《明史》館共事〔一〕，迭有唱和，交誼頗深。朱彝尊卒後，墓誌銘即出陳氏之手。應朱彝尊之請（《寄禮部韓尚書書》，參下揭），陳廷敬爲《經義考》作序，認爲此書乃朱氏晚年『緝

〔一〕朱彝尊於康熙十八年（一六七九）三月一日與博學鴻儒試，二十九日拔一等，充《明史》纂修官；五月十七日，授翰林院檢討（詳《朱彝尊年譜》五一・九、五一・一五、五一・二〇等條）。本年陳廷敬丁父憂在家。康熙二十年辛酉十一月丁巳（初八日），『以原任翰林院掌院學士陳廷敬，補原官』（《聖祖仁皇帝實録》卷九八，《清實録》第四册，中華書局，一九八五年，頁一二三九），爲二人共事之始。康熙二十一年壬戌六月甲申（初八日），『翰林院請補纂修《明史》總裁葉方藹員缺。得旨：「此缺，著補用陳廷敬。」』（《聖祖仁皇帝實録》卷一〇三，《清實録》第五册，頁三七）二氏復同修《明史》。

學著書自娱』的産物：

朱竹垞先生歸隱小長蘆中，以緝學著書自娱。遠屏聲迹，獨千里寓書於余，曰：『彝尊所輯《經義考》三百卷，今已就，《九經》之外，旁及緯候。唐、宋以來碑版傳説，搜采頗多。公其惠賤前諾，畀以序言。』〔一〕

朱彝尊之孫朱稻孫（稼翁，芋陂，娱村。一六八二——一七六〇），認爲《經義考》係乃祖懼經學遺編放失而作。其《經義考識語》云：

昔先大父嘗以近日譚經者局守一家之言，致先儒遺編失傳者什九，因仿鄱陽馬氏《經籍考》之例而推廣之，著《經義考》三百卷。（見《經義考》卷前）

以上二説，爲後來學者所本。如周中孚所撰《經義考提要》云：『竹垞以談經者局守一家之言，致先儒遺編失傳者什九，因仿馬氏《經籍考》之例而推廣之，於撰人書名卷數下，各注「存」「佚」「闕」「未見」，而輯史傳地理志及各書序跋并諸家之説以隸之。間或附以按語，分爲三十門。』〔二〕翁衍相謂：『清

〔一〕陳廷敬《經義考序》，見盧刻本卷前，又載陳氏《午亭文編》卷三五（康熙四十七年〔一七〇八〕林佶序并寫刻本）。《經義考》之點校本（頁七—八）、備要本（頁三）無「中」字。

〔二〕周中孚《鄭堂讀書記》卷三二，中華書局，一九九三年，頁一五〇——一五一。

初承明代科舉之弊，學者多浸於帖括之學，唯知謀近圖榮爲能事，鮮有以經術自任者。即有一二篤學之士，亦因古籍紊佚，搜輯非易，所見往往局於一隅，不能窮窺古今，網羅衆説，以自躋於淹貫通達之域。朱氏有見於此，因仿馬氏《經籍考》之例而成此巨著，以爲有志經術者之階梯焉。』〔一〕田鳳台認爲朱氏『著述宗旨』，『乃在自宋而後，經説紛紜，而近日譚經者又各局守一家之言，致先儒遺編，失傳者什九。因仿鄱陽馬氏《經籍考》之例而推廣之，著《經義考》三百卷』〔二〕。

考陳廷敬、朱稻孫二氏之説，其源皆出於朱彝尊本人之自陳。朱氏《寄禮部韓尚書書》（《曝書亭集》卷三三）云：

行宫側獲侍履絢，先生把袂殷勤，索彝尊著作。彝尊自知檮昧，見棄清時，老而戹窮，兼又喪子，無以遣日。見近日譚經者，局守一家之言，先儒遺編，失傳者十九，因仿鄱陽馬氏《經籍考》而推廣之，自周迄今，各疏其大略。微言雖絶，大義間存，編成《經義考》三百卷，分『存』『佚』『闕』『未見』四門，於十四經外，附以逸經、毖緯、擬經、家學、承師、宣講、立學、刊石、書壁、鏤板、著録，而以通説終焉。《易》《書》二經，已經刊就，餘以乏力中輟。近又輯《明詩綜》百卷，亦就其半。此外，歐

〔一〕翁衍相《朱彝尊〈經義考〉》，載《朱彝尊經義考研究論集》，頁五三。
〔二〕田鳳台《朱彝尊與〈經義考〉》，載《朱彝尊經義考研究論集》，頁六三。

陽子《五代史注》《瀛洲道古録》，雖草創而未成也。所撰詩古文義，取辭足以達，未嘗有模範於胸中而後下筆，聊以自娱而已。是以海内月旦，凡名家、大家，要不得與其列。乃先生當代宗匠，忽焉賞及之，此昔人所云『得一人知己，可以無憾』者也。緣已刻、未刻稿未免太多，慮不足以傳遠，尚須削繁剔繆，存其十五，然後繕録，上呈記室，當以秋冬爲期。泰山孤生之竹，嶧陽半死之桐，一遇賞音，妄思千古，惟先生是賴矣。倘賜以大序，感德不朽。

案：『行宫側獲侍履約』『把袂殷勤』，則在玄燁南巡時曾予會面；『見棄清時』，指其時朱彝尊已罷官歸田；『兼又喪子』，則在朱昆田已卒之後（昆田係朱彝尊次子，卒於康熙三十八年［一六九九］）；『輯《明詩綜》百卷，亦就其半』，知其時《明詩綜》尚未刻竣。綜上，此通書札必作於迎駕會面之後、《明詩綜》刻竣之前。考《明詩綜》雕竣於康熙四十三年（一七〇四），此前玄燁惟於康熙三十八年南巡，因此，此通書札當作於康熙三十八年至四十三年（一六九九—一七〇四）之間。朱彝尊一生坎坷：幼逢季世，不務時藝；青年苦貧，出爲贅婿；中年落拓，奔波江湖；晚年出仕，兩度罷官；暮年歸隱，潛心著述。從早歲抗清之志士〔一〕，到寄人籬下之幕客；從欲有所爲之史官，到失意而歸之老翁，可以説，這篇書札，展示的正是失意歸隱及喪子之後的蒼凉心境；『泰山孤生之竹，嶧陽半死之桐』，斯言何其沉

〔一〕參朱則杰《朱彝尊抗清考》，載其《朱彝尊研究》，頁一一五—一三八。

痛與凄涼。惟細繹其文，知『聊以自娱』之説，實係朱氏針對其所撰諸作及『詩古文義』而言，因此可看成是自陳心迹的謙遜之辭，而非編撰《經義考》之直接動因。

（二）《經義考》編撰緣起新探

欲探討《經義考》之編撰緣起，必須將其置於學術史的框架内來加以考察，如此纔能有全面之審視。

一、經學

縱觀中國傳統學術，儒學無疑占據主導地位，而其核心則是經學〔一〕。經學乃『以《詩》《書》《禮》

〔一〕李學勤先生指出：『實際上，整個中國學術的核心都是經學。當然，這并不是説經學最有價值，價值判斷可以見仁見智。説中國學術的核心在經學，是就其學術地位和影響而言。從實際情况來看，中國學術的核心不是佛道，應該是儒學。儒學的中心就是經學。經起源於古代，因此經學的研究與探索古代有不可分的關係。』（參其《清代學術的幾個問題》一文，載氏著《中國古代文明研究》，華東師範大學出版社，二〇〇五年，頁三九三）蔣廣學先生將中國傳統的學術結構表述爲：以易爲體、其他五經爲用；以儒爲本、其他子學爲末（參氏著《中國思想家評傳叢書》與中國思想史研究》，載徐雁主編《杰出人物與中國思想史》，江蘇教育出版社，二〇〇〇年，頁一七）。與儒家思想逐步讓位於現代科學、民主和社會主義新思想同步，這一學術結構在十九世紀九十年代中葉起，即逐漸讓位給近代人文、社會科學和自然科學平等發展的新結構（參氏著《梁啓超和中國古代學術的終結》，江蘇教育出版社，二〇〇一年，頁四〇二—四〇三）。

《易》《春秋》等典籍爲主要研究内容,以經典詮釋爲主要研究和立説方式的學問」〔一〕。作爲古代中國學術文化的主要載體,經學著述是研究哲學、歷史、文學和社會制度等的基本典籍。

兩漢經師解經之法,或以口説,或以章句,而以名物訓詁爲主。又爭立博士,群趨禄利之途,故特重師法、家法。漢末鄭玄兼綜今古,遍注群經,集兩漢經學之大成。魏代王肅亦遍解群經,意欲與鄭氏爭勝。至南北朝時則演爲南學、北學,遞有新解〔二〕。解經之法,由口説、章句逐漸發展爲箋注義疏。至唐時,出現了諸經義疏的結撰之作,即孔穎達等奉詔所修撰之《五經正義》一百八十卷〔三〕。該書皆據舊疏删定而成,故大體繼承了義疏之體式與特性。各經所采傳注如次:《周易》十四卷,魏王弼、晋韓康

〔一〕張立文主編,陸玉林著《中國學術通史(先秦卷)》,人民出版社,二〇〇四年,頁四六三。朱維錚先生認爲經學「特指西漢以後,作爲中世紀諸王朝的理論基礎和行爲準則的學説」(參氏著《中國經學史十講》,復旦大學出版社,二〇〇二年,頁九)。姜廣輝認爲,經學是關於儒家經典的訓詁注疏、義理闡釋及學派、傳承、演變等的學問;包含學術和信仰兩個層面(參《中國經學思想史·前言》,中國社會科學出版社,二〇〇三年,頁二—三)。

〔二〕《北史·儒林傳》:「大抵南北所爲章句,好尚互有不同。江左,《周易》則王輔嗣,《尚書》則孔安國,《左傳》則杜元凱。河洛,《左傳》則服子慎,《尚書》《周易》則鄭康成。《詩》則并主於毛公,《禮》則同遵於鄭氏。南人約簡,得其英華;北學深蕪,窮其枝葉。考其終始,要其會歸,其立身成名,殊方同致矣。」(李延壽《北史》卷八一,中華書局,一九七四年,頁二七〇九)

〔三〕《舊唐書·顔師古傳》:「太宗以經籍去聖久遠,文字訛謬,令師古於秘書省考定《五經》。」(劉昫等《舊唐書》卷七三,中華書局,一九七五年,頁二五九四)《孔穎達傳》:「先是,與顔師古、司馬才章、王恭、王琰等諸儒,受詔撰定《五經》義訓,凡一百八十卷,名曰《五經正義》。太宗下詔曰:『卿等博綜古今,義理該洽。考前儒之异説,符聖人之幽旨,實爲不朽。』付國子監施行。」(同前,頁二六〇二—二六〇三)

伯注；《尚書》二十卷，托名漢孔安國傳；《毛詩》四十卷，漢毛公傳，鄭玄箋；《禮記》七十卷，鄭玄注；《春秋左傳》三十六卷，晋杜預注。孔穎達等俱加正義，頒爲範式。此諸家傳注，無疑俱是名家之選。前賢於此，已多嘉論。朱彝尊《經義考》卷一四孔穎達等《周易正義》條下，引王禕云：『孔穎達撰定諸經之疏，號曰《正義》，自是以來，著爲定論，凡不本於《正義》者，謂之异端。誠學者之宗師，百世之所取信也。』《崇文總目》卷一《毛詩正義》條云：『詩學之家，此最爲詳。』[一]清修《四庫全書》，館臣亦多佳評，如稱《毛詩正義》『融貫群言，包羅古義』[二]。又稱《禮記正義》：『采摭舊文，詞富理博，説禮之家，鑽研莫盡；譬諸依山鑄銅，煮海爲鹽。即衛湜之書，尚不能窺其涯涘；陳澔之流，益如莛與楹矣。』[三]以上數評，可見《五經正義》之佳。蓋魏晋至隋之時，『戰争相尋，干戈是務』，或焚燼於周師，或漂没於底柱[四]，文化典籍，毁滅無算。孔穎達等所采經注，雖受當時風尚影響，有其客觀情勢不得不然之一面，然就典籍保存而言，《正義》之撰，無疑極具價值。其後賈公彦又采鄭玄之注，成《周禮注疏》《儀禮注

[一] 王堯臣等撰，錢東垣等輯釋《崇文總目》，《中國歷代書目叢刊》本，現代出版社，一九八七年，頁一三。
[二] 紀昀等撰《欽定四庫全書總目》卷一五，《景印文淵閣四庫全書》第一册，頁三二三。
[三] 《欽定四庫全書總目》卷一五，《景印文淵閣四庫全書》第一册，頁四三四。
[四] 參《隋書·經籍志序》。案：本書對歷代史志等目録，或取簡稱，故《漢書·藝文志》《隋書·經籍志》《舊唐書·經籍志》《新唐書·藝文志》《宋史·藝文志》《明史·藝文志》，分别簡稱爲《漢志》《隋志》《舊唐志》《新唐志》《宋志》《明志》。《舊唐志》《新唐志》有時合稱《兩唐志》。

疏》，雖是繼踵前業，以補未備，而其總結前代注疏之用心，及保存傳注之功效，與《正義》并同。但是，孔穎達等修撰《五經正義》時，奉行『疏不破注』的原則，『末流所及，以致「諱言服、鄭非」的情境。不僅以「疑經」爲背道，而且以「破注」爲非法，嚴重桎梏、束縛了學術界的思想，使以經學爲載體的儒學陷入煩瑣和僵化』[一]。陳寅恪嘗云：

唐太宗崇尚儒學，以統治華夏，然其所謂儒學，亦不過承繼南北朝以來正義義疏繁瑣之章句學耳。又高宗、武則天以後，偏重進士詞科之選，明經一目僅爲中材以下進取之途徑，蓋其所謂明經者，止限於記誦章句，絕無意義之發明。[二]

士子關注重心，不在發明經義，故彼未經采録之注疏，則有遞將淪滅之危險[三]。因此，考求散佚及刊落之古注義疏，即成爲後世儒家之新責任。如就《易》而論，王注既用，漢《易》遂微（僅及荀爽、劉表、馬融、鄭玄，而未及虞翻等）。李鼎祚《周易集解》一書，所以見重後世者，正在能采三十五家之説，『南

[一] 張立文、祁潤興《中國學術通史（宋元明卷）》，人民出版社，二〇〇四年，頁九。
[二] 陳寅恪《論韓愈》，載氏著《金明館叢稿初編》，生活·讀書·新知三聯書店，二〇〇一年，頁三二一。
[三] 近人張爾田氏直以六藝之厄視之：『惟六藝之爲書也，典籍具在而口説寖亡，一厄於劉歆，顛倒《五經》，毀師法；二厄於鄭玄，義據通深，古文遂行；三厄於六朝南北派，喜新得僞；四厄於唐人之義疏，刊落异家；五厄於宋儒之章句，附會釋教。』（參氏著《史微》卷四《經辨》，黄曙輝點校，上海古籍出版社，二〇〇六年，頁八七）

北朝以前遺文墜簡，藉以得見指歸』（朱彝尊《周易義海撮要序》，載《曝書亭集》卷三四），『千百年後，學者得考見畫卦之本旨者，惟賴此書之存矣，是真可寶之古笈也』〔一〕。

宋明理學興盛，表彰《四書》，雖然也出現了三部《大全》〔二〕，引領士林學風，不過是統治者用以鉗制士子的工具。對經義的解釋既然定於一尊，又以禄利爲手段，實際上限制了學者的創造性；由於着重於摘引理學諸儒之注釋，對古注疏遂不復措意。且《大全》之成書，惟事抄撮，最受苛責。朱彝尊考辨云：

永樂中詔修《五經四書大全》，開館則給月饌，書成則賜鈔、賜幣、賜燕，又御製序文頒行，稱爲

〔一〕《欽定四庫全書總目》卷一《周易集解提要》，《景印文淵閣四庫全書》第一册，頁六〇。

〔二〕案：三部《大全》，指《四書大全》《五經大全》及《性理大全》，均由胡廣、楊榮、金幼孜等奉敕編。始撰於永樂十二年（一四一四），而成於十三年（參《經義考》卷四九胡廣等《周易傳義大全》條下引《明成祖實録》）。《四書大全》全稱是《四書集注大全》，包括四個部分：《大學章句》《大學或問》，《中庸章句》《中庸或問》，《孟子集注大全》，《論語集注大全》。前兩部分爲朱子原著，後兩部分附有諸儒論説。當時程式以《四書》義爲重，『所研究者惟《四書》，所辯訂者亦惟《四書》。……蓋由漢至宋之經術，於是始盡變矣。』（《欽定四庫全書總目》卷三六《四書大全提要》）《五經大全》分别是：《周易傳義大全》《書傳大全》《詩經大全》《春秋集傳大全》《禮記集説大全》。其所采録諸家，參本節下條注釋。《性理大全》七十卷，『集先儒成書及其議論、格言，輔翼《五經》《四書》，有裨於斯道者，類編爲帙』（《御製序》）。該書前二十五卷均爲朱子或其門人著作，惟《正蒙》《皇極經世書》爲朱子所推崇之著作；其後都爲有關性理的語録，分爲理氣、鬼神、性理、道統、聖賢、諸儒、學、諸子、歷代、君道、治道等門類，與《朱子語類》相似。四庫館臣批評其『大抵龐雜冗蔓，皆割裂餖積以成文，非能於道學淵源真有鑒别』（《欽定四庫全書總目》卷九三《性理大全書提要》）。三部《大全》，定朱子於一尊。《四庫全書》均予收録。

『廣大悉備』；不知胡廣諸人，止就前儒之成編，一加抄録而去其名。如《詩》則取諸劉氏，《書》則取諸陳氏，《春秋》則取諸汪氏，《四書》則取諸倪氏；《禮》則於陳氏《集説》外，增益吴氏之《纂言》；《易》則天台、鄱陽二董氏，雙湖、雲峰二胡氏。於諸書外，全未寓目，所謂《大全》，乃至不全之書也。夫既竊其廩賜，并未效纖毫搜采之勤，攘私書爲官書以罔其上，豈不顧博聞之士見而齒冷乎？即此可見胡廣心術之不純，而同事諸臣亦苟且游戲甚矣。〔一〕

抄撮之外，復加割裂。如就《易》而論，顧炎武已有辨析與指斥：

永樂中修《大全》，乃取朱子卷次，割裂附之程《傳》之後。而朱子所定之古文，仍復殽亂。『《彖》，即文王所繫之辭；《傳》者，孔子所以釋《經》之辭也。後凡言《傳》放此。』此乃《彖上傳》條下義，今乃削『彖上傳』三字，而附於『大哉乾元』之下。『《象》者，卦之上下兩象，及兩象之六爻，周公所系之辭也。』乃《象上傳》條下義，今乃削『象上傳』三字，而附於『天行健』之下。『此篇申《彖

〔一〕此係《經義考》卷四九胡廣等《周易傳義大全》條下按語。《欽定四庫全書總目》卷五《周易大全提要》，即采朱氏之論：「朱彝尊《經義考》，謂廣等就前儒成編，雜爲鈔録，而去其姓名。《易》則取諸天台、鄱陽二董氏，雙湖、雲峰二胡氏，於諸書外未寓目者至多云云。天台董氏者，董楷之《周易傳義附録》。鄱陽董氏者，董真卿之《周易會通》。雙湖胡氏者，胡一桂之《周易本義附録纂疏》。雲峰胡氏者，胡炳文之《周易本義通釋》也。今勘驗舊文，一一符合，彝尊所論，未可謂之苛求。」（《景印文淵閣四庫全書》第一册，頁一一四）又據《經義考》及《欽定四庫全書總目》，朱彝尊提及之其他諸家及著作分别是：劉瑾《詩傳通釋》，陳櫟《尚書集傳纂疏》、陳師凱《書蔡傳旁通》，汪克寬《春秋胡傳纂疏》，陳澔《禮記集説》、吴澄《禮記纂言》，倪士毅《四書集釋》。

傳》《象傳》之意，以盡《乾》《坤》二卦之藴，而餘卦之説，因可以例推云。』乃《文言》條下義，今乃削『文言』二字，而附於『元者，善之長也』之下。其『《彖》曰』『《象》曰』『《文言》曰』字，皆朱子本所無，復依程《傳》添入。後來士子厭程《傳》之多，棄去不讀，專用《本義》。而《大全》之本，乃朝廷所頒，不敢輒改，遂即監版《傳》《義》之本，刊去程《傳》，而以程之次序爲朱之次序，相傳且二百年矣。惜乎！朱子定正之書，竟不得見於世，豈非此《經》之不幸也夫！〔一〕

顧炎武又指出，《大全》『僅取已成之書，抄謄一過，上欺朝廷，下誑士子』，而『一時人士盡棄宋元以來所傳之實學，上下相蒙，以饕禄利，而莫之問也。嗚呼，經學之廢，實自此始』。『八股行而古學棄，《大全》出而經説亡。』〔二〕故《大全》之書，與『大全』之名，實不相符，其負面影響更大；既非對前此經義之總結，則古學日漸淪廢。四庫館臣至欲『覆瓿置之』，以譏其陋〔三〕。然而兩宋及有明却是經學著述最豐贍時期（詳參本書第二章第二節之統計），從經學發展理路而言，出現能考求歷代經義的結撰之作，有其必然性。清朝定鼎中原之後，用以安撫、牢籠士子的手段，依然采用尊崇程朱理學的方式；表現

〔一〕顧炎武《日知録》卷一『朱子《周易本義》』條，黄汝成《日知録集釋》本，上海古籍出版社，一九八五年，頁四—五。

〔二〕顧炎武《日知録》卷一八『《書傳會選》』條，頁一三九〇。

〔三〕《欽定四庫全書總目》卷二八《春秋大全提要》：『廣等舊本，原可覆瓿置之。然一朝取士之制，既不可不存以備考，且必睹荒途之蒙翳，而後見芟蕪除穢之功；必經歧徑之迷惑，而後知置郵樹表之力。存此一編，俾學者互相參證，益以見前代學術之陋，而聖朝經訓之明也。』（《景印文淵閣四庫全書》第一册，頁五七一）

在經典整理上，則出現了數部名爲『御纂』『敕撰』之書。從其編撰及影響上看，也不過是《大全》之緒餘，難稱總結之作〔一〕。有鑒於此，朱彝尊雖在《經義考》中將此數部書冠諸書首，不過是『尊王』故事（詳本書第三章第三節之分析）；實則自出機杼，另起弘構。朱桂孫、稻孫謂乃祖『以經學宜本漢唐諸儒箋疏，以窮其源，乃集古今説經之書，掇其大義，稽其存佚，爲《經義考》』〔二〕，可謂知言。

二、目録學

作爲對特定範圍内文化典籍的著録與反映，中國古典目録之見重，不僅在甲乙部次，編類群籍；而尤在能『辨章學術，考鏡源流』，條别學術發展之概貌與趨勢。前賢於此，論説頗詳〔三〕。該傳統在劉

〔一〕關於該問題，可參筆者《『表章聖經』，『治統所繫』：清初御定經解之經典化與學術影響》一文（載《古典文獻研究》第十七輯上卷，鳳凰出版社，二〇一四年，頁一—二五）。

〔二〕朱桂孫、朱稻孫《皇清欽授徵仕郎日講官起居注翰林院檢討祖考竹垞府君行述》，載《廣清碑傳集》卷五，頁二八五。

〔三〕章學誠云：『校讎之義，蓋自劉向父子，部次條别，將以辨章學術，考鏡源流；非深明於道術精微、群言得失之故者，不足與此。』（參其《校讎通義叙》，見葉瑛《文史通義校注》，中華書局，一九九四年，頁九四五）朱一新指出：『劉中壘父子成《七略》一書，爲後世校讎之祖。班《志》掇其精要，以著於篇。後惟鄭漁仲、章實齋能窺斯旨。商榷學術，洞澈源流，不獨九流諸子各有精義，即詞賦方技亦復小道可觀。目録校讎之學所以可貴，非專以審訂文字异同爲校讎也。……世徒以審訂文字爲校讎，而校讎之途隘。以甲乙簿爲目録，而目録之學轉爲無用。』（參其《無邪堂答問》卷二，中華書局，二〇〇〇年，頁七五—七六）汪辟疆先生説：『蓋以目録之學，雖爲綱紀群籍，實則明道之要、學術之宗，專乃與史相緯，其體最尊，其任至重。世人但以目録爲部次甲乙者，蓋淺之乎視目録矣。』（參其《目録學研究》，華東師範大學出版社，二〇〇〇年，頁七—八）余嘉錫先生於此多有申説，且以學術之史視之（參其《目録學發微》卷一，巴蜀書社，一九九一年）。

向、歆父子身上，即已體現無遺。作爲中國目録學的開山之作，《别録》《七略》反映了先秦至漢以來的學術流别，奠定了後世目録的基本體製。通過《别録》《七略》，劉氏父子構建起郡縣制帝國的新王官之學，而經學始終居於中國學術體系的核心地位[一]。

經學目録由於其專録經學著述的性質[二]，最適宜於反映經學源流。但是，自漢以迄清初，在《經義考》問世之前，并無一部真正能反映經學發展的學科目録。有限的幾部書目，也各有其不足。如鄭玄《三禮目録》，雖有首創之功，但畢竟以三種禮書爲主，不及他經；甚至僅被視作『一書之目録』[三]。下及明代[四]，朱睦㮮《授經圖義例》之著述重心，在圖示授經源流，後附僅爲簡目。其《經序録》一書，則在簡目之下，輯列各序：故其所重在序，甚至可以序文彙編視之。姚名達謂此二書『非純粹目録體裁』[五]，不無道理。

[一] 關於劉氏父子對新王官之學的構建，參徐興無教授《劉向評傳》第九章《校書(二)》之論述(南京大學出版社，二〇〇五年)。

[二] 關於經學目録的概念及源流，及本小節所論諸作，本章第四節均專予探討。

[三] 汪辟疆先生云：『一書之内，必區分若干篇目，而一書之旨趣乃具。此一書之目録也。鄭氏之《三禮目録》是也。』(《目録學研究》，頁一)汪先生將《三禮目録》視爲一書之目録，大概是將《周禮》《儀禮》《禮記》三書合爲一類書。這種説法似未妥。

[四] 宋代歐陽伸《經書目録》、高似孫《經略》，雖可推測爲經學目録，但因已佚，難以置評。

[五] 姚名達《中國目録學史》，上海古籍出版社，二〇〇二年，頁二六九。案：明代焦竑《國史經籍志》，繫《授經圖》於經總解類；祁承㸁《澹生堂藏書目》將朱氏《經序録》《授經圖考》二書俱入經總解類(《續修四庫全書》第九一九册，頁五七二)；《經義考》則繫於群經類：可見俱以兼解群經之書視之。

經學一直居於中國古代學術的核心地位。在由漢至清初長達一千八百年左右的歷史時段内,竟然没有出現一部能够反映經學源流的學科目録。雖然目録學對於學術的反映,常常有滯後的現象,但是相對於史學目録與文學目録而言,經學目録的稀少和粗疏仍然令人詫异。可能的原因是,經籍向來是綜合性書目著録的大宗,如《六藝略》之於《别録》,甲部(紀六藝及小學)之於《晋中經簿》,《經典志》之於《七志》,《經典録》之於《七録》;自《古今書録》以降,則無不有經部。另一個可能的原因是,缺乏具有如此眼光與卓識的學者。汪辟疆指出:『目録學爲辨章學術考鏡源流之書,而非疏通致遠之儒,不足以膺此大業,宜乎曠百世而一遇也。』〔一〕田鳳台認爲:『中國載籍,以經書爲中心支配中國學術數千年,而能集古今經籍,爲宏衍博富之專科目録者,在此數千年中,幾無一人。而彝尊之書,亦可謂特出矣。』〔二〕不得其人,當爲重要原因。

如果説,劉氏父子《别録》《七略》二書反映了經學時代〔三〕來臨之時及其前的學術源流,那麽,在經

〔一〕汪辟疆《目録學研究》,頁八—九。

〔二〕田鳳台《朱彝尊與〈經義考〉》,載《朱彝尊經義考研究論集》,頁六九。

〔三〕馮友蘭先生將中國哲學史分爲子學時代與經學時代,自孔子講起。二時代之分,則在漢武時:『董仲舒之主張行,而子學時代終;董仲舒之學説立,而經學時代始。』董氏對策,即在建議武帝罷黜百家,獨尊儒術(參氏著《中國哲學史》上册,華東師範大學出版社,二〇〇〇年,頁一八—二五)。近來有學者批評這一分法失之太簡(參郭曉東《以「哲學」來統領「史」》,載《中華讀書報》二〇〇五年十一月十六日第二十版)。本書祇是借用這一概念,表明基本的學術分期。

學時代開始之後并經過漫長的發展，出現一部能够反映經學發展脉絡的學科目録，無疑是符合目録學發展的内在規律的。

三、清初學風

清初學風，崇尚篤實。溯其緣由，大端有二。一爲宋明理學[一]内部實學傾向之發展。程朱理學一派，欲辟佛老[二]，則不得不回歸元典，重新解釋，思以有所樹立；而考辨經典之本來面貌，加以闡釋，徑求大義，無疑最爲良徑[三]。故自宋以降，疑經辨僞者，所在多有。而考辨真僞，當以徵實爲尚；端緒既開，則涓細成流。這一發展路向，經由清初顧炎武、閻若璩等人之努力，從而在經學、小學等領域得以光大。陸王心學一派，至晚明時，其内部亦有走向徵實之動向，捨空談而趨實踐。如顧憲成、劉

[一] 陳來指出：『今天我們稱之爲理學的是指宋明（包括元及清）時代占主導地位的學術體系。』理學有廣義和狹義之分；廣義的包括道學和心學，前者以程、朱爲代表，後者以陸、王爲代表，分别稱爲程朱派（或程朱理學）和陸王派（陸王心學）。狹義的理學僅指程朱理學（參氏著《宋明理學［第二版］》，華東師範大學出版社，二〇〇四年，頁九）。

[二] 錢穆云：『理學家之主要對象與其重大用意，則正在於辟禪辟佛，餘鋒及於老氏道家。亦可謂北宋諸儒乃外於釋老而求發揚孔子之大道與儒學之正統。理學諸儒則在針對釋老而求發揚孔子之大道與儒學之正統。』（參氏著《朱子學提綱》，生活・讀書・新知三聯書店，二〇〇二年，頁一七）

[三] 陳寅恪指出，宋儒掃除章句，直接從經典中探求微旨的方法，實啓自韓愈對禪宗之借鑒（參其《論韓愈》一文，載《金明館叢稿初編》，頁三二一—三二三）。張立文等認爲，解釋方法的創新是學術思想創新的先導。宋儒以義理之學的解釋方法取代注疏之學的解釋方法，從而開創了新的學術思潮（參《中國學術通史［宋元明卷］》，頁九）。

宗周等，均有糾偏之舉；至清初則由黄宗羲光大其學，在史學上開浙東一派[一]。對於理學内部由『尊德性』向『道問學』的轉變，即轉入考證學的過程，余英時揭出『内在理路』(inner logic)之説，加以闡釋[二]。

二爲對明朝覆亡之反思。清廷以關外少數族群入主中原，給當時士人以莫大之刺激；而反思亡國之由，則歸因於王學末流空疏學風之弊。這一點，尤以易代之際的遺民學者言之最切。如黄宗羲云：

> 自明中葉以後，講學之風，已爲極弊，高談性命，直入禪障，束書不觀，其稍平者則爲學究，皆無根之徒耳。[三]

顧炎武云：

[一] 參梁啓超《中國近三百年學術史》(東方出版社，二〇〇四年，頁四五)。韋政通指出，明代另有程朱、陸王二派之外的學者，如王廷相、吕坤等，已有經世實學之倡(參氏著《中國思想史》，上海書店出版社，二〇〇三年，頁八七八)。

[二] 余英時《論戴震與章學誠——清代中期學術思想史研究》，生活・讀書・新知三聯書店，二〇〇〇年，頁二一—三。余英時又以宗周弟子陳確《大學辨》與閻若璩《古文尚書疏證》爲例，指出義理之争必然折入經學考證。儒學由『尊德性』向『道問學』的轉變，余英時稱之爲『儒家智識主義(Confucian Intellectualism)的興起』(見該書頁一八—二〇)。

[三] 全祖望《鮚埼亭集外編》卷一六《甬上證人書院記》，載朱鑄禹《全祖望集彙校集注》第二册，上海古籍出版社，二〇〇〇年，頁一〇五九。

今之君子則不然，聚賓客門人之學者數十百人，『譬諸草木，區以别矣』，而一皆與之言心言性，捨多學而識，以求一貫之方，置四海之困窮不言，而終日講危微精一之説，是必其道之高於夫子，而其門弟子之賢於子貢，祧東魯而直接二帝之心傳者也。〔一〕

朱彝尊也指出其時『士守繩尺，無事博稽，至問以箋疏，茫然自失』〔二〕。梁啓超論清初學風，指出：

其時正值晚明王學極盛而敝之後，學者習於『束書不觀，游談無根』，理學家不復能繫社會之信仰。［顧］炎武等乃起而矯之，大倡『捨經學無理學』之説，教學者脱宋明儒羈勒，直接反求之於古經。而［閻］若璩辨僞經，唤起『求真』觀念，［胡］渭攻『河洛』，掃架空説之根據：於是清學之規模立焉。〔三〕

王學末流之弊，學風空疏之外，還表現在行爲放縱上〔四〕。其中固然有思想解放之積極因素，但畢竟使士風卑下，人心不古。對此，顧炎武提出反撥：

〔一〕顧炎武《亭林文集》卷三《與友人論學書》，載《顧亭林詩文集》，頁四〇。
〔二〕朱彝尊《〈五經翼〉序》，《曝書亭集》卷三四。
〔三〕梁啓超《清代學術概論》，上海古籍出版社，一九九八年，頁四。
〔四〕梁啓超謂：『王陽明這邊的末流，也放縱得不成話，如何心隱（本名梁汝元）、李卓吾（贄）等輩，簡直變成一個「花和尚」。他們提倡的「酒色財氣不礙菩薩路」，把個人道德社會道德一切藩籬都衝破了。』（參氏著《中國近三百年學術史》，頁四）

愚所謂聖人之道者如之何?曰『博學於文』,曰『行己有耻』。自一身以至於天下國家,皆學之事也;自子臣弟友以至出入、往來、辭受、取與之間,皆有耻之事也。耻之於人大矣!不耻恶衣恶食,而耻匹夫匹婦之不被其澤,故曰:『萬物皆備於我矣,反身而誠。』嗚呼!士而不先言耻,則爲無本之人;非好古而多聞,則爲空虚之學。以無本之人,而講空虚之學,吾見其日從事於聖人而去之彌遠也。〔一〕

顧氏所倡『博學於文』,或即針對學風而言;『行己有耻』,或即針對行爲而言,其意則在端正人心,通經致用。是以諸儒又着意於制度建設,以待後世之興〔二〕。

由此看來,清初徵實學風的形成,實受上述學術和政治兩方面合力之影響。朱彝尊由明入清,身被易代之痛,而以一己之力,對經學典籍作大規模之搜輯與著録,既能以著録之宏富,集經學目録之大成,又能以前儒論説之搜集,展現經學源流之概貌;顯然,朱氏一方面懲於晚明王學之弊,另一方面又

〔一〕顧炎武《亭林文集》卷三《與友人論學書》,載《顧亭林詩文集》,頁四一。

〔二〕柳詒徵先生云:『清初漢族諸儒,皆反對清室。不得已而姑認滿人居位,亦思立一王之法,以待後世之興。故船山有《黄書》,亭林有《郡縣論》,皆極注意於法制。而梨洲之《明夷待訪録》,則并專制之君主亦極力反對,不徒爲種族所囿也。』(參氏著《中國文化史》,東方出版中心,一九八八年,頁七一八)

上承理學考辨之風；故其用心，可能正與顧炎武、閻若璩等諸儒相同[一]。王國維論清代學術云：『我朝三百年間，學術三變：國初一變也，乾嘉一變也，道咸以降一變也。順康之世，天造草昧，學者多勝國遺老。離喪亂之後，志在經世，故多爲致用之學。求之經史，得其本原，一掃明代苟且破碎之習，而實學以興。』[二]朱彝尊《經義考》之撰，實於國初學風之變，與有力焉。時賢甚至推崇該著『開創乾嘉尚實學風，確居首功』[三]。

韋政通則以晚明以降爲儒學復興之第三階段。這一階段有兩個重點，第一是重視經驗知識，以後發展爲典籍與文獻之考證；第二是經世思想。對於第一點，韋氏認爲是『乘王學末流之弊而起，由思想的内在理路轉出』[四]。通過以上討論，可知朱彝尊《經義考》之撰，正合斯旨。

以上就清初總體學風言之。如以地域而論，浙江與江蘇、安徽等地，自唐宋以降，即爲人文淵藪，學術極爲發達。章學誠論浙江學術云：

世推顧亭林氏爲開國儒宗，然自是浙西之學。不知同時有黄梨洲氏，出於浙東，雖與顧氏并

[一] 四庫館臣《通雅提要》云：『惟［方］以智崛起崇禎中，考據精核，迥出其上。風氣既開，國初顧炎武、閻若璩、朱彝尊等沿波而起，始一掃懸揣之空談。』（《欽定四庫全書總目》卷一一九，《景印文淵閣四庫全書》第三册，頁五八七）蓋引朱氏爲顧、閻二氏之同道。

[二] 王國維《沈乙庵先生七十壽序》，載《王國維文集》第一卷，中國文史出版社，一九九七年，頁九七。

[三] 盧仁龍《〈經義考〉綜論》，載《社會科學戰綫》一九九〇年第二期，頁三三八。

[四] 韋政通《中國思想史》，頁八八二。

峙，而上宗王、劉，下開二萬，較之顧氏，源遠而流長矣。顧氏宗朱，而黄氏宗陸。蓋非講學專家，各持門户之見者，故互相推服，而不相非詆。學者不可無宗主，而必不可有門户；故浙東、浙西，道并行而不悖也。浙東貴專家，浙西尚博雅，各因其習而習也。〔一〕

朱彝尊生於府城，籍隸秀水(今嘉興市秀洲區)，其地正處浙西。朱彝尊同顧炎武、黄宗羲等名儒俱有交游，尤能廣徵博取，不主一家；故浙西『博雅』之學風，正爲朱氏所宗尚與弘揚，亦成爲其治學特色之一。時賢謂其《經義考》之作，『本意并非爲總結歷史而作，而是出於矯正時風，宣導博學詳考之旨而撰』〔二〕。

四、朱彝尊本人治學旨趣

《經義考》得以編撰、問世，除上述學術動因外，還與朱彝尊本人之治學旨趣直接相關。朱彝尊先後兩次入塾讀書，不僅於《四書》《五經》極熟，於《周禮》《左傳》《楚辭》《文選》等典籍曾用心攻讀〔三〕。其讀書并不以舉業爲目的，因而涉獵極廣，奠定堅實之經史與文學根基。長期熏染之下，朱彝尊治學之

〔一〕章學誠《文史通義》卷五《浙東學術》，葉瑛《文史通義校注》，頁五二三。
〔二〕盧仁龍《〈經義考〉綜論》，載《社會科學戰綫》一九九〇年第二期，頁三三四。
〔三〕朱彝尊先後入朱氏家塾、譚氏家塾讀書，業師、第八叔父朱茂晥(子芾，芾園、明農。一六〇七—一六七二)對其影響極大。詳拙文《朱彝尊家學考——兼論竹垞文學與學術之起點》(載《蘇州大學學報》二〇一八年第三期，頁一三一—一三九)。

旨趣，首先表現爲對六經的醉心與尊崇。試觀其《謁孔林賦》（《曝書亭集》卷一）：

惟先師之遺澤，道莫著乎六經。配光華於日月，若迭奏之琴箏。降而後儒，各事采獲。中文、古文之《書》，先天、後天之《易》，目鄭、衛以淫邪，誣《春秋》以深刻。藐往哲之嘉謨，恒末師之是則。滔滔天下，後死其悲。安得起素王於泉壤，操筆削而正之！我思古人，耻同污俗。……願爲林户，躬耕墓田。庶幾近聖人之居，讀聖人之書，將不得爲聖人之徒也與！

在朱彝尊看來，六經爲聖人載道之具及其遺澤所在，因此，他寧願做一個躬耕墓田而能讀聖人之書的林户。他贊嘆道：『六經之義，如江河日月，無所不該。』〔一〕又自陳云：『彝尊不學，狃於章句，六經之所無者，不敢遽定其有。』〔二〕一切以六經爲依歸，以六經爲『治世之大法』，因而極力主張在《明史》中設《儒林傳》，以涵包《道學傳》：

傳儒林者，自司馬氏、班氏以來，史家循而不改。逮宋王偁撰《東都事略》，更名《儒學》，而以周、張、二程子入之。元修《宋史》，始以《儒林》《道學》析而爲兩，言經術者入之《儒林》，言性理者别之爲《道學》；又以同乎洛、閩者進之《道學》，异者置之《儒林》。其意若以經術爲粗而性理爲

〔一〕朱彝尊《〈授經圖〉序》，《曝書亭集》卷三四。
〔二〕朱彝尊《答孫侍郎書》，《曝書亭集》卷三一。

密,朱子爲正學而楊、陸爲岐塗; 默寓軒輊,進退予奪之權,比於《春秋》之義。然六經者,治世之大法,致君堯、舜之術,不外是焉。學者從而修明之,傳心之要,會極之理,範圍曲成之道,未嘗不備; 故《儒林》足以包《道學》,《道學》不可以統《儒林》。夫多文之謂儒,特立之謂儒,以道得民之謂儒,區別古今之謂儒,通天地人之謂儒: 儒之爲義大矣,非有遜讓於道學也。〔一〕

除論史外,復以論文: 『是則六經者,文之源也,足以盡天下之情、之辭、之政、之心,不入於虛僞而歸於有用。』〔二〕『詩篇雖小技,其源本經史。』〔三〕文章既源於六經,則爲載道之具: 『文章之本,期於載道而已。道無不同,則文亦何殊之有?』〔四〕可見『文以載道』之觀念,在朱氏可謂淪肌浹髓,深入内心。朱彝尊遂用這種觀念來評論歷代文學創作,并藉以指導作文之法:

既至大同,閉户兩月,深原古作者所由得,與今之所由失,嘿然以疑,憬然以悔,然後知進學之必有本,而文章不離乎經術也。西京之文,惟董仲舒、劉向經術最純,故其文最爾雅。彼揚雄之徒,品行自詭於聖人,務掇奇字以自矜尚,安知所謂文哉! 魏晉以降,學者不本經術,惟浮詩是務。

〔一〕朱彝尊《史館上總裁第五書》,《曝書亭集》卷三二。
〔二〕朱彝尊《答胡司臬書》,《曝書亭集》卷三三。
〔三〕朱彝尊《齋中讀書十二首》之十一,《曝書亭集》卷二一。
〔四〕朱彝尊《報李天生書》,《曝書亭集》卷三一。

文運之厄數百年，賴昌黎韓氏始倡聖賢之學，而歐陽氏、王氏、曾氏繼之，二劉氏、三蘇氏羽翼之，莫不原本經術，故能横絶一世。蓋文章之壞，至唐始反其正，至宋而始醇。宋人之文，亦猶唐人之詩，學者舍是不能得師也。北宋之文，惟蘇明允雜出乎縱横之説，故其文在諸家中爲最下；南宋之文，惟朱元晦以窮理盡性之學出之，故其文在諸家中最醇：學者於此可以得其概矣。以武曾之才，正不必博搜元和以前之文，但取有宋諸家，合以元之郝氏經、虞氏集、揭氏傒斯、戴氏表元、陳氏旅，吴氏師道、黄氏溍、吴氏萊，明之寧海方氏孝孺、餘姚王氏守仁、晉江王氏慎中、武進唐氏順之、昆山歸氏有光諸家之文，游泳而紬繹之；而又稽之六經以正其源，考之史以正其事，本之性命之理，俾不惑於百家二氏之説以正其學，如是而文猶不工，有是理哉！〔一〕

在朱彝尊看來，文章是否能達到「爾雅」「純」的理想標準，關鍵要看作者是否本於經術（即是否有經學根基），以及經術是否純粹。朱彝尊又告誡其孫云：

凡學詩文，須根本經史，方能深入古人窔奥；未有空疏淺陋、剿襲陳言而可以稱作者。〔二〕

可見，無論是論史，抑或是作文，朱氏均以六經爲依歸。朝代可以更替，文化必須傳承。這是明清

〔一〕朱彝尊《與李武曾論文書》，《曝書亭集》卷三一。

〔二〕朱桂孫、朱稻孫《皇清欽授徵仕郎日講官起居注翰林院檢討祖考竹垞府君行述》，頁二八七。

易代之際，影響士人出處進退的重要因素。在宗社傾覆、抗清無望的情況下，搜輯遺佚，網羅放失，撰成集歷代經籍著述之大成的著作，不失爲一種有所擔當的明智選擇。早在崇禎十一年（一六三八），朱彝尊入譚氏家塾讀書，業師朱茂晥鑒於當時政局之糜亂，即勸朱彝尊棄時藝而習古文，走學術之路。朱彝尊後來以整理典籍、傳承文獻爲己任，其内因實深植於此際〔一〕。

尊崇六經之外，朱氏復崇尚博雅，傾心於精審之考辨。對同時學人采擇廣博、考證精核之著述，朱氏多有褒揚。如論萬斯同《歷代史表》云：

［萬氏］取歷代正史之未著表者，一一補之，凡六十篇，益以《明史表》一十三篇。攬萬里於尺寸之内，羅百世於方册之間，其用心也勤，其考稽也博，俾覽者有快於心，庶幾成學之助，而無煩費無用之失者與！〔二〕

又贊鄭元慶云：

余友鄭元慶芷畦，既輯《府志》成書，又别釋《石柱記》一卷以行。考證詳核，廣見博聞，洵不刊

〔一〕關於此節，詳拙文《朱彝尊家學考——兼論竹垞文學與學術之起點》（載《蘇州大學學報》二〇一八年第三期，頁一三一—一三九）。

〔二〕朱彝尊《萬氏歷代史表序》，《曝書亭集》卷三五。

之書也。[一]

對剿襲前人、并無新見之著述，則予指斥。前揭對《五經四書大全》之批判，即爲其例。若局守一家之説者，朱氏則批評其『足以自信，不足以析疑』[二]。《經義考》采録條目達八千二百餘條，輯録諸儒論説超過千餘家，朱氏本人案語過千則（參本書第二、四、五各章之統計），正是其治學理念的體現。

對朱彝尊尊崇六經、博雅精審之治學旨趣，前人已有所體察。清高宗弘曆題詩贊其『考因晰理求其是，義在尊經靡不勝』[三]。四庫館臣謂：『彝尊文章淹雅，初在布衣之内，已與王士禎聲價相齊。博識多聞，學有根柢，復與顧炎武、閻若璩頡頏上下。凡所撰述，具有本原。』（《經義考提要》[四]）近人亦謂：『蓋其學派亦略與顧［炎武］、閻［若璩］相近，以博通矯弇陋之習，開考證之先，不僅以詞章著也。』[五]

此外，朱彝尊交游極廣，構建了一個强大的學術交流網絡，涉及人物八百餘人，幾乎是清初學術文

[一] 朱彝尊《顔魯公石柱記釋序》，《曝書亭集》卷三五。
[二] 朱彝尊《五經翼序》，《曝書亭集》卷三四。
[三] 《經義考》卷首乾隆『御題朱彝尊《經義考》』。
[四] 《欽定四庫全書總目》卷八五，《景印文淵閣四庫全書》第二册，頁七六六。
[五] 徐世昌《清儒學案》卷三二《竹垞學案》前附識語，中國書店，一九九〇年，頁五二四。

化圈的一個縮影：『從政治上來看，朱彝尊的學術文化圈可以分爲明朝遺民群體、清朝官員群體、其他士民群體等；從地域上來看，有江南、嶺南、福建、山西、京師等不同的文人文化圈。從個體身份上看，既有高踞金字塔尖的當朝皇帝（玄燁），也有圍繞在權力核心的當朝顯貴（如權臣高士奇、徐乾學，貴公子納蘭性德等）；既有遺民志士（如屈大均、魏耕等），也有仕清「貳臣」（如曹溶、李清等）；既有地方要員（如王顯祚、劉芳躅、龔佳育等），也有幕僚清客（如徐善等）；既有少年知己（如周篔、譚吉璁等），也有萍水風塵（如静憐等）；既有學術大家（如錢謙益、黄宗羲、顧炎武、閻若璩等），也有好學後進（如鍾淵映、查慎行等）；既有藏書大家（如黄虞稷、李延昰等），也有流通書估（如陸漻、張星等）。另如王士禛、宋犖等人，也是集多重身份於一身。以上各類人物，背景不同，取向各异，涉及清初社會的各個層面，都因「文章爾雅，宅心和厚」的朱彝尊而交織起來，構成了一個龐大的學術文化圈。朱彝尊訪書、購書、抄書、編書、刻書、售書，能够醉心於故國文獻之整理、儒家典籍之傳承，都得益於這個學術文化圈所提供的各種資源。』〔一〕友朋間相互切磋砥礪，自能促進學問的提升與學術境界的開拓。在明清藏書

〔一〕張宗友《朱彝尊與清初文獻傳承》，載《南京大學學報》二〇一八年第五期，頁一四七。

事業蓬勃發展的文化背景下，朱氏又極喜抄書、聚書，不惜重金以求，即便因此貶官而不廢其志〔一〕，遂能於晚年藏書達八萬卷之巨〔二〕。毫無疑問，朱彝尊强大的學術交流網絡與豐富之藏書，客觀上爲完成《經義考》這一巨著的編撰，提供了必要的文獻條件〔三〕。

綜上，朱彝尊所以撰成《經義考》這一巨著，其緣起并非僅爲『緝學自娱』，而應當是以上各個方面

〔一〕朱彝尊《跋洪遵〈翰苑群書〉》稱，爲輯詞臣典故事，『予既爲史官，思别撰一書……恒囊書入直，曉夜抄撮，積一十四册，擬删其重複，補其闕遺，題曰《瀛洲道古録》。會遭院長彈事，未果會萃成書』（《曝書亭集》卷四四）。其《書櫝銘序》稱：『予入史館，以楷書手王綸自隨，録四方經進書。……尋供事翰苑，忌者潛請學士牛鈕形之白簡，遂罷予官。』《書櫝銘》曰：『奪儂七品官，寫我萬卷書。或默或語，孰智孰愚？』（《曝書亭集》卷六一）《清國史・文苑傳・朱彝尊傳》記其事云：『是時［一六八四］彝尊方輯《瀛洲道古録》，私以小胥録四方經進書，爲學士牛鈕所劾，降一級。』（第一二册，頁八二七）陳康祺《郎潛紀聞初筆》卷一二稱此事爲『美貶』，又謂：『竹垞先生嗜書若命，典試江左時，絳雲已燼，聞牧齋族孫錢遵王撰《讀書敏求記》，載宋板元鈔次第完闕甚備。……乃置酒召諸名士高宴，遵王與焉。私以黄金及青鼠裘賂其侍史，啓篋得之，招藩署廊吏數十人於密室，夜半寫畢，并録得《絶妙好詞》，時人謂之「雅賺」。』（載氏撰《郎潛紀聞初筆二筆三筆》，中華書局，一九八四年，頁二五九—二六〇）

〔二〕朱彝尊《曝書亭著録序》：『予……凡束脩之入，悉以買書。及通籍，借抄於史館者有之，借抄於宛平孫氏、無錫秦氏、昆山徐氏、晋江黄氏、錢唐龔氏者有之。主鄉試而南還里門，合計先後所得，約三萬卷。先人之手澤，或有存焉者。歸田之後，續收四萬餘卷。又上海李君贈二千五百卷，於是擁書八萬卷，足以豪矣。』（《曝書亭集》卷三五）

〔三〕毛奇齡至謂朱彝尊所采前儒著述，皆出其藏書：『于是［朱彝尊］竭搜討之力，出家所藏書八萬餘卷，輯其儒説之可據者，署其經名而分繫其下，有存佚而無是非，使窮經之士一覽而知所考焉，洋洋乎大觀哉！』（《經義考》前附毛氏序）

因素綜合作用的結果〔一〕。朱彝尊自稱《經義考》「憲章千古群儒,發其幽光潛德」〔二〕,可見其宏偉博大的學術抱負。

三　性質:《經義考》之目録特質

如前所述,《經義考》一般被視爲經學目録,如《四庫總目》即將其置於史部目録類下;近來北京大學編纂《儒藏(精華編)》,《經義考》是史部目録類惟一入選之書目。那麽,作爲一部典範著作,《經義考》這部經籍總目,具有何種學術前承?此前的經學目録,已經具有何種學術積累與水平?此等問題,均須探討。

本節先論學科目録之概念與分野,次論經學目録之源流(包括産生、發展及興盛等),以考明《經義考》之學術基礎,從而爲各論題之展開提供必要之學術背景。本章首節探討《經義考》編撰緣起時,目

〔一〕案:關於《經義考》的問世原因(即朱彝尊何以要撰寫此書),楊果霖《朱彝尊〈經義考〉研究》相關内容可以參考。該書第四章《〈經義考〉的成書背景》,分「目録發展的演變」「社會風潮的激蕩」「政治因素的鼓勵」三節加以討論(頁一二六—一五三);第五章《〈經義考〉的編纂》,指出朱氏編纂的動機有二:一是「擴大經學收録範圍,以廣研究視野」,二是「保存經籍微言大義,以考經籍内容」(頁一五六—一五九)。

〔二〕朱彝尊致陳廷敬札,見《曝書亭全集》,吉林文史出版社,二〇一〇年,頁一〇〇二。

録學之内在理路即被視爲重要原因之一；因此，本節亦可視作對此一理路之説明與延伸。

（一）學科目録的概念與分野

所謂學科目録，或稱專科目録，就是將某一學科範圍内的書籍作爲著録對象而編製的一種目録，與綜合目録、特種目録鼎足而三[一]。對於學科目録産生的原因，袁同禮指出：

> 學術隨時代而增進，其園地亦隨時代而擴展；當今之世，學者每以個人精力有限，兼習爲難，勢必分道揚鑣，於是專精尚焉。歐美學術界，自十九世紀中葉以來，即趨重於專門。蓋既尊專門矣，則必於前人研究之結果，先事泛覽涉獵，方能繼長增高。專科目録，緣之而興，目録之學，遂蔚爲大國，駸駸乎莞群學之樞鍵焉。我國載籍，浩如淵海，尤有賴於專門目録，爲之統繫貫穿。[二]

[一]《校讎廣義·目録編》采用這種三分法（程千帆、徐有富著，齊魯書社，一九九八年，頁一五八）。袁同禮在《〈老子考〉序》中，提到了『專科目録』和『專門目録』，前者爲姚名達、王欣夫、來新夏、杜澤遜等學者所沿用（姚名達《中國目録學史》；王欣夫《王欣夫説文獻學》，上海古籍出版社，二〇〇〇年；來新夏《邃谷文録》，南開大學出版社，二〇〇二年；杜澤遜《文獻學概要》，中華書局，二〇〇一年），後者爲蔣伯潛等學者所沿用（蔣伯潛《校讎目録學纂要》，北京大學出版社，一九九〇年），成爲學科目録的异稱。此外，劉咸炘分目録爲四類，『其三曰專目，如宋高似孫《史略》《子略》，近朱彝尊《經義考》，王國維《曲録》及釋道二藏目録之專一門，郡邑志篇之專一方，近人補史藝文志之專一代是也』（參氏著《目録學·著録第一》，載《推十書》第二册，成都古籍書店，一九九六年影印版，頁一七三〇）。劉氏所稱『專目』，實兼包學科目録、地方文獻目録與史志目録三者；故『專』乃『專門』之意，非『專科』之謂，是以『專目』并非學科目録之异稱。

[二] 袁同禮《〈老子考〉序》，載王重民《老子考》書首，中華圖書館協會，一九二七年。

袁氏指出學科目録必然興起的趨勢,且能使目録之學成爲顯學。姚名達繼此又作深入論述:

學者欲通曉古今,洞識所學,乃不得不各自就其本科目録作徹底之研究。此專科目録所以發達於現代,一也。藏家無論公私,多假以自炫,初無專精一科之志,故煌煌巨册,非不豐美;而平均分配,各科皆備;及專家用之,輒感其不精不足;勢須獨具隻眼,另行搜求。此專科目録所以早已脱離藏書目録而獨立,二也。百科競出,群籍充棟,初學者望洋興嘆,茫然不知從何下手。洞明其學者,各就其所賞識,選拔要籍,以作讀本,實爲學術進步之第一階段。此專科目録所以先乎藏書目録而産生,迄乎現代而尤盛,三也。〔一〕

田鳳台也指出:『在目録學中,專科目録一門,有助於治學之功尤大。蓋一般目録,網羅經史,涵包子集,初無專精一種之志,故煌煌鉅册,誠謂大觀。然專家用之,則輒感不精不足,良以時代愈演進,知識範圍愈廣闊,供研究知識之載籍愈浩繁;雖窮其畢生之力,猶不能盡其九牛之一毛,此治學者日趨專門之必然趨勢也。』〔二〕其論與姚氏頗同。學科目録的産生出於學術發展日趨專精的需要,乃爲學界共識。

那麽,最早的學科目録,産生於何時?姚名達認爲:『溯自漢初韓信、張良即已次序兵法,删一百

〔一〕姚名達《中國目録學史》,頁二六八。姚氏以爲『專科目録所以先乎藏書目録而産生』,其論不能成立,參下文考辨。
〔二〕田鳳台《朱彝尊與〈經義考〉》,載《朱彝尊經義考研究論集》,頁六一。

八十二家爲三十五家，專科目録，莫之或先。』〔一〕王欣夫持論相同：『漢初韓信、張良的次序兵法，删一百八十二家爲三十五家，雖無法知道它的内容，但無疑是專科目録的創始者。』〔二〕盧仁龍也説：『專科目録的産生，肇始於漢韓信、張良序次兵法，删一百二十八家爲三十五家，楊僕據此而叙奏《兵録》。』〔三〕

考《漢志·兵書略》云：

> 自春秋至於戰國，出奇設伏，變詐之兵并作。漢興，張良、韓信序次兵法，凡百八十二家。删取要用，定著三十五家。諸吕用事而盜取之。武帝時，軍政楊僕捃摭遺逸，紀奏兵録，猶未能備。至于孝成，命任宏論次兵書爲四種。

案：張良、韓信俱爲卓越的軍事家，故能序次兵法，以指導實踐。他們所『删取要用』的對象，衹能是一百八十二家兵法著作，而不是著録有這些兵法的某種簿録。因此，他們所編定的，也衹能是三十五家兵法著作，而不是目録。從實用角度來看，『諸吕用事而盜取』的對象，當是兵書，而非目録。故上引姚名達、王欣夫等先生的説法，恐難成立。

〔一〕 姚名達《中國目録學史》，頁二六八。

〔二〕 王欣夫《王欣夫説文獻學》，頁六六。

〔三〕 盧仁龍《〈經義考〉綜論》，載《社會科學戰綫》一九九〇年第二期，頁三三四。『一百二十八』當爲『一百八十二』。由下引《漢志·兵書略》可知，楊僕之紀奏兵録，實爲另一次兵書整理活動之結果，并非根據於張、韓之序次兵書。

或以軍政楊僕所奏《兵録》,爲有文字可考的第一部學科目録〔一〕。來新夏先生指出:

[專科目録]比綜合目録出現得早,國家圖書目録中,漢武帝時楊僕所編的《兵録》應算是最早的專科目録,可惜没有流傳後世,使我們無從知道它的編製體例。〔二〕

楊僕整理圖書并『紀奏兵録』,具見上引《漢志·兵書略》。由於『兵録』已佚,故其體製無法知曉;其是否爲目録著作,似未可遽定。後世或由劉向《别録》爲目録,因而反推其例,認爲『兵録』之『録』也是叙録,從而定爲目録著作。如昌彼得先生謂:『楊僕紀奏兵録,兵録當爲兵書之目録,望名可知。』〔三〕余嘉錫先生持論云:

《漢志》云武帝時軍政楊僕紀奏兵録,兵録者,兵書之録也,其體例當與劉向書録同。然則僕校兵書,已有奏上之叙録,亦以明矣。《志》言:『孝武帝世書缺簡脱,禮壞樂崩,聖上喟然而稱曰:「朕甚閔焉!」於是建藏書之策,置寫書之官,下及諸子傳説,皆充秘府。』考《武帝本紀》,此詔在元朔五年,僕之奏兵録當在是時。時方大舉伐匈奴,以兵事爲急,故僕校上兵書。〔四〕

〔一〕《校讎廣義·目録編》:『早在公元前二世紀,我國就出現了第一部有文字可考的學科目録——《兵録》。』頁二一八。
〔二〕來新夏《古典目録學淺説》,中華書局,二〇〇三年,頁三六。
〔三〕昌彼得《中國目録學講義》,文史哲出版社,一九七三年,頁四〇—四一。
〔四〕余嘉錫《目録學發微》卷三,頁八一。

但是，『兵録』并不能遽斷爲目録。首先，就漢廷校理兵書而言，楊僕之作爲同張良、韓信之『删取要用』具有共同性質，前後相承。其於『諸吕』『盗取』之後，加以『捃摭遺逸』，實即另加搜輯，以補未備；故其對象當是散逸的兵書，其成果亦與韓、張相類，乃是經過整理之兵書。由於『猶未能備』，所以孝成帝時任宏纔有校理兵書的必要。由張、韓而楊僕而任宏，漢廷對軍事書籍整理的重視，綿延數代，蔚成系列。張良、韓信在整理圖書完畢之時，并無奏上目録之記載。後於楊僕的任宏，受成帝之命而校理兵書，亦無目録之撰。余嘉錫先生即指出，任宏所分校者，『乃謂校讎之事耳，至於撰次叙録，則向總其成而歆佐之，不復專責之任宏等』。『是知群書之録，皆出之向、歆父子矣』。故任宏未撰叙録，更遑論兵書目録〔一〕。處於這個系列中間的楊僕，乃對張、韓二氏工作加以拾遺補闕，或者也没有撰成目録的必要。其次，就楊僕校理兵書背景而論，上引余嘉錫文已有精當之考辨，知其時在元朔五年（前一二四），『時方大舉伐匈奴，以兵事爲急，故僕校上兵書』。軍情既急，則所校及奏上者均爲兵書，以備戰時之急需。如僅爲一種目録，并不符合實際需要。再次，關於楊僕其人，據《史記》之《南越列傳》及《漢書》之《武帝紀》《酷吏傳》《西南夷兩粤朝鮮傳》等可知，僕曾爲主爵都尉、樓船將軍，乃是武官，故以勇力、嚴酷聞，而未嘗以學名當時，可能并不具備撰寫叙録并上奏目録的學養。另外，檢諸《漢志》等歷代

〔一〕余嘉錫《目録學發微》卷三，頁八三。

目録，并無『兵録』作爲目録之記載。這樣看來，楊僕所紀奏的『兵録』，當是整理後的兵書彙編本〔一〕。因此，『兵録』尚不足以推定爲學科目録。

學科目録著録特定學科領域的著作，因此一般都是群書目録。學科目録的産生，或者有大規模整理圖書的契機，或者出於對學術深入研究的需要。漢成帝時整理圖書，各領域均有專人負責，最有産生學科目録的可能。劉氏父子領校群籍，最後奏上的《七略》，乃是綜合性目録而非學科目録。任宏、尹咸、李柱國，各有專職，但未聞專門寫有目録。東漢時鄭玄遍校群經，撰有《三禮目録》。筆者認爲，這是第一部可考的學科目録。説詳下文。

關於學科目録，其分類標準不一。有代表性的爲以下四家：

表一—一　姚名達等四家學科目録分類表〔二〕

《中國目録學史》（姚名達）	經解目録、譯書目録、哲理目録、宗教目録、文字目録、教育目録、社會科學目録、自然科學目録、應用技術目録、藝術目録、文學創作目録、地理目録、金石目録、歷史目録、國學論文目録

〔一〕吕紹虞曾指出，『兵録』有乃是兵書彙編本的可能。參氏著《中國目録學史稿》，安徽教育出版社，一九八四年，頁一三五。

〔二〕本書通例，表格均以所在章節及序次命名，如『表一—一』，前一數字表明在第一章，後一個數字表明是該章中的第一個表。示意圖命名方式同此，如『圖二—一』。

續表

《王欣夫説文獻學》（王欣夫）	經解目録、譯書目録、哲理目録、文字目録、教育目録、社會科學目録、自然科學目録、應用技術目録、藝術目録、文學創作目録、地理目録、金石目録、歷史目録
《校讎廣義·目録編》（程千帆、徐有富）	經學書目録、史學書目録、諸子書目録、文學書目録
《文獻學概要》（杜澤遜）	經學目録、小學目録、史部目録、子部目録、集部目録

姚名達共分爲十五類，而王欣夫的分類，僅比姚名達少了宗教目録與國學論文目録兩類，可見其相承關係。但是，這一分類，將傳統的四部分類法和新興的圖書館分類法混爲一體，因而無法進行科學的切分。《校讎廣義·目録編》則從傳統的四部法入手，分爲四類，眉目簡潔，頗便利用。與此基本相同的是《文獻學概要》，共分五類。但是，前兩類以『學』名，後三類以『部』名，未能劃一；而且在傳統的目録部次中，小學并不能與四部相埒，而是被視爲經學的附庸。『史部目録』一詞，還有被誤解爲史部目録類的可能。

筆者認爲，對於學科目録，如果是按照傳統學術分類方法著録的古籍目録，宜按四部法來分部；如果是按新興的學科體系來編製的目録，宜按新的圖書館分類法來歸類。簡言之，古書古法，新書新法，這樣或許不至於混淆。陳寅恪指出：『自晉至今，言中國之思想，可以儒釋道三教代表之。此雖通俗之談,然稽之舊史之事實,驗以今世之人情,則三教之説,要爲不易之論。』[一] 此就思想而言。揆諸學術,或亦可作儒學、佛學、道學之三分。按照中國傳統學術的分野,不妨將學科目録試分爲儒學目録、道學目録與佛學目録三大類。如果從强調藏書的角度來看,或許也可以稱爲儒藏目録、道藏目録、佛藏目録。在中國傳統的目録體系中,四分法占主流地位,習慣上以經、史、子、集四部來部次群書,所以也不妨徑以經學目録、史學目録、子學目録、文學目録四名,來總稱各部專有目録。這樣看來,《校讎廣義》的做法比較審慎。

學科目録最能反映某學科的學術源流。這是因爲其範圍一定,均以某學科的書籍作爲著録、研究對象,因而易於部次,也易於條别源流。當然,能否編製出高水平的學科目録,同編纂者的學術素養、眼光、旨趣以及投入之時間等要素,均密切相關。

(二) 經學目録的概念

顧名思義,經學目録是以經學著作爲著録對象的學科目録[二]。經學著作,以《五經》(《易》《書》《詩》《禮》《春秋》)爲核心典籍。先秦之時,諸子多稱六經,并不限於儒家(《莊子·天下篇》即稱『六

[一] 陳寅恪《馮友蘭中國哲學史下册審查報告》,載氏著《金明館叢稿二編》,生活·讀書·新知三聯書店,二〇〇一年,頁二八三。
[二] 筆者有《論中國古代經學目録的産生與發展》專文,載《古典文獻研究》第七輯,鳳凰出版社,二〇〇四年。

經』）。漢武帝罷黜百家，表彰六藝，博士限立五經（樂本無經，故不立），儒家之術獨倡，這幾部經典就成爲儒家的核心文本。從此，作爲封建官學和統治學説的經學得以確立。其源溯六藝而可上及三代，其流衍記傳而下至有清，兩千年來，綿延不絕。歷代圍繞這幾部典籍而産生的解經之作，汗牛充棟，蔚爲大觀〔一〕。

解經之作，總稱經解。漢人解經，有章句之學，有訓詁之學；其後又發展爲義疏之學（兼受佛教傳入之影響）。宋儒則以道統自任，解經重在闡發性理，稱義理之學。明儒楊慎謂六經『傳注於漢，疏釋於唐，議論於宋』〔二〕，極其精約地指出歷代解經之特點。要言之，解經之途有二：一是訓詁式的，求得語言學上的確解；另一種是義理式的，求得哲學上的大義。當然，古人解經，二者未曾偏廢，也不可偏廢。

經過近兩千年的漫長發展，經解不僅形式多樣，而且數量龐大。章學誠指出：『經部之所以浩繁，

〔一〕周勛初先生指出：『先秦時期，學術界無所謂經、子之分，因爲儒家學派也衹是與其他學派并列的一個學派。但自漢武帝獨尊儒術、罷黜百家之後，儒家的地位提高了，於是有關這一學派的幾部重要典籍，幾位主要人物的語録，都被尊奉爲「經」，作爲法定的正統思想而供人學習。歷代統治階級出於政治上的需要，不斷把自己思想意識方面所需要的東西粘附上去，使得這些普通的書成了駁雜難明的聖經賢傳。』《羅根澤説諸子·前言》，上海古籍出版社，二〇〇一年，頁七。

〔二〕楊慎《升庵集》卷七五『劉静修論學』條，《景印文淵閣四庫全書》第一二七〇册，頁七五〇。

則因訓詁解義音訓而多。』〔一〕就著作形式而言,有傳、箋、注、疏、論、説、譜、數、圖、音、注疏、集解、正義、章句、義疏、類例、考正等等的不同,但都是以五經爲核心,遞加疏解而成。『從生成結構上看,學術創新不是無中生有的面壁虚構和憑空杜撰,而是依據生生之道「化腐朽爲神奇」,通過對歷史學術文本的智慧閲讀,尤其是對元典文本的創造性的詮釋及其詮釋方法的推陳出新而獲得的。詮釋文本(hermeneutical text)的轉换,是中國學術創新的特徵之一,是學術流派創立的文獻標志。』〔二〕

由於歷代遞有新解,又因各種原因而導致書籍亡失,因此,歷史上究竟有多少經學著作,現已無法確考。朱彝尊《經義考》所收,上起先秦,下至清初,其條目達八千二百餘(參本書第二章第二節之統計),可見其盛。

經學核心典籍的數量,也是不斷增加的。即以被稱爲『經』的典籍而論,就由五種而漸次增加至十三種,先後出現了『七經』『九經』『十經』『十二經』『十三經』『十四經』『二十一經』等專稱〔三〕。梁斗輝指出:『孔子删述六經,自《五經》分而《樂經》僅存一篇,以附《禮記》,全書闕焉。《五經》又分《周禮》《儀禮》《禮記》爲七經;復益以《孝經》《論語》爲九經;以《春秋》分《三傳》爲三,合《孝經》《論語》爲一,於

〔一〕章學誠《論修史籍考要略》,載《章學誠遺書》,文物出版社,一九八五年,頁一一六。
〔二〕張立文《中國學術通史·總序》,頁一三。
〔三〕參周予同《中國經學史講義》,上海文藝出版社,一九九九年,頁一八—二六。

是有十經；以六經加六緯，於是有十二經；以《易》《書》《詩》《三禮》《三傳》加《孝經》《論語》《孟子》《爾雅》，謂之十三經：群聖心法始大備。」〔一〕南宋時，朱子從《禮記》中摘出《大學》《中庸》兩篇，爲作章句；又爲《論語》《孟子》作集注，合稱《四書章句集注》；又有《四書或問》。《四書》之名，遂與《五經》相配，其地位亦不在《五經》下。元代科舉以《四書五經》爲範圍，明清繼之，成爲士子讀書的指南。

爲什麽經學著作數量如此之多，又都以解經的形式表現出來？前文「粘附」（周勛初）、「詮釋」（張立文）之説，頗能明瞭。馮友蘭指出：

在經學時代中，諸哲學家無論有無新見，皆須依傍古代即子學時代哲學家之名，大部分依傍經學之名，以發布其所見。其所見亦多以古代即子學時代之哲學中之術語表出之。此時諸哲學家所釀之酒，無論新舊，皆裝於古代哲學，大部分爲經學，之舊瓶内。

舊瓶新酒，洵爲善喻。至於新酒裝於舊瓶的原因，馮氏指出：

秦漢大一統，政治上定有規模，經濟社會各方面之新秩序，亦漸安定。自此而後，朝代雖屢有

〔一〕《經義考》卷二五〇《十三經緯》條下所引《自序》。

改易,然在政治、經濟、社會各方面,皆未有根本的變化。各方面皆保其守成之局,人亦少有新環境,新經驗。以前之思想,其博大精深,又已至相當之程度。故此後之思想,不能不依傍之也。[一]

馮氏雖僅就哲學思想而言,但著述爲思想之載體,正可説明經學著作在《五經》的基礎上遞加附益,蔚成大國的内在理路。是以經學著作都以經爲核心,用注、疏等形式申發自己的見解:

由於孔子奠定了『述而不作』,也就是寓作於述、寓開來於繼往的文化發展的基本性格,遂使中國古代學術思想史上形成了悠久的注疏傳統。這一傳統的基本特色,就是思想家通過對經典的注釋來表達自己的思想,建立自己的體系,使得他們的思想成果,總是含蘊着『舊學』與『新知』兩方面。而這種注疏形式的本身也就要求思想家具有廣泛的『學』的基礎,亦即『效』的基礎。由『學』而『創』,從而臻於『舊學商量加邃密,新知培養轉深沉』之境。[二]

(三) 經學目録的産生:鄭玄《三禮目録》

關於最早的經學目録,學界一般認爲始於宋代。如蔣伯潛指出:『經書之獨立編目,殆自《宋志》

[一] 馮友蘭《中國哲學史》(下册),華東師範大學出版社,二〇〇〇年,頁四。

[二] 張伯偉《略論中國古代學術傳統的形成》,載《程千帆先生八十壽辰紀念文集》,江蘇古籍出版社,一九九二年,頁一七。

所録歐陽伸(一作坤)底《經書目録》始。』〔一〕莊清輝云:『《宋史・藝文志》所載歐陽伸(一作坤)《經籍(書)目録》十一卷,方得謂爲經書專録之始。』〔二〕蔡瑱琪云:『《宋史・藝文志》中歐陽修〔坤〕的《經書目録》是最早的經學專科目録。』〔三〕

盧仁龍則將經學目録的産生,上推至東晋:

最早的經學專科目録當推東晋江熙《論語集解》所集十三家姓氏,另有張璠《周易集解》,也彙集了他以前的二十二家姓氏(《七録》云二十八家)。前者見於皇侃《論語義疏》前引,後者載陸德明《經典釋文叙録》内。這些專經引用書,僅具專科目録雛形而已。爾後,陸德明撰《經典釋文叙録》,詳列了他所撰集《釋文》所引著作目録,除《老子》《莊子》外,實爲唐以前現存經書目録。〔四〕

盧氏所舉,僅是附書以行的引用書目。盧氏還認爲,現存經學專科目録始於明代,如朱睦㮮《授經圖》《經序録》等。

〔一〕蔣伯潛《校讎目録學纂要》第六章《專門目録》,頁五〇。
〔二〕莊清輝《〈經義考〉與〈四庫提要〉之關係》,載《朱彝尊經義考研究論集》,頁四七七。
〔三〕蔡瑱琪《從目録學角度看〈經義考〉》,載《朱彝尊經義考研究論集》,頁一六三。
〔四〕盧仁龍《〈經義考〉綜論》,載《社會科學戰綫》一九九〇年第二期,頁三三五。

筆者認爲,第一部可考的經學目録當推東漢鄭玄所著《三禮目録》〔一〕。此目同時也是第一部可以確考的學科目録。

鄭玄遍注群經,集兩漢經學之大成。《後漢書·鄭玄傳》云:『自秦焚六經,聖文埃滅。漢興,諸儒頗修藝文。及東京,學者亦各名家。而守文之徒,滯固所禀,异端紛紜,互相詭激。遂令經有數家,家有數説,章句多者,或乃百餘萬言。學徒勞而少功,後生疑而莫正。鄭玄括囊大典,網羅衆家,删裁繁誣,刊改漏失。自是學者,略知所歸。』鄭氏尤精《毛詩》與三禮。其《毛詩箋》《禮記注》,爲孔穎達撰《毛詩正義》《禮記正義》所采;《周禮注》《儀禮注》,又爲賈公彦撰《周禮注疏》《儀禮注疏》所采。這四部著作,後來都收入《十三經注疏》中,成爲經學的核心典籍之一。正是出於精研三禮的需要,纔催生了《三禮目録》這部學科目録。

《隋志》載:『《三禮目録》一卷,鄭玄撰。』注云:『梁有陶弘景注一卷,亡。』其後《舊唐志》《新唐

〔一〕《欽定四庫全書總目》卷八五史部目録類小序中,以爲這是『目録』名稱之所昉。《文選》卷三八任彦升《爲範始興作求立太宰碑表》,李善注引《七略》曰:『《尚書》有青絲編目録。』卷三二王康琚《反招隱詩》『推分得天和,矯性失至理』,李善注云:『劉向《列子目録》曰:「至於《力命篇》,一推分命。」』則劉向、歆父子校書時已用『目録』之稱,遠在鄭玄之前。

志》、鄭樵《通志·藝文略》、王應麟《玉海·藝文》及朱睦㮮《授經圖義例》等均有著録或述及[一]。雖然如此，該書可能在宋時就已亡佚了，因爲《册府元龜》《玉海》是類書，係抄撮前代著述編製而成；《通志·藝文略》通記歷代圖書，并非都是鄭氏所親見；朱睦㮮《授經圖義例》亦通記歷代經學著述，并且不注存佚。宋代藏書目録如《崇文總目》以及晁公武《郡齋讀書志》、陳振孫《直齋書録解題》、尤袤《遂初堂書目》等，都不著録此書。

《三禮目録》雖佚，但部分内容得以保存。陸德明《經典釋文》、孔穎達《禮記正義》、賈公彦《周禮義疏》《儀禮義疏》中，對該目均有引用，爲後代輯佚提供了可能。鄭樵在《通志·校讎略》中有『書有名亡而實不亡論』，即以鄭玄是書作爲顯例：『《三禮目録》雖亡，可取諸《三禮》。』[二]意謂此目實以《三禮》篇目爲基礎，可知概要。清代輯佚發達，該目遂出現多種輯本[三]。

根據黄奭輯本，鄭氏此書可以分爲四部分：第一部分爲總序，言所以爲目録之義，在於糾鄭興、鄭

[一] 以上分見《隋書》卷三二、《舊唐書》卷四六、《新唐書》卷五七、《玉海》卷三九（江蘇廣陵古籍刻印社，一九八五年影印本［據浙江書局光緒九年刻本］，第二一册，頁一五）、《通志》卷六四（見《通志二十略》，王樹民點校，中華書局，一九九五年，頁一五〇〇）、《授經圖義例》卷二〇（《景印文淵閣四庫全書》第六七五册，頁三二五）。

[二] 鄭樵《通志》卷七一，見《通志二十略》，頁一八〇七。

[三] 主要有：王謨輯本，見《漢魏叢書鈔》、《經翼》第二册；袁鈞輯本，見《鄭氏佚書》（浙江書局本）；孔廣林輯本，見《通德遺書所見録》；臧庸輯本，見《拜經樓叢書》；黄奭輯本，見《漢學堂叢書》《黄氏逸書考》（民國修補本、民國補刊本）、《通德堂經解》。另外，胡匡衷撰有《鄭氏儀禮目録校證》一卷，見《皇清經解續編》（南菁書院本、蜚英館石印本）。

衆、衛宏、賈逵、馬融等人解詁之失;第二至第四部分爲《周禮》《儀禮》《禮記》目録,乃就各書之篇目,逐一爲之提要。其提要或釋名義,或辨异同,均綜録各篇大旨。如釋《周禮·天官冢宰第一》云:

象天所立之官。冢,大也。宰,官也。天者,統理萬物。天子立冢宰,使掌邦治,亦所以總御衆官,使不失職。不言司者,大宰總御衆官,不主一官之事也。

其《儀禮提要》,還同時指出各篇類屬,并説明於大、小戴《禮》、劉向《别録》篇次如何。如釋《儀禮·士昏禮第二》云:

士娶妻之禮。以昏爲期,因而名焉。必以昏者,取陽往陰來之義。日入三商爲昏。昏禮於五禮屬嘉禮。大、小戴及《别録》,此皆第三。

根據鄭氏提要,不難總結出大、小戴《禮》、《别録》與鄭氏整理的《儀禮》篇次對應表來。這就爲進一步研究《儀禮》及劉向《别録》等書提供了綫索。因此,該書實際上是一部保存了豐富史料的、富有特色的提要目録〔一〕。張舜徽評價説:

〔一〕喻克明在《三禮目録的文獻價值》一文中,對此從七個方面進行分析:一、釋篇名,二、示要點,三、詳篇次,四、分類别,五、記分合,六、考存佚,七、辨僞書。論述精到,足以發明其價值。此不具引。參《四川教育學院學報》二〇〇一年第五期,頁五三—五四。

顧後人徒以康成注經兼録异文，考訂疑誤，大有裨於遺經，而不知其不可泯没之功，固猶在考鏡原流，厘析篇帙間也。……觀其爲《易》《書》作贊，爲《詩》作譜，爲三《禮》作目録，爲《論語》作《篇目弟子注》，辨章學術，部次群書，向、歆以後，一人而已。〔二〕

由此可見，鄭玄《三禮目録》，其要在能『辨章學術，部次群書』，與章學誠氏所揭目録學旨趣基本相同。張氏稱其爲劉氏父子以後『一人而已』，可謂推崇備至。

（四）經學目録的發展：從《經書目録》到《授經圖》

自《三禮目録》以後，經學目録進入了緩慢的發展階段，遠不及其他學科目録之興盛。

一、三國至五代學科目録情况

如果對三國至五代這七百餘年間的目録著作加以考察，就會發現，統載四部的綜合性目録占了絶大多數，以至於不少目録直接以『四部書目』綴名；而正是在這段歷史的中期，經、史、子、集這四大書目部類的名稱與順序，得以最終確立。史部與集部的學科目録也在此期出現，并且較經學目録爲多。

〔二〕張舜徽《鄭氏校注群經實寓辨章學術之意》，載氏著《廣校讎略》卷五（華中師範大學出版社，二〇〇四年，頁八九）。又，先生於《廣校讎略序》中云：『後世經師徒服康成注《禮》箋《詩》，精審無匹，而不知其譜《詩》贊《易》《書》，甄論六藝，叙《三禮目録》之功，爲尤不可泯。』（同前，頁一）

下表列出載於《隋志》《舊唐志》《新唐志》及《崇文總目》的主要史學、文學目録（書名及出處兩欄，書名號省略）：

表一—二　三國至五代學科目録一覽表

書名	作者	卷數	出處	類別	備注
雜〔新〕撰文章家集叙	荀勖	十	隋志	文學目録	簡稱「文章叙録」
文章志	摯虞	二	隋唐志	文學目録	
續文章志	傅亮	二	隋唐志	文學目録	
晋江左文章志	宋明帝	三	隋唐志	文學目録	
宋世文章志	沈約	二	隋唐志	文學目録	
新撰文章家集	荀勖	五	兩唐志	文學目録	
義熙以來新集目録	丘深之	三	兩唐志	文學目録	
史目	楊松珍	三	兩唐志	史學目録	
樂府詩目録		一	崇文總目	文學目録	不載作者
文選著作人名目		三	崇文總目	文學目録	不載作者
十三代史目		十	崇文總目	史學目録	不載作者。注「闕」。《新唐志》載有「宗諫注」

續表

書名	作者	卷數	出處	類別	備注
十九代史目		二	崇文總目	史學目録	不載作者
唐列聖實録目		五十	崇文總目	史學目録	注「闕」
河南東齋史目録		三	崇文總目	史學目録	注「闕」
唐書叙例目録		一	崇文總目	史學目録	注「闕」

可見史部、集部之學科目録較盛。與此相對照的是，居於四部之首的經部，其學科目録却很難覓到。《隋志》簿録類載有《陳承香殿五經史記目録》二卷，作者不詳。《新唐志》目録類則有李肇《經史釋題》二卷。以上兩種目録，均是兼録經、史的兼科目録，同單一的學科目録有所不同。值得注意的是，《隋志》簿録類還載有《雜儀注目録》四卷。但該書撰者既不可詳，其後載籍又罕見收録[一]，故其内容與體例均無從考察，不能斷定是否爲經學目録。

二、《經書目録》與《經略》

上述局面直到北宋纔有改觀。《宋志》載：『歐陽伸（一作坤）《經書目録》十一卷。』遺憾的是，該書

[一]《册府元龜》卷六〇八的注文中提到一次，僅言《隋志》著録該書（《景印文淵閣四庫全書》第九一二册，頁六三四）。

著録，僅此一見。由於著者生平未能詳考[一]，加之此書久佚，其體製亦無法考求，但該書爲經學目録是没有疑問的。

南宋時，高似孫博雅好古，撰述宏富，有《經略》《緯略》《史略》《子略》《詩略》《集略》等多種[二]，可惜前三種均已失傳，無法窺其面貌。但從所存《史略》《子略》等書來看，高氏既能輯録諸家論説，搜集相關書目，有時還或多或少地加以評述，表明自己的學術傾向。其《史略序》云：

> 乃爲綱羅散軼，稽輯見聞，采菁獵奇，或標一二，仍依劉向《七録》法，各彙其書，而品其指意。[三]

『各彙其書，而品其指意』，即部次群書，撮其指意，同時又有論其得失、條別源流之意，正是取法劉氏父子。此外，該書突出的特點是采取了輯録體提要的方法。可以説，在章學誠《史籍考》以前，《史略》當爲史學目録的代表之作。

如果高氏《經略》，其著述體製與《史略》相仿的話，那麽，該著作爲經學目録的性質就比較明顯，辨

[一] 惟《福建通志》卷三三稱歐陽伸中熙寧六年（一〇七三）余中榜，知古田縣。其他無考。
[二] 高似孫，字續古，號疏寮，鄞（寧波）人。曾任秘書省校書郎、著作佐郎等職。
[三] 高似孫《史略》，遼寧教育出版社，一九九八年，頁一。《隋志》著録有劉向《七略別録》二十卷、劉歆《七略》七卷；梁阮孝緒有《七録》。故文中『劉向《七録》』之表述有誤。

章學術，考鏡源流，也是應有之義。高氏著書雖多抄撮，以快速成書貽譏後世，但他在學科目録上的貢獻，不容忽視。

三、《授經圖義例》與《經序録》

明代朱睦㮮〔一〕撰有《授經圖》一書。後經龔翔麟、黄虞稷校正，收入《四庫全書》，有二十卷，題作《授經圖義例》〔二〕。此書本宋時《授經圖》而作。《宋志·經解類》有『《授經圖》三卷』。《崇文總目》卷一『《授經圖》三卷』，提要云：『不著撰人名氏，叙《易》《詩》《書》《禮》、《春秋》三家、《論語》《孝經》之學師承，相第系而爲圖。』〔三〕故其成書，當在北宋仁宗慶曆（一〇四一—一〇四八）以前。姚名達云：『《崇文總目》有《授經圖》一卷，叙五經三傳之學，其書不傳，未詳體製。』〔四〕體製雖不可詳，但其書性質，則可推

〔一〕朱睦㮮，字灌甫，博學通經，學者稱爲西亭先生。另撰有《五經稽疑》六卷、《韵譜》五卷等。其人『修學好古，有河間大雅之風』（《〈經序録〉序》）。

〔二〕胡玉縉《授經圖提要》云：『是書《四庫》著録爲龔翔麟、黄虞稷竄改本，《提要》已譏其非睦㮮之舊。』胡氏所見，係『道光己亥李氏惜陰軒據萬曆癸酉原本重刊者』（胡玉縉《四庫未收書目提要續編·經部稿》，吴格整理，載《經學研究論叢》第七輯，學生書局，一九九九年，頁二九四）。

〔三〕王堯臣等撰，錢東垣等輯釋《崇文總目》，《中國歷代書目叢刊》本，頁二九—三〇。

〔四〕姚名達《中國目録學史》，頁二六九。其叙述尚有《論語》《孝經》之師承，其體製則有圖有經論。參朱氏《授經圖義例》自序（《景印文淵閣四庫全書》第六七五册，頁二三五）。

爲經解之書〔一〕，專以圖明傳經世系，與後世傳經表相類。

朱氏《自序》，言其撰述緣起云：

余觀《崇文總目》有《授經圖》，不著作者名氏。敘《易》《詩》《書》《禮》、《春秋》三家之學，求其書，亡矣。及閲章俊卿《考索》圖，六經皆備，間有訛舛，余因考之。蓋自東漢而下，諸儒授受，鮮有的派。云其經義，或私淑，或自治，或受之國學，俱繫之爲某受爲某傳，可乎？余于是稽之本傳，參之諸説，以嘗請業及家學者，各爲之圖。以一二傳而止者，亦録之以備咨考。舊圖俱無傳，圖後或録經論數條，而諸儒行履弗具，使覽者不知其爲何如人也。余既爲圖，復捃摭其要而作傳，無關經學、無裨世教者皆略焉。傳成，以諸儒著述及歷代經解附之，厘爲四卷，藏之家塾，以俟同好，庶斯道之不墜也。〔二〕

〔一〕核諸《崇文總目》，則《授經圖》與《白虎通德論》《五經鈎沉》《刊謬正俗》《六説》《經史釋題》《九經餘意》《演聖通論》等書，俱繫於論語類下，故四庫館臣注云：『疑本有經解一門，以《白虎通》爲首，而佚其標題也。』（《景印文淵閣四庫全書》第六七四册，頁二一一—二一二）這種懷疑頗有道理，亦可見出《授經圖》確爲經解之作。

〔二〕載《授經圖義例》卷首，《景印文淵閣四庫全書》第六七五册，頁二三五。

則該書是在《授經圖》及章如愚《山堂考索》舊圖的基礎上加以增訂的〔一〕。後來黄虞稷與龔翔麟等又加以厘正。黄氏《授經圖義例序》，備陳其體例及不足：

宋《崇文總目》，有圖三卷，緣存而書亡。明萬曆初，中尉西亭本其旨，因章俊卿《山堂考索》圖，更爲細訂。每經之首，著凡例數則，其次爲授經之圖，又其次爲諸儒之行履有關經術者，節爲傳。末則附其所著，而下及于魏晋以來傳注之目。俾後人按籍以求，瞭若掌録，誠有功經學之書也。惜其所載傳注，時有缺誤，而類例亦未盡善。如古本之《易經》上下、十《傳》，各自有書，王弼本始以《彖》《象》《文言》繫各爻辭之下。《書》則伏生口授之二十九篇，先興于齊、魯之間，古文後出于孔壁，先儒多疑之者。西亭舊本，先後不無參錯。予與龔子蘅圃，重爲厘正。《易》則以復古爲先，《書》則以今文爲首。其他經傳之缺軼者，復取歷代史《藝文志》及《通志》《通考》所載，咸爲

〔一〕宋代章如愚《山堂考索》（又名《群書考索》），雖爲類書，但首列六經門，追溯授經源流，每經前先陳一圖，蓋本《授經圖》而增成之。四庫館臣《山堂考索提要》云：「宋自南渡以後，通儒尊性命而薄事功，文士尚議論而鮮考證。如愚是編，獨以考索爲名，言必有徵，事必有據，博采諸家而折衷以己意，不但淹通掌故，亦頗以經世爲心，在講學之家，尚有實際。惟其書卷帙浩繁，又四集不作於一時，不免有重複牴牾之處。……然大致網羅繁富，考據亦多所心得，在宋人著述之中，較《通考》雖體例稍雜而優於釋經，較《玉海》雖博贍不及而詳於時政，較黄氏《日鈔》則條目獨明，較吕氏《制度詳説》則源流爲備。前人稱蘇軾詩如武庫之兵，利鈍互陳，如愚是編，亦可以當斯目矣。」（《欽定四庫全書總目》卷一三五，《景印文淵閣四庫全書》第三册，頁八六六—八六七）評價較高。今人亦認爲：「本書……雖體例稍顯雜亂，仍不失爲一部較成功的大型類書。」（《影印〈群書考索〉説明》，章如愚《群書考索》，書目文獻出版社，一九九二年影印版，頁一）章氏字俊卿，號山堂，金華人，曾知貴州，《宋史》儒林有傳。

補入,而近代傳注可存者,亦間録焉。視西亭所輯,庶幾少備矣乎!然是編也,于漢儒略具矣,而有宋諸儒之著述,如藍田、上洛、洛陽、延平,則程門之嫡嗣也;金華、新安,則伊洛之孫曾也。逮婺源朱子出,而五經之學益明。雙湖、雲峰之于《易》,慶元〔源〕輔氏之于《詩》,九峰蔡氏之于《書》,勉齋、信齋之于《禮》,清江張氏之于《春秋》,與夫元明以後諸儒闡明羽翼,亦等於漢儒之家法,而義理過之。其源流派别,未有序而圖之者。苟得續是編以傳,其爲裨益經學,不更大乎?世多留意正學之士,予且有厚望矣。〔一〕

對於黄、龔二氏之作爲,四庫館臣批評説:

睦㮚《義例》稱:『周漢而下至金元,作者凡一千一百三十二人,國朝三十九人;經解凡一千七百九十八部,二萬一千七十一卷。』虞稷等附注其下,稱:『新增入古今作者二百五十五人,經解凡七百四十一部,六千二百一十八卷。』則虞稷等大有所竄改,非復睦㮚之舊矣。今以所竄改者觀之,《易》稱以復古爲先,而列《子夏易傳》,實王弼本,非古《易》也。《書》稱以今文爲首,而所列朱子《書古經》,實孔安國本,非今文也。以是例推,殆未能盡允。且睦㮚之作是書,大旨病漢學之失傳,因溯其專門授受,欲儒者飲水思源,故所述列傳,止於兩漢。其子勤莫跋,亦稱:『秦燼之餘,

〔一〕載《授經圖義例》卷首,《景印文淵閣四庫全書》第六七五册,頁二三三—二三四。

六經殘滅，漢興諸儒，頗傳不絶之緒，於是專門之學甚盛。至東京則授受鮮有次第，而經學亦稍稍衰矣。故是編所列，多詳於前漢』云云。其著書之意，粲然明白。虞稷等乃雜采諸家以補之，與睦㮚所見，正復相反。〔一〕

該書的長處，在於使『後人按籍以求，瞭若掌録，誠有功經學之書』。其著述條理明晰，頗便於圖、傳、目三者之交相爲用。因此，該著又具有目録性質。朱彝尊在《授經圖序》中指出：

> 授經諸圖，見於章氏《考索》。明西亭宗正復加厘定，并采諸儒言行，列爲小傳。由是師友淵源，燦如指掌。自漢以後，晨星相望。專家雖不逮漢儒，而亦多有纘承，惜其未暇補入。然傳注、義疏、序解、辨問諸條，犂然各具於圖之左方，覽者因目以求其書，則得矣。〔二〕

鄭樵曾於《通志·圖譜略·索象》中，備言圖對於治學的作用：『圖至約也，書至博也，即圖而求易，即書而求難。古之學者，爲學有要，置圖於左，置書於右，索象於圖，索理於書，故人亦易爲學，學亦

〔一〕《欽定四庫全書總目》卷八五《授經圖提要》，《景印文淵閣四庫全書》第二册，頁七六四。案：《景印文淵閣四庫全書》本稱爲《授經圖義例》，其實一書。又，該條提要實爲翁方綱初撰，其文字較今《四庫全書總目》簡略（參《翁方綱纂四庫提要稿》，翁方綱撰，吴格整理，上海科學技術文獻出版社，二〇〇五年，頁四三七）。

〔二〕朱彝尊《曝書亭集》卷三四。又，《景印文淵閣四庫全書》本中首載此序，名《授經圖義例序》，但其後却與黄虞稷序連屬，蓋刊刻之失也。

易爲功，舉而措之，如執左契。』〔一〕《授經圖義例》無疑具此功效。翁方綱認爲，朱彝尊所以撰《經義考》，實受此書之啓發：

此書舊無刊本，至黄虞稷、朱彝尊始同校定刻之。彝尊遂因之以撰《經義考》，於是經學授受源流燦然備具矣。〔二〕

《四庫總目》亦推重該書云：

朱彝尊《經義考》未出以前，能條析諸經之源流，此書實爲之嚆矢，正不以有所點竄，并其原書而廢之矣。〔三〕

胡玉縉《授經圖提要》云：

［此書］前有萬曆元年自序，稱『東漢而下，諸儒授受，鮮有的派。其經義或私淑，或自治，或習之國學，未可稱爲某授某受』，所見甚爲精卓。……然條析諸經源流，實爲朱彝尊《經義考》之先導。〔四〕

〔一〕鄭樵《通志》卷七二，見《通志二十略》，頁一八二五。
〔二〕翁方綱《翁方綱纂四庫提要稿》，頁四三七。
〔三〕《欽定四庫全書總目》卷八五《授經圖提要》，《景印文淵閣四庫全書》第二册，頁七六四。
〔四〕胡玉縉《四庫未收書目提要續編·經部稿》，吴格整理，載《經學研究論叢》第七輯，頁二九四。

因此，在朱彝尊《經義考》未出之前，此書實爲經學目録的代表之作。

朱睦㮮另撰有《經序録》一書。四庫館臣云：『睦㮮既作《授經圖》，又取諸家説經之書，各采篇首一序，編爲一集，以志其概。頗嫌挂漏。』[一]按照該書前面《經序録叙》[二]的説法，朱氏『凡爲經之傳注訓詁者，皆載其叙之文，使世之學者，不得見其書而讀其《序》，固以知其所以爲書之意，庶以廣其聞見，而不安於孤陋，實嘉惠後學之盛心也』。從著述體例上看，該書頗爲獨特。同《授經圖》一致，該書亦分易、書、詩、春秋、三禮五部分，每部分先列目録一卷，僅載書序與作者（此即本書目録）；次列正文一卷，則依目録順序，分載各序全文。易類載序文最多，凡三十七篇；春秋類次之，計三十一篇；書、詩兩類相等，各十八篇；三禮類最少，僅載十六篇。凡載文一百二十篇，基本囊括了漢、唐、宋、元諸儒重要的經解序文。該書雖然被繫於史部目録類[三]，但是不難發現，其著述重心在於序文，可以看成是一部有簡目的經解序文之彙編，也可視爲一部頗具特色的經學目録。該書在目録學上的貢獻，在於『開

[一]《欽定四庫全書總目》卷八七《經序録提要》，《景印文淵閣四庫全書》第二册，頁七九四。

[二] 案：朱彝尊《經義考》卷二四九録此序，題作者爲周大禮。檢《經序録》所録該序（《四庫全書存目叢書》史部第二七七册，齊魯書社，一九九七年，頁一八二—一八四），亦題『昆山周大禮撰』。但該序實爲歸有光代撰，《震川集》卷二載此序，下注『代』字；《文章辨體彙選》卷二八二收此序，則徑稱歸有光作。閻若璩在《尚書古文疏證》第八十三中（卷六），專辨此序之失，但推崇此文，以爲是序中『最佳』者，爲時人所不及（《清經解續編》本，王先謙編，上海書店，一九八八年影印版，第一册，頁一七三）。

[三] 王雲五主持之《續修四庫全書提要》，將該書置於經部五經總義類（臺灣商務印書館，一九七二年，第三册，頁九八〇）。中國科學院圖書館整理之《續修四庫全書總目提要（經部）》，則置入群經總義類（中華書局，一九九三年，頁一三二六）。

通考古今經書，移録原序之創例』〔一〕。《經義考》所取則者，正是此一創例。翁方綱云：『明西亭朱氏《經序録》，實秀水朱竹垞氏《經義考》所本也。』〔二〕盧仁龍也指出：『是則二書一述源流，一例叙説，而朱彝尊兼本之也。』〔三〕

此外，朱睦㮮《萬卷堂書目》經部目録類著録有《古經解目録》一卷，黄虞稷《千頃堂書目》卷一〇簿録類亦予著録。從書名上看，當爲經學目録。由於不著撰人與存佚情況，該書著録體製無從考察。《千頃堂書目》還載有《國朝經籍考》五册（注云：『不知撰人。』）及王佐《經籍目略》（無卷數，下注『瓊州臨高人』）。由於『經籍』一詞往往通指所有書籍（如《隋書·經籍志》《國史經籍志》等，通載一代或數代書籍，但總以『經籍』爲名），因此，在無旁證的情況下，此二書不宜遽斷爲經學目録。徐乾學《傳是樓書目》經部經總解類著録有《九經目録》一本〔四〕，不著撰人名氏。其書當爲經學目録，惜内容無考。

〔一〕姚名達《中國目録學史》，頁二六九。輯録原序彙成提要的做法，實際上萌芽於佛經目録。《目録學發微》卷二（頁七四—七五）、《校讎廣義·目録編》（頁四〇—四二）均有論及。
〔二〕翁方綱《復初齋文集》卷一七，《續修四庫全書》第一四五五册，頁五一一。
〔三〕盧仁龍《〈經義考〉綜論》，載《社會科學戰綫》一九九〇年第二期，頁三三五。『二書』，指《授經圖》與《經序録》。
〔四〕徐乾學《傳是樓書目》卷一，《續修四庫全書》第九二〇册，頁六七〇。

（五）清代經學目録的興盛

在朱彝尊《經義考》之後，出現了一系列經學目録，或續補《經義考》，成爲繼踵之作；或係叢書目録，配合叢書使用。在内容上各具特色，在體例上有所創新。可以分爲續補《經義考》系列、經解叢書目録系列及其他三類。

一、續補《經義考》系列

對《經義考》予以續補的，共有十餘家，如沈廷芳、全祖望、馮浩、翁方綱、王聘珍、楊謙、朱休承、謝啓昆、錢東垣、馮登府、陸茂增、林國賡、陳矩、胡爾榮、羅振玉等（詳見本書第七章第一節之有關考論）。

二、經解叢書目録系列

《通志堂經解》係清初徐乾學（一六三一—一六九四）、納蘭性德（一六五五—一六八五）主持輯刻的大型經解叢書，收録宋元以來解經著作一百四十餘種，一千八百餘卷。《皇清經解》是清代儒學名臣阮元（一七六四—一八四九）宣導輯刻的一套經解叢書，收清人著作一百八十餘種，一千四百卷。《皇清經解續編》是清末著名學者王先謙（一八四二—一九一七）輯刻的經解叢書，收阮刻後著作二百餘種，一千四百三十卷。自宋元至有清，重要的經解著作，基本上都薈萃在此三套經學叢書中，其學術價值自不待言。爲便利使用，一些學者先後編製《提要》或《目録》，成爲繼《經義考》之後另一經學目録系

列。現舉其要者如下(其刊印情況參表一—三):

《通志堂經解目録》一卷,翁方綱撰。翁氏作此書的原意,是因爲『近有以不全本別爲目録以炫人者,故不得不就其原刻次第,略舉卷帙原委,録爲目,以備檢查而已』(伍崇曜跋語)。此實針對何焯所撰同名目録而言〔一〕。該目先録書名、卷數、作者,次附簡明識語,提要本書大旨,或簡介作者。有時還引朱彝尊、何焯、杭世駿、陳鱣等人觀點於後。因此,該目是一種簡略的提要目録。

《皇清經解提要》二卷,沈豫撰,提要目録。沈氏以阮書『其板庋於學海堂側之文瀾閣,而卷頁浩繁,學者苦不能備覽,又寒俊艱於購置』,於是略觀大意,撮掇精義,共成提要一百八十三種。所作提要流於平實,間附考證,不無識見,惟著録體例雜亂,書名指稱方式不一,還有合數書爲一提要者。後附《皇清經解提要續編》一種,流於簡略。如對顧炎武《左傳杜解補正》三卷的提要祇有一句話:『本傅氏辨誤而作。』又附有《皇清經解淵源録》一卷,專門探究各家著書之意。然而其中所載,不無疏失。如説毛奇齡:『西河《仲氏易》三十卷,述其兄錫齡之遺説,故以仲氏爲名。大旨謂易兼五義:變易、交易、反易、對易、移易。五者皆先儒所未知。其言甚辨。』近人曾予駁論〔二〕。

〔一〕參葉啓勳爲《通志堂經解目録》所作提要,載《續修四庫全書總目提要(稿本)》,中國科學院圖書館整理,齊魯書社,一九九六年,第四册,頁四六五—四六六。因有漏載之處,故葉氏謂翁氏此目『不得謂之爲賅備矣』。

〔二〕參江瀚所撰《皇清經解淵源録提要》,載《續修四庫全書總目提要(經部)》,頁一三六七。

《皇清經解縮版編目》十六卷，陶治元主編。該目在鴻寶齋縮印本的基礎上編目，依據阮書的實際，列十三經各爲一卷，另有《大戴禮記》《春秋》《群籍分部目》三卷，合十六卷。其特色在於，各經逐句標明卷數、頁數、各句之義，無論散在何處，也一一摘出，統繫於該句之下，名曰『群籍彙目』。如此不僅方便讀者按類尋書，因書尋句，還能得句知義，見一句而衆義可檢，實際上具備了後世經義索引的功能。

《式古堂目録》（又題《皇清經解續編編目》十七卷），尤瑩編。倫明提要云：『是書首有俞樾序，又有瑩《自序》及《凡例》，蓋就南菁書院續刻經解，爲之編目，以備翻檢。仿《敬修堂目録》，惟《爾雅》改次《孟子》後，小學别爲卷，略异。爲卷十七，卷三、卷九各分上下，則以《詩》與《左傳》卷帙較繁也。卷十七，另爲群籍分類目，蓋欲兼收蔡啓盛之所長。惟别《古文尚書》二十六篇於《泰誓》之後，以示辨别，殊有妄作聰明之嫌。』〔一〕該目單立小學一卷，故有十七卷。體例與前目相仿，各句均標明卷數、頁數，前一行指南菁書院原本，後一行指上海蜚英館縮印石本，交接處標以『〇』號。得一目而兩種刊本皆可以檢索，使用起來更加便利〔二〕。

〔一〕 載《續修四庫全書總目提要（稿本）》，第一四册，頁七一九。蔡啓盛有《學海堂經解檢目》，參表一—三。
〔二〕 倫明先生諷其『詳於縮編而略於原書』。參其所撰《皇清經解續編目録》十七卷提要，載《續修四庫全書總目提要（稿本）》，第一四册，頁七五〇。

《皇清經解續編目録》十七卷,蜚英館編。該目與前目編纂方式基本相同,不同之處有二:一是將説文類單列一卷;二是在注明各句卷數、頁數時,并載南菁書院刊本與蜚英館縮印本,分别以『原』字、『石』字領行。

以上凡五種,後三種雖頗具特色,但不是提要目録。

三、其他經學目録

除上述兩大系列之外,清代還有一些經學目録,具見下表。其中有代表性的是江藩的《國朝經師經義目録》一卷。江氏有名著《國朝漢學師承記》八卷、《國朝宋學淵源記》二卷。該目原附前書以行,有易、書、詩、禮、春秋、論語、爾雅、樂等八類。由於在《師承記》中已將各家學術貢獻論述得頗爲詳細,因而在《目録》中僅標書名、作者、卷數,不再作提要加以闡述。值得注意的是,該目各類之前,都有一篇長序,主要論列各經源流,從先秦直至當時各家止。這一做法,與《讀易别録》相仿。這是江氏重視經學師承的結果,使其在衆多的經學目録中别具一格。

表一—三　《經義考》以降主要經學目録一覽表

經學目録	卷數	編著者	版本或出處	備　注
讀易别録	三	全祖望	《知不足齋叢書》本、《叢書集成初編》本	

續表

經學目録	卷數	編著者	版本或出處	備注
經義考補正	十二	翁方綱	《蘇齋叢書》本、《粤雅堂叢書初編》本、《叢書集成初編》本	
經義考補		王聘珍	《清史稿》卷四八一本傳	未刊
補經義考	四十	錢東垣	《清史列傳》卷六八、朱記榮《國朝未刊遺書志略・經目》(《叢書集成初編》本,上海書店,一九九四年,頁一一八六。下同)、《書目答問》等著録。邵瑞彭等《書目長編》(一九二八年京師排印本)卷下據《嘉定縣志》著録,題作『《補經義考稿》』	未刊
續經義考	二十	佚　名	朱記榮《國朝未刊遺書志略・經目》	未刊。題作者爲『前人』
續經義考	十	朱休承	朱記榮《國朝未刊遺書志略・經目》	未刊。休承爲朱彝尊玄孫
續經義考		沈廷芳	《清史稿》卷四八五《諸錦傳》附、朱記榮《國朝未刊遺書志略・經目》	未刊
續經義考		馮　浩	朱記榮《國朝未刊遺書志略・經目》	未刊

續表

經學目録	卷數	編著者	版本或出處	備注
經義考補		林國賡	原稿本。邵瑞彭等《書目長編》卷下引	未見
亦囂囂齋經義考	三十	雷學淇	《清史稿》卷四八二本傳	内有文集
經義考目録、校記	九	羅振玉	《七經堪叢刊》本	目録八卷,校記一卷。民國本
小學考	五十	謝啓昆	浙江書局本、漢語大辭典出版社影印本	
小學考目録		羅振玉	上虞羅氏刊本	民國本
小學考目録	二	王振聲	抄本	凡有考證,於天頭處標注。民國本
小學考補目	一	羅福頤	《待時軒叢刊》本	
通志堂經解目録	一	何　焯	沈氏刊本	
通志堂經解目録	一	翁方綱	《蘇齋叢書》本、《叢書集成初編》本等	編成於一七六〇年前
欽定校正補刻通志堂經解目録	一	陶　湘	武進《陶氏書目叢刊》本	民國本
通志堂經解提要	四	闞文瑛	瀋陽闞氏印《嗣守齋叢書》本	民國本

續表

經學目録	卷數	編著者	版本或出處	備注
皇清經解提要	二	沈豫	《蛾術堂集》本	附有續編一卷、皇清經解淵源録一卷
皇清經解縮版編目	十六	陶治元	上海鴻寶齋石印本	
式古堂目録	十七	尤瑩	清光緒癸巳年石印本	又題《皇清經解續編編目》
皇清經解續編目録	十七	蜚英館	上海蜚英書局石印本	
學海堂經解檢目	八	蔡啓盛	光緒丙戌刊本	
國朝經師經義目録	一	江藩	《江氏叢書》本、《叢書集成初編》本	
漢人經解輯存序目	一	孫葆田	《歲餘偶録》本	
五經萃室藏宋板五經目録	一	陶湘	武進《陶氏書目叢刊》本	民國本
欽定石經目録	一	陶湘	武進《陶氏書目叢刊》本	民國本

（六）經學目録的特點

經學目録同綜合目録及其他學科目録相比，有顯著的特點。

經學目録第一個特點，也是其最顯著的特點是，此類目録非常重視學術源流，尤其是傳經世系。章學誠曾指出，校讎學的要義在於『辨章學術，考鏡源流』。經學目録則不僅在類目部次上體現了這一點，而且在對書籍的具體著録中也突出了這一點。前文曾詳細介紹了朱睦㮮《授經圖》的體例安排，其中，至少有兩點值得注意：其一，該書每部四卷中，具列書目的衹有一卷，而用三卷的篇幅用來介紹學術背景，如著録凡例、諸儒傳略等；其二，該書將經學的授受源流徑繫之以圖，用直觀的方式將傳經世系表達出來。朱彝尊《經義考》則在提要中，先是輯録有關作者身世與著述的背景文獻，知人論學，從抉擇過的材料中就能直接看到作者的學術背景與流派，以及後世諸儒對其人其書的學術評價。不僅如此，朱氏本人又在此基礎上，考文字同异，辨學術流别，從而彰顯圖書的學術價值。

經學目録的這一特點，既與中國學術的整體特點有關，也與經學本身的學科特點有關。陳寅恪指出：『華夏學術最重傳授淵源，蓋非此不足以徵信於人，觀兩漢經學傳授之記載，即可知也。』〔一〕經學成於兩漢，而兩漢經學，最重傳經源流，一經之下，并立數家博士，各有不同的師承與授受體系。儒者幼受經學，而期於立功、立言、立德，溯其根由，無不從受某家之學開始。可以説，重視師承流别，貫穿了整個經學史，乃至整個中國古代學術史。

〔一〕陳寅恪《論韓愈》，載《金明館叢稿初編》，頁三一九。

經學目録的第二個特點，在於作爲一種同經學歷史密切相關的文獻類型，竟同經學發展之間具有不平衡性；易言之，經學目録并未能因經學之蓬勃發展而遞相問世，因此不能客觀呈現經學發展之態勢。兩漢經學繁盛，劉向、歆父子還對國家藏書及學術進行了整理。但是，直至漢末，方有鄭玄《三禮目録》，且還僅限於《三禮》，未能遍及群經。由三國至五代之七百餘年間，史學目録、文學目録頻頻問世，分别對史學及文學之發展，有及時之反映（參表一——二）；與此形成對照的是，經學目録竟然付諸闕如。如果説，魏晋玄學、隋唐佛學、南北朝與五代之戰亂影響到經學目録之編纂，那麽，同樣不争的事實是，唐初整理典籍，出現了孔穎達《五經正義》這樣的經學名著。這種局面直到朱彝尊的《經義考》問世纔得以打破。其後宋、元、明諸代，經學目録也不能説很發達，并且存在着各種不足。清代對整個中國古代學術進行了大規模的整理，經學極爲發達，名著佳作迭出，然而朱彝尊身後，并没有産生出能與《經義考》相比肩的經學目録。

經學目録相對於經學發展的不平衡，其原因在於，『儒書在劉向、劉歆《七略》之始，就居群書之首。《隋書·經籍志》又單立經部於弁首，以後相沿成規，從未乙降。更主要的還在於，經類文獻歷代備受重視。因此，搜羅賅備的程度，遠遠超軼他類。自然，早期著録也無需單列或别裁。』〔一〕經籍向來爲目

〔一〕 盧仁龍《〈經義考〉綜論》，載《社會科學戰綫》一九九〇年第二期，頁三三四——三三五。

録著述之大宗，在綜合目録中，一般最先予以著録，可能因此影響到專門目録之編撰。此外，若非專門名家，廣收博取，潛心修撰，也不易奏功。

本章討論《經義考》之編撰、旨趣與性質，意在爲後續各章之討論，提供必要的學術背景。就《經義考》編撰歷程而言，其發端并不能嚴格地確定在某一個時間點上。朱彝尊肆力於經學之研習與文獻之整理，其初源最早可以追溯至早歲入塾讀書時對程朱理學、漢唐經學之習得。在長期治學歷程中，朱彝尊形成了尊崇六經、博雅精審的治學旨趣（其經學思想以道在經典、回歸經典爲核心。詳本書第十一章）。因此，《經義考》并非朱氏晚年『緝學著書自娱』的産物，而是在經學、目録學、清初學風及朱彝尊本人治學旨趣等各方面因素綜合作用下的學術結晶。從著述内容上看，《經義考》通考歷代經學著作，具有集大成的學術價值；從著述形式上看，《經義考》是一部經學總目，屬於學科目録的範疇。因此，從目録學的角度來審視《經義考》的著録體系、分類體系、提要體系、按語等内容及其學術史意義，成爲本書次第展開研究的獨特視角與邏輯起點。

第二章 《經義考》之著録體系

《經義考》是一部著録宏富、體製完備的經學總目，共由三十個門類組成。除承師、鏤板、通説等類外，各類基本上以經學著述爲核心，輯録相關資料，間附按語。因此，從結構上看，全書由若干門類組成，每類有若干條，每條又由條目部分、解題（提要）部分構成，後者還可析出輯録文獻與按語兩個要素〔一〕。各條内容，又有差异，或條目、輯録文獻與按語三者齊備，或無按語，或僅有條目。條目以某一

〔一〕案：圖書館在進行古籍編目時，形成了固定的範式，各有專門名詞指稱相應的内容，比如，稱古籍著録的方法叫著録法或條例，按著録法編成的一條記録叫做一條款目；每條款目有書名項、著者項、版本項、稽核項、附注項、提要項等（參《圖書館古籍編目》，北大、武大圖書館系編，中華書局，一九八五年）。作爲學科目録，《經義考》的編撰并不同於古籍編目，因而在研究該書時，宜按照其本身具有的結構特點，用類、條（含條目、提要、按語三部分）等名詞來指稱相應的對象，而不宜套用當前古籍編目的術語。其條目或僅著篇名，或兼著數書（參表二—三《〈經義考〉收録十條以上之著者表》），也不宜僅用「書名項」來指稱之。按照輯考體的提要體例，按語實際上也是解題（提要）的一部分（參本書第四章第一節），我們爲了分析的方便，將其析出，另爲一類。上述做法，亦有先例，如喬衍琯即將《經義考》各條分爲條目、解説兩部分加以分析（參氏著《〈經義考〉所引〈千頃堂書目〉彙證》中列表部分，載《朱彝尊經義考研究論集》，頁二六七）。
又案：提要與解題均指書目中某條著録之下的説明性文字，一般論列作者生平事行或本著學術源流與價值等。在目録學語境裏，這兩個概念内涵基本相同，一般不再區別。

具體的經學著作爲核心,一般包括作者、書名、卷數與存佚等四項内容; 輯録文獻則有著者生平、著述序跋及諸儒論説等内容; 按語則或輯録逸文遺説,或考辨真僞异同,或解説經學源流。 以上三項内容的聚合,就分别構成了條目部分、提要部分和按語部分。 三者不僅各具特色,而且能自成體系,其結構、功用與編纂得失,深刻影響了《史籍考》等學科目録、《温州經籍志》等綜合目録的編纂,值得深入探討。

條目是《經義考》最基本、最重要的著録部分,其中所采録的著述,是自先秦以降至清初之經學著作的總彙。

一 《經義考》之條目著録體系

(一) 著録結構

所謂「著録結構」,是指書目之條目部分各要素之間的結構形式。 作爲群書目録(書目),某種具體的著述自然是著録的核心,其書名必不可少; 任何著述不會憑空産生,必有其著者或編者,因此,撰人一項也不可少; 既志現存,則篇卷也是必要之組成部分。

一、《經義考》以前書目之條目著録

《漢志》作爲《漢書》的一部分，是現存最早的一部書目（史志目録）。由於古老的典籍如六經等，并不成於一人之手，因而不能徑繫於某人名下。這類典籍，《漢志》著録時，并不言其作者。雖然如此，經學授受，各有源流，故《漢志》特注所立博士官家數，明其師法有自（漢武帝時限立《五經》博士）。這正是辨别學術源流的一種表現。如：

《易經》十二篇。（施、孟、梁丘三家。）

《易傳周氏》二篇。（字王孫也。）

《服氏》二篇。

《楊氏》二篇。（名何，字叔元，菑川人。）

《文子》九篇。（老子弟子，與孔子并時，而稱周平王問，似依托者也。）

《漢志》之《六藝略》，除六經外，其餘均爲傳注説記，故有立説者可言。但在著録時，則將書名與始立説者姓氏合而爲一。這是因爲，古書最初并無專名，著録時不得不如此處理，立説者之『名』則於自注中揭出。失其『名』者，略而不注。因此，這些條目從形式上看，似乎衹有書名與篇（卷）數兩項，實際上是三項俱全。這是《漢志》條目著録的通例。當然，并不是所有的條目都是三項齊備。如『《五經雜議》十八篇」，注云：「石渠論。」可見是石渠閣會議的産物〔一〕，自然不成於一家，因而不言作者。又《八體六技》一書，作者無考，篇卷不明，故僅載書名而已。值得注意的是，《文子》九篇下的注文，辨明此書爲依托〔二〕，實開目録記載書籍真僞之先河。由於《漢志》係班固以《七略》爲本而「今删其要，以備篇籍」（《漢志》總序），由此逆推，《七略》與《别録》於撰人、書名、篇（卷）三項，因此齊備。

《漢志》以下直至《隋志》，除佛教目録外，無論公私書目，均已亡佚，如何著録，一時難明，但於撰人、書名、篇卷三項，基本齊備，則可想見（兹略而不論）。《隋志》現存，其條目以書名、卷數爲主，撰人則於附注中揭出。如：

《周易》十卷。（魏尚書郎王弼注《六十四卦》六卷，韓康伯注《繫辭》以下三卷，王弼又撰《易略例》一卷。梁有魏大司農卿董遇注《周易》十卷，魏散騎常侍荀輝注《周易》十卷，亡。）

《後漢南記》四十五卷。（本五十五卷，今殘缺。晉江州從事張瑩撰。）

《黄圖》一卷。（記三輔宫觀、陵廟、明堂、辟雍、郊畤等事。）

〔一〕《漢書・宣帝紀》：「甘露三年，詔諸儒講《五經》同异，太子太傅蕭望之等平奏其議，上親稱制臨决焉。」劉勰《文心雕龍・論説》：「石渠論藝，白虎通講，聚述聖言通經，論家之正體也。」

〔二〕《校讎廣義・目録編》對這種現象進行了統計，指出共有十五處之多（頁八三）。

《隋志》注文，較《漢志》自注更爲豐富，提示更多典籍信息：除揭示作者外，還兼明卷帙分合及殘缺與否，有時尚能簡單提示圖書内容。由於《隋志》之學術前承是阮孝緒《七録》，由此逆推，《七録》之條目著録，當極爲完備。

《舊唐志》於書名、卷數下，僅注撰者，最爲簡略。惟於同一部經典之下，羅列不同注家，眉目清晰。如：

《周易》二卷（卜商傳）。又十卷（孟喜章句）。又十卷（京房章句）。……

《新唐志》與上述三志最大的不同，是將作者提到書名之前，形成『作者＋書名＋卷數』的結構形式。如：

司馬膺注《歸藏》十三卷。

《周易》卜商《傳》二卷。孟喜《章句》十卷。京房《章句》十卷。……馬、鄭、二王《集解》十卷。……張璠《集解》十卷，又《略論》一卷。……

可見一人有多書時，《新唐志》將其書名羅列於人名之下，以『又』字領之。

《宋志》承用《新唐志》的著録形式，有時又依《隋志》，於注文中簡要説明該著内容等情況。如：

《紹興名臣正論》一卷（題瀟湘樵夫序）。《吕頤浩遺事》一卷（頤浩出處大概）。《吕頤浩逢辰記》一卷(頤浩曆官次序)。《朱勝非年表》一卷(勝非孫昱上)。《朱勝非行狀》一卷(劉岑撰)。

《明志》與《宋志》同,偶有注文。其特殊者如:

豐坊《古易世學》十五卷(坊云家有《古易》,傳自遠祖豐稷。又有《古書世學》六卷,言得朝鮮、倭國二本,合於今文。古文《石經》、古本《魯詩世學》三十六卷,亦言豐稷所傳。錢謙益〔一〕謂皆坊僞撰也)。

李贄《九正易因》四卷(贄自謂初著《易因》一書,改至八九次而後定,故有『九正』之名)。

前條注文言及著述真僞,後條解釋書名之意,均爲前志所未有。

以上爲史志目録條目的著録結構。其他官修書目及私人書目,條目著録體例基本不出上述範圍。如現存最早的目録專書《崇文總目》,其條目結構爲『書名+卷數+撰人』;現存最早的私人書目《郡齋讀書志》,采用『撰人+書名+卷數』的結構形式。值得指出的是,尤袤的《遂初堂書目》,在條目形式上最爲簡單,僅有書名,不明卷數,但是有些條目兼記版本,有時一書多至數本,别具特色。

綜上可知,《經義考》以前書目條目的結構形式,大致以書名爲核心,加以卷(篇)數、撰人姓名,有

〔一〕『錢謙益』,《景印文淵閣四庫全書》本改爲『後之人』。

的附注存佚、真僞及版本。這些構成了中國古代書目條目部分的基本内容。

二、《經義考》之條目著録

《經義考》在前代書目的基礎上，采用了有四項内容的條目形式：撰人姓氏（附名）＋書名＋（載籍）篇卷＋存佚。兹舉一例。

《經義考》卷七（易類六）首條爲：

京氏（房）《易傳》

《通志》：『三卷。』（《漢志》：『十一篇。』馬氏《通考》：『四卷。』）

存。

這一條目結構的特點是：撰者居首，以氏繫名，明著篇卷，詳具存佚。所謂『撰者居首』，是指某一著作，如能確定係某人所撰，則首揭撰者姓氏，其次揭出書名；所謂『以氏繫名』（孫詒讓語，其意義見下文分析），指撰者姓氏之下，附注其名；所謂『明著篇卷』，指以史志書目等爲據，標揭著述之卷數或篇數；所謂『詳具存佚』，指用四柱之法，明確標出其存、佚、闕或未見。

關於《經義考》對作者姓名的著録，田鳳台曾加探討，細分爲九種情形：一、姓名全冠者；二、衹冠姓氏者；三、衹冠名者；四、書亡名氏者；五、皇帝則不題姓名；六、同人有二種以上同類著作，則僅前一書著其姓名；七、姓名有疑者，則注於其下；八、冠其父姓名者；九、冠其封號者[一]，并各舉例以明之。應該説，這基本上概括了《經義考》的姓名著録形式，其中又當以第一、五、六三則爲通例。

關於書名部分，田氏分成四種情形例舉之：一、衹著書名者；二、書名不同者；三、書名明言僞本者；四、注釋書名者。卷數部分，田氏分成五種情形例舉之：一、卷數不同；二、有書篇者；三、有書册者；四、有書軸者；五、記卷亡者[二]。分類允當，其文可參，本書不再重複説明[三]。

對於篇卷之著録，朱彝尊有相當清醒的認識：『古書著録，未有不詳其篇卷及撰人姓氏者，故其卷帙寧詳毋略。殷淳《四部書目》三十九卷，毋煚《古今書録》四十卷，王拱辰等《崇文總目》六十六卷，陳騤《中興館閣書目》七十卷，而殷踐猷等《群書四録》多至二百卷。昔之人豈好騁其繁富哉？蓋以述作者之意，俾論世者知其概焉爾。』（《經義考》卷二九四《文淵閣書目》下按語）所以詳其卷帙的原因，正在於論世知人，講求作者之意，以求其著述之經義大旨。從這一認識出發，朱氏對部分書目加以批評：『逭明正統六年，少師楊士奇、學士馬愉、侍講曹鼐編定《文淵閣書目》，有册無卷，兼多不著撰人姓氏，

[一] 田鳳台《朱彝尊與〈經義考〉》，載《朱彝尊經義考研究論集》，頁七三。
[二] 田鳳台《朱彝尊與〈經義考〉》，載《朱彝尊經義考研究論集》，頁七四—七五。
[三] 案：關於《經義考》書名著録體例，楊果霖歸納爲以下四個方面：一、單獨著録書名，爲共通的體例；二、一人撰著數書，則作分行排列；三、書名標示僞字，以示書籍僞作；四、標示書名异稱，以供判斷準據（楊果霖《朱彝尊〈經義考〉研究》第七章第二節，頁二六八—二六九）。

致覽者茫然自失，其後藏書之家往往效之。雖以葉文莊之該洽，而《菉竹堂目》都不分卷；鄞縣范氏《天一閣目》亦然。惟涿州高氏《百川書志》、連江陳氏《一齋書目》、山陰祁氏《澹生堂藏書》、周藩西亭宗正《聚樂堂藝文目録》，皆詳列篇卷、姓名，而祁氏於類書、説部、文集中遇有經解，悉行列出，差足法也。』(同前)

朱彝尊於《經義考》中著録篇卷之時，尚多能舉其所據之書。但是也有一些没有注明出處。對此，章學誠評論道：

> 惟著録卷數，間有不注所出。今則必標出處，視朱爲稍密矣。如漢、隋、唐《志》并有，則以最先之書著録；其兩三史志并有而篇卷不同者，則著其可徵之數，而以他録同异注其下；或史志及官私著録所無而旁見他書記載者，必著其説於下曰『見某書』，不著録。又有見於他書所稱述，而并無其篇卷者，則必著『無篇目』字(此朱氏未有之例也)，所以明其信而有徵也。或全書之中，摘取數篇，别有當署之名目(如歐、蘇等集内之外制及奏疏，又如歐集内之《歸田録》、韓集内《順宗實録》)，則必著現在某書。如但於文集傳志類中叙其人生平著有某書，而他著録所無，則必著云『見某篇所引』。惟近代人其書現存而未著録者，始用朱氏不載出處之例。[一]

[一] 章學誠《史考釋例》，載《章學誠遺書》，頁六一七。

章學誠因朱彝尊《經義考》而撰《史籍考》,故對朱氏著録體例因革損益,予以補正。上段文字就朱氏或不注出處而發,詳加補糾。又朱氏引用書籍,一般都是現存者,衹有引用已亡之《七録》時,不加説明,易致誤解。對此,章氏解釋道:

朱氏引書,皆現存者。惟阮孝緒《七録》已佚,而僅見於隋《經籍志》。注文稱『梁有某某書卷若干』者,朱氏皆直書《七録》,一似《七録》至今存者。引古之例,似有未合。然據法應著『《隋志》注引《七録》文』云云,方合於例,而其文繁累無取;且此事本亦人所共知,朱氏不爲欺人。是以今仍其例。〔一〕

孫詒讓對《經義考》的卷數著録,頗爲推重:

網羅放失,有异鑒藏。書不盡存,目宜徵實。唐修五代《經籍志》,附注亡書,悉據梁有(梁有者,阮孝緒《七録》所有也)。朱氏《經義考》所紀卷數,多援史志,實事求是,此爲精例。〔二〕

著明篇卷,并且還能明其出處,這是《經義考》在條目著録上的特點之一。

邱建群指出,《經義考》在條目著録上的特點與長處是:

〔一〕 章學誠《史考釋例》,載《章學誠遺書》,頁六一七。
〔二〕 孫詒讓《温州經籍志叙例》,頁一〇。

此書編製以書目爲綱，便於查書。其所著卷數、著者或注疏者之姓名，或古今著作論及或述及該書之語等，皆依時代爲次，使讀者一讀而盡知古來各家對該書之意見，則該書之内容與價值自然明瞭。[一]

筆者認爲，朱彝尊在條目著録上最能超越前人之處，在於兩點：一爲『以氏繫名』，二爲四柱之法。

（一）『以氏繫名』

《經義考》作爲經籍總目，書名自然係其條目著録之主體。惟在書名之前，先列撰人姓氏，并附注撰人之名。此一著録形式，爲前此目録所無，係《經義考》之創新。孫詒讓編《温州經籍志》，對《經義考》之著録體製，多有研究與取則：

兩漢經儒，學有命氏。劉班所載，師法焯然。朱《考》凡所標楬，以氏繫名，例雖創立，意則同貫。此編所紀，不盡詁經之書，竊取敬鄉之義，故所稱述，并尚朱例。[二]

孫詒讓將《經義考》標揭姓名之法，概括爲『以氏繫名』，即先著撰者姓氏，附注撰者之名；并將其

[一] 邱建群《朱彝尊〈經義考〉讀後記》，載《四川圖書館學報》一九八五年第二期，頁四七。
[二] 孫詒讓《温州經籍志叙例》，頁一三。

意義同兩漢經儒『學有命氏』相關聯，與劉氏父子（《别録》《七略》）、班固（《漢志》）著録之佳處，有『同貫』之用。以下試予發明。

首先，以氏繫名，體現了對學術源流的重視。古人有姓有氏，而姓氏有别。鄭樵云：

三代之前，姓氏分而爲二，男子稱氏，婦人稱姓。氏所以别貴賤，貴者有氏，賤者有名無氏。〔一〕

氏既用以别貴賤，《春秋》遂以書氏與否，以示褒貶。《左傳・莊公十二年・正義》：

推尋《經》文，自莊公以上，諸弑君者皆不書氏，閔公以下皆書氏，亦足以明時史之异同，非仲尼所皆貶也。〔二〕

劉歆《七略》，又以自成一家之説者，稱爲『某氏之學』。章學誠指出：

劉歆《七略》，班固删其《輯略》而存其六。顔師古曰：『《輯略》，謂諸書之總要。』蓋劉氏討論群書之旨也。此最爲明道之要，惜乎其文不傳。今可見者，唯總計部目之後，條辨流别數語耳。即此數語窺之，劉歆蓋深明乎古人官師合一之道，而有以知乎私門初無著述之故也。何則？其叙

〔一〕鄭樵《通志・氏族略》，見《通志二十略》，頁一—二。
〔二〕杜預注，孔穎達正義《春秋左傳正義》卷九，阮元校刻《十三經注疏》本，中華書局，一九八〇年影印，頁一七七〇。

六藝而後，次及諸子百家，必云某家者流，蓋出古者某官之守，其流而爲某氏之學，失而爲某氏之弊。其云某官之掌，即法具於官，官守其書之義也。其云流而爲某家之學，即官司失職，而師弟傳業之義也。其云失而爲某氏之弊，即孟子所謂『生心發政，作政害事』，辨而别之，蓋欲庶幾於知言之學者也。由劉氏之旨，以博求古今之載籍，則著録部次，辨章流别，將以折衷六藝，宣明大道，不徒爲甲乙紀數之需，亦已明矣。〔一〕

在章氏看來，《七略》這一做法，正可條辨流别，宣明大道，用意可謂深遠。班固承劉歆微意，於《藝文志》各經下注明所立博士家，於《儒林傳》稱某經有某氏之學，均重其能發明章句訓詁，自成一家之言；故能獲立學官，召授弟子，位高業崇。《經義考》以氏繫名，表明朱彝尊能承劉、班遺風，既表達了對古書著者的尊崇，也體現了對前人學術源流的重視。孫詒讓對朱氏此一創例，予以效法：『此編［引案：指《温州經籍志》］所紀，不盡詁經之書，竊取敬鄉之義，故所稱述，并沿朱例。』〔二〕

其次，以氏繫名，眉目清晰，不易誤解。鄭樵論《新唐志》之著録，有云：

《唐志》以人置於書之上，而不著注，大有相妨。如管辰作《管輅傳》三卷，唐省文例，去『作』

〔一〕 章學誠《校讎通義·原道第一》，頁九五二。

〔二〕 孫詒讓《温州經籍志叙例》，頁一三。

字,則當曰『管辰管輅傳』,是二人共傳也。如李邕作《狄仁杰傳》三卷,當去『作』字,則當曰『李邕狄仁杰傳』,是二人共傳也。又如李翰作《張巡姚誾傳》三卷,當去『作』字,則當曰『李翰張巡姚誾傳』,是三人共傳也。若文集置人於上則無相妨,曰『某人文集』可也。即無某人作某人文集之理,所志唯『文集』置人於上,可以去『作』字,可以不著注而於義無妨也。又如盧盤佐作《孝子傳》三卷,又作《高士傳》二卷,『高士』與『孝子』自殊,如何因所作之人而合爲一?似此類極多。《炙轂子雜録注解》五卷,乃王叡撰,若從《唐志》之例,則當曰『王叡炙轂子雜録注解五卷』,是王叡復爲注解之人矣。若用《隋志》例,以其人之姓名著注於其下,無有不安之理。〔一〕

古書體例,通常文字連屬,又無書名號等加以分隔,學人讀之,僅恃句讀,是以《新唐志》冠作者姓名於所作圖書之上,導致諸多誤解。鄭樵所論,不爲無由。但其所言之弊,正爲《經義考》之著録所化解。如依《經義考》體例,則鄭樵所列各條可記作:

管氏(辰)管輅傳

李氏(邕)狄仁杰傳

李氏(翰)張巡姚誾傳

〔一〕鄭樵《通志·校讎略》,見《通志二十略》,頁一八二〇—一八二一。

首揭撰者姓氏，次附撰者之名，眉目清晰，一覽即知。

《經義考》以氏繫名，是其通例，但也有不稱氏者。細檢全文，則有以下三種情況：

其一，對於歷代帝王或國君所撰著作，則直書其尊號，有時也在尊號後提及姓名。這類條目有：『魏文侯《孝經》』『漢淮南王劉安《道訓》』『沛王劉輔《五經通論》』『齊晉安王蕭子懋《春秋例苑》』『梁簡文帝《左氏傳例苑》』『唐章懷太子賢《春秋要録》』『唐明皇《孝經注》』『宋徽宗皇帝《論語解》』『明仁宗皇帝《體尚書》』等十餘條。這樣做的目的，無疑是爲了尊崇君主，同專設『御注』『敕撰』二類以尊時王的指導思想相一致。

其二，以『子』代『氏』。稱子者有以下數人：卜子商(子夏)，凡一見；董仲舒，凡一見；韓愈，凡三見；邵雍，凡四見；張載，凡七見；周惇頤，凡四見；程頤，凡九見；程顥，凡二見；朱熹，凡三十見。案：以『子』領書，同樣含有重視學術流别的意味。余嘉錫指出：『傳注稱氏，諸子稱子，皆明其爲一家之學也。……古書之題某氏某子，皆推本其學之所自出言之。』〔一〕諸儒皆爲一代學術大家，故朱彝尊稱『子』。由於『子』又是古人的一種尊稱，因此，稱這些大儒爲『子』，顯然也含有尊崇之意。與此相對比，

〔一〕余嘉錫《古書通例》卷一(《目録學發微》後附)，中國人民大學出版社，二〇〇四年，頁一九四。

朱氏并不稱陸九淵爲子，亦不稱王陽明爲子，可見其推崇程、朱，遠過陸、王。

其三，以『公』代『氏』。其中如『申公培』者，習稱如此；博士江公與傳《易》之蔡公〔一〕，漢時已失其名，故惟有沿稱。惟《經義考》卷一四李鼎祚《周易集解》條下，有『潘恭定公《序》曰』，稱『公』而不稱『氏』。翁方綱指出：『其稱潘謚者，潘恩，字子仁，上海人，明嘉靖癸未進士，南京工部尚書，謚恭定，竹垞祖母徐之祖父也。竹垞此書，終以家學、自叙，儼若用馬、班史例，自成一家之言，故於所親，不敢稱名如此。』〔二〕

潘恩爲朱彝尊之曾外祖父，《經義考》卷一一三有其《詩經集説》條。卷二四九又有『唐公文獻《青宫進講經義》』一條，亦稱公。翁方綱云：『此稱公者，唐文恪公之長子允恭，竹垞外祖也。』〔三〕可見朱彝尊稱二人爲『公』者，乃是因爲他們爲朱氏親尊，朱氏爲避親者諱而稱『公』，其意則在於『用馬、班史例，自成一家之言』，用心良苦。對這種做法，翁方綱并不贊同：『然義取尊經，考當紀實。司徒掾班彪，尚稱於《漢書》贊語；則於潘獨稱其謚，徒以留待後人考索耳。』〔四〕他以史家的眼光審視此事，所以不能無

〔一〕博士江公，見《經義考》卷二八四、二八五。蔡公《易傳》，見《經義考》卷五，而《漢志》已有之。
〔二〕翁方綱《經義考補正》卷一，《叢書集成初編》本，商務印書館，一九三七年，頁七。
〔三〕翁方綱《經義考補正》卷九，頁一五二。
〔四〕翁方綱《經義考補正》卷一，頁七—八。

异議。

上述三種情况，均可視爲朱氏著録體例之特例。

（三）四柱之法

作爲社會生活、思想情感或理性思考等的載體，古人著述的流存[一]情况，既反映了社會變遷，也反映了學術的發展面貌[二]，因此，圖書的存佚，就成爲書目著録的基本要素。《漢志》本劉歆《七略》，所記爲校書時現存之書，故鮮及佚、闕。王儉撰《七志》，開始注意到圖書之亡佚狀况，列有闕書目録。《隋志》本爲《五代史志》，通記五代之書，至修志之時，已不能無失，故《隋志》中亦記録存佚。如前引二例，均於附注中標出『亡』或『殘缺』。

朱彝尊《經義考》用『存』『佚』『闕』『未見』四個術語，標示圖書之流存面貌。同前此書目相比，無疑

[一]『流存』一詞，古代典籍中已有之。如《世宗憲皇帝硃批諭旨》卷一七六之七：『雍正三年，撫臣毛文銓奏册内，開臺屬積年流存正供稻粟，共：實在二十八萬九千八百三十一石，零存剩粟價四萬五千二百一十三兩。』（雍正十五年敕編，《景印文淵閣四庫全書》第四二三册，頁八〇〇）此用以指稻粟輸入輸出的記録。《東漢會要》前附四庫館臣《提要》：『當時載筆之史，如《東觀紀》及華嶠、司馬彪、袁宏之類，遺篇斷簡，亦間有流存。』（《景印文淵閣四庫全書》第六〇九册，頁四四九）而《欽定四庫全書總目》卷八一《東漢會要提要》則徑作『流傳』，可見『流存』又指圖書之流傳。本書用以指圖書之流傳存亡。

[二]《校讎廣義·目録編》：『什麼時候國家興盛，典籍就豐富；什麼時候國家喪亂，典籍就散亡；哪些書由於學術的昌盛而保存，哪些書由於政治的影響而亡佚，都可以從著録存佚知其大概。』（頁九五）

更爲精細。對此四項内容,學人有不同之指稱。朱彝尊本人,稱之以『四門』(見前揭《寄禮部韓尚書書》,《曝書亭集》卷三三)。其孫朱稻孫承之:

昔先大父……著《經義考》三百卷,分存、佚、闕、未見四門,自『御注』『敕撰』以迄『自序』,爲類凡三十種;又欲爲『補遺』二卷。(《經義考識語》,載《經義考》卷首)

盧見曾在其《經義考識語》中,沿用『四門』之稱。至晚清孫詒讓(一八四八—一九〇八),則稱『四目』:

目録之别存佚,自唐釋智升《開元釋教録》始也。朱氏沿厥舊規,增成四目。存佚之外,有曰闕者,篇簡俄空,世無完帙也;有曰未見者,弆藏未絶,購覓則難也。四者昈分,實便檢尋。〔一〕

近代學者姚名達(一九〇五—一九四二),稱以『四柱』:

後世《經義考》之創立存,佚,闕,未見四柱,即有得於《隋志》之遺意。〔二〕

姚名達所用『四柱』一詞,清儒章學誠(一七三八—一八〇一)先已使用:

〔一〕孫詒讓《温州經籍志叙例》,頁一〇。釋智升爲中唐時人,而《隋志》成於初唐,故目録標注存佚,當以《隋志》爲先,孫説未確。
〔二〕姚名達《中國目録學史》,頁一三六。

朱氏《經考》體例，先分四柱，今仍用之。首著書名，名下注其人名，次行列其著録卷數，三行判其存、佚及闕與未見也。〔一〕

章學誠所稱『四柱』，是指書名、人名（撰者）、卷數、存佚四項，即《經義考》之條目結構要素。顯然，姚名達沿用『四柱』之名而改其所指。

繼姚名達用『四柱』來指稱《經義考》『存』『佚』『闕』『未見』四項之後，程千帆、徐有富等先生對這種標記圖書流存面貌的方法，直接以『四柱法』稱之，以爲是『創造性地運用』〔二〕。

考『四柱』一詞，原有不同的指稱。宋林希逸《考工記解》云：

《注》説『四阿，若今四柱』，四柱，漢語。四邊皆注水，則四邊瀉水也。《疏》云『四溜』。今時佛殿皆爲四柱，中間屋高，四邊皆有檐也，故曰重屋。〔三〕

清《欽定周官義疏》卷四三於『匠人建國水地以縣』下云：

《正義》：『鄭氏康成曰：「立王國若邦國者，於四角立植，而縣以水，望其高下。高下既定，乃

〔一〕章學誠《史考釋例》，載《章學誠遺書》，頁六一七。

〔二〕《校讎廣義·目録編》，頁九七。

〔三〕林希逸《考工記解》卷下『四阿重屋』條，《景印文淵閣四庫全書》第九五册，頁七四。

爲位而平地。〔一〕』賈氏公彦曰：『欲置國城，先當以水準地。於四角立四柱，於柱四畔，縣繩以正柱。柱正然後去柱，遠以水準之法遥望。柱高下定，即知地之高下。然後平高就下，地乃平也。』〔二〕可見，『四柱』用作建築術語時，指的就是求水準之法。

『四柱法』一詞，古人曾用以指稱講求吉凶禍福的術士之法。如《欽定協紀辨方書》卷三四『四柱法』條云：

四柱以年爲君，月爲相，日爲有司，時爲胥吏。所貴支干純粹，成格成局，扶龍相主，如君臣合德，官吏奉法，而人民實受其福也。……〔三〕

今天亦有用以指稱算命之術，至有所謂『四柱預測學』者(因特網上，其例俯拾即是)。

『四柱法』又用以指稱算術之法。梅文鼎《曆算全書》卷三四『錢糧四柱法』條云：

四柱者，舊管、新收、開除、實在也。各衙門造册，必歸四柱，則收放可稽，在筆算爲減并合用。蓋舊管、新收用并法，開除用減法，其實在則減餘也。亦有減盡無餘者，則無實在，即於實在項下直注曰無。其事件創立，前無所承者，則無舊管；亦有存留不動之項，則有舊管而無新收：其法

〔二〕《欽定周官義疏》卷四三，《景印文淵閣四庫全書》第九九册，頁四五七—四五八。
〔三〕允禄、梅瑴成等《欽定協紀辨方書》，《景印文淵閣四庫全書》第八一一册，頁九五四。

并同。〔一〕

既用四柱法以計錢糧，故又將錢糧帳册稱爲『四柱册』。錢大昕據《至正直記》的記載，考證出元時已有此目：

> 今官司錢糧交代，必造《四柱册》。四柱者，舊管、新收、開除、實在也。《至正直記》云：人家出納財貨者，謂之掌事。計算私籍，其式有四：一曰舊管，二曰新收，三曰開除，四曰見在。則元時已有此名目。〔二〕

綜上所述，古人以『四柱』指稱四項并列内容，此種標示之法則稱作『四柱法』；章學誠用『四柱』指《經義考》條目著録要素：書名、人名（撰者）、卷數與存佚；姚名達沿用之，以指稱《經義考》標注圖書流存的四個項目（『存』『佚』『闕』『未見』）。經過學者們的遞相引用，今天的目録學著作在叙及《經義考》時，一般采用『四柱法』這一稱謂〔三〕。

現對朱彝尊四柱法分項説明如次：

〔一〕梅文鼎《曆算全書》，《景印文淵閣四庫全書》第七九四册，頁八五三。

〔二〕錢大昕《十駕齋養新録》卷一九，江蘇古籍出版社，二〇〇〇年，頁四〇六。

〔三〕近人也有稱爲四類的，如《清儒學案》卷三二《竹垞學案》前列朱彝尊小傳謂：『［朱彝尊］晚著《經義考》，博采晚周先秦以來、下迄有明諸説經之書，舉其綱要，録其序跋及諸家平騭，分爲存、佚、闕、未見四類，使二千年傳經原委，一一可稽，號稱詳贍。』（頁五二四）

一、存

『存』是指圖書現存。能知現存,朱氏必知見,故凡著曰『存』者,均爲朱氏知見之書。《别録》以降,藏書目録多載現存之書。史志情況則有所不同,或記當朝之書,如《漢志》《明志》等;或兼記數代之書,如《隋志》等。《經義考》通記兩千年之經籍,具有圖書總目的性質,列『存』爲四柱之首。章學誠撰《史籍考》,吸收了朱氏這一做法:『必實見而著存。知其必不復存而著佚。然亦有未經目見,而見者稱述其書,確鑿可信,則亦判存。』[一]

二、佚

『佚』是指圖書亡佚,不可復見。《漢志·六藝略》春秋類下有《夾氏傳》十一卷,班氏注云:『有録無書。』蓋爲目録記圖書亡佚之始。鄭樵指出:

古人編書,皆記其亡闕。所以仲尼定《書》,逸篇具載。王儉作《七志》已,又條劉氏《七略》及二漢《藝文志》、魏《中經簿》所闕之書爲一志。阮孝緒作《七録》已,亦條劉氏《七略》及班固《漢志》、袁山松《後漢志》、魏《中經》、晉四部所亡之書爲一録。隋朝又記梁之亡書。自唐以前,書籍之富者,爲亡闕之書有所繫,故可以本所繫而求。所以書或亡於前而備於後,不出於彼而出於此。

[一] 章學誠《史考釋例》,載《章學誠遺書》,頁六一七。

及唐人收書，衹記其有，不記其無，是致後人失其名繫。所以崇文四庫之書，比於隋唐亡書甚多，而古書之亡尤甚焉。〔一〕

鄭樵指出記録存佚對搜求亡書的重要性，可謂有識。鄭氏主張『類例既分，學術自明』，余嘉錫指出『此必於古今之書不問存亡，概行載入，使其先後本末俱在，乃可以知學術之源流』〔二〕，則對佚書之著録，實爲目録書條辨學術源流不可或缺的一個環節。顯然，《經義考》繼承了著録佚書的優良傳統。

三、闕

『闕』是指圖書殘缺，已非完帙，即前揭孫詒讓所謂『篇簡俄空，世無完帙』者。能知殘闕，必經目驗，故此類亦爲朱氏所見之書。《漢志·六藝略》春秋類下録《太史公》百三十篇，注云：『十篇有録無書。』其中十篇既無，則明非完帙也。此蓋爲著録闕書之始。王儉《七志》，則將所闕之書，録爲專目。阮孝緒《七録序》云：『王儉《七志》……其外又條《七略》及二漢《藝文志》、《中經簿》所闕之書，并方外

〔一〕鄭樵《通志·校讎略·編次必記亡書論》，見《通志二十略》，頁一八〇六。鄭樵之説有誤。余嘉錫於『逸篇具載』下云：『案：《尚書》逸篇亡於秦火，序《書》之時，并無逸篇，此説不確。』於『所亡之書爲一録』下云：『案：阮書并無此録，但條其存亡之數於序後耳。』（《目録學發微》卷四，頁一四五）

〔二〕余嘉錫《目録學發微》卷一，頁一一。

之經佛經、道經，各爲一録。雖繼《七志》之後，而不在其數。」〔一〕不過，這裏的『闕』并非指圖書殘缺，而是就亡佚而言。余嘉錫對《七志》這一做法表示贊賞：『惟其兼載二漢所闕之書，使後人得有所考，其例極善。』〔二〕且云：

又案荀勖《中經》，隋、唐《志》皆十四卷。然《七録》序云『晋《中經簿》書簿少二卷，不詳所載多少』，則勖原書當有十六卷。蓋四部各得四卷，正是因書之多寡分合之以使之匀稱。自梁時亡其二卷，《隋志》不注明殘缺，而後世多不曉其意矣。〔三〕

由於漏注殘缺，致使『後世多不曉其意』，可見著明圖書殘缺與否的重要性。章學誠即力主對殘逸不全之書，『所當歷稽載籍，補於藝文之略』〔四〕。

今存《文淵閣書目》(原爲明代楊士奇等編)，僅據所儲之書，依千字文編號，世譏其陋。但該目對圖書的殘缺情況，却加以留意。如：

〔一〕釋道宣《廣弘明集》卷三，宋思溪藏本，國家圖書館出版社，二〇一八年，頁一〇六；又《景印文淵閣四庫全書》第一〇四八册，頁二六二。
〔二〕余嘉錫《目録學發微》卷四，頁一四四。
〔三〕余嘉錫《目録學發微》卷四，頁一三六。
〔四〕章學誠《校讎通義・著録殘逸第八》，葉瑛《文史通義校注》，頁九八九。

周易孔穎達注疏（一部六册，完全）

周易長孫無忌要義（一部五册，闕）

南軒易説（一部四册，殘缺）〔一〕

『完全』是指卷帙完好，『闕』是指缺少一部分，『殘缺』是指卷帙有破損和缺少。可見，該目頗重對圖書保存面貌之記述。

顯然，朱彝尊將『闕』作爲一個重要的著録項目，是對前代著録圖書殘缺狀況這一傳統的繼承與發展。『《經義考》所注闕者，有相當一部分已不獨立爲書，祇保存於他書，對這樣的典籍仍予以著録，可見考辨之縝密、精審。』〔二〕

四、未見

『未見』是指雖知有其書，而編目者未得見，故不能斷其存佚者，也即前揭孫詒讓所謂『弆藏未絶，購覓則難』者。著録未見之書，余嘉錫推始於阮孝緒《七録》〔三〕。盧見曾論《經義考》之著録體例云：

〔一〕楊士奇《文淵閣書目》，商務印書館《叢書集成初編》本，頁一三—一四。

〔二〕曾貽芬《〈經義考〉初探》，載《朱彝尊經義考研究論集》，頁一九四。

〔三〕余嘉錫云：『孝緒自言「總集宋齊已來衆家之名簿」，又言「以所見聞校之官目」，是則凡當時目録所有，皆加采輯，不必親見其書，此則阮氏之創例。』（《目録學發微》卷三，頁九五）

此書初撰原名《經義存亡考》，嘗以二十餘卷質諸吾鄉漁洋先生，於《居易録》載其大凡。後先生以《菉竹》《聚樂》《澹生》《一齋》諸目所藏，及同人所見世有其本者，列『未見』一門；又有雜見於諸書，或一卷，或數條，列『闕書』一門。於是分『存』『佚』『闕』『未見』四門，删舊名之『存亡』字，而名之曰《經義考》。〔一〕

朱氏以四家書目相核者，以諸目爲藏書目録，故所載確有其書；而兵燹之後，朱氏未得見，是存是佚，不可確知，故列『未見』一門。歷來書目，尚無注明圖書未見者，故此項實爲朱氏所獨創。章學誠撰《史籍考》，全取其法，云：

又有其書久不著録，而言者有徵，則判『未見』。如《後漢》，謝承之書，宋後不復著録，而傅山謂其家有藏本，曾據以考《曹全碑》；雖琴川毛氏疑之，然未可全以爲非，則亦判爲『未見』，所以志謹慎也。又如古書已亡，或叢書刻其畸篇殘帙，本非完物，則核其著録而判『闕』。亦有其書情理必當尚存，而實無的據，則亦判爲『未見』。他皆仿此。〔二〕

『未見』一項，表現出朱彝尊著録典籍時的審慎態度。正如時賢所言：『凡注未見者，就是撰者未

〔一〕此係盧氏識語，載《經義考》卷首，備要本、點校本有，《景印文淵閣四庫全書》本無。
〔二〕章學誠《史考釋例》，載《章學誠遺書》，頁六一七。

見過的典籍，不明其存佚，如實説明。反之，凡是注明存佚者，定是撰者經過實際考察，有了充分的理由纔下的結論，否則會注「未見」。《經義考》中，標明未見者占有相當的比例，如《書》類未見者有三分之一，這麽多的未見書，不僅不説明朱彝尊對典籍著録的漫不經心，反倒表明他治學的嚴謹態度，提高了該書典籍存佚考辨的可靠性。」〔一〕

朱彝尊『存』『佚』『闕』『未見』四端，詳細記録了圖書的流存面貌，豐富了書目的著録要素，爲後世提供了可資借鑒的著録憑介，具有條别學術源流的價值。余嘉錫指出：『若讀書家之書目，則當由專門家各治一部，兼著存、佚、闕、未見，合《别録》《藝文志》與《儒林》《文苑傳》爲一，曲盡其源流，以備學術之史。』〔二〕可見兼著四柱，是余氏所推崇的著録方法。莊清輝亦指出：『朱彝尊見聞廣博，學有根柢，其創「存」「佚」「闕」「未見」四例，可謂體例精善，爲日後四庫館臣編纂《四庫提要》經部之時，提供不少有關書籍存佚方面寶貴之綫索。』〔三〕

當然，朱氏僅憑一人之力，勢不能盡覽天下圖書，所録不能無失。孫詒讓指出：

然『存』『闕』并憑目驗，不慮訛踳；惟『未見』與『佚』，雖著録有無，足爲左契，而時代遷易，未

〔一〕曾貽芬《〈經義考〉初探》，載《朱彝尊經義考研究論集》，頁一九三。
〔二〕余嘉錫《目録學發微》卷四，頁一五一。
〔三〕莊清輝《〈經義考〉與〈四庫提要〉之關係》，載《朱彝尊經義考研究論集》，頁四七八。

可刻舟。〔一〕

其後錢東垣補《經義考》，於《凡例》中欲另立『次第』『字數』二門：

群經次第，自劉氏《七略》、班氏《漢志》以《易》冠諸經之首，唐以後書目無不遵之。蓋以肇自伏羲，書爲最古也。然《禮記・經解》以《詩》居首，王儉《七志》以《孝經》居先，旨趣亦有不同，是次第之不可不講也。今補入『次第』一門。

群經俱有字數，自字數不明，而《易》可脱去『無咎』『悔亡』，《書・舜典》可增加二十八字矣，今補入『字數』一門，以杜蘭台之改。〔二〕

錢氏之意，以群經極要，而流傳有异，故欲立『次第』一門以明其地位升降，復立『字數』一門以杜脱衍删改。用意雖佳，然僅限於群經，勢必不能施及所有經解，故未必可行。朱氏四柱之法，不僅群經可行，任何一部著作均可實用，更具普遍意義，故立類極要。惜錢氏之書并未付梓，不能睹其如何施行。

〔一〕孫詒讓《温州經籍志叙例》，頁一〇。

〔二〕錢東垣《補經義考・凡例》之第十一、十二則，載蔣光煦《東湖叢記》卷二，《續修四庫全書》第一一六二册，頁六七二。

二　《經義考》條目之統計與分析

爲準確考察朱彝尊《經義考》所收録的條目，筆者將有關資料均録入電腦，力求藉助這一便利的現代化工具，進行詳盡的考察和分析〔一〕。經過艱苦的努力，最終統計出，《經義考》共收録了八千二百七十五個條目〔二〕。隨着統計角度的變化，可以得到各種不同的結果；這些結果從不同的視角，展示了經學發展的特定面貌。

〔一〕具體做法是，將《經義考》所有條目的基本項目，諸如作者姓名、時代、條目名稱、存佚、卷次、出處、考證等，全部録入電腦，進行統計、排序和分析。筆者這一做法，一方面出於力求全面研究《經義考》的需要，另一方面也得益於楊果霖先生的啓示。楊先生所撰《有關〈經義考〉著録的幾項分析》一文（上、下兩篇，分載《『國立中央圖書館』臺灣分館館刊》第八卷第四期，二〇〇二年；第九卷第一期，二〇〇三年），就采用了電腦分析的方法。

〔二〕關於《經義考》的著録總數，楊崇森先生序《經義考索引》，指出有『八千四百多種』（參吴政上《經義考索引》，頁二）；楊果霖先生統計爲『總數八四四三』（參其《有關〈經義考〉著録的幾項分析》（上），載《朱彝尊經義考研究論集》，頁九八）。統計結果之所以不同，可能因爲筆者以條目爲統計單位，而吴、楊等先生以具體圖書爲統計單位。另外，《經義考》逸經、刊石、書壁三類，均不以某種圖書爲著録項目；其承師、鏤板、著録、通説四類，僅爲輯録衆説，無條目可析；宣講、立學、家學、自述四類，内容不存。故以上諸類，均没有且無法統計在内。由於朱氏條目有所載非書或一條數書的情況，故而這兩種統計方式俱微有不足。好在從數字上看，統計結果出入不是太大，因而有所推論，當可憑依。

(一) 從四柱分類上看《經義考》的條目著録

前文指出,四柱法是朱彝尊的獨創,能對圖書的流存面貌作更加精細的描述。如按四柱法來分,則《經義考》各類條數如下:

第一類,存。共一千九百三十一條(其中時代可考者一千九百零三條)。

第二類,佚。共四千二百九十六條(其中時代可考者三千五百七十條)。

第三類,闕。共四十三條(其中時代可考者共四十二條)。

第四類,未見。共一千九百八十六條(其中時代可考者共一千九百一十條)。

第五類,存佚無考。凡十九條。

綜上,《經義考》著録的條目中,共有存佚可考者八千二百五十六條(其中時代可考者七千四百二十五條)。各類所占比例如下圖所示:

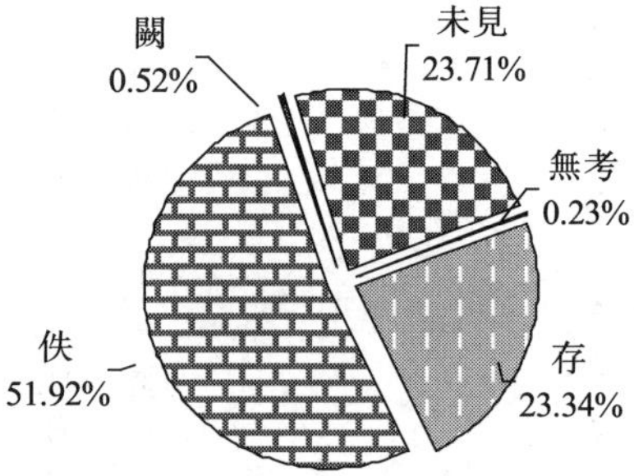

圖二—一　《經義考》四柱分布圖

由該圖可得出以下幾點認識：

其一，在《經義考》收録的條目中，至清初之時，存者不足四分之一。故前引朱氏《寄禮部韓尚書書》『失傳者十九』之説，乃是概約之説。

其二，爲朱彝尊確認亡佚者，超過半數，是所存之數的二倍有餘。

其三，朱彝尊親見其書而有殘闕者，爲數極少，不到百分之一。可以想見，這些圖書如不加以整理，即有漸趨亡佚之危險。

其四，『未見』之書，雖然不到四分之一，但却超過了現存之書。以朱氏之博學多聞而未親見，可能其中亡佚者亦復不少。

綜合起來看，雖然中國典籍汗牛充棟，浩如烟海，經部之書又位居四部之首，最受尊奉，但是自秦漢至清初近兩千年間，亡佚大半，保存下來的尚不足四分之一。朱彝尊《經義考》，由於采用四柱法著録，從而保留了一份能够瞭解清初經學典籍流存面貌的詳細記録。雖然這種眼光是其個人的，因而不可能非常全面和精確，但該書基本上反映了經學著録的歷史面貌。故陳廷敬推崇道：

今竹垞所著《經義考》，至於三百卷之多，其或存或佚，詳載於編。余以爲經竹垞之考定，存者固森然其畢具，而佚者亦絶其穿鑿附會之端，則經義之存，又莫有盛於此時者矣。微竹垞博學深思，其孰克爲之。〔一〕

〔一〕 陳廷敬《午亭文編》卷三五。案：此序又載《經義考》卷首，備要本、點校本（以下合稱『二本』）均有。『今竹垞』，二本俱作『兹先生』。『其或存或佚，詳載於編』，二本作『雖其或存或佚者，悉載簡編』。『竹垞』，二本作『先生』。

（二）從《經義考》條目時代分布上看經學發展的面貌

上文對《經義考》中存佚可考的四柱分布進行了統計和分析。爲了更加詳細地考察經學著作的歷時分布情況，筆者做了更爲細緻的分類：

表二—一　《經義考》條目歷時分布表〔一〕

時代	存	佚	闕	未見	總計
先秦	二〇	一九	三	一	四三
秦	二	一	〇	〇	三
秦漢	〇	二	〇	〇	二
漢	一	七	〇	〇	八
西漢	一四	一〇七	三	〇	一二四

〔一〕表中兩個朝代相連者，表明該條著作人跨越兩個朝代，如秦漢、南北宋等。其中既有西晋和東晋、北宋和南宋，又有晋、宋，是因爲有些條目可以知道屬晋代、宋代無疑，但不能斷定究屬何朝。『清初』的概念，則就朱彝尊著書收録條目下限而言，即從十七世紀中葉至十八世紀初（清兵入關在一六四四年。朱氏卒於一七〇九年，其時《經義考》尚未最後刊成）。

續表

時代	存	佚	闕	未見	總計
東漢	一六	一五三	○	二	一七一
三國	九	一○七	二	一	一一九
晉	○	五	一	○	六
西晉	四	八二	一	一	八八
東晉	七	一七三	○	○	一八○
南北朝	六	三六一	一	四	三七二
隋	二	六○	○	○	六二
隋唐	二○	一一	○	一	三二
唐	三九	一九九	二	七	二四七
五代	五	六	○	○	一一
宋	八	二八	○	○	三六
北宋	一七○	五一二	六	九二	七八○
南北宋	三三	一四五	○	二三	二○一
南宋	二六八	一○四九	二	二六三	一五九一

續表

時代	存	佚	闕	未見	總計
西夏	○	一	○	一	二
金	五	二一	○	二	二八
金元	○	七	○	○	七
宋元	二三	七	一	二	三三
元	一二二	三四三	二	一八一	六四八
元明	一一	三二	一	四四	八八
明	九二三	一四八	七	一二三三	二三一一
明清	八一	二	○	三二	一一五
清初	一一九	四	一	二三	一四七
小計	一九〇八	三五九二	四二	一九一三	七四五五
實有總數	一九三一	四二九六	四三	一九八六	八二五六

此表雖然描述較爲詳盡，但是因爲太細而繁雜，不便於進一步的考察和分析。爲此，將其簡化爲下表：

表二—二 《經義考》條目歷時分布簡表〔一〕

時代	存	佚	闕	未見	總計
先秦	二〇	一九	三	一	四三
秦漢	三三	二七〇	三	二	三〇八
三國兩晋南北朝	二六	七二八	五	六	七六五
隋唐五代	六六	二七六	二	八	三五二
宋	四七九	一七三四	一七	三七八	二六〇八
元	一四五	三五七	三	一八三	六八八
明	九三四	一八〇	八	一二七七	二三九九
清	二〇〇	六	一	五五	二六二
小計	一九〇三	三五七〇	四二	一九一〇	七四二五
實有總數	一九三一	四二九六	四三	一九八六	八二五六

〔一〕 在簡化時,進行了歸并,如合南宋、北宋、南北宋於宋,合上表中『明清』於清等; 又合秦、漢爲一組,三國、兩晋、南北朝爲一組,隋、唐、五代爲一組,而宋、元、明、清初各爲一組。從時間跨度上看,前三組均在四百年左右,後四組則不到三百年(其中元朝衹有一百五十餘年)。處理各异的原因,一方面出於統計的需要,分組不宜太多; 另一方面則由於前三組處於經學發展的前期,著録較少; 而後四組處於經學發展的高峰,著録遠較前者宏富。至於金和西夏,因爲數甚少,故不入簡表。

依據此表中朝代、存佚均可考之資料，製成下圖：

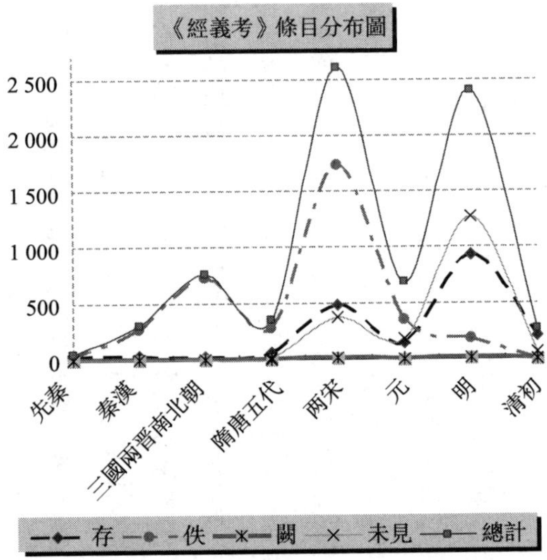

圖二—二　《經義考》條目分布圖

由該圖所示分布曲綫可知：

其一，從總計曲綫來看，經學著作在數量上有兩個高峰，分别出現在兩宋和明代。先秦爲中國學術的發源期，能够流傳下來的，一般都是學術經典。作爲經學著作的核心，六經即發軔於此。解釋經典的記、傳(如《禮記》《公羊傳》等)也不多,流傳到後世,這類記、傳本身也成了經典。漢代爲經學的奠基期,經過漢儒的整理,經學典籍開始定型。由於五經立於學官,成爲利禄之途,故其時經師經義盛行,解經之著作開始逐漸增多。從曲綫上能看到這種上升趨勢。漢末鄭學一統,魏晋王學争勝,王弼等又援老入儒;南北朝時南學、北學并立,分宗鄭學、王學。故此期雖經戰亂,而經學著作仍續有增益。從曲綫上看,漢以來的增多趨勢仍在延續,但是没有大的突破。到了隋唐五代,經學著作在數量上不升反降,形成了第一個低谷。其原因可能在於:(一)戰亂的影響。剛剛經過南北朝大動亂的隋朝,立國短暫,又在統一之前和覆亡之際,都有長期的戰争;唐朝自安史之亂始,藩鎮戰亂不斷;五代之際,戰争頻仍。(二)學術的影響。唐代雖是中國封建歷史上的鼎盛時期,但佛學盛行,學術重心可能并不在於如何闡發儒家經義。《五經正義》作爲官頒定本、士子程式,可能也限制了對經義的探求。因此,這一時期可以看成是經學的整理時期,而以《五經正義》爲結撰顯例。

兩宋在經學著作的數量上達到一個高峰,與宋代爲我國歷史上封建文化發展最好的歷史時期密切相關。陳寅恪指出:『華夏民族之文化,歷數千載之演進,造極於趙宋之世。』[一]其時政治寬鬆,偃武修文,名儒輩出,儒學大興;尤其是理學孕育而出,程朱學術風靡天下;而朱子等藉六經以立説,開闢

[一] 陳寅恪《鄧廣銘宋史職官志考證序》,載《金明館叢稿二編》,頁二七七。

了解釋經義的新途徑，因而著述宏富，蔚爲大觀。另外，雕版印刷術的推行，也爲經學著作的保存與傳播提供了更爲有利的條件。其後蒙元南定，文化凋零，雖以朱子學説取士，但新著不多，所以在高峰之後，出現了第二個低谷。

明代成爲僅次於兩宋的又一經學著述高峰，其原因可能在於：明代以《四書五經》課士，故應試之書轉多；又加上刻書業發達，抄撮成書，其興也忽，因而容易在數量上取勝。明末戰亂，清軍入關，文網峻急，清初經學著作的數量迅速下落，形成第三個低谷。可以想見的是，以乾嘉學術之盛，必然成就另一著述高峰，可與兩宋争雄。

其二，就存書曲綫來看，在隋唐五代以前，存者寥寥。時代愈久，圖書愈難保存，理宜固然。究其原因，一方面可能由於天灾人禍等時代因素，另一方面可能由於印刷技術層面的因素。顯而易見，由於雕版印刷技術的發展，圖書更易出版、傳播和保存。清初以兩宋和明代著述保存爲多，可能就由於這兩方面的原因。當然，兩宋以前的圖書能够保存下來，更主要的原因則在於其學術價值。在時間的長河裏，大浪淘沙，衹有那些具有獨特價值的學術精品，纔得以流傳千古。明代距清初最近，而其大量著述不能保存下來的原因，可能正在於學術價值之低下。某個歷史時期的學術發展，不論當時多麼氣勢渲渲，高自期許，但總要經過一段時間的沉澱之後，纔能看出其實際價值。

其三，就佚書而言，在隋唐五代以前，其曲綫幾乎與著録總數的曲綫一致，可見時代愈久，亡佚愈多。但是圖書亡佚的高峰却出現在兩宋，其原因可能在於蒙元南定之時，對生産力和文化均帶來巨大破壞，宋人著述因此大量亡佚。

其四，就闕書而言，由於此類係朱彝尊親見而其書有所殘闕者，故爲數極少，因此其曲綫幾乎與底軸平行，可以忽略不計。

其五，『未見』之書，其高峰出現在明代。朱彝尊本人由明入清，故雖知有其書，而戰亂之後，不明其下落，又未能遽斷其亡佚，因而定爲『未見』。雖然這種做法表現了朱氏本人的謹慎和嚴密，但根據蒙元代宋的歷史經驗來看，這些未見之書，可能也大部分亡於易代之際。由此可以推斷，明末清初之際，可能會出現第二個佚書高峰。

上述各條主綫，除闕書一種可以忽略外，各有其高峰、低谷；在總量持續增加的前提下，基本上呈波浪式延展。這在某種程度上反映了中國經學跌宕起伏的發展趨向。雖然經學著作的數量并不能反映經學發展的全部面貌，但是《經義考》的條目著録，無疑爲審視經學史提供了一個非常獨特的視角。

《經義考》條目的四柱分布，還爲考察某類典籍的學術演變提供依據。例如，楊果霖注意到了四書類典籍在明清時代的增多：『元、明之後，四書列入科舉應試的内容，是以諸家紛紛闡釋大義，四書之籍日多，如依《經義考》的著録而論，則短短數百年間，收録已達三四一部典籍，合計二五四七卷。……因此，明代之後，《論》《孟》《學》《庸》四書，已多爲「四書」類典籍所代，是以《明史・藝文志》不另立「論語」「孟子」二目，實能反映出學術思潮的轉變。』〔一〕楊氏以《經義考》之著録爲據，使得這種分析具有堅實的立論根基。

（三）從作者著録上看經學發展的面貌

經過統計，《經義考》共著録作者四千三百四十家，其中有姓或有名可考者，凡四千三百三十四家。如將佚名之作均視爲個人之作，則作者多達四千九百六十四家。

就條目著録而言，有三千零三十七家衹有一個條目見收；有兩條或兩條以上的作者，共有一千三百零三家，其中有姓或有名可考的，則有一千二百九十七家。這一千二百九十七家共有四千六百零八條，平均不到三條。由此可見，作者雖衆而平均數不高，是中國經學著述的顯著特點。

上文中的《〈經義考〉條目分布圖》，同時也是經學著者的時代分布圖。下面則從另一個角度，來審視中國經學的特定面貌。

在《經義考》著録的數千家著者中，條目數在十條以上者共有五十二人。現將這些著者單列出來，考其生平，辨其時代，製成下表：

〔一〕楊果霖《有關〈經義考〉著録的幾項分析》（上），頁九九。

表二—三　《經義考》收録十條以上之著者表〔一〕

序號	姓名	條數	時代	簡介及《經義考》所收著述
一	朱　熹	四十二	南宋	一一三〇—一二〇〇。字元晦、仲晦，號晦庵、遁翁，又號紫陽，世稱朱文公，又稱考亭先生，婺源人。著述有易傳、周易本義、易學啓蒙、古易音訓、蓍卦考誤、朱文公易説、元亨利貞説、損益象説、太極説、尚書古經通考、書説、舜典象刑説、九江彭蠡辨、考正武成次序月日譜、毛詩集傳、詩序辨説、儀禮經傳通解、儀禮釋宫、鄉射疑誤、明堂圖説、壺説、井田類説、深衣制度、中庸輯略、中庸章句、中庸或問、大學章句、大學或問、論語集義、論語詳説、論語集注、論語或問、孝經刊誤、孟子集注、孟子集義、孟子或問、孟子問辨、孟子要略、讀余氏尊孟辨説、四書語類、四書集注章句、四書或問等。
二	鄭　玄	二十九	東漢	一二七—二〇〇。字康成，北海高密人。有周易注、尚書注、尚書大傳注、尚書音、書贊、毛詩箋、毛詩譜、毛詩音、周官禮注、周禮音、儀禮注、儀禮音、喪服譜注、喪服經傳注、禮記注、禮記音、三禮目録、三禮圖、春秋左氏分野、春秋十二公名、駁何氏漢議、駁何氏漢議叙、論語注、古文論語注、論語釋義、論語孔子弟子目録、孝經注、孟子注、六藝論等。

〔一〕朱彝尊在《經義考》中并没有明確地標示出作者時代。但朱氏大體是在各門之下，將同時代的作者按卷收録，即在一卷之内，其條目基本上是以作者時代爲排序依據的；而對那些無法確定時代的作者，則一般繫於各類之末。筆者根據《經義考》著録的順序及輯録的各種資料，又參考了多種文獻，對大部分作者的時代進行了考定。但仍有一部分條目的著者，其時代無法考知。又，《經義考》原文中姓名中間另有「氏」或「子」字，今列表從略；爲省略起見，「簡介及《經義考》所收著述」一欄中，不標書名號；各條以著録先後爲序。

續表

序號	姓名	條數	時代	簡介及《經義考》所收著述
三	王　肅	二十五	三國	一九五—二五六。字子雍，魏國剡人。有周易注、周易音、尚書駁議、古文尚書注、毛詩注、毛詩義駁、毛詩奏事、毛詩問難、毛詩音、周官禮注、周禮音、儀禮注、儀禮音、喪服要記、喪服經傳注、禮記注、禮記音、春秋左氏傳注、春秋外傳章句、論語注、論語駁議、孝經解、聖證論、太玄經注、孔子家語解等。
四	王　柏	二十二	南宋	一一九七—一二七四。字會之、伯會，號長嘯、魯齋，金華人。與何基、金履祥、許謙合稱『北山四先生』。有讀易記、涵古易説、大象衍義、太極衍義、書疑、書經章句、尚書附傳、禹貢圖、詩可言集、詩辨説、訂古中庸、大學、左氏正傳、讀春秋記、論語通旨、論語衍義、魯經章句、孟子通旨、標注四書、續國語、家語考、大爾雅等。
五	郝　敬	十九	明	一五五八—一六三九。字仲輿，號楚望，京山(鄂)人。有周易正解、易領、問易補、學易枝言、尚書辨解、毛詩原解、序説、毛詩序説、周禮完解、儀禮節解、禮記通解、春秋非左、春秋直解、論語詳解、孟子説解、九部經解、經解緒言、四書攝提、四書雜言等。
六	吕祖謙	十八	南宋	一一三七—一一八一。字伯恭，稱東萊先生，婺州(金華)人。有古易、東萊易説、古易音訓、讀易紀聞、周易繫辭精義、書説、家塾讀詩記、禮記詳節、少儀外傳、春秋集解、左傳類編、左氏博議、左氏説、左氏博議綱目、春秋講義、左傳手記、左氏國語類編、麗澤論説集録等。
七	陳　普	十八	元	一二四四—一三一五。字尚德，稱石堂先生，寧德(閩)人。有易經解注、易講義、尚書補微、書傳補遺、書講義、周禮講義、儀禮説、士冠禮説、禮記講義、檀弓辨、禮編、春王正月説、考仲子之宫義、重耳天賜論、孟子纂要、六經講義、四書句解鈐鍵、四書講義等。

續表

序號	姓名	條數	時代	簡介及《經義考》所收著述
八	毛奇齡	十七	清初	一六二三—一七一六。又名甡，字大可，號秋晴，又號西河，蕭山人。有仲氏易、推易始末、易小帖、易韵、古文尚書冤詞、毛詩寫官記、屬辭比事紀、春秋條貫篇、白鷺洲主客説詩、詩札、詩傳詩説駁義、國風省篇、昏禮辨正、喪禮吾説篇、大學證文、春秋傳、論語稽求篇等。
九	劉　敞	十六	北宋	一〇一九—一〇六八。字原父，號公是，臨江新餘人。有相見義、公食大夫義、投壺義、小功不税解、君臨臣喪辨、祭法小傳、與爲人後議、春秋傳、春秋權衡、春秋意林、春秋説例、春秋文權、子囊城郢論、非子産論、叔孫昭子譏叔輒論、七經小傳等。
一〇	劉　炫	十六	隋	約五四六—約六一三。字光伯，河間景城人。有尚書述義、尚書百篇義、尚書孔傳目、尚書略義、毛詩述義、毛詩譜注、毛詩集小序注、春秋左傳杜預序集解、春秋左氏傳述義、春秋攻昧、春秋規過、春秋義囊、論語述義、古文孝經義疏、五經正名、酒孝經等。
一一	王安石	十五	北宋	一〇二一—一〇八六。字介甫，號半山，臨川人。有易解、九卦論、新經尚書義、洪範傳、新經毛詩義、舒王詩義外傳、新經周禮義、禮記發明、禮記要義、左氏解、論語解、論語通類、孝經解、孟子解、三經新義等。
一二	楊　簡	十五	南宋	一一四一—一二二五。字敬仲，號慈溪，謚文元，慈溪人。有慈湖易傳、已易、易學啓蔽、書五誥解、詩解、冠記昏記、喪禮家記、孔子閒居解、春秋解、春王正月説、公至自唐論、季札觀樂説、許世子弑君説、古文孝經解、先聖大訓等。

續表

序號	姓名	條數	時代	簡介及《經義考》所收著述
一三	梁武帝	十四	南北朝	四六四—五四九。梁武帝蕭衍，字叔達，小字練兒，南蘭陵（常州）人。有周易大義、大義疑問、周易義疏、周易繫辭義疏、尚書大義、毛詩大義、毛詩發題序義、禮記大義、中庸義疏、私記制旨中庸義、論語、孝經義疏、五經講疏、孔子正言等。
一四	陸德明	十四	唐	五五〇—六三〇。名元朗，字德明，吴縣人。有周易文句義疏、周易大義、周易釋文、尚書釋文、毛詩釋文、周禮釋文、儀禮釋文、禮記釋文、春秋釋文、論語釋文、孝經釋文、爾雅釋文、爾雅音義、經典釋文等。
一五	俞　琰	十四	元	一二五八—一三一四。一作琬。字玉吾，稱石澗先生，號林屋山人、金陽子，吴郡人。有周易集説、讀易舉要、易圖纂要、易古占法、易外别傳、易經考證、易傳考證、讀易須知、六十四卦圖、卦爻象占分類、易圖合璧連珠、大易會要、弦歌毛詩譜、經傳考注等。
一六	司馬光	十三	北宋	一〇一九—一〇八六。字君實，稱涑水先生，謚文正，陝州夏縣（晉夏縣）人。有易説、繫辭説、投壺新格、中庸廣義、大學廣義、致知在格物論、古文孝經指解、疑孟、太玄經集注、潛虚、集注揚子、無逸講義、中庸大學解義等。
一七	黄道周	十三	明末	一五八五—一六四六。字幼平，號螭若，又號石齋，稱石齋先生，謚忠端，漳浦人。有易象正、三易洞璣、洪範明義、詩晷正、月令明義、坊記集傳、表記集傳、緇衣集傳、儒行集解、春秋表正、春秋撰、孝經集解、孝經本贊等。

續表

序號	姓名	條數	時代	簡介及《經義考》所收著述
一八	王　炎	十三	南宋	一一三七—一二一八。字晦叔、晦仲，號雙溪，婺源人。有讀易筆記、易數稽疑、尚書小傳、禹貢辨、康王之誥論、考工記解、鄉飲酒儀、禮記解、明堂議、春秋衍義、論語解、孝經解、諸經考疑等。
一九	張九成	十三	南宋	一〇九二—一一五九。字子韶，號横浦，錢塘(今杭州)人。自號横浦居士，又號無垢居士。有尚書詳説、書傳統論、咸有一德論、少儀論、中庸説、大學説、春秋講義、標注國語類編、論語解、孝經解、孟子解、孟子拾遺、四書解等。
二〇	京　房	十三	西漢	前七七—前三七。本姓李，字君明，推律自定爲京氏。事焦延壽，創京氏易學，傳殷嘉、姚平、乘弘等。有易傳、周易章句、周易錯卦、周易妖占、周易占中、周易守林、周易飛候、周易飛候六日七分、周易四時候、周易混沌、周易委化、周易逆刺占灾异、易傳積演算法雜占條例等。
二一	陳　櫟	十三	元	一二五二—一三三四。字壽翁，稱定宇先生、東阜老人，休寧人。有東阜老人百一易略、書解折衷、尚書集傳纂疏、堯典中星考、詩經句解、禮記集義詳解、深衣考、中庸口義、春秋三傳節注、論語訓蒙口義、爾雅翼節本、四書發明、四書考异等。
二二	晁説之	十二	北宋	一〇五九—一一二九。字以道、伯以，因慕司馬光而自號景迂生，澶州(濮陽)人。有録古周易、易規、京氏易式、周易太極傳外傳因説、堯典星日歲考、洪範小傳、詩之序論、中庸傳、春秋三傳説、論語講義、詆孟、易玄星紀譜等。

續表

序號	姓名	條數	時代	簡介及《經義考》所收著述
二三	郭璞	十二	東晋	二七六—三二四。字景純，聞喜人。有周易洞林、周易新林、周易林、易立成林、周易玄義經、易斗圖、易八卦命録斗内圖、毛詩拾遺、毛詩略、爾雅注、爾雅圖贊、爾雅音義等。
二四	徐邈	十二	東晋	三四四—三九七。字仙民，姑幕（諸城）人。有周易音、古文尚書音、尚書逸篇注、毛詩音、周禮音、禮記音、春秋左氏傳音、春秋穀梁傳注、答春秋穀梁義、春秋穀梁傳義、論語音、五經音等。
二五	楊守陳	十二	明	一四二五—一四八九。字維新，鄞縣人。有讀易私抄、書私抄、詩私抄、中庸私抄、大學私抄、三禮私抄、論語私抄、孝經私抄、孟子私抄、諸經私抄、五經考證、四書私抄等。
二六	范浚	十二	南宋	一一〇五—一一五〇。字茂明，稱香溪先生，蘭溪人。有易論、書論、堯典論、湯誓仲虺之誥論、伊訓論、太甲三篇論、咸有一德論、説命三篇論、洪範論、大誥康誥酒誥梓材召誥洛誥多士多方論、君牙冏命吕刑論、月令論等。
二七	吴澄	十二	元	一二四九—一三三三。字幼清，人稱草廬先生，撫州崇仁人。有易纂言、易叙録、書經纂言、周禮考注、周禮經傳、儀禮逸經、儀禮傳、大戴禮序録、禮記纂言、三禮考注、春秋纂言、孝經章句等。
二八	蘇軾	十一	北宋	一〇三七—一一〇一。字子瞻，號東坡居士，謚文忠，四川眉縣人。有易傳、四營八變解、書傳、中庸論、隱公是攝論、公子翬弑隱公論、管仲相齊論、鄭伯以璧假許田論、閏月不告朔猶朝于廟論、墮三都論、論語解等。

續表

序號	姓名	條數	時代	簡介及《經義考》所收著述
二九	楊時	十一	北宋	一〇五三—一一三五。字中立，謚文靖，人稱龜山先生。有易說、書義辨疑、尚書講義、詩辨疑、周禮辨疑、中庸解、春秋說、春秋不書即位說、論語解、孟子義、三經義辨等。
三〇	何休	十一	東漢	一二九—一八二。字邵公，任城樊人。有冠儀約制、春秋公羊解詁、春秋公羊墨守、春秋公羊膏肓、春秋穀梁廢疾、春秋漢議、春秋公羊文謚例、春秋公羊傳條例、春秋議、論語注訓、孝經訓注等。
三一	孔衍	十一	東晉	二六八—三二〇。字舒元，魯人。孔子二十二世孫。人《晉書・儒林傳》。有凶禮、春秋穀梁傳、春秋公羊傳集解、漢尚書、後漢尚書、後魏尚書、漢春秋、後漢春秋、漢魏春秋、春秋時國語、春秋後國語等。
三二	湛若水	十一	明	一四六六—一五六〇。初名雨，字民澤，又字元明，號甘泉，稱甘泉先生，增城人。有修復古易經傳訓測、詩厘正、儀禮補逸經傳測、中庸測、古大學測、聖學格物通、二禮經傳測、三禮訂疑、春秋正傳、古本四書訓測、補樂經等。
三三	張睿卿	十一	明	字稚通，歸安人。有書箋、禹貢便讀、詩疏、周禮約注、考工記備考、儀禮考、禮考、春秋傳略、五經釋義、四書釋義、四書語錄等。
三四	胡銓	十一	南宋	一一〇二—一一八〇。字邦衡，號澹庵，廬陵（今吉安）人。有易傳拾遺、大衍論、書解、君陳辨、素冠說、周禮傳、禮記解、二禮講義、春秋集善、獲麟說、讀孝經雜記等。

續表

序號	姓名	條數	時代	簡介及《經義考》所收著述
三五	趙善湘	十一	南宋	?—一二四二。字清臣，宋宗室，鄞縣人。有周易說約、周易或問、周易續問、周易指問、學易補過、洪範統紀、中庸約說、大學解、春秋三傳通議、論語大義、孟子解等。
三六	錢馹	十一	清初	字稚茁。有周禮說、周禮答疑、冬官補亡、儀禮說、禮記申惑、王制說、月令說、緇衣說、中庸說、春秋志禮、續越絶書等。
三七	程頤	十	北宋	一〇三三—一一〇七。字正叔，號伊川，稱伊川先生，洛陽人。有易傳、書説、堯典舜典解、改正武成、伊川詩說、大學定本、春秋傳、論語說、孟子解、河南經說等。
三八	吕大臨	十	北宋	一〇四〇—一〇九二。字與叔，藍田人。與謝良佐、游酢、楊時并稱四先生。有易章句、書傳、編禮、芸閣禮記解、禮記傳、中庸解、中庸後解、大學解、論語解、孟子講義等。
三九	干寶	十	東晋	二八六—三三六。字令升，新蔡人。有周易注、周易宗塗、周易爻義、周易問難、周易玄品、毛詩音、周官禮注、答周官駁難、春秋左氏函傳義、春秋序論等。
四〇	韓邦奇	十	明	一四七九—一五五五。字汝節，號苑洛，朝邑(陝西大荔)人。有易學啓蒙意見、易占經緯、卦爻要圖、易林推用、書說、禹貢詳略、毛詩末喻、周禮義疏、禮記斷章、洪範圖解等。
四一	季本	十	明	一四八五—一五六三。字明德，號彭山，會稽人。有易學四同、圖文餘辯、蓍法别傳、古易辯、詩説解頤、讀禮疑圖、大學、春秋私考、孟子事迹圖譜、四書私存等。

續表

序號	姓名	條數	時代	簡介及《經義考》所收著述
四二	劉宗周	十	明	一五七八—一六四五。字起東，號念台，人稱蕺山先生、念台先生，山陰(紹興)人。明亡絶食死，氣節凛然。有周易古文鈔、讀易圖記、易衍、儀禮經傳考次、禮經考次、大學古文參疑、大學古記、大學古記約義、大學雜言、論語學案等。
四三	姚舜牧	十	明	一五四三—一六二七。字虞佐，號承庵，烏程(今吴興)人。有易經疑問、書經疑問、詩經疑問、禮記疑問、中庸疑問、大學疑問、春秋疑問、孟子疑問、五經疑問、四書疑問等。
四四	朱　升	十	明初	一二九九—一三七〇。字允升，人稱楓林先生，休寧人。有周易旁注前圖、周易旁注、尚書旁注、書傳補正輯注、詩旁注、三禮旁注、孝經旁注、大學中庸旁注、四書旁注、小四書等。
四五	陳仁錫	十	明末	一五八一—一六三六。字明卿，號芝台，謚文莊，長洲(蘇州)人。有羲經易簡録、繫辭十篇書、周禮句解、考工記句解、中庸淵天紹易測、孝經翼、六經圖考、四書語録、四書析疑、四書備考等。
四六	黄　榦	十	南宋	一一五二—一二二一。字直卿，號勉齋，謚文肅，閩縣(福州)人。有繫辭傳解、尚書説、續儀禮經傳通解、孝經本旨、大學聖經解、大學章句疏義、中庸總論續説、論語注義問答通釋、孟子講義、六經講義等。
四七	黄　震	十	南宋	一二一三—一二八〇。字東發，人稱於越先生、文潔先生，慈溪人。有讀易日抄、讀書日抄、讀詩一得、讀周禮日抄、讀禮記日抄、讀春秋日抄、讀三傳日抄、讀論語日抄、讀孟子日抄、日抄經説等。

續表

序號	姓名	條數	時代	簡介及《經義考》所收著述
四八	王應麟	十	南宋	一二二三—一二九六。字伯厚，號厚齋，又號深寧居士、浚儀居士，慶元（浙江明州）人。有古易考、周書王會解、詩地理考、詩考、毛詩草木鳥獸蟲魚廣疏、踐阼篇集解、春秋三傳會考、六經天文編、玉海藝文經解等。
四九	魏了翁	十	南宋	一一七八—一二三七。字華父，號鶴山，稱鶴山先生，謚文靖，邛州蒲江人。有周易集義、尚書要義、毛詩要義、周禮要義、周禮井田圖說、儀禮要義、禮記要義、春秋要義、孟子要義、九經要義等。
五〇	方回	十	元	一二二七—一三〇七。字萬里，團甫，號虛穀，歙縣人。有讀易析疑、易中正考、易吟、顧命朝會考、鹿鳴二十二篇樂歌考、彤弓考、儀禮考、覲禮辨、明堂位辨、皇極經世考等。
五一	黃澤	十	元	一二六〇—一三四六。字楚望，資州（四川）人。有易學濫觴、春秋旨要、三傳義例考、春秋筆削本旨、春秋諸侯取女立子通考、元年春王正月辨、魯隱公不書即位義、作丘甲辨、六經補注、翼經罪言等。
五二	吴迂	十	元	字仲迂，人稱可堂先生，浮梁人。師從饒魯。有易學啓蒙、書編大旨、詩傳衆說、左傳義例、左傳分記、孝經附録、孟子集注附録、讀孟子法、孟子年譜、孟子家記等。

下面將上揭五十二家著者及其著述總數的歷時分布，分别製圖如下：

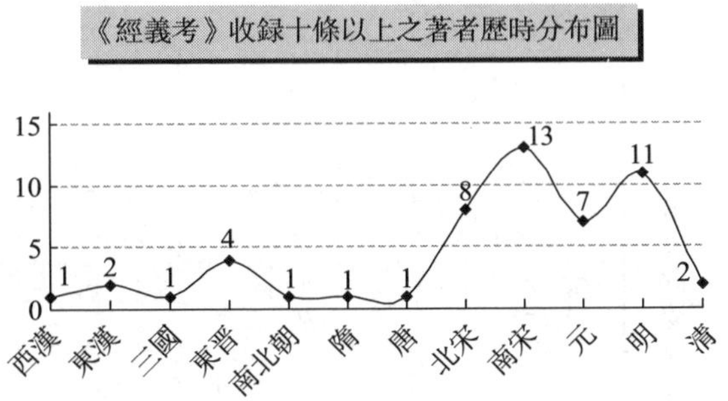

圖二—三　《經義考》收録十條以上之著者歷時分布圖

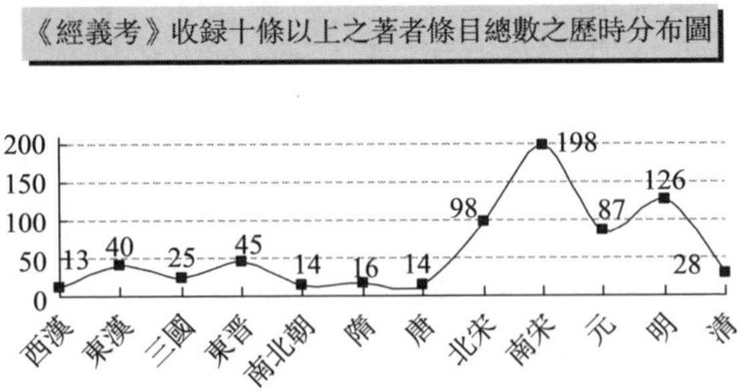

圖二—四　《經義考》收録十條以上之著者條目總數之歷時分布圖

以上二圖中的分布曲綫，其走向基本一致，并且與圖二—二所顯示的曲綫，也基本一致。這表明，前文以條目總數分布爲依據作出的分析，同樣也在小範圍内得到印證。當然，如果把統計的範圍漸次加大，比如擴展到八條、五條甚至二條，其曲綫走向必將是和圖二—二《〈經義考〉條目分布圖》所顯示的趨於重合。

中國經學的發展，猶如一條長河，曲折向前，經學著作則是這條長河的忠實記録與反映。以上五十二位經學家，就是經學發展史上的關鍵人物，在同代人中形成一座座著述高峰；無論是闡發經義，還是整理前人成果，其貢獻都不言而喻。上表中一部分人物，如朱熹、鄭玄、王肅、程頤等，一直是經學研究的重點；其他人物的經學貢獻，理應得到學界的充分重視。

三 《經義考》條目著録之不足

朱彝尊《經義考》在條目著録上也有不足，章學誠在《史考釋例》中已有所糾補（見前節所引）〔一〕。在章氏之前，全祖望已對《經義考》之著録，有所批評。全氏認爲，『竹垞是書，凡先儒殘篇賸本，皆援而列之以求備』，而『考索既繁，反不能無疏漏者也』。全氏從著録是否都爲經學著作的標準出發，指出《經義考》之著録，有以下三個方面的不足：其一，『謬托於經，而實不可以言經者，皆未加別白也』；其

〔一〕案：楊果霖《朱彝尊〈經義考〉研究》第九章，專論《經義考》之缺失，指出全書存在謬誤之成因有：『援據廣博，不無舛錯』『經籍藏地，未能遍知』『體例多方，難於劃一』『輯録勘校，難求全備』『目録工具，未能周全』『文獻徵引，未據善本』『輾轉傳聞，相沿而誤』等方面（頁三七二—三七七）。

二,『圖學之去取未審也』; 其三,『粗涉於經,而原非解經者,不必收也』。全氏復云:『雖然,竹垞之用功固勤矣,猶有此失,可以見著者之難,區區之言,非敢以掎摭前輩爲事也。』〔一〕全氏之批評與持論,均極中肯。

從文獻編纂的角度看,《經義考》條目著録之不足,主要表現在以下三個方面:

(一) 版本未著録

版本也是書目的基本著録項目。雖然劉向、歆父子整理圖書時已經廣聚衆本,但『版本』作爲一個專門術語,是雕版印刷術出現以後纔有的,用以指稱書籍在形成和流通過程中産生的不同形態的本子。劉向校書時,已在《别録》中著録了不同的抄本。在突出位置上標明版本的,當推宋代尤袤的《遂初堂書目》。顯然,著録版本,對於讀書、校書、藏書及學術研究都具有重要作用〔二〕。《經義考》在著録宋以來的經籍時,却没有這一著録内容。從目録學角度來看,未免有憾。錢東垣

〔一〕全祖望《鮚埼亭外編》卷四一《答鄭筠谷宫贊論朱氏經義考帖子》,載《全祖望集彙校集注》,朱鑄禹彙校集注,上海古籍出版社,二〇〇〇年,頁一六一四—一六一六。

〔二〕程千帆、徐有富《校讎廣義·版本編》指出: 讀書宜求善本,校書宜備衆本,藏書宜辨异本,學術研究宜别版本(齊魯書社,一九九八年,頁九—三六)。

在續補《經義考》時，即針對此失，有所糾正：

竹垞每於書後載明卷數，曰『存』、曰『闕』、曰『佚』、曰『未見』，今悉仍之，惟『存』字下，今注明某氏刊本、鈔本、宋刊本、元刊本、影宋鈔本，仿《傳是樓書目》及《浙江采輯遺書總目》之例也；如曾見數本，不妨并注，仿《遂初堂書目》之例也。其有本爲秘書，人所罕覯，亦或注有某人印記，今藏某人處，仿《鐵網珊瑚》之例也。〔一〕

王重民仿《經義考》之體例而著《老子考》，亦對此失進行匡補：『朱氏《經義考》，謝氏《小學考》，祗著存佚，不詳刻本，亦或美中不足；故余於刻本特欲致其詳。』〔二〕

《經義考》不著録版本，可能有這樣一些原因：首先，清初以前的學術傳統中，對圖書版本問題并不特别重視。第一部號稱版本目録的《讀書敏求記》，成於錢曾（一六二九—一七〇一）之手，而錢氏與朱彝尊爲同時之人。其次，就撰述宗旨而言，《經義考》以考求經義爲職志，注重的是經義源流，或因此對版本等外在形式方面，未能特加措意。再次，與朱氏個人經歷有關。朱氏身處明清易代之際，一生顛沛流離，窮困落拓，儘管嗜書如命，其實并無多少財力來廣聚衆本；入仕以前，也少有安定的環境供

〔一〕錢東垣《補經義考·凡例》之第六則，載蔣光煦《東湖叢記》卷二，頁六七二。

〔二〕王重民《老子考·自序》，中華圖書館協會，一九二七年。

他詳究版本。鞍履所及，耳聞手抄，流覽群書之時多，詳究版本之時少，或因此不能著録版本。《經義考》不著録版本，并不意味着朱彝尊完全忽視版本。其四柱之法，實際上也反映了圖書在流傳時的一些傳本信息。更重要的是，朱彝尊在《經義考》之按語部分，往往不厭其煩地著録异文，加以比勘，做的其實就是版本比較的工作。

（二）體例或未一

前文總結了朱氏條目的一般體例。也有少數條目的著録，與上述體例不合或有誤的。以下試舉例説明。

《經義考》卷一七一有『馮君（失名）《嚴氏春秋章句》』一條，獨稱『君』。此條下朱氏按語引杜佑《通典》，有『昔馮君八萬言《章句》』句；又引洪适語云：『漢《嚴欣碑》，政和中出於下邳，云：「欣，字少通，治《嚴氏春秋》馮君章句。」兩漢傳《春秋》嚴氏學無姓馮者，蓋史之闕文也。』由於史料不足，不能斷定『君』字是人名還是尊稱。不過，就朱氏所録條目來看，他是把『君』字當作尊稱來處理的。另外，《經義考》卷七七『桓君（榮）《大小太常章句》』一條，以『君』代『氏』，顯爲尊稱。以上二例，同通例不合，比較突兀。

對歷代特别突出的大儒，如張載等，稱『子』不稱『氏』，是朱氏著録特例之一。但《經義考》卷一八二有『張氏(載)《春秋説》』條,却稱『氏』不稱『子』,與特例相乖違。

直接著録帝王尊號,亦爲朱氏條目著録的特例之一。《經義考》卷二二三有『孝明帝巋《孝經義記》』條,卷二二又有『蕭氏(巋)《周易義記》』條。案:《隋書》卷七九《蕭巋傳》:『蕭巋字仁遠,梁昭明太子統之孫也。……薨,梁之臣子謚曰「孝明皇帝」,廟號「世宗」,子琮嗣。巋著《孝經》《周易》義記,及《大小乘幽微》十四卷,行於世。』故這兩條爲同一人。朱氏既援例稱『孝明帝』,不宜復稱『蕭氏(巋)』,否則爲例不一,易致誤判爲二人。

我國自佛教傳入以後,出現了許多高僧,不少人兼通儒經,且能有所著述,成爲著名學者。《經義考》也收録了這些學者的相關著述。就條目著録方式而言,可以分爲兩種:一是有『釋』字,計有釋法通一條、釋契嵩三條、釋全瑩一條、釋希覺一條、釋一行一條、釋贊寧二條、釋智略一條、釋智騫一條,共八家十一條。二是『釋』後加上『氏』字,計有釋氏慧琳一條、釋氏慧始一條、釋氏靈裕一條、釋氏一行三條,凡四家六條。因爲釋一行一家重出,實際上共有十一家十七條。顯然,『氏』字或加或不加,於體例而言,有不能劃一之弊;一家分屬兩種情況,尤爲失當。

前文指出,對數位有親戚關係者稱『公』,是朱氏條目著録特例之一。如果稱『氏』、稱『公』不一,同樣會引起對作者身份的誤判。《經義考》卷八九、九四分別有鄭曉條目各一,文淵本中俱作『公』,備要本中分别作『公』『氏』。當範圍擴大到解題材料的時候,情況更加複雜:有六條稱『鄭公曉曰』,有一條稱『鄭曉曰』,還有一條稱『鄭端簡公曰』(文淵本和備要本均一致)。檢《明史》卷一九九《鄭曉傳》:『鄭曉,字窒甫,海鹽人……隆慶初,贈太子少保,謚端簡。』朱彝尊《明詩綜》有『鄭曉』條,録詩一首。小傳云:『曉字窒甫,海鹽人。嘉靖癸未進士。累官南京吏部尚書,尋以右都御史協理戎政,改刑部尚書,卒贈太子少保,謚端簡。有集。』又附《詩話》云:

端簡公家法甚嚴,遺訓子孫,倡優不許入門,違者以不孝論,屏諸宗譜之外。築別業於城東北隅,穿池中央,四面種蔬藥,賓客至者燕於池上百可亭。亭陰有牡丹數本。嘗與夫人玩花,豚一蹄、魚一尾、鷄子四枚、酒三行而已。嗣先妣孺人爲公來孫。予嘗讀書其地,芋魁芥孫,豆棚瓜堰,恍若深村。今已屬之他姓矣。公鋭意經史,學韵語不多作,然曾刊《鳴唐萬選絶句》以行,非不留心風雅也。〔一〕

『嗣先妣孺人爲公來孫』,可見,朱彝尊之母爲鄭曉孫女,鄭氏當與彝尊曾祖朱國祚同時爲官,位高親近,正合言『公』之例。是以條目及解題材料中當以著『公』爲是。

以上是作者著録上不合通例之處。如就附注出處而言,其不合通例之處,表現在兩個方面。一是有些條目,未能附注出處。據筆者統計,在《經義考》中未注明出處且無輯録文獻可證者,共有一千四

〔一〕朱彝尊《明詩綜》卷三九,康熙四十四年六峰閣刻本。

百八十五條。這就爲探究其引書來源增加了難度。二是同一出處，名稱未一。前文曾提到，《經義考》有許多直接標明出於《七録》者，致有非議，章學誠氏曾爲疏通證明之。

（三）著録有淆失

《經義考》著録宏富，又出於一人之手，錯誤在所難免[一]。就筆者校讀所見，其撰者人名之同异，最易混淆。尤以同人异名情况較常見，理當統一，不可不辨。細分起來，又有以下幾種情形：

一、兩種指稱均可。《經義考》卷二一一有『沛王劉輔《論語傳》』條，卷二三九又有『沛獻王劉輔《五經通論》』條。檢《後漢書》卷四二，『光武皇帝十一子，郭皇后生東海恭王强、沛獻王輔』。同卷有《沛獻王輔傳》，云：『沛獻王輔，建武十五年封右馮翊公，十七年郭後廢爲中山太后，故徙輔爲中山王，并食常山郡。二十年復徙封沛王。……輔矜嚴有法度，好經書，善説《京氏易》《孝經》《論語傳》及圖讖，作

[一] 案：關於《經義考》條目著録之失，楊果霖先生頗多糾擿。如『作者的謬誤』，有誤題姓氏例、坐實疑説例、錯考時代例、以字爲名例、同人异名例、親屬誤代例、混合撰之名、名字誤倒例等（《朱彝尊〈經義考〉研究》第九章，頁三八四—三九一）；至於『書名的謬誤』，則有同書互見例、妄改書名例、缺字漏題例、書名并合例、書名誤倒例、誤判典籍例、書名訛增例等（同前，頁三七八—三八四）；至於『存佚的謬誤』，則有存佚誤判、前後异判、漏判存佚等（同前，頁四二〇—四二一）；至於『卷數的謬誤』，則有卷數未合今本之例、漏略卷數多寡之例、卷數單位不同之例、誤題出處卷數之例、書籍重出互异之例、書籍析并致誤之例等（同前，頁三九一—三九六）。歸納細密，例舉得當，可參。

《五經論》，時號之曰《沛王通論》。』可見沛王劉輔、沛獻王劉輔爲同一人。兩種指稱固然均可，但理應劃一。

與此相類者，還有『簡文帝』諸條及『梁簡文帝』諸條，雖則字有增損，其實一人。

《經義考》有一成例，凡『玄』字（如『鄭玄』『太玄』等）均缺末筆，這是爲避康熙（名玄燁）之諱。但是卷一〇一中却有『鄭氏元』一條，與成例不合。這是因避諱方法不同而産生的稱名有异之例。

《經義考》卷九四有『胡氏（渭生）』條，卷一一八有『胡氏（渭）』條。案：胡渭初名渭生。故這兩條雖稱名不同，其實也是一人。

《經義考》卷五五有『孫氏（應鼇）《淮海易談》』條，卷二〇三、二五七又各有『孫氏（應鰲）』一條。按其前後年代，均在明嘉靖時。『鼇』『鰲』二字异體，故當爲一人。此類字雖异體，其實一人的，還有以下幾組：

『吴氏（澂）』與『吴氏（澄）』，『吴氏（炯）』與『吴氏（烱）』，『魏氏（校）』與『魏氏（挍）』，『吴氏（秘）』與『吴氏（祕）』，『楊氏（惟相）』與『楊氏（維相）』，『虞氏（翻）』與『虞氏（飜）』，『張氏（冲）』與『張氏（沖）』，『鄭氏（耕老）』與『鄭氏（畊老）』，『周子（敦頤）』與『周子（惇頤）』，『潘氏（迪）』與『潘氏（廸）』，『申氏（佳胤）』與『申氏（嘉胤）』，『趙氏（悳）』『趙氏（德）』與『趙氏（悳）』等，凡十二組。

需要指出的是，异體字可能出於刻工之手，未必全是朱氏之失。

以形近而誤者，還有『張氏（溥）』與『張氏（溥）』、『章氏（元崇）』與『章氏（允崇）』兩組，均以前者

夏主遷興州，世掌夏國史。公諱道冲，字宗聖。』〔一〕當以『斡』字爲正。此以形近而誤。

要本兩處都作『幹』字。檢《元文類》卷一八有虞集《西夏相斡公畫像贊》：『公姓斡氏，其先靈武人，從

《經義考》卷四一有『幹氏（道冲）《周易卜筮斷》』條，卷二二〇有『斡氏（道冲）《論語小義》』條。備

《經典釋文》外，俱作『蔡超宗』。

諮議參軍蔡超宗注。』兩《唐志》本之，俱作『蔡超宗』。故名字或异，實指同一人。核諸《四庫全書》，除

宋丞相、諮議參軍。』《經義考》卷一三六又有『蔡氏（超宗）《集注喪服經傳》』條，本諸《隋志》：『宋丞相、

《經義考》卷一三一有『蔡氏（超）《儀禮注》』條，本諸《經典釋文》卷一『蔡超』條：『字希遠，濟陽人。

本傳，故『明氏（紹僧）』當爲『明氏（僧紹）』。文淵本誤倒其文。

僧紹』。檢《經典釋文》卷一《孝經》注解人，有『明僧紹』；《南齊書》卷五四、《南史》卷五〇，均有明僧紹

據《隋志》著録的。二書俱注『佚』字。以上二名相似，時代相近，或爲一人。備要本則兩處都作『明氏

烈，平原人，徵國子博士。』卷二二三又有『明氏（紹僧）《孝經注》』一條，注引《七録》曰：『一卷。』可見是

二、指稱有异，其一有誤。《經義考》卷六九有『明氏（僧紹）《繫辭注》』條，引陸德明曰：『僧紹字承

〔一〕蘇天爵《元文類》，《景印文淵閣四庫全書》第一三六七册，頁二二三。

爲正。

《經義考》卷二三五、二五三均有『魏氏（天祐）』條。卷一五三則有『魏氏（天祜）』條，下引魏了翁《序》，其字正與魏天祐同，可見是一人。卷二一九又有『魏氏（天佑）』條，其人在『梁氏（椅）』條之前，可見同時，亦是同一人。『祜』與『祐』形近，『佑』與『祐』音同形近。這可以看作是形近而誤的特例〔一〕。

後代學者對朱氏條目各個部分的錯誤，均有指正（下文將隨文論及），并出現了專糾其失的著作。本書第七章專論《經義考補正》《四庫全書總目》，第八章討論《經義考》之傳本，第九章研究《經義考》三種點校本，第十章討論司馬朝軍、楊果霖分别疏證、校訂其通説類、春秋類之成就，對《經義考》條目之誤，均有涉及，可以互參。

四　小結

通過以上探討，可知《經義考》之著録體系，從形式上看，由條目部分、解題部分構成，其中書名是

〔一〕另外還有一種情況，即同名而异人。如卷一一有『黄氏穎』，晋人；卷一二二『黄氏穎』，則爲宋人。又如卷二六的『李氏衡』，爲南宋人；卷一九九的『李氏衡』，則爲明初人。又卷一二『張氏霸』，東漢人，傳《嚴氏春秋》；卷二三『張氏霸』，西漢人，傳僞古文《尚書》。此類同名而异人的情況，不能算誤，但易致誤解。不過，尚可依條目下引用文獻或先後順序加以區分，較同人异名易辨。

條目部分的核心。條目部分的著録結構是：

撰人姓氏（附名）＋書名＋篇卷＋存佚

這一著録結構的特點是：撰者居首，以氏繫名，明著篇卷，詳具存佚。其中在目録學史尤具創新者，在『以氏繫名』與四柱之法。以上兩端，分别爲孫詒讓《温州經籍志》、章學誠《史籍考》等所取資。

《經義考》著録體系，略如下表：

表二—四　《經義考》著録體系

著録體系			
條目部分	著録結構	創新之處	
	撰人姓氏（附名）＋書名＋篇卷＋存佚	以氏繫名	四柱之法
解題部分	提要體系		
	按語		

《經義考》解題部分，參本書第四章、第五章之討論。

第三章　《經義考》之分類體系

分類是目録内在邏輯體系的展開，是編纂者部次群籍的重要手段。分類水平之高下，是決定目録『辨章學術，考鏡源流』成就之高下的關鍵因素之一。因此，衡量一部目録的學術水準，除於撰述旨趣、著録體系、提要體系等方面加以考察外，分類體系通常是被考量的重點。作爲經學目録，《經義考》之分類體系，是否完備？所分各類，有無前承？有何創新？有無不足？諸如此類問題，亟須深入探討。惟考辨所需，源流爲先，故先叙前目成例，次論各類所由，再析特色所在，末陳不足之處。

一　分類之要

對事物加以分類，是人類認知水準發展到一定階段的體現。書有典、謨、誥、誓的不同，國子習禮、樂、射、御、書、數六藝，孔門分德行、言語、政事、文學四科。《繫辭》曰：『方以類聚，物以群分。』反映了先民們對事物分類的自覺。

學術貴能分類。章學誠指出:『物相雜而爲之文,事得比而有其類。知事物名義之雜出而比處也,非文不足以達之,非類不足以通之,六藝之文,可以一言盡也。夫象歟,興歟,例歟,官歟,風馬牛之不相及也,其辭可謂文矣,其理則不過曰通於類也。故學者之要,貴乎知類。』〔一〕

編纂目録,分類極要。鄭樵《通志·校讎略·編次必謹類例論》云:『類例既分,學術自明,以其先後本末具在。觀圖譜者,可以知圖譜之所始;觀名數者,可以知名數之相承。讖緯之學,盛於東都;音韻之書,傳於江左。傳注起於漢魏,義疏成於隋唐。睹其書,可以知其學之源流。或舊無其書而有其學者,是爲新出之學,非古道也。』〔二〕在鄭氏看來,類例分則源流明,所以重要。中國典籍,浩如烟海,如果没有合理的分類,使人按類以求,則會茫然失措,不知從何入手。

目録之學,首先是記録之學,其次是辨章之學,因此『辨章學術,考鏡源流』,成爲編目者孜孜以求的學術高標。就中國古代學術而言,春秋以前,學在王官〔三〕;春秋以降,官失其守,學散民間,故私學興起,百家競勝。諸子百家之學,錢穆稱爲『家言』:

〔一〕章學誠《文史通義·易教下》,頁一八。
〔二〕鄭樵《通志》卷七一,見《通志二十略》,頁一八〇六。
〔三〕章學誠指出,古者官、守、學、業皆出於一,故私門無著述文字。參其《校讎通義》之《原道》篇,載《文史通義校注》,頁九五一。

古代學術分野，莫大於王官與家言之别。鮑白令之有言：『五帝官天下，三王家天下』，『官』言其公，『家』言其私。百家言者，不屬於王官而屬於私家，易辭言之，即春秋以下平民社會新興之自由學術也。王官掌於『史』，百家言主於諸子。諸子百家之勢盛而上浮，乃與王官之史割席而分尊焉，於是有所謂『博士』。故博士者，乃以家言上抗官學而漸自躋於官學之尊之一職也。〔一〕

就學術分類而言，博士重師承，故其學以家分。至漢武帝罷黜百家，表彰六藝，博士限立五經，載籍以六經爲首，故其學以書分。同治一經，而爲説不同，故一經常立有數員博士。易言之，劉向父子校書以前，各家争勝，各有其説，故以家分；劉向父子校書時，儒家定於一尊，學術以闡釋六經爲主，故以書分。《史記》有《孔子世家》，有《老子申韓列傳》，又載司馬談《論六家要指》，是學術以家分的明證。《漢志》作爲書目，以圖書爲著録中心，而以六藝爲首，諸子居其次，是學術以書分的體現。但《漢志》又於各經之下，分列所立博士家名，猶有學術分家之遺〔二〕。大體而言，《漢志》所體現者，已經是儒學獨尊

〔一〕錢穆《兩漢博士家法考》，載《兩漢經學今古文平議》，商務印書館，二〇〇一年，頁一九一。

〔二〕孫德謙《漢書藝文志舉例》『一人之書得連舉不分類例』，以劉向、揚雄二家，各附其所有著作，因而指出：『夫班氏作此志，其分類也，以書不以人。觀於此，則似又以人爲定矣。』（中華書局《二十五史補編》本，一九五五年，頁一七〇六—一七〇七）本段學術以家、以書分的觀點，受徐興無教授指點，在此謹致謝忱。

下之學術源流。此後古代中國的目録著述,在反映學術源流方面,都處在這個範圍之内〔一〕。

目録之學,既以『辨章學術,考鏡源流』爲高標,則通過分類來部次群籍,正是編目者所以條辨學術源流的重要途徑。章學誠謂:『著録之爲道也,即於文章典籍之中,得其辨名正物之意,此《七略》之所以長也。』〔二〕程千帆先生論《七略》,『因[劉]向所叙奏爲書,時既倉卒,盡去繁文,惟以分類見學術之源流。其對象實中國學術之全體』〔三〕。

如何考知某種著述在學術脉絡中之地位?通過該著在書目中所屬之分類部次,即可有相當之瞭解。因此,分類也必然成爲衡量目録水平高下的重要標準。鄭樵指出:

學之不專者,爲書之不明也;書之不明者,爲類例之不分也。有專門之書,則有專門之學;有專門之學,則有世守之能。人守其學,學守其書,書守其類。人有存没而學不息,世有變故而書

〔一〕案:此僅就大體而論。明末茅元儀(一五九四—一六四〇)《白華樓書目》,分爲九學十部:經學、史學、文學、説學、小學、兵學、類學、數學、外學,是爲九學加上世學(指制藝墨卷),乃成十部。其分類即以學爲主,不以書爲主,故受到姚名達的稱許:『向來目録之弊,惟知類書,不知類學。類之有無,一依書之多少而定。司馬談分思想爲六家之旨,後世徒存其遺蜕於《子部》,而不能充之於各部。乃至以不成學術之名稱,猥爲部類之標題,自《七略》《七録》已不能無其弊,《隋志》以下抑又甚焉。今茅元儀獨能以學術爲分類之標準,且劃一其名稱,整齊其部次,賢於往哲多矣。』(《中國目録學史》,頁九八)

〔二〕章學誠《校讎通義》卷二《補校漢藝文志第十》,頁九九四。

〔三〕程千帆《〈别録〉〈七略〉〈漢志〉源流、异同考》,載《南京大學百年學術精品·圖書館學卷》,南京大學出版社,二〇〇二年,頁九一一。

不亡。以今之書校古之書，百無一存，其故何哉？士卒之亡者，由部伍之法不明也；書籍之亡者，由類例之法不分也。類例分，則百家九流，各有條理，雖亡而不能亡也。巫醫之學，亦經存没而學不息；釋老之書，亦經變故而書常存。觀漢之《易》書甚多，今不傳，惟卜筮之《易》傳；法家之書亦多，今不傳，惟釋老之書傳。彼异端之學，能全其書者，專之謂矣。〔一〕

在鄭樵看來，類例既佳，即可使各家學術，歸於條理，專而能守，不致淪喪。前揭『類例既分，學術自明』，亦就目録分類而言。因此，鄭氏一再强調分類得法：『類書猶持軍也，若有條理，雖多而治；若無條理，雖寡而紛。類例不患其多也，患處多之無術耳。』〔二〕

余嘉錫認爲，古書之大名、總稱、小題，即有部次之意〔三〕。對鄭樵標揭之『類例』，余氏認爲：『凡每略分若干種，每種分若干類，每類又分若干子目，即所謂類例也。但漢、晋、齊、梁尚無此名。惟《隋書·許善心傳》言「善心更製《七林》，區分類例」，類例之名，蓋起於此。』〔四〕『類例』就是由略到種、由種到類、由類到書的層級體系，也即目録之分類部次。類例明晰，書籍所反映的學術源流自然清楚。余

〔一〕鄭樵《通志·校讎略·編次必謹類例論》，見《通志二十略》，頁一八〇四。
〔二〕鄭樵《通志·校讎略·編次必謹類例論》，見《通志二十略》，頁一八〇五—一八〇六。
〔三〕余嘉錫《目録學發微》卷四，頁一二四。
〔四〕余嘉錫《目録學發微》卷四，頁一二五。

氏對鄭樵觀點表示認同：『蓋古之編書目者，無不有類例。然特以爲部次之法而已，未嘗言其重要。言類例之要者，自樵始。焦竑《國史經籍志》，更本其説而推演之，以爲「類例不分則書亡」。夫書亡不亡，非盡關於類例不明。觀牛弘所言五厄，大抵以兵火爲最多。然編撰目録必明類例，則固不易之説也。』〔一〕顯然，類例有法，對於部次群書，進而條別學術源流，至關重要。而如何做到類例有法，其實就是如何對圖書進行分類，從而建構起有序的類例體系的問題。

目録學首先是記録之學，其次是辨章之學，因此既重工具性，又重學術性。無論是官府藏書目録，還是史志目録，在圖書分類上都要處理好一種關係，即編目備檢與條別學術之間的關係。『古之作書目者，皆先校書而後著録，故因書分類，就目檢書。以此部類多寡之間，極費斟酌。』『甲乙之簿與學術之史，本難强合爲一。』〔二〕從便於查檢的角度來看，圖書分類當以簡便易索爲佳；而從考鏡源流的角度來看，分類又應以詳盡細密爲尚。

由於藏書目録可能更偏重於如何查檢利用，所以在分類上存在着流於簡略的趨向。例如劉向、歆父子之《别録》《七略》，一級類目僅有六藝略、諸子略、詩賦略、兵書略、數術略、方技略六種。又如晋荀勖《中經新簿》，僅以甲乙丙丁四部總括群書；而其丁部之汲冢書，尚未及從學術的角度加以歸類。唐

〔一〕余嘉錫《目録學發微》卷四，頁一二五。
〔二〕余嘉錫《目録學發微》卷四，頁一四五、一五〇。

初修《五代史志》，儘管無須與實際藏書一一對應，但仍在荀勖四分的影響下，以經、史、子、集四部來部次群籍（史居子前，則受李充《晋元帝書目》等官修目録的影響）。由此以降，四部法漸成古代目録分類的主流；其中類例未善之處，亦相承不免。因此這種分類趨簡的做法，引起了鄭樵的批評：『《七略》所分，自爲苟簡，四庫所部，無乃荒唐。』〔一〕余嘉錫説的更是激切：

夫古今作者，時代不同，風尚亦异。古之學術，往往至後世而絶，後之著述，又多爲古代所無。四部之法，本不與《七略》同，史出《春秋》，可以自爲一部，則凡後人所創作，古人所未有，當别爲部類者，亦已多矣。限之以四部，而强被以經史子集之名，經之與史，史之與子，已多互相出入。又於一切古無今有、無部可歸之書，悉舉而納之子部。……名實相舛，莫此爲甚。故經史子集之分部，尚不如甲乙丙丁混而名之之爲得也。〔二〕

明代《内閣藏書目録》，分類達十八部之多，似無趨簡之病。實則該目分類，僅從貯藏實際出發，粗略地給以類名，因而分部雖多，實無層次可言，可見編者僅從便於查檢考慮，而没有用心於學術分類。該目著録册數而不及卷數，可能即以便於稽核作爲出發點。如卷二經部『鶴山九經要義』條，注云：

〔一〕鄭樵《通志·校讎略·編次必謹類例論》，見《通志二十略》，頁一八〇五。
〔二〕余嘉錫《目録學發微》卷四，頁一四九。

『六十八册,不全。』提要云:『宋魏了翁著。考究九經中義理制度也。見存《儀禮》七册、《禮記》三册、《周易》二册、《尚書》一册、《春秋》二册、《論語》二册、《孟子》二册。又前書各段分類,爲類目六卷,以便檢閲。今止存四册。』〔一〕姚名達批評説:『以官書而從私家體裁,在往古實所未聞。……觀其别志乘於圖經,析傳記於史部,部總集於集部,特立金石、樂律二部,似有進於前人,然細按各部内書目,則銓配失當,觸目皆是,苟簡至極矣。』〔二〕

從條别學術源流的角度而言,分類愈細,自然愈易部次群書,便於給群書比較精確的學術定位。這種細密的分類傾向,在横向上表現爲一級類目之增多,在縱向上表現爲類例體系之加密。鄭樵《通志·藝文略》,就是這一分類傾向的典型代表。其《編次必謹類例論》云:

欲明書者,在於明類例。噫,類例不明,圖書失紀,有自來矣。臣於是總古今有無之書,爲之區别。凡十二類:經類第一,禮類第二,樂類第三,小學類第四,史類第五,諸子類第六,星數類第七,五行類第八,藝術類第九,醫方類第十,類書類第十一,文類第十二……總十二類,百家,四百二十二種,朱紫分矣。散四百二十二種書,可以窮百家之學;斂百家之學,可以明十二類之所歸。〔三〕

〔一〕孫能傳、張萱《内閣藏書目録》,《續修四庫全書》第九一七册,頁九。
〔二〕姚名達《中國目録學史》,頁九六。
〔三〕鄭樵《通志·校讎略》,見《通志二十略》,頁一八〇四—一八〇五。

鄭樵共設三級類目，細目分至四百二十二家，表明他欲『窮百家之學』的學術努力。姚名達推許說：『［鄭樵］對於四部四十類成法，徹底破壞；對於小類節目之分析，不憚苛細。其膽量之巨，識見之宏，實曠古一人。』〔一〕清代孫星衍《孫氏祠堂書目》，一級類目也分至十二類。余嘉錫指出：『欲論次群書，兼備衆門，則宜仿鄭樵、孫星衍之例，破四部之藩籬，別爲門類，分之愈細乃愈佳，亦樵所謂「類例不患其多」也。』〔二〕可見是深許細分類目的。

分類較多者，還有清代的錢曾。其《述古堂藏書目録》，分類至七十八部之多。姚名達評價說：『［其目］較《讀書敏求記》爲尤詳，而對於四部之徹底破壞也尤力。詆之者固可以有似類書譏之，然欲部次群書臻於妥善，則非類目繁多不爲功。古録之不能盡其責任，正坐類目太少耳。』〔三〕

需要指出的是，鄭樵《通志·藝文略》，通紀歷代圖書，不論存佚，俱加著録，因而没有編目備檢的負擔；荀勖、李充，乃是整理國家藏書，必須考量藏書實際，因而便於檢書就成爲重要的編次目標。錢曾另有《讀書敏求記》也是園書目》，都是爲自己藏書所編，互有側重，因此可以根據自己喜好來編，不受約束。編撰者身份不同（如史官、藏書家等），編撰圖書之性質不同（官藏、私藏等），編撰目的不同

〔一〕姚名達《中國目録學史》，頁八四。
〔二〕余嘉錫《目録學發微》卷四，頁一五一—一五二。
〔三〕姚名達《中國目録學史》，頁九九。

（反映藏書或通考源流等），是造成古典目録分類繁簡不同的重要原因。

南朝宋王儉的編目活動或可作爲一個樣本。其《元徽八年四部書目》四卷，乃官修藏書目録，遠承荀勖《晋中經簿》，近法李充《晋元帝書目》，分類爲四；所撰《七志》，雖然著録之圖書與《元徽八年四部書目》應基本一致，却分類至九（經典志、諸子志、文翰志、軍書志、陰陽志、術藝志、圖譜志）〔一〕。余嘉錫云：『夫古之作書目者，皆先校書而後著録，故因書分類，就目檢書。以此部類多寡之間，極費斟酌。王儉《七志》作於宋時，宋之官書，仍分四部，而儉《七志》獨爲九類。此蓋自爲一家之言，并不按書編目，故史書雖多，仍可附經。圖譜雖少，自可成志。離書與目而二之，自儉始矣。』〔二〕編目者及編目對象相同，而分類不同，就在於編撰目的之不同；顯然，王儉對官修目録分作四部的成例并不滿意，因而另起爐灶，依據個人對於當時學術之理解，撰就《七志》。

一般而言，綜合性目録淹及群籍，而學術絶續不同，是以分類爲難。而學科目録因爲範圍一定，對象明確，基本上剥離了編目備檢的因素，反而易於部次群籍，條别學術。前文認爲經學目録最宜反映

〔一〕胡應麟指出：『王儉《七志》……名雖曰七，實九志也。』（參氏著《經籍會通》［外四種］，北京燕山出版社，一九九九年，頁二〇）七志而外，附有道、佛，故胡氏以爲九。又，前人多以《七志》爲私家目録，而余嘉錫先生指出，該書『既經表上，則亦同於官書矣』（《目録學發微》卷三，頁九二）。徐有富先生則考定是書爲官藏目録（參先生所著《文獻學研究》［與徐昕合著］，江蘇古籍出版社，二〇〇二年，頁一九二—一九六）。

〔二〕余嘉錫《目録學發微》卷四，頁一四五。

經學源流(參第一章第三節),即本此立論。

余嘉錫曾有分部治書之設想:『張之洞謂有藏書家之書目,有讀書家之書目。……若讀書家之書目,則當由專家各治一部,兼著存、佚、闕、未見,合《别録》《藝文志》與《儒林》《文苑傳》爲一,曲盡其源流,以備學術之史。』〔一〕各治一部,藉收曲盡學術源流的功效,其實指出了學科目録的優點所在。『兼著存、佚、闕、未見,合《别録》《藝文志》與《儒林》《文苑傳》爲一』,顯然就《經義考》之四柱法與輯録體等體例而申發其説。

二 《經義考》以前之經籍分類

欲發明《經義考》的分類體系,必須要以其他目録的分類體系作爲參照。就經學目録而言,由於鄭玄《三禮目録》僅就禮類加以區分,不及他經,所以參照價值有限。宋代歐陽伸的《經書目録》,以及高似孫的《經略》,由於亡佚,所分類别如何,未能探究。明代朱睦㮮的《授經圖義例》和《經序録》,僅就五經分類,并無子目;二書所重惟在圖與序文,不在部次群籍,於類例方面亦未嘗用心,可資參照者有

〔一〕余嘉錫《目録學發微》卷四,頁一五一。

限。因此,惟有綜合目録的經部分類,差可對比。余嘉錫曾指出:『蓋歷代惟經學著述極富,未嘗中輟,舊書雖亡,新製復作,故惟此一部,古今無大變更。』[一]

茲將《經義考》以前綜合目録之經部分類,勒爲簡表如下,作爲討論《經義考》分類體系之基礎和比照。

表三—一　歷代目録群經分類表[二]

目　録	分　類	版本或出處
漢書・藝文志(承劉歆《七略》) [漢]班固	共六略,首曰六藝略,其下分九類:易、書、詩、禮、樂、春秋、論語、孝經、小學	
中經新簿 [晉]荀勖	凡甲、乙、丙、丁四部(附佛經),其甲部『紀六藝及小學等書』,即:易、書、詩、禮、樂、春秋、小學	據《隋志・總序》
元帝四部書目 [晉]李充	凡甲、乙、丙、丁四部[案:甲部爲五經,當即易、書、詩、禮、春秋五經]	同前

[一] 余嘉錫《目録學發微》卷四,頁一三六。

[二] 類名或與書名用字相同,但統攝一類之書,非特指,故類名中不加書名號。下同。又,各目版本或出處亦於表中列出,下文引及時,不再出注。

續表

目録	分類	版本或出處
七志 ［南朝宋］王儉	凡經典、諸子、文翰、軍書、陰陽、藝術、圖譜七志（附道、佛及闕書）。經典志之二級類目爲：六藝、小學、史記、雜傳	同前
七録 ［南朝梁］阮孝緒	分經典録、記傳録、子兵録、文集録、術伎録、佛法録、仙道録七録。其經典録下分爲：易部、尚書部、詩部、禮部、樂部、春秋部、論語部、孝經部、小學部，凡九部［案：術技録中新增有讖緯部］	
隋書·經籍志（《五代史志》） ［唐］魏徵等	分經、史、子、集四部（附有道、佛）。其經部分爲易、詩、書、禮、樂、春秋、孝經、論語（附爾雅及五經總義）、緯讖、小學，凡十類	
舊唐書·經籍志（本開元時毋煚《古今書録》）	凡四類：甲部經録、乙部史録、丙部子録、丁部集録。其甲部經録，『十二家，五百七十五部，六千二百四十一卷』，即分爲十二類：易類一、書類二、詩類三、禮類四、樂類五、春秋類六、孝經類七、論語類八、讖緯類九、經解類十、訓詁類十一、小學類十二	

續表

目録	分類	版本或出處
崇文總目 [宋]王堯臣等撰,[清]錢東垣輯釋	四分法,不標經史子集之名。其經部下分十類:易類、書類、詩類、禮類、樂類、春秋類、孝經類、論語類、[經解類、][一]小學類	《景印文淵閣四庫全書》本、《中國歷代書目叢刊》本(現代出版社,一九八七年)
新唐書·藝文志(本《開元四庫書目》四十卷)	凡四類:甲部經録、乙部史録、丙部子録、丁部集録。其甲部經録,分類十一:「一曰易類,二曰書類,三曰詩類,四曰禮類,五曰樂類,六曰春秋類,七曰孝經類,八曰論語類,九曰讖緯類,十曰經解類十,十一曰小學類。」	

〔一〕其經解一類,并未標明。四庫館臣頗疑當有此類,參本書第一章中對《授經圖》經解性質的探討。又四庫館臣撰《匡謬正俗提要》,以爲《崇文總目》所載《授經圖》《白虎通德論》《五經鈎沉》等書,『皆統解群經之文。蓋當時仿《隋志》之例,以五經總義附之論語類中,雖不甚允,要不可謂之無據』(《欽定四庫全書總目》卷四〇,《景印文淵閣四庫全書》第一册,頁八二四)。《四庫總目》以總解群經之書入五經總義類,或因此致疑。從上列各書之性質上看,自然不能隸於論語類,因此,館臣的推測是有道理的。

目録	分類	版本或出處
邯鄲圖書志 [宋]李淑	一級類目分爲十志，二級類目爲五十七類，但經部諸書如何類屬則不可考〔一〕	據《郡齋讀書志》《直齋書録解題》所録
通志・藝文略 [宋]鄭樵	一級類目凡十二：經類、禮類、樂類、小學類、諸子類、天文類、五行類、藝術類、醫方類、類書類、文類。其中經類、禮類、樂類、小學類爲傳統群經所屬，其下二級、三級類目分別如次： 經類第一，有：一、易(古易、石經、章句、傳、注、集注、義疏、論、説、類例、譜、考正、數、圖、音、讖緯、擬易)二、書(古文經、石經、章句、傳、注、集注、義疏、問難、義訓、小學、逸篇、圖、音、續書、讖緯、逸書)三、詩(石經、故訓、傳、注、義疏、問辨、統説、譜、名物、圖、音、緯學)四、春秋(經、五家傳注、三傳義疏、傳論、序、條例、圖、文辭、地理、世譜、卦繇、音、讖緯)五、春秋外傳國語(注解、章句、非駁、音)六、孝經(古文、注解、義疏、音、廣義、讖緯)七、	中華書局，一九八七年；又《景印文淵閣四庫全書》本；又《通志二十略》，王樹民點校，中華書局，一九九五年

〔一〕《直齋書録解題》卷八「《邯鄲書目》十卷」條，解題云：「學士河南李淑獻臣撰。號《圖書十志》。」又《郡齋讀書志・後志》卷二「《邯鄲圖書十志》十卷」條，解題云：「右皇朝李淑獻臣撰，載其家所藏圖書五十七類，厘爲十志。」同卷「《大洞真經》一卷」條解題云：「邯鄲李氏《道書志》四類：一曰經誥類，二曰傳録類，三曰丹藥類，四曰符籙類，皆以此書爲之首。」

續表

目　錄	分　類	版本或出處
	論語(古論語、正經、注解、章句、義疏、論難、辨正、名氏、音釋、讖緯、續語)八、爾雅(注解、圖、義、音、廣雅、雜爾雅、釋言、釋名、方言)九、經解(通義、謚法) 禮類第二,有:一、周官(傳注、義疏、論難、義類、音、圖)二、儀禮(石經、注、疏、音)三、喪服(傳注、集注、義疏、記要、問難、儀注、譜、圖、五服圖儀)四、禮記(大戴、小戴、義疏、書鈔、評論、名數、音義、中庸、讖緯)五、月令(古月令、續月令、時令、歲時)六、會禮(論鈔、問難、三禮、禮圖)七、儀注(禮儀、吉禮、賓禮、軍禮、嘉禮、封禪、汾陰、諸祀儀注、陵廟制、家禮祭儀、東宫儀注、后儀、王國州縣儀注、會朝儀、耕籍儀、車服、國璽、書儀)	
郡齋讀書志 ［宋］晁公武	四分法。其卷一經部總序云:『經部其類十:一曰易類,二曰書類,三曰詩類,四曰禮類,五曰樂類,六曰春秋類,七曰孝經類,八曰論語類,九曰經解類,十曰小學類。』	《景印文淵閣四庫全書》第六七四册、孫猛校證本(上海古籍出版社,一九九〇年)
遂初堂書目 ［宋］尤袤	不言四部,實爲四分法。諸經所屬類别有:經總類、周易類、尚書類、詩類、禮類、樂類、春秋類、論語類(孝經、孟子附)、小學類,凡九類	《景印文淵閣四庫全書》第六七四册

續表

目録	分類	版本或出處
鄭氏書目 [宋]鄭寅	分藏書爲七録：經、史、子、藝、方技、文、類。案：禮、樂、小學重入經類，天文、醫方重入方技類	據《直齋書録解題》
直齋書録解題 [宋]陳振孫	無經史子集之名，而實爲四分之法。其經書所屬目録爲：易類、書類、詩類、禮類、春秋類、孝經類、語孟類、經解類、讖緯類、小學類。凡十類	《景印文淵閣四庫全書》第六七四册；徐小鑾、顧美華點校本（上海古籍出版社，一九八七年）
宋史・藝文志 [元]脱脱等	四分法，經類十：易類、書類、詩類、禮類、樂類、春秋類、孝經類、論語類、經解類、小學類	
文獻通考・經籍考 [元]馬端臨	四分法，經下類目有：易、書、詩、禮、春秋、論語、孟子、孝經、經解、樂、儀注、謚法、讖緯、小學，凡十四類〔一〕	《景印文淵閣四庫全書》本；中華書局影印本（一九六五年）

〔一〕或以《文獻通考》有論孟類，恐誤。其論語、孟子二類合在卷一八四内，而論語類後有『右論語』三字加以隔斷，正見其爲兩類也。卷一八五兼録孝經與經解，中間以『右孝經』隔斷，其亦爲兩類明矣。卷一八七爲儀注類，而其所録未完，故卷一八八載儀注已，續載謚法與讖緯二類，其間亦以『右某某』斷隔。可見合載與否，或僅與某類圖書數量有關。

續表

目　録	分　類	版本或出處
文淵閣書目 ［明］楊士奇	分國朝、易、書、詩、春秋、周禮、儀禮、禮記、禮書、樂書、諸經總類、四書、性理、經濟等，凡十四類〔一〕	商務印書館《叢書集成初編》本，一九三五年
萬卷堂書目四卷 ［明］朱睦㮮	四分法。不言經史子集而實分之。卷一有：易經、書經、詩經、春秋、禮、樂、孝經、論語、孟子、經解、小學。凡十一類	《續修四庫全書》第九一九册，頁四五一—四九〇；上海書店《叢書集成續編》本，第六八册，頁二二一—三〇一
百川書志二十卷 ［明］高儒	四分法：經志、史志、子志、集志。經志三卷，卷一爲正經，有易、書、詩、禮、春秋、大學、中庸、論語、孟子、孝經、經總；卷二有儀注、小學；卷三有道學、樂、蒙求。經書凡十六類，而後五類與正經有别［案：間有解題。］	《續修四庫全書》第九一九册，頁三二九—四五〇；上海書店《叢書集成續編》本，第六八册，頁九三—二二〇

〔一〕四庫館臣指出：「蓋本當時閣中存記册籍，故所載書，多不著撰人姓氏。又有册數而無卷數，惟略記若干部爲一厨，若干厨爲一號而已。……此書以千字文排次，自天字至往字，凡得二十號，五十厨。」（《欽定四庫全書總目》卷八五，《景印文淵閣四庫全書》第二册，頁七六三）筆者檢其目，卷一天字型大小五厨三百二十二號，國朝；卷二地字共四厨五百五十五號，易、書、詩、春秋、周禮、儀禮、禮記；卷三玄字一厨一百四十九號，禮書、樂書、諸經總類；卷四黄字共三厨國百七十四號，四書、性理、附、經濟。「附」者，爲前漏登之書，非另爲類别也。

續表

目録	分類	版本或出處
寶文堂書目三卷 [明]晁瑮	上卷分諸經總録、易、書、詩經、春秋、禮、四書、性理、史、子、文集、詩詞等十二目，而以御製爲首	《四庫全書存目叢書》（齊魯書社，一九九六年）史部第二七七册，頁九二—一八一；《續修四庫全書》第九一九册，頁一七—一〇六；影印本（上海古籍出版社，二〇〇五年）
徐氏家藏書目七卷 [明]徐𤊹	四分法。經部有易類、書類、詩類、禮類（子目：月令）、春秋類、學庸類、論語類、《孟子》類、孝經類、爾雅類、總經類、樂類，凡十二類	《續修四庫全書》第九一九册，頁一〇七—三二八；《徐氏紅雨樓書目》，上海古籍出版社，二〇〇五年[一]

[一] 該本作「經總類」（頁二六〇），而非「總經類」。

續表

目録	分類	版本或出處
國史經籍志 [明]焦竑	四分法。但首爲制書類，子目四：御製、中宮御製、敕修、記注時政其次爲經類，分爲易、書、詩、春秋、禮、樂、論語、孟子、經總解、小學共十一類。經類細目如次： 易：古易、石經、章句、傳注、集注、疏義、論説、例、譜、考正、音、數、圖、讖緯，凡十四目 書：石經、章句、傳注、疏義、問難、圖譜、名數、音、緯候，凡九目 詩：石經、故訓、傳注、義疏、問辨、統説、名物、圖譜、音、緯，凡十目 春秋：石經、左氏、公羊、穀梁、通辨〔一〕、詰難、論説、條例、圖譜、音、緯、外傳，凡十二目 禮類：周禮、儀禮、喪服、二戴禮、通禮，凡五目 樂類：樂書、歌辭、曲簿、聲調、鐘磬、管弦、舞、鼓吹、琴，凡九目 孝經：古文、傳注、義疏、考正、外傳、音、緯，凡七目 論語：古文、正經、傳注、疏義、辨正、名氏譜、音釋、續語、事紀、廟典，凡十目 孟子、經總解兩類無子目 小學：爾雅、書、數、近世蒙書，凡四目	《四庫全書存目叢書》史部第二七七册，頁二九四—五二〇

〔一〕春秋類下注作「通辨」，而目中作「通解」。

續表

目錄	分類	版本或出處
世善堂藏書目録二卷(又稱『一齋書目』) [明]陳第	五分法：經類、四書類、諸子百家類、史類、集類。 經類：周易、尚書、毛詩、春秋、禮記、二戴、周禮、儀禮、禮樂各著、孝經、諸經、爾雅 四書類：大學、中庸、論語、孟子、四書總編	《續修四庫全書》第九一九册，頁四九一—五五〇
澹生堂藏書目八卷 [明]祁承㸁	四分法。經部有十一類： 易：古易、章句注傳、疏義集解、詳説、著卜、圖譜、拈解考正、讖緯、擬易，凡九目 書：章句注疏、傳説、圖譜、考訂、外傳，凡五目 詩：章句注疏、傳解、考證圖説、音義注釋、外傳，凡五目 春秋：經傳總、左氏、公羊、穀梁、通解、考證、圖譜、外傳，凡八目 禮：周禮、儀禮、二戴禮、通解、圖考、大學、中庸，凡七目 孝經：注疏、叢書、外傳，凡三目 論語：章句疏義、解説、別篇、圖志外傳，凡四目 孟子：章句疏義、解説，凡二目 經總解[一]：傳説、考定、音釋、經筵附大學講義，凡四目	《續修四庫全書》第九一九册，頁五五一—七三六。案：上海書店《叢書集成續編》本(第六八册，頁四二九—五六八)有十四卷

[一] 『經總解』，《續修四庫全書》本經部總目中又作『經解』。頁五五七。

續表

目　録	分　類	版本或出處
	理學：性理、集録、遺書、語録、論著、圖説，凡六目 小學：爾雅、蒙書、家訓、纂訓、韵學、字學，凡六目[一]	
内閣藏書目録八卷 [明]孫能傳、張萱等撰	分部十八：聖制部、典制部、經部、史部、子部、集部、總集部、類書部、金石部、圖經部、樂律部、字學部、理學部、奏疏部、志乘部、傳記部、技藝部、雜部[案：其經部下不分子目]	《續修四庫全書》第九一七册，頁一——一二〇
脉望館書目不分卷 [明]趙琦美	經書總類、易經、尚書、毛詩、春秋左傳、禮記、周禮、儀禮、大學、中庸、論語、孟子、四書、孝經、爾雅，凡十五類	上海書店《叢書集成續編》本，第六八册，頁三〇三—四二八
絳雲樓書目 [明]錢謙益 一五八二——一六六四	經總類、易類、書類、詩類、禮類、樂類、春秋類、孝經類、論語類、《孟子》類、大學類、中庸類、小學類、爾雅類、經解類、緯書類，凡十六類。不名四部，實爲四分	《續修四庫全書》第九二〇册，頁三二一—四二四。上海書店《叢書集成續編》有《絳雲樓

[一] 除以上各類外，還有禮樂類，有國禮、家禮、樂律、祀典四目。

續表

目錄	分類	版本或出處
		書目補遺》一卷(第六八冊,頁六一七—六二〇)
千頃堂書目 [明]黄虞稷	四分法,分經、史、子、集四部。經部十一類:易類、書類、詩類、三禮類、禮樂類、春秋類、孝經類、論語類、《孟子》類、經解類、四書類、小學類(附算學、小學)	上海古籍出版社,二〇〇一年
明史·藝文志 [清]張廷玉等	四分法。經類十:易類、書類、詩類、禮類、樂類、春秋類、孝經類、諸經類、四書類、小學類	
讀書敏求記 [清]錢曾	分爲經、禮樂、字學、韻書、書、數書、小學,共七類,共隸一卷	書目文獻出版社,一九八四年
述古堂藏書目録 [清]錢曾	經書分爲經、易、書、詩、春秋、禮、禮樂、易數、儒、小學、六書、金石、韵學,共十三類	《虞山錢遵王藏書目録彙編》,上海古籍出版社,二〇〇五年

三　《經義考》之分類體系

《經義考》三百卷，分御注、敕撰、易、書、詩、周禮、儀禮、禮記、通禮、樂、春秋、論語、孝經、《孟子》、爾雅、群經、四書、逸經、毖緯、擬經、承師(廣譽附)、宣講、立學、刊石、書壁、鏤板、著録、通説、家學、自叙等〔一〕，凡三十個門類。毛奇齡《經義考序》總論其撰述大旨云：

乃其所分部，則《敕撰》一卷，尊王也。《十四經》爲經義者共二百六十三卷，廣經學也。《逸經》三卷，惟恐經之稍有遺，而一字一句必收之也。《毖緯》五卷，緯雖閡，説經者也，夫緯尚不廢，而何況於經？《擬經》十二卷，此則不惟自爲義并自爲經者，然而見似可瞿也，其與經合耶？是象人而用之也，否則罔也。又有《師承》三卷，則録其經義之各有自者，《廣譽》一卷，《立學》一卷，《刊石》五卷，《書壁》《鏤版》《著録》各一卷，《通説》四卷，此皆與經學有微繫者，然而非博極群籍，不能

〔一〕案：以上類名，如「易」「書」「詩」「論語」等，本身就是典籍，因此作爲類名時，是否加上書名號，學界做法不一。本書不加書名號，以與原書相别。惟「孟子」一詞，兼指人物(孟子)與典籍(《孟子》)，因此用作類名時，特加書名號作「《孟子》類」，而不作「孟子類」，以免與人物相淆。

有此。《家學》一卷，《自序》一卷，《補遺》一卷，共三百五卷。〔一〕

『廣譽』爲承師類之附類。敕撰之前，首爲御注，實有三十個門類。宣講、立學、家學、自述四類均闕〔二〕，今本雖標三百卷，而實爲二百九十七卷。

以下對《經義考》各類之源流，逐一考辨，以見其立類之本原。

〔一〕案：本處所引文字，係載毛氏《西河集》卷五二者，與《經義考》本書卷首所載該序文字頗有不同（該序三種四庫本均無，而盧刻本、備要本及三種點校本均有）。「分部」，本書卷首作「部分」。「《敕撰》」，備要本同，而本書卷首前有「《御注》一卷」字。「二百六十三卷」，本書卷首作「二百五十八卷」。《皇朝文獻通考》卷二二四《經籍考》之《經義考提要》（乾隆十二年敕撰，《景印文淵閣四庫全書》第六三七冊，頁二七八—二七九），録有毛氏之言，亦作「二百五十八卷」。檢自易類至四書類，正符此數，故當以二百五十八卷爲準。「緯雖闕」之「闕」，本書卷首作「毖」。「十二卷」，本書卷首作「十三卷」。「是象人」之「是」，本書卷首作「則」。「《師承》三卷」，當從本書卷首作「《承師》五卷」。「《廣譽》一卷……共三百五卷。」本書卷首作：「而《廣譽》附焉。《宣講》《立學》合一卷，《刊石》五卷，《書壁》《鏤版》《著録》各一卷，《通説》四卷，此皆與經學有繫者，然而非博極群籍，不能有此。《家學》一卷，《自叙》一卷，《補遺》一卷，共三百卷。」下引該序出處均同，不再出注。此段標點依校正本（頁一〇—一一），故類名有書名號。

〔二〕案：關於所闕四類，楊謙認爲「本未屬稿」：「按：先生所纂《經義考》三百卷，蓋仿馬氏《經籍考》之例而推廣之，内分四門，曰存、曰佚、曰闕、曰未見，各著於本書下。康熙間南巡時曾以先刻易、書二種進，蒙賜御書「研經博物」匾額。其後半部近始刻成，内宣講、立學、家學、自叙三卷，本未屬稿，故闕焉。」（見氏著《曝書亭集詩注》[清乾隆木山閣刻本]卷一八《十月二十一日喪子老友梅君（文鼎）歸自閩中扁舟過慰携別後所著書見示部帙甚富予亦以經義考相質并出亡兒摭韵遺稿觀之成詩百韵次日送之還宣城兼寄孝廉（庚）》詩，題中「亦以經義考相質」句下注）

（一）御注類與敕撰類

皇帝作爲封建王朝實際上或名義上的最高統治者，有所撰述，必然受到編選家的重視。唐代徐堅《初學記》，始以太宗御製詩文升列歷代之前。如其天部日類所録詩，首爲『太宗文皇帝賦秋日懸清光賜房玄齡詩』『又賦得白日半西山詩』，其次纔録『梁簡文帝咏朝日詩』『梁李鏡遠日詩』等[一]。就目録分類沿革而論，重視本朝著述與帝王著述，則始自明代。楊士奇編《文淵閣書目》，首類即爲『國朝』。《菉竹堂書目》（題葉盛撰）[二]，分類繼承楊目，惟改『國朝』爲『聖製』。書前題葉恭焕所作之序云：『葉氏書目六卷，叙列大率本鄱陽馬氏。其不同之大者，經史子集外，制特先之，曰尊朝廷，且賜書所在也。』晁瑮《晁氏寶文堂書目》上卷首列御製之書，而不標類目。至焦竑《國史經籍志》四分載籍，但首列制書類，下有子目四：御製、中宫御製、敕修、記注時政。制書有子目，僅見於此。焦竑《序》云：『今之所録，亦准勖例，以當代見存之書，統於四部，而御製諸書，則冠其首焉。』《内閣藏書目録》仿陸、孫、沈三家之例，廢除小類，一律稱部，而以聖制部爲首。

[一] 徐堅等《初學記》卷一，中華書局，二〇〇四年，頁七。

[二] 《四庫全書存目叢書》史部第二七七册，頁三三一—九一。案：關於此目之僞，陸心源、周星詒等曾加考辨。參王重民在整理姚名達《中國目録學史》時所寫《後記》（上海書店一九八四年據商務印書館一九五七年影印本，頁四〇八—四一一）。

考經義旨在宗經，宗經必尊王。因此，《經義考》『御注』與『敕撰』這兩個類目的設置，顯然以尊王（君）爲目的。毛奇齡氏能明斯旨：『其所分部，則敕撰一卷，尊王也。』（毛氏《經義考序》）御注類僅有一條，爲順治帝所注《御注孝經》一卷。敕撰類均爲諸臣奉康熙之命所作，也僅有四條：《日講四書解義》二十六卷，《日講書經解義》十三卷，《日講易經解義》十八卷，《孝經衍義》一百卷。這四條均以時間爲序排列，後均有朱氏按語，開列奉撰人名。《御注孝經》條後朱彝尊按語云：

《尚書》《孝經》，均有古今文。魯國三老所獻，劉向所録，衛宏所校，此《古文孝經》也。衛文侯所受，顔芝所藏，唐石臺所勒，此《今文孝經》也。《御注孝經》因石臺本注經，世祖章皇帝親自删定，文簡而義該。順治中鏤板印行，而民間流傳甚少，臣同里禮部尚書臣杜臻購得寶藏。臣謹録之，以弁《經義考》之首。

朱氏雖未明言何以首列二類之書，但其尊王之意顯然易見。當然，朱彝尊不獨推尊本朝帝王，對前明諸帝，亦加尊崇。所編《明詩綜》，專記有明一代詩人篇章，亦將明代諸帝、諸王、皇室之作冠諸卷首。乾隆時敕修《四庫全書》，館臣原擬將御定諸書提到諸經之前，如朱氏故事：

謹按：唐徐堅《初學記》以太宗御製升列歷代之前，蓋臣子尊君之大義。焦竑《國史經籍志》、朱彝尊《經義考》并踵前規。臣等編摩《四庫》，初亦恭録《御定易經通注》《御纂周易折中》《御纂周易述義》弁冕諸經。仰蒙指示,命移冠國朝著述之首,俾尊卑有序,而時代不淆。聖度謙冲,酌中立憲,實爲千古之大公。謹恪遵彝訓,仍托始於《子夏易傳》,并發凡於此,著四庫之通例焉。(《子夏易傳提要》)〔一〕

四庫館臣的做法,與朱彝尊有所不同:朱氏將此種書歸并設類,置於書首;館臣則置此種書於大類之首,而不另設一類。處理雖异,首尊時王著述之用心則一。如果單從分類的角度而論,御注與敕撰二類,與他類并無質的區别,實無增設之必要。祁承㸁《庚申整書例略》云:『沈少司空稍爲部署,而首重王言,故一曰制,二曰謨……十二曰雜。雖各出新裁,别立義例,然而王制之書不能當史之一,史之書不能當集之三;多者則叢聚而易淆,寡者又寂寥而易失。總不如經、史、子、集之分,簡而盡,約而且詳;循序仿目,檢閲收藏,莫此爲善。』〔二〕再從著録書籍的數量上看,御注之書僅有一種,而單設一類,與敕撰四種書共爲一卷;而易類之書卷帙繁富,竟達七十卷之多,對比過於懸殊。比較而言,《四庫總目》的做法(館臣秉承弘曆之意),既考慮到分類的體系性,又兼顧了尊王的現實需要,比《經義考》更爲合理。

章學誠與修《史籍考》,提出『制書宜尊』:『列聖實訓,五朝實録,巡幸盛典,蕩平方略,一切尊藏史

〔一〕《欽定四庫全書總目》卷一,《景印文淵閣四庫全書》第一册,頁五五。
〔二〕祁承㸁《曠亭集》,《經籍會通》(外四種)本,北京燕山出版社,一九九九年,頁八八。祁氏之論,就沈端甫《玩易樓藏書目》而發。

宬者，不分類例，但照年月先後，恭編卷首。』〔一〕又稱：『制書弁首，冠履之義也。朱氏《經考》，蓋分御製、敕撰，今用其例。』〔二〕可見章氏深受朱氏御注、敕撰二類之影響。

（二）易類

《易》原爲筮卜之書，記載先民們占卜問吉之術。所謂『三易』之説〔三〕，正説明《易》經過了長期發展的過程。夏、商二《易》至隋已亡，今存唯《周易》，包括圖畫與文字兩部分。圖畫有八卦（經卦）、六十四卦（别卦）之别，文字有經、傳之分。經分卦辭和爻辭，傳稱《十翼》，有七種十篇。《漢志·六藝略·易類序》將八卦作者定爲伏羲氏，重六爻爲六十四卦者定爲周文王，作《易傳》十篇者爲孔子；即所謂『《易》道深矣，人更三聖，世歷三古』。《隋志》除認爲文王作《卦辭》外，『周公又作《爻辭》，孔子爲《彖》《象》《繫辭》《文言》《序卦》《説卦》《雜卦》，而子夏爲之《傳》』。但是，中華元典如《易》等，無不有漫長的形成過程，不可能創成於一人之手。在没有充分的證據之前，實際上并不宜斷言其作者。伏羲乃戰國

〔一〕章學誠《論修史籍考要略》，載《章學誠遺書》，頁一一七。
〔二〕章學誠《史考釋例》，載《章學誠遺書》，頁六一六。
〔三〕《隋志·經部·易類序》：『夏曰《連山》，殷曰《歸藏》，周文王作《卦辭》，謂之《周易》。』本段下引文字亦出此序。今存《連山》與《歸藏》爲僞書。潘雨廷認爲，三代以前，已有筮法；以三代當三《易》，及夏而止，更不前推，實爲獨尊儒術之失（參氏著《易學史發微》之《論三〈易〉》，復旦大學出版社，二〇〇一年，頁一四—二一）。

時出現的傳説人物,以他爲八卦作者,恐不可信。

由於占卜在先民的生活中占有非常重要的地位,《易》便成爲經典之一,備受重視。《莊子·天運篇》載孔子謂老聃曰:『丘治《詩》《書》《禮》《樂》《易》《春秋》六經,自以爲久矣。』又《天下篇》論及天下學術,云:『《詩》以道志,《書》以道事,《禮》以道行,《樂》以道和,《易》以道陰陽,《春秋》以道名分。其數散於天下而設於中國者,百家之學時或稱而道之。』其時衆經之中,《易》之位次較後,尚非群經之首。漢代又稱六經爲『六藝』。賈誼《新書·六術》:『《詩》《書》《易》《春秋》《禮》《樂》六者之術謂之「六藝」。』可見『六藝』之總稱,是從强調治術的角度而言的。《史記·滑稽列傳序》:『孔子曰:六藝於治,一也。《禮》以節人,《樂》以發和,《書》以道事,《詩》以達意,《易》以神化,《春秋》以義。太史公曰:天道恢恢,豈不大哉!談言微中,亦可以解紛。』至司馬遷作《史記》時,《易》還不是六經或六藝之首。漢成帝、哀帝時,劉向、歆父子先後領校秘書,部次天下群籍,首爲《六藝略》,按《易》《書》《詩》《禮》《樂》《春秋》序次,這是《易》居六藝之首的開始。此一事實表明,經漢武帝罷黜百家、表彰六藝,儒家思想成爲整個王朝的統治思想;《易》被儒家用來建構天道體系,所以能成爲六經之首[一]。

自《漢志》以降,歷代綜合性書目,無不有《易》。就類例而言,《易》基本上處在經部或經類之下,成

[一] 也有學者認爲,《七略》中六藝的排列,乃是據其在漢代的流傳先後。參胡明想《〈七略〉六經次序考》(載《書目季刊》第三十九卷,二〇〇五年第一期)。

爲二級類目(偶有一級類目)。就類名而言,或名類,如《隋志》;或名家,如《通志·藝文略》;或名部,如《七録·經典録》;或名經,如《萬卷堂書目》;或僅言《易》,而不設類名。就序次而言,《易》均爲群經之首,雖然《遂初堂書目》首爲經總類,次爲《周易》類,但《易》仍在他經之前。就體系而言,或於《易》類下設有子目,而以《通志·藝文略》爲最,分爲古易、石經、章句、傳、注、集注、義疏、論、説、類例、譜、考正、數、圖、音、讖緯、擬易,凡十七子目;焦竑《國史經籍志》次之,子目十四:古易、石經、章句、傳注、集注、疏義、論説、例、譜、考正、音、數、圖、讖緯;祁氏《澹生堂藏書目》又次之,下分古易、章句注傳、疏義集解、詳説、蓍卜、圖譜、拈解考正、讖緯、擬易,共九目。

《經義考》在御注與敕撰二類之外,首列易類,顯然是繼承了自《七略》以降的書目著録傳統。易類是《經義考》中卷帙最大的一部分,共七十卷,幾居四分之一。

(三) 書類

《書》(漢代始稱《尚書》)爲六經或六藝之一。在學術史上,《尚書》情況極爲複雜,既有文字上的糾纏,又有真僞的混同。作爲上古歷史文獻彙編,《尚書》是『左史記言』的産物,最初必定零碎而龐雜。《尚書》得以定形,必然經歷長期删益與修訂的過程。《隋志》認爲『書之所興,蓋與文字俱起』,而修訂於孔子之手:『孔子觀書周室,得虞、夏、商、周四代之典。删其善者,上自虞,下至周,爲百篇,編而序之。』遭秦滅學，《書》在當焚之列。至漢時，『唯濟南伏生口傳二十八篇』，其傳授必寫以今文（案：指當時的通行文字字體，即隸書），并形成了歐陽、大、小夏侯氏之學，立於學官。武帝時，孔壁古文本（案：指漢以前通行文字字體，大篆或籀文，即殷周古文）出，孔安國校以伏生本，成一家之説，也必以今文轉寫。劉氏父子校中秘古文《尚書》，最後也必以今文寫定。因此，從文字上説，漢代傳下來的《尚書》文本，都是由漢儒以今文校寫過者。後人所説的今、古文之争，實際上衹是經典解釋權之争，所争在師説與家法，以立學官、射利禄爲目的。

關於《尚書》之傳授，阮孝緒《七録·經典録·尚書部》小序云：

魯恭王時，壞孔子舊宅，得古文《尚書》，孔安國爲之傳，以隸古寫之，凡五十八篇。其餘錯亂磨滅，不可復知。至漢明帝并傳。歐陽氏書獨擅一代，三家至西晋并亡。今古文孫氏、鄭玄《注》云列於國學也。（《史記》『漢定，伏生求其書，亡數十篇，獨得二十九篇，即以教于齊魯之間』下張守節《正義》引『《七録》曰』）〔一〕

〔一〕張守節撰，張衍田輯校《史記正義佚文輯校》，第一四五六條，北京大學出版社，一九八五年，頁四二八。案：『古文孫氏』，張衍田出注云：『瀧川本《考證》云：「《正義》引《七録》「孫氏」二字有誤，或云當作「孔氏」。」』（第四二九頁）今核《唐張守節史記正義佚存》，瀧川氏於『孫』字旁批有『?』號（〔日〕瀧川資言著，〔日〕小澤賢二録文，袁傳璋校點《唐張守節史記正義佚存》，中華書局，二〇一九年，頁六〇〇），已存其疑。孫氏未聞。考《隋志》尚書類小序中云：『梁、陳所講，有孔、鄭二家。』（頁九一五）知當作『孔氏』。又，『鄭玄《注》云』，《唐張守節史記正義佚存》作『鄭玄注者』（第六〇〇頁），文意即豁然開朗。

今天流傳的《尚書》文本爲孔穎達的《尚書正義》本，其中除伏生傳下來的所謂今文篇目外，還有東晋梅賾奏上的所謂古文篇目，因而是今古文合編本。通過由宋至清歷代學者的辨僞努力，今日學界一般認爲，梅氏所上的古文經、傳俱僞，并非孔安國之舊。朱彝尊對《尚書》辨僞，有其貢獻（詳本書第五章第二節之專論）。

《經義考》以《書》爲類，僅次於《易》，顯然繼承此前目録著録之傳統。作爲六經之一，《尚書》同《易》一樣，向來是目録著録的重點：就類例而言，既有爲二級類目者，也有爲一級類目者；就類名而言，爲類、爲家、爲部、爲經，均與《易》同；就著録次序而言，於群經中僅次於《易》；就體系而言，亦不乏子目，同樣以《通志・藝文略》爲最，《國史經籍志》次之，祁氏《澹生堂藏書目》又次之。《經義考》書類有二十六卷，篇幅近全書十分之一。

（四）詩類

作爲最早的詩歌總集，《詩》常與《書》并舉，同爲六經或六藝之一。關於《詩》的形成與編纂，《漢志》指出：『《書》曰：「詩言志，歌咏言。」故哀樂之心感，而歌咏之聲發。誦其言，謂之詩，咏其聲，謂之歌。故古有采詩之官，王者所以觀風俗、知得失、自考正也。孔子純取周詩，上采殷，下取魯，凡三百五篇。遭秦而全者，以其諷誦，不獨在竹帛故也。』《論語・子罕》：『吾自衛反魯，然後樂正，

《雅》《頌》各得其所。』可見,孔子的確對《詩》進行過整理。但孔子自己幾次提到『詩三百』的説法,因此在他之前,《詩》的規模應當已大致定型。近當代學者比較一致的看法是,《詩三百篇》的編訂出於樂官之手[一]。

關於《詩》之傳授,阮孝緒《七録·經典録·詩部》小序云:

言《詩》,於魯則申培公,於齊則轅固生,於燕則韓太傅。申公爲《詩》訓詁,而齊轅固、燕韓生皆爲之傳,或取采雜説,咸非其本義,與不得已,三家皆列於學官。又有毛公之學,自爲子夏所傳。《七録》云:『毛公《詩傳》,後鄭玄箋之,諸儒各爲注解。其《齊詩》久亡,《魯詩》亡於西晉,《韓詩》雖有,無傳之者,毛氏、鄭氏獨立國學也。』(《史記》『言《詩》雖殊,多本於申公』下張守節《正義》)[二]

知唯《毛詩》鄭《箋》獨全,後收入孔穎達《五經正義》中。

歷代目録中,同《易》《書》一樣,《詩》也是著録的重要内容。其類例、類名、著録次序、體系,均與

[一] 參洪湛侯《詩經學史》第一編《先秦詩學》之第一章〈詩三百篇〉的産生流傳和結集》(中華書局,二〇〇二年,頁一—一八)。

[二] 張守節撰,張衍田輯校《史記正義佚文輯校》,第一四五二條,頁四二七。案:『後鄭玄箋之,諸儒各爲注解』,《唐張守節史記正義佚存》作『後鄭玄箋諸儒合爲注解』(〔日〕瀧川資言著,〔日〕小澤賢二録文,袁傳璋校,頁五九八)。

《易》《書》相類。《經義考》承歷代目録成例，次詩類於書類之後，凡二十二卷，篇幅占全書百分之七强。

(五) 周禮類、儀禮類、禮記類、通禮類

禮是儒家學説的核心部分，一直是古代知識階層的必修課程。《漢志》云：『《易》曰：「有夫婦、父子、君臣、上下，禮義有所錯。」而帝王質文世有損益，至周曲爲之防，事爲之制，故曰：「禮經三百，威儀三千。」』可見禮定上下之節，作爲舉止規範，其内容是非常繁富的。《隋志》云：『自大道既隱，天下爲家，先王制其夫婦、父子、君臣上下親疏之節，至於三代，損益不同。』由於禮反映了社會秩序與習俗等各種風貌，所以可用來考求上古政治與文化。孔子講求三代之治，必徵夏禮與殷禮，故有文獻不足之嘆。經過歷代損益，禮的許多内容就散失或減去了。今天能看到的是所謂的『三禮』，即《周禮》《儀禮》和《禮記》。其時代真僞，一直存在争論〔一〕。

〔一〕胡厚宣《陳戍國〈先秦禮制研究〉序》：『其實像《周禮》《儀禮》等書，既不是周公所製，亦并非劉歆僞撰，衹不過是春秋戰國的儒者，根據一些舊有的典章制度，經過一番整齊劃一的工作，再加以系統化理想化編纂而成。《禮記》《大戴禮記》，亦不是後人所作的僞書，乃是「七十子後學」關於古代禮制的一部龐雜的叢書。』（載陳戍國《中國禮制史（先秦卷）》，湖南教育出版社，二〇〇二年，頁四—五）

《周禮》爲談論政治制度之書，漢初名《周官》，劉歆始名之曰《周禮》。現存的《周禮》六官，其冬官亡失，補以《考工記》。《漢志》中有『《周官經》六篇』，即是《周禮》。《儀禮》記録古代冠、昏、喪、祭等禮制，原來就叫《禮》，漢人稱爲《士禮》；對《禮記》而言，又叫《禮經》；到了晉代，始稱爲《儀禮》。《漢志》有『禮古經五十六卷，經十七篇』，指的就是《儀禮》，且立於學官。現存《儀禮》十七篇，采用的是劉向《别録》所定的篇次。《禮記》則是《禮經》文字的解釋、説明和補充，原是人們傳習《儀禮》時的參考資料。《漢志》有『記百三十一篇』，注云『七十子後學者所記也』，就是《禮記》，其篇目還是很多的。後來形成的傳本有《大戴禮記》和《小戴禮記》兩種，前者八十五篇，後者四十九篇。鄭玄兼注《周禮》《儀禮》與《禮記》，合稱『三禮』；其中《禮記》用《小戴禮》。

關於禮之傳授，阮孝緒《七録・經典録・禮部》小序云：

自後漢諸儒多小戴訓，即今《禮記》是也。後又作《曲臺記》，而慶氏傳之，并亡。大戴立於國學。又古經出魯淹中，皆書周宗伯所掌五禮威儀之事，有五十六篇，無敢傳者。後博士傳其書，得十七篇，鄭玄注，今之《儀禮》是也，餘篇皆亡。《周官》六篇，周代所理天下之書也，鄭玄注。今二經立於國學。（《史記》『諸學者多言《禮》，而魯高堂生最本』下張守節《正義》引『《七録》云』，并有

案語云：『《禮經》，《周禮》也。威儀，《儀禮》也。』)〔一〕

三禮次序，原以《儀禮》最古，列爲《五經》之一，因而爲首；《周禮》次之，《禮記》最末。不過，隨着儒家學説成爲統治學説，而儒家崇尚周制，所以《周禮》後來居上，居於三禮之首。《禮記》雖然爲記而非經，但能詳盡地論述各種典禮的意義和制禮的精神，實用性强，因此反較《周禮》《儀禮》更受後代統治者的重視。唐刻九經，《周禮》《禮記》均居其一，獲得『經』的地位；孔穎達撰《五經正義》，於禮選擇《禮記》而非《儀禮》；至於明代，《五經》中有《禮記》而無《儀禮》，可謂後來居上。

從歷代目録著述中，可以發現三禮地位升降之迹。《漢志》禮類，『經』即今天的《儀禮》。《七録》《隋志》《舊唐志》《新唐志》及《崇文總目》等目録中，無論是禮部還是禮類，都同《漢志》一致，諸禮并録，而《儀禮》最尊。黄虞稷《千頃堂書目》則於經部下設三禮類。《周禮》居三禮之首，始自鄭樵《通志·藝文略》，其禮類分周官、儀禮、禮記、月令、會禮、儀注七家，周官即《周禮》。明代焦竑《國史經籍志》經類下有禮類，子目凡五：周禮、儀禮、喪服、二戴禮、通禮，二戴禮即《禮記》。陳第《世善堂書目》經類有禮

〔一〕 張守節撰，張衍田輯校《史記正義佚文輯校》，第一四五七條，頁四二九。案：「後又作《曲臺記》」之「作」，瀧川資言《唐張守節史記正義佚存》作「爲」；「有五十六篇」，《唐張守節史記正義佚存》作「有六十六篇」；「淹中」，《唐張守節史記正義佚存》作「奄中」，而於「奄」字旁加「?」號；「後博士傳其書」，《唐張守節史記正義佚存》旁注一「高」字（〔日〕瀧川資言著，〔日〕小澤賢二録文，袁傳璋校點，頁六〇一）。

記、二戴、周禮、儀禮、禮類各著,其中《禮記》升居首位,説明了在明代的受重視程度。

《經義考》分立周禮、儀禮、禮記三類,采用《通志》以來之序次。其中周禮類十卷,儀禮類八卷,禮記類二十五卷。所列條目,均圍繞《周禮》《儀禮》《禮記》展開。

《經義考》又立有通禮一類。何謂通禮?凡是通論《周禮》《儀禮》《禮記》的,均歸爲此類。如鄭玄《三禮目録》《三禮圖》、吴澄《三禮考注》、徐廣《禮論答問》等。三禮之外,復立通禮,堪稱允當。

考歷代目録,開設通論禮書類目的,始自明《文淵閣書目》。其卷一地字有周禮、儀禮、禮記三類,同卷玄字又有禮書一類。祁氏《澹生堂藏書目》經類下有禮,分周禮、儀禮、二戴禮、通解、圖考、大學、中庸七目。朱彝尊通禮之設,實爲繼承『禮書』『通解』二類目而來。不過以『通禮』爲名,更能揭示其貫通三禮的治學旨趣。

(六) 樂類

古代禮、樂并舉,爲國子所習六藝之一。關於樂之功用與源流,《漢志·六藝略·樂類》小序説得很清楚:

《易》曰:『先王作樂崇德,殷薦之上帝,以享祖考。』故自黄帝下至三代,樂各有名。孔子曰:『安上治民,莫善於禮;移風易俗,莫善於樂。』二者相與并行。周衰俱壞,樂尤微眇,以音律爲節,又爲鄭衛所亂，故無遺法。漢興，制氏以雅樂聲律，世在樂官，頗能紀其鏗鏘鼓舞，而不能言其義。六國之君，魏文侯最爲好古，孝文時得其樂人竇公，獻其書，乃《周官·大宗伯》之《大司樂》章也。武帝時，河間獻王好儒，與毛生等共采《周官》及諸子言樂事者，以作《樂記》，獻八佾之舞，與制氏不相遠。其内史丞王定傳之，以授常山王禹。禹，成帝時爲謁者，數言其義，獻二十四卷記。劉向校書，得《樂記》二十三篇，與禹不同，其道寖以益微。

可見，漢時并無經文流傳，或許樂本聲律，并無文字。王充《論衡·超奇篇》：『陽成子長作《樂經》。』[一]《漢書·王莽傳》載，元始三年，『莽……立《樂經》，益博士員，經各五人』。應當出於漢儒所制。《隋志》：『樂者，先王所以致神祇，和邦國，諧萬姓，安賓客，悦遠人，所從來久矣。周人存六代之樂，曰《雲門》《咸池》《大韶》《大夏》《大護》《大武》。其後衰微崩壞，及秦而頓滅。漢初制氏雖紀其鏗鏘鼓儛，而不能通其義。其後竇公、河間獻王、常山王張禹，咸獻樂書。魏、晉已後，雖加損益，去正轉遠。』《隋志》有《樂經》四卷，不繫撰人姓名，或許即出於後世所作。

樂爲六藝及六經之一，歷來爲人所重。歷代目録有關樂之記録，情況不同。有專立樂類者，如《漢志·六藝略》、《隋志》經部、《舊唐志》甲部經録、《新唐志》甲部經録、《崇文總目》、《通志·藝文略》、《郡

[一] 王充撰，黄暉校釋《論衡校釋》卷一三，中華書局，一九九〇年，頁六〇八。

齋讀書志》經部、《遂初堂書目》、《宋志》經類、《國史經籍志》、《絳雲樓書目》、《明志》經類等。明《徐氏家藏書目》經部亦有樂類，不過位於群經之末。有稱樂部者，如《七録・經典録》。有單稱樂者，如《文獻通考・經籍考》、《萬卷堂書目》、高儒《百川書志》。有稱樂書者，如《文淵閣書目》。有將禮、樂合爲一類者，如陳第《世善堂書目》經類有禮樂各著；祁氏《澹生堂藏書目》經類下有禮樂類，下分國禮、家禮、樂律、祀典，共四目；黄虞稷《千頃堂書目》經部有禮樂類，有禮書，有樂書，有兼言禮樂之書；錢曾《讀書敏求記》合經、禮樂、字學、韻書、書、數書、小學爲一卷，禮樂并爲一類。亦有不設樂類者，如《直齋書録解題》。

《經義考》立有樂類，次於諸禮類而先於春秋類，遵循的正是六經的次序和歷代目録的做法。該類僅録十四條，衹占一卷的篇幅。

(七) 春秋類

我國有着悠久的史官傳統。《漢志・六藝略》序《春秋》云：『古之王者世有史官，君舉必書，所以慎言行，昭法式也。左史記言，右史記事，事爲《春秋》，言爲《尚書》，帝王靡不同之。』《禮記・玉藻》：『動則左史書之，言則右史書之。』所言雖復相反，而史官之職在記録王之言行與國家大事，殆無疑義。《國語・晋語》載，司馬侯答晋悼公之問，以爲『羊舌肸習於《春秋》』，悼公遂使叔向(羊舌肸)傅太子彪

（晉平公）。《國語·楚語》則載，莊王使士亹傅太子，向申叔時請教，後者指出八項内容，首曰『教之《春秋》，而爲之聳善而抑惡焉，以戒勸其心』，韋昭注云：『以天時紀人事，謂之《春秋》。』又云：『《春秋》，紀人事之善惡而目以天時，謂之《春秋》，周史之法也。』[一]故以時爲序，紀録人事，即爲《春秋》；又，以上所言《春秋》，乃在孔子之前，故知『春秋』乃周室及各國國史的通名。諸侯國史或有專名，如晉國名『乘』，楚國名『檮杌』；而『春秋』，又是魯國國史的專名。

現存《春秋》，原爲魯國國史，其原始作者當爲魯國歷代史官。但是自孟子以降，許多學者認爲《春秋》爲孔子所作。孟子云：『世衰道微，邪説暴行有作。臣弑其君者有之，子弑其父者有之。孔子懼，作《春秋》。《春秋》，天子之事也。是故孔子曰：「知我者，其惟《春秋》乎？罪我者，其惟《春秋》乎？」』趙岐注云：『世衰道微，周衰之時也。孔子懼正道遂滅，故作《春秋》。因魯史記，設素王之法，謂天子之事也。』[二]而《漢志》云：『周室既微，載籍殘缺，仲尼思存前聖之業……以魯周公之國，禮文備物，史官有法，故與左丘明觀其史記，據行事，仍人道，因興以立功，就敗以成罰，假日月以定曆數，藉朝聘以正禮、樂。』并不明説爲孔子作。由上引申叔時之語可知，國史爲貴族教育子弟的重要内容。一般認

[一] 韋昭注，上海師範大學古籍整理研究所編《國語》，上海古籍出版社，一九八八年，頁四四五、五二七—五二八。
[二] 趙岐注，孫奭疏《孟子注疏》卷六下，阮元校刻《十三經注疏》本，頁二七一四。

爲,孔子在講學、課徒之際,必及《春秋》,且有所删削修訂,其弟子及門人也應續有訂補[一]。作爲六經之一,《春秋》又被稱爲《春秋經》。由於文字簡約,史實、書法(體例)需予解説,因此出現不同的家法。《漢志》云:『[孔子]有所褒諱貶損,不可書見,口授弟子,弟子退而异言。丘明恐弟子各安其意,以失其真,故論本事而作傳,明夫子不以空言説經也。……及末世口説流行,故有公羊、穀梁、鄒、夾之傳。四家之中,公羊、穀梁立於學官,鄒氏無師,夾氏未有書。』加上左氏,共有五家。五家之中,惟《左氏傳》《公羊傳》《穀梁傳》流傳至今,合稱《春秋三傳》。《左氏傳》成於戰國初期,爲古文;而《公羊》《穀梁》二傳成於漢初,衹有今文。今文二家,宣帝時并立於學官。

關於《春秋》之傳授,阮孝緒《七録·經典録·春秋部》小序云:

漢興,有《公羊》《穀梁》并立國學。《左氏》始出乎張蒼家,本無傳之者。建武中,《鄒》《夾氏》皆滅絶。自漢末稍貴《左氏》,服虔、杜預二注與《公羊》《穀梁》俱立國學。(《史記》『言《春秋》於齊魯自胡毋生,於趙自董仲舒』下張守節《正義》引『《七録》曰』。張氏按語云:『左丘明,魯史也。』)

[一] 趙生群認爲,孔子對魯國史做了裁斷、筆削、改造的工作,又『寓之以義理,托之以褒貶』,因此完全可以稱之爲『作』(參氏著《〈春秋〉經傳研究》第一章《〈春秋〉的作者》,上海古籍出版社,二〇〇〇年)。趙伯雄認爲,孔子傳授《春秋》,主要是講解其中的『義』,而非單純的歷史知識(參氏著《春秋學史》第一章第二節《孔子與〈春秋〉的關係》,山東教育出版社,二〇〇四年)。

夾，音頰也。』)〔一〕

《春秋》及其《三傳》，向來爲目録著録的重要内容。其爲類、爲部、爲家，略與前述諸經相同。就著録位次而言，《春秋》一般在六經之末。不過，明代《文淵閣書目》卷一地字有春秋一類，其位置却在三禮類之前。《萬卷堂書目》卷一有春秋一類，位在禮、樂二類之前。焦竑《國史經籍志》，春秋類的位置也在禮類、樂類之前。這表明，明代《春秋》的受重視程度，有時能超過禮、樂。

《經義考》列有春秋一類，在六經之末，顯然遵循歷代慣例。該類凡四十三卷，約占全書百分之十五，僅次於易類，可見其繁富。

（八）論語類

《漢志》云：『《論語》者，孔子應答弟子時人及弟子相與言而接聞於夫子之語也。當時弟子各有所記。夫子既卒，門人相與輯而論纂，故謂之《論語》。』該書記録了孔子及其弟子的言語行事，集中反映了孔子的思想體系，因而是瞭解孔子及儒家思想的重要典籍。但在先秦，《論語》尚未獲得經的地位。

〔一〕 張守節撰，張衍田輯校《史記正義佚文輯校》，第一四四四條，頁四二四—四二五。案：『出乎張蒼家』之『乎』，瀧川資言《唐張守節史記正義佚存》原作『于』(〔日〕瀧川資言著，〔日〕小澤賢二録文，袁傳璋校點，頁五九七)。

漢代《論語》地位有所提升,《漢志·六藝略》即將其附在六經之後。范曄《後漢書》卷二七《趙典傳》:『典少篤行隱約,博學經書,弟子自遠方至。』唐代李賢注引謝承《後漢書》云:『典學孔子《七經》、《河圖》、《洛書》,内外藝術,靡不貫綜,受業者百有餘人。』又范《書》卷三五《張純傳》:『純以聖王之建辟雍,所以崇尊禮義,既富而教者也。乃案七經讖、明堂圖、河間《古辟雍記》、孝武太山明堂制度,及平帝時議,欲具奏之。』李賢注云:『讖,驗也。解見《光武紀》。《七經》,謂《詩》《書》《禮》《樂》《易》《春秋》及《論語》也。』可見,《論語》在東漢時已視同經典。漢代獨尊儒術,《論語》地位之上升,自在情理之中。就文本傳授而言,《論語》有《古論》《魯論》《齊論》的分别,篇數略有不同。漢代張禹參考魯、齊二家之説而爲章句,人稱《張侯論》,最爲通行,馬融爲之作訓。《古論》由孔安國作傳,而世不傳。鄭玄以《張侯論》爲本,參考《魯論》而爲之注,何晏又有集解。鄭氏注最爲通行。

就歷代著録來看,自漢以降,《論語》之部居,或稱類,或稱部,或稱家,均能與六經并列。如《七録·經典録》有論語部,《隋志》經部列論語類,《通志·藝文略》有論語家。歷代著録,大體相同。惟《遂初堂書目》有論語類,下附《孝經》《孟子》。《直齋書録解題》合《論語》《孟子》爲語孟類。明《世善堂書目》中,《論語》爲四書類下之子類。就著録次序而言,《論語》始終在六經之後,而且一般在《孝經》之後。總之,《論語》在歷代目録中的位置基本固定。

《經義考》於春秋類後設有論語類,凡十一卷。

（九）孝經類

《孝經》專陳孝道。《漢志》云：『《孝經》者，孔子爲曾子陳孝道也。夫孝，天之經，地之義，民之行也。舉大者言，故曰《孝經》。』在十三經中，《孝經》雖篇幅最短，不足兩千字，但也有古文本與今文本之分別，也不成於一人之手。由於《孝經》講孝勸忠，符合統治需要，所以受到歷代王朝的重視。漢代標榜以孝治天下，自惠帝以降，皇帝謚號前均加『孝』字，如孝惠帝、孝文帝、孝武帝等。漢文帝時已置博士傳授。現存《十三經注疏》中，《孝經》由唐玄宗作注。以帝王之尊而作注〔一〕，可見其受推崇程度。

《漢志》將孝經一類收在《六藝略》中，在論語類之後，地位也相似，屬於六經之附類。至阮孝緒《七録》，於《經典録》下設孝經部，仍次於論語部，與六經同列。《隋志》經部有孝經類，地位又有所上升，僅次於六經各類，而在論語類前，達到六經以外經部各類最高位次。由於各類書在目録中的位次升降，往往反映出該類書受相應朝代尊崇的程度，因此，《孝經》的地位，在唐代達於頂峰。此後，《舊唐志》《新唐志》《崇文總目》《郡齋讀書志》《宋志》《萬卷堂書目》《國史經籍志》《絳雲樓書目》《千頃堂書目》，均有孝經一類，位次與《隋志》同。《直齋書録解題》有孝經類，而在語孟類前。《世善堂書目》孝經在經

〔一〕 歷代帝王爲《孝經》作注或校訂者有多家，如晋元帝《孝經傳》、晋武帝《孝經講義》、梁武帝《孝經義疏》、清代順治《御注孝經》、雍正《孝經集注》等。

類,論語在四書類。《明志》中,經部下有孝經類、四書類,論語尚在四書類中,處在三級類目的位次。四書類之設,顯然是受到宋儒朱熹的影響。在朱子眼裏,《四書》《五經》的地位,高過其他載籍。《遂初堂書目》有孝經一類,而附於論語類。《文獻通考·經籍考》、高儒《百川書志》、《徐氏家藏書目》孝經一類,均在論語後。綜上而論,自《隋志》以降,孝經類的位次比較固定。

《經義考》於論語類後設有孝經類,凡九卷。

(十)《孟子》類

同《論語》類似,《孟子》一書,是記述孟子言行及其與弟子或時人之相互問答。《孟子》起初并不被視爲經典,在《漢志》中列在《諸子略》的儒家類,因此,其地位要遠次於《論語》和《孝經》。到了宋代,《孟子》纔在《遂初堂書目》裏附於論語類下,雖是附屬,却由子而上升爲經,這是《孟子》在中國傳統學術體系中所占地位的質的跨越。《直齋書録解題》合《論語》《孟子》爲語孟類,使《孟子》不再處於附從地位。元代馬端臨《文獻通考·經籍考》於經下設有《孟子》類,雖在論語類後,但是已可以在經部中獨立成類,與諸經并列。易言之,《孟子》此時完全獲得『經』之地位。由明至清,各家書目經部基本上都設有《孟子》類。《徐氏家藏書目》中,《孟子》類反在孝經類前。以上事實表明,《孟子》地位漸次上升,直至僅次於六經及《論語》之後。《孟子》地位之提升,同儒家學者之大力提倡密切相關。朱子將《孟子》收入《四書》中，講習猶在《五經》之先。元代又尊孟子爲『亞聖』，配享孔廟，則《孟子》之見重，必與《論語》相侔。元、明兩代復以《四書五經》取士，《孟子》又在必讀精研之列。《孟子》地位提升之迹，書目中必然有忠實之記録。

《經義考》設《孟子》類，凡六卷。位置在論語類、孝經類後，爾雅類前，反映出元明以降《孟子》之實際地位。

（十一）爾雅類

《爾雅》於十三經内最爲特殊，以其係具有辭典性質之訓詁資料彙編。《直齋書録解題》卷三小學類《爾雅》三卷提要云：

> 晋弘農太守河東郭璞景純注。按《漢志》《爾雅》二十篇，今書惟十九篇。《志》初不著撰人名氏，璞《序》亦但稱『興於中古，隆於漢氏』而已。至陸氏《釋文》，始謂《釋詁》爲周公所作，其説蓋本於魏張揖所上《廣雅表》，言周公制禮，以道天下，著《爾雅》一篇，以釋其義。今俗所傳三篇，或言仲尼所增，或言子夏所益，或言叔孫通所補，或言沛郡梁文所考，皆解家所説，先師口傳，疑莫能明也。

對《爾雅》之源流，叙述頗明。至於其作用，劉勰《文心雕龍·練字》云：『夫《爾雅》者，孔徒之所纂，而詩書之襟帶也。』[一]林光朝也説：『《爾雅》，六籍之户牖，學者之要津也。古人之學，必先通《爾雅》，則六籍百家之言，皆可以類求矣。』[二]可見，《爾雅》被目爲學習經典的必備工具，因此得以見附於經類：於《漢志》，附於六藝略之孝經類；於《隋志》，附於經部之論語類。《爾雅》作爲訓詁之書而不入小學類的原因，清儒朱一新指出：

《漢志》小學家皆字書，《爾雅》乃訓詁之書，固自不倅。《五經雜義》總釋經義，《爾雅》亦六經之鈐鍵，故以類從。班意以《孝經》論至德要道，爲諸經總會。乃以是殿六藝，凡經解、訓詁、幼儀諸書皆附之，而小學之字書獨不厠於其中。（《隋志》以《爾雅》及《五經總義》附《論語》，亦不與字書爲類。）知此，則知專以字書爲經訓者之非矣。[三]

唐文宗《開成石經》有十二種，《爾雅》雖居末位，畢竟也上躋爲經，能與諸經并列。南宋光宗時刻《十三經注疏》合刊本，《爾雅》見收，序次十二，位在《孟子》之前（用郭璞注，邢昺疏）。既已上升爲經，而且注疏之作及同類之作又漸增多，因此，《爾雅》在書目中即具備單獨成類之條

[一] 劉勰撰，黄叔琳注，李詳補注，楊明照校注拾遺《增訂文心雕龍校注》，中華書局，二〇〇〇年，頁四八五。
[二] 王應麟《漢書藝文志考證》卷四、朱彝尊《經義考》卷二三七，均在《爾雅》條下引此説。
[三] 朱一新《無邪堂答問》卷四，頁一四二—一四三。

件。《舊唐書·經籍志》中,《爾雅》《廣雅》等書共有十八家,立詁訓類,位在小學類之前。爾雅類單獨成目,即始於此。鄭樵著《通志·藝文略》,於經類下設爾雅一家。明代陳第《世善堂書目》經下有爾雅類,位次諸經之末。《徐氏家藏書目》爾雅類,位次在總經類前,收書十二種。因無小學類,《方言》等小學書亦入。《脉望館書目》無小學類,在爾雅類中收入了《方言》、崔豹《古今注》二書。清初錢謙益《絳雲樓書目》亦有爾雅類。

比較而言,《爾雅》成經較晚,在歷代著録中,單獨成類的情形并不常見。多數情況下,爾雅類圖書是作爲解經工具而被收入小學類。這一做法始於《崇文總目》,其後《新唐志》《遂初堂書目》《直齋書録解題》《宋志》《文獻通考·經籍考》《百川書志》《國史經籍志》《澹生堂藏書目》《千頃堂書目》《明志》等并踵此例。小學就是語言文字之學,在我國傳統學術分類中,雖然能自成一類,但是一般被視爲附庸而列在群經之末。《直齋書録解題·小學類序》云:『自劉歆以小學入《六藝略》,後世因之,以爲文字訓詁有關於經藝故也。至《唐志》所載《書品》《書斷》之類,亦厠其中,則龐矣。蓋其所論書法之工拙,正與射御同科。今并削之,而列於雜藝類,不入經録。』小學通乎經旨,書法等於技藝,這是能否收入經部的區别所在。

此外,也有一些比較特别的著録方法。前引《舊唐志》中,收爾雅、廣雅類書共十八家,以爲詁訓類。其他偏旁、音韵、雜字等書,别入小學類。如此分類,突出爾雅類圖書作爲訓詁資料的性質,雖頗具特色，却不爲後世所仿效。宋《三朝藝文志》指出：『《唐録》有詁訓、小學二類，爾雅爲詁訓，偏傍、音韵、雜字爲小學。今合爲一。』[一]

又，《遂初堂書目》將無注疏的《爾雅》二種收入經總類，《文淵閣書目》將爾雅類書收入諸經總類。諸經總類或經總類，主要收解釋群經之作，可見以上三目，所重者在《爾雅》解釋群經之工具性質。不過，《遂初堂書目》又將四種有注疏的《爾雅》收入小學類，可能强調對《爾雅》的解釋。與此相似，明代《萬卷堂書目》將《今字石經爾雅》三卷、《爾雅注疏》十一卷兩種入經解類，《爾雅翼》三十二卷、《博雅》十卷、《埤雅廣要》等入小學類。《晁氏寶文堂書目》無爾雅及小學類，而將爾雅一類書收入諸經總録類。諸經注疏，依經行世，所以主體上還是同一類書，應當以注疏對象的性質來決定類屬。爾雅類書，如果不單獨設類，則宜入小學類，而不宜入經總類或經解類，更不宜分屬兩類。

《經義考》中立爾雅類，在六經各類、論語類、孝經類、《孟子》類之後，凡二卷。

（十二）群經類

歷代解經之作，有單解一經者，也有兼解群經者。《漢志·六藝略》孝經類下附有《五經雜議》十八

[一] 馬端臨《文獻通考》卷一八九《經籍考》小學類序引。

篇，作爲石渠閣會議的結果，是最早兼解群經的著作〔一〕。《隋志》著録有《五經正名》《白虎通》《五經异議》《六經通數》《七經論》等書共三十餘種，被目爲『五經總義』（《隋志・論語類序》），而附在論語類下，位在《爾雅》諸書之後。

《舊唐志》甲部經録下有經解類。這是現存目録中最早立有是類者。該類所收有『七經雜解二十七家』，如：《白虎通》六卷、《五經雜義》七卷、《六藝論》一卷、《鄭志》九卷、《經典大義》十卷等。但是，《舊唐志序》稱『今録開元盛時四部諸書，以表藝文之盛』，『九曰圖緯，以紀六經讖候；十曰經解，以紀六經讖候；十一曰詁訓，以紀六經讖候』。前文指出，其詁訓類即《爾雅》《廣雅》等書。如果所紀相同，何必分爲三類？對此，武秀成教授有精到之考證，指出此處所叙并非《舊唐志》之分類，而應是開元時期的國家藏書分類系統，即《群書四部録》之分類，後兩類乃因衍文而致誤〔二〕。

〔一〕明代焦竑糾《漢志》之失，指出：『《五經雜議》入孝經，非，改經解。』（焦竑《國史經籍志》卷六《糾謬》，《四庫全書存目叢書》第二七七册，頁五一五）蓋明其爲經解之書。章學誠氏首肯其説，以爲良允（《校讎通義》十二之五，葉瑛《文史通義校注》，頁一〇一一）。余嘉錫先生則認爲：『［《漢志》］《孝經》則附以《五經雜議》《爾雅》《弟子職》諸書，皆後世之五經總義，特當時總解群經之書尚少，故姑附之於此耳。』（《目録學發微》卷四，頁一三〇——一三一）以《爾雅》《弟子職》等爲經解之書，則其體認之範圍更寬。

〔二〕武秀成先生經考辨後認爲：『此當是後世傳寫不慎，涉上下文而重衍「十曰……以紀六經讖候」二句，後之淺人見之，亦知此處有誤，但以爲是字訛，小類説明之誤無以正之，因姑仍其舊，而類目則以爲此即《舊志》之類目，遂據《舊志》序文末經部首之類目妄自改作「經解」「詁訓」，又據文例補改其後序次作「十一曰」「十二曰」。』（載氏著《〈舊唐書〉辨證》，上海古籍出版社，二〇〇三年，頁二九〇——二九一）

考『經解』一詞,《小戴禮記》已有《經解》篇,泛論六經之義。如其第一節云:

孔子曰:『入其國,其教可知也:其爲人也,温柔敦厚,《詩》教也;疏通知遠,《書》教也;廣博易良,《樂》教也;絜静精微,《易》教也;恭儉莊敬,《禮》教也;屬辭比事,《春秋》教也。』

孔穎達《禮記正義》引鄭玄《三禮目録》云:『名曰「經解」者,以其記六藝政教之得失也。此於《别録》屬通論。』又引皇侃之言曰:『「解」者,分析之名。此篇分析六經體教不同,故名曰「經解」也。六經其教雖异,總以禮爲本,故記者録入於禮。』〔一〕吴澄云:『此篇四節,第一節解説六經之所以教,故以「經解」名篇。』〔二〕顯然,『經解』在此指泛釋六經之教,有總解群經之義。

其後,凡是注解經典的著作,無論是單書(如鄭玄《毛詩箋》),還是合著(如孔穎達《五經正義》),都可以稱爲經解,意義較寬。自《舊唐志》立經解類,以統隸兼解群經的著作後,又賦予『經解』一項新的内涵,成爲目録學上的一個類名。

《舊唐志》以降之書目,多設有經解類,惟是在類名與所收書籍上有所不同。《新唐志》《崇文總目》均稱經解類。《通志·藝文略》經類有經解家,含通義、謚法兩目,這是經解一類首次區分子目。《郡齋

〔一〕鄭玄注,孔穎達正義《禮記正義》卷五〇,阮元校刻《十三經注疏》本,頁一六〇九。
〔二〕吴澄《禮記纂言》卷二七,《景印文淵閣四庫全書》第一二一册,頁五七九。

讀書志》《直齋書録解題》《宋志》《文獻通考·經籍考》，均稱經解類。《遂初堂書目》則名之曰經總類，列在各類之首。《文淵閣書目》卷一玄字下，又稱諸經總類。

《萬卷堂書目》卷一有經解，而收書過寬。如《周易》九卷、《尚書》十三卷、《毛詩》二十卷、《禮記》二十卷、《周禮》十卷、《儀禮》十七卷、《左傳》三十卷、《公羊傳》十卷、《穀梁傳》十卷、《論語》十卷、《爾雅》三卷等石經書（諸書前均有『今字石經』四字），《易經注疏》九卷（孔穎達）、《毛詩注疏》二十卷（孔穎達）等十三經注疏，《白虎通德論》十卷（班固）、《七經小傳》二卷（劉敞）等經解書，《禮記大全》等胡廣之五經《大全》。範圍過寬，收録則不免失次。竊以石經諸書，宜各從其類。又如《春秋經傳集解》三十卷（杜預）在春秋類，而《春秋左傳疏》六十卷（孔穎達）、《春秋公羊注疏》三十八卷、《春秋穀梁注疏》二十卷却在經解類，可見其亂。

《百川書志》卷一正經部分，亦設總經類，收書十三種。其中有朱子《小學》六卷，屬於蒙學讀物，似宜入蒙求類。

《晁氏寶文堂書目》上卷有諸經總録一類，收書最爲混亂：有《五經傍訓》《經義模範》等經解類書，有《爾雅録》等爾雅類書，有《孝經正誤》《孝經大義》等孝經類書，又有《石經論語》《石經孝經》等貫有『石經』字的經書。

《徐氏家藏書目》經部有總經類，收書允當。如《五經白文》四十卷、《十三經注疏》三百三十卷、《四書大全注》、《四書人物考》、《白虎通德論》六卷（班固）、《經子法語》一卷、《經術源流》一卷（王應山）、《丹鉛五經説》二卷（楊慎）、《邵文莊經史全書》十六卷（邵寶）等。雖有學庸類、論語類、《孟子》類，但綜録四書的書無從類繫，收在總經類，正符兼釋之義。

《國史經籍志》經類下有經總解一類。同上目相似，由於未設四書類，所以兼解《四書》之書，如《四書語類》八十卷（朱熹）、《四書通》三十四卷（胡炳文）等，都繫於經總解類。其《類序》釋設類之由云：『諸經著述，日新月盛，今與前籍既部分之，而貫穿群言難於離析者，别爲總解，以附此篇。』

《世善堂書目》共分五類：經類、四書類、諸子百家類、史類、集類。增設四書一類，并將其列在第二位，是該目分類的特色。就經解諸作的著録而言，其經類有諸經一類，相當於其他書目經部之經解或總經類。凡十種，如：《六經解》五卷（唐仲友）、《經問》四十卷（熊禾）、《九經辨疑》五十卷（分寧雷光庭）、《經義模範》一卷（升庵。案：即楊慎）等。此外，經類下還有『禮樂各著』一類，凡八種，皆兼解禮、樂之作，其實也有經解的性質，如：《三禮考注》六卷（方希古）、《律吕新書》二卷（蔡元定）等。該目四書類下設四書總編一類，所收書兼解《大學》《中庸》《論語》《孟子》，其實也屬經解性質，如《四書通旨》六卷（朱公遷）、《四書人物考》十卷（薛應旂）等。禮樂各著一類的設立，可能出於兼解禮、樂，而不及全經的考慮。四書總編一類的設立，是由於既然四書作爲一級類目，那麽，兼解四書的著作惟有另立子類。應當説，《世善堂書目》的設置是非常細緻的。

《澹生堂藏書目》經類下有經解一類，下分傳説、考定、音釋、經筵附大學講義，共四目，如《公是先生七經小傳》、《經説萃編》（李栻）、《真文忠經筵講義》（真德秀）、《大學管窺》（廖紀）等。由於未設四書類，所以兼解四書者繫於此類，如《四書直解》（張居正）、《四書正學衍説》（陶廷奎）等。不過，所收《春秋經傳集解》，宜歸春秋類，置於經解，似爲失次。此外，其禮類下亦有《大學或問》（朱文公）、《許魯齋大學直解》等書。春秋類下有經傳總和通解兩子目，如《春秋大全》《春秋四傳》等五種書屬經傳總，《春秋雜論》（程大昌）、《春秋事義全考》（姜寶）等二十三種屬通經。如果考慮到《春秋》三傳已上升爲經，不妨認爲這兩個子目其實也具有兼解群經的性質。故《澹生堂藏書目》對經解著作的處理，還有值得商榷的地方。

《脉望館書目》經部首設經書總類，但將石刻十三經、北監板《十三經注疏》、各經《大全》、各經《真文》、各經《繹》等小叢書，分而隸於該類，未免雜越。姚名達指出：『其書本未定之備檢帳册，取便藏置，故多异類同厨，不堪深究。』[一] 惟「經總」「總子」之立，清初錢謙益、姚際恒猶沿其例。

《絳雲樓書目》也首設經總類，又有經解類。經總類收書凡十三條，如《陝西石刻十三經》、張參《五經文字》、《監本十三經注疏》、《内板五經四書大全》等，均爲經解叢書。經解類收書共九條，如《白虎通

[一] 姚名達《中國目録學史》，頁一一三。

德論》、顔師古《匡謬正俗》、《公是先生七經小傳》、《六經圖》等,爲兼解諸經之書。

此外,黄虞稷《千頃堂書目》經部有經解類,《明志》經類有諸經類。《經義考》設『群經』一類,凡十三卷。著録之書,包括三類:甲、群經經解合編,相當於《絳雲樓書目》的經總類,如:魏了翁《九經要義》、梅憲夫《裕堂先生諸經講義》、劉同升《五經四書大全注疏合編》、郝敬《九部經解》等。此類數量最少。乙、兼解群經總義者,如《漢石渠五經雜議》、劉向《五經通義》、許慎《五經异義》、鄭玄《六藝論》等。此類最多。丙、兼詁群經文字、音韵者,如陸德明《經典釋文》、張參《五經文字》、唐玄度《九經字樣》、賈昌期《群經音辨》、黄彬《經語協韵》、陳深《十三經解詁》等。此類約二十餘種,較第一類爲多〔一〕。

四庫館臣在談到《四庫總目》命類原則時指出:

又兼詁群經者,《唐志》題曰『經解』,則不見其爲群經。朱彝尊《經義考》題曰『群經』,又不見其爲經解。徐乾學通志堂所刻,改名曰『總經解』,何焯又譏其杜撰。今取《隋志》之文,名之曰『五經總義』。凡斯之類,皆務求典據,非事更張。〔二〕

〔一〕此類亦可以經解合編視之,惟專解文字、音韵耳。因下引《欽定四庫全書總目》有所批評,故特出一類言之。

〔二〕《欽定四庫全書總目》卷首三,《景印文淵閣四庫全書》第一册,頁三五。

館臣又於五經總義類小序内，詳加解釋：

漢代經師如韓嬰治《詩》兼治《易》者，其訓故皆各自爲書。宣帝時，始有《石渠五經雜義》十八篇。《漢志》無類可隸，遂雜置之《孝經》中。《隋志》録許慎《五經异義》以下諸家，亦附《論語》之末。《舊唐書志》始别名『經解』，諸家著録因之，然不見兼括諸經之義。朱彝尊作《經義考》，别目曰『群經』，蓋覺其未安而采劉勰《正緯》之語以改之，然又不見爲訓詁之文。徐乾學刻《九經解》，顧湄兼采總集經解之義，名曰『總經解』，何焯復斥其不通（語見沈廷芳所刻何焯點校《經解目録》中），蓋正名若是之難也。考《隋志》於統説諸經者，雖不别爲部分，然論語類末稱《孔叢》《家語》《爾雅》諸書，『并五經總義，附於此篇』，則固稱『五經總義』矣。今準以立名，庶猶近古。《論語》《孝經》《孟子》雖自爲書，實均《五經》之流别，亦足以統該之。其校正文字及傳經諸圖并約略附焉，從其類也。[一]

館臣既批評《舊唐志》『經解』之名，不能顯示出兼括諸經的意思；又批評《經義考》『群經』之名，不

[一]《欽定四庫全書總目》卷三三，《景印文淵閣四庫全書》第一册，頁六五九。案：《隋志·論語類序》原文爲：『其《孔叢》《家語》，并孔氏所傳仲尼之旨；《爾雅》諸書，解古今之意；并五經總義，附於此篇。』又，劉勰《文心雕龍·正緯》：『商周以前，圖籙頻見；春秋之末，群經方備。』館臣蓋以『群經』二字取諸此。

能包括解釋群經文字的意思,所以踵武《隋志》,名曰『五經總義』。但是這一提法,就著録範圍而言,也有其問題。如前所述,由五經而十三經,經典的數量有一個逐漸增加的過程。而『五經總義』之『五經』,顯然并未擴及十三經。又,如果認爲《論語》《孝經》《孟子》『實均《五經》之流别』,可以『五經總義』加以統該,那麽,諸子百家,『雖有蔽短,合其要歸,亦六經之支與流裔』(《漢志·諸子略序》),無不可以統該,則『五經總義』一名,實泛濫無歸。由此看來,『五經總義』一名,似并非十分妥當。如果命名爲『群經總義』,即可以避開上述過狹或過廣之弊,似能更合該類之要求。《經義考》作爲經學目録,以考求經義爲旨歸,『群經』之名,顯然即藴有『群經總義』之意,其實頗爲允洽。

(十三) 四書類

《四書》,指《大學》《中庸》《論語》《孟子》。自朱子爲此四書撰《語類》《集注》《章句》《或問》,大加推崇之後,《四書》遂成要籍,并成專稱。《大學》《中庸》,原爲《禮記》中篇目,其受尊信,始自程子。王褘指出:『《論語》,先漢時已行,諸儒多爲之注。《大學》《中庸》二篇,在《小戴記》中,注之者,鄭康成也。《孟子》初列於諸子,及趙岐注後,遂顯矣。爰自河南程子,實尊信《大學》《中庸》而表章之;《論語》《孟子》,亦各有論説。至朱子,始合四書,謂之「四子」:《論語》《孟子》,則爲之注;《大學》《中庸》,則爲之《章句》《或問》。自朱子之説行,而舊説盡廢矣,於是四子者與六經并行,而教學之序莫先焉。』可見朱子對《四書》之表彰，起關鍵作用。李方子評論説：『先生搜輯先儒之説，而斷以己意，彙别區分，文從字順，妙得聖人之本旨，昭示斯道之標的。又使學者先讀《大學》以立其規模，次及《語》《孟》以盡其蘊奥，而後會其歸於《中庸》。尺度權衡之既當，由是以窮諸經，訂群史，以及百氏之書，則將無理之不可精，無事之不可處矣。』薛瑄也備加推崇：『《四書集注》《章句》《或問》，皆朱子萃群賢之言議，而折衷以義理之權衡，至廣至大，至精至密，發揮先聖賢之心，殆無餘藴。』〔一〕

《四書》既經表彰，著述日富，在目録學上即有單獨成類的必要。『四書』成爲類名，始見於明代書目。由於《論語》《孟子》早已成類，因此，在如何處理四書類與二者的關係上，不同的書目有不同的做法。概括言之，有以下幾種情況。

甲、以四書類統括《大學》《中庸》《論語》《孟子》及《四書》凡五類之書。這類書目有《文淵閣書目》《晁氏寶文堂書目》《明志》等。

乙、分立《大學》《中庸》《論語》《孟子》四類，而無四書類。如《百川書志》。而《徐氏家藏書目》既有學庸類，又有論語、《孟子》二類，實際上也以四書爲序。《絳雲樓書目》則先論語、《孟子》二類，後大學、中庸二類，符合這幾部書在經學史上的上升之迹。

〔一〕 上引王、李、薛三氏之説，均見於《經義考》卷二五二朱子條下所引。

丙、既設大學、中庸、論語、《孟子》四類，又設四書類。如《脉望館書目》。《千頃堂書目》則先設論語、《孟子》二類，再設四書類，兼顧了傳統與實際情況。

丁、作爲特例，《世善堂書目》在處理四書一類時，更具特色。該目以經類、四書類、諸子百家類、史類、集類五分載籍，這樣就將四書類提升爲一級類目，并且排在第二位。可以説，在目録中給《四書》以尊崇地位者，當以此目爲極。其四書類下，再分大學、中庸、論語、《孟子》、四書總編五個子類。將兼解四書者歸爲『四書總編』一類，同前揭諸目將兼解群經者單設『五經總義』類（或『經解』類、『經總』類、『群經』類等）之理路，若出一轍。

《經義考》設有四書類，凡八卷。與《千頃堂書目》相同，先設有論語、《孟子》二類，而以專論《四書》者爲四書類。大學、中庸二類之書，則仍繫諸禮記類。如此分類，實際上兼顧到經學史之傳統（漢唐經學）與實際（程朱理學），可謂守正出新。

（十四）逸經類

古代典籍，尤其先秦典籍（例如《五經》），在寫定之前，無論是篇章還是文字，都有删益編次的過程。那些未被收入的部分，往往爲他書所引及，從而成爲游離於定本之外的逸文。由於這些逸文同樣能反映當時的思想或社會面貌，儘管吉光片羽，亦足珍貴，因而受到後代學者的廣泛關注。或許正是基於這樣的考慮，朱彝尊在《經義考》中設立逸經一類，凡三卷，用以收集那些散逸於今本之外的篇章或文句；在各經之下，又相應地分設『逸篇』和『逸句』兩個子類。毛奇齡《經義考序》云：『逸經三卷，惟恐經之稍有遺，而一字一句必收之也。』正道出朱氏用心所在。爲朱氏輯出逸篇或逸句的，有《易》《書》《詩》《禮》《樂》《春秋左氏傳》《論語》《孝經》《孟子》《爾雅》諸經。其中，《孝經》無逸句；《易》《樂》《春秋左氏傳》《爾雅》無逸篇。

在《經義考》之前，惟《通志・藝文略》在經類書家下設有『逸書』子目，收《周書》七十一篇、《汲冢周書》十卷、《汲冢周書》八卷、《古文瑣語》四卷，僅四條。第一條《漢志》已録，後三條并出汲冢；因此，鄭樵的貢獻在於開列新類，而不在於搜輯逸文。應當説，全面地搜集逸篇與逸句，并著録於目録中者，當首推朱彝尊。這充分體現了朱氏對經典文本的重視，顯示了他在經學輯佚上的卓識與成就。劉起釪指出：『朱彝尊《經義考》中有「逸經」三卷，其中搜集了《尚書》的逸篇、逸文二者，雖頗簡漏，但有創始之功。』〔一〕即可見其一斑。

〔一〕劉起釪《尚書學史》，中華書局，一九八九年，頁一四。

(十五) 毖緯類

讖與緯,起源較早,本各有別。《經義考》卷二九八爲《通説》之四,備載桓譚以下,至清初顧炎武、胡渭等歷代諸儒論讖緯之言,極爲豐富、明晰。四庫館臣在諸儒論説的基礎上,對讖、緯源流與關係,剖析最明:

案:儒者多稱讖緯,其實讖自讖,緯自緯,非一類也。讖者,詭爲隱語,預决吉凶。《史記·秦本紀》稱盧生奏録圖書之語,是其始也。緯者,經之支流,衍及旁義。《史記自序》引《易》『失之毫厘,差之千里』,《漢書·蓋寬饒傳》引《易》『五帝官天下,三王家天下』,注者均以爲《易緯》之文是也。蓋秦漢以來,去聖日遠,儒者推闡論説,各自成書,與經原不相比附。如伏生《尚書大傳》、董仲舒《春秋陰陽》,核其文體,即是緯書,特以顯有主名,故不能托諸孔子。其他私相撰述,漸雜以術數之言,既不知作者爲誰,因附會以神其説,迨彌傳彌失,又益以妖妄之辭,遂與讖合而爲一。然班固稱『聖人作經,賢者緯之』;楊侃稱『緯書之類,謂之秘經;圖讖之類,謂之内學;河洛之書,謂之靈篇』;胡應麟亦謂『讖、緯二書,雖相表裏,而實不同』。則緯與讖别,前人固已分析之。

後人連類而譏，非其實也。〔一〕

讖緯具有神秘性，因而被用來建構新的思想體系，使儒家學説神學化。讖緯在西漢哀、平之際盛行一時，又爲光武帝等所提倡，『俗儒趨時，益爲其學，篇卷第目，轉加增廣。言五經者，皆憑讖爲説』（《隋志·緯讖類序》），『至以讖緯決斷經學，統論五經』〔二〕。其後屢遭禁毁：『至宋大明中，始禁圖讖，梁天監已後，又重其制。及高祖受禪，禁之逾切。煬帝即位，乃發使四出，搜天下書籍與讖緯相涉者，皆焚之，爲吏所糾者至死。自是無復其學，秘府之内，亦多散亡。』（《隋志·緯讖類序》）讖緯文獻以經學附庸的形式出現，其中有大量的經學内容，爲研究思想史所必不可少之資源。朱彝尊於《經義考》内設毖緯一類，梳理源流，頗具卓識。

《漢志》不載讖緯之書。阮孝緒《七録》，於術技録下設有緯讖部，是爲書目著録讖緯之最早可考者。《隋志》將緯讖類升入經部，位在小學之前，蓋以經學附庸視之。《隋志》之後，『讖緯入録，後世惟《古今書録》（即《舊唐書·經籍志》所本）、《新唐書·藝文志》（簡稱《新唐志》）、陳《録》、馬《志》四家，餘悉屏除』〔三〕。核諸文獻，讖緯入録，其實并不限於以上四家。鄭樵《通志·藝文略》經類，於易家、書家、

〔一〕《欽定四庫全書總目》卷六《易緯坤靈圖提要》後附關於讖緯文獻之按語（《景印文淵閣四庫全書》第一册，頁一五八）。
〔二〕徐興無《讖緯文獻與漢代文化構建》，中華書局，二〇〇三年，頁二。
〔三〕姚名達《中國目録學史》，頁七八。陳《録》、馬《志》，當指陳振孫《直齋書録解題》、馬端臨《文獻通考·經籍考》。

春秋家、孝經家、論語家等子類之下，均有讖緯作爲子目；詩家也有緯學作爲子目；禮類、樂類，也有讖緯子目（分别隸於禮記家、樂家二子類之下）。明代焦竑《國史經籍志》，經類『易』下亦有讖緯，『書』下則有緯候，『詩』『春秋』『孝經』下均有緯。祁氏《澹生堂藏書目》經類『易』下有讖緯。清初錢謙益《絳雲樓書目》并設有緯書類。《四庫全書總目》雖不設類，但是附在五經總義類後，用意頗同《隋志》，乃以經學附庸視之。綜上可知，雖然所處類目層級不同，但作爲記録之學的目録學，於讖緯之書有應有之重視。

《經義考》設有毖緯一類，著録讖緯諸書，凡五卷。《漢曹全碑》：『君童齔好學，甄極毖緯，無文不綜。』〔一〕『毖』有『告誡』之義〔二〕，正合『讖者，詭爲隱語，預决吉凶』之説，故『毖緯』猶『讖緯』，朱彝尊博雅好古，所以采用此詞作爲門類之名。《四庫總目》云：『有明一代，稱博洽者推楊慎，後起而與之争者，則惟[陳]耀文。所學雖駁雜不純，而見聞終富，故所采自九流毖緯，以逮僻典遺文，蒐羅頗廣，實可爲

〔一〕明梅鼎祚編《東漢文紀》卷三〇載此文，題作《合陽令曹全碑》，下注：『光和七年三月。』（《景印文淵閣四庫全書》第一三九七册，頁六五一—六五二）光和爲漢靈帝年號，七年即公元一八四年，可見該詞較早。顧炎武《求古録》（《景印文淵閣四庫全書》第六八三册，頁六九七—六九八）、《金石文字記》（卷一，《景印文淵閣四庫全書》第六八三册，頁七二一—七二二）二書，均載此文。

〔二〕《書·酒誥》：『封，汝典聽朕毖。』孔傳：『汝當聽念我，所慎而篤行之。』（《尚書正義》卷一四，阮元校刻《十三經注疏》本，頁二一〇八）

多識之資。』〔一〕可爲佐證。

（十六）擬經類

擬經，即仿擬經典。作爲類别，用指歷代模擬儒家經典的經學著作。毛奇齡《經義考序》：『擬經十二卷。此則不惟自爲義，并自爲經者。』由於經學長期處於正統地位，文人學士常以發揚『聖道』爲己任，期望能托志於經書，甚至代聖人立言。如何托志於經書？通常爲經書作箋釋，發明聖人微言大義。如何代聖人立言？自西漢揚雄以降，模仿、補續經義者亦不乏其人。明、清八股取士所需之科考文章，亦是士子代聖人立言之一途。但模擬而自視爲經，被人斥爲僭越之舉，非聖無法，是以歷代敢於作者不多，目録家爲之設類者更少。《經義考》之前，惟《通志·藝文略》《澹生堂藏書目》二家，在經類易家下有擬易子目。二家收書不多，前者僅二十九部，凡二百三十一卷。

《經義考》專設擬經一類，用以收録那些仿擬經典之作，如揚雄《太玄經》、王通《續書》、黄省曾《擬詩外傳》、王彦威《續曲台禮》、王禕《擬春秋文辭》、《孔子家語》、沈若《廣孝經》、孔鮒《小爾雅》、朱升《小四書》等。經過朱彝尊細心搜羅，擬經類竟有十三卷之篇幅。對擬經類著作之重視，當以《經義考》爲

〔一〕《欽定四庫全書總目》卷一三六《天中記提要》，《景印文淵閣四庫全書》第三册，頁八七八。

極。時賢認爲：『朱彝尊設《擬經》類，收録這些表述由儒家經典派生出的，具有時代性及個性的儒家觀點的典籍，既反映出儒家經典所産生的深遠影響，同時也意識到這類典籍對發展儒家學説不可忽略的輔翼作用，拓寬了考究經書之義理的視野。』〔一〕所論極是。

（十七）承師類［廣譽附］

《經義考》將師承關係可考的儒者勾稽出來，彙爲承師一類。該類實際上反映了經學傳授源流，蓋從諸史儒林傳、《經典釋文序録》之注解傳述人等學術前承發展而來。凡五卷。該類之後，附有廣譽一類（《經義考》卷二八五），專録在經學史上聲名卓著的儒者，并以當時諺語爲證。兹録二則：

少府五鹿充宗爲《梁邱易》，元帝好之，欲考其异同，令與諸《易》家論。充宗辯口，諸儒莫能抗。有薦朱雲者，召入，攝齊登堂，抗首而講，音動左右，故諸儒爲之語曰：『五鹿岳岳，朱雲折其角。』

孔僖二子長彦、季彦，并明經術，會徒數百，故時人語曰：『魯國孔氏好讀經，兄弟講習皆可

〔一〕曾貽芬《〈經義考〉初探》，載《朱彝尊經義考研究論集》，頁一八一。

聽。學士來者有聲名，不過孔氏那得成。」

這從另一個側面反映了當時的經學面貌，而且更加鮮活生動。

（十八）宣講類與立學類

這兩類的内容，爲刻本所闕。有學者推測説，宣講指宣講經學，立學指建立學校，因而這兩類當是記傳授經學的方式和機構〔一〕。顯然，宣講類、立學類重在經學授受、教育制度，係從制度史的角度來梳理經學史，尤見朱氏之卓識。

（十九）刊石類

刊石即刻石，或稱石刻。《經義考》專考經義，故此類實指石刻諸經，即前代書目所稱爲「石經」者。不稱「石經」而稱「刊石」，可能出於强調物質載體的考慮。以下「書壁」「鏤板」二類，用意當同。

〔一〕曾貽芬《〈經義考〉初探》，載《朱彝尊經義考研究論集》，頁一九〇。

中國石刻歷史甚早,或上溯三代以前[一],實則并不可信[二]。石經的出現,一般上溯至東漢靈帝熹平之時,由蔡邕主其事并書之,即後世所稱《熹平石經》者[三]。其後魏、晋、唐、宋、金、元諸代,均有石經之刻。

中國古代書目對石經的著録,有三種情況:

第一種是附在他類之後。最先著録石經的爲《隋志》,列有《一字石經周易》等七種,附在經部小學類。

第二種是專爲石經設立類目。最早者始於《通志·藝文略》,其經類易、書、詩三家、禮類儀禮家,均有石經子目。明代《國史經籍志》經類之易、書、詩、春秋等類下,也有石經子目。就各自類例而言,石經均爲三級類目。

第三種是將石經書收入經解等類。如《萬卷堂書目》,將《今字石經周易》等十一種,收入經解類。《晁氏寶文堂書目》,則將《石經論語》等書收入諸經總録類。《脉望館書目》,將石經繫於經書總類。清

〔一〕參葉昌熾《語石》、柯昌泗《語石异同評》,中華書局,一九九四年。

〔二〕程章燦先生指出:『相傳三皇五帝時代的祝融峰銘,其實是道家的秘文;比干墓上題字出於孔子之手,也是後人一厢情願的附會。此外還有所謂商代鬼方紀功石刻,箕子就封碑文,也都「半由附會,於古無徵」。因此,夏、商二代及西周的石刻實際上未曾發現過。』(見氏著《石學論叢》,大安出版社,一九九九年,頁二三七)

〔三〕參《後漢書》中《靈帝紀》《蔡邕傳》《儒林傳》等。

初錢謙益《絳雲樓書目》經總類，收有陝西石刻十三經、漢篆石經、宋高宗石經三條。比較而言，將石經收入兼解或兼收諸經的經解類書，在古代書目中居於主流。

《經義考》首次將石經作爲一級類目加以著録。此類凡五卷，前四卷所考石經爲：漢一字石經（案：即《熹平石經》）、魏三字石經、晋石經、北魏石經、唐國子學石經、後蜀石經、宋國子監石經、胡元質重刻漢石經、洪适重刻漢石經、蘇望重刻魏三體石經、宋太學御書石經、宋吴郡石刻御書六經、楊甲六經圖碑、金太學石經、元汴梁學修復石經，凡十五條。這十五條爲歷代石刻群經，并不限於一種經書。第五卷則爲歷代一經石刻，而有二十六條之多，著録較前四卷爲略。

曾貽芬指出：『朱彝尊受到《古今書刻》的啓發，立《刊石》類，通過立目和對歷代石刻經書的翔實考辨，强調標準本的重要。因爲祇有閲讀客觀正確的經書，纔有可能正確地理解經書之義理。』〔一〕對於經學而言，石經的意義其實是多方面的，既具有『標準本』之傳本意義，又具有文獻載體、經學制度方面的研究意義。

〔一〕曾貽芬《〈經義考〉初探》，載《朱彝尊經義考研究論集》，頁一八三。案：明代周弘祖《古今書刻》是以典籍形制來分類的，上卷録典籍，下卷録各地碑文。

（二十）書壁類

所謂書壁，即『書於屋壁』之意。與刊石一類的分别，惟在載體不同而已。書壁類衹有一卷，僅録一條，即：『唐太學壁經』。以一條爲一卷，以一卷爲一種，可見朱氏對這種刻經形式的重視。其立類之意，蓋與刊石類同。

（二十一）鏤板類

《經義考》卷二九三爲鏤板類。鏤板即雕板，講的是印刷方法。該類不録條目（實無條目可繫），備載五代以降對雕板印刷的記載與論述，實際上是一部簡明的雕板印刷源流史。如首條所引《五代會要》文云：

後唐長興三年二月，中書門下奏請依石經文字刻《九經》印板，敕令國子監集博士儒徒將西京石經本，各以所業本經句度抄寫注出，子細看讀，然後顧召能雕字匠人各部隨帙刻印板，廣頒天下，如諸色人要寫經書，并須依所印敕本，不得更使雜本交錯。其年四月，敕差太子賓客馬鎬、太常丞陳觀、太常博士段顒、路航、尚書屯田員外郎田敏充詳勘官，兼委國子監於諸色選人中召能書人端楷寫出，旋付匠人雕刻，每日五紙，與減一選，如無選可減，等第據與改轉官資。漢乾祐元年閏五月，國子監奏在雕印板《九經》内，有《周禮》《儀禮》《公羊》《穀梁》四經未有印板，今欲集學官校勘四經文字鏤板，從之。周廣順三年六月，尚書左丞兼判國子監事田敏進印板《九經》書、《五經》文、《字樣》各二部，一百三十册。顯德二年二月，中書門下奏國子監祭酒尹拙狀，稱准敕校勘《經典釋文》三十卷雕造印板，欲請兵部尚書張昭、太常卿田敏同校勘。敕《經典釋文》已經本監官員校勘，外宜差張昭、田敏詳校。

這段文字，就簡要地記述了五代時雕板印刷的情况。鏤板一類，也是經學制度史的一部分。

（二十二）著録類

著録一卷，主要采擷歷代文獻及諸儒對經學著作的論述與著録。涉及文獻有：《漢志》、《七録》、《隋志》、《唐六典》、《唐會要》、《舊唐志》、《新唐志》、宋《三朝志》、《長編》、宋《兩朝志》、宋《四朝志》、宋《中興志》、《紹興中秘書省續編到四庫闕書目》、《宋史・藝文志》、柯維騏《宋史新編藝文志》、鄭樵《通志・藝文略》、馬端臨《經籍考》、元《秘書志》、明《文淵閣書目》、《萬曆重編内閣書目》、王圻《續文獻通考》、朱睦㮮《授經圖》、焦竑《國史經籍志》等。其中書目是主體。以上文獻，實際上就是朱彝尊在編撰

《經義考》時的主要參考資料[一]。

(二十三) 通説類

所謂通説,乃是取歷代諸儒有關經學之嘉言,彙而成編,凡四卷。前三卷泛論諸經,第四卷則專論讖緯。通説與擬經以前諸類的區别是,以前諸類以圖書著録爲中心,各立條目,所繫論説,則以條目爲主。通説則以諸經、緯爲論述對象,故不立條目,但予泛論而已。通説一類,實際上梳理了歷代經説源流,可以看成是一部簡略的經學認知史。

(二十四) 家學類與自叙類

家學與自叙二類,各爲一卷,可惜俱已闕佚,無内容可傳。家學一類,或述家學淵源[二];自叙一類,或論作書本旨。《孟子·萬章下》:『頌其詩,讀其書,不知其人,可乎?是以論其世也,是尚友也。』

[一] 王重民已指出:『朱氏《經義考》卷二百九十四「著録」,是他纂修《經義考》的引用書目。』(見氏撰《〈千頃堂書目〉考》,載其《中國目録學史論叢》,中華書局,一九八四年,頁二〇五)

[二] 關於朱彝尊本人之家學,筆者有《朱彝尊家學考——兼論竹垞文學與學術之起點》一文(載《蘇州大學學報》二〇一八年第三期),予以考論,或能稍補本書自叙類之闕如。

讀其書，需知其人；反言之，知其人，則必能有助於讀其書，明其撰述之用意。知人可以論世，論世亦可以知人。朱彝尊設立家學與自叙兩類，其用心或在於此。

對於朱氏分類，田鳳台指出：

吾人認爲以朱氏類分言，可謂對經籍之搜集，不遺餘力，除舊之《十三經》外，又有《樂經》一卷，不以其亡而廢其説。而《三禮》之後有《通禮》，諸經之後有《群經》，此總説《禮》或兼諸經之籍也。《四書》固在《十三經》之中，而南宋之後，漸成專著，論述之籍，不亞群經，故專爲之類也。此外《逸經》《毖緯》《擬經》《刊石》《書壁》《鏤板》《通説》諸類，可謂對説經之籍，不論正説、旁説、逸篇、遺句、刊石之文、書壁之題、嘉言之録，皆網之一盡。又有《承師》一類，詳述經籍傳授師承；著録一類，詳述歷代經籍篇卷；其所闕之《宣講》《立學》《家學》各類，則必與經之大繫者也。至於其未成之《自叙》，對《經義考》言，誠謂不幸。否則吾人從朱氏之《自叙》中，對此鉅著或當有更深印之體認矣。〔一〕

此段既言朱氏搜羅之廣，分類之細，又惜其書不竟（實則已撰竟，而刊刻不全），深得吾心。

〔一〕田鳳台《朱彝尊與〈經義考〉》，載《朱彝尊經義考研究論集》，頁七一—七二。

四　《經義考》之分類特色

同其他目録著作相比,《經義考》在分類上有自己的特色。

首先,《經義考》分類之細,爲諸目之冠。

如前所述,《經義考》共分三十個門類。此前的經學目録如《三禮目録》《授經圖義例》,其分類自不足以相提并論。就綜合目録經部下的二級類目而言,細檢諸目(如表三——一所示),當以《百川書志》《絳雲樓書目》爲最,達十六類;《脉望館書目》次之,爲十五類;《文獻通考·經籍考》《文淵閣書目》再次之,有十四類,均不足以與《經義考》相提并論。《通志·藝文略》《國史經籍志》《澹生堂藏書目》,均以分類至細稱,但在二級類目的層次上,亦不足與《經義考》相比。楊果霖對《經義考》與《文獻通考·經籍考》之分類加以比較,指出前者『能依據學術體系的需要,酌增類目』,因而體味出朱氏『有擴大收録範圍的用心』〔一〕。

其次,《經義考》構建了一個多層次、多角度的分類體系。

〔一〕楊果霖《〈經義考〉徵引〈文獻通考·經籍考〉考述》,載《朱彝尊經義考研究論集》,頁二四〇。

同綜合目録（如史志目録等）相比，《經義考》并無二級類目。儘管如此，《經義考》三十個門類，并非處於同一層級，至少可以分爲如下幾組：

甲、御注類、敕撰類。首揭二類，意在尊王。

乙、易、書、詩、周禮、儀禮、禮記、通禮、樂、春秋、論語、孝經、《孟子》、爾雅、群經、四書等。以上十五類，係傳統經部分類之主體，也是《經義考》的核心部分。其分類標準，在於典籍内容與性質。

丙、逸經類、毖緯類、擬經類。以上三類，係經典之輔助部分，也從文獻内容與性質的角度予以分類。

丁、承師類［廣譽附］、宣講類、立學類。以上三類，從經學傳授的角度進行分類，涉及經學源流與制度。

戊、刊石類、書壁類、鏤板類。以上三類，係從經典載體形制的角度進行分類。

己、著録類、通説類。以上二類，係從歷代記録與諸儒通論的角度進行分類。

庚、家學類、自叙類。以上二類，係述著者自身之學術淵源。

其中第二組，繼承了傳統經部分類的統緒，因類繫書，因書繫論，成爲《經義考》的主體部分，凡二百五十八卷，占全書三百卷的百分之八十六。除乙、丙二組，係從文獻内容與性質的角度予以立類外，其他各組，各有其切入角度，對先秦以迄清初的經學面貌，進行審視與分類。著述宗旨決定了分類標準。如果説,此前的經學分類,祇是在一個以類别與時間爲兩軸的平面上展開的話,那麽,《經義考》的分類則是立體的、多維度的,提供了不同角度的參照平面。在這樣的立體審視之下,展現在我們面前的經學面貌,也必然是更加全面而豐富。

再次,朱彝尊在《經義考》分類中很好地體現了條别源流的學術宗旨。朱彝尊在各類之中,均以時間爲序,排列史料。因此各類源流,就得到了很好的展現。上述第二組十五類和第三組三類,因類隸書,條别的是一類之源流;各書又以時爲序,部次諸説,針對的是一書(家)之源流。第四組三類,乃是經學的傳授史、制度史。第五組三類,乃是經學著述的出版史。第六組二類,乃是人們對經學的認知史。第七組二類,所談乃是著者自身的學術淵源;其作用,相當於史著自序(如《太史公自序》《漢書叙傳》)。

復次,朱彝尊在《經義考》之分類中貫穿了『博通』的學術追求。朱彝尊治學,强調廣博與貫通。《經義考》凡三百卷,收羅宏富,展示了朱氏對於廣博的學術追求。他同時又非常注意『通』的一面。表現在分類上,對兼論三禮之書,設通禮類;對兼論諸經之書,設群經類;對兼評經書、緯書之説,設通説類。這三類,引導人們從整體上認識三禮與群經,直接表現了朱氏力求貫通群籍的學術追求[一]。

《經義考》分類何以與此前目録有异？曾貽芬指出：『從撰述形式上考察，它與元人馬端臨《文獻通考》中的《經籍考》基本一致，但由於《經義考》以考溯經書之義理爲主要目的，所以對經書的分類、考辨的内容等都與《經籍考》中前十七卷《經考》有所不同。』[二]撰述宗旨决定了其分類及體例。楊果霖指出：『《經義考》既爲經學的專目，故對於傳統綜合書目的分類法則，勢必會有一番新的變革，這種創新類目的作法，使得專科目録的編製觀念，能突破舊有的限制，從而發展出更適宜的分類體系，則竹垞深具開創之功。』[三]我們認爲，朱彝尊所以能具開創之功，是與清初的學術態勢及其本人博通的治學能力密切相關的。

綜上，朱彝尊通過《經義考》這一多層次、多角度的分類系統，展現給我們的不僅是經學源流，還有其博通的經學追求。就此而論，《經義考》不應該僅僅被視爲一部目録書，還應被看作一部多方面展現

〔一〕楊果霖指出，《經義考》在分類上的創新之處，有以下幾個方面：『（一）分類的類目，不純然專主一種書目的分類方式，而是依據學術的體系，來加以歸并其類目』；『（二）竹垞調和「崇質」「依體」之間的分類冲突，完全依據書籍的「本質」，爲其分類的依據，使得歷來在書籍類目的歸并上，往往會産生「崇質」「依體」的分類歧見，得以消失於無形』；『（三）擴大收録的内容，藉以拓展研究視野』（楊果霖《朱彝尊〈經義考〉研究》第八章第三節，頁三六四—三六六）。

〔二〕曾貽芬《〈經義考〉初探》，載《朱彝尊經義考研究論集》，頁一七九。

〔三〕楊果霖《〈經義考〉徵引〈文獻通考·經籍考〉考述》，載《朱彝尊經義考研究論集》，頁二三四。

經學風貌的經學史。

以上係同歷代書目之比較中,審視《經義考》之分類特色。作爲目録學家,朱彝尊撰有多種目録,而同其他目録相比,《經義考》亦自成一格。試陳之如次:

《全唐詩未備書目》。該目係朱彝尊受曹寅委托,補輯《全唐詩》時所編。謝國楨提要云:『是編彝尊手稿時年逾八十,稿端楷細書,足見其精力之過人。所載諸家之集,多記其爵里年代,而不注其出處。彝尊學問淹博,見聞既廣,必有所本。』[一]該書俱集部書,未分細類,大約隨手録得,其間并無條理可尋。

《明詩綜采摭書目》。該目係朱彝尊編輯《明詩綜》時的引用書目。謝國楨提要云:『是書專采總集……尤以郡邑文獻,最饒興趣,且稗史乘。』[二]該目所集亦爲集部書,不分細類,或簡注卷帙,并無一定之規。

《兩淮鹽筴書引證書目》。馮登府跋云:『康熙乙酉[一七〇五]秋,之揚城訪曹通政寅,爲輯《兩淮鹽筴志》,至戊子[一七〇八]八月告成,共二十卷。此稿當爲成書時手草。先生年八十歲矣。書法老境,有自得之意,抑足徵甌舫藏書之富。』謝國楨提要云:『是書雖不分類,然似經史子集爲先後,中

[一]《續修四庫全書總目提要(稿本)》,第三五册,頁六〇七。
[二]《續修四庫全書總目提要(稿本)》,第二九册,頁五九二。

頗有不易經見之書。』〔一〕此目爲引證書目，故遍及四部，雖未標明，但略以經史子集爲序，而無細類。

《竹垞行笈書目》〔二〕。該目爲朱彝尊行笈所藏書目。馮登府跋云：『《曝書亭目録》，先生手定，然未見全本，各家鈔本互有同异。此册以「心事數莖白髮生涯一片青山空林有雪相待古道無人獨還」二十四字編目，不分四部，殆行笈之記號也。爲先生親筆，與《石樓詩稿》同裝一套，子孫其寶藏之。』則該目又稱爲《曝書亭目録》。因爲行笈所藏，故該目之分類，實無理路可尋，蓋竹垞興之所致，以二十四字編目而已。此二十四字，頗能見出朱氏游歷江湖之心境與情態。

《潛采堂宋人集目録》《潛采堂元人集目録》，合稱《潛采堂宋元人集目録》，是朱彝尊藏書目録之一〔三〕。謝國楨提要云：『是録全係集部。宋人集自王禹偁《小畜集》以下，至陳淳《北溪集》，計百五十餘種，凡三千八百餘卷。又附宋人小集十種。元人集自元好問《遺山集》，至中峰禪師《梅花百咏》，計一百三十餘種。内有黄庚《月屋漫稿》等四十八種，不分卷。餘凡八百六十餘卷。亦附元人小集十七種。私家收藏，於宋、元兩代之集，都凡三百餘種。且於某時某人爲之序，或自序，或有跋，均詳載之其

〔一〕《續修四庫全書總目提要（稿本）》，第二九册，頁五九二。

〔二〕該目與上引《全唐詩未備書目》《明詩綜采摭書目》《兩淮鹽筴書引證書目》共四種目録，合稱《潛采堂書目四種》，俱收刻於《晨風閣叢書》第七册（民國沈宗畸輯，清宣統元年番禺沈氏刊本）。

〔三〕載葉德輝編《觀古堂書目叢刻》，民國八年（一九一九）刊本。

下，亦足備文獻之徵矣。』[二]

六種書目中，有四種爲集部目録，不分細目；《兩淮鹽筴書引證書目》大致以四部分類，《竹垞行笈書目》則以二十四字編目。可知朱彝尊在幾部書目中，未嘗用心於分類編排，隨意性很强。這從一個側面反映《經義考》之分類，乃朱氏用心所在，最能反映朱氏之分類成就與思想。

五　《經義考》分類之失

朱彝尊《經義考》在分類上也存在着一些值得商榷的地方，主要有以下兩個方面。

首先是《經義考》的分類標準問題。顯然，《經義考》的三十個門類，并不是在同一標準下予以置類的。上文所分七組中，除第乙、丙二組均從文獻内容與性質之角度（或者説從『義』的角度）加以分類外，其他五組，各有其成類之標準。如果要按照内容的標準加以部次，則御注、敕撰、刊石、書壁這四類，因爲各有條目，還可以分散到第二組相應的類别之中；但其他幾類，均不能如此處理。其丁、戊、己三組，實際上是主題各异之經學專門史。其原因在於，朱彝尊撰寫《經義考》的目的，并不是僅僅要

[一]《續修四庫全書總目提要（稿本）》，第三五册，頁六一七。

編一部目録書，而是要通過目録的形式，對上下兩千年的經義進行梳理。這種梳理，如果對象僅是經學著作，那麽自然可以用傳統的分類方法加以部次；但如果考察的是師承傳授，或者是歷代對經學的認知，而且這些認知又未形成著作，則無法用原有的方法加以部次條别，衹能另闢蹊徑，創設新類，或對已有的類目進行調整。易言之，朱彝尊通考歷代經義的撰述目的，決定了他對經學進行多層次、多角度的審視；這種審視，又決定了他在分類時不可能僅僅采取同一個標準；上揭丁、戊、己三組各類，更近似於類書的門目。儘管標準不一乃分類之大忌，但《經義考》并不僅僅是一部目録書，而是一部有著目録形式的、彙集大量專題資料的經學總彙。明乎此，當有助於瞭解《經義考》的分類。

由於分類標準不一，使得具體類别的畛域界限不明，因而導致了『一書重出兩類』的現象。例如，『王方慶《禮經正義》一書，竹垞分見於「《儀禮》類」「《禮記》類」二類，由於其書久佚，實難以確知究竟隸屬何部，若僅列有「《禮》類」，則入於「《禮》類」可也，但竹垞却將「《禮》類」細分爲四目，故有去取難定的困擾』〔一〕。

其次，在具體類别的條目著録上，朱氏或收録失當，或引據有誤，均未免有失。如針對其易類之失，全祖望作《讀易别録》，予以糾補。其逸經一類，搜輯未全，故馮登府加以補正。張鈞衡跋其書，以

〔一〕楊果霖《〈經義考〉徵引〈文獻通考・經籍考〉考述》，頁二三六—二三七。

爲：『凡書引《易》爲今《易》所無者，顔師古曰：「《易》家之別記也。」王觀國亦云：「古之以《易》名家者，各有訓説，爲之傳記，宗其學者，皆以『《易》曰』稱之。」竹垞《經義考》載《家語》《風俗通》《説苑》《鹽鐵論》《新語》《説文》等書引《易》，并以爲佚經，恐非也。』〔一〕已有瑕指。而徐時棟《與柳東先生論朱氏〈逸經考〉書》，詳陳《經義考》此類之失如次：有失注者；有古人明稱篇名而私輒以己意更易之者；有誤解古人書而以爲名篇者；有當在逸篇而誤入遺句者；有真經之佚爲晋人所竊而遂不復采引者；有實非真古文而以爲真古文者；有其辭明在他書而以爲逸書者；有當在他經而入此經者；有古人引經自以意增損而遽以爲逸者；有爲古人傳寫之誤而未及察者；有別自一書而以爲經文者；有本非經而以爲經者；有以私意竄亂古經者；有擬經而入於逸經者；有失於限斷者；有删節而分析之者；有同出一書而作兩解者；有明知其爲逸經而故棄之者〔二〕。所舉凡十八項之失，細按其例，均屬收羅失當，或析并有誤。徐氏復云：『然而數千年之久，百萬卷之博，詩書六藝逮雜家小説讖緯道釋之書，浩如烟海，皆將涉獵而搜羅之，此其勢必不能賅備。故逸經之不備，不足爲竹垞病也。』〔三〕此論實爲弘通之言，竊惟《經義考》他類之失，均可執此論之。

〔一〕朱彝尊輯，馮登府補《逸經補正》（上中下三卷），載張鈞衡《適園叢書》第七集，第一一一册。
〔二〕徐時棟《烟嶼樓文集》卷五，《續修四庫全書》第一五四二册，頁二七二—二七八。
〔三〕同前，頁二七二。

《經義考》未設小學類。對於此節，不少學者頗有异議，或指爲朱彝尊之失。如日本學者杉山寬行指出：『《經義考》中雖有兩卷内容是關於《爾雅》方面的，但對其他有關小學的書却完全没有著録。』他據此認爲《經義考》『缺乏綿密考究』〔一〕。吴梁也認爲《經義考》『小學類書籍衹采録《爾雅》，不收文字、音韵類書籍』，并以此爲朱氏設類之失〔二〕。對這一問題，前賢實已有所解釋。周中孚云：『姬傳稱《經義考》載説經之書既備，而不及小學，蓋未知《爾雅》即小學之書而云然。』〔三〕楊果霖則認爲：『《經義考》改「小學」爲「《爾雅》」，蓋小學類的典籍，内容包羅甚廣，惟竹垞僅取其與經義考證相關的典籍，是以將「《爾雅》類」獨立成目，故與傳統經部「小學」類目，有着明顯的差异。』〔四〕實際上，經學與小學，本爲性質不同的兩種學術門類。小學（即語言文字之學）爲通經之途，『士不通經不足致用，而非先通小學無以通經』〔五〕。在以傳統的六分法或四分法爲主的學術框架内，小學實無所依傍，衹好作爲經部的附屬類別來處理。而《爾雅》作爲十三經之一，在經學框架内自成一類，理宜固然。因此，設爾雅類而不設小學類，實際上體現了朱彝尊對經學與小學（語言文字之學）乃不同學術門類的清醒認識，尚不足爲其分

〔一〕杉山寬行《論朱彝尊的〈經義考〉——主論〈經義考〉之諸版本》，載《朱彝尊經義考研究論集》，頁一二三。
〔二〕吴梁《經學目録的巨著——〈經義考〉》，載《圖書館理論與實踐》一九九〇年第四期，頁四九。
〔三〕周中孚《鄭堂讀書記》卷三二《小學考提要》，一九九三年，頁一五二。姬傳，姚鼐字。
〔四〕楊果霖《〈經義考〉徵引〈文獻通考・經籍考〉考述》，頁二三九。
〔五〕俞樾《〈小學考〉序》，載《小學考》卷首（謝啓昆撰，漢語大辭典出版社，一九九七年影印版）。

類之失。執此以論，則後來謝啓昆《小學考》一書，乃是擬仿朱氏體例而作的小學目録，而并非專補《經義考》闕略之作。

六　小結

綜上所論，朱彝尊在歷代書目經籍分類的基礎上，於《經義考》内首創三十個門類的分類體系，從多層次、多維度的視角審視經學問題，不僅分類之細，稱諸目之冠，而且能條别學術源流，貫穿了朱氏博通的治學追求；因而成爲體現其目録學分類思想的代表之作。其不足之處則在於分類標準未能統一，并有隸類失次等[一]。

如果説，由條目部分、解題部分構成的著録體系（見前文），體現的是《經義考》外在的表現形式，那麽，由上述不同視角而構建出來的分類體系，揭示的是《經義考》内在的邏輯理路，二者共同構成了《經義考》的結構體系。如下圖所示：

[一] 案：楊果霖指出《經義考》「分類的謬誤」，有「類目未及完備」「同書异類之例」「質近類异之例」「誤繫類目之例」「欠缺類序之例」等五個方面（《朱彝尊〈經義考〉研究》第九章，頁三九六—四〇五）。

表三—二 《經義考》結構體系

《經義考》結構體系	著録體系（外在形式）	條目部分	著録結構
			撰人姓氏(附名)＋書名＋篇卷＋存佚
		解題部分	提要體系
			按語
	分類體系（内在邏輯）	内容與性質	（二）易、書、詩、周禮、儀禮、禮記、通禮、樂、春秋、論語、孝經、《孟子》、爾雅、群經、四書等類；（三）逸經類、毖緯類、擬經類
		其他視角	（一）御注類、敕撰類；（四）承師類[廣譽附]、宣講類、立學類；（五）刊石類、書壁類、鏤板類；（六）著録類、通説類；（七）家學類、自叙類

事實上，《經義考》多維度的分類體系，以其全面性、包容性而具有極强的學術張力，爲其宏大的著録體系提供了精嚴的結構支撑，從而使該書能集經學目録之大成，以著録之宏富、體例之完備、考辨之精審，成爲經學史、目録學史上的典範之作。

第四章　《經義考》之提要體系

提要又稱解題，淵源於劉向、歆父子爲圖書撰寫之書録；劉氏父子將書録後彙纂於《别録》《七略》，即成解題（提要）。提要是中國古代目録體製的重要組成部分。作爲經籍總目，《經義考》的著録體系由條目部分、解題部分組成，而後者主要包括輯録文獻與按語〔一〕。

一　古代書目提要之類型

劉向、歆父子領校群書，撰成《别録》《七略》，開創了古典目録具有解題（提要）的學術體製。具有解題（提要）的書目即是解題（提要）目録，在古典目録中最受重視。余嘉錫以小序、解題二要素之有

〔一〕案：如前所述，按語實爲解題之一部分，故本章第一節在討論提要體例時，即含按語在内；但在下文中，爲研討方便，將《經義考》提要中按語部分析出，且另置專章予以討論。

無,將中國古典目録分爲三類:『一曰部類之後有小序,書名之下有解題者;二曰有小序而無解題者;三曰小序、解題并無,衹著書名者。』各類要義,『屬於第一類者,在論其指歸,辨其訛謬。屬於第二類者,在窮源至委,竟其流别,以辨章學術,考鏡源流。屬於第三類者,在類例分明,使百家九流,各有條理,并究其本末,以見學術之源流沿襲』。余氏總結云:

以此三者互相比較,立論之宗旨,無不吻合,體製雖异,功用則同。蓋吾國從來之目録學,其意義皆在『辨章學術,考鏡源流』,所由與藏書之簿籍自名賞鑒、圖書館之編目僅便檢查者异也。〔一〕

就内容與旨趣而言,解題(提要)或者考辨作者生平,或者論列書籍内容,或者品評學術得失,或者介紹校讎情况,或者彙集研究資料。因此,解題(提要)本身,就能很好地體現目録學『辨章學術,考鏡源流』的宗旨。陳振孫《直齋書録解題》,即以『解題』名目。四庫館臣論其體製及價值云:

其例以歷代典籍分爲五十三類,各詳其卷帙多少、撰人名氏,而品題其得失,故曰『解題』。……馬端臨《經籍考》惟據此書及《讀書志》成編。……然古書之不傳於今者,得藉是以求其崖略;其傳於今者,得藉是以辨其真僞,核其异同,亦考證之所必資,不可廢也。〔二〕

〔一〕余嘉錫《目録學發微》卷一,頁二、一二。
〔二〕《欽定四庫全書總目》卷八五《直齋書録解題提要》,《景印文淵閣四庫全書》第二册,頁七六二。

四庫館臣推重該書，即與陳振孫采用解題（提要）這一目録體例密切相關。就提要類别而言，一般把古代的目録提要分爲叙録體、傳録體和輯録體三種。最早提出者，首推王重民。王氏在論述我國古代中古前期（公元前六年至公元六一八年）圖書目録事業的發展時提出：

我爲稱名的方便，擬把從劉向叙録直到《四庫全書總目》的提要都稱爲叙録體的提要，把用傳記方式的都稱爲傳録體的提要。看來，這一時期内最發達的是傳録的提要。另外，還有輯録體的提要，就是不由自己編寫，而去鈔輯序跋、史傳、筆記和有關的目録資料以起提要的作用。這一方法是在這一時期内由僧祐開其端，而由馬端臨的《文獻通考·經籍考》、朱彝尊《經義考》得到進一步發揮，和叙録體、傳録體并稱，我擬稱之爲輯録體。〔一〕

《校讎廣義·目録編》則將提要分爲綜述體與輯録體兩種。近來，又有學者提出了新的類别。本節擬對此略予考述。

（一）叙録體

叙録體是最早問世的一種提要體例，劉向、歆父子之《别録》《七略》，即屬此體。易言之，在中國目

〔一〕王重民《中國目録學史論叢》，頁八〇。

録學産生之始,這種體例就已形成。《别録》《七略》之提要,脱胎於向、歆父子校書時爲各書所作的書録(包括篇目與叙録兩個部分)。班固撰寫《漢志》,即以《七略》爲據,但限於史書體例而『删其要』,所存主要是小序與書名(其書名下自注,也淵源於《七略》之提要),因此并無解題部分。

余嘉錫指出:『叙録之體,源於書叙。劉向所作書録,體製略如列傳,與司馬遷、揚雄自叙大抵相同。』又説:『蓋叙録之體,即是書叙,而作叙之法略如列傳。故知目録即學術之史也。』〔一〕因此,提要是書叙傳統在目録學領域的變例與體現。

關於叙録體提要的内容,《目録學發微》卷二《叙録》一節,《校讎廣義·目録編》第二章《書的叙録》一節,均有精到之論述,足資參考。叙録體提要涵包廣泛,無論是作者生平,還是圖書校勘、學術得失,都在論述之列。

後世采用這一提要體例的書目有晋荀勖《新撰文章家集叙》(簡稱《文章叙録》)、宋《崇文總目》、晁公武《郡齋讀書志》、陳振孫《直齋書録解題》等,至清修《四庫全書總目》而集其大成。在提要諸體中,叙録體内容最豐,功用最多,因而體製最尊,至今日編纂古籍目録者,猶以能撰寫叙録體提要者爲尚。

〔一〕余嘉錫《目録學發微》卷二,頁三四、三七。

（二）傳録體

傳録體自叙録體發展而來，指以介紹作者事行與著述爲主而鮮及圖書内容的一種提要體例。同叙録體相比，傳録體無疑較爲簡略。采用這一體例的目録有摯虞《文章志》及續作系列（參表一—二），而以王儉《七志》爲代表。

余嘉錫云：『漢、魏、六朝人所作書叙，多叙其人平生之事迹及其學問得力之所在。漢無名氏《徐幹中論序》、《文選》中《王文憲集序》即是此體。』至於王儉《七志》，『已變叙之名，從傳之實，亦以叙録之體，本與列傳相近也』。所不同者，乃在『偏重事迹，於學術少所發明耳』。然余氏又謂：『吾人讀書，未有不欲知其爲何人所著，其平生之行事若何，所處之時代若何，所學之善否若何者。此即孟子所謂知人論世也。』〔一〕可見傳録體雖然較叙録體爲簡，然而更加突出『知人論世』的一面。

（三）輯録體

輯録體是廣泛搜集同撰者或圖書密切相關之資料，并按照一定的順序排列其下的提要體例。一

〔一〕余嘉錫《目録學發微》卷二，頁三七—三八。

般認爲，這一體例源於佛經目録。梁釋僧祐《出三藏記集》十五卷，其卷六至卷一一爲各經序，卷一二爲雜録，均彙集各經序文成卷。各卷均先列所録序文簡目，然後分載各目，附以各序全文，是典型的目録體裁；當然，也可以諸經序文之彙編視之〔一〕。唐釋道宣《大唐内典録》十卷，備載衆經，均加附注或提要，或叙録體，或傳録體；亦間用輯録體，附本經序文於其下；往往又加申説，以明檢視情形（如卷一〇）〔二〕。唐釋智升《開元釋教録》二十卷〔三〕，各書之下，備輯作者生平及諸僧論説，或列卷數存佚，因而爲四庫館臣所重，以爲是《經義考》所取則之學術前承之一〔四〕。南宋王應麟所編類書《玉海》中『藝文』一門，具有書目性質，亦用此體。明代朱睦㮮，彙編經學著述序文，編成《經序録》一書，已見前論（參見本書第一章第三節第四小節）。

〔一〕釋僧祐《出三藏記集》，中華書局，一九九五年，頁二四一—五〇六。余嘉錫以爲，『《經義考》之録序跋，其體例即出於此』（《目録學發微》卷二，頁三八）。盧仁龍指出，晋代摯虞在《文章志》中，『第一次從它書中輯録撰人傳記資料』，猶在僧祐之前（《〈經義考〉綜論》，載《社會科學戰綫》一九九〇年第二期，頁三三七）。

〔二〕釋道宣《大唐内典録》，《續修四庫全書》第一二八九册，頁一—二一〇。

〔三〕釋智升《開元釋教録》，《景印文淵閣四庫全書》第一〇五一册，頁一—五一四。

〔四〕《欽定四庫全書總目》卷一四五《開元釋教録提要》：『佛氏舊文，兹爲大備，亦兹爲最古。所列諸傳，尤足爲考證之資。朱彝尊作《經義考》，號爲善本，而核其體例，多與此符，或爲規仿，或爲暗合，均未可定，然足見其爲緇流之中嫻於著作者矣。』（《景印文淵閣四庫全書》第三册，頁一〇六五）

馬端臨《文獻通考》中的《經籍考》，係書目性質，具有解題，是輯録體提要的代表〔一〕。該書輯録的資料，範圍包括歷代史志、書目及文集，相當豐富。從引用資料的類别上看，也遠不限於序文，而是有序有跋，有傳記，而主要是前代書目所載之提要等〔二〕。輯録的提要，又幾乎全部出自晁公武《郡齋讀書志》、陳振孫《直齋書録解題》（凡『晁氏曰』『陳氏曰』者，大都引自二書）。這些資料的内容，都是圍繞作者生平、圖書内容、學術評價等主題而展開。有些條目，馬氏還加以按語，作進一步之考辨與申論。兹舉一例。

《文獻通考》卷一七五《經籍二》下『《歸藏》三卷』條，馬氏在引《崇文總目》及鄭樵有關論述後，即加申論云：

按：《連山》《歸藏》，乃夏、商之《易》，本在《周易》之前。然《歸藏》，《漢志》無之；《連山》，《隋志》無之。蓋二書至晉、隋間始出，而《連山》出於劉炫之僞作，《北史》明言之。度《歸藏》之爲書，

〔一〕戴南海《〈經籍考〉的學術價值》一文認爲：『《經籍考》不僅材料詳贍，體製完備，功用齊全，且把史料學、歷史考據學和目録學方法融爲一爐，首創了輯録體目録的編纂方法。』（載王瑞明主編《文獻通考研究》，學峰文化事業公司、中州古籍出版社，一九九四年，頁二五二）王繼祥《〈經籍考〉是我國目録學史上的重要里程碑》一文，也認爲《經籍考》『首創了輯録體』（載王瑞明主編《文獻通考研究》，頁二五三）。

〔二〕王瑞明謂：『五考中的《經籍考》，與一般正史中書目式的《藝文志》大不相同，除書目外，更有題解、考證、評論、質疑，還收録序、跋之類的文字，這是新創。』（參氏著《馬端臨評傳》，南京大學出版社，二〇〇一年，頁三一三）

亦此類耳。夾漈好奇，獨尊信此二書與古《三墳》書，且咎世人以其晚出而疑之。然殊不知《毛氏詩》《左氏春秋》《小戴氏禮》與《古文尚書》《周官·六典》比之，當時皆晚出者也。然其義理、其文辭一無可疑，非《二易》《三墳》之比，不謂之六經，可乎？故今叙《二易》，不敢遽指爲夏、商之書；姑隨其所出之時，置之漢之後、唐之前云。〔一〕

此段按語，談《連山》《歸藏》在本卷中如何序次之問題，兼及二書（文中合稱『《二易》』）之真僞問題，斷僞存疑，要言不煩，而脉絡明晰，體現出編纂者深厚的經學修養。因此，《文獻通考·經籍考》的提要體例，實以輯録體爲主而兼具輯考體，衹是後者爲數極少而已。如其易類，凡一百七十四則資料，其中馬氏按語僅有三則（參表六——二）。此一事實表明，中國古代目録之提要體例，逐漸由輯録體而衍生出輯考體。

輯録體提要較爲全面地羅列既有學術資料，能使讀者覽一篇而衆説皆備，便於瞭解『著作之本末，流傳之真僞』，成爲輯佚之淵藪〔二〕，因此可以作爲進一步研究的基礎。余嘉錫謂《文獻通考》『體製極

〔一〕中華書局本，頁一五一五。

〔二〕戴南海將以上三者及『可資校勘』視作輯録體提要的四個特點。參氏著《〈經籍考〉的學術價值》一文，載王瑞明主編《文獻通考研究》，頁二四七—二四八。

善，於學者深爲有益』[一]；又論輯録成説之善云：

夫班固《漢書》采史公之《自叙》，録《法言》之篇目，誠以學問出於甘苦，得失在乎寸心，自我言之，不如其人自言之深切著明也。論賈誼、東方朔，則徵信於劉向，論董仲舒則折衷於劉歆，誠以則古稱先，述而不作，前賢既已論定，後人無取更張也。考訂之文，尤重證據。是故博引繁稱，旁通曲證，往往文累其氣，意晦於言。讀者乍觀淺嘗，不能得其端緒。與其録入篇内，不如載之簡端，既易成誦，又便行文。此所以貴與創之於前，竹垞踵之於後，體製之善，無間然矣。[二]

《經義考》之提要，主要采用輯録體。此體所以産生之内在理路及其具有之功效，余氏此段議論，可謂盡得其實，發揮無餘。又，采用輯録體還具有保存學術資料的作用。由於一些作爲輯録材料來源的書籍後來亡佚了，而提要中還保存有部分資料，能够部分地反映原書的面貌，因此，這種提要體例在文獻保存與傳承方面，無疑具有獨特的價值。

[一] 余嘉錫《目録學發微》卷二，頁七四。
[二] 余嘉錫《目録學發微》卷二，頁七六。案：馬端臨字貴與，朱彝尊號竹垞。

（四）輯考體

輯考體[一]則是在大量輯録材料的基礎上，撰著者以按語的形式，對存在的問題加以考辨的一種提要體例。如果説，輯録體是『輯而不言』的話，輯考體就是『輯而有考』，既彙輯有關學術資料，又發揮撰者個人見解，融輯録與考辨爲一體，學術信息更爲豐富，爲學界提供更多取資。

一般認爲，采用這一體例的，首推王應麟（一二二三—一二九六）的《玉海・藝文》[二]。比王氏稍晚的馬端臨（一二五四—一三四〇），在其《文獻通考・經籍考》中也采用按語的形式考辨問題；朱彝尊《經義考》，更是靈活使用這一體例。田鳳台指出：『以解題言，《經義考》於各書之後，皆鈔録原書序跋，或歷代諸儒説經之語，此雖類似前此之解題，但編者無己見參與其間，而有所考證時，方附按語於各書之後，此又殊於前此之解題。』[三]

《校讎廣義・目録編》將提要分爲綜述體與輯録體兩種，并認爲綜述體的特點是『鎔鑄材料，獨立

[一] 輯考體是由南京大學武秀成先生提出的，他所指導的碩士論文《〈玉海・藝文〉研究》（邊頻，二〇〇二年），對這一體例首次進行了論述。

[二] 邊頻認爲王氏采用的這一體例，是『獨一無二的目録新體載』。參其《〈玉海・藝文〉研究》，頁四二。

[三] 田鳳台《朱彝尊與〈經義考〉》，載《朱彝尊經義考研究論集》，頁六八。

成文』，輯録體的特點是『編次材料，述而不作』〔一〕。這種二分法，實際上是從提要撰寫之角度予以劃分。

從結構上看，輯考體提要包含兩個部分：前一部分即『編次材料』，輯録諸説；後一部分則『鎔鑄材料』，遞加考論。兩個部分在形式上前後判然，在内容上則各有側重。因此，輯考體既能提供有價值的參考資料，又爲撰者考辨問題、表達見解提供了空間，具有較强的學術張力。從傳録體、輯録體到輯考體，書目提要考鏡源流的學術性漸趨增强。

《經義考》之解題部分，以輯録體爲主，同時兼具輯考體，并且是輯考體書目的代表之作。就其輯考體提要而言，『輯』的部分爲輯録文獻，『考』的部分爲朱氏按語。以下就其輯録文獻部分進行考論，朱氏按語部分則另闢一章（即第五章），專予討論。

二 《經義考》輯録文獻之分析

朱彝尊對古典目録體製中的提要一體，極爲推崇。其《崇文書目跋》云：

〔一〕《校讎廣義·目録編》，頁三三。

《崇文總目》六十六卷……展卷讀之，祇有其目。當日之叙釋，無一存焉。樂平馬氏《經籍考》述鄭漁仲之言，以排比諸儒，每書之下，必出新意著説，嫌其文繁無用。然則是書，因漁仲之言，紹興中從而去其序釋也。書籍自劉《略》、荀《簿》、王《志》、阮《録》以來，不僅條其篇目而已，必稍述作者之旨，以詔後學。故贊《七略》者，或美其「剖判藝文」，或稱其「略序洪烈」。其後殷淳則有《序録》，李肇則有《釋題》，必如是而大綱粗舉。若盡去之，是猶存虎豹之鞹，與羊犬何别歟？《唐志》十九家，《宋志》六十八部，今存者幾希。賴有是書，學者獲睹典籍之舊。觀歐陽子集，收《總目叙釋》一卷，餘則馬氏《志》間引之。辭不費而每書之本末具見，法至善矣。漁仲徒恃己長，不爲下學後覺之地，此謂「君子一言以爲不知」者也。(《曝書亭集》卷四四)

朱彝尊認爲目録「不僅條其篇目」，還要能「稍述作者之旨，以詔後學」，因而對《崇文總目》頗加推崇，謂其提要體例爲法「至善」；同時對鄭樵不重視提要的觀點，提出批評〔一〕。劉《略》、荀《簿》、王《志》、阮《録》(劉歆《七略》、荀勖《晋中經簿》、王儉《七志》、阮孝緒《七録》)，朱彝尊明確諸目均有解題，

〔一〕朱彝尊認爲，《崇文總目》提要文字後被刊落，乃由鄭樵之言所致。朱氏此論，爲《四庫全書總目》卷八五《崇文總目提要》所本，而爲杭世駿、錢大昕等所糾。詳參余嘉錫《四庫提要辨證》卷九「《崇文總目》十二卷」條(中華書局，一九八〇年，頁四八六—四八八)。余氏之前，錢侗《崇文總目輯釋小引》對該問題已有考論(參王堯臣等撰，錢東垣等輯釋《崇文總目》，《中國歷代書目叢刊》本，頁七)。鄭氏之説，見《通志・校讎略》之「泛釋無義論」(見《通志二十略》，頁一八一八)。《經義考》卷二九四《崇文總目》條下按語，與上引跋文大旨略同。

可謂卓識，對於研究中古時期目録學問題，具有十分重要的啓示意義。

《經義考》出於考求經義的需要，采用輯考體的體例，輯録了大量的學術資料，辨析了許多問題，是這一體例的佳構〔一〕。據筆者統計，《經義考》共采録了九千一百七十四則資料〔二〕。從引用方式上看，《經義考》輯録之文獻，大致可以分爲三類：

第一類，直接標舉引用典籍之名稱者。所引資料，主要是列舉撰者生平大略。

第二類，不言文獻所出，而是標明諸家論説，因此一般采用『某某曰』之形式者〔三〕。所引内容，主要評價當前著述之學術得失。

第三類，標明單篇文獻者（如『某某《序》《自序》《自述》』等）。所引資料，主要是相關著作之序、跋

〔一〕案：關於《經義考》輯録文獻的内容，楊果霖概括爲以下十三個方面：著録書名篇名，論及成書始末，説明書籍主旨，辨別古書真僞，判定書籍價值，介紹著者生平，兼記作者著作，評介師承交游，叙述校讎原委，泛釋學術源流，詮釋學風轉移，言明藏書情況，申論書籍義例（楊果霖《朱彝尊〈經義考〉研究》第六章第二節，頁二〇八—二五九）。

〔二〕有些條目在引用資料時，同一人或同一文獻有時會超過一則，一般以『又曰』領起。爲便於統計和分析，這種情況下，本書衹把它當作一則資料來看待。因此，實際引用的資料數，至少在萬條以上。另外，爲保持分析的一致性，本處統計範圍與第二章條目統計相同。

〔三〕馬端臨《文獻通考》中，已采用『某某曰』的方式來輯録諸儒論説，朱彝尊或即本乎此。

及撰者之傳記資料,直接涉及撰者之學術取向及成書背景[二]。

(二) 輯録文獻中引用典籍之分析

朱彝尊《經義考》引用資料中,第一類是直接標舉引用典籍之名稱者。從文獻出處上看,《經義考》此類資料之引用情況比較複雜。以下分類討論之。

甲、有些輯録文獻,名稱過簡,使人易淆,致有不知所出者。今考出其詳,製成下表(書名號省略):

表四—一 《經義考》輯録文獻簡稱表

《經義考》所用輯録文獻名稱	實際引用文獻之全稱	備注
實録	明太祖實録	凡三條
通鑒	資治通鑒	一條
長編	續資治通鑒長編	凡二十二條

[二] 案: 關於《經義考》輯録文獻的稱引方式,楊果霖歸納爲以下八種情形: 書名、篇名并稱; 書名; 篇名; 人名、書名并稱; 人名、篇名并稱; 人名; 人名加上敬稱; 缺録題稱(楊果霖《朱彝尊〈經義考〉研究》第五章第三節,頁一六七—一七三)。

續表

《經義考》所用輯録文獻名稱	實際引用文獻之全稱	備注
長編紀事本末	續資治通鑑長編	一條
長編紀事	續資治通鑑長編	一條
宰相世系表	新唐書	一條
唐宰相世系表	新唐書	一條
浙江志	浙江通志	一條
姓譜	萬姓統譜	凡一百四十二條
館閣續録	南宋館閣續録	一條
吴志	三國志・吴志	凡七條

乙、有些輯録文獻，名列爲甲，而實轉引於乙。這類轉引情況，筆者亦一一考出，製成下表：

表四—二　《經義考》輯録文獻實際出處表

《經義考》所用輯録文獻名稱	實際轉引文獻名稱	説明
論語注	論語集解（魏何晏撰）	一條
魏略	三國志注（宋裴松之注）	三條

續表

《經義考》所用輯録文獻名稱	實際轉引文獻名稱	説明
文章叙録	三國志注(宋裴松之注)	一條
杜氏新書	三國志注(宋裴松之注)	一條
管輅别傳	三國志注(宋裴松之注)	一條
吴録	三國志注(宋裴松之注)	一條
周氏西麓涉筆	文獻通考(元馬端臨撰)	一條
國史	玉海(南宋王應麟撰)	一條
國史志	玉海(南宋王應麟撰)	六條
後魏書	玉海(南宋王應麟撰)	一條
會要	玉海(南宋王應麟撰)	一條
名賢畫録	玉海(南宋王應麟撰)	一條
七略	玉海(南宋王應麟撰)	一條
唐國史	玉海(南宋王應麟撰)	一條
家語後序	玉海(南宋王應麟撰)	一條

以上凡二十二條。

丙、輯録文獻雖列名爲甲，而甲書不存；考其實，則引於乙。《經義考》卷二七五『何氏（英）《漢德春秋》』條引《蜀中著作紀》云：

漢何英著。英，郫人，何武弟也，與成都楊申俱通經緯。

案：明曹學佺《蜀中廣記》卷九二《著作記第二》史部有『《漢德春秋》十五卷』條，其提要云：

漢何英著。英，郫人，何武弟也，與成都楊申俱通經緯，每事有先見之明。〔一〕

案：可見，朱氏實引曹氏書，『《蜀中著作紀》』當作『《蜀中廣記》』。檢《四庫全書》，『《蜀中著作紀》』惟《經義考》中一見，當係稱名不規範致淆。

丁、誤繫輯録文獻出處。《經義考》卷二〇四『隗氏（禧）《諸經解》』條引《世語》云：

隗禧，字子牙，京兆人。黄初中，拜郎中，年八十餘，以老處家，就之學者甚多。魚豢嘗從問《左傳》，禧答曰：『欲知幽微莫若《易》，人倫之紀莫若《禮》，多識山川草木之名莫若《詩》，《左氏》直相斫書，不足精意也。』豢因從問《詩》，禧説齊、韓、魯、毛四家義，不復執文，有如諷誦，又撰作

〔一〕曹學佺《蜀中廣記》卷九二，《景印文淵閣四庫全書》第五九二册，頁五〇七。

《諸經解》數十萬言,未及繕寫而得聾,後數歲病亡也。

檢《三國志》卷一三《魏書》第十三《王肅傳》裴松之注:

隗禧,字子牙,京兆人也。世單家。少好學。初平中,三輔亂,禧南客荆州,不以荒擾,擔負經書,每以采稆餘日,則誦習之。太祖定荆州,召署軍謀掾。黄初中,爲譙王郎中。王宿聞其儒者,常虚心從學。禧亦敬恭以授王,由是大得賜遺。以病還,拜郎中。年八十餘,以老處家,就之學者甚多。禧既明經,又善星官,常仰瞻天文,嘆息謂魚豢曰:『天下兵戈尚猶未息,如之何?』豢又常從問《左氏傳》,禧答曰:『欲知幽微莫若《易》,人倫之紀莫若《禮》,多識山川草木之名莫若《詩》,《左氏》直相斫書耳,不足精意也。』豢因從問《詩》,禧説齊、韓、魯、毛四家義,不復執文,有如諷誦。又撰作諸經解數十萬言,未及繕寫而得聾,後數歲病亡也。

案:《三國志·王肅傳》裴注文字[一],實可分爲數節:首引《魏略》,言董遇事;次引《世語》,言董綏事;次引《魏略》,言七人爲儒宗事;次則裴氏自注之文,分言七人中賈洪、薛夏、隗禧三人事行;末引魚豢評論之語。由此可見,《經義考》所據引者,乃是裴注之文,并非《世語》之文。度其所以然者,以

[一] 陳壽撰,裴松之注《三國志》,中華書局《前四史》本,一九九七年,頁一一五—一一六。

其文連屬，不易分辨之故。

戊、除以上四類外，還有一些特殊情形，羅列如次：

其一，《經義考》卷二七五『袁氏（康）、吴氏（平）《越絶書》』下引《本事篇》一段，其實即引自《越絶書》。此屬僅引篇名。

其二，《經義考》卷二三七『沈氏（旋）《集注爾雅》』條引『史傳』云：

沈旋字士規，武康人。梁尚書僕射沈約子，襲封建昌縣侯，歷中書侍郎，永嘉太守，司徒從事中郎，司徒右長史，免父喪，爲太子僕，復以母憂去官。蔬食辟穀，服除，猶絶粳粱。爲給事黄門侍郎、撫軍長史。出爲招遠將軍、南康内史，在任清治。卒官，謚恭侯，有《集注邇言》行世。子實嗣。弟趨，字孝鯉，亦知名，位黄門郎。

案：《梁書》卷一三《沈約傳》附：『子旋，及約時已歷中書侍郎，永嘉太守，司徒從事中郎，司徒右長史。免約喪，爲太子僕，復以母憂去官，而疏食辟穀。服除，猶絶粳粱。爲給事黄門侍郎、中撫軍長史。出爲招遠將軍、南康内史，在部以清治稱。卒官，謚曰恭侯。子寔嗣。』《南史》卷五七《沈約傳》：『子旋，字士規，襲爵，位司徒右長史，太子僕。以母憂去官，因疏食辟穀，服除，猶絶粳粱。終於南康内史，謚曰恭。集注《邇言》，行於世。旋弟趨字孝鯉，亦知名，位黄門郎。旋卒，子寔嗣。寔弟衆。衆字仲師，好學，頗有文詞。仕梁爲太子舍人。』

鄭樵《通志·沈約傳》：『約子旋，字士規，襲爵位司徒右長史，太子僕。以母憂去官，因蔬食辟穀，服除，猶絶粳粱。終於南康内史，謚曰恭。集注《邇言》，行於世。旋弟趨字孝鯉，亦知名，位黄門郎。旋卒，子實嗣。實弟衆，列在《陳史》。』[一]

明董斯張《吴興備志》卷九《人物徵第五之二》：『沈旋字士規，襲爵建昌侯，位司徒右長史。以母憂去官，因蔬食辟穀，服除，猶絶粳粱。謚曰恭。旋弟趨字孝鯉，亦知名，位黄門郎。旋子實嗣侯，實弟衆。』[二]

綜上諸條，可見朱氏以《梁書》及《南史》傳文，組合成條，因而名曰『史傳』；并非專有一書名『《史傳》』者。

以上對《經義考》中直接標明輯録文獻名稱這一類的幾種特殊情況，作了考證與分析。現對此類輯録文獻之四部分布作一統計：

[一] 鄭樵《通志》卷一四〇，中華書局，一九八七年，頁二二〇四。
[二] 董斯張《吴興備志》卷九，《景印文淵閣四庫全書》第四九四册，頁三六六。

表四—三 《經義考》輯録文獻四部分布表

四部	子類	輯録文獻種數	輯録文獻則數	備注
經部（六類）	春秋類	一	一	一、四部分類依《四庫總目》體系。二、讖緯在《四庫總目》中衹是附類，《經義考》中引用較多，今以一類視之。三、子類按音序排列，以便統計。四、上文中提到的名甲實乙的情況，按乙書分類。
	樂類	一	一	
	禮類	三	六	
	四書類	一	一	
	孝經類	一	一	
	讖緯類	二十七	四十八	
	合計	三十四	五十八	
史部（十一類）	編年類	十四	五十三	
	別史類	四	三十五	
	傳記類	二十二	六十六	
	地理類	九十九	七百五十三	
	紀事本末類	二	二	

續表

四部	子類分布			備注
	子類	輯録文獻種數	輯録文獻則數	
史部（十一類）	目録類	十六	一百八十	
	雜史類	一	三	
	載記類	四	十一	
	正史類	二十七	六百九十五	
	政書類	六	二十	
	職官類	一	十五	
	合計	一百九十六	一千八百三十三	
子部（七類）	道家類	一	一	
	類書類	七	二百五十一	
	儒家類	六	十一	
	釋家類	三	三	
	小説類	七	十二	
	藝術類	二	四	

續表

四部	子類分布			備注
	子類	輯録文獻種數	輯録文獻則數	
子部（七類）	雜家類	三	三	
	合計	二十九	二百八十五	
集部（一類）	别集類	一	一	
總計	二十五類	二百六十	二千一百七十七	

前文指出，朱彝尊引用此類文獻的目的，主要是介紹作者生平。因此從上表中可以看到，四部當中，以史部爲多，子部次之；史部當中，以地理類爲多，正史、傳記、目録等類次之；地理類中，又以方志占絶大多數。

儘管這類文獻中集部最少（僅有一種），但這并不意味着朱彝尊對集部文獻的取材就少於其他三部。如前所述，《經義考》輯録文獻中第二類爲各家論説，這些論説不少即取自各家之詩文集。

（二）輯録文獻中諸家論説之分析

此類輯録文獻凡五千一百四十三則，一千零三十二家。從引用則數上看，超過十五則以上的共有

五十家,詳見下表:

表四—四 《經義考》輯録十五則以上文獻之著者表

序號	引用諸家	引用數	時代	簡介
一	黄虞稷	三百八十二	清初	一六二九—一六九一。字俞邰,晋江人。有《千頃堂書目》。
二	陳振孫	二百八十四	南宋	一一七九—一二六二。字伯玉,號直齋,安吉(今屬浙江)人。有《直齋書録解題》。
三	陸元輔	二百五十	清初	一六一七—一六九一。字翼王,一字默庵,號菊隱,嘉定人。受業於黄淳耀,曾助納蘭性德編纂經學著作。有《禮記陳氏集説補正》《十三經注疏類鈔》《十三經辨疑》《思誠録》《續經籍考》《菊隱詩鈔》《菊隱紀聞》等。
四	晁公武	二百零一	南宋	一一〇五—一一八〇。字子止,號昭德先生,澶州清豐人。有《郡齋讀書志》。
五	王應麟	二百	南宋	參表二—三。
六	陸德明	一百五十一	隋唐	參表二—三。
七	胡一桂	一百一十一	元	一二四七—?。字庭芳,號雙湖先生,婺源人。朱子門人。有《周易附録纂疏》《易學啓蒙翼傳》《書説》《詩傳纂疏》等。
八	朱熹	九十八	南宋	參表二—三。

續表

序號	引用諸家	引用數	時代	簡介
九	繆　泳	七十六	清初	一六二三—一七〇二。本名永謀,字天自,更名泳,字于野,又字潛初、一潛,號苻溪。嘉興縣學生,移居梅里。學問該博,究繫緯律吕醫巫諸學,尤長於詩。有《苻谿集》《遥山堂集》。
一〇	董真卿	七十三	元	字季真,鄱陽人。嘗受學於胡一桂。有《周易會通》等。
一一	錢謙益	六十一	清初	一五八二—一六六四。字受之,號牧齋,晚號蒙叟、絳雲老人、在澗老人等。有《初學集》《有學集》《投筆集》等。
一二	張　萱	五十六	明	一五五七—一六四一。字孟奇,號西園,别號清真居士,廣東博羅人。與孫能傳等校理纂集《内閣藏書目》。有《五經一貫》等。
一三	張雲章	五十二	清初	一六四八—一七二六。字漢瞻,號倬庵,一號樸村,自號樸村學人,嘉定人。有《樸村詩集》《文集》。
一四	黄　震	五十	南宋	參表二—三。
一五	孫　穀	四十一	明	字子雙,華容人。有《古微書》等。
一六	俞汝言	四十一	清初	一六一四—一六七九。字右吉,自稱漸川老人,秀水諸生,移居梅里。著述宏富,有《京房易圖》《禮服沿革考》《漢官差次考》《春秋平義》《春秋四傳糾正》《先儒語要》《崇禎大臣年表》《卿貳表》《明世家考》《漸川集》《大滌山房集》等。

續表

序號	引用諸家	引用數	時代	簡介
一七	孔穎達	三十八	唐	五七四—六四八。字冲遠,冀州衡水人。領撰《五經正義》。
一八	楊士奇	三十四	明	一三六五—一四四四。初名寓,號東里,以字行,江西泰和人。有《周易直指》《東里全集》,并編有《文淵閣書目》《歷代名臣奏議》等。
一九	趙希弁	三十二	南宋	字君錫,袁州(宜春)人。有《讀史補注》《資治通鑑綱目考异》《續資治通鑑補注》《建炎以來中興系年要録補注》等。整理晁公武《郡齋讀書志》,撰有《附志》與《考异》。
二〇	曹溶	三十一	清初	一六一三—一六八五。字秋岳,又字潔躬、鑒躬,號倦圃,别號金陀老人、金陀老翁、鉏菜翁,秀水人。爲朱彝尊幕主及好友。著述宏富,有《古林金石表》《崇禎五十宰相傳》《明漕運志》《劉豫事迹》《流通古書約》《硯録》《倦圃蒔植記》《静惕堂宋元人集書目》《静惕堂詩文集》等,另編有《續獻徵録》《學海類編》等。
二一	鄭樵	二十九	南宋	一一〇三—一一六二。字漁仲,自號溪西遺民,世稱夾漈先生,莆田人。有名著《通志》,另有《書辨訛》《詩傳》《詩辨妄》《春秋考》《夾漈春秋傳》等。
二二	程端學	二十九	元	一二八〇—一三三六。字時叔,號積齋,慶元(寧波)人。有《春秋本義》《春秋或問》《春秋三傳辨疑》等。
二三	劉知幾	二十七	唐	六六一—七二一。字子玄,彭城人。有名著《史通》。

續表

序號	引用諸家	引用數	時代	簡介
二四	高佑釲	二十四	清初	一六二九—一七一三。字念祖，號懷寓主人，嘉興人。父承埏，嘗輯《自靖錄》，佑釲續成之。博聞強記，尤諳隆萬以來舊事。有《懷寓堂集》《薊邱雜鈔》等。朱彝尊好友。
二五	朱　震	二十二	南北宋	?—一一三七。字子發，荊門軍人，人稱漢上先生。問學於謝良佐，與胡安國交密，自稱其學以程氏《易傳》爲宗。有《漢上易集傳》《春秋左氏講義》《論語直解》等。
二六	郝　敬	二十	明	一五五八—一六三九。字仲輿，號楚望，湖北京山人。有《九經解》等。
二七	王　圻	二十	明	一五三〇—一六一五。字元翰，號洪洲，上海縣江橋（嘉定）人。有《續訂周禮全經集注》《續文獻通考》等。
二八	楊時喬	二十	明	一五三一—一六〇九。字宜遷，號止庵，上饒人。有《周易古今文全書》，中庸、大學、孟子《古今四體文》，《四書古今文注發》等。
二九	徐盛全	二十	清初	案：此人當在明末清初之時，或與朱氏同時。生平無考。
三〇	晁説之	十九	北宋	參表二—三。
三一	歐陽修	十九	北宋	一〇〇七—一〇七二。字永叔，號醉翁，六一居士，廬陵人。有《易童子問》《毛詩本義》《春秋論》等。另有詩文集《歐陽修全集》。
三二	鄭康成	十九	東漢	即鄭玄（一二七—二〇〇），參表二—三。

續表

序號	引用諸家	引用數	時代	簡介
三三	衛　湜	十九	南宋	字正叔,吴郡(蘇州)人。有《禮記集説》。
三四	魏了翁	十九	南宋	參表二—三。
三五	謝　鐸	十八	明	一四三五—一五一〇。字鳴治,號方石,浙江太平縣(今温嶺)人。有《謝鐸集》。
三六	王與之	十八	南宋	字次點,樂清人。有《周禮訂義》等。
三七	吴　澄	十八	南宋	一二四九—一三三三。字幼清,撫州崇仁人。宗宋學,人稱草廬先生。有《易纂言》《書經纂言》《禮記纂言》《儀禮逸經》《春秋纂言》等。
三八	葉夢得	十八	南宋	一〇七七—一一四八。字少藴,號石林,吴縣人,遷居烏程(湖州)。有《書傳》《禮記解》《春秋傳》《春秋考》《春秋讞》《石林春秋》等多種。
三九	錢金甫	十八	清初	一六三八—一六九二。字越江,華亭人。康熙己未進士,授庶吉士。應鴻博徵,官至侍講學士。少負才藻,工詩古文,名盛一時,與朱彝尊爲友。有《保素堂集》。
四〇	吴師道	十八	元	一二八三—一三四四。字正傳,蘭溪人。師許謙,主朱子學。有《讀易雜記》《書雜説》《詩雜説》《春秋胡氏傳附辨雜説》等。
四一	何喬新	十七	明	一四二七—一五〇二。字廷秀,謚文肅,廣昌人。有《周禮集注》等。

續表

序號	引用諸家	引用數	時代	簡介
四二	阮孝緒	十七	南朝	四七九—五三六。字士宗，南朝梁陳留尉氏（河南尉氏）人。目録學家，有《文字集略》《正史删繁》《高隱傳》《古今世代録》《七録》《雜文》《聲緯》等。
四三	馮椅	十七	南宋	字奇之，又字儀之，號厚齋，江西都昌人。有《厚齋易學》《尚書輯説》《論語輯説》《續史記》等。
四四	李延昰	十七	清初	一六二八—一六九七。初名彦貞，字我生，一字期叔，後改今名，字辰山，號寒村，上海人。精醫理，喜藏書，爲朱彝尊好友。藏書悉歸朱氏。有《脉訣彙辨》《藥品化義》等。
四五	葉適	十六	南宋	一一五〇—一二二三。字正則，稱水心先生，永嘉（温州）人。有《周易述釋》《習學記言》等。
四六	嚴繩孫	十六	清初	一六二三—一七〇六。字蓀友，號秋水，自號藕蕩漁人，無錫人。與慈溪姜宸英及朱彝尊并稱『江南三布衣』。有《秋水集》。
四七	班固	十五	東漢	三二—九二。字孟堅，扶風平陵人。有《白虎通德論》《漢書》等。
四八	王充	十五	東漢	二七—九七。字仲任，上虞人。有《論衡》等。
四九	李燾	十五	南宋	一一一五—一一八四。字仁甫，號巽岩，四川丹棱人。有《周易古經》《詩譜》《春秋學》《五經傳授圖》《續資治通鑒長編》等。

續表

序號	引用諸家	引用數	時代	簡介
五〇	顧炎武	十五	清初	一六一三—一六八二。初名逢,字寧人,自署蔣山傭,居亭林鎮,號亭林先生,昆山人。有《音學五書》《日知録》等。今人編有《顧炎武全集》。

以上五十家,在《經義考》徵引之著者總數中,不到二十分之一,但被引二千八百三十六則,占該類被引文獻數的百分之五十五點一四。由此可見,這五十家在學術史上地位十分重要。他們的時代分布如下表:

表四—五　《經義考》輯録十五則以上文獻之著者歷時分布表

時代	東漢	南朝	隋唐	兩宋	元	明	清初
引用人數	三	一	三	十八	四	八	十三

此表説明,朱彝尊撰《經義考》時,取宋、明及清初諸儒論説最多,從而間接地反映了宋、明及清初經學發展的昌盛,兩宋尤爲醒目。朱氏即清初之人,故對同時學人著述引據較多,自在情理之中。

被引最多者爲清初學者黄虞稷(三百八十二則)。黄氏爲著名的目録學家,據所藏及所見書撰有《千頃堂書目》。黄氏曾入明史館,同朱彝尊、陸元輔等人過從甚密。朱彝尊曾藏有《千頃堂書目》,因而能多有取資;《經義考》因此成爲今人考證《千頃堂書目》與《明史·藝文志》關係的必備文獻。

其次爲南宋陳振孫（二百八十四則）。陳氏係著名藏書家、目録學家，『古代文化之盛，莫盛於宋代；宋代典籍之富，莫富於直齋』〔一〕。著有《直齋書録解題》。由於《解題》傳本後來亡佚過半，而殘本亦難得一見，故清修《四庫全書》時衹能從《永樂大典》中輯出。但是這一輯本存在着很多問題，所以後人多有校補，往往從《文獻通考》中輯出相應資料。但可惜的是，從清代盧文弨至今，學者們在整理時普遍忽略了朱彝尊《經義考》對《解題》的引用，從而失去了許多寶貴的資料綫索。

其次爲清初的陸元輔（被引二百五十則）。陸氏係黄淳耀弟子，當有抗清之志；同朱彝尊俱被薦康熙十七年（一六八八）博學鴻儒之徵，又俱與黄虞稷交游。《經義考》卷二九四『王圻《續文獻通考》』條下朱氏按語云：

> 王氏《續通考》本以續鄱陽馬氏之書，乃中間有卷帙者，僅十之一二而已，兼之世次之後先紊亂，名字之稱謂錯雜，典籍之篇目重複，其牽率爲已甚矣。亡友嘉定陸元輔翼王，毅然欲别撰《續經籍考》一書，以洗王氏之陋。窮年抄撮，積至數十册，未經删定而殁。然元明遺籍，索隱抉微不少。又晋江黄虞稷俞邰在明史館，分撰《藝文志》，摭采特詳。二子皆功崇稽古者也。

陸氏雖未能删定其書，然其著述頗豐，又同朱彝尊爲好友（朱彝尊早歲就塾時，塾師朱茂晥以黄淳

〔一〕武秀成《陳振孫評傳》，南京大學出版社，二〇〇六年，頁二五〇。

耀文稿相授[一],而陸氏爲黄氏弟子,文緣頗深),故《經義考》於陸氏之説多有采擇。

其次則爲南宋的晁公武(被引二百零一則)和王應麟(被引二百則)。晁氏《郡齋讀書志》與陳振孫《直齋書録解題》齊名,同爲著名的私家解體書目,爲後世志藝文者所必資;《經義考》通考歷代經籍,在所必引。王氏則著録宏富,在《經義考》第一類輯録文獻中,即引《玉海》五十九則,轉引《玉海》者十六則,共達到七十五則。

被引用數在十則以下之著者人數,其分布見下表:

表四—六　《經義考》輯録文獻十則以下之著者人數表

引用數	一	二	三	四	五	六	七	八	九	十
引用人數	五百五十五	一百七十七	七十五	四十八	三十六	二十九	十七	十四	五	六

由上表中可見,引用數愈少,引用人數則愈多;僅有一條材料被引者,竟有五百五十五人之衆。這足可見出朱彝尊在輯録文獻時之廣搜博采、用心之細。

上述討論,當有助於厘清前人對於《經義考》的一些模糊認識。例如,日本學者杉山寬行認爲:

[一] 詳拙撰《朱彝尊家學考——兼論竹垞文學與學術之起點》,載《蘇州大學學報》二〇一八年第三期。

《經義考》的先驅性著作，《經義考》仰以爲素材的諸書，主要是明人的著作，朱彝尊師友們的論説雖然也很多，但在檢討有關其成立的部分時，即使不能説很直接，但還是令人强烈感到它是廣泛地繼承明代後期文化，在某種意義上來説，是一集大成之作。〔一〕

此段論述，以《經義考》爲集大成之作，本書之認識同其一致。但杉山氏以《經義考》主要以明人著作爲素材，則與事實不合。如前所論，就著録條目而言，《經義考》中以兩宋爲最多；就引用諸家論説而言，兩宋有十八家一千零九十四則，明代衹有八家二百二十六則（參表四—四）。朱彝尊所『仰以爲素材的諸書』，自然以兩宋爲最多，而非『主要是明人的著作』。

（三）輯録文獻中單篇文獻之分析

《經義考》中第三類引用資料爲單篇文獻，凡一千五百一十二家，一千八百六十四則。這些文獻，又可以粗略地分爲如下三類：

甲、序跋類。此類凡有自序七百二十一則、序五百六十七則、跋一百二十四則（其中《自跋》三則）。此外還有後序八十二則、御製序七則、總序五則、後序四則、發凡二則、書後二則、自題二則，另有進上

〔一〕〔日〕杉山寬行《論朱彝尊的〈經義考〉——主論〈經義考〉之諸版本》，載《朱彝尊經義考研究論集》，頁一二六。

序、經進序、凡例、後記、識後、題辭、題後、小序、贊、自記各一則。此類凡一千五百二十六則。

乙、傳記類。此類有墓誌一百零三則、狀十七則、碑十四則、墓表十三則、行狀十則（其中有行述一則）、傳七則、碣五則、家傳四則。另有墓碑、墓碣各二則，表、補傳、銘、墓銘各一則。此類凡一百八十一則。

丙、其他類。凡不屬於以上二類，或難以判定其類屬的，歸爲其他類，凡一百五十七則。計有：自述七十二則、進表四十一則（其中進狀四則、進札六則、進序二則、進書狀二則、進箋一則）、志二十一則，另有記、薦狀、札子各三則，書信、諭詔、奏文、奏狀各二則，獎諭、論、阡表、上表、贈詩、貼黄各一則。

甲類以相關著述之序跋爲主，與該著述密切相關，多以發揮或評價其學術大旨爲主，兼有記叙寫作緣起等方面之內容。錢東垣指出：『書之有序文跋語，猶人之冠冕也，非此不可以見書之梗概，及刊刻歲月遠近。今仍竹垞之例，無論古今人序跋，悉行收録，其凡例則擇其文簡且明，可效法於後世者，亦或登載。』〔一〕乙類以撰者生平爲主，叙其行事大略，兼有評論其學術得失者。丙類較繁雜，其中以進呈之文爲多，當以揄揚著述大旨爲主。

朱彝尊《經義考》的輯録文獻，如果從内容上看，又可以分成不同的類别。田鳳台就從這一角度，

〔一〕錢東垣《補經義考・凡例》之第七則，載蔣光煦《東湖叢記》卷二，頁六七二。

將這些材料分成十二個方面，并各以例明之：一、敘作者生平；二、評介作者人品；三、記作者之師友；四、記作者軼事掌故；五、釋書名之由；六、釋成書原因；七、釋書之内容；八、評書之内容；九、釋學術之源流；十、釋書之用途；十一、論書之僞誤；十二、記作者他種著作[一]。分類之細，歷歷可參，故不再贅析。

三 《經義考》輯録文獻之特點

上一節討論了朱彝尊《經義考》三類輯録文獻的情况。這三類所占比例如下圖所示（内環爲各類之種數或家數；外環爲各類所占比例）：

[一] 田鳳台《朱彝尊與〈經義考〉》，載《朱彝尊經義考研究論集》，頁七六—八二。

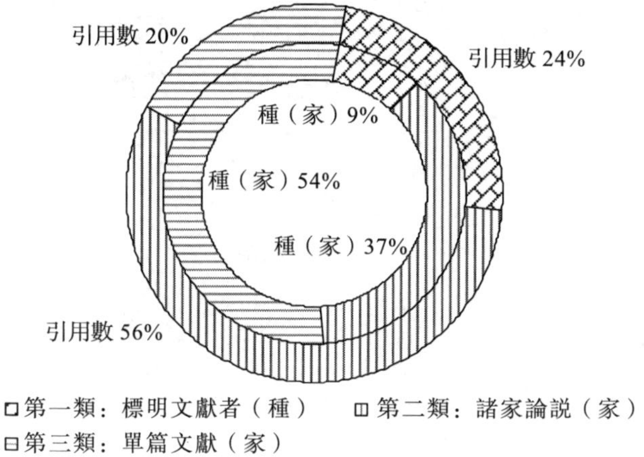

圖四——《經義考》三類輯録文獻比例圖

綜合上文,《經義考》輯録文獻具有以下特點:

甲、引用範圍廣,淹及四部。第一類輯録文獻,經、史、子三部占了絶對多數,但在第二類、第三類輯録文獻中，集部占了多數。子部中儒、釋二家文獻均有。可以説是貫穿了朱氏以前的中國學術史。

乙、文獻時代跨度大，上及先秦典籍，下至同時代學者之議論。

丙、文獻題材多樣。盧仁龍曾將其取材對象分爲四類：一、宋、明、清書目；二、史傳、方志；三、文集；四、其他[一]。由上文可知，《經義考》引用文獻類型之廣，遠逾此論；僅就所引單篇文獻而言，就有數十種之多。

丁、徵引形式，以『某某曰』爲主。也有其他一些類型：或不加『曰』字，或采用『著者＋書名（篇名）』的形式等。徵引形式不能整齊，或爲一失。

戊、引用時，一般一則即爲一種（篇）文獻，是其通例。

己、引用時，并不采用所有資料，而是有所去取。曾貽芬曾指出，《經義考》卷七四《古文尚書》條取朱子之説而不取鄭樵之論，而《文獻通考》反异之，其原因在於，朱氏疑僞而馬氏不疑[二]。可見，學術傾向决定了具體材料的取捨。

庚、引用時，《經義考》并不全録整則資料，而是根據需要加以節省。其節省體例，大致有二：一、

[一] 盧仁龍《〈經義考〉綜論》，載《社會科學戰綫》一九九〇年第二期，頁三三七。

[二] 曾貽芬《〈經義考〉初探》，載《朱彝尊經義考研究論集》，頁一九四—一九五。

略去與已録資料内容相同部分；二、略去無關部分，僅留大意。兹舉例如次：

《經義考》卷五梁丘賀《周易章句》下引《漢書》：

梁丘賀字長翁，琅琊諸人。爲武騎，從太中大夫京房受《易》。（顔師古曰：『别一京房，非焦延壽弟子。』）房者，淄川楊何弟子也。房出爲齊郡太守，賀更事田王孫。宣帝時，聞京房爲《易》明，求其門人，得賀。賀時爲都司空令，坐事，論免爲庶人。待詔黄門，數入説教侍中，以召賀。賀入説，上善之，以爲郎。賀以筮有應，繇是近幸，爲大中大夫給事中，至少府。賀傳子臨，臨代五鹿充宗君孟爲少府，充宗授平陵士孫張仲方、沛鄧彭祖子夏、齊衡咸長賓。繇是梁丘有士孫、鄧、衡之學。

檢《漢書》卷八八原文云：

梁丘賀字長翁，琅邪諸人［也。以能心計，］爲武騎。從大中大夫京房受《易》。房者，淄川楊何弟子也。房出爲齊郡太守，賀更事田王孫。宣帝時，聞京房爲《易》明，求其門人，得賀。賀時爲都司空令，坐事，論免爲庶人。待詔黄門數入説教侍中，以召賀。賀入説，上善之，以賀爲郎。［會八月飲酎，行祠孝昭廟，先驅旄頭劍挺墮墜，首垂泥中，刃鄉乘輿車，馬驚。於是召賀筮之，有兵謀，不吉。上還，使有司侍祠。是時霍氏外孫代郡太守任宣坐謀反誅，宣子章爲公車丞，亡在渭城界中，夜玄服入廟，居郎間，執戟立廟門，待上至，欲爲逆。發覺，伏誅。故事，上常夜入廟，其後待明而入，自此始也。」賀以筮有應，繇是近幸，爲大中大夫，給事中，至少府。［爲人小心周密，上信重之。年老終官。］傳子臨，［亦入説，爲黄門郎。甘露中，奉使問諸儒於石渠。臨學精孰，專行京房法。琅邪王吉通《五經》，聞臨説，善之。時宣帝選高材郎十人從臨講，吉乃使其子郎中駿上疏從臨受《易》。］臨代五鹿充宗君孟爲少府，［駿御史大夫，自有傳。］充宗授平陵士孫張仲方、沛鄧彭祖子夏、齊衡咸長賓。［張爲博士，至揚州牧，光禄大夫給事中，家世傳業；彭祖，真定太傅；咸，王莽講學大夫。］繇是梁丘有士孫、鄧、衡之學。

朱氏所引者二百二十餘字（小括弧内文字爲朱氏所增入之注文），而《漢書》原文則有五百餘字（括弧内文字爲朱氏所省去者）。由此例觀之，可謂剪去浮辭，存其大體，略加注釋（就全書而言，加注者極少），去取有當。又《經義考》卷一二『周氏（顒）《周易論》』條下引《南史》本傳，原文七百餘字，而朱氏僅撮取七十餘字，可謂善於節取。

又《經義考》卷一〇九『段氏（昌武）《讀詩總説》』條引『陸元輔曰』：

宋廬陵段昌武子武輯。首載《學詩總説》，分《作詩之理》《寓詩之樂》《讀詩之法》，次載《論詩總説》，分《詩之世》《詩之次》《詩之序》《詩之體》《詩之派》。餘三十卷，分十五《國風》、《小雅》《大雅》《周頌》《魯頌》《商頌》，引先儒之説，依《詩》之章次解之，而間附以己意，大抵如東萊《讀詩記》

例,而較明暢。前後無序跋,但有其從子維清請給據狀。段氏有叢桂堂,故取以名。焦弱侯《經籍志》、朱西亭《授經圖》皆載此書,而焦氏以段昌武爲段文昌,朱氏又倒其名爲段武昌,俱似未見此書者。予所見北平孫氏抄本,孫侍郎耳伯知祥符縣事時所抄,聞西亭晚得宋刻,今没於洪流矣。

案:陸元輔《經籍考》内《叢桂毛詩集解》三十卷條〔一〕解題云:

宋廬陵段昌武子武集。首載《學詩總説》,分《作詩之理》《寓詩之樂》《讀詩之法》,次載《論詩總説》,分《詩之世》《詩之次》《詩之序》《詩之體》《詩之派》。餘三十卷,分十五《國風》、《小雅》《大雅》《周頌》《魯頌》《商頌》,引先儒之説,依《詩》之章次解之,而間附以己意,大抵如東萊《讀詩記》例,而較明暢云。前後無序跋,但有其從子維清請給據狀。今録於左。

其下則爲段氏《行狀》之文。可見,此段除末四字外,均録陸氏文字,而盧氏不言所據,若出於己者,未免失當。其下所録狀文頗長:

《行在國子監據迪功郎新贛州會昌縣丞段維清狀》:先叔朝奉昌武以《詩經》而兩魁秋貢,以累舉而擢第春官,學者咸宗師之。印山羅使君瀛嘗遣其子侄來學,先叔以《毛詩》口講指畫,筆以

〔一〕陸元輔《經籍考》,《續修四庫全書》第九二三册,頁五五六。

成編，本之東萊《詩記》[案：朱氏作『説』]，參以晦庵《詩傳》，以至近世諸儒，一話一言，苟足發明，率以録焉，名曰《叢桂毛詩集解》。獨羅氏得其繕本，校讎最爲精密。今其侄漕貢樾鋟梓以廣其傳。維清竊惟先叔刻志窮經，平生精力畢於此書，儻或其他書肆嗜利翻板，則必竄易首尾，增損音義，非惟有辜羅貢士鋟梓之意，亦重爲先叔明經之玷。今狀披陳，乞備牒兩浙福建路運司備詞約束，乞給據付羅貢士爲照……

上文中省略部分，爲叙述約束書肆事。其後復有按語云：

輔按：此書北平孫退翁爲令祥符時，抄之於周藩宗正西亭先生家，宋刻，今没於洪流矣，幸有此本在，予得借讀，力未能抄以歸。徐立齋學士俾小史録之，然中尚多訛缺。段氏有叢桂堂，故以名《詩解》。焦弱侯《經籍志》、朱西亭《授經圖》皆載此書。但焦《志》以『段昌武』爲『段文昌』，朱《圖》又倒其名爲『段武昌』，俱似未見此書者。惟《詩大全》引用先儒姓氏云：『段氏名昌武，字子武，盧陵人。』與予所見北平孫氏抄本合。

可見朱氏僅録其與成書有關之部分，而大意不失，尤爲可貴。其與全事抄撮前人著述而成編者，迥然有异。關於《經義考》這一特點，有些學者認識并不全面。如現代著名目録學家姚名達先生云：

是書以書名爲綱，先注歷代目録所著録卷數、著者或注疏者之姓名。次以另一行分别注明

『存』，『佚』，『闕』，或『未見』。以後鈔録原書序跋，古今著作論及或述及該書之語，依時代爲次。使讀者一讀而盡知古來各家對該書之意見，則該書之内容與價值自然明瞭。朱氏純用客觀態度，照録原文，不易一字，亦不參加己見。雖亦闕佚過半之書，猶必爲之稽其爵里，條其同异。〔一〕

姚先生論《經義考》條目及輯録文獻之著録體製，頗爲簡明扼要。但先生謂朱彝尊『照録原文，不易一字』『不參加己見』，其説則有未當之處。『照録原文，不易一字』之不確，由以上之考論可知；『不參加己見』之説，亦與事實不合（參下章討論）。

後來頗有學者持論與姚先生相同。如邱建群認爲：

《經義考》爲自來考證經籍最完善之作。書中所録序跋完全，對此書有關的論點全歸入内，不易一字，亦不參己見；雖已闕佚過半之書，猶必爲之稽其爵里，條其同异。上下二千年間，元元本本，使傳經原委，一一可稽，可謂詳贍。〔二〕

又如蔡瑱琪認爲《經義考》『照録原文，不加己見』〔三〕。李萬健等爲朱彝尊作傳，也認爲《經義考》

〔一〕姚名達《中國目録學史》，頁二七〇。
〔二〕邱建群《朱彝尊〈經義考〉讀後記》，載《四川圖書館學報》一九八五年第二期，頁四七。
〔三〕蔡瑱琪《從目録學角度看〈經義考〉》，頁一二二。

『采用文獻原文著録，一字不易，也不加自己的評論』〔一〕。所謂『照録原文』『一字不易』等，均與姚名達持論相同，有前後淵源關係。

綜上所述，《經義考》輯録文獻，不僅淹及四部，而且通貫歷代，題材多樣，形式靈活。朱氏廣輯文獻、編成提要的做法，受到後代學者的推崇。如盧仁龍説：

宋以前經解著録，鄭樵大致完備，《宋史》以後，金、遼、元三史均無藝文、經籍兩志，朱彝尊生前，《明史》的修撰尚未畢其役。雖有焦竑《國史經籍志》可據，但其書僅是『叢鈔舊目，略無考核。』要撰集先代經義舊典，何其不易？朱彝尊則廣集各類書目、文集、史傳、筆記，從而使這一匪夷所思的工作，達到了相當完備的程度。〔二〕

可見其事匪易，其功至偉。

〔一〕鄭偉章、李萬健《中國著名藏書家傳略》，頁一〇四。
〔二〕盧仁龍《〈經義考〉綜論》，載《社會科學戰綫》一九九〇年第二期，頁三三六—三三七。

四　《經義考》輯録文獻指瑕

《經義考》繁徵博引,不能無失。前賢多有指陳,尤以翁方綱氏《經義考補正》爲最(該書所指出的《經義考》提要部分之失,筆者分爲五個方面加以論述,詳參本書第七章第二節),然而猶未能賅盡。後來學者,遞有發明,而以楊果霖先生研究最細。他指出,《經義考》在輯録文獻方面,存在着以下幾方面的失誤:一、地名的誤引;二、年代的誤换;三、人名的誤植;四、卷數的錯誤;五、注文的闌入;六、文句的誤倒;七、引書的誤題;八、内容的删略〔一〕。所列各例,均稱允當。

關於《經義考》輯録文獻,楊氏又指出:『竹垞雖徵引爲數不少的解題資料,但亦曾删去部分的内容,致使喪失學術參考的價值。』其立論根據,在於《文獻通考》的許多解題資料,不爲《經義考》所本。在楊氏看來,《經義考》輯録的解題資料是以《通考》爲本的,故有此説。但是,《經義考》的提要内容,不

〔一〕楊果霖《〈經義考〉徵引〈文獻通考・經籍考〉考述》,載《朱彝尊經義考研究論集》,頁二二七—二六四。楊先生所列第一點爲『析并的差异』,但愚意此點或不能視爲《經義考》之失,故文中不列。又,楊氏於其專著《朱彝尊〈經義考〉研究》第九章中專論《經義考》之缺失,而『解題的謬誤』,則有題稱的錯誤、排列的失當、題稱的闕漏、内容的闕漏、引文的參差、出典的未明等(頁四〇五—四一九)。

盡以《通考》爲據（這一點，本書第六章中有詳細比較）。朱氏之去取節略，也是有一定原則的，重複的內容，一般都會省去。衹有輯録文獻删減過當致誤，或使人誤解文意，纔可以確認其學術參考價值有所喪失；然而，這需要詳細的文本比勘作爲立論根據。

筆者在研讀過程中，亦發現《經義考》在輯録文獻存在一些瑕疵。兹指陳如次：

一、輯録文獻，題稱不一。如本章第二節所示，其所録材料，或題『某某曰』，或標單篇名稱（如序、跋），或示所出文獻。題稱不一，後人用之，頗費考索。翁方綱《丁小疋傳》指出：『竹垞所見之書，今或有未見者，而其每書下載「某人曰」，不明著出於某卷，尤失考訂之宜。』[一]

二、輯録文獻，繫名有誤。本章第二節之『輯録文獻中引用典籍之分析』，其丙、丁兩類，俱屬此失。

三、輯録文獻，節引過當。其中頗有易使人誤解文意者。兹舉一例。《經義考》卷五丁寬《易傳》條引《漢書・儒林傳》云：『寬字子襄，梁人，從田何受《易》，復從周王孫受古義。景帝時爲梁孝王將軍距吴楚，號丁將軍，作《易説》三萬言，訓故舉大義而已，今《小章句》是也。寬授同郡碭田王孫，王孫授施讎、孟喜、梁丘賀。由是《易》有施、孟、梁丘之學。』初讀其文，若《漢書》徑言丁寬從田何受《易》者。而《漢書》原文云：

[一] 翁方綱《復初齋文集》卷一三，頁四七一。

丁寬字子襄,梁人[也]。[初,梁項生]從田何受《易》,[時寬爲項生從者,讀《易》精敏,材過項生,遂事何。學成,何謝寬。寬東歸,何謂門人曰:『《易》以東矣。』寬至雒陽,]復從周王孫受古義,[號《周氏傳》]。景帝時,寬爲梁孝王將軍距吴楚,號丁將軍,作《易説》三萬言,訓故舉大誼而已,今《小章句》是也。寬授同郡碭田王孫。王孫授施讎、孟喜、梁丘賀。繇是《易》有施、孟、梁丘之學。

案:上文所括内容係朱氏減省者。可見最先『從田何受《易》』的是梁項生,而非丁寬。朱氏於此處略去中間解説文字,致失其真,恐非允當。

又,朱氏在輯録文獻方面最爲後人詬病者,乃在多删所引序跋年月及篇卷出處,致後人多費考索。翁方綱氏於此指陳最力(參本書第七章第二節)。

四、同一作者,介紹文字重出。《經義考》通例,同一作者生平資料,一般衹在第一次出現時加以輯録。但也有不合此例者。如《經義考》卷八〇唐仲友《書解》條引《金華志》云:『仲友字與政,金華人。紹興中登進士第,復中宏詞科,仕至江西提刑。』而卷二四三唐仲友《九經發題》條,又引《先民録》文云:『唐仲友字與政,金華人,號説齋。登紹興辛未進士,復中宏詞科,判建康府,轉知台州。抑奸拊弱,發粟賑饑,創中津浮橋以濟涉,政聲卓然。俄爲同官高文虎所忌,譖諸倉使,屢疏劾之。會仲友遷提點江西刑獄,而劾者益力,遂主管冲祐觀以歸,開席授徒,學者數百人,益肆力於經史百家,以究其業。著《帝王經世圖譜》十卷,《六經解》《諸史精義》《群書新録》各若干卷,文集四十卷。』

五、引用資料，割裂致誤。如《經義考》卷七五《周書》條，引劉向曰：『周時誥誓號令也。』復引顔師古曰：『蓋孔子所論百篇之餘，今所存者四十五篇。』對此，翁方綱置疑云：『《漢書·藝文志》「《周書》七十一篇」下有「《周史記》」三字，何以删之？此條下師古所引劉向語，亦當合爲一條，仍《漢志》之舊，使觀者自得之，不宜截裂爲二條。』〔一〕案《漢志》：『《周書》七十一篇。』班氏自注云：『周史記。』顔師古則注云：『劉向云：「周時誥誓號令也，蓋孔子所論百篇之餘也。」今之存者四十五篇矣。』由此可見，《經義考》所載劉向之説，乃從顔氏注中析出者，翁氏已明其爲一。但朱氏繫『蓋孔子……也』句於顔師古名下，不免有誤。《經義考》本條下復引王應麟之語，首云：『《漢藝文志》《周書》七十一篇，劉向云：「周時誓誥號令，蓋孔子所論百篇之餘。」隋、唐《志》繫之汲冢。』今人也繫此句爲劉向之語（如中華書局點校本）。朱氏所以有此誤者，全在割裂引用資料所致。

六、同引一書，偶淆篇卷。如《經義考》卷八費直《周易注》等條下引《漢書》云：『費直字長翁，東萊人。治《易》爲郎，至單父令。長於卦筮，亡章句，徒以彖、象、《繫辭》十篇文言解説上、下《經》，琅琊王璜平中能傳之。劉向以中古文《易經》校施、孟、梁丘《經》，或脱去「無咎」「悔亡」，惟費氏經與古文同。』此段文字，實爲兩則，分見《儒林傳》與《藝文志》（自『劉向』起）。依《經義考》體例，當分作兩則，或用空

〔一〕翁方綱《經義考補正》，頁三二一。

格隔開爲宜。

七、合二爲一，或失其真。《經義考》輯録文獻，以一家一則爲通例，但也有合二家（書）之説爲一則的，如前舉《史傳》之例；復有引同一家（書）二則資料爲一則的，并且有所增損。如《經義考》卷一〇王弼《周易注》條下引王應麟之説云：

程子謂學《易》先看王弼，蓋輔嗣之《注》，學者不可忽也。其以寂然至無爲復，又云：『冬至陰之復，夏至陽之復。』蘇子美辨其非。愚謂先儒云：『至静之中有動之端，所以見天地之心。』與寂然至無之説异矣。

檢王氏《困學紀聞》卷一《易》下云：

王輔嗣以寂然至無爲復。又云：『冬至陰之復，夏至陽之復。』蘇子美辨其非。愚謂先儒云：『至静之中有動之端，所以見天地之心。』與『寂然至無』之説异矣。冬至陰之復，蓋如周子『利貞誠之復』，就歸處言之。荆公曰：陽以進爲復，《初九》是也；陰以退爲復，《六二》《六三》《六四》是也。

程子謂學《易》先看王弼。余謂輔嗣之《注》，學者不可忽也。〔一〕

〔一〕王應麟撰，閻若璩、何焯評注《困學紀聞》卷一，《景印文淵閣四庫全書》第八五四册，頁一四五、一五九。

此二則蓋爲朱氏所本，顯然合二爲一，且有改易。如此處理之佳處在要言不繁，得其大體；不足之處則是有失原貌，以簡害義。

五　小結

通過以上討論，可以得出以下認識：

（一）中國古代書目，以『辨章學術，考鏡源流』爲最高學術追求，解題（提要）目録因此備受重視。古典目録提要之體例，發端於劉向、歆父子所撰之叙録，叙録體即爲最早之類型。其後，經由傳録體、輯録體，而發展出輯考體。輯考體以輯録體爲基礎，述而有考，頗具學術張力，使解題（提要）容納之學術信息更爲豐富。

（二）《經義考》之目録體製，從形式上分，實由條目部分、解題（提要）部分組成。後者復可析分出輯録文獻與按語兩部分。因此，《經義考》之解題（提要）體例，係以輯録體爲主，而以輯考體爲輔。由於朱氏按語數量極夥（達九百七十八條之多），因此，輯考體是《經義考》目録體製的一個顯著特徵，是該體例的代表之作。

（三）《經義考》多達三百卷（實存二百九十七卷），繁徵博引是其顯著之特點，構成了集大成式經籍總目的文獻基礎。這一特點的形成，除經解著録之繁富外，主要依賴於海量經學文獻的選擇與編輯。《經義考》輯録文獻有上萬條之多，遠超此前任何書目。徵引形式則大致分爲三類：或列引用之典籍，或輯諸家之論説（標『某某曰』），或徑列單篇文獻之題名。

（四）《經義考》徵引繁富，但并不僅限於經籍文獻，所輯資料淹及四部，此其顯著特點。從輯録文獻之時代上看，上溯先秦，下及清初，通貫古代學術史；從題材上看，以經籍、史傳、方志、文集等爲主；從文獻引入形式上看，則以『某某曰』爲主。此外，《經義考》所引資料，并非全部全文照録，而是有所去取。

（五）由於《經義考》徵引繁富，且并非所有文獻均屬全文照録，因此，其中錯訛便在所難免，甚至不乏因簡害義之例。

總之，《經義考》之提要體例，以輯録體爲主，以輯考體爲輔，并且是輯考體書目的代表之作。其徵引之繁富，遠邁前修，奠定了該目集經學目録之大成的文獻基礎。與此同時，其中存在的訛誤亦復不少，在一定程度上對其引用資料之可靠性有所影響，從而喚起學界校補之風，在清代即已形成校訂系列，在今日更引起學界高度重視，校補、疏證之作，遞有問世（詳本書第七章、第十章）。

第五章　《經義考》之按語

中國古代學術體系以經史爲兩大根基，經學尤其處於核心地位。歷代經學著述，多以經解的形式表達出來，因而形成了悠久的注疏傳統。所謂按語，就是受這一傳統影響而形成的標揭學術見解的一種表達形式；藉助這一形式，既可發揮大義，考辨史實，又可就某一問題補充相關資料，展開延伸討論。按語長短不拘，形式靈活，成爲學者常用的一種學術手段。如馬端臨撰《文獻通考》，即於條目之下，按『文』『獻』『按』之次序，組織材料，結構全書：

凡叙事則本之經史，而參之以歷代會要，以及百家傳記之書，信而有證者從之，乖异傳疑者不録，所謂『文』也。凡論事則先取當時臣僚之奏疏，次及近代諸儒之評論，以至名流之燕談，稗官之紀録，凡一話一言可以訂典故之得失、證史傳之是非者，則采而録之，所謂『獻』也。其載諸史傳之紀録而可疑，稽諸先儒之論辨而未當者，研精覃思，悠然有得，則竊著己意附其後焉。（《文獻通

考·自序》)

馬氏『研精覃思,悠然有得』的學術見解,就是『竊著己意附其後』的按語。

四庫館臣對按語的功用及其位置,交待更爲清楚:

四部之首,各冠以總序,撮述其源流正變,以挈綱領。四十三類之首,亦各冠以小序,詳述其分并改隸,以析條目。如其義有未盡,例有未該,則或於子目之末,或於本條之下,附注案語,以明通變之由。(《四庫全書總目·凡例》[一])

總序、小序、按語,各有其用:總序、小序,分述各部(經、史、子、集四部)、各類之學術源流;按語,於『義有未盡,例有未該』之處,發明其『通變之由』。《四庫總目》的讀書門徑作用,不僅在於典籍之精要、著録之明晰、解題之精當、分類之縝密,也在於總序、小序、按語等學術要素的交相爲用,系統而全面地闡發對於學術脉絡的見解。在《四庫總目》的學術機制内,按語着眼於未盡之義、未該之例,對於總序、小序起着補充發明之用。

一般而言,按語之多寡及學術水準之高下,是衡量一部學術著作價值大小的重要依據之一。例如

[一]《欽定四庫全書總目》卷首三,《景印文淵閣四庫全書》第一册,頁三七。

馬端臨《文獻通考》按語，四庫館臣謂其『多能貫穿古今，折衷至當』〔一〕；時賢亦因按語具有『剖析史料，判斷是非，追溯源流，評介分歧，釋疑解惑，糾謬正誤』的功能，故推之爲該書之『靈魂』，『起到畫龍點睛的作用』〔二〕。按語無疑是《通考》精華之一，使該書之學術價值大爲提高，同惟以抄列史料爲能事者迥然相别。

朱彝尊編撰《經義考》，對《文獻通考》的體例多有規仿與借鑒，按語這一自由表達學術觀點的形式，即爲其中重要的一個方面。盧見曾《經義考序》有云：『今觀《經義考》所載，雖其闕佚者過半，猶必爲之稽其爵里，條其异同。』所謂『稽其爵里』，即是稽考作者生平行事，論世知人；所謂『條其异同』，即是指陳學術得失，即書究學。如何『稽其爵里，條其异同』？除博徵繁引，輯録史傳及前儒論説外，附加按語，用以輯佚、考辨與申論，就是朱彝尊重要的學術手段。在《經義考》的學術機制内，按語是解題部分的重要構成，實際上也不妨視作同條目、提要（輯録文獻）相并列的第三大組成部分〔三〕。按語部分，比較集中地展示了朱彝尊的輯佚、辨僞及經學成就。

〔一〕《欽定四庫全書總目》卷八一《文獻通考提要》，《景印文淵閣四庫全書》第二册，頁六八六。

〔二〕王瑞明《馬端臨評傳》，頁二三八、三三〇。該書對馬氏按語的作用多次予以論述，參頁三、七五—七六等處。

〔三〕如前所述，按語實際上是輯考體提要的有機組成部分，我們爲分析方便，將其析爲一類，以便考察。

長期以來,學界對《經義考》按語的存在及其功用,有所忽視[一]。如現代著名目録學家姚名達,即認爲『朱氏純用客觀態度,照録原文,不易一字,亦不參加己見』[二],其觀點爲今日不少學人所本(見第四章第三節所引蔡瑱琪、李萬健等觀點)。考姚氏之持論,實際上可溯源於毛奇齡氏『有存佚而無是非』之説:

於是竭搜討之力,出家所藏書八萬餘卷,輯其儒説之可據者,署其經名而分繫其下,有存佚而無是非,使窮經之士一覽而知所考焉,洋洋乎大觀哉!(毛奇齡《經義考序》)

事實上,《經義考》按語功用之一,即是就相關問題,予以考論,以求明辨『是非』。毛奇齡(一六二三—一七一三。大可,西河。蕭山人)與朱彝尊於康熙十七年同應博學鴻儒之徵,次年同授翰林檢討、與修明史,而更早於順治十八年(一六六一)即有交游[三]。毛氏受邀爲序,『有存佚而無是非』之説,顯

[一] 在筆者之前,田鳳台、楊果霖二氏對《經義考》按語有專門研究(見下)。本書初版(二〇〇九年)之後,學界有兩篇專門探討《經義考》按語的文章:一是李莉《朱彝尊〈經義考〉按語研究》(華中師範大學碩士學位論文,二〇一一年)。該文將《經義考》按語分爲六類:考證類、輯佚類、辨僞類、解説類、評述類、綜合類;并以詩經類按語爲論域,按上揭六類加以分析。二是陳榮軍《朱彝尊〈經義考〉詩經部分按語探析》(載《古籍研究》總第六十二卷,二〇一五年,頁二七〇—二七五)。該文按本書所分之輯佚、考辨、解説三類考察詩經部分按語,并據以歸納其成就。

[二] 姚名達《中國目録學史》,頁二七〇。

[三] 見拙撰《朱彝尊年譜》三三・一二條(頁一〇三—一〇四)。

然并不符合實際。毛氏素以經學自負，不輕許人，此序實可況味。

一　《經義考》按語概論

朱彝尊在《經義考》中的按語主要有兩類形式。第一類是直接標明按語，一般以『按』字領起。從格式上看，按語部分較其前提要部分要低兩格。這類按語有兩種變例。一種是在一段按語之後，以『又按』領起另一段按語；另一種則是針對清世祖福臨、聖祖玄燁二帝之御注、敕撰之書，用『臣謹按』的形式領起按語。第二類按語，并不直接標明，但從行文格式上看，這部分文字較提要部分要低兩格，而且内容多以稍加解説爲主。據筆者統計，《經義考》全文共有九百七十八則按語，其中第一類就有八百六十四則，可見當以此類爲主。

關於《經義考》按語，田鳳台曾加以研究，將其内容分爲十類，并加例舉〔一〕。楊果霖考察《經義考》

〔一〕分别是：考作者姓名、考作者爵里時代、補釋書名者、考書之内容、考正書中文字、插入評語者、補叙録之不足、考書之疑誤、考書之篇目、考書之存佚殘闕（田鳳台《朱彝尊與〈經義考〉》，載《朱彝尊經義考研究論集》，頁八二—八六）。

按語體例，分爲十七例〔一〕。本書則根據其功用，將朱氏按語分爲輯佚、考辨、解説三大類。需要指出的是，由於許多按語兼有三類内容，因此，這種劃分衹能是就其大體而言。

（一）輯佚類

即輯出與條目有關之内容。無論是篇、段、句、數字或一個字，朱彝尊寓目所及，均加搜輯。此類凡一百九十一則。兹舉數例如次。

《經義考》卷一六六《石渠禮論》《漢石渠議奏》二條下，朱氏按云：『孔氏《詩》《禮正義》及《後漢書志》注每引《石渠禮議》，然多係節文，惟杜氏《通典》差具本末，今載於後。』案：此下共從《通典》中輯出十三則《石渠禮議》文字。此係從史部政書類中輯出，但考察的範圍則及於經史。

《經義考》卷一七八『陳氏（嶽）《春秋折衷論》』條，朱氏按云：『陳氏《折衷》，吴立夫《集》有《序》，則元時尚存，今不復可得矣。惟山堂章氏《群書考索·續集》載有二十七條，兹具録於後。』經筆者核對，所輯實有二十六條，凡六千三百四十五字，爲朱氏所輯文字中篇幅最鉅者。所謂二十七條者，或訛字，

〔一〕十七例爲：考辨僞書風貌，補證解題内容，説明作者事迹，輯録原書序文，標注文獻出處，整理存闕情事，闡述學説體系，校勘异文諸説，論述書名篇題，言明卷帙分合，指出經籍要旨，載明版刻情况，評論書籍特色，言明選録標準，闡述學風轉移，匡正前賢訛誤，論定文字音讀（見氏撰《朱彝尊〈經義考〉研究》，頁二八三—三一四）。

或朱氏誤記。此係從子部類書類中輯出。類書按類搜輯文字，往往保存有他書已經亡佚的文字，因而成爲輯佚者經常使用的一類文獻。

《經義考》卷二六六《春秋感精符》條，朱氏『又按』云：

李善注《文選》引《春秋感精記》云：『西秦東闞，謀襲鄭伯。晋成同心，遮之殽谷。反呼老人百里子哭語之，不知泣血何益。』疑即《感精符》之文，非别一書也。

案：此則係從集部文獻中輯出，雖然有疑，亦加著録。

《經義考》卷二六七《孝經雜緯》條，朱氏云：

按：應劭《風俗通》引《孝經》云：『聖不獨立，智不獨治。』《王制正義》引《孝經》云：『德不倍者，不异其爵；功不倍者，不异其土。』今《孝經》無此文，當亦緯書中語也。又《風俗通》引《孝經説》云：『社者，土地之主，土地廣博，不可遍敬，故封土以爲社而祀之。稷者，五穀之長。五穀衆多，不可遍祭，故立稷而祭之，報功也。』又《禮記正義》引《孝經説》云：『封於泰山，考績燔燎；禪於梁父，刻石紀號。』又《廣弘明集》引《孝經説》云：『奇者，陽節；偶者，陰基。得陽而成，合陰而居，數相配偶，乃爲道也。』

又按：《公羊春秋》「作僖公主」，《傳》何氏《注》：「主狀正方，穿中央，達四方，天子長尺二寸，諸侯長一尺。」又「閽弑吴子餘祭」，《傳》何氏《注》引孔子曰：「三皇設言，民不違；五帝畫象，世順機；三王肉刑，揆漸加應，世黠巧奸僞多。」徐彦《疏》云：「《孝經説》文。」

案：以上兩條按語，分别從經傳、子部類書類及釋家類中輯出，可爲朱氏博徵之顯例。

《經義考》卷二九七通説類之三，末附朱氏按語云：

西漢經師各有家法，其授受流派，《儒林傳》載之詳矣。其後費直、京房之説行，而爲施、孟、梁丘之《易》者寡；杜林古文興，而爲歐陽、大、小夏侯之《書》者疏；《毛傳》廣而齊、魯、韓《詩》漸衰；《左傳》立而嚴、顔《春秋》幾輟。范《史》述儒林，不能如班氏之備。稽之歐陽子、趙氏、洪氏所録碑碣，治梁丘《易》則有重安侯相杜暉慈明；治歐陽《書》則有郎中王政季輔、鄭固伯堅、綏氏、校尉熊喬、郊令景君，又有閭葵龔叔謙；治小夏侯《書》則有閭葵廉仲絜；治《魯詩》則有司隸校尉魯峻仲嚴、執金吾丞武榮舍和；治《韓詩》則有郎中馬江元海、山陽太守祝睦元德、廣漢屬國都尉丁魴叔河、從事武梁綏宗、費縣令田君、中常侍樊安子佑；治嚴氏《春秋》則有祝睦、處士閭葵班宣高暨子讓公謙、泰山都尉孔宙季將、巴郡太守樊敏升達、祝長、嚴欣少通、文學掾百石卒史孔龢；治

顔氏《春秋》則有魯峻：此皆史傳所不載，考古君子續《九經》師授之譜所當補入者也。[一]

案：上文所示，朱彝尊從歐陽修《集古録》、趙明誠《金石録》、洪适《隸釋》等書所録之碑碣中，將漢代經師姓名，一一輯出，用補范曄《後漢書》之失。

以上略舉數例，以明朱氏輯佚之時，廣徵群籍，遍及四部。

（二）考辨類

考辨類按語凡二百零一則，主要是論列史實，考訂訛誤，辨明僞作。至於其細類，前引田鳳台所分，已能涵包，其文可參，兹不復舉。以下略陳其辨僞數例，以見一斑。

[一] 案：『閭葵龔叔謙』『閭葵廉仲絜』『處士閭葵班宣高暨子讓公謙』，校正本分别斷作『閭葵、龔叔謙』『閭葵、廉仲絜』『處士閭葵、班宣高、暨子讓公謙』（第八册，頁八六〇），看成是五個人。梅鼎祚《東漢文紀》卷三〇『漢故成陽令唐君頌』條：『光和六年二月壬午朔廿五日丙午，處士閭葵班戀念唐君，爲立碑。（闕）班字宣高，修《春秋》嚴氏。大子讓公謙襲斑業，次龔叔謙治《尚書》歐陽，次廉仲絜小夏侯。』（《景印文淵閣四庫全書》第一三九七册，頁六五一）趙明誠《金石録》卷一八『漢唐君碑陰』條：『按：《唐君碑》云：「處士閭葵班等刻石樹頌。」而碑陰又有「故吏閭葵巴」「處士閭葵楚」。閭葵姓不見於前史，而《姓苑》《姓纂》之類，亦皆不載。蓋前代氏族，或因改易，或寖微不顯，遂泯没而無傳者甚衆。』（《四部叢刊續編》本，上海書店，一九八四年［據商務印書館一九三四年重印］，第四八册，頁二）楊慎《升庵集》卷五〇指出：『漢《唐君碑》陰有「處士閭葵班」。閭葵，複姓。』（《景印文淵閣四庫全書》第一二七〇册，頁四二〇）『閭葵』既爲複姓，則本段所見，實爲閭葵班及其三子，共四人。又案：經檢，《經義考》新校本仍然標點作『處士閭葵、班宣高、暨子讓公謙』（頁五三九二），沿誤未改。

《經義考》卷二《連山》條下朱氏云:

又按:黄佐《六藝流別》載《連山》繇辭,《復·初七》曰:『龍潛於淵,存神無畛。』《象》曰:『復以存神,可致用也。』《剥·上七》曰:『數窮致剥,終吝。』《象》曰:『致剥而終,不知變也。』《姤·初八》曰:『聚蛇於窐,滋孽之牙。』《象》曰:『陰滋牙,不可長也。』《中孚·初八》曰:『一人知女,尚可以去。』《象》曰:『女未歸孚,不中也。』不知本於何書?豈有《連山》之《易》乃效王弼《易傳》之體乎?作僞者拙,且爲劉炫笑矣。

案:此則朱彝尊從所録文字體例入手,斷黄佐所引《連山》之文爲僞。

《經義考》卷五『卜子(商)《易傳僞本》』條下朱氏云:

按:《子夏易傳》見於《隋經籍志》止二卷,《釋文序録》止三卷爾。至宋《中興書目》益爲十卷,而今本多至十一卷,不獨篇第悉依王弼,并其本亦無异辭。考陸氏《釋文》所引,如:《屯·六二》:『乘馬班如,乘音繩,班如,相牽不進貌。』《比·傳》:『地得水而柔,水得地而流,故曰比。』〔一〕……今文皆不然。又王氏《困學紀聞》引《泰・六五・傳》云：『湯之歸妹也。』今亦無之。且書中引《周禮》《春秋傳》，其僞不待攻而自破矣。

又按：孫坦疑是杜鄴，徐幾、趙汝楳疑是鄧彭祖，蓋兩人俱字子夏也。然繹其文義，總不類漢人文字，并不類唐人文字，謂爲張弧所作，恐非今本。

案：《隋志》『《周易》二卷』條下注：『魏文侯師卜子夏傳，殘缺。梁六卷。』朱氏所辨之子夏《易傳》，乃指此書而言。四庫館臣又在朱氏的基礎上，遞加申辨：『朱彝尊《經義考》證以陸德明《經典釋文》、李鼎祚《周易集解》、王應麟《困學紀聞》所引，皆今本所無，德明、鼎祚猶曰在張弧以前。應麟乃南宋末人，何以當日所見與今本又异？然則今本又出僞托，不但非子夏書，亦并非張弧書矣。流傳既久，姑存以備一家云爾。』（《子夏易傳提要》〔二〕）余嘉錫指出：『若隋、唐《志》之書，張惠言疑爲晋以後人作。至北宋人所見，據《通考》引晁説之説，乃唐張弧僞撰。今所傳十一卷本，據《經義考》及《四庫提要》，乃

〔一〕『曰比』二字，《景印文淵閣四庫全書》本脱。此下又引《小畜》《履》《泰》《大有》《謙》《豫》《噬嗑》《賁》《複》《頤》《坎》《離》《咸》《遁》《晋》《明夷》《睽》《夬》《姤》《困》《井》《豐》《旅》《既濟》等凡二六卦之卦爻辭及傳文异者爲例，文繁不録。見校正本第一册頁九〇、備要本頁四二。

〔二〕《欽定四庫全書總目》卷一，《景印文淵閣四庫全書》第一册，頁五五。

宋以後人僞作，不可混爲一書。』[一]可見經過朱彝尊辨析，今本《子夏易傳》之僞，已成定論[二]。此條辨僞之法，首在廣徵典籍，輯録异文，以與今本對勘；次又檢出在子夏時代之後的文字，以爲佐證，有所論斷，自能確立不移。

《經義考》卷一〇〇『端木子(賜)《詩傳僞本》』條，朱氏先録何楷之語云：『近世有僞爲《魯詩》而托之子貢傳者，其意覬與《毛傳》并行，然掇拾淺陋，有識哂焉。』然後續加考辨道：

《子貢詩傳》，自漢迄宋，志藝文者不著於録。嘉靖中，忽出於鄞人豐道生之家。取子夏所序三百十一篇，悉紊其次，以《鶴鳴》先《鹿鳴》，於是四始亂矣。《何彼襛矣》，《南》也，而入之《風》；《黄鳥》《我行其野》《無將大車》《采菽》《嶄嶄之石》《苕之華》《何草不黄》，《雅》也，而入之《風》；《小弁》《抑》，《大雅》也，而入之《小雅》；《定之方中》，《風》也，而入之《頌》：於是六義亂矣。至於列國之風，移易錯雜，《雅》《頌》亦然。又删去《笙詩》六篇之目，而且更《野有死麕》曰《野麕》，《簡兮》曰《柬兮》，《東門之墠》曰《唐棣》，《還》曰《營》，《盧令令》曰《盧》，《遵大路》曰《大路》，《大叔于田》曰《太叔》，《山有扶蘇》曰《扶胥》，《出其東門》曰《東門》，《兔爰》曰《有兔》，《菁菁者莪》曰《菁

[一] 余嘉錫《古書通例》卷一(《目録學發微》後附)，頁二〇五。
[二] 案：陳鴻森先生有《『子夏易傳』考辨》一文(載《『中央研究院』歷史語言研究所集刊》五十六本二分，一九八五年，頁三五九—四〇四)，考證極詳。其中指出子夏非孔氏弟子卜商，而是《漢志》所載『《易傳韓氏》』之韓嬰。

莪》，《皇皇者華》曰《煌華》，《圻父》曰《圻招》，《大東》曰《小東》，《信南山》曰《南山》。此亦有何關係？曾是子貢之《傳》，必求异於子夏所序之《詩》乎？尤可怪者，《邶》《墉》《衛》詩雖分爲三，然延州來季子觀樂曰：『我聞康叔、武公之德如是，是其《衛風》乎？』則同爲《衛》詩矣，而乃以《邶》爲管叔時詩，《墉》爲霍叔時詩，又以《小雅》爲《小正》，《大雅》爲《大正》。《中庸》，子思所作，而子貢反襲其言，竊『凡爲天下國家有九經，修身則道立』以下十句以説《小正》，竊《大學》『心正而身修』四句以傳《關雎》，陋矣哉。本欲伸己之詖辭邪説，而厚誣先賢，可謂妄人也已矣。無稽之言，君子弗信。乃烏程凌蒙初取《子貢詩傳》與子夏《詩序》合刻之，目曰《聖門傳詩嫡冢》，真堪失笑。近蕭山毛大可作《詩傳詩説駁義》，力辨其誣，可謂助我張目者也。

案：此則辨僞，朱氏先從著録入手，次與今本篇次相較，再次則考其所取諸説出處及時代先後，從而斷其書爲僞。後來學者推崇朱氏『最早考證了該書之僞』[一]，可見其卓識。

據筆者統計，朱氏案語中有辨僞内容者凡三十則，遍及諸經傳注僞作。限於篇幅，此處僅略舉數例，以見一斑。

[一] 盧仁龍《〈經義考〉綜論》，載《社會科學戰綫》一九九〇年第二期，頁三三八。

（三）解説類

朱氏按語，有些既非輯佚，亦非考辨，或者并非單純之輯佚或考辨，而是對相關條目或所引文獻加以解説。我們將這部分内容歸爲解説類，凡六百七十一則。由於其中有些兼含輯佚與考辨内容，因而其數量遠過前兩類。就内容而論，較爲龐雜：或者解説條目著録與出處，或者解説作者生平行事，或者自述得書經過，或者撮舉其書大旨及價值，或者解説其書或其人學術源流，或者解説其書版本流衍，或者解説書中某一名物，或者就其條目加以立論，發揮見解。其中最應引起注意者，當推其立論部分，因爲從中可以管窺朱氏本人的學術見解。兹舉數例。

《經義考》卷二七『林氏（栗）《周易經傳集解》』條，朱氏云：

按：福清林黄中、金華唐與政兩公皆博通經學，而一糾朱子，一爲朱子所糾。其所著經説，學者遂置不問。與政之書無復存者，黄中雖有《易解》而流傳未廣，恐終泯没。然當黄中既逝，勉齋黄氏爲文祭之，其略曰：『嗟哉我公！受天勁氣，爲時直臣，玩羲經之爻象，究筆削於獲麟。至其立朝正色，苟咈吾意，雖當世大儒，或見排斥；著書立言，苟异吾趣，雖前賢篤論，亦不樂於因循。觀公之過，而公之近仁者，抑可見矣。論者固不可以一眚而掩其大醇也。』勉齋爲文公高弟，而好惡之公、推許之至若是，然則黄中之《易》，其可不傳抄乎？

案：林栗字黄中，唐仲友字與政，黄幹號勉齋。朱氏藉黄幹祭文，爲林栗之易學張目，力陳其書具傳抄流傳價值。《四庫總目》卷三《周易經傳集解提要》中云：

《經義考》又曰：『福清林黄中、金華唐與政皆博通經學，而一糾朱子，一爲朱子所糾，其所著經説，學者遂置而不問。與政之書，無復存者。黄中雖有《易解》，而流傳未廣，恐後泯没。然當黄中既没，勉齋黄氏爲文祭之，其略曰：「嗟哉我公！受天勁氣，爲時直臣，玩羲經之爻象，究筆削於獲麟。至其立朝正色，苟咈吾意，雖當世大儒，或見排斥；著書立言，苟異吾趨，雖前賢篤論，亦不樂於因循。規公之過，而公之近仁者，抑可見矣，論者固不以一眚而掩其大醇也。」勉齋爲文公高弟，而好惡之公、推許之至若是，然則黄中之《易》，其可不傳抄乎？』持論頗爲平允。昔劉安世與伊川程子各爲一代偉人，其《元城語録》《盡言集》亦不以嘗劾程子而廢。耿南仲媚敵誤國，易祓依附權奸，其所撰《易解》，今亦并行。栗雖不得比安世，視南仲與祓則有間矣，故仍録其書而并存彝尊之論焉。〔一〕

四庫館臣對朱彝尊本條按語（包括朱氏之立論以及所引文獻），全部采入提要；復以朱氏持論平允，因而采納其説，將林氏著作收入《全書》中。事實上，館臣在編纂《四庫總目》時，其經部徵引最多之

〔一〕《欽定四庫全書總目》卷三，《景印文淵閣四庫全書》第一册，頁七五。

文獻，即是《經義考》（詳本書第七章第三節）。

《經義考》卷二七五『鄭氏（如幾）《魏春秋》』條，朱氏云：

按：西吴鄭如幾撰《魏春秋》，大旨謂商系夏、周系商、秦系周、漢系秦、魏系漢、晋系魏，綿綿系而不絶者謂之統。若以魏篡取不使系漢，則統其絶矣。《春秋》列國之君雖篡弑，而取者皆得承其統，聖人不没其實，所以著其罪也。司馬遷作《史記》，略準《春秋》，至秦、項、吕氏亦皆列之《本紀》，非予之也，法應然也。必欲以蜀系漢，不知蜀亡，系之魏耶？系之晋耶？莫適攸從矣。同時張無垢作書難之，如幾報書千言，書載陳霆《兩山墨談》、董斯張《吴興藝文補》。

案：此則文字，朱氏申鄭氏統緒之説，認爲《春秋》之法，以後代承前代之統，且爲《史記》等所取法；并對主張以蜀承漢之統者提出質疑。其中實藴有朱氏之史學見解。

《經義考》卷二七二『文氏（德翼）《隱卦》』條，朱氏云：

邵德芳《忍》《默》《恕》《退》四卦，何廷秀《忠》《勤》《廉》《慎》四卦，皆擬《周易》體製以教人，正無不可。若宇文材之《筆卦》，猶不失《毛穎傳》之遺。至於淮南潘純子素作《�卦》、平江蔡衛宗魯作《吝卦》、扶風馬琬文璧作《諞卦》，以及屠本畯田叔作《搶》《謔》《饞》《諂》四卦，難乎免於侮聖人之言矣，故置不録。

案：本則實言條目去取原則。朱氏本卷已有『邵氏（桂子）《忍默恕退四卦辭》』『宇文氏（材）《筆卦》』二條。而潘氏、蔡氏、馬氏、屠氏四人之作，朱氏以其『侮聖人之言』，故不予著録。可見是否宗聖、尊經，爲《經義考》收録條目的重要標準。

《經義考》卷二九四明《文淵閣書目》條：

古書著録，未有不詳其篇卷及撰人姓氏者，故其卷帙寧詳無略，殷淳《四部書目》三十九卷，毋煚《古今書録》四十卷，王拱辰等《崇文總目》六十六卷，陳騤《中興館閣書目》七十卷，而殷踐猷等《群書四録》多至二百卷。昔之人豈好騁其繁富哉？蓋以述作者之意，俾論世者知其概焉爾。迨明正統六年，少師楊士奇、學士馬愉、侍講曹鼐編定《文淵閣書目》，有册無卷，兼多不著撰人姓氏，致覽者茫然自失，其後藏書之家往往效之。雖以葉文莊之該洽，而《菉竹堂目》都不分卷，鄞縣范氏《天一閣目》亦然。惟涿州高氏《百川書志》、連江陳氏《一齋書目》、山陰祁氏《澹生堂藏書》、周藩西亭宗正《聚樂堂藝文目録》，皆詳列篇卷、姓名；而祁氏於類書、説部、文集中遇有經解，悉行列出，差足法也。

案：由此則文字，可見朱氏主張詳著篇卷及撰人姓氏，寧詳無略，是以批評《文淵閣書目》《菉竹堂書目》《天一閣書目》不著篇卷爲失，而推崇祁氏《澹生堂書目》詳列經解之處理。由此文返視《經義考》之著録體裁，正合斯旨。此類按語，體現了朱氏的目録學見解。

以上分舉數例，以見朱彝尊立説之概貌。總而言之，《經義考》中近千則按語，既輯録了大量的逸文佚字，又考辨了諸多問題，同時還解説了條目相關内容，朱彝尊并藉以發揮自己的學術見解。因此，欲瞭解朱彝尊的學術思想，除考察《經義考》的著録體系、分類體系、提要體系外，不能不考其按語。

盧見曾在《奏狀》（《經義考》前附）中稱：『博徵傳世之書，志其存佚；提衡衆家之論，判厥醇疵。』前兩句就其條目著録而言，後兩句就其按語考辨而論，對其體例作了恰當的説明與評價。

二　專論：《經義考》尚書部分按語探析

如前所論，《經義考》不僅輯録了豐富的文獻資料，而且對所引文獻進行了考辨與解説，對亡佚、殘缺之書又作了必要的輯佚，并以按語的形式表達出來。毫無疑問，這些按語是朱彝尊學術成就的重要載體，尤其是考辨類按語，更是藴含了朱氏的學術識見在内。然而，欲明朱氏見解之學術價值究竟如何，在學術史上能有何等地位，則必須對其按語中所發表的見解進行辨析，并結合學術史，指出其得失所在。前賢於此，雖有涉及，但尚無專門加以探析者。

朱氏按語，遍及群經。兹就其尚書類按語爲例，加以討論，以明其在《尚書》學上的成就。選擇尚書類按語作爲考察對象的原因，首先在於《尚書》是我國最早的一部歷史文獻，其次是因爲《尚書》在經學史上罹厄最甚〔一〕，問題也最多，再次是由於《經義考》尚書類衹有二十六卷，約占全書十分之一，篇幅較爲適中。藉助對朱氏《尚書》學之研究，當可窺其經學成就之一斑。

（二）《經義考》尚書部分按語綜述

據統計，《經義考》尚書類按語共有九十一則，約占全部按語的十分之一，這恰與《尚書》部分在全書中所占比例相當；輯佚、考辨、解説三類按语，分别有七則、二十一則和七十四則（有兼跨二類者）。其中最能體現朱氏考辨成就者，當屬考辨類按語；輯佚类、解説類按語，上節分析已能籠括，故此處從略，不作逐條分析。惟其解説類按語，有數條關涉到《尚書》之學術源流，可以爲下文討論提供必要的參考信息，因録之如次。

其一：

又按：吴文正詩云：『前漢今文古，後晋古文今。若論伏勝功，遺像當鑄金。』故所述《纂言》有今文而無古文。蓋古文出於東晋，宋、元諸儒疑之者多，而今文則未有疑焉者。至程正叔疑《金

〔一〕段玉裁《古文尚書撰异·序》謂：『經惟《尚書》最尊，《尚書》之離厄最甚。秦之火，一也；漢博士之抑古文，二也；馬、鄭不注古文逸篇，三也；魏晋之有僞古文，四也；唐《正義》不用馬、鄭用僞孔，五也；天寶之改字，六也；宋開寳之改《釋文》，七也。七者備而古文幾亡矣。』阮元《清經解》本，中國書店，一九八八年，第四册，頁一。

縢》之文不可信，而括蒼王廉熙陽作《論》，謂《金縢》非聖人之書，則并今文而疑之矣。甚矣，説經者之紛綸也。（卷七四《今文尚書》條）〔一〕

案：吴文正，即吴澄，有《書經纂言》等。程正叔，指程頤。王廉字熙陽，明處州人，曾與修《元史》，官山西布政使，有《金縢辨》（一篇，《經義考》卷九七著録爲『存』）等。此則引吴詩爲據，并解説宋元諸儒始疑晋古文之僞。清代王聘珍對朱氏此段文字加以補充，指出：『案：《漢書・藝文志》、《尚書》并無今文之名，《隋志》有《古文尚書》十三卷，《今字尚書》十四卷，俱云孔安國《傳》。有《今文尚書音》一卷，亦未知其爲伏氏爲孔氏也。唯《新唐志》有《今文尚書》十三卷條，下云：「天寶三載，詔集賢學士衛包改古文從今文。」於是始有《今文尚書》之目。自孔穎達、陸德明之徒，以孔安國之書爲古文，遂以今文爲伏生之書；是以最後出之書名，而加於最古之書也。若據漢、隋、唐、宋等《志》而正其名，伏生之書當云《尚書經》二十九卷，安國之書則可云《古文尚書》，又可云《今字尚書》。蓋溯其出於孔壁之始，則謂之古文；自安國以漢隸寫之，則謂之今字。而漢世所謂今字即是漢隸，自後視之猶古文也。故《宋志》有《古文尚書》二卷，下云：「孔安國隸。」若《今文尚書》之名，則直是天寶以後之本，合伏氏、孔氏之書而寫以今時俗楷者也，非所以云伏氏之書也。伏氏之書寫於漢初，自是漢隸；安國之漢隸可云

〔一〕爲省繁文，本節所引《經義考》文字，俱於文末注明所屬卷次及條目。

古文，伏氏之漢隸獨不可云古文乎？伏氏之漢隸可云今文，安國之漢隸獨不可云今文乎？故區別二家之書，當各冠之以氏，如齊、魯、韓、毛之《詩》耳，不當以「今文」「古文」別之也。但此等書名相沿已久，在前人雖屬混稱，後人已成鐵板注脚，似亦無庸輕議，然而讀經者不可以不知其原委也。』〔一〕王聘珍氏羅列了一些關於《尚書》今古文問題的事實，并提出解決方案。但是，這并不能合理地解釋經學史上長達近二千年的今古文問題。所謂今古文問題，在西漢民間（如孔壁）古文諸經傳記未出以前，并不成其爲問題，因爲彼時諸經傳記，均以通行之漢隸寫之，習者自識，無須冠以『今文』之名。在古文本諸經傳記發現以後，其文本與當時流行者字體有异，故以『古文』名之；爲示區別，乃以『今文』名當時流行之本。但古文諸經傳記，其文本在傳授之時，業經諸儒整理（如孔安國以今文讀孔壁古文尚書），故已轉寫爲漢隸，與今文經傳無异〔二〕。二者所以有別者，惟在師説家法之不同。故其時所謂今文本、古文本，猶今日所稱之甲本、乙本，原無可辨之處；衹是由於『今文』『古文』既指傳本，又指文字（猶今字、古字），故使人易淆，後世學者遂又引申出今文學派、古文學派與今文經學、古文經學等術語。王聘珍氏

〔一〕翁方綱《經義考補正》卷三，頁三—四。

〔二〕王國維考出，《周易》《尚書》《毛詩》《禮經》《禮記》、《周官》（即《周禮》）、《春秋經》《春秋左氏傳》《論語》《孝經》等諸經傳記，均有古文本及轉寫本；又指出：『今文學家諸經，當秦漢之際，其著於竹帛者，固無非古文，然至文景之世，已全易爲今文。』（參氏著《漢時古文本諸經傳考》與《漢時古文諸經有轉寫本説》二文，載其《觀堂集林》卷七，頁三二〇—三三〇）

之説,尚未稱全允。

其二:

按:説《書》疑古文者,自才老始。其書《菉竹堂目》尚存。(卷八〇『吴氏(棫)《書裨傳》』條)

案:此則言疑《古文尚書》者,自宋吴棫始。

其三:

按:漢儒於經文遇有錯簡,斤斤守其師傳,不敢更易次第。至宋二程子,始更定《大學篇》,而朱子遂分爲《經》《傳》,又取《孝經》考定。繼是,有更定《雜卦傳》者,有更定《武成》《洪範》者,餘亦不數見也。魯齋王氏於《詩》《書》皆疑之,多有更易。《書》則於《舜典》『舜讓於德弗嗣』下補入《論語》『堯作帝曰咨爾舜天之曆數在爾躬允執其中四海困窮天禄永終』二十四字,於『敬敷五教在寬』下補入《孟子》『勞之來之匡之直之輔之翼之使自得之又從而振德之』二十二字。餘若《皋陶謨》《益稷》《武成》《洪範》《多方》《多士》《立政》,皆更易經文先後而次第之,觀者未嘗不服其精當,然亦知者之過也。(卷八四『王氏(柏)《書疑》《書經章句》《尚書附傳》』條)

案:此則論述漢儒、宋儒對待經典之不同態度,并指出改易經傳之風,始自二程子;朱子繼踵而起,更定《大學》《孝經》,自是形成風尚;尤以王柏改易《尚書》諸篇最多,而不能無失。

以上三則，俱與《尚書》源流有關，故録其文。

（二）《經義考》尚書部分考辨類按語條辨

對《尚書》真僞的考辨，始自宋儒。如吴棫、朱子等，對該書已有所懷疑與討論。其中尤以朱子之懷疑，影響最鉅，『最爲振聾發聵』〔一〕。朱子常以文字入手，從文學風格方面判斷其僞處。這固然顯示了朱子深厚的文學修養，却也表明，朱子對《尚書》真僞的考辨是有限度的，不是其關注的重點所在。其後元代吴澄、明代梅鷟等，續有疑辨〔二〕。

朱彝尊對《尚書》真僞的考辨，上承宋明諸儒。《經義考》尚書類按語中有考辨内容者凡二十一則，爲其本人學術見解之所在，理應作爲分析重點〔三〕。以下對其考辨類按語，逐條予以辨析如次〔四〕：

〔一〕莫礪鋒《朱熹文學研究》，南京大學出版社，二〇〇〇年，頁五。
〔二〕關於二氏及其他元明諸儒對《尚書》的疑辨，參劉起釪《尚書學史》（頁三二四—三三三）。
〔三〕在筆者之前，林慶彰先生曾對朱彝尊的辨僞方法加以總結。他認爲朱氏辨僞文字，『可見者有《尚書古文辨》《讀蔡仲之命篇書後》《讀武成篇書後》，和《經義考》卷七四《古文尚書》條後之按語等』（參氏著《清初的群經辨僞學》，文津出版社，一九九〇年，頁一九二。本書蒙周勛初先生借讀、指示，謹申謝忱）。林氏所列前三篇，均見《曝書亭集》，而其内容，實與《經義考》按語互相出入。我們認爲，《經義考》尚書類各卷下之按語，纔是最能體現朱氏成就者。林先生所舉範圍，猶有局限。
〔四〕爲標示明白與行文方便，兹於每則按語前加上序號，其卷次及所在條目則在末尾注明。筆者辨説文字，均以『案』字領起。

(一)按：外史所掌三皇、五帝之書，若許行爲神農之言，列子稱黄帝之書皆是，豈必《三墳》《五典》哉？以《三墳》《五典》實三皇、五帝之書，本於僞孔安國《書序》也。觀杜氏注《左傳》『《墳》《典》《丘》《索》』，第云『皆古書名』，未嘗定爲三皇、五帝之書，足以證其非矣。至於《三墳》僞書，人知其謬，以鄭漁仲之博洽，獨信之不疑，毋乃過與？(卷七二『三皇五帝之書』條)

案：此論東晉古文本(即孔《傳》本)《尚書》卷前所載號稱孔安國所作《書序》之僞。此序簡稱孔《序》，同《百篇書序》(即《尚書》各篇之題解)相對，則稱《書大序》。朱彝尊立論之根據，在於孔《序》將《三墳》《五典》同三皇、五帝一一對應，事實上却於古無徵。考《周禮·春官》謂外史之職，爲掌三皇、五帝之書。許行爲神農之言，見《孟子·滕文公上》。今傳《列子》有《黄帝第二》篇〔一〕。朱彝尊認爲，許行所爲神農之言，《列子》所稱黄帝事行，都屬於三皇五帝之書，其範圍實已超過《三墳》《五典》。又，《左傳·昭公十二年》：『左史倚相趨過，王曰：「是良史也，子善視之。是能讀《三墳》《五典》《八索》《九丘》[者]。」』杜預注云：『皆古書名。』〔二〕杜預并未將《三墳》《五典》同三皇、五帝一一對應。而孔《序》云：『伏犧、神農、黄帝之書，謂之《三墳》，言大道也；少昊、顓頊、高辛、唐虞之書，謂之《五典》，言常道

〔一〕案：《漢志》所載《列子》早亡，今傳者係後人僞托，時間大約在東晉以前。說見楊伯峻《列子集釋·前言》(中華書局，一九七九年，頁二—四)。
〔二〕杜預注，孔穎達正義《春秋左傳正義》卷四五，阮元校刻《十三經注疏》本，頁二〇六四。

也。』將其一一坐實，并無的據。則此序之出於僞托可知。朱氏就此立論，頗爲有力。

（二）按：歐陽永叔《日本刀歌》云：『傳聞其國居大海，土壤沃饒風俗好。』『前朝貢獻屢往來，士人往往工詞藻。徐福行時書未焚，逸《書》百篇今尚存。令嚴不許傳中國，舉世無人識古文。』永叔雖有是說，而葉少蘊疑之，馬翔仲亦疑之。鄭麟趾《高麗史》宣宗八年五月，李資義還自宋，奏云帝聞吾國書籍多好本，命館伴書所求書目録授之，且曰雖有卷第，不足者亦須傳寫附來。目録首開《百篇尚書》，而高麗未之有也。宣宗八年者，實宋元祐六年。先是咸平中，日本僧奝然以鄭康成注《孝經》來獻，不言有《尚書》。王惲《中堂事紀》載中統二年，高麗世子禃〔一〕來朝，宴於中書省，問曰：『傳聞汝邦有《古文尚書》及海外异書。』答曰：『與中國書不殊。』然則高麗之書，猶夫中國之書耳。《百篇尚書》，高麗且無之，况日本乎？乃萬曆初尚書郎葉春及上書，請命封倭使臣多方索之以歸，真無异癡人説夢矣。（卷七三『百篇尚書』條）

案：此論日本國無《百篇尚書》之流傳。立論之起點，在於對歐陽修《日本刀歌》學術推論之致疑。歐陽修（永叔其字）此詩，以中日交通不斷，推測徐福東行日本時秦始皇尚未有焚書之舉，進而推斷逸《書》百篇存於日本，并想象其爲古文本，當世無人能識。此詩載其《居士外集》卷四，全詩如次：『昆夷

〔一〕禃，備要本（頁四〇六）同，而點校本作『禛』（第三册，頁一四二一）。

道遠不復通,世傳切玉誰能窮。寶刀近出日本國,越賈得之滄海東。魚皮裝貼香木鞘,黄白間雜鍮與銅(真鍮似金,真銅似銀)。百金傳入好事手,佩服可以禳妖凶。傳聞其國居大島,土壤沃饒風俗好。其先徐福詐秦民,采藥淹留丱童老。百工五種與之居,至今器玩皆精巧。前朝貢獻屢往來,士人往往工詞藻。徐福行時書未焚,逸書百篇今尚存。令嚴不許傳中國,舉世無人識古文。先王大典藏夷貊,蒼波浩蕩無通津。令人感激坐流涕,鏽澀短刀何足云!』〔一〕朱彝尊繼宋儒葉夢得(少藴其字)、馬廷鸞(翔仲其字)之後,對歐陽修此説表示懷疑。朱彝尊以高麗并無古《百篇尚書》之事實,推斷日本國必無此本。此屬旁證之法,但有其疏漏之處。翁方綱指出:『竹垞既援歐詩《日本刀歌》,固不能以裔然不獻即驗其必無,亦不能以高麗之無,决日本不當有也。』〔二〕其説良是。葉夢得字少藴,有《尚書傳》;馬廷鸞字翔仲,有《尚書蔡傳會編》。

(三)按:《書小序》,西漢孝武時當即有之,此史公據以作夏、殷、周《本紀》。若孔壁《古文尚書》,漢、魏、西晋諸儒均未之見。而馬融於《書小序》有注,見於陸氏《釋文》。又鄭注《周官》引《書序》文,以證保傳,而百篇之《序》次第與孔不同,見於《正義》。許謙亦云:『鄭氏不見古文而見百篇之《序》。』考馬、鄭傳注,本《漆書古文》,是孔《傳》未上之時,百篇之《序》先著於漢代,初不與安國之《傳》同時而出

〔一〕載李逸安點校《歐陽修全集》卷五四,中華書局,二〇〇一年,頁七六六—七六七。案:朱彝尊所引『大海』,當作『大島』。
〔二〕翁方綱《經義考補正》卷三,頁二七。

也。今以馬氏《書小序・傳》附紀於後。『昔在帝堯』，《傳》云：『謚也，翼善傳聖曰堯。』『伊尹相湯』，《傳》云：『俗儒以湯爲謚，或爲號，然不在謚法，故無聞焉。』……『東郊不開』，《傳》本『開』作『辟』。（卷七三『百篇之序』條。案：中間省略十一例）

案：此論百篇《書序》在西漢時即已有之，且在孔安國《尚書傳》未出以前。朱彝尊之依據有二，其一是陸德明《經典釋文》所引馬融《書小序》注尚存，其二是《尚書正義》所引鄭玄注涉及百篇《書序》之次第與孔《傳》不同。張霸獻《百兩篇》是在西漢成帝時，而孔《傳》則到東晉時纔由梅賾獻出。朱彝尊之論斷，頗合事實。

今日所見《尚書》之序有兩種。其一即《古文尚書》前托名孔安國所作之全書總序，爲東晉梅賾所奏上，即前揭之孔《序》（《書大序》）；經由宋至清諸儒考定，此序并非孔安國所作，當係僞托，故有徑稱『僞孔《序》』者（如前揭第（一）例中，朱彝尊即稱『僞孔安國《書序》』）。其二即《尚書》各篇之序，因西漢時張霸進僞《百兩篇》，所謂『兩篇』，即由一百篇篇序合成，故又合稱爲『百篇《書序》』。同《書大序》對舉，百篇《書序》又稱『《書小序》』，正與《詩》之有大、小序相類。

朱彝尊認爲，司馬遷曾據《書小序》以作《本紀》。此一論斷，值得商榷。翁方綱指出：

案：竹垞謂史公據《書序》而作夏、殷、商、周《本紀》，此未深考《書序》《史記》而爲是言也。《書序》云：『成湯既没，太甲元年，伊尹作《伊訓》。』《史記》云：『太子太丁，未立而死。立太丁之弟外丙，二年崩。又立外丙之弟仲壬，四年崩。伊尹乃立太丁之子太甲。』史公之論與《書序》顯然歧出，如此類者甚多，而得謂之據《序》而作《本紀》乎？[一]

翁氏之疑，頗有道理。據劉起釪考證[二]，司馬遷采録先秦以來有關《尚書》篇章寫成情况之資料，但僅作爲史事記述，并不作爲各篇之序看待；張霸則對這些資料加以利用，輔以《左傳》之材料，煞費苦心地搜列排比，補充編造成百篇《書序》。因此，并不是史公據《書序》以作《本紀》，而是後人據《史記》僞造《書序》。

（四）又按：朱子疑《詩小序》而并疑《書小序》，疑孔安國所傳之古文而并疑古文之有《小序》。然百篇之《序》，實自漢有之。竊謂《周官・外史》『達書名於四方』，此書必有《序》，而今百篇之《序》即外史所以達四方者，其由來古矣。（卷七三『百篇之序』條）

案：朱彝尊就朱子對《書小序》之疑而有所申論，結合上揭第（三）條，知其『百篇之《序》實自漢有之』之論斷，無疑極確。他認爲《書小序》『其由來古矣』，當然也符合實際。據統計，百篇《書序》中另有七篇爲先秦文籍所引用，共達四十九次之多[三]。朱氏之推論有兩點：其一，外史『達書名於四方』之

[一] 翁方綱《經義考補正》卷三，頁二七—二八。
[二] 劉起釪《尚書學史》，頁一〇九。
[三] 劉起釪《尚書學史》，頁三二。

書，必有其序；其二，『今百篇之《序》即外史所以達四方者』。可見，朱氏以外史『達書名於四方』之『書』，爲某種有『序』之『書』；此『序』并隨外史而達於四方。朱氏似以『書名』即是『《書序》』。但其説頗爲不通：外史『達書名於四方』之『書』，若果係某『書』，何以知其必然有『序』？考《周禮·春官·外史》『掌達書名於四方』，鄭玄注云：『謂若《堯典》《禹貢》，達此名使知之。或曰：古曰名，今曰字。使四方知書之文字，得能讀之。』賈公彥疏云：『《尚書》有《堯典》《舜典》《禹貢》之等，是書之篇名。《聘禮記》云：「百名以上書之於策，不滿百名書之於方。」是文字之書「名」，俱是「書名」。此經宜云「書名」，未知何者之書名。故鄭兩解之云：「古曰名，今曰字。」古者之文字少，直曰名；後代文字多，則曰字。字者，滋也。滋益而名，故更稱曰「字」。正其名字，使四方知而讀之也。』[一]根據鄭注，『書名』猶『書字』，『掌達書名於四方』，猶謂推行通用文字於四方各國（天下）。翁方綱亦引《周禮·大行人》及鄭注，對朱彝尊之觀點，加以駁正：

案：竹垞謂百篇之《序》即《外史》所以達四方者，據《周禮·外史》：『掌達書名於四方。』鄭注：『古曰名，今曰字，使四方知書之文字，得能讀之。』《大行人》：『九歲屬瞽史，論書名。』鄭注：『史，大史、小史也。書名，書之字也。古曰名。』據此則外史所掌、大行人之所論，即天子考文之事

[一] 鄭玄注，賈公彥疏《周禮注疏》卷二六，阮元校刻《十三經注疏》本，頁八二〇。

耳,豈得謂之爲《書序》乎?即鄭君有説,謂《堯典》《禹貢》,達此名使知之,亦謂是書之篇名,并非謂其序也。又案《外史》:『掌書外令,掌四方之志,掌三皇五帝之書。』此三句各是一事,此下又云:『掌達書名於四方。』『書』謂文字耳,非《尚書》篇名之『書』也。鄭氏注蓋因此句與上『掌三皇五帝之書』句相連,故有《堯典》《禹貢》之説,實不然也。賈《疏》引《聘禮記》,乃其正訓耳。附識於此。(《經義考補正》卷三)

翁氏對『史』『書』二字之義及外史之職掌,考辨可謂精詳,頗能糾朱氏之失。

關於『書名』,近人張爾田氏序孫德謙《漢書藝文志舉例》云:『目録之學何昉乎?昉於史。……《隋書·經籍志·序》既以經籍之用探原於史,而史部簿録類則云:「古者史官既司典籍,蓋有目録以爲紀綱。」徵之古《周官》,五史皆掌書,而外史且達書名於四方;既有書名,則必有目録以載之。』〔一〕張氏徑以『書名』爲『書之名稱』,由上述考辨可明其誤。

(五)又按:《伯禽》《唐誥》,王伯厚云:『皆策命篇名。《大傳》之《序》有《揜誥》,《史記·殷本紀》有《太戊》一篇,《孟子注》云「逸《書》」,有《舜典》之《序》,《曆志》引古文《月采篇》,俱不入百篇之目。』是則書名尚多,其篇目偶逸者與?(卷七三『百篇之序』條)

〔一〕孫德謙《漢書藝文志舉例》,頁一六九七。案:『紀綱』當作『綱紀』。

案：此引王應麟之説爲旁證，疑《伯禽》《唐誥》爲逸《書》篇名。此二篇俱爲《左傳·定公四年》所引，乃《尚書》之真篇名[一]，爲張霸僞造《百兩篇》時所忽。朱氏所斷爲確。

（六）按：《今文尚書》，伏生所授止二十八篇，故漢儒以擬二十八宿。然《史記》《漢書》俱稱伏生以二十九篇教於齊、魯之間。司馬氏、班氏，古之良史，不應以非生所授之《泰誓》雜之其中也。故王肅云：『《太誓》近得，非其本經。』竊疑生所教二十九篇，其一篇乃百篇之《序》，故馬、鄭因之，亦總爲一卷。惟緣《藝文志》云『《經》二十九卷』，後儒遂以《泰誓》篇混入爾。或又以《武成》爲今文，尤謬。《武成》之繫日，律以《召誥》《顧命》，書法不同，在《古文尚書》中最爲可疑者，今文豈有是乎？（卷七四『今文尚書』條）

案：朱彝尊此則按語，考辨三個問題：甲、伏生傳本中無《泰誓》；乙、伏生所傳二十九篇中有一篇爲百篇之《序》；丙、《武成》非今文。第三個問題，朱氏從記日書法入手，斷其爲古文，核諸下引伏生篇目，則知其論爲確。而前兩個問題，實際上是緊密相聯，即伏生所傳篇數之問題。伏生所傳篇目如次：《虞書》有《堯典》《皋陶謨》，凡二篇；《夏書》有《禹貢》《甘誓》，凡二篇；《商書》有《湯誓》《盤庚》《高宗肜日》《西伯戡黎》《微子》，凡五篇；《周書》則《牧誓》《洪範》《金縢》《大誥》《康誥》《酒誥》《梓材》

[一] 劉起釪《尚書學史》，頁五八。

《召誥》《洛誥》《多士》《無逸》《君奭》《多方》《立政》《顧命》《費誓》《吕刑》《文侯之命》《秦誓》等,凡十九篇,通爲二十八篇。這些篇目,爲學者共識,争議較少;而最爲紛紜未决者乃第二十九篇。《史記·儒林傳》云:

伏生者,濟南人也,故爲秦博士。孝文帝時,欲求能治《尚書》者,天下無有,乃聞伏生能治,欲召之。是時伏生年九十餘,老,不能行,於是乃詔太常使掌故朝錯往受之。秦時焚書,伏生壁藏之。其後兵大起,流亡。漢定,伏生求其書,亡數十篇,獨得二十九篇,即以教於齊、魯之間。學者由是頗能言《尚書》,諸山東大師無不涉《尚書》以教矣。

《漢書·儒林傳》亦采此説。後世遂以爲據,以伏生所傳爲二十九篇。但第二十九篇究係何篇?歸納起來,共有四種見解:一是《書序》之説,梅鷟、朱彝尊、陳壽祺等持此説;二是司馬遷補入《泰誓》之説,持此論者最衆,如陸德明、孔穎達、朱熹、蔡沈、毛奇齡、戴震等;三是《顧命》中分出《康王之誥》説,江聲、龔自珍、俞正燮、皮錫瑞等主之;四是伏生本有《泰誓》之説,王引之、劉逢禄、劉師培等持此説。蔣善國指出:『以上各家的主張,互有駁正,到了現在還没有定論。』〔一〕不過,他在論定伏《書》二十

〔一〕蔣善國《尚書綜述》,上海古籍出版社,一九八八年,頁二一一—二一二。

九篇篇目時，認爲《泰誓》爲其中一篇，且爲秦焚書時官定選本[一]。劉起釪則認爲，伏《書》衹有二十八篇，并無《泰誓》在内[二]。林慶彰引王先謙《尚書孔傳參正》爲據，以爲第二十九篇乃《康王之誥》[三]。可見時至今日，對此問題，猶有歧論。

孔穎達《正義》曰：

《史記》及《儒林傳》皆云伏生獨得二十九篇，以教齊、魯；則今之《泰誓》非初伏生所得。案：馬融云：『《泰誓》後得。』鄭玄《書論》亦云：『民間得《泰誓》。』《别録》曰：『武帝末，民有得《泰誓》書於壁内者獻之，與博士，使讀説之。數月皆起，傳以教人。』則《泰誓》非伏生所傳。而言二十九篇者，以司馬遷在武帝之世，見《泰誓》出，而得行入於伏生所傳内，故爲史總之，并云伏生所出，不復曲别分析。云民間所得，其實得時不與伏生所傳同也。[四]

孔穎達引馬融、鄭玄、劉向三家之説，以證伏生所傳并無《泰誓》在内。朱彝尊明辨《泰誓》後得且『入於伏生所傳』篇目之内之事實，因此否定該篇爲伏生所傳篇目之一，此一論斷，無疑極確。

[一] 蔣善國《尚書綜述》，頁二七—二八。
[二] 劉起釪《尚書學史》，頁六七—七三。
[三] 林慶彰《清初的群經辨僞學》，頁一二一五—一二一六。
[四] 僞孔安國傳，孔穎達正義《尚書正義》，阮元校刻《十三經注疏》本，頁一一五。

那麽，伏生所傳第二十九篇究係何篇？繼梅鷟之後，朱彝尊亦以該篇當爲百篇之《序》。但這一觀點，已爲諸家所駁正。如王聘珍謂：

竹垞此論，未嘗綜合諸家而深考之也。王充云：『鼂錯受《尚書》二十八篇，孝宣之時（或云孝武），河内女子發老屋，得逸《易》《禮》《尚書》各一篇，奏之。宣帝下示博士，然後《易》《禮》《尚書》各益一篇，而《尚書》二十九篇始定矣。』《隋書》云：『伏生口傳二十八篇，又河内女子得《泰誓》一篇，獻之。』據此則所云二十九篇者，明是伏生二十八篇之外，增《泰誓》一篇。《史》《漢》諸書據見在所增之本而爲言，而陸德明之徒又沿《史》《漢》諸書而立説耳。况馬遷、班固俱采僞《泰誓》之説以入《史記》《漢書》之中，是當時尊而信之者等於伏生之書，又何得言『不應以非生所授之《泰誓》雜之其中』也。此皆立意掊擊孔氏之書而致生臆説耳。〔一〕

王氏并以王充所言爲據，主張第二十九篇爲《泰誓》。但是，漢人以《泰誓》爲第二十九篇，與伏生所傳是否有二十九篇及究屬何篇，雖有關聯，但并不是同一個問題。（在下文第八則按語中，朱氏有精到的考辨，可并參詳。）

王引之指出，《太平御覽》所引《尚書大傳》，連舉《召誥》之序文與經文，正爲『今文《書序》分冠篇首

〔一〕 翁方綱《經義考補正》卷三，頁二九—三〇。

之明證』，因此，『既以分冠篇首，則不自爲篇卷，此所以有序而不數也』，對百篇《書序》自爲一篇及爲今文二十九篇之一的觀點予以否定[一]。蔣善國發現《漢石經·書序》殘石，『於廿九篇的末尾，另附二十九篇《書序》，把《書序》列在廿九篇以外，更是當時《書序》不在二十九篇内的鐵證。』[二]從而爲這一問題提供了一個合理的解釋。

（七）又按：古者《書序》自爲一篇列於後，故陸德明稱：『馬、鄭之徒，百篇之《序》，總爲一卷。』至孔氏《傳》出，始引《小序》分冠各篇之首。後人習而不察，遂謂伏生今文無《序》，《序》與孔氏《序》《傳》并出；不知《别録》暨馬、鄭《傳》《訓》皆有之矣。予故疑二十九篇其一是《序》也。（卷七四『今文尚書』條）

案：朱彝尊認爲，由先秦至馬融、鄭玄，再到孔安國，百篇《書序》經歷了『分—合—分』的三個階段。這是朱氏認爲百篇《書序》爲伏生所傳第二十九篇的根據所在。雖然《書序》并不是漢人所説的第二十九篇，但朱氏以爲，《書小序》在各篇之後且不與孔《傳》、孔《序》并出，這一論斷，允得其實。

（八）又按：伏生授《書》，在孝文帝時。晁錯所受，濟南張生、千乘歐陽生所傳，頒之學官，掌之博士，本無《太誓》。惟因董仲舒《對策》引《書》曰：『白魚入於王舟，有火復於王屋，流爲烏。周公曰：

[一] 王引之《經義述聞》卷四，江蘇古籍出版社，一九八五年，頁一一四—一一五。

[二] 蔣善國《尚書綜述》，頁二四。

「復哉！復哉！」』與僞《太誓》文偶合,因而傅會,以武帝初即有《太誓》一篇。不知董生所引祇稱『《書》曰』,不言『《太誓》曰』,安見非逸《書》之文,而必屬《太誓》之辭乎?且『復哉!復哉』,特贊嘆之語,非誓辭也。況劉向《别録》明言:『武帝末,民有得《太誓》書於壁内者獻之,與博士,使讀説之,數月皆起,傳以教人。』故趙岐注《孟子》云:『今之《太誓》,[後]得以充學。』合之王充、馬融、鄭康成、房宏、王肅諸家之説,雖有不同,而要爲後得之書,非伏生之本經矣。林之奇亦云:『晁錯從伏生受《書》二十八篇,其時未有《太誓》。』以《太誓》一篇足二十九篇之數者,妄也。(卷七四『今文尚書』條)

案:朱彝尊在此則按語中,辨漢儒以《泰誓》一篇足成二十九篇之數爲非。他從五個方面進行辨析:

甲、從《尚書》傳授源流入手,指出伏生傳授時本無《泰誓》。

乙、從董仲舒所引僅作『《書》曰』,推測所引不一定必屬《泰誓》之文,而有逸《書》之文之可能性。

丙、從文體而言,所引語辭爲贊嘆之語,而非誓辭。

丁、以漢晉諸儒論説爲旁證。

戊、引宋儒林之奇之説爲旁證。

朱彝尊之論證,層層遞進,可謂佳構,故其論斷,確拔不移。略有微疵的是,其中所引《别録》一條,以《泰誓》發現於武帝之末，其説并不確（後來爲段玉裁所駁[一]）。當然，這并不影響對《泰誓》「爲後得之書，非伏生之本經」之判斷。

又，趙岐注《孟子》云：『今之《尚書·泰誓篇》，後得以充學，故不與古《太誓》同。諸傳記引《泰誓》，皆古《泰誓》也。』[二]朱氏引文中脱一『後』字，致使標點爲難，而校正本（頁一五五）、新校本（頁一三九〇）均未能校出。

（九）又按：王充《論衡》云：『或説《尚書》二十九篇者，法曰斗七宿也。四七二十八篇，其一曰斗矣，故二十九。』是漢人并不以《太誓》足二十九篇之數。陸德明則云：『漢宣帝本始中，河内女子得《太誓》一篇獻之，與伏生所誦合三十篇，漢世行之。』則今文《太誓》原置伏生二十九篇之外矣。（卷七四『今文尚書』條）

案：朱彝尊再引王充及陸德明説，以證伏生所傳無《太誓》。所引王充之説，見《論衡·正説篇》：『或説《尚書》二十九篇者，法曰斗七宿也。四七二十八篇，其一曰斗矣，故二十九。夫《尚書》滅絶於秦，其見在者二十九篇，安得法乎？宣帝之時，得佚《尚書》及《易》《禮》各一篇，《禮》《易》篇數亦始足，焉得有法？案百篇之《序》，闕遺者七十一篇，獨爲二十九篇立法，如何？或説曰：「孔子更選二十九

[一] 段氏考出，武帝之初，《泰誓》已出。參劉起釪《尚書學史》，頁七〇。
[二] 趙岐注，孫奭疏《孟子注疏》卷六上，阮元校刻《十三經注疏》本，頁二七一二。

篇，二十九篇獨有法也。」蓋俗儒之説也，未必傳記之明也。二十九篇殘而不足，有傳之者，因不足之數，立取法之説，失聖人之意，違古今之實。』〔一〕據王氏所言，漢人以二十八篇以擬二十八宿，實爲附會之論；及《泰誓》後出，衹好外加一斗（北斗），以合二十九篇之數。以上所論，正可見出今文《太誓》原在伏生所傳篇目之外。朱氏取此爲證，十分有力。陸德明以伏生所傳爲三十篇，除去後獻之《泰誓》，則爲二十九篇（見《經典釋文·序録·注解撰述人》〔二〕）。王聘珍指出：

伏氏所傳《尚書》，其初止二十八篇，故當時以取象二十八宿。及武帝時，增入《泰誓》一篇，故《史》《漢》諸書以爲二十九。而又有三十篇者，乃後漢馬、鄭傳注之本增入《書序》一篇者也。《後漢書·儒林傳》云：『扶風杜林傳《古文尚書》，馬融作《傳》，鄭康成注解，由是《古文尚書》遂顯於世。』今考馬、鄭所注亦不出伏生二十八篇之外，則知杜林古文篇目仍即伏生之書，多《書序》一篇耳。陸氏《釋文》於《小序》多載馬氏之《傳》，而《後漢書》言馬融傳杜林古文，則可知其《序》之出於孔壁，傳於杜林，而西漢諸儒或見或否，至馬、鄭之徒始以之合於二十九篇之本内，而爲《尚書》三十篇。（翁方綱《經義考補正》卷三）

〔一〕王充撰，黄暉校釋《論衡校釋》卷二八，頁一一二七—一一二九。『法曰斗七宿』，王引之引作『法斗四七宿』（《經義述聞》，頁一一七）。

〔二〕陸德明《經典釋文》卷一，上海古籍出版社，一九八五年影印宋刻宋元遞修本，頁二八—二九。

由此看來，合《書序》爲一篇，并爲二十九篇之一者，乃是馬、鄭二氏，其源則可上推至於杜林。朱彝尊以二十九篇之一爲百篇之《序》一篇，當即受馬、鄭二氏之影響。

（一〇）按：古文出於孔壁，未得列於學官，惟孔安國爲博士，以授都尉朝。於時司馬遷亦從安國問故。班固謂遷書載《堯典》《禹貢》《洪範》《微子》《金縢》諸篇，多古文説。考諸《史記》，於《五帝本紀》載《堯典》《舜典》文，於《夏本紀》載《禹貢》《皋陶謨》《益稷》《甘誓》文，於《殷本紀》載《湯誓》《高宗肜日》《西伯戡黎》文，於《周本紀》載《牧誓》《甫刑》文，於《魯周公世家》載《金縢》《無逸》《費誓》文，於《燕召公世家》載《君奭》文，於《宋微子世家》載《微子》《洪範》文。凡此皆從安國問故而傳之者，乃孔壁之真古文也。然其所載，不出伏生口授二十八篇。若安國增多二十五篇之書，《史記》未嘗載其片語，惟於《湯誥》載其辭曰：『維三月，王自至於東郊，告諸侯群后：「毋不有功於民，勤力乃事，予乃大罰殛女，毋予怨！」曰：「古禹、皋陶久勞於外，其有功於民，民乃有安。東爲江，北爲濟，西爲河，南爲淮，四瀆已修，萬民乃有居。后稷降播，農殖百穀。三公咸有功於民，故后有立（一作土）。昔蚩尤與其大夫作亂百姓，帝乃弗予，有狀。先王言不可不勉，曰：不道，毋之（一作政）在國。女毋我怨。」』是則《湯誥》之真古文也。又於《泰誓》載其辭曰：『今殷王紂乃用其婦人之言，自絶於天，毀壞其三正，離逷其王父母弟，乃斷棄其先祖之樂，乃爲淫聲，用變亂正聲，怡悦婦人。故今予發維共行天罰，勉哉夫子，不可再，不可三。』是則《泰誓》之真古文也。合之安國作《傳》之書，其文迥別，何以安國作《傳》與授之史公者各

异其辭，宜其滋後儒之疑矣。（卷七四『古文尚書』條）

案：朱彝尊在此則中探討《古文尚書》之傳授，重點在對《史記》所録古文之分析。通過考察，朱氏指出《史記》所引《尚書》文字，除《湯誥》《泰誓》外，均不出伏生二十八篇之外；又以《史記》所載文字與流行的僞孔《傳》本《古文尚書》相較，從而致疑。朱氏之考察很是精細，懷疑也頗有道理。惟關於孔安國傳授《尚書》的問題，係沿用《史記·儒林傳》之説：『孔氏有古文《尚書》，孔安國以今文字讀之，因以起其家。逸《書》得十餘篇，蓋《尚書》兹多於是矣。遭巫蠱，未立於學官。安國爲諫大夫，授都尉朝，而司馬遷亦從安國問故。遷書載《堯典》《禹貢》《洪範》《微子》《金縢》諸篇，多古文説。』但是，由於古文《尚書》未能獲立於學官，因此，孔安國并没有以古文傳授弟子；其爲博士，所職乃在今文《尚書》。陳壽祺《左海經辨》指出，當司馬遷時立於學官者惟有今文歐陽氏學，故其所采均爲今文。陳氏之前有臧琳《經義雜記》，之後有崔適《史記探源》，均指出《史記》所用爲今文説〔一〕。

（一二）又按：《古文尚書》，晉、唐以來未有疑焉者，疑之，自吴才老始，而朱子大疑之。其後吴幼清、趙子昂、王與耕輩群疑之。至明而梅氏之《讀書譜》、羅氏之《尚書是正》，則排擊亦多術矣。近山陽閻百詩氏復作《古文尚書疏證》，其吹疵摘繆加密，而蕭山毛大可氏特著《古文尚書寃詞》以雪之。合兩

〔一〕此處從劉起釪説（參《尚書學史》頁一一八—一一九）。

家之説，無异輸攻而墨守也。愚闇之見，是書久頒於學官，其言多綴輯逸《書》成文，無大悖理。譬諸汾陰漢鼎，雖非黄帝所鑄，或指以爲九牧之金，則亦聽之。且如小戴氏《禮・王制》《月令》《緇衣》諸篇，明知作者有人參出於漢儒，非禮之舊，顧士子誦習，守而不改。至於《易》之《序卦傳》，李清臣、朱翌、王申子皆疑焉，要不得而去也。惟是最誤人者，《伊訓》『惟元祀十有二月乙丑』之文是已。《春秋經》書『春王正月』，《左氏傳》益以『周』字，改『時』改『月』，其義本明。故自漢迄於汴宋，説者初無异議；乃胡安國忽主夏時冠周月之論，於是衆説紛綸，遂同疑獄。然此不待博稽群籍，即以《春秋》説《春秋》，而其妄立見矣。其猶聚訟不已者，皆由《伊訓》『十有二月』之文亂之。不知《古文尚書》難以過信，斯則學者所當審也。（卷七四『古文尚書』條）

案：朱彝尊在此則按語中，簡述疑辨《古文尚書》之簡史，并表達其對待《古文尚書》真僞問題之態度。《古文尚書》之證僞，在清初已成定論，并且朱氏本人亦參與其中，頗有貢獻。在此態勢下，朱彝尊强調，《古文尚書》仍然有其獨特之價值，既不宜『過信』，也不宜全部否定。其原因則在於，就文獻取材而言，《古文尚書》『多綴輯逸《書》成文，無大悖理』。古書之真僞，其實衹是成書時間問題，即使被證僞之材料，還可用以説明其所從屬之時代之思想，仍然具有不可忽略之學術價值。陳寅恪指出：『真僞者,不過相對問題,而最要在能審定僞材料之時代及作者,而利用之。』〔一〕朱彝尊一向尊奉六經,經學觀念極爲正統,晚年尤汲汲於儒學典籍之編纂與傳承; 對於前人或時人之辨僞,因此又有『排擊多術』『吹疵摘繆』之譏刺。 總之,朱彝尊并不因爲《古文尚書》有僞作之成分而全盤否定,其學術態度無疑頗爲審慎。 四庫館臣即頗爲推崇:『朱彝尊謂是書久頒於學官,其言多綴輯逸經成文,無悖於理。 汾陰漢鼎,良亦善喻。』(《四庫總目・經部・書類序》〔二〕)

文中所提及之學者及其著作,分别是: 吴棫,字才老,有《書裨傳》; 吴澄,字幼清,人稱草廬先生,有《書經纂言》; 趙孟頫,字子昂,有《書今古文集注》; 王充耘,字與耕,有《讀書管見》《書義矜式》等。除吴棫爲宋人外,其他諸家均爲元人。 梅氏則指梅鷟,羅氏則指羅敦仁。 百詩,閻若璩字。 大可,毛奇齡字。

(一二) 按: 《周書》篇目七十,合以序一篇,適如《漢志》。 李仁父、劉後村謂闕其一,誤也。(卷七五『《周書》』條)

案: 朱彝尊此則,在指正李燾(仁父其字)、劉克莊(後村其號)之誤。《經義考》此條下引李燾語云: 『隋、唐《經籍》《藝文志》皆稱此書得於晋太康中汲郡魏安釐王冢,孔晁注解。 ……劉向、班固所

〔一〕陳寅恪《馮友蘭中國哲學史上册審查報告》,載《金明館叢稿二編》,頁二八〇。
〔二〕《欽定四庫全書總目》卷一一,《景印文淵閣四庫全書》第一册,頁二五三。

録，并著《周書》七十一篇，且謂孔子删削之餘；而司馬遷記武王克殷事，蓋與此合。豈西漢世已得入中秘，其後稍隱，學者不道，及盗發冢，乃幸復出耶？篇目比漢但闕一爾，必班、劉、司馬所見者也。繫之汲冢，失其本矣。』又引劉克莊語云：『《汲冢書》十卷七十篇，與《藝文志》《周書》七十一篇合，但少一篇。』朱彝尊稱『李仁父、劉後村謂闕其一』者以此。至於朱氏之辨誤，亦有所本。《經義考》本條下引陳振孫語曰：『晉太康中，汲郡發魏安釐王冢所得竹簡書，此其一也。凡七十篇，《叙》一篇在其末。今京口刊本以《序》散在諸篇，蓋以仿孔安國《尚書》。相傳以爲孔子删《書》之餘，未必然也。文體與古文不類，似戰國後人依仿爲之。』無論《序》文在書末抑或散入各篇之中，其書爲七十一篇無疑，與《漢志》所記正同。朱氏所辨甚當。

又案：李、陳、劉三家俱稱此書出於汲冢，實亦有誤。《四庫總目·逸周書提要》云：『考隋《經籍志》、唐《藝文志》，俱稱此書以晉太康二年得於魏安釐王冢中，則汲冢之説其來已久。然《晉書·武帝紀》及荀勖、束晳《傳》，載汲郡人不準所得竹書七十五篇，具有篇名，無所謂《周書》。杜預《春秋集解後序》載汲冢諸書，亦不列《周書》之目，是《周書》不出汲冢也。考《漢書·藝文志》先有《周書》七十一篇，今本比班固所紀，惟少一篇。陳振孫《書録解題》稱凡七十篇，《叙》一篇在其末；京口刊本始以《序》散入諸篇。則篇數仍七十有一，與《漢志》合。……知爲漢代相傳之舊。』〔一〕館臣對《周書》篇數問題之考辨，較爲明白，可能受到朱彝尊相關研究之啓發。

（一三）按：孔安國《書序》，《昭明文選》録之，世皆篤信，惟朱子謂其不類西漢文字，疑後人所托，而魯齋王氏、仁山金氏亦疑之。考之《漢書》，司馬遷嘗從安國問故，遷蓋與都尉朝同受《書》於安國者也。然遷述《孔子世家》，稱『安國爲今皇帝博士，至臨淮太守，早卒』。《自序》則云：『予述黄帝以來，至太初而訖。』是安國之卒，本在太初以前，若巫蠱事發，乃征和二年，距安國之歿當已久矣。班固叙《藝文志》，於《古文尚書》云：『遭巫蠱事，未列於學官。』乃史氏追述古文所以不列學官之故爾。而僞作安國《序》者，乃云『會國有巫蠱事，經籍道息』，竟出自安國口中，不亦剌謬甚乎？或曰：劉歆遺書讓太常博士，其文載於《漢書》《文選》，稱《古文書》十六篇，天漢之後，孔安國獻之，此不足信耶？曰：荀悦《漢紀》於孝成帝三年備述劉向典校經傳，考集异同，於《古文尚書》《論語》《孝經》，云：『武帝時孔安國家獻之，會巫蠱事，未列於學官。』則知安國已逝，而其家獻之。《漢書》《文選》録本流傳，脱去『家』字爾。按其本末，安國《書序》之僞，不待攻而自破矣。或曰：《史記》雖云『訖於太初』，然《自序》又云：『論次其文，七年而遭李陵之禍。』實天漢三年也。故荀悦《漢紀》亦云：『司馬遷據《左氏春秋》《國語》，

〔一〕《欽定四庫全書總目》卷五〇，《景印文淵閣四庫全書》第二册，頁一一一—一一二。

采《世家》《戰國策》，逮《楚漢春秋》接其後事，迄於天漢（《漢書》或作大漢）。』今於《李廣傳》附載陵事，於《大宛傳》載李廣利事。又如《衛將軍驃騎列傳》載公孫賀、公孫敖、韓説、趙破奴，皆直書巫蠱獄，多係征和年事，安見孔安國不卒於天漢之後乎？曰：《家語》附録《安國傳》，稱安國受《書》於伏生。生，故秦博士，至文帝時年已九十，安國從而問業，最幼年已十五六矣。司馬遷謂安國早卒，《家語後序》稱安國年六十卒於家。今就文帝末年安國年十五計之，則其卒，當在元鼎間。若天漢之後，改元太始，安國年已七十二。迨征和二年，巫蠱事發，安國年七十有七矣，尚得謂之早卒乎？當依《漢紀》增『家』字爲是。（卷七六『孔氏（安國）《尚書傳》』條）

案：此則大旨，在辨今傳《尚書序》（《書大序》）非孔安國所撰。關鍵證據有二：一是孔安國之卒年，二是《漢紀》關於《古文尚書》進獻之記載。根據《孔子世家》之記載，知孔安國卒於太初以前，故《尚書序》中『至太初而訖』之語，不可能出自安國之口。據荀悦《漢紀》所載《古文尚書》等『安國家獻之』，非安國本人獻之。史實具在，情理可推，故其考辨，實能深中肯綮。

朱彝尊自述其疑《尚書序》非安國所撰，是繼朱子、王柏（『魯齋王氏』）、金履祥（『仁山金氏』）之後而續加考辨。朱子著述宏富，《經義考》載其《尚書》著述有《書説》《舜典象刑説》《九江彭蠡辨》《考正武成次序月日譜》等。王柏有《書疑》《書經章句》《尚書附傳》等（《經義考》卷八四著録），金履祥有《尚書注》《尚書表注》等（以上載《經義考》卷八四）。《尚書序》一文，則載《文選》卷四五。

（一四）又按：《論語》：『雖有周親，不如仁人。』孔氏《注》云：『親而不賢、不忠則誅之，管、蔡是也。仁人，謂箕子、微子，來則用之。』於《尚書傳》則云：『紂至親雖多，不如周家之少仁人。』一人而兩處説經互异。又《論語》『予小子履』一節云：『此伐桀告天之文』，『《墨子》引《湯誓》若此』，亦與《書傳》相戾，此一疑也。（卷七六『孔氏（安國）《尚書傳》』條）

案：此則辨孔《傳》之僞（即非孔安國作）。朱彝尊所用證據，是傳世《尚書》相同文本之注解，其間存在之差异。顯然，如果係出一人（孔安國）之手，則不當有此差异存在；如果存在差异，表明至少其中一種可能出於僞托，或部分出於僞托。朱氏按語涉及《尚書》文本有兩條：

其一是『雖有周親，不如仁人』。二句見通行之題孔安國所注之《尚書・周書・泰誓中第二》，孔氏注云：『周，至也。言紂至親雖多，不如周家之少仁人。』〔一〕此二句，又爲《論語・堯曰》篇所引，何晏《集解》引『孔[安國]曰』：『親而不賢、不忠則誅之，管、蔡是也。仁人，謂箕子、微子，來則用之。』〔二〕朱氏所引者即本此。

其二是『予小子履』一節。《論語・堯曰》：『曰：予小子履，敢用玄牡，敢昭告於皇皇后帝：有罪不敢赦。帝臣不蔽，簡在帝心。朕躬有罪，無以萬方；萬方有罪，罪在朕躬。』何晏集解引『孔[安國]

〔一〕孔安國注，孔穎達正義《尚書正義》卷一一，阮元校刻《十三經注疏》本，頁一八一。
〔二〕何晏集解，邢昺疏《論語注疏》卷二〇，阮元校刻《十三經注疏》本，頁二五三五。

曰』:『履,殷湯名。此伐桀告天之文。殷家尚白,未變夏禮,故用玄牡。皇,大。后,君也。大大君帝,謂天帝也。《墨子》引《湯誓》,其辭若此。』[一]朱彝尊『此伐桀告天之文』『《墨子》引《湯誓》若此』,即本於何晏所引孔安國之説。朱子《論語集注》,釋『予小子履』一段,有云:『此引《商書·湯誥》之辭。蓋湯既放桀而告諸侯也。與《書》文大同小异。「曰」上當有「湯」字。履,蓋湯名。用玄牡,夏尚黑,未變其禮也。簡,閲也。言桀有罪,己不敢赦。而天下賢人,皆上帝之臣,己不敢蔽。簡在帝心,惟帝所命。此述其初請命而伐桀之辭也。』[二]朱子謂此段見《商書·湯誥》,而非《湯誓》。考《墨子·兼愛下》:『且不唯《禹誓》爲然,雖《湯説》即亦猶是也。湯曰:「惟予小子履,敢用玄牡,告於上天后曰:『今天大旱,即當朕身履,未知得罪於上下,有善不敢蔽,有罪不敢赦,簡在帝心。萬方有罪,即當朕身;朕身有罪,無及萬方。』」即此言湯貴爲天子,富有天下,然且不憚以身爲犧牲,以祠説于上帝鬼神。即此湯兼也。雖子墨子之所謂兼者,於湯取法焉。』[三]可見朱子所釋,多本於《墨子》所記。考今通行本《商書》,《湯誓》中無相同文句;至於《湯誥》,則以下數句相似:『凡我造邦,無從匪彝,無即慆淫。各守爾典,以承天休。爾有善,朕弗敢蔽。罪當朕躬,弗敢自赦,惟簡在上帝之心。其爾萬方有罪,在予一人。予一人

[一] 何晏集解,邢昺疏《論語注疏》卷二〇,阮元校刻《十三經注疏》本,頁二五三五。
[二] 朱熹《論語集注》卷一〇,見《四書章句集注》,中華書局,一九八三年,頁一九三。
[三] 孫詒讓《墨子閒詁》卷四,中華書局,二〇〇一年,頁一二二—一二三。

有罪,無以爾萬方。』〔一〕

由以上考溯,可得如下認識:

(甲)關於《尚書》文本。《論語》《墨子》所記,與今通行本《尚書》文字不同。《論語》《墨子》爲先秦文獻,所記文字基本相同,有其可靠性。

(乙)《墨子》所引,較《論語》所引爲豐,主要在『今天大旱,即當朕身履,未知得罪於上下』數句。而此數句極爲關鍵,說明湯所以有誓,是因爲『天大旱』,而非『伐桀告天』或『述其初請命而伐桀』。

(丙)何晏《集解》引孔氏曰『伐桀告天』,《墨子》引《湯誓》』云云,均有錯誤(《墨子》但曰《湯説》,不云《湯誓》;且今通行本《湯誓》并無同《墨子》所引相同之文句)。因《湯誥》内有相似文字,故朱子認爲當取自《湯誥》。

(丁)今通行本《尚書》文字,因與《論語》《墨子》所記不同,故其中孔《傳》文字,亦較爲零散。惟《湯誥》『茲朕未知獲戾于上下』句下,孔氏《傳》云:『此伐桀未知得罪於天地,謙以求衆心。』〔二〕『伐桀』之論,同何晏所引孔氏之語略同。但此論同因『天大旱』而禱者之實際不合。孔《傳》文字之零散不同,是朱彝尊有所懷疑之出發點。

〔一〕孔安國注,孔穎達正義《尚書正義》卷八,阮元校刻《十三經注疏》本,頁一六二。

〔二〕孔安國注,孔穎達正義《尚書正義》卷八,阮元校刻《十三經注疏》本,頁一六二。

總之，因今通行本之《尚書》同《論語》《墨子》所記，大不相同，且湯起誓之因亦不相同，故知通行之《尚書》文本亦不盡可信，相關孔《傳》文字之真僞亦成問題。朱彝尊以同一人注解相同文本而其説不同，因此致疑。眼光敏鋭，論證有力。

無獨有偶，與朱氏同時的閻若璩，亦對此有所考辨：『「萬方有罪，我身之過」「雖有周親，不如仁人」二句，孔曰：「親而不賢、不忠則誅之，管、蔡是也。仁人，謂箕子、微子，來則用之。」……與今安國傳《湯誥》《泰誓》《武成》語絶不類。安國親得古文二十五篇中，有《湯誥》《泰誓》《武成》，豈有注《論語》時，遇引及此三篇者，而不曰「出逸《書》某篇」者乎？……又從來訓故家，於兩書之辭相同者，皆各爲詮釋，雖小有同异，不至懸絶。今安國於《論語》周親仁人之文，則引管、蔡、微、箕以釋之，而周之才不如商；於《尚書》周親仁人之文則釋曰：「周，至也，言紂至親雖多，不如周家之多仁人。」而商之才又不如周：其相懸絶如是。是豈一人之手筆乎？且安國縱善忘，注《論語》時，至此獨不憶及《泰誓》中篇有此文，而其上下語勢，皆盛稱周之才而無貶辭乎？』[一] 朱、閻二氏之考辨思路，如出一轍，而朱氏簡而精，閻氏繁而詳，各异其趣。

[一] 閻若璩《尚書古文疏證》第十九（卷二），《清經解續編》本，第一册，頁一二二六。

（一五）又按：司馬遷《殷本紀》云：『紂淫亂不止，微子數諫不聽。與太師、少師謀，遂去。比干曰：「爲人臣者，不得不以死争。」乃强諫。紂剖比干心，箕子懼，乃佯狂爲奴，紂又囚之。殷之太師、少師，乃持其祭器奔周。』《周本紀》云：『紂殺比干，囚箕子。太師疵、少師强抱其樂器奔周。』《宋世家》云：『微子數諫，紂弗聽，欲死之。及去，未能自決，乃問於太師、少師。箕子被髮佯狂爲奴。比干諫，紂剖其心。太師、少師乃勸微子去，遂行。』則《今文尚書・微子篇》所云『父師、少師』者，自有其人。遷受《書》於安國，其説必本於安國也。乃今安國《傳》云：『父師，太師三公箕子也。少師，孤卿比干也。』夫三仁皆殷王子，父師若係箕子，殷人尚質，其語兄之子，必呼其名，惟出於疵之口，故稱微子曰『王子』也。班氏《古今人表》亦書太師疵、少師强姓名，流傳有自。梅賾昧史公説《書》本於安國，不加質驗而巧爲之辭，僞托之迹畢露矣。（卷七六『孔氏（安國）《尚書傳》』條）

案：朱彝尊根據《史記》與孔《傳》對箕子稱呼記載的不同，從而斷後者爲僞托。其説良是。然承朱氏之疑，筆者以爲猶有遞可發明處。《史記・殷本紀》云：

紂愈淫亂不止。微子數諫不聽，乃與太師、少師謀，遂去。比干曰：『爲人臣者，不得不以死争。』乃强諫紂。紂怒曰：『吾聞聖人心有七竅。』剖比干，觀其心。（《正義》：《括地志》云：『比干見微子去、箕子狂，乃嘆曰：「主過不諫，非忠也；畏死不言，非勇也。過則諫，不用則死，忠之至也。」進諫不去者三日。紂問：「何以自持？」比干曰：「修善行仁，以義自持。」紂怒曰：「吾聞聖人心有七竅，信諸？」遂殺比干，刳視其心也。』）箕子懼，乃詳狂爲奴，紂又囚之。殷之太師、少師，乃持其祭、樂器奔周。周武王於是遂率諸侯伐紂。

由此可知，朱氏在引文時有所節省。帝乙長子曰微子啓，少子曰辛，即紂，故二人爲兄弟。至於比干、箕子，一般認爲是紂之叔父。司馬貞《史記索隱》：『馬融、王肅以箕子爲紂之諸父。服虔、杜預以爲紂之庶兄。』孔《傳》以箕子爲太師，比干爲少師，孔穎達《正義》、蔡沈《書集傳》均采此説。朱彝尊則認爲，殷人尚質，如果箕子爲父師，則宜直呼兄子微子之名，而不必呼爲『王子』。可見朱氏以諸叔視箕子。實際上，無論箕子爲叔或爲兄，朱氏尚質之説，均能成立。且朱氏又以太師、少師俱有其人，并舉其名爲旁證。又，如果少師爲比干，則其被剖心之後，如何能『乃勸微子去』？實大謬於常理。《宋微子世家》亦言比干被殺之後，『太師、少師乃勸微子去，遂行』。由此可知，孔《傳》以比干爲少師之説，其誤難掩。從另一個角度來説，司馬遷既已明瞭比干不爲少師，則其師孔安國更不當昧史若是。

又，《論語・微子》首章：『微子去之，箕子爲之奴，比干諫而死。孔子曰：殷有三仁焉。』朱子注云：『微、箕，二國名。子，爵也。微子，紂庶兄。箕子、比干，紂諸父。微子見紂無道，去之，以存宗祀。箕子、比干皆諫，紂殺比干，囚箕子以爲奴，箕子因佯狂而受辱。』〔二〕箕子被囚爲奴，又何能奔周耶？惟

〔二〕朱熹《四書章句集注》，頁一八二—一八三。

其爲奴,故『武王既克殷,訪問箕子』(《史記·宋微子世家》),方合情理。可見,箕子不得爲太師,則比干亦不得爲少師,此又一證。

又,殷之太師、少師,所以持其祭、樂器奔周者,孟子云:『吾聞之也:有官守者,不得其職,則去;有言責者,不得其言,則去。我無官守,我無言責也,則吾進退,豈不綽綽然有餘裕哉。』(《孟子·公孫丑章句下》)朱子注云:『官守,以官爲守者。言責,以言爲責者。』〔一〕可見太師、少師之出奔,正以商紂無道,不得其守,故棄官而走。後春秋之際周室衰微、官學失守之情形,與此頗似。

總之,朱彝尊從比干不爲少師入手,以辨孔《傳》之僞,其論不刊。

(一六)又按:安國《書傳》於《賄肅慎之命》注云:『東海駒驪、扶餘、馯貊之屬,武王克商皆通道焉。』考《周書王會篇》,北有稷慎,東則濊良而已,此時未必即有駒驪、扶餘之名。且駒驪主朱蒙以漢元帝建昭二年始建國號,載《東國史略》。安國承詔作《書傳》時,恐駒驪、扶餘之稱尚未通於上國,况武王克商之日乎?此又一疑也。(卷七六『孔氏(安國)《尚書傳》』條)

案:朱彝尊以孔安國作《傳》時,『駒驪』『扶餘』之稱尚未通於漢廷,故今孔《傳》竟稱武王克商之日以二國爲通道,不能無疑。朱氏運用這種以史實爲依歸的考辨方法,論斷有力,不可撼動。能引用外

〔一〕朱熹《四書章句集注》,頁二四五。

國文獻以考辨問題，可見朱氏網羅之富。

（一七）又按：古文之存於今者，惟《岣嶁禹碑》，奇古難識。餘如諸壇山石[一]、岐陽獵碣，皆與大小篆不甚相遠。竊意孔子雅言者，書當時誦習授受，未必用蝌蚪之文，何獨孔壁所藏《書》與《論語》《孝經》悉蝌蚪文字？安國《書序》作僞者藉此欺人，魯齋王氏疑之當矣。（卷七六『孔氏（安國）《尚書傳》』條）

案：朱彝尊此則承王柏之疑，以現存石、碣文字與篆書不遠，故以孔《序》稱所謂蝌蚪文者爲可疑。據王國維考證，科斗（蝌蚪）之文，其名前漢所無，實起於後漢；魏晉間大行其名，凡异於通行隸書者皆名之，非獨古文蒙此名，篆書亦然；故『魏晉間所謂科斗文，猶漢人所謂古文』，而非專門有一字體名爲科斗文者[二]。循此以觀，則朱彝尊之疑，實不虛發。朱氏本人亦通書法，擅八分書[三]，或因此而能有疑。

（一八）又按：西漢之古文，孔安國家獻之，未列於學官者也。東漢之古文，杜林得之西州，賈逵、

[一] 『餘如諸壇山石』，原文無『諸』字，而朱氏《尚書古文辨》作『其諸壇山石』，因據增。

[二] 王國維《科斗文字說》，載《觀堂集林》卷七，頁三三七—三三九。

[三] 『八分書』爲書法用語，胡小石先生指出，『八』非言數，而言勢，謂字形波挑翩翻之美。參其《書藝略論》，載《江海學刊》一九六一年第七期，頁三七—三八。

衛宏、馬融、鄭康成輩爲之作訓傳注解者也。當時止有杜林漆書，若孔氏增多之書，終漢之世，下及魏、西晋，莫有見之者。故趙岐注《孟子》，高誘注《吕覽》，杜預釋《左傳》，凡孔氏增多篇内文，皆曰逸《書》。惟許氏《説文》序者謂其《易》稱孟氏，《書》孔氏，《詩》毛氏。夫以賈、衛、馬、鄭諸大儒均未之見，許氏何由獨得之？今考《説文》中所引《尚書》字句异者，如：『格於上下』，『格』作『假』；『宅嵎夷』，『嵎』作『堣』[案：此下省去七十五例]……『邦之杌隉』，『杌』作『阢』。凡此所引，皆在伏生口傳二十八篇，使許氏果得見孔氏古文，則於增多篇内亦必及之矣。至於『若藥不眄眩』一句，雖屬《説命》之文，殆因《孟子》所引而及之爾。又如『圛圛升云，半有半無[案：此下省去四十九字]……』，則孔氏《傳》亦無之。又以《微子》爲《周書》，《洪範》爲《商書》，不知許氏何所本也。（卷七六『孔氏(安國)《尚書傳》』條）

案：朱彝尊對《説文序》所稱『《書》孔氏』之説，有所懷疑，因而加以考辨。劉向以中古文〔一〕校三家書，其校定之本，文字全同；其中今文二十八篇，三家异説；古文所多十六篇，則無師説。其後今文二十八篇傳授時，古文亦流出，爲杜林所得，稱爲漆書，其實文字相同，但無師説而已。杜林傳賈逵，逵傳許慎，故許氏所見，乃劉向校過之古文二十八篇，稱爲孔氏本，但已非孔氏所上之舊本。由此看來，朱

〔一〕漢家藏書，分内廷皇家圖書與外廷政府機構兩個系統，劉氏父子所校爲内廷所藏，故嚴分中外；藏於内廷的叫做『中書』『中秘書』等，以與『外書』、臣某書等相對（參徐興無《劉向評傳》第八章《校書（一）》，頁一九二—一九四）。故所謂中古文，乃是藏於内廷之古文書。而中古文《尚書》者，其源有二，一爲孔壁本，即孔安國家所上者；二爲河間本，即獻王所得而上者。

彝尊斷許氏未見孔氏古文，允得其實。王國維有《説文所謂古文説》[一]，指出《説文》中所謂古文，乃是指漢時所存之先秦文字，或可釋其『《書》孔氏』之疑。對朱氏之疑，翁方綱指出：

按：漢儒説經之書，援孔氏《書》者，其在今可據，惟許祭酒《説文序》云：『《易》稱孟氏，《書》孔氏』而已。乃竹垞於許氏所引『若藥不暝眩』一語，必謂其非引《説命》，特因《孟子》所引而及之。《説文》『寅』字條下云：『冥合也。從宀丏聲。讀若《周書》「若藥不暝眩」。』夫《孟子》固未嘗云《周書》也。而况今所行讀本《説命》却在《商書》，若果許氏僅因讀《孟》而得此句，則何以有《周書》之云乎？正當據此以見許氏實有所見孔氏《古文尚書》之本耳。又謂『圛圛升雲，半有半無』語爲《尚書》所無，此自丁度《集韵》、洪邁《容齋隨筆》皆目爲逸矣。不知『曰圛』二字爲句，即《洪範》『曰驛』也，其下七字，乃釋『圛』字之義。方綱嘗見金崇慶年所刊《集韵》此條云：『《商書》曰圛，圛者，升雲半有半無。』此於第二『圛』字下加一『者』字，義更曉然矣。《周官・太卜》，鄭氏注云：『五色者，《洪範》所謂「曰雨，曰濟，曰圛，曰蟊，曰克」。』可證也。曷弗考此而漫爲以《尚書》所無乎？又以『在夏后之詷』句，《尚書》所無，《説文》『詷』：『共也。《周書》曰「在夏后之詷」。』陸氏《釋文》於《顧命》『在後之侗』句下，亦引馬本作『詷』，云『共也』，正與《説文》合矣。（『詷』，《經義考》刊板誤作

[一] 王國維《觀堂集林》卷七，頁三一四—三一七。

『詗』。)即以字體論之,『旁逑孱功』,《説文》作『逑』,無作『救』者。『惟箘簬楛』,《説文》作『楛』,無作『梏』者。『無有作好』,《説文》作『㺃』,亦非作『妞』也。〔一〕

翁氏對朱彝尊所考見於二十八篇之外的逸文俱加以解釋。但是,公氏對『若藥不瞑眩』一句之理解,以及四庫館臣《説文解字提要》對此句之理解,無不有誤;而朱氏存疑之態度,比較可取。對這一問題,筆者有專文考辨〔二〕。

(一九)又按:許氏《説文序》云:『《易》稱孟氏,《書》孔氏,《詩》毛氏。』似乎見孔氏古文者。然其撰《五經异義》,恒取諸家之説折衷之。其於《舜典》『禋于六宗』,一云:『六宗者,上不謂天,下不謂地,旁不謂四方,居中恍惚,助陰陽變化。』此歐陽生、大、小夏侯氏説也。一云:『古《尚書説》六宗者,謂天宗三,地宗三。天宗:日、月、北辰也;地宗:岱山、河、海也。日月爲陰陽宗,北辰爲星宗,岱山爲山宗,河海爲水宗。』所謂古《尚書説》者,賈逵之説也。使叔重學孔氏書,則四時寒暑日月星水旱之義,亦必舉之矣,乃僅述歐陽、夏侯、賈氏之説,則叔重實未見孔氏古文也。譙允南《五經然否論》援《古文書説》以證成王冠期。考今孔《傳》無之,則允南亦未見孔氏古文也。《正義》謂王肅注《書》,始似竊見孔

〔一〕翁方綱《經義考補正》卷三,頁三二一—三三二。
〔二〕張宗友《〈四庫全書總目〉與〈經義考補正〉誤解〈經義考〉一則考辨》,載《古典文獻研究》第八輯,鳳凰出版社,二〇〇六年,頁一八八—一九五。

《傳》，故注亂其紀綱爲夏太康時。然考陸氏《尚書釋文》所引王注不一，并無及於增多篇内隻字，則子邕亦未見孔氏古文也。《正義》又引《晉書》皇甫謐從姑子外弟梁柳得《古文尚書》，故作《帝王世紀》，往往載孔《傳》五十八篇之書。夫士安既得五十八篇之書而篤信之，宜於《帝王世紀》均用其説。乃孔《傳》謂堯年十六，即位七十載，求禪試舜三載，自正月上日至堯崩二十八載，堯死壽一百一十七歲。而《世紀》則云堯年百一十八歲。孔《傳》謂舜三十始見試用，歷試二年，攝位二十八年，即位五十年，升道南方巡守，死於蒼梧之野而葬焉，壽百一十二歲。而《世紀》則云舜年八十一即真，八十三而薦禹，九十五而使禹攝政，攝五年，有苗氏叛，南征崩於鳴條，年百歲。孔《傳》釋『文命』，謂『外布文德教命』，而《世紀》則云：『足文履己，故名文命，字高密。』孔《傳》釋伯禹，謂『禹代鯀爲崇伯』，而《世紀》則云：『堯封爲夏伯，故謂之伯禹。』孔《傳》釋《吕刑》：『吕侯爲天子司寇。』而《世紀》則云：『吕侯爲相。』所述與孔《傳》多不同，竊疑士安亦未必真見孔氏古文也。《正義》又云：『《古文尚書》，鄭冲所授。冲在高貴鄉公時，業拜司空。高貴鄉公講《尚書》，冲執經親授，與鄭小同俱被賜。』使得孔氏增多之書，何難經進？其後，官至太傅，禄比郡公，幾杖安車，備極榮遇，其與孔邕、曹羲、荀顗、何晏共集《論語訓注》，則奏之於朝，何獨孔書止以授蘇愉，秘而不進？又《論語解》雖列何晏之名，冲實主之，若孔書既得，則或謂孔子章引《書》，即應證以《君陳》之句，不當復用包咸之説，謂『孝乎惟孝，美大孝之辭』矣。竊疑冲亦未必真見孔氏古文也。（卷七六『孔氏（安國）《尚書傳》』條）

案：朱彝尊在此則中舉例證明許慎并未見到孔氏之書，并證譙周（字允南）、王肅（字子邕）、皇甫謐（字士安）、鄭冲等均未見孔氏古文。其論有據，其説可信。劉起釪指出：『皇甫謐處於魏、晉之交，當時并没有所謂孔《傳》，他自然不可能見到所謂孔《傳》。這點朱彝尊《經義考》説得最有力。』『其後程廷祚《晚書訂疑》沿用朱氏堯年、舜年、文命、伯禹諸條，并補充「孔《傳》謂成湯没而太甲立，而《世紀》云湯崩之後有外丙仲壬」一條，因而也論定皇甫謐無見晚書之理。這些論斷都是對的。』〔一〕對朱彝尊本條考辨成就予以肯定。

（二〇）按：《漆書古文》雖不詳其篇數，而馬、鄭所注，實依是書。陸氏《釋文》采馬氏注甚多，然惟今文及《小序》有注，而孔氏增多二十五篇，無一語及焉。安國《序》中稱伏生口授裁二十餘篇，德明謂即馬、鄭所注二十九篇是也。蓋今文二十八篇，益以《小序》，合二十九。德明又云：『馬、鄭所注并伏生所誦，非古文也。』然則漆書亦止有今文二十八篇而已，孔氏增多之書無之也。夫東漢爲《古文尚書》者不一家，有蓋豫所傳，有杜林所得，初不本於安國，而孔穎達《正義》謬稱孔所傳者，賈逵、馬融等皆是。世儒不察，見古文字即以爲安國所傳，亦粗疏甚矣。（卷七七『杜氏（林）《漆書古文尚書》』條）

〔一〕其中引用朱氏考證文字從略。參劉起釪《尚書學史》，頁一七五。

案：根據當代學者之考證，東漢杜林得到《漆書古文》一卷，是孔氏所傳古文真本；杜氏即據古文字體改寫今文二十九篇，以爲《古文尚書》。杜林傳賈逵、馬融，賈逵傳許慎，馬融傳鄭玄，故諸家注文，實以此本爲據[一]。朱彝尊對『馬、鄭所注，實依是書』、漆書内無孔氏增多之書之判斷，以及對世儒『見古文字即以爲安國所傳』之批評，均有其理據。不過，朱氏仍然持第二十九篇爲《小序》之説，對此，本書在前面討論中已有分析。關於《尚書》古文本之傳授，王聘珍云：『杜林所得《古文尚書》即《漢藝文志》所云「中古文」，劉向當日以校歐陽、大、小夏侯三家經文者也。杜林之本即馬、鄭傳注之本，亦止伏生所傳二十八篇，而未有孔《傳》增多之書。故當日劉向以校三家經文，字异者僅七百有餘，脱字數十。若孔安國之本，則《漢志》明言得多十六篇，當不止於數百數十矣。由此可知《漆書古文尚書》原是西漢中秘之本，經新莽之亂，散落民間，而杜林得之也。又案：漢中秘本多是漆書，後漢有行賂求改蘭臺漆書以合其私文者。』[二]王氏之論斷，頗與今人之説合，所舉後漢行賂以改漆書之旁證尤爲有力，可見卓識。

（二一）按是書徐文肅爲東宮講官時所進，未曾刊行，亦不列撰書姓名。其後中璫錢能從宮中携出，遂爲鏤版。於時錢溥、劉宣序之，童軒跋之，皆不知爲文肅所著。予從同里曹侍郎溶家見之，因爲

[一] 劉起釪《尚書學史》，頁一二七—一三〇。
[二] 翁方綱《經義考補正》卷三，頁三四—三五。

標出。(卷八七『徐氏(善述)《尚書直指》』條)

案：此則朱氏此處言得書原委,因而考定作者。以其目驗,故所論不移,爲《四庫總目》卷一三《尚書直指提要》全文采用。兹不具引。

(三)《經義考》尚書部分考辨成就小結

朱彝尊《尚書》部分考辨類按語,雖然僅有二十一則,但就考辨内容而言,既有考辨《尚書》本身源流者,也有考辨其他《尚書》類著作者(但以前者爲主);就考辨程度來説,或可定論,或仍需存疑。就涉及問題而言,凡《尚書》學史上之重大問題,如今古文《尚書》之篇次問題,百篇《書序》問題,僞孔《序》問題,僞孔《傳》問題,僞孔《傳》本《尚書》之文本問題,今古文《尚書》之傳授問題等,朱彝尊均有所考辨。雖然朱氏之觀點,有些尚需作進一步討論,但大部分都是成立的,有些則經過後來學者續加考訂而得以定論〔一〕。他對《尚書》價值之體認,亦較爲客觀,既不因其作爲經典而尊奉無疑,亦不以其内容

〔一〕當然,限於體例,朱彝尊在《經義考》中的按語畢竟有限。他在《尚書》學上的見解,也并不僅見於這些按語中。他曾著有《尚書古文辨》一文,又在若干序跋中也表達了部分觀點(均收入《曝書亭集》)。比如,他通過對《召誥》《洛誥》記載日期方法的考察,從而疑《武成》篇爲僞;通過考察《蔡仲之命》對先人的稱呼,從而疑該篇爲僞等,都是比較可信的。比較而言,他大部分的考辨成果都保存在《經義考》的按語中了。筆者撰有《論朱彝尊〈尚書〉學研究》一文(載《古典文獻研究》第六輯,江蘇古籍出版社,二〇〇三年,頁一三三—一四八),對其成就進行了初步的探討,并比較了朱彝尊和朱熹、王夫之、閻若璩等人在《尚書》研究上的不同特點。

有僞而全部否定。

朱彝尊對《尚書》真僞等問題的考辨，并不專私己見，固守一隅，而是同閻若璩等保持有學術聯繫與互動。他曾輯《經義考》中有所發明者凡十四條，以所擅八分書逐條工録，以付閻若璩，并致書云：『百詩先生撰《古文尚書疏證》，以攻豫章梅内史。近蕭山毛大可檢討著《古文尚書冤詞》，以辨梅書《孔傳》之真。予輯《經義考》，信《孔傳》之作僞。暇録管見請正於百詩，雖言之重而詞之復有不計也。』〔一〕劉起釪據此認爲，朱、閻二氏『在學術上是互相支持的』〔二〕。

由上節考析可知，朱彝尊對《尚書》諸問題之考辨，博采諸家之説，并不囿於一家之言；以經傳、史實爲依歸，推源溯流，比勘推理，語不輕出，有所論定，多平實之辭，少臆測之言，故多能得事實之真。對於朱氏之辨僞方法，林慶彰先生曾總結如次：一、從《古文尚書》的傳授，辨晚出《古文》之僞；二、就《古文尚書》的篇數，辨晚出《古文》之僞；三、從《史記》所引之《古文尚書》與晚出古文不合，辨之；四、就《傳》《注》内容不同，辨晚出《古文》之僞；五、從傳授家法，辨晚出《古文》之僞；六、從用後代地名，辨孔安國《傳》之僞；七、從晚出《書》記日與古例不合辨之；八、從晚出《書》用語與當時習慣不

〔一〕朱氏該信真迹爲田家英所得。陳烈著有《田家英與小莽蒼蒼齋》，影印此篇，題作《與閻若璩論理古文尚書卷》（生活·讀書·新知三聯書店，二〇〇二年，頁八六—九〇）。

〔二〕劉起釪《尚書學史》，頁三四七。

合辨之[一]。細繹林氏所舉諸例，基本上引用一則即立一法（所引各則，實僅圍繞晚出《古文》之僞、孔《傳》之僞這兩個主題），返視上節所舉各則按語，可知林氏之概括，尚有未賅之處；這或與林氏所體認的朱氏辨僞範圍有所局限有關。

明代胡應麟提出辨僞八法：『凡核僞書之道：核之《七略》以觀其源，核之群志以觀其緒，核之并世之言以觀其稱，核之异世之言以觀其述，核之文以觀其體，核之事以觀其時，核之撰者以觀其托，核之傳者以觀其人。核兹八者，而古今贋籍亡隱情矣。』[二]由此八法以觀，則朱氏之辨僞，無不有之。梁啓超曾指出辨僞有兩大類别：甲、就傳授統緒上辨别；乙、從文義内容上辨别[三]。朱氏之辨僞諸例，又均與此二類相合。胡適則將辨定史料真僞的論據，分爲五種：史事、文字、文體、思想、旁證[四]，而朱氏所舉諸證，又悉在五種之内。因此可以認爲，朱彝尊在《尚書》辨僞上所使用的方法，無疑比較全面而科學。

朱彝尊之《尚書》辨僞成就，爲後人所取信。如四庫館臣於《尚書正義提要》内，將朱氏與梅鷟、閻

[一] 林慶彰《清初的群經辨僞學》，頁一九一—一九七。
[二] 胡應麟《四部正訛（下）》，載其《少室山房筆叢》卷三二，上海書店出版社，二〇〇一年，頁三二二。
[三] 梁啓超《古書真僞及其年代》，中華書局，一九五五年，頁四四—六六。
[四] 胡適《中國哲學史大綱》，上海古籍出版社，一九九七年，頁一四—一六。

若璩等并舉：

《孔傳》之依托，自朱子以來遞有論辨，至國朝閻若璩作《尚書古文疏證》，其事愈明。其灼然可據者，梅鷟《尚書考异》攻其注《禹貢》瀍水出河南北山一條，積石山在金城西南羌中一條，地名皆在安國後。朱彝尊《經義考》攻其注《書序》東海駒驪、扶餘、馯貊之屬一條，謂駒驪王朱蒙至漢元帝建昭二年始建國，安國武帝時人，亦不及見。若璩則攻其注《泰誓》『雖有周親，不如仁人』，與所注《論語》相反。又安國《傳》有《湯誓》，而注《論語》『予小子履』一節，乃以爲墨子所引《湯誓》之文（案：安國《論語注》今佚，此條乃何晏《集解》所引）。皆證佐分明，更無疑義。[一]

館臣於提要内共舉出五例（梅鷟二例，朱彝尊一例，閻若璩二例），以明學者對《古文尚書》之辨僞。事實上，由上文梳理可知，館臣所標舉之閻若璩辨僞二例，朱彝尊均有考辨，且論證甚力。那麽，館臣所舉五例，朱彝尊實居其三。朱、閻二氏孰前孰後，已不能詳考[二]，至少可明二氏或相互啓發，有同調共鳴之效。

[一]《欽定四庫全書總目》卷一一，《景印文淵閣四庫全書》第一册，頁二五三。

[二] 案：朱彝尊曾致信閻若璩，討論《尚書》辨僞問題，凡十四條，其可見者十一條，其中即有『雖有周親，不如仁人』一條（見前注《田家英與小莽蒼蒼齋》所載）。

朱彝尊在《尚書》辨僞中所采取的方法，全面而科學，因此具有借鑒意義。前揭朱氏曾用孔安國所注《論語》之文與《孔傳》相較，以證後者之僞。與此相應，閻若璩在《尚書古文疏證》内，亦列專條『言安國注論語與今書傳异』，對孔注《論語》與《孔傳古文尚書》進行了詳細的比勘，不但旁證出《孔傳》與孔注《論語》不同，并且反證出《孔傳》所注之《湯誥》《泰誓》《武成》等篇都是僞托〔一〕。

晚清楊昭楷論本朝經師得失，以爲清初諸儒矯宋明以來蹈空之弊，以實事求是爲本，分途爲二：一曰辨駁，二曰考訂。『蓋辨駁者，所以别真僞，明是非，辟妄人之假托，闡先聖之微言，所謂明道者也。考訂者，所以稽同异，審得失，斥衆家之龐説，據古書之孤證，所謂守道者也。』〔二〕循此以觀，則朱氏考辨，實兼而有之。

朱彝尊在《尚書》辨僞等方面的學術成就，獲得當代學者的稱譽。盧仁龍指出，其《經義考》『奠定了朱彝尊與顧炎武、閻若璩開創清初考證之學的首要地位』〔三〕。嚴文儒、吴定德推崇道：『朱彝尊經史

〔一〕閻若璩之文，見其《尚書古文疏證》第十九條（卷二，《清經解續編》本，第一册，頁一二六—一二七）。閻氏雖與朱氏往復質辨大義，而其書中語涉朱氏者僅兩條。一則云：『大抵錫鬯平生不敢疑古文，見諸贈余詩，所援引每如此。』（卷五，頁二五一—二五二）一則云：『蓋近撰《經義考》，雖漸爲愚見所轉移，終不透耳。』（卷八，頁四八〇）高自期許而輕詆朱氏。揆諸以上討論，可知閻氏之評，難稱公允。錢穆曾考閻氏輕詆顧炎武、黄宗羲言行事，以爲其『非學者襟度，方且見笑於通人也』（參錢穆《中國近三百年學術史》，商務印書館，一九九七年，頁二四七）。

〔二〕楊昭楷《國朝經師得失論》，載《沅湘通藝録》卷一，江標編校，《叢書集成初編》本，頁三二一。

〔三〕盧仁龍《〈經義考〉綜論》，載《社會科學戰綫》一九九〇年第二期，頁三三四。

詩文均通，考據與顧炎武、閻若璩鼎足而三。』[一]

在中國思想史及學術史上，清初對古文《尚書》真僞等諸問題的考辨，具有重大的時代意義[二]。朱彝尊在《尚書》辨僞等方面的學術成就，不僅貢獻了考辨成果及方法，更對清初徵實學風形成，具有積極的推動作用。正如陳祖武所指出的，朱氏與他同時代的學者，如顧炎武、黄宗羲、黄宗炎、閻若璩、胡渭、姚際恒、毛奇齡等，『同調共鳴，相得益彰，爲清代漢學的興起開了先路』[三]。

[一] 嚴文儒、吴定德《中國理學（二）》，東方出版中心，二〇〇二年，頁三〇二。

[二] 梁啓超指出：『二千餘年來公認爲神聖不可侵犯之寶典，上自皇帝經筵進講，下至蒙館課讀，没有一天不背誦他。忽焉真贓實證，發現出全部是假造，你想，思想界該受如何的震動呢？……自此以後，今文和古文的相對研究，六經和諸子的相對研究，乃至中國經典和外國經典相對研究，經典和「野人之語」的相對研究，都一層一層的開拓出來了。』他由此推崇閻若璩《古文尚書疏證》爲『近三百年學術解放之第一功臣』（梁啓超《中國近三百年學術史》，頁七九—八〇）。

[三] 陳祖武《朱彝尊與〈經義考〉》，《文史》第四十輯，頁二二二。

第六章　《經義考》之學術前承

任何學術著作，均非無源之水，無不建立在前代思想著述、文獻積累的基礎之上。目録學首先是記録之學，更以斷代或通代著述爲記録對象；目録學又是辨章之學，講求會通群籍，條别學術源流，尤其注重對前代既有學術成就之取則與發揮。因此，考察一部目録學著作同前代文獻之關係，是洞徹其源流、彰明其價值的重要手段與步驟。

一　《經義考》與前代文獻關係概論

《經義考》與前代文獻〔一〕之關係，可以從兩個方面來看。一方面，前代文獻作爲資料來源，成爲《經

〔一〕這裏的前代文獻是泛指，包括朱氏所引同時學者之著述。

義考》條目、提要及按語考辨的取材對象。其直接表徵之一,就是《經義考》各條目下所附注之文獻出處;經檢,此類標明出處之文獻,實以書目居多。例如,筆者統計出,《經義考》條目內注明采自《隋志》者五百二十八處,采自《七録》者有二百八十七處,二者合計八百一十五處;而《隋志》云:『凡六藝經緯六百二十七部,五千三百七十一卷。』可見,《經義考》所列條目,實際上能涵括《隋志》經部之著録〔一〕。此外,《經義考》所輯録的大量材料,無論其徵引形式如何(如稱『某某曰』者),這些材料所從出之文獻,均爲《經義考》的取材來源(本書第四章已對其輯録文獻進行了統計,并就其被引用的不同作出了分析)。可以説,博徵群籍,通貫四部,不僅是朱彝尊治學特色之所在,更是他撰寫《經義考》的必要條件。

另一方面,有些前代文獻不僅提供了直接的資料來源,還在著述體例上影響了《經義考》的編纂。這類文獻也以書目居多。王士禛《居易録》記云:

竹垞過邸舍云:『近著一書曰《經義存亡考》,以鄭夾漈《經籍志》作骨而附益之,不傳者存其目,其傳者略論作者之意,辨其得失。』蓋仿西亭《授經圖》,兼用晁公武《讀書志》之例也。竹垞篤

〔一〕 凡《隋志》中言《七録》有者,《經義考》徑注曰『《七録》』。由於《七録》久佚,朱彝尊無緣得見,因此,故此類注明引自《七録》者,實際上亦引自《隋志》。又,《經義考》對《隋志》之取材,并不限於經部,并有析一人之書爲數條者,故其所注數字,超過《隋志》經部實際著録之數。

好經學，所録多鄞范氏天一閣、禾中項氏及曹氏倦圃、温陵黄氏千頃堂秘本。〔一〕

王士禛（一六三四—一七一一）〔二〕與朱彝尊俱爲清初詩學大家，并稱『南朱北王』，且爲友朋之交，過從較密，『交深于把臂之前，而情洽于布衣之好』〔三〕。因此，王氏之記載是可靠的。據考，朱、王二人此次相會，係朱氏往訪王氏，時間是在康熙三十年（一六九一）六月〔四〕。在此前一年八月二十一日，朱彝尊往會陸隴其，已表明欲通考歷代經籍存亡之意〔五〕。由此可見，朱彝尊此際正在着手編撰《經義存亡考》，故向王士禛暢談編撰旨趣及欲仿效之前代典籍，爲王氏載入筆記。其中提及三部著述：

（甲）鄭樵《通志》。鄭樵《通志》中有《藝文略》，通記歷代載籍，其分類尤能突破前人；又有《校讎略》，係第一部古典目録學（校讎學）理論專著，對劉向、歆父子以來目録之學，加以發揮。朱彝尊在編撰《經義考》時，自然受到二《略》之深遠影響。實際上，馬端臨《文獻通考》（以下簡稱《通考》）中《經籍

〔一〕王士禛《居易録》卷一二，《景印文淵閣四庫全書》第八六九册，頁四五〇。

〔二〕王士禛字子真，又字貽上，號阮亭，别號漁洋山人，濟南新城人。順治十五年（一六五八）進士，官至刑部尚書。有《帶經堂全集》等（見張宗友《朱彝尊年譜》，頁八六）。

〔三〕朱彝尊《王禮部詩序》，載《曝書亭集》卷三七。

〔四〕蔣寅《王漁洋事迹徵略》，人民文學出版社，二〇〇一年，頁三七一。

〔五〕陸隴其《三魚堂日記》卷一〇：『（庚午八月）十二，朱錫鬯來……又言欲自纂一《經籍存亡考》。』（見《朱彝尊年譜》六二・一七條，頁三七六—三七七）

考》，是一部通考歷代要籍之書目，其序尤能闡述文運之源流；而且采用輯録體之解題體例，於標目之下，采録前儒論説，并間有按語考辨，開啓輯考體體例之先河。朱彝尊編撰《經義考》，即以輯録體爲主，而兼用輯考體，正是對馬氏編撰《經籍考》前例之繼承與發展。後來朱氏在《寄禮部韓尚書書》中，自言『因仿鄱陽馬氏《經籍考》而推廣之，自周迄今，各疏其大略』〔二〕，實爲夫子自道。朱彝尊一向敬重早負文名的王士禛，此番相會，談及編撰旨趣與方法，既然提及《通志》，度其當時，亦必然提及《文獻通考》。鄭樵《通志》有《藝文略》《校讎略》而無《經籍志》，馬端臨《文獻通考》有《經籍考》，故王氏所記『以鄭夾漈《經籍志》作骨而附益之』之語，當爲一時筆誤；揆諸實際，當以『以《經籍考》作骨而附益之』，更得其實。

（乙）朱睦㮮《授經圖》。此書圖、傳、目三者交相爲用，係朱彝尊《經義考》之『嚆矢』（《四庫總目》）、『先導』（胡玉縉語）。説詳本書第一章第三節第四小節。

（丙）晁公武《郡齋讀書志》。此目係解題目録，是現存三種宋代私家書目之一。在每一種書下均撰有解題，或介紹作者，或考查内容，或辨別真僞，或追溯源流，或評論價值，或考察存佚，或叙述版本，或校勘文獻，爲後世目録所取則。朱彝尊在《經義考》中，不僅對晁氏之説多有稱引，而且其案語内容

〔二〕《曝書亭集》卷三三，參本書第一章所引。

也受到晁氏解題的影響，針對作者生平及著述内容進行多方面的考辨。因此，王士禛所記幾部書，確爲朱彝尊《經義考》非常重要的學術前承。

王士禛筆記中還提及數位藏書大家，無疑是朱彝尊編纂《經義考》時非常重要之圖書來源：

（甲）『范氏天一閣』：指范欽創建的寧波天一閣，以藏書之富、收藏之謹而名滿天下。

（乙）『禾中項氏』：指項聖謨（一五九七—一六五八），字孔彰，號易庵，秀水人。出身世家，祖父項元汴以下，俱爲著名的收藏家和書畫家。

（丙）『曹氏倦圃』：指曹溶（一六一三—一六八五），字秋岳，又字潔躬、鑒躬，號倦圃，别號金陀老人、金陀老翁、鉏菜翁，秀水人。崇禎丁丑（一六三七）進士。順治時官至廣東布政使，康熙時官山西按察副使、陽和兵備道。著述宏富，與錢謙益、吴偉業在伯仲間，有《古林金石表》《崇禎五十宰相傳》《明漕運志》《劉豫事迹》《流通古書約》《硯録》《倦圃蒔植記》《静惕堂宋元人集書目》《静惕堂詩文集》等，另編有《學海類編》《續獻徵録》等。曹溶既是朱彝尊之同鄉，又是朱氏幕主與學術引導者之一，關係極爲密切。朱彝尊許多藏書，即抄自曹氏。

（丁）『温陵黄氏千頃堂』，指黄虞稷（一六二九—一六九一），字俞邰，號楮園，晋江人，僑寓金陵。諸生，舉鴻博，以母喪不與試。以徐元文薦，與修《明史》及《一統志》。藏書達八萬餘卷。有《千頃堂書目》《楮園雜志》等。

對《經義考》目録體例之前承,盧仁龍指出:

現存經學專科目録始於明代:朱睦㮮《授經圖》《經序録》、張儁《古今經傳序略》、孫承澤《五經翼》,都是其例,尤其是朱睦㮮的兩種,不僅開《經義考》之先,而且爲朱書奠定了基礎。……孫承澤《五經翼》在《經序録》的内容上尤有所豐富。每經門下,分别『畢搜前集中諸儒先所發明經趣者,各以經相次』。它由祇録序跋,發展成取資文集、筆記等各書論述。張儁《古今經傳序略》,王鴻緒稱:『余家有鈔本,有竹垞圖記,蓋《經義考》之嚆矢也。』

以上四書,雖均非純目録體著作,且搜羅有限;但開通考古今,迻録原序舊跋的創例,朱彝尊在此基礎上,取精用弘,擴展到了更爲廣泛的範圍。〔一〕

這四種書無疑在體例上給朱彝尊以啓發。(《授經圖》《經序録》二書,見本書第一章第三節之討論。)孫承澤《五經翼》二十卷〔二〕,館臣提要云:

是編雜取前人諸經序跋論説,以類相次,得《易》四卷,《書》二卷,《詩》四卷,《春秋》六卷,《禮

〔一〕盧仁龍《〈經義考〉綜論》,載《社會科學戰綫》一九九〇年第二期,頁三三五。前段兩處引文,分别出自平沆《五經翼序》及《增訂四庫簡明目録標注》,原注已明之。

〔二〕案:此書收入《四庫全書存目叢書》經部第一五一册(頁四七八—八五〇)、一五二册(頁一—一〇七)。

記》二卷。餘杭嚴沆益以承澤所作《周禮舉要》二卷共爲一編刊之。其書采摭未備，不及朱彝尊《經義考》之淹洽。至《周禮舉要》，備舉五官大義，亦頗有所發明。然議論多而考證少，亦异於先儒專門之學。王士禛《池北偶談》記康熙辛亥與承澤論經學，承澤自言《五經翼》『是十五年前所撰，不過集諸經序論耳，無當經學也』。是承澤亦有自知之明矣。〔一〕

王士禛所記，見其《池北偶談》卷一五『退谷論經學』條：『先生教以讀書當通經，因言：「元儒經學，非後人所及。」……且言生平學問，以朱子爲宗。……且言：「《五經翼》是十五年前所撰，不過集諸經序論耳，無當經學也。」時先生已七十有九，讀書日有程課，著述滿家，可謂耄而好學者矣。』〔二〕可見所謂『無當經學』之論，乃是孫氏自謙之辭，王氏固以『好學』視之；館臣坐實其言，未免過於苛求。據筆者統計，除相關序跋外，《經義考》轉引孫氏之説僅五則，故《五經翼》對《經義考》的啓示，主要在於其廣録序跋、文集、筆記等文獻材料的編纂方法，具有『導夫先路』的意義。

〔一〕《欽定四庫全書總目》卷三四，《景印文淵閣四庫全書》第一册，頁六九五。
〔二〕王士禛《池北偶談》，中華書局，一九八二年，頁三六五—三六六。

張僖《古今經傳序略》〔一〕，所選録經傳序目，總千一百餘篇；所録序跋文之作者上自秦漢，下迄明末，凡七百餘人。其書綜理四部，涉獵九流，廣采兼包，體例謹嚴。張氏自云：『今所録者，或附或離，或著或否；或因序以徵書，或書亡而序在。其别十有二：曰序，曰引，曰讀，曰贊，曰録，曰題，曰跋尾，曰書後，曰斷篇，曰表奏。述一書之梗概，記流傳之近遠，搜輯所集，略見於兹云。』其間於明人著述，所選爲富。該書體例，除輯録諸文外，復加題識，或闡述己意，或釋讀文本；詞旨精審，多存歿之感、歔欷嗟嘆之音。這一做法，類同解題。該書有白文『竹垞讀本』印章，既經朱氏目驗，則其所録資料，當爲朱氏所取材；題識之文，亦對朱彝尊撰寫按語，有所啓發。王鴻緒稱其爲『《經義考》之嚆矢』〔二〕，當得其實。

《經義考》所取裁的目録著述，當然遠不止上述四目。盧仁龍云：

〔一〕張僖（?—一六六三），明諸生，吴江人，字非仲，又字文通，號西廬。家富藏書，曾應南潯莊廷鑨聘修明史，作《明理學諸儒傳》。其能作《古今經傳序略》一書，或得益於此。順治十八年辛丑（一六六一）因明史案發而自沉。所著另有《三蓨略》《與斯集》《西廬詩草》等。《古今經傳序略》又名《古今經傳子史序略》，現存稿本，總十集，分訂八册，藏於哈爾濱師範大學圖書館。研究該書的論文有：《張雋生平與著述考略》（趙克、夏淑華，載《古籍整理研究學刊》一九九二年第二期，頁三七—四〇）、《張僖〈古今經傳序略〉讀記》（吴忠匡，載《中國文化》第十三期，生活·讀書·新知三聯書店，一九九六年，頁一九七—一九九）、《〈古今經傳序略〉與〈經序録〉比較研究》（王洪軍、顧長海，載《學術交流》二〇〇四年第五期，頁一三九—一四二）。張氏生平，另參柯愈春《清人詩文集總目提要》（北京古籍出版社，二〇〇一年，頁一九）。

〔二〕邵懿辰撰，邵章續録《增訂四庫簡明目録標注》，上海古籍出版社，一九七九年，頁三五七。

自班固於正史中立《藝文志》一門以存當代文獻之實，其後正史多有此篇；但是，多録一代或數代之實。私志、簿録也僅紀一家之有。至鄭樵《通志·藝文略》，始彙録舊目，包舉千代，開創通紀歷代文獻的先例。其後王應麟《玉海·藝文門》、焦竑《國史經籍志》，踵其前武。朱彝尊汲取其例，尤以鄭書爲骨，增補新得，把清初以前的經解目録，總爲一編，足允賅備之譽。〔一〕

盧氏從通紀歷代經籍的角度，强調了鄭氏、王氏、焦氏三家書目對《經義考》的影響，且以《經義考》『足允賅備之譽』，其論不移。但盧氏認爲《經義考》『尤以鄭書爲骨』，大約依據前揭王士禛《居易録》『以鄭夾漈《經籍志》作骨而附益之』之語而立論，而王氏所記，不盡準確（見前文辨析）。鄭樵主張分類宜細，此一見解，朱彝尊實有所師法。但如將二氏分類相較，其間實微有差异：鄭氏重在縱向層級之細分（《通志·藝文略》多至四級），朱氏分類重在横向類目之增多（《經義考》達三十類之富）。但是，從體例方面而言，上述四目及馬端臨《文獻通考》對《經義考》影響爲大，尤以《通考》爲最（這一點本章下節中有專門討論）；就《經義考》引用條目及解題資料而言，則分别以歷代史志及黄虞稷《千頃堂書目》爲主，均遠較《通志》爲多。事實上，《經義考》對以上諸家均有所承繼與發揚，并非僅僅依靠某一家增益而成。

〔一〕 盧仁龍《〈經義考〉綜論》，載《社會科學戰綫》一九九〇年第二期，頁三三六。

《千頃堂書目》（以下簡稱《千頃目》）是黄虞稷所撰并遞經學者增補的一部書目，《明志》則是清修《明史》的一部分。黄氏與朱彝尊同入史館，私交頗睦，因而朱氏撰《經義考》時，對黄虞稷之説多加采録，從而爲探討《千頃目》與《明志》的關係提供了重要取資；《經義考》與《千頃目》的關係，也是治目録學史者長期關注的論題。對三者關係研究最力的學者，當推王重民〔一〕、喬衍琯〔二〕兩位先生。王氏認爲，黄虞稷在《千頃目》的基礎上撰成《明史藝文志稿》，後人據此撰成《明史稿藝文志》，并删去宋、遼、金、元四朝内容，復據《經義考》增補《易》《詩》《書》三類；張廷玉《明志》則據《明史稿藝文志》爲底稿，僅改動十六處。後來學者對此説進行了修訂，如李慶指出，《明史藝文志稿》不成於黄虞稷一人之手，因而不能認爲該目基本上等同於《千頃目》〔三〕。喬衍琯爲厘清諸説，將《經義考》引用黄虞稷之説全部摘出〔四〕，然後以《千頃目》諸本逐條比勘；復以《明志》參校（以《書》類爲例），探討三目之間的關係。他

〔一〕王先生有《〈千頃堂書目〉考》一文（載《國學季刊》第一卷第七期），後收入其《中國目録學史論叢》一書（中華書局，一九八四年，頁一八五—二一二）。

〔二〕喬先生《〈經義考〉所引〈千頃堂書目〉彙證》一文，載《書目季刊》第六卷第三、四期合刊本（一九七二年）；《論〈千頃堂書目〉〈經義考〉與〈明志〉的關係》一文，載《國立中央圖書館館刊》新十卷第一期（一九七七年）。二文均收入《朱彝尊經義考研究論集》（頁碼分别爲二六五—三六八、三六九—四〇六）。

〔三〕李慶《論〈明史藝文志〉與〈千頃堂書目〉之關係》，載《中華文史論叢》第五十九輯，上海古籍出版社，一九九九年，頁二六七—二九六。

〔四〕喬先生統計出《經義考》共引黄虞稷之説三百五十五條，而筆者統計出有三百八十二條。

得出的結論是：《千頃目》不是黄虞稷的藏書目録；《明志》經部至少在五經部分，并不是依據《千頃目》，而是根據《經義考》再加别擇，故有半數不見於《千頃目》；《千頃目》爲《經義考》所取用，然亦有未采者；《經義考》所采黄虞稷之説，亦有出《千頃目》之外者。喬氏的結論建立在資料比勘的基礎之上，因而易使人信服；這種探討文獻關係的方法，尤資借鑒。

此外，明末學者吴肅公和吴承漸編輯《經史序録》，『選輯了經學和正史的序文和作者的傳記，對於初學明瞭經史的内容和源流，很有便利，形成爲專科的目録學，實開朱彝尊《經學〔義〕考》和章學誠《史籍考》的先河』〔一〕。

本節簡要地討論了《經義考》與前代文獻之關係，主要簡介了在體例方面影響較大的幾部書目。事實上，任何學術著作都不能不對前人著述有所借鑒、參考，以守正出新，撰成佳構。那麽，朱彝尊編撰《經義考》之時，是如何對前人著述加以取材的？其取用範圍與方式如何？這是在探討《經義考》的學術前承時，必須面對的重要問題。

〔一〕 謝國楨《明末清初的學風》，人民出版社，一九八二年，頁四三。

二　論《經義考》與《文獻通考·經籍考》

本書第二章、第四章,分别討論《經義考》著録體系、提要體系,對其條目及輯録文獻進行統計與研究。本節擬再通過對《經義考》與馬端臨《文獻通考·經籍考》關係之探討,對《經義考》之學術前承再作具體而微之考察。

馬端臨(一二五四—一三四〇)〔一〕,字貴與,號竹洲,饒州樂平(今江西樂平)人。入元時已二十五歲,故以南宋遺民自居,以探討治國安民之術爲己任。其《文獻通考》分二十四類,凡三百四十八卷,「探討會通因仍之道,講究變通張弛之故」〔二〕,爲中國典章制度通史之巨著,以資料豐贍、節目明備、去取精審、考辨精當而著稱。四庫館臣稱此書「條分縷析,使稽古者可以按類而考」,「按語亦多能貫穿古今,折衷至當」〔三〕。其中《經籍考》部分,凡七十六卷,是繼《漢志》《隋志》及晁公武《郡齋讀書志》、陳振孫《直齋書録解題》等之後,最重要的綜合目録之一。《經籍考》著録自古迄宋可考之書約五千種,各書

〔一〕關於馬端臨卒年之討論,參王瑞明《馬端臨評傳》,第五頁注①。
〔二〕王瑞明《馬端臨評傳》,頁三。
〔三〕《欽定四庫全書總目》卷八一,《景印文淵閣四庫全書》第二册,頁六八五—六八六。

之下并録《郡齋讀書志》《直齋書録解題》之提要，以及各家書目、原書序跋、諸儒論説等相關資料，以資考鏡；凡有論斷，則以按語出之，因而在史料、體例等各個方面，對後世均産生了重大的影響。

本書選擇《文獻通考·經籍考》〔一〕作爲比較研究的對象，主要基於以下幾方面的考慮：

（甲）前人多以《經義考》本諸《文獻通考》而作，這必然基於《經義考》多方面取資於《通考》的認識。是以探討二目關係，能够考見出這種取資的廣度和深度。

（乙）就已有的解題目録而言，《玉海·藝文》《文獻通考·經籍考》主要采用輯録體的提要形式，《經義考》因此與之相近；但就體例及文字而言，《玉海·藝文》顯得比較零亂，不及《通考》整飭。

（丙）晁公武《郡齋讀書志》〔二〕、陳振孫《直齋書録解題》〔三〕是宋代著名的提要目録，《文獻通考》曾大量采録二書之提要。探討《經義考》同《經籍考》之間的關係，當能間接地考察這兩部書目的被引情况，對發現某些提要的本來面貌，或能提供有益的綫索。

綜上，對《經義考》同《經籍考》關係加以探討，既有助於瞭解《經籍考》之學術影響，也有助於考溯

〔一〕本書所用版本爲文淵閣《四庫全書》本（《景印文淵閣四庫全書》第六一四册）和中華書局本（一九六五年）。《經義考》與《文獻通考》之《經籍考》并舉時，爲行文方便，將其合稱爲『二《考》』。

〔二〕本書主要采用《景印文淵閣四庫全書》本及孫猛校證本（《郡齋讀書志校證》，上海古籍出版社，一九九〇年）。後者或簡稱作『校證本』。

〔三〕本書主要采用《景印文淵閣四庫全書》本及上海古籍出版社本（徐小蠻、顧美華點校，一九八七年）。後者或簡稱作『點校本』。

《經義考》在著録體例方面的學術淵源，探討其在條目及輯録文獻等方面對《經籍考》之引據，因而具有重要的研究價值。以下即從著録體例與内容等方面，對二者關係加以探析。

(一) 著録體例

著録體例是探討書目關係的重要切入點，大致包括分類體系、條目體例及提要體例等方面。

一、分類體系

《經籍考》之經部與《經義考》所分小類，如下表所示：

表六——一 《文獻通考·經籍考》與《經義考》分類對照表

《經籍考》經部	易、書、詩、禮、春秋、論語、孟子、孝經、經解、樂、儀注、謚法、讖緯、小學
《經義考》	御注、敕撰、易、書、詩、周禮、儀禮、禮記、通禮、樂、春秋、論語、孝經、孟子、爾雅、群經、四書、逸經、毖緯、擬經、承師(廣譽附)、宣講、立學、刊石、書壁、鏤板、著録、通説、家學、自叙

本書第三章已指出，《經義考》出於通考歷代經義的需要，構建了一個多角度、多層次的立體分類體系，所分門類達三十種之多，而其核心類别則爲易、書、詩、周禮、儀禮、禮記、通禮、樂、春秋、論語、孝經、孟子、爾雅、群經、四書等十五類。推其淵源，則易、書、詩、禮(朱氏細分爲四類)、樂、春秋、論語、孝經等類，爲《漢志》以降各家綜合目録均有之類目；群經類則相當於《舊唐志》《新唐志》《郡齋讀書志》

《直齋書録解題》等書目之經解類； 四書類沿用《明史・藝文志》，而溯源於《直齋書録解題》之論孟類。《經義考》無小學類而有爾雅類，蓋因小學爲經學之附類，與經學性質有异；《爾雅》則上躋爲經，故能單獨立類。 因此，《經義考》之核心類别，沿用的仍是《漢志》以降諸家綜合目録之基本類目。《經籍考》經部十四類中，儀注、謚法二類，爲《經義考》所無； 其他十二類，則與前述綜合目録之基本類别相同。 因此，就分類原則及類目設置而言，《經義考》受《經籍考》的影響非常小，二者之間當無直接之源流關係。

二、條目體例

在條目體例方面，《經籍考》并無明晰、統一的結構形式，顯得比較雜亂。 以其易類爲例，其中所出現的條目形式有：

（一）撰人姓名＋書名，如：『丁寬《易》』『鄭康成《易注》』；

（二）撰人姓氏＋書名＋卷數，如：『吕氏《易章句》一卷』；

（三）撰人姓名＋書名＋卷數，如：『李鼎祚《周易集解》十卷』；

（四）撰人姓名＋書名＋卷數＋撰人姓名＋書名＋卷數，如：『王介甫《易解》二十卷 龔原、耿南仲注《易》各二十卷』；

（五）書名＋卷數，如：『《東坡易傳》十一卷』；

（六）書名，如：『《周易新論傳疏》』；

（七）書名＋書名＋卷數，如：『《漢上易集傳》《易圖叢説》共十五卷』；

（八）撰人姓名＋書名＋書名，如：『宋咸《易訓》《易補注》《王劉易辨》』。

《經籍考》易類雖然衹有兩卷，而其條目之結構形式竟有八種之多。與此形成鮮明對照的是，《經義考》采用了『撰人姓氏（附名）＋書名＋篇卷＋存佚』的條目著録形式，不僅遠較《經籍考》整飭，而且提供了更爲豐富的文獻信息。其優點表現在：

其一，關於作者著録，《經義考》一律采用『姓氏』并附注其名的形式，而且作者的姓名一直在書名之前，具有良好的識斷作用。《經籍考》之作者姓名，則或標或不標，并無統一的標準。故楊果霖指出：『整體而言，竹垞在作者的著録上，多能統一其例，是以遠較《經籍考》的簡省、混雜爲佳。』〔一〕

其二，《經義考》一般均標明文獻之篇卷，并且附注文獻出處；如果篇卷有异，則一并標明。這實際上標示了《經義考》條目所從出之文獻，較《經籍考》之僅標卷數（有時還不標），提供了更多的文獻信息。

其三，《經籍考》『先以四代史志列其目』，而對『存於近世而考者』（馬端臨《自序》）加以著録，故不注存佚。《經義考》則不論存亡與否，俱加著録，并采用『四柱法』，詳加標注。較之簡注或不注存佚者，四柱法顯然對著録文獻的流存狀况，有更爲精細而全面之記述。

〔一〕楊果霖《〈經義考〉徵引〈文獻通考・經籍考〉考述》，載《朱彝尊經義考研究論集》，頁二三三。

因此，在條目體例上，《經籍考》對《經義考》影響也較小。

三、提要體例

從提要體例上看，《經義考》却深受《文獻通考》影響：二者都以輯録體爲主，而《經義考》却將《通考》開創的輯考體形式，加以發揚光大，廣泛地用以補充、輯佚與論説，發揮編者個人之識見，大大增强了進行學術建構的能力。這是《通考》對《經義考》最重要的影響（詳本書第四章第一節之考論）。

《經義考》與《經籍考》之提要（解題），不僅在體例上有所不同，而且在其他方面，也微有差异。就輯録文獻之編次而論，《經籍考》一般以時間先後爲編次依據，如所引晁公武（《郡齋讀書志》）之説一般都在陳振孫（《直齋書録解題》）之前。但《通考》卷一七六『吕微仲《周易古經》二卷』條下，所引陳振孫之説反在晁公武之前，殊失其次。另就各則提要的起首語（楊果霖稱爲『引書題稱』）而言，《經義考》或列所引文獻名稱，或稱『某某曰』，比較整齊，『明顯要較《經籍考》所録爲佳』〔一〕。

此外，就引用文獻材料的方式而言，《經籍考》《經義考》均以單條材料爲主，一般是某人之説或某書之説，即分别繫於某人或某書之下。不過，由於某些著者有多種著作，或引用某人之説不止一處，則二者均有合數則文獻材料爲一則的現象。《經籍考》雖用『又曰』的方式分列材料，却未始終一貫，常將

〔一〕楊果霖《〈經義考〉徵引〈文獻通考·經籍考〉考述》，載《朱彝尊經義考研究論集》，頁二六二。

數則材料雜糅在一起，不分軒輊；而朱彝尊《經義考》一般没有雜糅現象，遠較《經籍考》整飭。兹舉一例。《通考》卷一七六『《伊川易傳》十卷』條：

《遺書》：張閎中以書問《易》之義本起於數。程子答曰：謂義起數，則非也。有理而後有象，有象而後有數；易因象以知數，得其義，則象在其中矣。必欲窮象之隱微，盡數之毫忽，乃尋流逐末，術家所尚，非儒者之務也，管輅、郭璞之學是已。又曰：理，無形也，故因象以明理；理，見乎辭者也，則可由辭以觀象。故曰：得其義則象數在其中矣。門弟子請問《易傳》事，雖有一字之疑，伊川必再三喻之。蓋其潛心甚久，未嘗容易下一字也。

又曰：《易傳》不看本文，亦自成一書。

又曰：《易傳》明白，無難看處。但此是先生以天下許多道理散入六十四卦、三百八十四爻之中，將作《易》看，却無意味；須將來作事看，即句句字字有用處耳。程先生《易傳》，義理精，字數足，無一毫欠缺，衹是於本義不相合。《易》本是卜筮之書，程先生衹説得一理。

程《易》言理甚備，象數却欠在。

案：上述四條引用資料，在該提要之輯録文獻中分别是第二、六、七、八條。經考，其第二條實爲兩段，前段見朱子所編《二程遺書》卷二一上，後段（自『門弟子請問』始）見朱子所編《二程外書》卷一二：本屬二書，而《經籍考》則將其捏合爲一。内容既出《遺書》之外，而僅以『《遺書》』二字領之，其實不能涵包。第七條（上揭第三則），亦爲兩段，俱見《文公易説》卷一九，後段（自『程先生《易傳》』始）又見《朱子語類》卷六九；第六條（上揭第二則）文少而單行，此條則文多而合一。第八條（上揭第四則）并無起首語，實見於《朱子語類》卷六七。第六、七、八三則，實均朱子之説，而或以『又曰』領之，或無起首之語，殊致淆亂。兩相比較，則《經義考》眉目清晰，自然爲勝。

（二）著録内容

除了在著録體例上的影響外，在著録内容方面（包括條目與提要等），《經籍考》也極具參考價值，成爲《經義考》重要的引據資源之一。

《經義考》與《經籍考》著録容量不同。《經籍考》通考歷代著述，以宋爲主，涵包四部，凡七十六卷。《經義考》通考歷代經義，所録以經部著述爲主，有三百卷之巨。以易類爲例，《經籍考》易類僅有兩卷（見全書卷一七五和卷一七六），凡一百零四個條目；《經義考》之易類則有七十卷，二千零四十一個條目。《經義考》易類條目中，南宋及以前之條目有一千一百二十四條（其中能考知出處者有一千一百零三條），約相當於《經籍考》易類條目數的十倍。

《經義考》易類條目中，據《經籍考》采録的僅有二十四條（其中宋人即有二十條）。爲《經義考》所采用之條數超過《經籍考》所采者，首推《宋史》，達二百四十六條（其中采自《宋志》者二百二十六條），有二百三十五條係宋人著述。可見,無論就《經義考》之采録總數,還是就其中宋人著述而言,《宋史》(以《宋志》爲主)均遠遠超過《經籍考》,約爲後者之十倍。條目被采録數超過《經籍考》的文獻還有:《隋志》,一百六十條(含采自《七録》者四十一條。《經義考》凡采自《七録》之條目,均係據《隋志》轉引者);《通志》,一百一十條(其中采自《藝文略》者三十七條);《兩唐志》,四十六條(其中采自《舊唐志》者僅四條);《閩書》,四十二條;《漢書》,三十九條(其中采自《漢志》者即達三十條)。《經義考》易類條目中直接采據《經籍考》者,僅排在第七位。

綜上可知,就條目而論,《經籍考》并非《經義考》最重要的引據文獻。除條目外,《經籍考》的輯録文獻也是《經義考》的重要引據資源。輯録體和輯考體這兩種提要體例的共同特點,就是在條目之下,輯録有大量的相關文獻,用以揭示所録著述的學術面貌與價值。考察《經義考》對《經籍考》輯録資料的引用,是探討二《考》關係的重要途徑。楊果霖即從引用文獻的角度,對二者關係加以精到之比較研究〔一〕。他指出:

〔一〕楊果霖《〈經義考〉徵引〈文獻通考·經籍考〉考述》,載《朱彝尊經義考研究論集》,頁二二七—二六四。該文共分五部分:一、前言;二、著録内容的分析(主要是在書名、作者、分類方面的差异);三、著録數量的分析;四、優劣的比較;五、結語。楊先生將《經義考》《經籍考》共有的引用材料全部統計出來,加以比較分析,抉微闡隱,多不刊之論;而在編纂旨趣、條目結構、提要體例等方面的探討,較爲缺乏。

竹垞轉録《通考》的資料，藉以奠定其編纂的基礎，故二書内容頗多重複，其中轉録《通考》的資料，即高達八二九次的解題，其中的重要性，甚至超過《千頃堂書目》的引用。

竹垞徵引的文獻資料中，竟有高達八二九項次的解題資料，見載於《通考》一書。

透過比勘之後，可知其中有多達七十二種的題稱，八二九項的解題資料，係來自《通考》一書。〔一〕

細繹其文，楊氏將《經籍考》《經義考》共同引用的解題資料，均看成後者轉引自前者的内容。但是，某則文獻材料爲兩部著作所共引，是否即能表明這兩部著作之間有必然的轉引關係，尚需經過細緻的比勘推理，纔能做出相應的判斷；否則，即使有所推論，亦有待於重新檢討。爲此，我們選取《經籍考》之易類（僅卷一七五、卷一七六共兩卷）爲例，對其共同引用之文獻（以下簡稱『共引文獻』）加以比較研究，藉收管窺之效。

從共同引用文獻的角度來分析，二《考》關係有以下幾種可能：

（甲）被引文獻、《通考》《經義考》三者全同，則《經義考》或本諸《通考》；

（乙）三者全异，則《經義考》不本諸《通考》；

〔一〕分見《朱彝尊經義考研究論集》頁二二九、二四一、二四三。

(丙)三者中惟被引文獻不同,則《經義考》本諸《通考》;

(丁)三者中惟《通考》不同,則《經義考》不本諸《通考》;

(戊)三者中惟《經義考》不同,則《經義考》可能本諸《通考》。

這樣看來,《經義考》和《通考》之間的關係有三種情形:《經義考》本諸《通考》,《經義考》或本諸《通考》和《經義考》不本諸《通考》。但這祇是出於演繹,實際情況則遠較此複雜,必須具體情況具體分析。

一、《文獻通考·經籍考》易類引用資料出處及統計

《文獻通考·經籍考》易類共二卷,凡一百零四個條目,引用了一百七十四條文獻資料〔一〕。筆者將這些引用資料的出處逐一考出(爲省篇幅,考證過程從略),如下表所示:

〔一〕《通考》卷一七五「焦氏《易林》十六卷」條,提要云:「説見占筮門。」故該條又見於卷二二〇,下列有三則資料。以其互見,亦統計在内,一并分析。又,關於二《考》易類共同著録的典籍,楊果霖先生統計出有一百零七種。參《〈經義考〉徵引〈文獻通考·經籍考〉考述》,載《朱彝尊經義考研究論集》,頁二四六。

表六—二 《文獻通考·經籍考》易類引用資料出處表

序次	引用資料起首語	引用次數	引用資料出處
一	「陳氏書録解題曰」「陳氏曰」	七十八	《直齋書録解題》(陳振孫)
二	「晁氏讀書記曰」「晁氏曰」	四十四	《郡齋讀書志》(晁公武)
三	「《崇文總目》」	十三	《崇文總目》
四	「《朱子語録》」	六	《朱子語録》
五	「本傳」	四	《漢書·儒林傳》(班固)
六	「按」	三	案：指馬端臨按語
七	「程子高弟尹公嘗謂」一條、「又曰」二條	三	《文公易説》(朱子)。案：其中第三條爲兩段，末段出自《朱子語類》
八	「巽岩李氏曰」	二	李燾。案：前一條惟《經籍考》有載。後一條爲李氏《周易古經·自序》，存《景印文淵閣四庫全書》本《古周易》(吕祖謙著)中
九	「《容齋隨筆》」	二	《容齋隨筆》(洪邁)
一〇	「夾漈鄭氏曰」	二	《通志》(鄭樵)
一一	「石林葉氏曰」	二	案：指葉夢得。這兩條均於《經籍考》中首見，不明所出

續表

序次	引用資料起首語	引用次數	引用資料出處
一二	『朱子曰』	二	案：前一條爲《伊川易傳・跋》(朱子)，又見《文公易説》；後一條見《晦庵集》。《經籍考》合兩段文字爲一段
一三	『《中興藝文志》』	二	《中興藝文志》
一四	『張氏曰』	一	《易通變》(張行成)
一五	『南軒張氏曰』	一	張栻。《經籍考》中首見，不明所出
一六	『《北史・劉炫傳》』	一	《北史・劉炫傳》
一七	『程子《序》』	一	《伊川易傳》(程頤)
一八	『遺書』	一	案：此條兩段，分别出自《二程遺書》《二程外書》(均爲朱子所編)
一九	『伊川以易傳示門人曰』	一	《二程外書》
二〇	『李潛《序》曰』	一	案：《經籍考》中首見，不明所出
二一	『先君曰』	一	案：指馬廷鸞。《經籍考》中首見，不明所出
二二	『邵伯温《辨惑》曰』	一	《周易辨惑》(邵伯温)
二三	『《自序》』	一	《易卦疑難圖・自序》(鄭東卿)
二四	案：無起首語	一	《朱子語類》

一般而言，某種文獻被徵引的次數越多，那麼，其於徵引者之價值相對就越大，影響也越大。從上表可以看出，《文獻通考》所引各種文獻，其被引次數比較懸殊。在一百七十四條引用資料中，出自陳振孫《直齋書録解題》（以下簡稱《解題》）者有七十八條，占百分之四十四點八三；出自晁公武《郡齋讀書志》（以下簡稱晁《志》）者有四十四條，占百分之二十五點二八。兩家書目合計有一百二十二條，占全部引據資料之百分之七十點一一，比例雖大，但不到四分之三。上述考察，有助於厘清學界長期之誤識。如四庫館臣《郡齋讀書志提要》稱：『馬端臨作《經籍考》，全以是書及陳氏《書録解題》爲據。』〔一〕又《直齋書録解題提要》稱：『馬端臨《經籍考》，惟據此書及《讀書志》成編。』〔二〕後來學者頗取此説：『馬端臨編纂《文獻通考·經籍考》，主要就是抄撮晁、陳二書，略加剪裁而成的。』〔三〕雖非無根之談，却未免過於絶對。

除晁氏《讀書志》、陳氏《解題》之外，《經籍考》易類引自其他文獻者，占四分之一强，其中又以出自朱子之説者爲多（凡九條，約占百分之五）；另有十一種文獻僅被引一次。

如將《經籍考》易類所引之一百七十四條資料，逐一同《經義考》所引者相較，即可發現，其中有二

〔一〕《欽定四庫全書總目》卷八五，《景印文淵閣四庫全書》第二册，頁七五九。
〔二〕《欽定四庫全書總目》卷八五，《景印文淵閣四庫全書》第二册，頁七六二。
〔三〕孫猛《郡齋讀書志校證》，頁四。

十六條資料,爲《經義考》所未引,約占百分之十四點九四。其他一百四十八條資料(約占百分之八十五點零六),則爲二《考》所共引。顯然,共引資料是探討二《考》關係的重要憑藉。

共引文獻中以晁《志》與《解題》被引次數最多,故宜先對二者加以討論。

二、論共引文獻之晁氏《讀書志》部分

晁公武《郡齋讀書志》,在版本上共有兩個系統:衢本和袁本。前者本於二十卷蜀刻本;後者本於四卷蜀刻本,而由《前志》《附志》《後志》等部分組成[一]。該書一直流傳不墜,因而可供朱彝尊直接取資;《通考》中也大量采録該書内容。因此,《經義考》中究竟哪些資料是采自《通考》者,哪些是直接取資於晁《志》者,仍然不能一概而論,需要仔細辨析。

《通考》易類共引晁《志》四十四條資料,其中有三條不爲《經義考》所引[二],故二者易類共引文獻之晁《志》部分共有四十一條。從理論上説,《經義考》所録,均有參考《通考》之可能性;但經筆者辨析,其中可以確認本諸《通考》者,祇有八條;并且有十一條資料,可以確認并不本諸《通考》;其他諸條,均或本諸《通考》。

[一] 關於晁《志》版本情況,參孫猛《郡齋讀書志校證·前言》,頁一—二。

[二] 這三則資料,分别對應於《經義考》『王氏(弼)《周易注》』條、『孔氏(穎達)等《周易正義》』條、『王氏湜《易學通考》』條。孔穎達條下,《經義考》所録《新唐志注》及穎達自序,已能涵包晁《志》之意,《經義考》或因此不録。其他二條,尚未明其故。

（一）《經義考》本諸《通考》

能判定《經義考》必本諸《通考》的共有八條，其情況互有不同，大體有以下兩種情況：《通考》文字與晁《志》不同（或有減省，或有闌入，或合數條爲一），而《經義考》全同《通考》，故必本諸《通考》；晁《志》、《通考》《經義考》文字互有不同，而《經義考》兼本之。兹舉數例如次：

①《經義考》卷一六「劉氏（牧）《新注周易》」條引「晁公武曰」：

皇朝劉牧長民撰。仁宗時，言數者皆宗之。慶曆初，吴秘獻其書於朝，優詔獎之，田況爲《序》。又有《鈎隱圖》三卷，皆《易》之數也。凡四十八圖，并遺事九，有歐陽永叔《序》，而文殊不類。

案：文淵本晁《志》卷一「劉長民《易》十五卷」條云：「右皇朝劉牧長民撰。仁宗時言數者皆宗之。慶曆初，吴秘獻其書於朝，優詔獎之。田況爲序。」下即「《鈎隱圖》三卷」條：「右劉牧撰。皆易之數也。凡四十八圖，并遺事九。有歐陽永叔序，而其文殊不類。」而《通考》卷一七五「劉長民《易解》十五卷」條，文字基本同於《經義考》所引，而「四十八」作「五十五」，「文」作「其文」，故《通考》先合晁《志》二條爲一也。

孫猛注云：

鈎隱圖三卷　……《經籍考》卷二無此五字,唯於劉長民《易解》條解題末云『又有《鈎隱圖》三卷』,綴此條解題於其後。

凡五十五圖　袁本作『凡四十八圖』,《經籍考》卷二同原本。按今本牧自序云『凡五十五位,點之成圖』,《玉海》卷三十六引《中興書目》云『凡八十四圖』、胡一桂《周易啓蒙翼傳》中篇引《讀書志》又作五十四圖。(校證本頁三四)〔一〕

所謂原本,指的是衢本,即《通考》所本。《經義考》既本《通考》,又或參考袁本與《玉海》,因而文字稍异。此屬《通考》合并提要,而《經義考》兼本之例。

②《經義考》卷一六『邵氏(古)《周易解》』條引『晁公武曰』:

古字天叟,雍之父也。世本范陽,而卒於洛。其學先正音文云。

案:文淵本《後志》卷一『邵古《周易解》五卷』條:『右皇朝邵古天叟撰。古,雍之父也。世本范陽。治平初,卒於洛,年七十九。其學先正音文云。』據孫猛校證本(頁三〇),衢本、袁本文字均同。《通考》卷一七五『邵古《周易解》五卷』條,其文則與《經義考》全同。故知《通考》省文在先,《經義考》全

〔一〕案:爲避免頻繁出注,本章引用《郡齋讀書志》孫猛校證本及《直齋書録解題》點校本頁碼,均附注於引文後,或夾注於行文中。經考察,筆者發現晁《志》之《景印文淵閣四庫全書》本,其文字實本於袁本。

録在後，則本之無疑。此屬《通考》省文，而《經義考》本之之例。

③《經義考》卷一七『皇甫氏（泌）《易解》』引『晁公武曰』：

> 泌，官至尚書右丞，有《述聞》一卷、《隱訣》一卷、《補解》一卷、《精微》三卷，又有《紀師説》《辨道》，通爲八卷。

案：《通考》卷一七五『皇甫泌《易解》十四卷』條，云：『晁氏曰：泌，官至尚書右丞，有《述聞》一卷、《隱訣》一卷、《補解》一卷、《精微》三卷，又有《紀師説》《辨道》，通爲八卷。』而《郡齋讀書志》卷一上『《周易述聞》一卷《隱訣》一卷《補解》一卷《精微》三卷』條云：『右皇朝皇甫泌撰。又有《紀師説》《辨道》，通爲八卷。』據校證本（頁三一）知衢、袁二本并同。可見《通考》所録與晁《志》有异。檢宋馮椅《厚齋易學》附録二『皇甫秘《易》』條：

> 《讀書志》：本朝皇甫秘撰《周易述聞》一卷、《隱訣》一卷、《補解》一卷、《精微》三卷，又有《紀師説》《辨[道]》，通爲八卷。

又元胡一桂《周易啓蒙翼傳》，也以皇甫泌『又有《紀師説》《辨[道]》，通爲八卷。』這二書蓋本晁《志》，而脱一『道』字。又《直齋書録解題》卷一『《易解》十四卷（案：《宋史・藝文志》作十九卷，鄭樵《通志》分載《易義》八卷、《補注》《精微》合三卷，與此合）』條，其提要有云：

尚書右丞皇甫泌撰,曰《述聞》、曰《隱訣》、曰《補解》、曰《精微》、曰《師説》、曰《明義》(案:《文獻通考》作『《辨道》』)〔一〕。其學得於常山抱犢山人,而莆陽游中傳之劉彝、錢藻,皆爲之序。山人者,不知其名氏,蓋隱者也。泌嘗守海陵,治平以前人。(點校本頁一一二)

與《經義考》本條下引『陳振孫曰』相對照,則《經義考》脱『者』、以『其名氏』爲『名』。故知《通考》前半段四種書名,本諸陳氏;後半段則本諸晁氏之説,合爲一條,而歸在晁公武名下。故《經義考》全文轉引《通考》,以爲晁氏之説。

④《經義考》卷一七『范氏(諤昌)《易證墜簡》』條引『晁公武曰』:

皇朝天禧中,毗陵從事建溪范諤昌撰。其書酷類郭京《舉正》,如《震卦·象辭》内云脱『不喪匕鬯』四字,程正叔取之;《漸卦·上六》疑『陸』字誤,胡翼之取之。自謂其學出於湓浦李處約、廬山許堅。意者果有師承,故程、胡有所取焉。

案:文淵本晁《志》卷一上『《證墜簡》一卷』條:

右皇朝天禧中,毗陵從事建溪范諤昌撰。其書酷類郭京《舉正》,如《震卦·象辭》内云脱『不

〔一〕案:此中夾注,據點校本(頁一三—一四),知爲元代程榮所加。榮爲宋儒程大昌之孫。

喪匕鬯』四字，程正叔取之；《漸卦・上六》疑『陸』字誤，胡翼之取之。自謂其學出於溢浦李處約、廬山許堅。意者豈果有師承，故程、胡有所取焉。

案：校證本（頁二八—二九）同文淵本，而『象辭』作『彖辭』，『意』後無『者』字。其注中并指出袁本有『者』字，且疑衢本脱之。條目中俱無『易』字。《通考》卷一七五『《易證墜簡》一卷』條下引『晁氏曰』，文字與《經義考》所引基本相同，而無『建溪』二字，末句作『意者豈果有師承，故程、胡取之』。由此可見，晁《志》《通考》《經義考》三者，互有微异。就條目言，《經義考》當本諸《通考》；就『建溪』、末句而言，《經義考》又本諸晁《志》。是爲三者微异，而《經義考》兼本之例。

（二）《經義考》不本諸《通考》

相對於判定《經義考》本諸《通考》而言，要判斷《經義考》不本諸《通考》，要困難得多，因爲《通考》畢竟是《經義考》重要的取資文獻之一，幾乎《通考》的所有材料，《經義考》都有參考和取用的可能。但筆者經過比較辨析，可以確認其中有十一條共引文獻，《經義考》并不本諸《通考》。當然，這種判斷，并没有否認朱彝尊有參考《通考》的可能，而衹是就某條資料而言，《經義考》選擇的是晁《志》（或其某一版本）所載而非《通考》所録。從文獻利用的角度來説，徵引時代更早的資料，一般更爲可靠。

《經義考》不本諸《通考》，大約有以下幾種情形：二者所本不同；《通考》省文而略，《經義考》不省而詳。兹舉數例。

①《經義考》卷七『京氏(房)《易傳》』條引『晁公武曰』：

《漢藝文志》：『《易》京氏凡三種，八十九篇。』《隋經籍志》有《京氏章句》十卷，又有《占候》十種七十三卷。《唐藝文志》有《京氏章句》十卷，而《易占候》存者五種，二十三卷。今其《章句》亡矣，乃略見於僧一行及李鼎祚之書。今傳者曰：『京氏《積算易傳》三卷，《雜占條例法》一卷。或共題《易傳》四卷。』而名皆與古不同。今所謂《京氏易傳》，或題曰《京氏積算易傳》者，疑《隋》《唐志》之《錯卦》是也，《錯卦》在隋七卷、唐八卷。所謂《雜占條例法》者，疑《隋志》之《逆刺占灾异》十二卷是也。至唐，《逆刺》三卷而亡其八卷。元祐八年高麗進書，有《京氏周易占》十卷，疑隋《周易占》十二卷是也。

案：文淵本晁《志》卷一『京房《易》三卷』條：

右隋有漢京房《章句》十卷。此書舊題京房《傳》，吴陸績注，皆星行氣候之學，非章句也。

案：其文至簡。校證本(頁一二—一七)所録，文字較《經義考》不同，且所載爲詳；蓋文淵本采自袁本，而校證本以衢本爲底本，或致有此异。《通考》所載『晁氏《讀書記》曰』，與衢本基本相同(其微异處，校證本已言，可參)。考《經義考》所載，其文實載晁説之《景迂生集》卷一八(後記類)，題名《記京房易傳後》，蓋爲晁公武所本，亦爲《玉海》所録。晁公武録此識語於京房《易傳》下(此點校證本已明，頁一三），又據此另撰提要。故《經義考》所本，乃是晁説之之文，而誤以爲公武文字；蓋未暇與衢本提要相復核。是以《經義考》不本於《通考》。（衢本及《通考》所録文字過長，兹不録。）此屬所本不同，而《經義考》有誤繫處。

②《經義考》卷一四『李氏（鼎祚）《周易集解》』條引『晁公武曰』：

鼎祚《集解》，皆避唐諱，又取《序卦》各冠《雜卦》之首，其《序》云：『刊輔嗣之野文，補康成之逸象。』蓋宗鄭學者也。《隋書·經籍志》所録《易》類六十九部，今所有五部而已。關朗不載於目，《乾鑿度》自是緯書，焦贛《易林》又屬卜筮，《子夏書》或云張弧僞爲；然則《隋志》所録，舍王弼書，皆未得見也。獨鼎祚所集諸家之説，時可見其大旨。《唐録》稱鼎祚書十七卷，今所有止十卷，蓋亦失其七，惜哉！

案：《通考》卷一七五『李鼎祚《周易集解》十卷』條下引『晁氏曰』：

鼎祚，唐人。集解，經皆避唐諱。又取《序卦》，各冠逐卦之首。所集有子夏、孟喜、京房、馬融、荀爽、鄭康成、劉表、何晏、宋衷、虞翻、陸績、干寶、王肅、王輔嗣、姚信、王廙、張璠、向秀、王凱同、侯果、蜀才、翟玄、韓［康］伯、劉瓛、何妥、崔憬、沈麟士、盧氏、崔覲、孔穎達三十餘家。又引《九家易》《乾鑿度》義。所謂蜀才者，人多不知。按：顔之推云：『范長生也。』其序云：『自卜商之後,傳注百家,唯王、鄭相沿,頗行於代。鄭則多參天象,王乃全釋人事。易之道,豈偏滯於天人哉！而天象難尋,人事易習。《折楊》《黄華》,學徒多從之。今集諸家,刊輔嗣之野文,輔康成之逸象,以貽同好。』蓋宗鄭學者也。《隋書·經籍志》所録易類六十九部,公武今所有五部而已。關朗[《易》]不載於目,《乾鑿度》自是緯書,焦贛《易林》又屬卜筮,子夏書或云張弧僞爲。然則《隋志》所録,舍王弼書,皆未得見也。獨鼎祚所集諸家之説,時可見其大旨。唐録稱鼎祚書十七卷,今所有止十卷,而始末皆全,無所亡失,豈後人并之邪。

兩相比較,可知《通考》(脱『康』『《易》』二字,校證本不脱)較《經義考》詳盡。據校證本(頁一八一二一)可知,《經義考》所本爲袁本(文淵本同),而《通考》所本爲衢本。二《考》所本不同,故《經義考》不本諸《通考》。

③《經義考》卷一四『郭氏(京)《易舉正》』條引『晁公武曰』:

京自稱家藏王、韓手札《周易》本及石經,校正一百三十五處,二百七十三字。蓋以《繇》《象》相正,有闕漏處,可推而知,托云得韓、王手札及石經耳。如《涣》之《繇》『利涉大川』下有『利貞』字,而《象辭》無之,則增入。《漸》之《繇》『女歸吉』下無『也』字,而《象辭》有之,則削去。他如此類。

案：晁《志》卷一上『《周易舉正》三卷』提要云：『右唐郭京撰。京嘗任蘇州司户。序稱：京家藏王弼、韓康伯手札《周易》本及石經，校正一百三十五處，二百七十三字。蓋以《繇》《象》相證，有闕漏處，可推而知，托云得王、韓手札與石經耳。如：《涣》之《繇》「利涉大川」下有「利貞」字，而《彖辭》無之，則增入；《漸》之《繇》「女歸吉」下無「也」字，而《彖辭》有之，則削去。他皆此類。』文淵本、衢本并同（參校證本頁二三——二四）。《通考》首句亦作『京自稱』，而脱去『《周易》本』之『本』字，且『如』字以下四十三字皆省去。由此可見，《經義考》首句曾參考《通考》，其餘文字，當直接本諸晁《志》，而不本諸《通考》。

④《經義考》卷一五『陸氏（希聲）《周易傳》』引『晁公武曰』：

希聲大順中棄官，居陽羡，自號君陽遁叟，著《傳》十卷，别撰《易圖》一、《指説》一、《釋變》一、《微旨》，通十卷。

晁《志》『《周易微旨》三卷』條提要云：

右唐陸希聲撰。［希聲仕至右拾遺。］希聲大順中棄官，居陽羡，自號居陽遁叟。著《傳》十卷，别撰《易圖》一、《指説》一、《釋變》一、《微旨》一，通十卷。此《微旨》也，皆設問答。［《崇文目》止有二篇。］

案：上引晁《志》中方括號内文字，皆文淵本所無，校證本(頁二三二)指出袁本亦無，則文淵本本諸袁本。《經義考》文字，亦當本諸袁本。《通考》卷一七五引『晁氏曰』云：『《微旨》三卷，皆設問答。』所引非常簡略，可見《經義考》并不本之。

以上各舉數例，以明《經義考》必本及不本諸《通考》之情形。另有二十二條共引晁《志》資料，没有充分證據可以表明，《經義考》是否本諸《通考》。以常理度之，《經義考》有可能在引用時對《通考》加以參考，故歸於『或本』一類。爲省繁文，兹不舉例。

三、論共引文獻之陳氏《解題》部分

陳振孫《直齋書録解題》，在《通考》易類所引文獻中數量最多，達七十八條；在二《考》共引文獻中，亦屬最多，共七十一條，近占全部共引文獻(一百四十八條)的一半。該書亡佚已久，清修《四庫全書》時，纔從《永樂大典》中輯出。潘景鄭在《直齋書録解題・前言》中説：

> 惟陳著書闕有間，今存世最早可睹者，祇元抄殘書四卷而已。清四庫館臣自《永樂大典》所輯成之二十二卷本，以聚珍字印行流傳。《提要》猶稱『當時編輯潦草，脱訛宏多，又原帙割裂，全失其舊』，固非原本面目也。洎後流傳之本，悉從此出。(點校本頁一)

朱彝尊曾藏有《解題》的四卷殘抄本，與文淵本相同，而字句微异。但該本僅存《楚辭類》一卷、《别集類》三卷，因而對易類各條的參考價值不是很大〔一〕。

如所周知，《通考》中采録了大量的《解題》資料，從而爲《經義考》引用《解題》提供了可靠的來源。通過逐條比勘，筆者發現其中有十一條共引文獻，二《考》在文本上存在着差异。其中可以斷定不本諸《通考》者，就有一例：

《經義考》卷六『焦氏（延壽）《易林》』『《易林變占》』兩條下引『陳振孫曰』：

又名《大易通變》，唐會昌景寅越五雲溪王俞序。凡四千九十六卦，蓋一卦可以變六十四也。又曰：舊見沙隨程氏所紀，紹興初諸公以《易林》筮時事，奇驗。求之多年，寶慶丁亥始得其書於莆田，録而藏之，皆韵語古雅，頗類《左氏》所載《繇辭》。間嘗筮之，亦驗。獨恨多脱誤，無他本是正。嘉熙庚子，自吴門歸霅川，偶爲鄉守王寺丞侑道之，因以家藏本見假，雖復多脱誤，而用兩本參互相校，十頗得八九。於是兩家所藏皆成全書，其間亦多重複，或數爻共一繇，莫可稽究。校畢，歸其書王氏，而志其校正本末於此。淳祐辛丑五月。

〔一〕何廣棪《陳振孫之生平及其著述研究》，文史哲出版社，一九九三年，頁四〇七—四〇九。這一殘本上有『曝書亭珍藏』『朱彝尊印』兩方印記。後又爲盧文弨所得。盧氏在《書新訂直齋書録解題後》（《解題》點校本末附，頁六六一）中，稱此書爲『元本』，乃『原本』（相對於『輯本』而言）之意，而非『元代之本』。

所引材料，實爲兩則，以『又曰』隔開。《經義考》引文通例，凡某人不同出處的資料彙集在一起時，則以『又曰』作爲標記。陳氏《解題》卷一二卜筮類『《易林》十六卷』條：

漢小黄令梁焦延壽贛撰。又名《大易通變》。唐會昌丙寅越五雲溪王俞序。凡四千九十六卦，其辭假出於經史，其意雅通於神祇。蓋一卦可以變六十四也。舊見沙隨程迥所記，南渡諸人以《易林》筮國事，多奇驗。求之累年，寶慶丁亥始得之莆田。皆韵語古雅，頗類《左氏》所載《繇辭》。或時援引古事，間嘗筮之，亦驗。頗恨多脱誤。嘉熙庚子從湖守王寺丞侑借本兩相校，十得八九。其中亦多重複，或諸卦數爻共一繇，莫可考也。（點校本頁三七四—三七五）

案：『五雲溪』爲地名。檢《通考》卷二二〇『焦氏《易林》十六卷』條引『陳氏曰』：

又名《大易通變》。唐會昌景寅越五雲溪王俞序。凡四千九十六卦。其辭假出於經史，其意雅通於神祇。蓋一卦可以變六十四也。舊見沙隨程迥所記，南渡諸人以《易林》筮國事，多奇驗。求之累年，寶慶丁亥始得之莆田。皆韵語古雅，頗類《左氏》所載《繇辭》。或時援引古事，間嘗筮之，亦驗。頗恨多脱誤。嘉熙庚子從湖守王寺丞侑借本兩相校，十得八九，其中亦多重復，或諸卦數爻共一繇，莫可考也。

案：若將《通考》所引與《解題》相較，則《通考》除『景』『復』二字异外，其他皆同。至於首句『某某人撰』不見引，則爲二《考》引文通例，不能作爲异同的根據。由此看來，《通考》所本，與今本《解題》正同。當然，考慮到文淵本《解題》係從《永樂大典》中輯出者，一定經過館臣的整理，那麽反過來參考《通考》所引，也在情理之中；所以，這一條提要也不排除本諸《通考》的可能性。二者相差甚微，所本相同則無疑。

若以《經義考》所引與今本《解題》相較，其不同處如次：一、《經義考》多『蓋一卦可以變六十四也』句。二、『程氏』與『程迥』异。三、『紹興初諸公』與『南渡諸人』异。四、『時事』與『國事』异。五、《經義考》無『多』字。六、『多年』與『累年』异。七、《經義考》多『其書』二字。八、《經義考》多『録而藏之』一句。九、《經義考》無『或時援引古事』句。十、『獨』與『頗』字异。十一、《經義考》多『無他本是正』句。十二、《經義考》『嘉慶庚子……得八九』句，與《解題》表述不同，而《經義考》爲詳。十三、《經義考》『於是兩家所藏皆成全書』句，《解題》無。十四、『其間』與『其中』异。十五、《經義考》少『諸卦』二字。十六、《經義考》『莫可稽究』與《解題》『莫可考也』异。十七、《經義考》『校畢』以下，爲《解題》所無。

差异之多，足證《經義考》必另有所本，且均與今本《解題》或《通考》所本不同者。檢諸《焦氏易林》之明成化九年（一四七三）彭華刊本〔二〕，其末有陳振孫《題識》云：

〔一〕南京圖書館古籍部藏，二卷，四册。本條資料的發現及對何廣棪著作的引用，均得益於武秀成先生的指導，在此謹申謝忱。

舊見沙隨程氏所紀,紹興初諸公以《易林》筮時事,奇驗。求之歷年,寶慶丁亥始得其書於莆田,録而藏之,皆韵語古雅,頗類《左氏》所載《繇辭》,間嘗筮之,亦驗。獨恨多脱誤,無他本是正。嘉熙庚子,自吴門歸霅川,偶爲鄉守王寺丞侑道之,因以家藏本見假,雖復多脱誤,而因兩本參互相校,十頗得八九。於是兩家所藏皆成全書。其間亦多重複,或數爻共一繇,莫可稽究。校畢,歸其書王氏,而志其校正本末於此。明年淳祐辛丑五月上浣直齋書。

可見,陳振孫此條《題識》,與《經義考》所録基本相同,惟《經義考》誤『曆』爲『多』,誤『因』爲『用』,蓋傳抄致誤。由此看來,《經義考》『又曰』一條,實本諸陳氏《題識》,惟末尾一句,有所減省而已。收入《解題》之文字與《經籍考》所録者,係經陳氏在《題識》基礎上改寫者,因而與《經義考》所録,頗有不同。雖然《經義考》所録之第一則,可視作對《經籍考》所録者加以減省而成,但其第二則文字,顯然并非據《經籍考》轉引。

另外尚有十條,《經義考》與《通考》在文本上頗多出入,但是還没有足够的證據表明朱彝尊别有所本。

關於《直齋書録解題》的版本情况,點校本《點校説明》云:

《直齋書録解題》原本五十六卷,相傳明毛晋有宋刻本半部。北京圖書館藏有抄本四卷(四十七—五十),著録爲元抄。北京大學圖書館有李盛鐸舊藏傳抄宋蘭揮舊藏本,亦爲五十六卷本,存

二十卷。五十六卷本之全本已不可見。四庫館臣從《永樂大典》輯出重編爲二十二卷，刻入武英殿《聚珍版叢書》中。（點校本頁三）

點校本的點校，以武英殿本作爲底本，元抄本、盧校本爲主要校本，又參校以《郡齋讀書志》《文獻通考》、各史藝文志[一]。與晁《志》整理者做法不同的是，《解題》的點校者并未提及《經義考》，因而未能對其异文情況加以探析。這是十分可惜的。如果將二《考》中全部與《解題》有關的材料輯出互校，一定還會有爲數不少的异文，或許會對《解題》具有一定的補闕之用。管窺一斑，由此可見《經義考》在保存文獻方面的價值（至少提供了有益的綫索）。

四、晁氏《讀書志》、陳氏《解題》以外之共引文獻

除晁氏《讀書志》、陳氏《解題》以外，《通考》另外引用了五十二條文獻，其中有十六條爲《經義考》所未引，故二《考》除晁氏《讀書志》、陳氏《解題》以外的共引文獻共有三十六條。其中可以判定《經義考》本諸《通考》者，共有十條；不本者十二條，或本者十四條。以下略加分類説明之。

（一）《經義考》本諸《通考》

前文在分析晁《志》部分時，已經見出《經義考》本諸《通考》的一些類型。這裏還有另外一些情況：

[一] 參點校本《點校説明》，頁四。

一）《通考》所獨有之資料

這類文獻有三種，一種是馬端臨本人的按語；一種是馬端臨之父馬廷鸞的見解；另一種是除《經義考》外僅見於《通考》的資料（見上表中注明『首見』者）。這三種文獻資料，《經義考》無疑是本諸《通考》的。兹不例舉。

二）二《考》相同，而被引文獻不同

就文本而言，如果《通考》和被引文獻之間存在着文字差异，《經義考》又與《通考》在文字上保持一致，那麽，《經義考》也必然本諸《通考》，因爲可以推斷，《經義考》的文字差异是沿襲《通考》而來的。當然，如果祇有個別字誤脱，也不排除偶然相合的可能性，但從文獻的傳承上看，筆者還是傾向於屬《經義考》轉引《通考》所致。産生文字差异的原因，一方面是由於無意的衍文、脱文、倒文，另一方面則出於有意的調整，如約取、增删等；有的時候，則是這兩方面情況兼而有之。兹舉例如下。

①《通考》卷一七五『衛元嵩《元包》十卷』條下引《崇文總目》云：

元嵩，唐人撰，武功蘇源明傳，趙郡李江注。《包》以《坤》爲首，因八純之宫以生變，極於六十四，自繫其辭，言外卦體不列爻位，以謂《易》首《乾》尚文，《包》首《坤》尚質，夏《連山》、商《歸藏》、周《易》、唐《包》，其實一也。雖欲馳騁，而放言趨理，近止《易》家之區鄙云。

此段文字，《經義考》卷二七〇『衛氏（元嵩）《元包》』條下所引《崇文總目》文字全同。檢《崇文總目》卷一『《元包》十卷』條，其提要云：

衛元嵩撰。元嵩，唐人。武功蘇源明傳，趙郡李江注。《元包》以《坤》爲首，因八純之宫以生變，極於六十四，自繫其辭，言外卦體不列爻位，以謂《易》首《乾》尚文，《包》首《坤》尚質，夏《連山》、商《歸藏》、周《易》、唐《包》，其實一也。雖欲馳騁，而放言趨理，近止《易》家之區比云。〔一〕

案：可見，就前數句而言，《通考》頗有不同：無『衛』字、省『元嵩』一處、『撰』字在『唐人』後，故句意較晦澀。《經義考》既與《通考》相同，當本之無疑。此屬有意的調整。

②《通考》卷一七六『晁以道《古易》十二卷』引『巽岩李氏曰』：

晁氏專主北學，凡故訓多取許叔重《説文解字》、陸德明章義。僧一行、李鼎祚、陸希聲及本朝王昭素、胡翼之、黄聱隅輩所論，亦時采掇。吕公書則文字句讀，初無增損，景迂則輯諸家异同，或斷以己意，有增有損，篇第則放費長公未解、輔嗣未注以前舊本，并十二篇爲八篇，吕、晁各有師承，初不祖述，而其指歸則往往暗合。

《經義考》卷二〇『晁氏（説之）《録古周易》』條下，所引『李燾曰』文字，與上引基本全同〔二〕。該文實

〔一〕王堯臣等撰，錢東垣等輯釋《崇文總目》，《中國歷代書目叢刊》本，頁一〇。《景印文淵閣四庫全書》本『《元包》』作『《包》』。

〔二〕點校本作『陸明德』（第一册，頁四六七），顯係『陸德明』之誤。《景印文淵閣四庫全書》本、點校本俱作『章義』，當爲『音義』之誤。

爲李燾《周易古經自序》，附於今文淵本吕祖謙《古周易》一卷後：

《周易古經》八篇，并吕氏、晁氏《後記》各一篇。謹案：元豐五年，正潛吕公微仲始厘析王輔嗣篇第，别定爲十有二，如劉歆《六藝略》首所列施、孟、梁丘三家者。刻板置成都學官，**於文字句讀初無增損。**建中靖國元年，**景迂晁生以道又輯諸家异同，或斷以己意，有增有損，篇第則仿費長翁未解、輔嗣未注以前舊本，獨并十二爲八耳。吕、晁各出所見，初不相祖述，**亦猶李敏仲與王子雍殊隔，而傳《易》《書》《詩》《禮》，其指歸則暗合。學者必貴自得，大抵若此。吕氏於《卦》《爻》《彖》《象》《繫辭》，并分上下，自《咸》以後爲《下經》《下彖》《下象》，自『八卦成列』以後，爲《下繫》，而《文言》乃次《下繫》。晁氏俱不分上、下，更以《文言》先《繫辭》，餘同吕氏。今八篇次第，實從晁氏。總名《周易古經》，則從吕氏。若晁氏但名《古周易》也。或疑孔子有因《爻辭》而申言之，若無所損益於其辭之義者甚衆，蓋合而觀之也。若别而觀之，殆無可疑，故讀書必别其合者，合其别者；一合一别，則其義過半具前矣。**晁氏專主北學，凡故訓，多取許叔重《説文解字》、陸德明《音義》。僧一行、李鼎祚、陸希聲及本朝王昭素、胡翼之、黄聱隅輩所論，亦時采掇。**嘉祐以後獨否。朋友相與講習，自得辨其失得云。

兩相比較，《通考》乃節取爲文（文中黑體字所示，是被采用的部分），又調整先後次序，删節文字，因而與原貌有异。《經義考》既與《通考》全同（其中『章義』之誤，朱氏亦承之不改），則本之無疑。此亦屬有意的調整。《經義考》卷二九『李氏（燾）《周易古經》』條下亦引有此則《自序》文字（其中『音義』不誤），可見，《經義考》既本於《通考》，又參考原書。

③《通考》卷一七六『《漢上易集傳》《易圖》《叢説》共十五卷』條引《朱子語録》：

……（二）王弼破互體，朱子發用互體。（三）朱子發互體一卦中，自二至五，又自有兩卦。這兩卦又伏兩卦，林黄中便倒轉，推成四卦。四卦裏又伏四卦，此謂互體。這自那風爲天於土上，上有個艮之象來。（一）互體自左氏已言，亦有道理，衹是今推不合處多。（四）一卦互换是兩卦，伏兩卦是四卦，反看又是兩卦，又伏兩卦，共成八卦。

爲便於説明問題，筆者在上文中加上數字，表示順序。《經義考》卷二三『朱氏（震）《漢上易集傳》』條引『朱子曰』：

王弼破互體，朱子發用互體。互體自左氏已言，亦有道理，衹是今推不合處多。

檢文淵本《朱子語録》卷六七，知上引文字，其順序當爲（一）、（二）、（三）、（四）。故知《通考》在引用時，順序有所調整。且文淵本『左氏以言』，《通考》作『左氏已言』。可見，《經義考》在文字順序、异字方面均與《通考》相同，故可能直接本諸《通考》。此屬有意之調整，兼有無意之异文。

其他衍文、倒文，俱各有例，爲省篇幅，兹不復舉。

（二）《經義考》不本諸《通考》

前文指出，如果二《考》及被引文獻互有不同，或者惟《通考》有不同，則《經義考》不本諸《通考》。易言之，就這類共引文獻而言，《經義考》實另有所本，因而二《考》之間不具有源流關係。不過從實際考察來看，情況又有超出其外者。這類共引文獻共有十二條。細析其實，則又有以下幾種情況：

一）被引文獻、《通考》《經義考》三者互异

被引文獻、《通考》《經義考》三者文字互异，一般而論，《經義考》必然另有所本。兹舉一例。

《通考》卷一七五『《歸藏》三卷』條引『夾漈鄭氏曰』：

> 《連山》，亡矣。《歸藏》，唐有司馬膺《注》十三卷，今亦亡。隋有薛正《注》，十三卷，今所存者，《初經》《齊母》《本著》三篇而已。言占筮事，其辭質，其義古。後學以其不文，則疑而棄之。往往《連山》所以亡者，復過於此矣，獨不知後之人，能爲此文乎。……

案：其文甚長，今録其與《經義考》所引相當者。《經義考》卷三『《歸藏》』條引『鄭樵曰』：

> 《連山》，亡矣。《歸藏》，隋有薛貞《注》，十三卷，今所存者，《初經》《齊母》《本著》三篇而已。言占筮事，其辭質，其義古。後學謂爲不文，疑而棄之，獨不知後之人能爲此文乎？

檢《通志》卷六三《藝文略・經類第一》：

《連山》亡矣。《歸藏》，唐有司馬膺《注》十三卷，今亦亡。隋有薛貞《注》十三卷，今所存者，《初經》《齊母》《本蓍》三篇而已。言占筮事，其辭質，其義古。後學以其不文，則疑而棄之，往往《連山》所以亡者復過於此矣，獨不知後之人能爲此文乎？〔一〕

案：三者互校，可知《通考》「正」作「貞」，「著」當作「蓍」；《經義考》「謂爲」當作「以其」，且脱一「則」字。故知三者互异二處，而《通考》所异於《通志》者《經義考》反不异；且《經義考》文有簡省。由是觀之，《經義考》并不本諸《通考》。

二）被引文獻與《通考》相同，惟《經義考》不同

如果僅有《經義考》不同，一般而言，可以肯定《經義考》别有所本。但如果這種不同僅在於一字之脱衍，則可能是由於傳抄偶失之故。從保存文獻异文的角度上來看，這類最具價值。兹舉一例。

《通考》卷一七五『《甘棠正義》三十卷』條，其下所引《崇文總目》云：

梁陝州大都督府左司馬任正一撰。孔穎達《正義》申演其説。

《經義考》卷一五『任氏（正一）《周易甘棠正義》』條引《崇文總目》云：

〔一〕見《通志二十略》，頁一四四九。

任正一撰,以孔穎達爲本。『甘棠』者,正一爲陝州司馬,故名其書。

考《崇文總目》卷一易類『《周易甘棠正義》三十卷』條提要云:

梁陝州大都督府左司馬任正一撰。孔穎達《正義》申演其説。〔一〕

可見,《通考》正與《崇文總目》同,惟《經義考》有异。這種差异,不是文字的脱衍問題,而是内容上的差异(《經義考》與《通考》之條目名稱亦有异)。翁方綱氏曾就《經義考》所載,提出質疑:

此條所引《崇文總目》與《通考》不同,《通考》引《崇文總目》云:『梁陝州大都督府左司馬任正一撰。孔穎達《正義》申演其説。』案:此二條,一以任在孔後,一以孔在任後,鄭氏《通志》作『五代任貞一撰』,則《通考》所載,似有脱誤。〔二〕

那麽,究竟是任氏在孔氏之前,還是孔氏在任氏之前?這個問題牽涉到這條材料的真正來源,因此有辨明的必要。

〔一〕此依《景印文淵閣四庫全書》本(館臣據《永樂大典》輯出。第六七四册,頁六)。錢東垣等輯釋本,其卷一『《周易甘棠正義》三十卷』條下所録『原釋』文字,據其自注,知采自《玉海·藝文類》,而其文字則與《經義考》全同。參王堯臣等撰,錢東垣等輯釋《崇文總目》,《中國歷代書目叢刊》本,頁一一。

〔二〕《經義考補正》卷一,頁八—九。

《崇文總目》在此條下有一段按語：

謹按：朱彝尊《經義考》『《周易甘棠正義》三十卷』，《崇文總目》：『任正一撰。以孔穎達爲本。「甘棠」者，正一爲陜州司馬，故名其書。』據此，則《文獻通考》所引此條，『孔穎達《正義》』上疑有『本』字。〔一〕

文淵本《崇文總目》是從《大典》中輯出的，經過館臣的整理。此處按語，絕非原書所有，祇能是館臣所爲。由此可見，館臣在整理《崇文總目》時，曾做過比勘，《文獻通考》《經義考》均爲取較的對象。就本段按語而言，館臣根據《經義考》所引，推斷《通考》所引脱去一『本』字。這種懷疑，與上引翁氏之説，如出一轍。檢《翁方綱纂四庫提要稿》，可知《崇文總目》是曾經翁氏辨理，且撰有提要稿〔二〕，因此，這條按語可能就出自翁氏之手。

鄭樵《通志·藝文略·易類·義疏》，有『《周易甘棠正義》三十卷』，注云：『五代任貞一。』〔三〕案：『貞』『正』，或因避諱互異。鄭氏以任氏爲五代人。

〔一〕《景印文淵閣四庫全書》第六七四册，頁六。錢東垣等輯釋本不録此按語（《中國歷代書目叢刊》本，頁一一）。

〔二〕《翁方綱纂四庫提要稿》中，有『《崇文總目》六十六卷』者二條，前一條爲提要稿，後一條爲撰寫提要時所録史料。頁四一五—四三三。

〔三〕鄭樵《通志》卷六三，見《通志二十略》，頁一四五三。

宋代馮椅《厚齋易學》附録一「先儒著述」古經下，有「《甘棠正義》」條，引《崇文總目》云：

《周易甘棠正義》三十卷，五代梁任正一撰。據孔穎達《正義》而申演其説。正一爲陝州大都督。

案：此條文字與上引《崇文總目》文字多有不同。馮氏爲朱子門人，距《崇文總目》成書僅百餘年，或得其真。又《宋史》卷二〇二亦載「任正一《甘棠正義》三十卷」。由以上三條材料，知任氏爲五代人無疑。

趙希弁《郡齋讀書後志》卷一經類，首載「《周易甘棠正義》三十卷」條，提要云：

右梁任正一撰。以孔穎達爲本。「甘棠」云者，正一嘗爲陝州司馬，故名其書。

案：此與《經義考》所引基本相同，但未歸於《崇文總目》名下。由於其前多一「梁」字，遂滋學者疑惑〔一〕，而其説已與馮氏所引《崇文總目》有异。考較其文，則或本馮氏而來。

考《玉海·藝文·易類》下，載「《甘棠正義》」條，解題云：

《崇文目》：《周易甘棠正義》二十卷，任正一撰。以孔穎達爲本。「甘棠」者，正一爲陝州司

〔一〕晁《志》「《周易甘棠正義》三十卷」條下，孫猛注引陳漢章《崇文總目輯釋補正》卷一云：「『梁』字誤也。《經義考》十五引《崇文總目》與《玉海》同，翁方綱爲《經義考補正》，引《通考》以證其异，不知陝州自後魏太和十三年始置，周及唐因之，梁未嘗有陝州。」（參《郡齋讀書志校證》，頁七）但馮氏所引已明言「五代梁」，則《後志》之「梁」亦指五代時之「梁」，非南朝之「梁」也。

馬,故名其書。〔一〕

案:此文與趙氏基本相同,則本其説無疑。惟趙氏未言引自《崇文總目》,故或出自己意;《玉海》則全取其文,而歸於《崇文總目》名下。《經義考》文字全同《玉海》,則本之無疑。

綜上所引,可以得出如下結論:(甲)馮椅《厚齋易學》距《崇文總目》最近,或得其真,而持任氏本孔氏之説。(乙)趙希弁《郡齋讀書後志》承馮氏之説,而文字叙述已有不同:稱『以孔穎達爲本』,并改稱『大都督』爲『司馬』。(丙)王應麟《玉海》又本趙氏之説,而徑繫於《崇文總目》名下。(丁)《通考》之説,實合馮氏、趙氏之説,或另有所本;而誤以任氏在孔氏之前,當脱去『據』字或『本』字。(戊)《經義考》實本諸《玉海》,非引《崇文總目》原文。(己)文淵本《崇文總目》據《大典》成書,而其説與《通考》同,則《大典》本與《通考》所引相同,或徑采《通考》之文;四庫館臣又以《經義考》所録不同,因而存疑。由此看來,二《考》所引雖异,但往上追溯,實則均由馮氏所引流衍而來,而後者或許最爲接近《崇文總目》原本面貌〔二〕。

〔一〕王應麟《玉海》卷三六,江蘇廣陵古籍刻印社,一九八五年影印本,第一九册,頁一六一—一七。『二十卷』當爲『三十卷』之誤,《景印文淵閣四庫全書》本即作『三十卷』。

〔二〕清儒全祖望有《甘棠正義序》,親見某本,而推爲南朝梁任正一之作,以爲孔本任氏。但彼時無『大都督』一名,所論或未協。又,全氏以《經義考》疑此本爲孔氏,實則朱氏僅引《崇文總目》之語(轉自《玉海》)而已,并未有疑;《曝書亭集》中亦無之,不知全氏何據。筆者疑其所見本乃明人僞托之作,待考。參《全祖望集彙校集注》,頁一一七二—一一七三。

（三）二《考》互异，俱本共引文獻

如果被引文獻無誤，而二《考》互异，那麽，《經義考》也不本諸《通考》，而是直接引自被引文獻。兹舉一例。

《通考》卷一七五『孟喜《易》』條，下引《漢書》本傳文：

> 喜從田王孫受《易》，好自稱譽，得《易》家候陰陽灾變書，詐言師田生且死時獨傳喜，諸儒以此耀之也。同門梁邱賀疏通證明之，曰：『田生絶於施讎手中，時喜歸東海，安得此事？』又蜀人趙賓好小數書，後爲《易》，飾《易》文，以爲『箕子《明夷》，陰陽氣亡箕子；箕子者，萬物方荄滋也』。賓持論巧慧，《易》家不能難，皆曰『非古法也』。云受孟喜，喜爲名之。後賓死，莫能持其説。喜因不肯仞，以此不見信。

《經義考》卷五『孟氏（喜）《周易章句》』條亦引此文：

> 孟喜，字長卿，東海蘭陵人。從田王孫受《易》，舉孝廉爲郎，曲臺署長，病免，爲丞相掾。喜授同郡白光少子、沛翟牧子兄，繇是有翟、孟、白之學。

實則《漢書》此段全文作：

> **孟喜，字長卿，東海蘭陵人**也。父號孟卿，善爲《禮》《春秋》，授后蒼、疏廣。世所傳后氏《禮》、

疏氏《春秋》，皆出孟卿。孟卿以《禮經》多、《春秋》煩雜，乃使喜**從田王孫受《易》**。喜好自稱譽，得《易》家候陰陽災變書，詐言師田生且死時枕喜膝，獨傳喜，諸儒以此耀之。同門梁丘賀疏通證明之，曰：『田生絶於施讎手中，時喜歸東海，安得此事？』又蜀人趙賓好小數書，後爲《易》，飾《易》文，以爲『箕子《明夷》，陰陽氣亡箕子；箕子者，萬物方荄兹也』。賓持論巧慧，《易》家不能難，皆曰『非古法也』。云受孟喜，喜爲名之。後賓死，莫能持其説。喜因不肯仞，以此不見信。喜**舉孝廉爲郎，曲臺署長，病免，爲丞相掾。**博士缺，衆人薦喜。上聞喜改師法，遂不用喜。**喜授同郡白光少子、沛翟牧子兄，**皆爲博士。**繇是有翟、孟、白之學。**

文中黑體字即爲《經義考》所采者。由此可見，《通考》引文較全，而《經義考》則節略爲之；二《考》互异，但俱本《漢書》；《經義考》不本諸《通考》。《漢書》爲常見史籍，《經義考》不本《通考》，理固宜然。

四）其他

如果被引文獻今佚，而二《考》所引有异，那麽，《經義考》即不本諸《通考》。此類惟一例。《通考》卷一七六『真西山《復卦説》一卷吳如愚《准齋易説》一卷馮椅《厚齋易學》』條下引《中興藝文志》云：

椅爲《輯注》《輯傳》《外傳》，蓋以程沙隨、朱文公雖本古《易》爲注，猶未及盡正孔《傳》名義，乃改『《象》曰』『《象》曰』爲『贊曰』。以繫卦之辭即爲《象》，繫爻之辭即爲《象》，王弼本『《象》曰』『《象》曰』乃孔子釋《象》《象》，與商飛卿説同。又改《繫辭》上、下爲《説卦》上、中，以《隋經籍志》有

『《説卦》三卷』云。

案：《經義考》卷三一『馮氏(椅)《厚齋易學》』條引《中興藝文志》，以『寧宗嘉定十年，馮椅爲《輯注》……』始，較《通考》文詳，故不本《通考》，另有所本。

(三)《經義考》或本諸《通考》

除《經義考》本諸《通考》及不本者之外，其他都屬此類。經考察，有以下幾種情況：

一) 被引文獻、《通考》《經義考》三者全同；

二) 三者全同，而《經義考》合二條爲一；

三) 三者全同，而《經義考》節取範圍未超過《通考》所引；

四) 三者全同，而《經義考》偶有差异(脱文、衍字、誤字、异字、微有增文等)；

五) 三者相同，而《經義考》又合他處文字爲一條；

六) 三者微有文字差异，但不足以證明《經義考》不本《通考》；

七) 被引文獻、《通考》全同，而《經義考》約略爲文。

儘管有上述不同，但并没有充足的證據表明《經義考》必然本諸《通考》與否。因此，筆者姑且認爲，《經義考》引用相關資料時，可能參考了《通考》。爲省繁文，這裏不再舉例。

以上從共引文獻出發，探討了《經義考》對《經籍考》的取資。其結果如下表所示：

表六—三 《經義考》與《文獻通考·經籍考》易類共引文獻關係表[一]

項目	《經義考》本諸《通考》	不本	或本	《經義考》未引者	小計
晁《志》	八	十一	二十二	三	四十四
《解題》	七十	一	○	七	七十八
其他	十	十二	十四	十六	五十二
合計	八十八	二十四	三十六	二十六	一百七十四

就共引文獻而言，這三種類型所占比例，如下圖所示：

[一] 表中「其他」一項，指晁《志》、《解題》以外之引用資料。

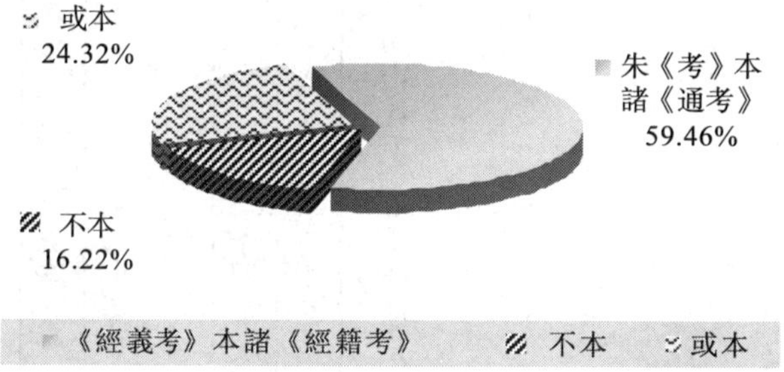

圖六一一　《經義考》與《文獻通考・經籍考》易類共引文獻關係圖

上表説明，共引文獻中，《經義考》不據《經籍考》轉引者，共有二十四條。能確認據《經籍考》轉引者，有八十八條。如果加上可能具有轉引關係的三十六條，則有一百二十四條。筆者統計出，《經義考》易類的全部引用文獻共有三千一百八十六條。因此，《經義考》引據《經籍考》的資料，尚不到其引用文獻總數的二十五分之一。

（三）結語

馬端臨《文獻通考·經籍考》爲朱彝尊《經義考》的重要學術前承，前賢於此，多有指出。如前引周中孚之説（『其書大都取材於馬氏書，及以朱西亭《授經圖》《經序録》，國朝孫退谷《五經翼》四書』）。又孫詒讓謂：『朱氏《經義考》，祖述馬書，益恢郛廓。』[一] 姚名達云：『後世朱彝尊撰《經義考》，章學誠撰《史籍考》，謝啓昆撰《小學考》，即仿其例，在目録學中别成一派，對於古籍之研究，貢獻最巨。』[二]

通過本章之考論，可知《經籍考》對《經義考》之影響，并不表現在分類體系上。在條目體例方面，影響也較小；其條目形式，遠不及《經義考》整飭。但在提要體例方面，《經義考》主要是以《經籍考》爲基礎的，均以輯録體爲主，而將《經籍考》開創的輯考體體例，進一步擴大使用，成爲該體的代表之作。

[一] 孫詒讓《温州經籍志叙例》，頁九。
[二] 姚名達《中國目録學史》，頁一七九。

上述孫氏、姚氏之評,可謂允洽。朱彝尊曾自稱其《經義考》之作,乃『見近日譚經者,局守一家之言,先儒遺編,失傳者十九,因仿鄱陽馬氏《經籍考》而推廣之,自周迄今,各疏其大略』(見第一章所引《寄禮部韓尚書書》),蓋主要就其提要體例而言。比較二者的易類條目可知,《經義考》的著録遠較《經籍考》豐碩,約爲後者的十倍;其中直接采自《經籍考》者,僅有二十四條,遠較采自《隋志》《宋志》及《通志》者爲少。《經義考》易類據《經籍考》易類轉録之文獻資料,不到其采録總數的二十五之一。學界既有觀點(如前引周氏、楊氏之論),因此需加以修正。